Histoire de l'espionnage mondial

Les services secrets, de Ramsès II à nos jours

Genovefa Etienne
Claude Moniquet

Cet ouvrage est édité par les Éditions Luc Pire,
en coédition avec les Éditions du Félin,
10, rue La Vacquerie, 75011 Paris.

De Claude Moniquet :

Histoire des Juifs soviétiques, Paris, Olivier Orban, 1989.
Touvier, un milicien à l'ombre de l'Eglise, Paris, Olivier Orban, 1989.

Histoire de l'espionnage mondial
Les services secrets, de Ramsès II à nos jours
Genovefa Etienne - Claude Moniquet

© Copyright 1997 : Tournesol Conseils SPRL - Éditions Luc Pire
                rue Lesbroussart, 76 - 1050 Bruxelles

en coédition avec   les Éditions du Félin
                        rue La Vacquerie, 10 - 75011 Paris

Mise en page : ELP - Flo
Couverture : Debie Graphic Design
Photo couverture : Tony Stone

Belgique :
ISBN : 2.930088.16.8.
Dépôt légal : D-1997-6840-5

France :
Cet ouvrage, publié sous l'égide de KIRON,
centre d'art, de culture et de communication du groupe Palladium,
a été réalisé par l'Imprimerie J. Chauveheid (Stavelot)
pour le compte des Éditions du Félin, en janvier 1997.
Imprimé en Belgique
Dépôt légal : janvier 1997
ISBN : 2.86645.245.3.
CDE/SODIS : 935 699-1

"Il faut encore se préoccuper, avant la guerre, d'avoir à son service des espions dans les Etats neutres et parmi les marchands, car tous ceux qui apportent quelque chose sont toujours bienvenus dans tous les Etats..."

Xénophon
(vers 426-354 av. J.-C.)

"Nos gens ne se dirigent pas vers le Renseignement pour en tirer une récompense financière, ou parce que le service, en échange de leurs travaux, peut leur donner un grade élevé ou les faveurs du public.
Ils sont là parce que l'occasion leur est offerte de servir leur Patrie, parce que ce travail est passionnant, parce qu'ils croient que, dans ce service, ils peuvent personnellement contribuer à la sécurité de notre nation"

Allen Dulles
Directeur de la CIA (1953-1963)

"(...) la fonction du service est celle d'un veilleur.
Le calme n'est pas trompeur et il convient d'en jouir.
Mais l'histoire, jusqu'à présent tout au moins, nous enseigne qu'il n'est, pas plus que le trouble, un état pérenne.
Le veilleur est donc en charge, et peut-être plus encore lorsque tout est paisible, de la sécurité de la nation et de ses citoyens"

Claude Silberzahn
Directeur de la DGSE (1989-1993)

A mon père, André Moniquet
A notre ami, Gilles Boulouque

TABLE DES MATIÈRES

Introduction 7

1. De l'Antiquité à la fin du Moyen Age 11
Premiers pas à l'époque de Ramsès II (13); Moïse et les espions de la Bible (15); Zopyre, le très dévoué (16); Le rôle de l'espionnage vu par les stratèges grecs (17); L'espionnage dans la conquête de la Gaule (19); L'espionnage à Byzance (23); La formidable machine de renseignement mongole (25); L'espionnage dans le Moyen Age occidental (26); Du côté de l'Orient extrême (30).

**2. De la Renaissance au XIXe siècle :
apparition et première affirmation des services secrets** 35
Naissance des services secrets anglais (37); Anselmo Dandino, agent du pape à la cour d'Henri III (42); Le père Joseph, l'éminence grise de Richelieu (44); Agents et services secrets de Louis XIV, Louis XV et Louis XVI (45); Les espions de Washington (48); Sur les traces de Montgaillard, agent multiple (50); Le comte d'Antraigues, à vendre au plus offrant (52); Fauché-Borel, l'espion tragique (53); L'affaire de "l'Agence anglaise" (54); Charles Schulmeister, l'espion de l'empereur (57); Le pays dont l'empereur est un espion (61).

3. De 1850 à la veille de la Première Guerre mondiale 65
Wilhelm Stieber, directeur de la police judiciaire de Berlin, contre monsieur Marx, Karl, pamphlétaire (66); La France se dote d'un service de renseignement (70); Le S.R. et l'affaire Dreyfus (1894-1906) (71); La très efficace Okhrana (79); Les polices étrangères en France (86); Le brillant colonel Redl (88); L'Angleterre renoue avec une tradition perdue (92); Le soleil du renseignement japonais se lève (93).

4. La Première Guerre mondiale 97
Walter Nicolaï, le seigneur (98); Sir Basil Thomson, un "grand flic" (98); Karl Lody, ou le sacrifice d'un patriote allemand (99); The Dark Invader (101); Trebitsch Lincoln, un espion peu ordinaire (105); L'Allemagne attaque par la bande (107); Thomas Edward Lawrence, l'aventurier absolu (109); La tragique affaire Szek (115); En France, pas de service de cryptographie au ministère de la Guerre avant 1909 (117); Les miracles du commandant Andlauer (120); Le commandant Ladoux, chasseur d'espions (124); Guerre secrète en Suisse (125); La curieuse ascension de Luca Cortese (128); L'affaire Schuler (130).

5. L'entre-deux-guerres 135
Lénine, agent de l'Allemagne ? (136); Aux origines du renseignement soviétique (139); Le temps des conspirateurs (141); "Sindikat" : objectif Savinkov (144); La formidable imposture de "Trust" (147); Les hommes du Komintern : révolutionnaires ou agents secrets ? (148); Richard Krebs, voyageur sans bagage (151); Copenhague, capitale communiste (156); Pavel Soudoplatov, "tueur en chef" de Staline (158); L'affaire Toukhatchevski (160); En France, le S.R. à l'exercice (165); Le S.R. français au Moyen-Orient et en Asie (169); Lutte à mort en Chine (169).

6. La Seconde Guerre mondiale 173
SD et Abwehr (173); Churchill veut "mettre le feu à l'Europe" (174); Les Etats-Unis redécouvrent l'espionnage (175); L'aveuglement de Moscou (179); A Vichy, les S.R. français préparent la revanche (179); A Londres, de Gaulle défend "ses" services (182); La source Ultra (187); La tragique odyssée de Richard Sorge (188); L'Orchestre Rouge, le réseau devenu légende (193); Lucy, l'espion sans sources (201); La bataille pour l'eau lourde (203); Erich Gimpel, l'espion trahi (205); William Bechtell, un officier français (207); Opération "Bernhard" ou les faussaires de Hitler (208); Fortitude, le mensonge ultime (210).

7. Les femmes dans l'espionnage 217
Edith Cavell, sacrifiée pour l'exemple (220); Louise de Bettignies, l'espionne aristocratique (223); Gabrielle Petit, fusillée à 22 ans (226); Mata Hari, courtisane ou espionne ? (229); Mathilde Carré, alias "La Chatte" (235); Elizabeth Pack, la "James Bond" blond platine (239); Espionnage et coucheries en Inde (241).

8. Les débuts de la guerre froide et la décolonisation 247
Les principaux services spéciaux communistes de la guerre froide (248); Les ennemis d'hier (250); L'organisation Gehlen (252); Igor Gouzenko passe à l'Ouest (253); Les procès à l'Est : Allen Dulles joue sur la paranoïa de Staline (257); Kim Philby, l'agent double du siècle (259); Un Glaive pour l'Europe (267); Grâce au Mossad, le rapport Khrouchtchev passe à l'Ouest (271); Klaus Fuchs, l'espion atomiste au-dessus de tout soupçon (272); Julius et Ethel Rosenberg, une tragédie américaine (276); Rudolf Abel, l'artiste (279); Otto John : aller et retour pour l'Est (282); Guerre secrète en Algérie (284); La guerre d'Algérie en plein Paris (286).

9. 1960-1989 : la guerre froide joue les prolongations 293
Anatoli Golitsine : le transfuge paranoïaque (297); Markus Wolf, l'espion devenu légende (307); Le terrorisme, une arme de Berlin-Est (316); Les Bulgares sortent leur parapluie (319); Danger : la gauche au pouvoir en France (321); Farewell, un brevet de bonne conduite (323); Les Roumains aiment trop la France (326); Arne Treholt, un diplomate norvégien au service des Soviétiques et des Irakiens (327); Gordievsky, la taupe devenue écrivain (329); Edward Lee Howard, l'espion malchanceux (332); Vitali Yourtchenko, le double transfuge (333); Les déboires de Mme Thatcher (335).

10. Pendant ce temps-là, sous d'autres cieux 339
Le bras armé d'Israël (340); La traque d'Eichmann (342); Recherche Yossele, désespérément (343); Eli Cohen : "notre homme à Damas" (344); Wolfgang Lotz, l'aryen (346); La vengeance de Munich (347); Marcus Klingberg, le masque de fer israélien (349); Au service du prophète de Qom (352); Au Liban, la France paie le prix fort (354); Poker cairote (356); La revanche de Castro (357).

11. La fin d'un monde 359
Prague : échec d'une manipulation (361); La chute de la maison Stasi (363); Heurs et malheurs de la Securitate (366); KGB : les dernières années d'un géant (370); Un colonel trop tranquille : l'affaire Binet (371); Le KGB recule, le putsch échoue (372); La restructuration du renseignement soviétique (373); Rivalités et guerre des services (376).

12. Quand l'espionnage a des ratés 383
Quand la CIA lavait les cerveaux (384); Khe San, il est interdit d'informer (386); Lockerbie : le vol 103 n'arrivera pas (388); Ben Barka, une bavure française (391); Rainbow Warrior, quand la DGSE fait plouf (394); La cellule de l'Elysée : embrouilles au sommet (397); Jonathan Pollard : notre agent à Washington (401); Objectif Rabin (403); Cana, cent morts sur ordonnance ? (406); Le GAL, une affaire d'Etat (407); Le prêtre qui devait mourir (408); Rwanda : la Belgique joue et perd (409); Djokhar Doudaev tombe dans le piège (410); Pour éviter les bavures : quel contrôle pour les services ? (411).

En guise de conclusion... Le retour de l'Histoire 417
Bibliographie 431
Remerciements 439
Index 441

Introduction

Depuis toujours, l'espion — les professionnels préfèrent parler "d'agent" — fascine. Nul besoin d'épiloguer sur cette simple vérité que suffisent largement à étayer les milliers de livres d'histoire, de romans, de films et de séries télévisées traitant, depuis à peu près un siècle pour ce qui est des écrits, de la guerre secrète. S'il fascine, c'est d'ailleurs pour d'assez mauvaises raisons : l'image de l'agent secret, véhiculée par la grande majorité des ouvrages de fiction qui lui sont consacrés, n'a bien évidemment aucun rapport, même lointain, avec la réalité. L'agent d'aujourd'hui n'est ni un super "James Bond" rompu à tous les sports de combat, hantant les palaces internationaux, ni un tueur psychopathe prêt à tout, ni une blonde voluptueuse arrachant de multiples secrets à ses (nombreux) compagnons d'oreiller. Il est le plus souvent, beaucoup plus modestement, un fonctionnaire civil ou militaire ou encore un contractuel; il ne peut s'attendre à percevoir le salaire que ses dons lui vaudraient sans doute dans le secteur privé et ses notes de frais sont épluchées à la loupe par une bureaucratie tatillonne. Et n'est-ce pas, au fond, assez légitime ? Après tout, c'est avec l'argent de la collectivité, les deniers du contribuable qu'opèrent les services secrets. Aventurier, l'espion ? Oui, si l'on veut dire par là qu'il lui arrive de prendre plus de risques que la moyenne de ses concitoyens et que l'aventure peut, au demeurant, se vivre en chambre : l'agent d'aujourd'hui, davantage qu'une tête brûlée issue des unités spéciales de l'armée, est (de formation ou par apprentissage d'autodidacte) linguiste, sociologue, historien, politologue, polémologue, psychologue, économiste, chimiste, médecin ou ingénieur. Et la liste est loin d'être exhaustive.

Il fascine, donc, mais il inquiète : agissant souvent en dehors des lois, les services secrets seraient, aux yeux de certains de nos contemporains, de véritables Etats dans l'Etat. Capables de tout et ne devant rendre de comptes qu'à leur propre hiérarchie, ils présenteraient dès lors une menace sans cesse renouvelée pour les libertés publiques. Ajoutons que la réalité est d'autant plus éloignée de l'imagerie d'Epinal véhiculée par la fiction, que la plupart des auteurs mélangent allègrement renseignement (collecte d'informations secrètes), contre-espionnage (autoprotection contre les agents étrangers), influence et action. Ces quatre "genres" sont effectivement les principales écoles dans lesquelles s'exercent les talents des services secrets, mais elles répondent à des règles distinctes, et sont pratiquées par des spécialistes de formations différentes, guidés par des impératifs qui les font parfois s'opposer au sein du même camp.

Fascinant et repoussant à la fois : cette dualité — dont il faut reconnaître qu'elle sied particulièrement à une profession qui cultive, au plus haut degré, l'art du faux-semblant — révèle l'ambivalence de notre monde catholique et latin face à la question du renseignement. Se mouvant dans l'ombre, se servant de toutes les armes pour parvenir à ses fins, l'espion demeure, pour beaucoup, un individu immoral, à la fidélité douteuse, se situant à mi-chemin, dans l'échelle de l'évolution sociale, entre le gangster et l'indicateur de police de bas étage. Bref, en trois mots, un individu peu fréquentable...

Nous pensons que (s'agissant, bien entendu, des pays démocratiques) la vision de services spéciaux poursuivant sournoisement de noirs complots, dans le but de substituer à un gouvernement représentatif une quelconque coterie dictatoriale, ou encore usant systématiquement de la force et du meurtre pour arriver à des fins mal définies, relève de la mythologie. Mais, disons-le clairement, si cette mythologie a pu naître et prospérer, c'est, entre autres, en se nourrissant des erreurs, des fautes, et des bavures commises par les services secrets eux-mêmes. Les errements de la CIA qui, dans les années soixante et celles qui suivirent, eut, en Amérique du Sud, une nette tendance à confondre la lutte contre l'expansionnisme soviétique avec la défense de certains intérêts économiques (voire même purement commerciaux) nord-américains; les péripéties rocambolesques de quelques complots très médiatisés en Italie; la confusion entretenue en Europe de l'Est, à l'ère communiste, entre services de renseignement et polices politiques occupées à leurs basses besognes de maintien de l'ordre et de normalisation des esprits; la chasse aux opposants réfugiés à l'étranger, largement pratiquée par les "services" de toutes les dictatures — à l'époque de Staline, le NKVD désignait ces meurtres sous le délicat euphémisme de *missions de combat à l'étranger* — ou encore quelques lamentables expéditions du type de celle du *Rainbow Warrior* : autant d'affaires qui n'ont rien fait pour assurer le renom d'une corporation qu'une discrétion bien compréhensible empêche le plus souvent de faire état de ses succès...

Une partie du problème est certainement là : les services spéciaux, en démocratie, souffrent d'abord du défaut d'une bonne politique de communication. Une telle affirmation peut, bien entendu, faire sourire : si les services veulent rester secrets, comment diable pourraient-ils bien communiquer ? Pourtant, est-ce vraiment un hasard si les pays où les services secrets bénéficient plutôt d'une bonne image sont ceux où, régulièrement, des auteurs plus ou moins autorisés exposent au public certains succès remportés par lesdits services ? On pourrait aussi, bien entendu, mettre en corrélation l'attitude de la société envers les services secrets avec ce que l'on appelait autrefois la ferveur patriotique. Et il est permis, à ce niveau, sans porter de jugement sur le fond, de constater que les pays anglo-saxons, où les traditions nationales sont encore vivaces, considèrent généralement d'un meilleur œil l'existence des services secrets que les pays latins, où le patriotisme est plutôt passé de mode.

Loin des stéréotypes, le renseignement apparaît pourtant à celui qui l'étudie comme une activité indispensable à la survie des Etats et indissociable des mécanismes de prise de décision. Il s'agit aussi de l'un des plus vieux métiers du monde — certains professionnels assurent même, en souriant, qu'il s'agit *"du plus vieux métier du monde, plus ancien même que la prostitution puisque, pour se rendre chez une prostituée, il faut d'abord en connaître l'adresse"* —, mais aussi comme une profession qui a singulièrement évolué depuis ses origines. A ses débuts, l'espion pouvait quasiment se contenter de découvrir l'ordre de bataille d'un ennemi de sa tribu, de sa ville ou de son pays et les forces dont il disposait. Le renseignement était alors purement militaire, ou presque. Très vite, à l'époque où se formèrent les principaux Etats modernes, l'espion allait devoir s'intéresser de très près à la politique : l'analyse des rapports de force chez l'adversaire peut souvent permettre, si elle se base sur des données sûres, de prévoir quelle sera son évolution et son attitude ou encore si une agression est à craindre, et, si c'est le cas, dans quel esprit la population s'y prépare. Aujourd'hui, singulièrement depuis la disparition du bloc communiste, l'espionnage est devenu "global", toujours militaire et politique, bien entendu, mais également économique et scientifique et tourné vers de nouvelles menaces : dans un monde qui n'est plus "bipolaire" — où l'on ne doit plus faire face à un ennemi nettement identifié, mais bien à de multiples dangers potentiels —, l'agent est aussi sommé par ses mandants d'être attentif à ce nouveau pouvoir émergent, multiforme et hybride, qui a nom crime organisé et qui peut quasiment, comme on le voit en Europe orientale et en Russie, se substituer aux gouvernements. L'action des sectes (qui peuvent se révéler vectrices d'affaiblissement de la nation et être utilisées comme telles par des pays tiers, cacher une tentative de pénétration de certains milieux ou, comme on l'a vu au Japon, être porteuses de menaces terroristes) retiendra aussi son attention. Si la finalité de l'espionnage reste la même — découvrir la vérité cachée —, le champ d'action de l'espion s'est donc considérablement élargi; les méthodes utilisées par les agents ont, elles aussi, évolué; des premières encres invisibles à l'ère des satellites espions, les procédés d'acquisition, de stockage et de transmission de l'information n'ont pas cessé de se perfectionner. Pourtant, nous le verrons, la technique ne remplacera jamais le facteur humain : pour arracher les secrets d'un homme, ou pour le comprendre, c'est un autre homme qu'il faut.

Dans sa solitude, l'agent peut toujours se dire qu'il participe à la grande marche de l'Histoire. Et, en effet, s'il est évidemment excessif de prétendre que l'espionnage fait l'Histoire, il est pourtant évident que les renseignements recueillis, analysés et exploités contribuent presque quotidiennement à en modifier le cours. De la déroute de la Grande Armada lancée par Philippe II d'Espagne contre l'Angleterre au XVIe siècle au rôle primordial joué par le renseignement dans les deux derniers conflits mondiaux, on ne peut nier le rôle de l'espionnage dans la vie des nations.

Sans être le fait d'historiens, ce livre se veut pourtant livre d'histoire, immédiate parfois. Il est donc rigoureux : nous n'avançons que des faits vérifiés et indiquons pour telles les hypothèses que nous sommes parfois amenés à émettre. Pour mieux faire comprendre la mentalité et la personnalité de l'espion, son rôle et son influence, son utilité et les nuisances qu'il peut effectivement provoquer, pour faire entrevoir, enfin, les mécanismes de l'espionnage, nous avons choisi de sélectionner et de replacer dans leur contexte des centaines d'affaires qui permettent de mieux situer le rôle et l'importance du renseignement dans l'Histoire. Certaines sont connues mais exemplaires et donc incontournables, d'autres n'avaient jamais donné lieu, jusqu'à présent, à un exposé public; sur d'autres encore, nous apportons les dernières précisions disponibles et mettons ainsi un point final à des dossiers que l'on peut enfin refermer. Mises bout à bout et relues avec le recul qui peut être le nôtre (en tout cas jusqu'à la fin de la guerre froide), toutes permettent de mieux saisir les multiples réalités du plus ancien et du plus mystérieux métier du monde, dont le colonel Walter Nicolaï, le maître de l'espionnage allemand en 14-18 pouvait dire qu'il était *"un métier de seigneur"*. Toutes enfin, en marge de la grande Histoire, apportent un éclairage — tantôt admirable, tantôt dérisoire, mais qui ne laissera jamais indifférent — sur les grandes convulsions de l'humanité...

∆

1
De l'Antiquité à la fin du Moyen Age

S'intéresser au renseignement durant l'Antiquité et le Moyen Age force à s'embarquer dans une difficile mais combien passionnante aventure. Faute souvent de sources originales accessibles, ou même existantes, en nombre suffisant pour permettre les indispensables recoupements exigés par la critique historique, on se voit, en effet, contraint de chercher à s'y retrouver dans quelques chroniques et dans une bibliographie d'autant plus incertaine que nombre d'auteurs "sérieux" du passé ne s'intéressaient guère à cette question et que ceux qui l'ont fait ont souvent cédé à la puissance et à la facilité des mythes. Derrière telle ou telle autre victoire remportée dans la bataille, derrière la capitulation d'une ville, on devinera pourtant parfois l'action des espions et autres émissaires, mais ce sera presque toujours par intuition et logique : il est impensable que des agents n'aient pas été employés pour parvenir aux résultats qui nous sont exposés, mais leur trace s'est perdue depuis des siècles. Sortis de la nuit, ils y sont rentrés à jamais.

Comment, d'autre part, discerner le vrai du faux pour cette longue période qui s'étend, approximativement, du XVIIIe siècle av. J.-C. au XVe siècle de notre ère et couvre donc plus de trois mille ans d'histoire ? En fait, on s'en trouve souvent réduit à se demander si un récit est vraisemblable, faute de pouvoir décider s'il est véridique. Curieusement d'ailleurs, l'une des principales difficultés rencontrées par le chercheur n'est pas tellement l'éloignement dans le temps des époques qu'il étudie, ni même la distance géographique des terrains d'opérations auxquels il s'intéresse, mais bien l'attitude adoptée à ces différentes périodes face à l'activité d'espionnage : c'est ainsi que l'on peut se construire une vision beaucoup plus nette de l'espionnage dans la Grèce antique ou dans la Chine du IVe siècle avant J.-C. qu'au Moyen Age occidental. Pour ce qui est de la Grèce ou de la Chine, on trouvera, en effet, chez les différents auteurs qui se sont penchés sur les questions stratégiques, de nombreux témoignages, sinon d'affaires précises, du moins de l'importance attachée au renseignement et à sa collecte. Rien de tel au Moyen Age. D'abord, bien entendu, parce qu'on y écrit moins et que les centres d'intérêt des lettrés de l'époque se sont déplacés, mais surtout parce que l'espionnage ne correspond guère aux canons de la morale chevaleresque et chrétienne telle qu'elle nous est parvenue, figée par les textes...

Bref, le souvenir des exploits des premiers espions ne nous est donc accessible, pour l'essentiel, que par le biais de récits plus ou moins imprégnés de légendes. Certains épisodes de ce chapitre — ceux qui sont consacrés à Babylone, aux "espions de la Bible", etc. — ressortent peut-être même de la pure mythologie. Ce qui ne signifie pas qu'ils doivent être dédaignés, car, en les fixant pour la postérité, les chroniqueurs qui nous les ont transmis entérinent un fait indéniable : la permanence de l'activité d'espionnage. De même, malgré de probables exagérations et d'évidentes déformations des faits, certaines légendes peuvent nous informer utilement des méthodes qui étaient depuis la Haute Antiquité celles du renseignement, de ses buts et de la manière dont il était perçu, ainsi que sur la personnalité des agents.

Le but des premiers espions est d'ailleurs assez évident : il s'agit d'abord de trouver des informations de type militaire qui permettront à un général de remporter la victoire ou de limiter ses pertes. Mais le renseignement militaire doit sans doute déjà, ici, être compris dans un sens large. Bien entendu, toute bribe de renseignement sur les effectifs ennemis, leur équipement ou la présence de machines de guerre dans l'armée adverse sera la bienvenue; mais à des époques où les déplacements n'étaient l'apanage que de quelques marchands aventureux et où la majorité de la population, y compris les classes dominantes, n'avait pour horizon que le village voisin ou les murailles de sa ville, beaucoup de choses pouvaient entrer dans la sphère du renseignement militaire. A commencer par de simples données géographiques ou cartographiques : disposer d'informations fiables sur les cols permettant de passer des montagnes, sur la présence de récifs le long des côtes ou de gués dans les rivières, sur la distance à couvrir pour gagner une ville, sur l'existence de forêts facilitant une approche à couvert. Toutes ces informations pouvaient décider du sort d'une expédition et même de celui d'une armée.

Enfin, au-delà de leurs approximations et des enjolivements apportés à la réalité, ces récits nous apprennent au moins, et surtout, que l'espion est, à ses origines, le plus souvent, un homme seul, qu'il soit général ou prince, lié à son maître par une relation directe et de grande confiance. Il ne dépend que de ce maître, ne rend compte qu'à lui et n'est récompensé de son courage et de ses résultats éventuels que par lui. La notion de service secret, c'est-à-dire le fait de voir un certain nombre d'hommes se destiner, par spécialisation, à la récolte plus ou moins exclusive du renseignement dans le cadre d'une structure spécifique dotée de ses propres moyens et de sa propre hiérarchie, est encore, même si elle se dessine parfois, pratiquement inexistante. L'espion originel fait donc surtout figure d'aventurier. De marginal, dirait-on sans doute aujourd'hui...

Premiers pas à l'époque de Ramsès II (vers 1300-1235 av J.-C.)

Petit-fils de Ramsès Ier, le fondateur de la XIXe dynastie, Ramsès II a laissé dans l'Histoire la trace d'un roi bâtisseur et guerrier. Le monde doit à son long règne, entre autres, le temple d'Abou Simbel et une partie de celui de Louksor. Mais ce grand roi à la puissante personnalité ne pourra se consacrer aux affaires intérieures de l'Egypte qu'une fois éliminée la menace représentée par ses nombreux ennemis, et principalement par celle des Hittites venus d'Anatolie centrale. Dans la cinquième année de son règne, les deux armées s'affrontent sous les murailles de la ville syrienne de Qadesh (appelée aujourd'hui : Tell Nebi Mend), au confluent du fleuve Oronte (Nahr al-'Asi, le "fleuve rebelle") et de ses affluents. Les forces en présence sont importantes, puisque, nous disent les textes égyptiens : *"Lorsque Sa Majesté atteignit cette cité, le misérable vaincu de Khéta y était arrivé, après avoir rassemblé depuis les extrémités de la mer jusqu'au pays de Khéta, tous les pays qui vinrent ensemble"*[1].

Les débuts du combat sont incertains : le roi hittite qui fédère la coalition rassemblée contre l'Egypte attaque à l'improviste l'armée de Pharaon, dont une partie est encore en marche et n'est donc absolument pas prête à combattre. C'est Ramsès II lui-même qui, par sa valeur personnelle et son courage, va rassembler son armée et prendre sa tête sur un char de combat tiré par ses deux coursiers favoris, *Victoire-dans-Thèbes* et *Mout-est-satisfaite*. Il finira par remporter la victoire qui assurera une longue paix à son empire. Mais la chronique de la bataille nous apprend surtout que ce n'est peut-être pas tout à fait par hasard que les forces égyptiennes se sont laissé surprendre. Au matin du premier jour des combats, deux bédouins se sont en effet présentés au camp royal et ont demandé à rencontrer le souverain : *"Nos frères"*, expliquent-ils, *"chefs de notre tribu, sont dans l'armée coalisée, mais ils veulent faire leur soumission à Pharaon et rompre avec la coalition"*[2]. *"Ils avaient menti"*, continue le chroniqueur, qui nous apprend que leurs chefs *"les avaient envoyés pour découvrir où était Sa Majesté, de manière à ce que l'armée de Sa Majesté ne puisse les prendre par surprise"*[2]. A titre subsidiaire, ils sont également chargés de ce que l'on appellerait aujourd'hui une opération "d'intoxication" : faire croire à Pharaon que le chef de la coalition se trouve encore loin de Qadesh et que les Egyptiens n'ont donc rien à craindre.

Mais Ramsès II n'est pas un grand chef de guerre pour rien. Lui aussi a ses émissaires : *"Deux espions qui étaient au service de Sa Majesté arrivèrent, amenant avec eux deux espions ennemis. Ils furent introduits en présence du Roi"*[2] et lui expliquent que son adversaire est bien présent, près de la ville, sous les murailles de laquelle campe l'armée d'Egypte, et qu'il a avec lui des forces considérables. Mais il est trop tard : au moment même où Pharaon rassemble ses officiers pour se plaindre amèrement du fait qu'ils n'ont pas été capables de l'informer plus tôt des positions exactes occupées par les Hittites, ces derniers passent à l'attaque. On l'a vu, seule la valeur de Ramsès II pourra lui assurer la victoire : le renseignement a bien été recueilli, mais beaucoup trop tard pour être d'une quelconque utilité. Les pharaons disposent donc d'espions dont les informations, acheminées à temps et correctement interprétées, peuvent modifier le cours des batailles. Mais ils possèdent aussi, dans l'ombre, des hommes qui, à mi-chemin entre la haute police et le contre-espionnage, se dévouent à défendre la sécurité intérieure de l'Empire. C'est du moins ce que nous apprend l'affaire de *la conspiration du grand Harem*[3] qui se situe sous le règne de Ramsès III (1198-1168), le dernier des grands pharaons.

L'une des épouses de Ramsès III complote pour que son fils accède au trône; elle est soutenue par d'autres épouses et par les officiers, les gardes et les serviteurs des appartements des femmes. L'affaire est sérieuse puisque, par l'entremise de ces complices, des officiers commandant les troupes égyptiennes stationnées en Ethiopie ont été convaincus de faire mouvement contre Pharaon. La sœur du commandant en chef de ce corps expéditionnaire, qui est elle-même l'une des pensionnaires du harem, a gagné son frère à la conjuration. Mais trop de gens sont déjà impliqués dans l'opération et, c'est manifeste, les fidèles de Ramsès III veillent. Un matin, tous les comploteurs sont arrêtés. Ramsès III nomme alors une cour martiale spéciale chargée d'élucider l'affaire et de punir les coupables. Mais le roi se méfie de toute publicité qui pourrait être donnée à ce complot et ses ordres sont clairs : *"Ceux qui doivent mourir, vous les ferez mourir par leur propre main, sans m'en prévenir. De même, vous punirez les autres sans que j'aie à le savoir"*[3]. Le plus grand secret sera donc de rigueur. A tel point que les papyrus qui nous sont parvenus (et qui étaient probablement destinés aux archives royales) ne désignent les coupables que par des pseudonymes. Ces précautions sont nécessaires : le pouvoir royal est menacé de toutes parts et ne peut faire montre d'aucune faiblesse. Mais rien n'empêchera l'inéluctable décadence de l'Empire...

Moïse et les espions de la Bible

L'Ancien Testament est l'un des premiers textes historiques et "stratégiques" connus. L'espionnage n'en est donc pas absent. Considéré comme le plus grand général de tous les temps par le maréchal Montgomery, Moïse conduit, sans doute vers 1445 av. J.-C., six cent mille Hébreux hors d'Egypte pour gagner la Terre promise. Il s'attardera durant quatre décennies dans le Sinaï pour purifier le peuple des souillures morales et physiques dues à l'esclavage dans la vallée du Nil. Après quarante ans de traversée du désert, les voyageurs arrivent à la terre de Canaan, promise par Dieu à Abraham. Contemplant du sommet du mont Nébo la terre où coulent le lait et le miel, le vieux prophète décide de mener une opération de reconnaissance afin d'en évaluer les richesses et d'en sonder les dangers, avant d'inviter son peuple à s'y aventurer. Afin de prouver l'importance qu'il attache à cette mission, il convoque ses hommes de confiance, à savoir ses douze chefs de tribu, qui deviendront ainsi ses meilleurs agents. Sur les conseils de Dieu lui-même, nous dit la Bible, il les envoie explorer le pays, après leur avoir conseillé : *"Vous verrez le pays, ce qu'il est et le peuple qui l'habite, s'il est fort ou faible, s'il est en petit ou en grand nombre; ce qu'est le pays où il habite, s'il est bon ou mauvais; ce que sont les villes où il habite, si elles sont ouvertes ou fortifiées; ce qu'est le terrain, s'il est gras ou maigre, s'il y a des arbres ou s'il n'y en a point"*[4]. *"Ils montèrent"*, nous dit l'Ecriture, *"et ils explorèrent le pays depuis le désert de Tsin jusqu'à Réhob, sur le chemin de Hamath"*[5].

Sur ordre de Moïse, les espions de Canaan voyagent séparément, afin d'éviter qu'en cas d'incident ils ne soient tous démasqués en même temps. A leur retour, après quarante jours d'exploration, les espions rendent compte à celui qui les a envoyés et à *"toute l'assemblée des enfants d'Israël"*[6]. Mais leurs récits sont partiellement contradictoires : certains, après avoir décrit le pays qu'ils viennent d'explorer concluent : *"Nous ne pouvons pas monter contre ce peuple car il est plus fort que nous"*[7]. Seuls Josué, fils de Nun, et Caleb, fils de Jephunné, disent : *"Le pays que nous avons parcouru, pour l'explorer, est un pays très bon, excellent. Si l'Eternel nous est favorable, il nous mènera dans ce pays et nous le donnera..."*[8]. Nous voyons ainsi se dérouler sous nos yeux le premier débat de société provoqué par une affaire d'espionnage : certains refusent de croire, tandis que d'autres font confiance à Josué et à Caleb. C'est l'Eternel — qui, on le sait, est un dieu jaloux et sévère — qui tranchera : les dix espions pessimistes meurent, *"frappés d'une plaie, devant l'Eternel"*[9], et seuls Josué et Caleb sont épargnés.

Après la mort de Moïse, Josué lui succède, avec pour tâche de conduire les Hébreux à Canaan. A son tour, il fait partir secrètement de Sittim deux espions en leur disant : *"Allez examiner le pays et en particulier Jéricho"* [10]. L'anecdote est des plus intéressantes car elle nous laisse deviner l'affrontement des espions hébreux avec les contre-espions du roi de Jéricho et nous fait percevoir des méthodes qui, plus de deux mille cinq cents ans plus tard, restent d'actualité. Les deux hommes partent donc et trouvent à se loger chez une prostituée du nom de Rahab. Mais déjà, l'ennemi est sur leurs traces : *"On dit au Roi de Jéricho : voici, des hommes d'entre les enfants d'Israël sont arrivés ici cette nuit pour explorer le pays"* [11]. Qui est "on" ? Mystère. Il doit s'agir d'un officier de la garde ou d'un informateur de celle-ci. Dès lors, le filet se resserre autour des deux envoyés de Josué. Ils seront sauvés par Rahab, qui les cache et affirme à la patrouille venue les arrêter qu'elle ignorait leur identité et que les deux hommes l'ont, de toute façon, déjà quittée... Se noue alors, entre les émissaires hébreux et la jeune prostituée, une relation qui préfigure déjà le lien existant théoriquement encore, de nos jours, entre un officier de renseignement et ses sources. Certes, Rahab n'est pas un agent : elle ne livre aucune information, mais, en toute connaissance de cause, elle cache les deux espions et les aide à s'enfuir. Elle ne demande que la vie, pour elle, son père, sa mère, ses frères et sœurs *"et tous ceux qui leur appartiennent"*. *"Nous sommes prêts à mourir pour vous"*, rétorquent les espions de Josué, *"si vous ne divulguez pas ce qui nous concerne; et quand l'Eternel nous donnera le pays, nous agirons envers toi avec bonté et fidélité"* [12]. Mais, bien entendu : *"Si tu divulgues ce qui nous concerne, nous serons quittes du serment que tu nous as fait faire"* [13]. Quand Jéricho tombera, les promesses faites ne seront pas oubliées. Et l'Ancien Testament de conclure : *"Josué laissa la vie à Rahab, la prostituée, à la maison de son père et à tous ceux qui lui appartenaient; elle a habité au milieu d'Israël jusqu'à ce jour parce qu'elle avait caché les messagers que Josué avait envoyés pour explorer Jéricho"* [14]. Comment ne pas discerner la grande modernité de ce récit : Rahab, auxiliaire des espions de Josué, est protégée et, *"habitant au milieu d'Israël"*, devient, en quelque sorte, la première transfuge connue de l'Histoire...

Zopyre, le très dévoué

La conquête du trône de Perse, en 521 av. J.-C., par Darius Ier, est suivie d'une longue année d'instabilité caractérisée par les révoltes de nombreuses villes, dont Babylone. Après moult péripéties, l'armée du roi vient donc mettre le siège devant l'orgueilleuse cité. Dix-neuf mois plus tard, elle campe toujours sur ses positions. Il faut préciser que Babylone, ville imprenable selon les Anciens, dispose alors d'une double enceinte dont les murs sont séparés par plus de sept mètres et renforcés par des tours. A leur sommet, ces murs sont assez larges pour que deux chars se croisent à pleine vitesse et puissent acheminer rapidement des renforts en n'importe quel point menacé de l'enceinte.

C'est alors qu'un officier de l'empereur, Zopyre — le fils de Megabyze, l'un des plus proches amis de Darius, qui avait participé à la conjuration portant ce dernier sur le trône — a une idée lumineuse : entrer dans la ville, se faire passer pour un allié des rebelles et les inciter à commettre une erreur fatale. Mais les Babyloniens, qui ont déjà derrière eux une longue tradition de révoltes, sont des hommes méfiants, et capter leur confiance pourrait s'avérer plus difficile que prévu. C'est alors que, tournant et retournant son plan dans sa tête, Zopyre a une deuxième idée. Un matin, il se présente devant son roi, le nez et les oreilles coupés, le corps lacéré de coups de fouet, tenant à peine sur ses pieds. Horrifié par les plaies et la souffrance visibles d'un de ses meilleurs officiers, Darius exige de savoir qui a osé porter la main sur le fils d'un de ses intimes. Imperturbable, Zopyre lâche : *"Je suis le seul coupable"*, et il expose son plan...

Le lendemain, il se traîne jusqu'aux murailles de la ville et s'en fait ouvrir les portes. Dès qu'il est en mesure de parler, il raconte sa terrifiante histoire : fatigué de cette guerre et de son roi, il a voulu quitter l'armée. Darius l'a alors fait arrêter et l'a livré à ses bourreaux. Rien d'étonnant à ce que ce jeune homme déteste désormais le roi et cherche à s'en venger par tous les moyens. Circonspects, les Babyloniens lui confient, pour le mettre à l'épreuve, un premier commandement : Zopyre accumule les succès, battant à trois reprises des troupes royales pourtant supérieures en nombre.

Les nouveaux maîtres du jeune officier sont ravis. Comment pourraient-ils s'imaginer un seul instant que ces victoires ne sont que le fruit de l'accord secret intervenu entre Darius et Zopyre ? Le roi n'a délégué à ces combats que des régiments de peu de valeur militaire, et les hommes n'y étaient équipés que de simples épées... Impressionnés par les succès du jeune officier, convaincus de sa fidélité et assurés aussi d'avoir désormais pour général un véritable stratège, les Babyloniens nomment dès lors Zopyre commandant en chef de leur armée. La suite est d'une simplicité enfantine. Quelques jours plus tard, à la faveur d'un assaut de Darius, le nouveau défenseur de Babylone livre aux troupes royales deux portes mal surveillées de la cité. Nadintabel, chef de la garnison, et trois mille de ses partisans sont mis à mort. Quant à Zopyre, il reçoit, en récompense de son dévouement, le gouvernement de la ville et l'assurance qu'il n'aurait jamais à payer de tribut...

Le rôle de l'espionnage vu par les stratèges grecs

Tournés vers la domination des mers, mais ne négligeant aucunement pour autant le contrôle des terres, les Grecs de l'âge classique sont passés maîtres dans l'art de la guerre. Leurs stratèges sont donc des experts polyvalents, aussi à l'aise dans les manœuvres de l'infanterie lourde que dans celles de la cavalerie et de la marine. Ils savent qu'aucun détail ne doit être négligé pour remporter la victoire. Et s'ils s'attachent à développer la poliorcétique (l'art d'assiéger les villes), ils ne dédaignent pas la logistique (approvisionnement des troupes) ni, bien entendu, l'espionnage[15].

Relatant les conditions de la chute de la ville de Chios (le principal marché d'esclaves de la Grèce antique), aux mains des Perses en 494 av. J.-C., Enée le Tacticien décrit, dans son traité *La Tactique et le Siège des villes*[16], l'importance de la conspiration : *"Au moment de la trahison qui allait livrer Chios, l'un des magistrats qui faisait partie des traîtres et qui trompait ses collègues, les amena à son avis en disant que, puisqu'on était en période de paix, il fallait mettre à sécher sur la terre ferme la chaîne du port qu'on aurait d'abord tirée de l'eau, puis la passer au goudron, vendre les vieux agrès des navires, remettre en état les parties délabrées des hangars à bateaux, le dépôt attenant et la tour, où résidaient les magistrats, attenante au dépôt, afin d'avoir un prétexte pour procurer, en plus du reste, des échelles aux soldats qui devaient occuper les hangars, le dépôt et la tour. Il conseilla même, encore, de licencier la majorité des hommes de la garnison, afin qu'à partir de ce moment, la défense soit réduite au minimum pour la ville. Par d'autres remarques de même nature, il amena ses collègues aux mesures qui, précisément, devaient aider les traîtres et les assaillants à prendre la place"*[16].

Dans *L'Hipparque*, le traité d'utilisation de la cavalerie qu'il rédigea à l'âge de soixante ans, Xénophon (v. 426-354 av. J.-C.) — rendu célèbre par *L'Anabase*, récit circonstancié de "la retraite des dix mille" qu'il dirigea en huit mois sur deux mille cinq cents kilomètres, tout en combattant incessamment —, insiste lui aussi sur l'importance de l'espionnage. Non seulement il faut, aux yeux du stratège, disposer en avant de ses troupes des éclaireurs (*"car il est utile, soit pour attaquer, soit pour se garder, de découvrir l'ennemi d'aussi loin que possible"*[17]), mais encore et surtout, chaque offensive doit être soigneusement préparée : *"Il convient que le commandant prenne la peine, pendant la paix, de se familiariser à la fois avec le pays ennemi et le pays ami; si cette connaissance lui manque, qu'il prenne du moins avec lui parmi ses hommes ceux qui connaissent le mieux chaque endroit"*[17].

Enfin, *"il faut encore se préoccuper, avant la guerre, d'avoir à son service des espions dans les Etats neutres et parmi les marchands, car tous ceux qui apportent quelque chose sont toujours les bienvenus dans tous les Etats. Les faux transfuges aussi sont quelquefois utiles. Il ne faut toutefois jamais, sur la foi de ces espions, négliger de se garder..."*[17].

L'espionnage dans la conquête de la Gaule

En 58 av. J.-C., Jules César se lance à la conquête des Gaules et vole de victoire en victoire. L'historien romain Suétone[18] résume ainsi ses neuf années de commandement : *"Toute la Gaule, qui est comprise entre les Pyrénées, les Alpes, les Cévennes, les fleuves du Rhin et du Rhône, et dont le pourtour mesure environ trois millions deux mille pas, fut, à l'exception des cités alliées et de celles qui avaient bien mérité de Rome, réduite par lui à l'état de province... au milieu de tant de succès, il n'éprouva pas plus de trois revers : l'un en Bretagne (il s'agit ici de la Grande-Bretagne), où sa flotte fut presque anéantie par une violente tempête; l'autre en Gaule devant Gergovie, où une légion fut mise en déroute; la troisième sur le territoire des Germains où ses lieutenants Titurius et Aurunculeius périrent dans une embuscade"*[20].

Ces succès s'expliquent, en grande partie du moins, par la préparation méticuleuse de chaque mouvement. Quand il mène les légions au combat, César utilise systématiquement l'espionnage : l'art de la guerre, pas plus à son époque qu'à la nôtre, ne souffre l'improvisation. C'est d'ailleurs ce que souligne

---

Hannibal, le favori du dieu Ba'al

En cent dix-huit années, de 264 à 146 av. J.-C., se joue l'un des conflits les plus importants de l'histoire de l'humanité : durant les "Guerres puniques", Carthage et Rome s'affrontent jusqu'à la destruction de la première, qui avait pourtant bâti un orgueilleux empire maritime[19].

L'une des figures majeures de ces guerres, qui vont faire des centaines de milliers de victimes et aboutir à la suprématie de l'Occident sur le monde civilisé, mérite que nous nous y attardions. Hannibal, général carthaginois, est décrit par ses contemporains comme un homme rusé. Il utilise, par exemple, toute une collection de perruques et de déguisements qui lui permettent de se déplacer dans ses propres camps sans être reconnu et ainsi de mieux juger de l'état d'esprit de ses soldats.

Mais s'il s'intéresse fort à ce qui se passe chez lui, Hannibal ne reste évidemment pas indifférent aux intentions de ses adversaires : avant l'offensive victorieuse (mais sans lendemain) qu'il mènera contre Rome, de 218 à 216 av. J.-C., il prend soin d'implanter en Italie un véritable "réseau" d'espions qui le renseigneront sur le pays à l'assaut duquel il se lance. Mais ces espions, pas plus que ceux dont Carthage dispose dans ses nombreux comptoirs maritimes, ne pourront changer le cours de l'Histoire : la puissance montante, c'est bien Rome et c'est donc elle qui va triompher. Les jours de la vieille cité punique sont comptés...

Suétone : *"Au cours de ses expéditions, on ne saurait dire s'il l'emportait en prudence ou en témérité; jamais il n'emmena son armée par des routes semées d'embûches sans avoir bien examiné la disposition des lieux, et ne la transporta en Bretagne qu'après avoir étudié par lui-même les ports, la navigation, et les moyens d'aborder dans cette île..."* [21]. Si ce récit nous prouve l'importance que l'un des plus grands généraux de la Rome antique accorde au renseignement, il manque malgré tout d'exactitude. Bien que réputé pour le soin qu'il met à vérifier chacune de ses informations, Suétone se trompe : ce n'est pas César qui se rend en personne sur les côtes de Bretagne, mais l'un de ses officiers, Caïus Volusénus Quadratus, que le conquérant lui-même qualifie dans ses commentaires sur la Guerre des Gaules *"d'homme aussi valeureux que judicieux"* [22].

La mission de Caïus Volusénus

Cherchant à recueillir le maximum d'informations possible sur l'île qu'il se propose d'envahir, Jules César a commencé par faire rassembler de nombreux marchands qui ont l'habitude de se rendre en Bretagne, mais ils ne lui seront d'aucune utilité, car la plupart d'entre eux ne s'étaient jamais aventurés très avant à l'intérieur des terres : *"Aussi (...) ne put-il rien apprendre ni sur l'étendue de l'île, ni sur la nature et le nombre de nations qui l'habitent, ni sur leur manière de faire la guerre ou leurs institutions, ni sur les ports qui étaient capables de recevoir une grande quantité de gros vaisseaux..."* [23]. Les questions que César pose à ces marchands ont toutes leur importance, puisqu'elles nous permettent de nous rendre compte de ce qui intéresse les Romains : des renseignements militaires — sur les possibilités de faire accoster la flotte ou sur les techniques de combat des futurs adversaires —, mais aussi géographiques (l'étendue de l'île), et même politiques — le nombre de nations qui habitent le pays, leurs coutumes et leurs institutions. La multiplicité des centres d'intérêt de César est directement liée à sa manière de faire la guerre : pour diviser ses adversaires, en "retourner" certains et les amener dans son camp, et enfin, pour détruire le potentiel militaire de ceux qui sont le plus dangereux, il se doit d'être en possession du maximum d'informations possible.

César peut d'autant moins se résigner à l'échec de sa première tentative de recueil de renseignements que la Bretagne est, pour lui, un objectif de choix : dans presque toutes les guerres menées contre les Gaulois, nous apprennent ses *Commentaires*, ses ennemis ont reçu des secours de cette île mystérieuse. Il confie donc à Caïus Volusénus une mission dangereuse et l'envoie vers les côtes bretonnes avec un navire de guerre : *"Il lui donne mandat de faire une reconnaissance d'ensemble et de revenir au plus tôt"* [24]. A peine son fidèle lieutenant parti, César reçoit des émissaires venus de l'île, qui, ayant appris des marchands interrogés par les Romains que ceux-ci nourrissent l'ambition de les soumettre, lui font des offres de paix. Le général les endort par des promesses. Mais déjà, *"Volusénus ayant reconnu les contrées autant qu'il put le faire, revient au bout de cinq jours près de César et lui rend compte de ce qu'il avait vu"* [25]. Lors de sa mission, Volusénus n'a pu débarquer, il s'est donc contenté d'observer les côtes depuis son bateau, mais a ramené, malgré tout, des informations assez précises.

Renseignement systématique

Les Bretons ne seront pas les seuls à faire les frais du travail fourni par les espions de César. Les Helvètes ont déjà payé leur tribut à l'efficacité de ces espions : *"On rapporte à César que les Helvètes se proposent, en passant par le territoire des Séquanais et des Eduens, de gagner le pays des Santons..."* [26]. Ces renseignements lui permettront de prendre les mesures qui s'imposent, mais après la défaite des Helvètes, le renseignement ne perd pas ses droits : *"On trouve dans le camp des Helvètes des tablettes écrites en caractères grecs et qui furent remises à César... Ces tablettes contenaient la liste nominative de tous les émigrants en état de porter les armes..."* [27].

Dans un autre cas encore, nous savons que les complots du chef éduen[28] Dumnorix, qui tente de coaliser les autres chefs gaulois pour défendre ses intérêts personnels, sont dénoncés à César par de nombreux rapports qui lui permettent d'agir à temps[29].

Au-delà des exemples et des anecdotes qui illustrent l'existence d'un afflux constant de renseignements, nous avons toutefois quelques difficultés à comprendre comment fonctionnaient les services secrets de César. Dans le cas de la mission de Caïus Volusénus en Bretagne, cependant, il s'avère qu'en fait, c'est Servius Sulpicius Galba[30] qui lui a confié cette tâche. Or, Galba est le responsable des communications entre les différents corps d'armée, et il est chargé, en particulier, de maintenir la liaison entre les légions présentes en Gaule et l'Italie. Il semble donc que le renseignement militaire, sous César, ait dépendu des officiers chargés de la logistique et de la poste. Et, en tout état de cause, ce sont ses lieutenants les plus proches qui sont chargés de cet aspect des choses. Ces hommes de confiance pratiquent quotidiennement l'espionnage et le contre-espionnage et exigent, entre autres, que chaque prisonnier soit interrogé (au besoin sous la torture), sur l'état d'esprit de l'armée à laquelle il appartient, ses effectifs et ses ressources. Ces interrogatoires sont réellement conduits de manière systématique. Il ne se passe quasiment pas un chapitre dans les *Commentaires sur la Guerre des Gaules* sans que César ne fasse allusion à des *"informations recueillies auprès de prisonniers"*.

L'importance de l'espionnage et de cette indispensable connaissance préalable qu'il procure, est d'autant plus aiguë, à l'époque de la conquête des Gaules, que le chef militaire, dans l'Antiquité, combat lui aussi dans la mêlée avec ses hommes. L'idée qu'il peut se faire de l'évolution de la bataille est donc le plus souvent circonscrite, par la force des choses, à la partie du champ de bataille sur laquelle il se trouve. Dépourvu d'une vision d'ensemble, il ne peut donc toujours donner les ordres nécessaires, et le déroulement de la bataille dépend, en très grande partie, de la manière dont elle a été préparée, donc, entre autres, des renseignements obtenus et de l'exploitation qui en a été faite.

Absence de politique de renseignement chez les Gaulois

Les sources dont nous disposons et les analyses des spécialistes en ce qui concerne l'espionnage du côté gaulois sont contradictoires. Ainsi, Albert Grenier, professeur au Collège de France et spécialiste incontesté de la Gaule, souligne que les Gaulois qui ne craignaient pas la mort — elle n'est qu'un épisode au cours d'une longue existence — combattent à la loyale : ils se jettent en masse dans la bataille, répugnent aux embuscades et autres pièges, combattent le plus souvent sans tactique réelle et s'en remettent aux dieux. *"S'ils étaient vaincus, c'est que les dieux les avaient abandonnés et n'approuvaient pas leur résistance; il ne restait donc qu'à se soumettre..."* [31]. Témoin de cet état d'esprit : à la bataille d'Alésia, qui sera fatale aux rêves de liberté de Vercingétorix, l'armée qui vient au secours du chef gaulois se jette sur les lignes romaines sans avoir pratiqué la moindre reconnaissance. Elle est repoussée...

Ces traits de caractère, rapidement esquissés, nous font évidemment supposer que les Gaulois répugnaient à l'utilisation d'espions. S'il est un domaine, pourtant, où rien n'est sûr, c'est bien celui-ci. Du reste, César, dans un long développement sur les mœurs des Gaulois, n'hésite pas à affirmer que *"les Etats qui passent pour les mieux administrés ont des lois prescrivant que quiconque a reçu d'un pays voisin quelque nouvelle intéressant les affaires publiques doit la faire connaître au magistrat sans en faire part à aucun autre, parce que l'expérience leur a appris que, souvent, des hommes imprudents et ignorants s'effraient de fausses rumeurs, se portent à des excès et prennent les plus graves résolutions. Les magistrats cachent ce qu'il leur semble bon, et ne livrent à la multitude que ce qu'ils croient utile de lui dire"* [32]. Mieux encore : César nous donne un exemple pratique d'espionnage gaulois, à l'occasion de sa campagne contre les Belges : *"Un grand nombre de Belges soumis et d'autres Gaulois avaient suivi César et faisaient route avec lui. Certains d'entre eux, comme on le sut plus tard par les prisonniers, observèrent, pendant ces derniers jours, l'ordre de marche de l'armée, se rendirent auprès des Nerviens et leur expliquèrent que chaque légion était séparée de la suivante par une grande quantité de bagages, qu'il serait aisé d'attaquer la première légion à son arrivée au camp, quand les autres légions seraient encore à une grande distance..."* [33]. Et, des années plus tard, quand il va affronter César et se réfugier non loin d'Avaricum (Bourges), Vercingétorix, *"au moyen d'éclaireurs réguliers, savait à chaque instant du jour ce qui se passait devant Avaricum..."* [34].

En fait, il semble que l'erreur des Gaulois, dans ce domaine, est de ne pas systématiser la recherche du renseignement utile, comme le font les Romains. Mais ce manque de méthode n'est-il pas, en toutes choses, l'un de leurs traits dominants ? Comme le dit Albert Grenier : *"Les Gaulois se souviennent trop des succès remportés jadis sur des armées qui n'avaient pas la consistance de celle de César... Ils continuent à se battre comme des barbares contre d'autres barbares et ils ont en face d'eux César et ses légions..."* [35]. Aujourd'hui, on dirait sans doute qu'ils avaient une guerre de retard...

L'espionnage à Byzance

En 476 après J.-C., l'Empire romain d'Occident s'effondre : l'Europe s'enfonce pour près de mille ans dans la barbarie. Mais en Orient, Constantinople (fondée entre 324 et 330 par l'empereur Constantin Ier le Grand) et l'Empire byzantin maintiendront pour dix siècles le flambeau. En 1453, la prise de Constantinople par les Turcs, qui en feront la capitale de leur Empire ottoman, mettra fin à ce millénaire[36]. Raffinée, complexe, parfois cruelle, la civilisation byzantine a, elle aussi, marqué l'histoire de la stratégie et, partant, celle de l'espionnage. Presque constamment en guerre, isolée entre des populations hostiles, Byzance se doit de rester perpétuellement sur ses gardes. L'Empire entretient donc un service de renseignement qui non seulement l'informe en permanence des desseins de ses ennemis mais, de plus, peut, le cas échéant, mener de véritables opérations de guerre psychologique, l'une des grandes spécialités des Byzantins, passés maîtres dans l'art subtil de diviser et d'affaiblir leurs adversaires par la ruse. Le voyageur arabe Ibn Hawqal[37] témoigne ainsi, au Xe siècle, de la politique de renseignement de Constantinople : *"Ils ont envoyé leurs navires, avec des marchandises de commerce, en pays musulman; les équipages parcouraient le pays et le visitaient avec soin, prenaient secrètement des informations, puis revenaient, bien renseignés sur la situation de la région, et rapportaient ces renseignements à leurs compatriotes"* [38].

Experts dans l'utilisation des agents de renseignement, les Byzantins ont théorisé cette activité. Maurice (empereur de 582 à 602) écrit le *Strategikon* vers l'an 600. Dans la lignée des penseurs grecs et romains, il recommande aux chefs

> ### *Onosander, le Commandant*
>
> L'art du renseignement ne se perdra pas après la mort de César. Quelques dizaines d'années plus tard, le stratège d'origine grecque Onosander couche sur le papier ce qui doit, d'après lui, être la science du chef d'une armée. Sur l'espionnage, il a ces mots surprenants pour l'époque : *"L'usage ordinaire est de condamner à mort les espions. Mais si l'armée est en bon état, et supérieure à celle de l'ennemi, on peut leur faire grâce, et les renvoyer après leur avoir fait observer, même, le nombre et la discipline des troupes. Leurs avis intimideront l'ennemi, bien plus qu'ils ne lui seront avantageux..."*[39].
>
> Le même explique aussi à quel point il faut se méfier des transfuges. On se souviendra que Xénophon conseillait l'usage de faux transfuges et Onosander, c'est évident, a bien lu le maître grec : *"Le général prudent se défie de tout transfuge ennemi qui offre de lui dévoiler des secrets importants. S'il s'en trouve quelqu'un, cependant, qui propose les moyens de surprendre l'ennemi, d'y conduire par des chemins inconnus, et qui marque l'heure propre à l'entreprise, alors, le général intelligent pèse les circonstances du projet, et, s'il y trouve de la probabilité, il s'assure de sa personne, le conduit avec l'armée pieds et poings liés, et lui promet sa délivrance et une récompense s'il a dit vrai, ou le supplice s'il a dit faux..."*[39]
>
> En 88 après J.-C., un autre stratège romain, Sextus Julius Frontin[40], écrit le *Stratagematicon*, une vaste compilation de faits militaires et de notions stratégiques diverses. Il cite de nombreux exemples de l'utilisation des espions, comme celui de Caïus Lelius qui, rendant visite à Syphax - roi des Numides qui, après avoir été l'allié de Rome, la trahira au profit de Carthage et mourra en captivité -, amène avec lui, comme espions, des tribuns et des centurions (donc des hommes rompus au commandement et experts dans la chose militaire) qu'il fait passer pour des esclaves ou des officiers de sa garde. Il n'hésite pas, rapporte Frontin, à les frapper en public pour mieux les crédibiliser. Autre exemple, celui de Ventidius, lieutenant de Marc Antoine, qui découvre lors de la campagne contre les Parthes[41] qu'un de ses alliés le trahit. Loin de s'en défaire ou de le châtier, il lui communique volontairement de fausses informations que le traître s'empresse de faire passer à l'ennemi, avec les conséquences que l'on imagine.

de guerre de se préparer en permanence à la bataille, en accumulant les connaissances sur l'ennemi et sa manière de combattre : *"Il faut envoyer constamment et à intervalles réguliers des éclaireurs vigilants, des espions et des patrouilles pour obtenir des renseignements sur les mouvements de l'ennemi, ses forces et son organisation, de façon à se prémunir contre les surprises"* [42].

Léon VI "le Sage" (865-911) rappelle dans la *Taktika*, écrite vers 900, la nécessité de recevoir favorablement tous les traîtres, soit de la ville ou du pays ennemi : *"Tenez-leur vos promesses s'ils vous disent la vérité, non seulement à cause d'eux, mais afin de vous en attirer d'autres. L'utilité qu'on retire d'un bon espion est beaucoup au-dessus de ce qu'on lui donne..."* [43].

La formidable machine de renseignement mongole

En 1209, Gengis Khan entame la série de campagnes militaires qui vont lui permettre, en vingt ans, de dominer la plus grande partie de l'Asie et de se créer un empire démesuré allant de Samarcande à Pékin.

Il a plus de quarante ans et vient de passer les trente premières années de son existence à soumettre les tribus à son pouvoir et à mettre sur pied une véritable fédération mongole. Pour mesurer le chemin parcouru, il suffit de savoir qu'il est parti de rien : encore très jeune à la mort de son père, celui qui s'appelait encore Temudjin — avant d'être proclamé Gengis Khan, chef (khan) suprême — avait été trahi par tous et ne pouvait compter que sur une dizaine de fidèles et autant de chevaux ! Pour unifier des tribus farouchement jalouses de leur indépendance, il a dû tout inventer : un Empire, un code juridique, une armée et... un service d'espionnage. Ce dernier jouera un rôle essentiel dans la stratégie mongole. L'armée de Gengis Khan a toujours compté des effectifs assez réduits — de cent vingt mille à un peu plus de deux cent mille hommes, suivant les périodes — et chaque campagne devait donc être préparée avec un soin minutieux.

Des éclaireurs et des espions s'infiltrent — parfois avec plusieurs années d'avance ! — dans les régions que les Mongols comptent asservir. Ces hommes aux nationalités multiples — on trouve parmi eux des Mongols, bien sûr, mais aussi des Chinois, des Russes, des Polonais — rassemblent tous les renseignements qu'ils peuvent trouver et les transmettent aux lieutenants de Gengis Khan qui forment le *Kouriltaï*, le conseil militaire de l'empereur.

L'importance de la rapidité

L'une des forces essentielles de ce système est la rapidité avec laquelle les informations sont transmises. Dominant une zone immense, Gengis Khan a eu l'intelligence de créer un système de poste révolutionnaire connu sous le nom de *Yam* : tout le territoire de l'empire est couvert d'un réseau très dense de relais postaux, comptant au total plusieurs centaines de milliers de chevaux, qui permettent à un message d'être acheminé de la Hongrie ou de la Russie au cœur de l'Asie à une vitesse inouïe pour l'époque. Certains cavaliers lancés à bride abattue à travers les plaines de l'Est de l'Europe arrivent à parcourir plus de deux mille kilomètres en dix jours (!), ne descendant de cheval que pour en changer... Cette rapidité devient évidemment cruciale dès que l'armée s'ébranle. Celle-ci est en effet fréquemment précédée par des agents se trouvant à... plusieurs milliers de kilomètres en avant des terribles colonnes de la cavalerie mongole. Les généraux disposent ainsi d'une connaissance exceptionnellement précise du terrain, de sa nature, des effectifs ennemis, de leur composition et de leur puissance. Ces informations permettent aux Mongols d'appliquer avec succès leur stratégie basée, entre autres, sur la ruse et sur de complexes mouvements tournants afin de prendre les armées ennemies en tenaille.

Du point de vue purement politique, le renseignement mongol s'intéresse particulièrement aux liens de famille des princes dominant les pays qu'ils veulent conquérir : en sachant avec qui un prince est apparenté, on peut en déduire les renforts sur lesquels il peut compter et il suffit alors de s'intéresser à la force de ces armées qu'il faudra sans doute affronter.

Enfin, par divers témoignages, dont celui du moine franciscain Guillaume de Rubrouck[44], nous savons que les Mongols pratiquent le contre-espionnage en virtuoses : les visiteurs et les ambassadeurs à la cour impériale sont logés séparément et ne se rencontrent jamais, mais surtout, chacun est soigneusement interrogé. Les renseignements ainsi recueillis vont augmenter la connaissance préalable que se forgent les généraux mongols en vue de leurs futures campagnes...

L'espionnage dans le Moyen Age occidental

Le Moyen Age occidental verra se développer quelques grands réseaux d'espionnage sur lesquels, malheureusement, peu d'informations nous sont parvenues. Mais il est évident que les Templiers, pour ne prendre qu'un exemple, tout à la fois ordre guerrier, organisation charitable et véritable banque des Croisades, disposent, grâce au maillage étroit de leurs commanderies et hospices et à leur présence dans tous les pays d'Occident et en Orient, d'agents discrets capables de les informer (et d'informer leurs clients) sur la situation du monde. Ce privilège, qui s'explique en partie, dans le cas du Temple, par les bons rapports que celui-ci entretient avec le monde musulman, doit d'ailleurs plus que probablement être partagé avec les autres ordres militaro-religieux et même simplement religieux de l'époque. Qui mieux que les moines et les prélats — qui ont maintenu la connaissance de l'écriture et de la lecture, disposent tout à la fois d'une vaste organisation européenne de couvents, monastères et autres cloîtres et d'une langue universelle, le latin, et qui, surtout, voyagent incessamment — pourrait se tenir informé des secrets du monde ? C'est cette connaissance intime des secrets des cours européennes, mais aussi des réalités du monde extérieur, qui permettra au Saint-Siège d'affirmer progressivement son pouvoir politique.

En tous cas, les Templiers sont considérés comme tellement au fait des choses de l'Orient que, lorsque le pape Clément V envisage de lancer une nouvelle Croisade en 1306, c'est le Grand Maître de l'ordre du Temple, Jacques de Molay (qui sera arrêté un an plus tard sur ordre de Philippe le Bel), qu'il convoque tout naturellement pour se faire expliquer la situation politique et militaire en Terre sainte.

Complots, trahisons et espionnage durant la guerre de Cent Ans (1337-1453)

Affrontement sans merci entre la France et l'Angleterre, la guerre de Cent Ans va dégénérer, en France, au début du XVe siècle, en une guerre civile sanglante, opposant Armagnacs (qui défendent les intérêts de la famille d'Orléans) et Bourguignons (soutenant la cour de Bourgogne, qui finira par s'allier aux Anglais). Cette lutte est caractérisée par de nombreuses intrigues et complots. La partie est trop belle pour les espions et autres hommes d'influence ou agents spéciaux de tous bords, qui peuvent s'en donner à cœur joie.

Ainsi, le 13 octobre 1411, c'est grâce à un traître, Colinet de Puiseux, que les Armagnacs prennent le pont de Saint-Cloud, *"y passant par le fil de l'épée beaucoup de braves gens"*[45]. Dix jours plus tard, au cours d'une contre-offensive, Colinet est capturé *"dans l'Eglise de Saint-Cloud, tout en haut du clocher, déguisé en prêtre"*[46]. Son châtiment sera à la hauteur de son crime : *"C'est ainsi (le 12 novembre) qu'il fut mené à l'échafaud, dépouillé, mis tout nu et décapité. Il fut dépecé et ses quatre membres furent suspendus chacun à l'une des portes principales de Paris, et son corps fut mis dans un sac au gibet..."*[47]. C'est qu'on ne badine pas, en ces temps, avec la trahison. Le 10 juin 1413, c'est l'écuyer Colin de Brie qui est exécuté : arrêté un peu plus tôt au pont de Charenton, reconnu pour un Armagnac, il a été trouvé en possession d'une forte somme d'argent qu'il est chargé de remettre, pour compte de ses maîtres, au prévôt des marchands, Pierre des Essarts, qui sera lui-même décapité[48]. Le 29 mai 1418, un certain Perrinet Le Clerc, fils d'un riche marchand nommé Regnault, secrètement gagné à la cause bourguignonne (Paris est passée sous contrôle des Armagnac depuis 1414), à la seule fin d'assouvir quelque inavouable vengeance, dérobe à son père, qui en dispose en temps que chef d'une milice de quartier, les clés de la porte Saint-Germain-des-Prés et, avec quelques autres conjurés, ouvre la porte au Sire de l'Ile-Adam et à huit cents hommes à cheval. En une nuit, Paris change de maître.

Quatre ans plus tard, le duc de Bedford, représentant les intérêts de Londres, découvre un autre complot. Michel Laillier, un notable que l'on croit dévoué au parti anglo-bourguignon, en est l'âme. Il réussira à s'enfuir, mais plusieurs de ses complices, bourgeois de Paris humiliés par l'occupant qui n'hésite plus à mettre en circulation des monnaies à l'effigie d'Henri VI, *"roi de France et d'Angleterre"* [49], n'auront pas cette chance et mourront de la main du bourreau. La présence des agents du parti Armagnac, pourtant, ne se dément pas. Ainsi, le jour de la Saint-Augustin 1430, nous raconte une chronique, *"environ cinquante ou soixante voituriers de Paris ou des environs allèrent chercher des blés nouveaux près du Bourget... Les Armagnacs l'apprirent par leurs espions qui étaient toujours en assez grand nombre à Paris et se jetèrent sur eux avec de grandes forces..."* [50]. En 1436, quatorze années après sa fuite, Michel Laillier, décidément éternel comploteur, *"esprit audacieux et patriotique, non découragé par l'insuccès de précédents complots"* [51], envoie avertir secrètement les hommes du duc de Bourgogne (qui a rompu, l'année précédente, avec les Anglais, pour embrasser la cause du roi de France) qu'il est prêt à leur ouvrir les portes de Paris. Un accord est conclu et, dans la nuit du 13 avril 1436, les Bourguignons entrent dans Paris : *"L'Isle-Adam, qui, le premier, était entré dans la ville au nom des Bourguignons le 29 mai 1418, introduit par la conspiration de Perrinet le Clerc, brigua le danger d'y pénétrer cette fois encore le premier, au nom de Charles VII"* [52]. Michel Laillier, sur ces entrefaites, ne perd pas son temps : il a rassemblé aux Halles les autres conjurés et ceux-ci se répandent dans la ville aux cris de *"Vive le roi et le duc de Bourgogne !"*. En peu de temps, Paris est en état de siège; ses habitants, en fait, grâce au courage impétueux de Laillier, se libéreront eux-mêmes sans que les Bourguignons aient réellement à combattre. En récompense de ses bons et loyaux (et longs !) services, l'intrépide bourgeois est fait prévôt des marchands.

Mais le parti des Anglais ne l'entend pas de cette oreille et, cruelle, la guerre secrète continue, comme en témoigne la découverte, en mars 1437, d'un véritable réseau formé de hauts fonctionnaires : *"Le 26 mars, trois hommes furent décapités : l'un, Jacques de Luvay, était avocat au parlement; le second, Maître Jacques Rousseau, était membre de la chambre des comptes; l'autre était un ancien garçon boucher devenu poursuivant (maître des Requêtes) qui livrait aux anciens ennemis de la France tous les secrets de Paris, que lui faisaient parvenir les deux autres..."* [53]. Le "complot", qui a pour objet de prévenir les Anglais quand une ville placée sous leur contrôle est prête à faire défection, a d'importantes ramifications puisque, quelques jours plus tard, c'est un nommé Miles de Saulx, procureur au parlement, qui est arrêté à Beauvoir-en-Brie : il repérait, avec ses valets, les souterrains des anciennes carrières de Paris qui auraient pu permettre aux Anglais de s'infiltrer dans la ville.

Naissance de l'homme d'affaires et du renseignement commercial

Ouvrez les journaux de la fin des années quatre-vingt. Vous y trouverez, sous quelques bonnes plumes, des analyses expliquant la nécessité, pour le renseignement occidental, de se recentrer sur de nouvelles activités alors que le bloc soviétique est en train de s'écrouler et qu'il ne nécessite plus, semble-t-il, qu'on lui consacre tant d'efforts. L'une de ces nouvelles pistes — en cette période de crise où l'on est prêt à tout pour s'assurer de nouveaux marchés —, c'est le renseignement économique, censé permettre de remporter des victoires commerciales. Mais nos penseurs modernes n'ont, une fois de plus, rien inventé...

A compter du XIIIe siècle, et jusqu'à la fin du Moyen Age, une nouvelle classe sociale fait son apparition en Occident : les marchands des villes s'organisent et commencent à développer une économie d'échanges ouverte sur le monde extérieur. Du nord de l'Italie à la Flandre, de Venise à Bruges, drapiers, marchands d'épices et banquiers prospèrent et tiennent le haut du pavé. Mais pour commercer, il faut s'informer, se tenir au courant des affaires du monde, qu'elles soient financières ou politiques. C'est l'époque où les grands marchands sont aussi de grands voyageurs, comme le prouve, entre mille autres, le voyage entrepris en 1271 par deux Vénitiens, les frères Niccolo et Matteo Polo qui, partant pour l'Orient, emmènent leur fils et neveu, Marco. Ils resteront absents un quart de siècle et Marco occupera de hautes fonctions dans l'empire mongol. Ayant quitté Venise à dix-sept ans, il est âgé de quarante et un ans quand il y revient.

Le cas des Polo n'est pas isolé : aussi étonnant que cela puisse paraître, si l'on pense aux distances à parcourir, à l'inconfort des voyages et à leurs multiples dangers, les marchands voyagent. Ils sont les vrais aventuriers de cette fin de Moyen Age. Et, en voyageant, ils essaiment des succursales de leurs banques et commerces, créent des comptoirs, ouvrent des routes et passent de solides accords avec d'autres marchands. Tout les intéresse. Car tout peut valoir de l'argent ou éviter d'en perdre. L'information, plus que jamais, c'est du bon or, sonnant et trébuchant. L'historien Jean Favier s'est penché sur la question : *"Il y a le risque de mévente. Il y a, plus simplement, celui d'un investissement sans profit. Qui dit mode, dit prix. Entre 1350 et 1400, le menu vair* (fourrure du "petit-gris", écureuil de Russie au pelage gris argenté, n.a.) *perd à Paris 40%, à Avignon 50% de sa valeur moyenne en argent. Et les variations d'une année sur l'autre peuvent atteindre 30%. Quand on sait qu'en trois mois de l'été 1384, le port de Londres voit passer 396 087 peaux, dont 377 000 peaux d'écureuil, on mesure ce qu'une erreur dans les achats à Torun, Danzig ou Novgorod signifie de profits manqués ou de stocks invendables. Un informateur perspicace et bien introduit, c'est de l'argent"* [54].

Grâce à leurs filiales, les marchands toscans n'ont aucune peine à mettre en place un bon système de recueil et de transmission du renseignement. De véritables bulletins d'analyses et d'informations — les lettres confidentielles de l'époque — circulent donc dans les milieux intéressés. Information économique, bien entendu, mais aussi politique : *"Le facteur établi à Paris sera félicité s'il s'avère que, comme il l'a écrit à son siège florentin au moment où les efforts du Duc de Bourgogne, Philippe le Hardi, et du Roi d'Angleterre, Richard II, semblent mettre fin à la guerre, la paix probable et l'alliance possible de la France et de l'Angleterre ne sauraient être scellés que par un mariage princier : si le roi d'Angleterre épouse une princesse française, il y aura grand-fête, et mieux vaudrait avoir en stock à Paris des bijoux que des armes"* [55].

Autre exemple de l'importance du renseignement politique : le banquier Peruzzi, apprenant à temps, en 1338, la déroute anglaise en Flandre, peut anticiper les mouvements de ses petits déposants qui savent à quel point son établissement est engagé dans le financement de cette expédition et les rassurer. Mais pour que l'information soit utile, elle doit effectivement arriver à temps. Les marchands le comprennent bien qui s'unissent pour créer des systèmes de poste privés dont les émissaires traversent l'Europe en tous sens, transportant non seulement le courrier de leurs mandataires mais aussi de leurs clients. Celui-ci, toutefois, n'est remis (les intéressés en sont prévenus) qu'avec un léger retard : le temps, c'est de l'argent... République d'aristocrates-marchands, puissance économique (et donc politique) considérable, Venise, dès le XIVe siècle, sera l'une des places disposant des réseaux les plus étendus : *"Le sénat est à même de connaître tous les jours, par les lettres des ambassadeurs, lues d'ordinaire le samedi, l'état du monde et de ceux qui le gouvernent"* [56].

Du côté de l'Orient extrême

Ce rapide aperçu du développement de l'espionnage jusqu'à la fin du Moyen Age ne serait évidemment pas complet si nous ne faisions pas une rapide incursion vers l'Extrême-Orient.

A tout seigneur, tout honneur : dès le IVe siècle av. J.-C., le Chinois Sun Tse, dans *L'Art de la guerre*, se penche longuement sur la question du renseignement. Il en conclut : *"Aussi, lorsque la guerre est résolue, que les troupes étant formées sont sur le point d'entreprendre, ne dédaignez pas d'employer la ruse. Informez-vous d'abord de tout ce qui concerne les ennemis, les rapports qui existent entre eux, leurs relations et leurs intérêts réciproques. A cet effet, n'épargnez pas l'argent. N'ayez pas plus de regret pour celui que vous ferez passer à l'étranger, soit pour créer des connivences, soit pour vous faire parvenir d'exactes informations, que pour celui que vous emploierez à solder vos troupes. Plus vous dépenserez, plus vous gagnerez. Vous faites un placement à gros intérêt. Ayez des espions partout pour être instruit de tout. Ne négligez rien qui doive être su, mais ce que vous aurez appris, gardez-le pour vous"*[57]. Bien entendu, Sun Tse, comme avant lui les stratèges grecs, sait qu'il ne suffit pas d'espionner : encore faut-il se protéger des espions de l'ennemi. Mais pas n'importe comment : *"Si vous les découvrez, gardez-vous de les faire périr. Leurs jours doivent vous être infiniment précieux. Ils serviront, sans qu'ils s'en doutent, à transmettre à l'ennemi des informations tirées des démarches calculées, des propos insidieux que vous aurez laissés porter à leur connaissance"*[58]. Une fois encore, soulignons l'étonnante modernité de cette vision des choses.

Mais refermons cette parenthèse asiatique. Le Moyen Age se termine. La Renaissance se profile à l'horizon : la société devient de plus en plus complexe, et pour répondre à cette complexité croissante, les espions vont devoir s'adapter. Les premiers services de renseignement vont bientôt voir le jour.

Δ

[1] Léon Homo, *Histoire d'Orient*, Paris, Librairie Arthème Fayard, 1945, p. 51.
[2] Passages extraits de : Adolf Erman, *Life in Ancient Egypt*, New York, Dover Publication, 1971, p. 528-529.
[3] *Idem*, p. 142-143.
[4] Ancien Testament (traduit sur les textes originaux hébreux et grecs par Louis Segond), Livre des Nombres XIII, 18-21.
[5] *Idem*, Nombres XIII, 21-22.
[6] *Idem*, Nombres XIII, 26.
[7] *Idem*, Nombres XIII, 31-32
[8] *Idem*, Nombres XIV, 7-9.
[9] *Idem*, Nombres XIV, 37.
[10] *Idem*, Josué II, 1.
[11] *Idem*, Josué II, 2.
[12] *Idem*, Josué II, 14.
[13] *Idem*, Josué II, 20-21.
[14] *Idem*, Josué VI, 25.
[15] Pour une rapide vue d'ensemble de cette période, mais aussi de l'évolution de la stratégie militaire à travers les âges, on se reportera au magnifique ouvrage, richement illustré, réalisé sous la direction du lieutenant-colonel Richard Holmes, maître de conférence à l'Académie royale militaire de Sandhurst : *Atlas historique de la Guerre. Les armes et les batailles qui ont changé*

le cours de l'Histoire, Paris, Lattès/Hachette, 1989. Pour qui souhaite aller plus loin et se référer aux textes fondateurs de tous les temps de la stratégie militaire, les auteurs ne pourraient que conseiller la remarquable *Anthologie mondiale de la stratégie. Des origines au nucléaire*, œuvre monumentale de Gérard Chaliand, Paris, Robert Laffont, 1990. Ils y ont fait, pour ce qui les concerne, de nombreux emprunts.

[16] Cité dans Gérard Chaliand, *op. cit.*, p. 21 et suivantes.

[17] *Idem*, p. 59-60.

[18] Fils de Tribun, Suétone (75-150 après J.-C.) sera avocat avant de se vouer à l'histoire. L'accès aux archives impériales du Palatin que lui concède Hadrien lui permet de rédiger ses *Vies des douze Césars*, biographies anecdotiques des empereurs. La plupart de ses œuvres n'ont malheureusement pas été préservées.

[19] Voir le très récent et fort intéressant ouvrage de Yann Le Bohec, professeur d'histoire romaine à l'université de Lyon III : *Histoire militaire des guerres puniques*, Monaco, éditions du Rocher, 1996.

[20] Suétone, *Vies des douze Césars*, Paris, Librairie Générale Française, 1961, p. 23-24.

[21] *Idem*, p. 50.

[22] Les sept livres rédigés par César sur la Guerre des Gaules (le huitième fut écrit par son secrétaire, Hertius, après sa mort) constituent, malgré un évident parti pris de l'auteur, une source de première main sur la vie en Gaule au moment de la conquête : César, *La Guerre des Gaules* (l'édition utilisée est celle de Maurice Rat pour Garnier-Flammarion, Paris, 1964), livre III, chap. V, p. 63.

[23] *Idem*, livre IV, chap. XX; p. 84.

[24] *Idem*, livre IV, chap. XXI, p. 84.

[25] *Idem*, p. 85.

[26] *Idem*, livre I, chap. X, p. 19.

[27] *Idem*, livre I, chap. XXIX, p. 29.

[28] Les Eduens forment l'un des plus puissants peuples de la Gaule, établi entre la Saône et la Loire, dans une partie du Nivernais et de la Bourgogne actuels.

[29] César, *op. cit.*, livre V, chap. VI-VII, p. 95-96.

[30] Lieutenant et ami de César, Servius Sulpicius Galba participe cependant au complot des Ides de mars, au cours duquel son ancien chef est mis à mort (44 av. J.-C.). Il combat alors contre Antoine, que défend, entre autres, son ancien agent Volusénus et, vaincu, meurt en exil.

[31] Albert Grenier, *Les Gaulois*, Paris, Payot, 1970, p. 163.

[32] César, *op. cit.*, livre VI, chap. XX, p. 132.

[33] *Idem*, livre II, chap. XVII, p. 52.

[34] *Idem*, livre VII, chap. XVI, p. 151.

[35] Albert Grenier, *op. cit.*, p. 164.

[36] Pour plus d'indications sur cette période, on se reportera à l'ouvrage d'Alain Ducellier, *Les Byzantins*, Paris, Seuil, 1988.

[37] Ibn Hawqal (920-988), voyageur infatigable, ramène de ses périples dans le monde musulman une *Configuration de la Terre*, qui peut être considérée comme un véritable guide de voyage.

[38] Alain Ducellier, *op.cit.*, p. 126.
[39] Cité dans Gérard Chaliand, *op. cit.*, p. 125.
[40] Sextius Julius Frontin, prêteur urbain (magistrat), plusieurs fois consul et gouverneur de Bretagne de 75 à 78 après J.-C.
[41] Peuple semi-nomade d'origine iranienne, les Parthes forment une société éminemment guerrière.
[42] Gérard Chaliand, *op. cit.*, p. 220.
[43] *Idem*, p. 239.
[44] Envoyé à la cour d'un prince mongol par Saint Louis en 1253, Guillaume de Rubrouck, missionnaire flamand, parcourt 16 000 kilomètres en deux ans, et ramène de cette expédition en Asie centrale un extraordinaire témoignage sur l'une des époques et des régions les plus troublées du Moyen Age, avant de se retirer au mont Athos.
[45] Ce témoignage et les suivants sont extraits du *Journal d'un bourgeois de Paris à la fin de la guerre de Cent Ans*, œuvre anonyme publiée par l'Union générale d'édition, Paris, 1963, p. 16.
[46] *Idem*, p. 17.
[47] *Idem*, p. 18.
[48] *Idem*, p. 22.
[49] Amédée Gouët, *Histoire des Règnes de Charles VI et Charles VII*, Bruxelles, Lebuègue et Cie, s.d., p. 283.
[50] Anonyme, *Journal d'un bourgeois de Paris à la fin de la guerre de Cent Ans*, op. cit., p. 122.
[51] Amédée Gouët, *op. cit.*, p. 420.
[52] *Idem*, p. 421.
[53] Anonyme, *Journal d'un bourgeois de Paris à la fin de la guerre de Cent Ans*, op. cit., p. 159.
[54] Jean Favier, *De l'or et des épices. Naissance de l'homme d'affaires au Moyen Age*, Paris, Fayard, 1987, p. 84-85.
[55] *Idem*, p. 85.
[56] Philippe Braunstein, Robert Delort, *Venise. Portrait historique d'une cité*, Paris, Seuil, 1971, p. 118.
[57] Gérard Chaliand, *op. cit.*, p. 306.
[58] *Idem*, p. 308.

2
De la Renaissance au XIXe siècle : apparition et première affirmation des services secrets

C'est avec la Renaissance que nous allons assister à la création des premiers vrais services secrets en Europe. Certes, à divers moments, au cours de l'Antiquité et du Moyen Age, nous avons vu se former des embryons de services de renseignement, et nous avons pu constater que certains conquérants, comme Jules César ou Gengis Khan, faisaient un usage systématique de l'espionnage. Mais en dépit de l'effort théorique des stratèges grecs qui ont commencé à codifier les pratiques du renseignement et qui, les premiers (avec, il est vrai, Sun Tse en Chine), ont jeté les bases de ce qui deviendra, petit à petit, une véritable théorie de l'espionnage, il ne s'agissait encore, pour l'essentiel, que d'efforts isolés, poursuivis par des personnalités hors du commun. Après leur disparition, ces velléités d'organiser le monde de l'action clandestine en un tout cohérent ont bien vite disparu. On pourrait continuer pendant des dizaines de pages à conter complots et missions secrètes sans qu'il n'en sorte autre chose qu'une grande impression de désordre : faute d'être structuré et poursuivi par un appareil digne de ce nom, le travail de ces premiers espions, pour essentiel qu'il puisse parfois paraître, ressort davantage de l'aventure individuelle que de l'activité consciente et organisée d'Etats qui, d'ailleurs, sont le plus souvent encore dans leur phase de gestation. Un petit bond dans le temps nous permettra d'être témoins de la fondation des véritables premiers services secrets.

C'est en Angleterre qu'ils vont voir le jour, sous le règne de la reine Elisabeth, et sous la pression des événements. Le contexte politique de ce XVIe siècle qui voit s'affirmer la Renaissance est en effet tendu : depuis deux cents ans, le monde catholique est l'objet de graves convulsions. Un peu partout, de la Bohème à l'Allemagne, en passant par l'Italie et les Pays-Bas, des hommes se lèvent pour dénoncer la corruption d'une Eglise romaine qui ploie sous l'or et s'asphyxie lentement dans les encens. Jusqu'à présent, toutefois, le dernier mot est toujours resté au pape et à ses alliés. Mais à partir du début du XVIe siècle, le vent tourne. Le 31 octobre 1517, Martin Luther affiche, aux portes du château de Wittenberg, ses *95 thèses* sur les réformes nécessaires de l'Eglise. En quelques années, parti simultanément d'Allemagne où œuvre Luther et de Genève où, depuis 1541, travaille Calvin, le protestantisme s'affirme comme une force religieuse et politique de premier plan. Dans les coulisses de la grande Histoire, bien entendu, espions et autres agents s'affrontent.

A la fin du siècle précédent, les rois très catholiques d'Espagne ont, pour lutter contre les *judaïsants* qui se sont convertis au catholicisme mais ont continué, dans la clandestinité, à pratiquer la religion juive, créé un tribunal spécial doté de pouvoirs exceptionnels : l'Inquisition. Celle-ci ne dédaigne pas de s'entourer d'agents secrets pour mener à bien la véritable croisade intérieure à laquelle elle se livre. Mais ces hommes font plus figure de policiers que de grands espions. Sous Charles Quint, le rôle de l'Inquisition est élargi : elle peut désormais s'intéresser à toutes les formes d'hérésie. Une répression féroce (en particulier dans les Pays-Bas espagnols qui englobent, en gros, les territoires actuels de la Belgique et de la Hollande) et la conjonction d'intérêts religieux et d'ambitions purement séculaires vont provoquer les guerres de Religion.

En 1558, succédant à Marie Tudor, Elisabeth monte sur le trône d'Angleterre. Sur tous les fronts, son royaume devient rapidement le grand défenseur des protestants. C'est dans ces années du début de la seconde moitié du XVIe siècle que s'ouvre une période particulièrement intéressante pour nous, puisque l'on s'accorde généralement à penser que la conception moderne du renseignement est née en Angleterre à cette époque. Soulignons au passage qu'en un peu plus de quatre siècles, le mode de recrutement des agents anglais a peu changé. A l'époque d'Elisabeth II comme à celle de son illustre homonyme, première du nom, les hommes de l'ombre sortent toujours — pour ce qui concerne, du moins, les échelons supérieurs de la profession —, dans leur majorité, des plus prestigieuses universités du pays et d'un milieu social assez circonscrit qui tend fortement à se confondre avec la *gentry*. S'il en est ainsi, c'est que, outre-Manche, il n'est pas considéré comme un déshonneur de servir son pays, et l'on peut y envisager une brillante carrière dans le monde du renseignement.

Le cas de la France, nous allons le voir, est un peu différent, puisque les espions y restent encore le plus souvent, du XVIe siècle à la Révolution française, des aventuriers isolés. Même Richelieu, qui fera un usage intensif de l'action secrète, ne créera pas une véritable administration pour gérer cet aspect de sa diplomatie, et il faudra attendre les tourmentes de la fin du XVIIIe siècle pour voir naître de véritables S.R. en France. Seules exceptions prérévolutionnaires : la tentative d'organisation du renseignement militaire par Louvois, sous Louis XIV et le *Secret du Roi*, sous Louis XV. Nous y reviendrons.

Naissance des services secrets anglais

Les guerres de Religion ont donc placé l'Angleterre au premier rang des défenseurs du protestantisme. Alors que l'Inquisition se déchaîne sur le continent européen et que les Pays-Bas sont en pleine rébellion contre le trône d'Espagne, les ports de la côte anglaise servent ouvertement de refuge aux navires des *Gueux des mers*[1] flamands qui se battent sur mer contre la domination espagnole. Très isolée, en butte à l'agressivité constante d'une Espagne qui se veut (et qui est) la championne de la Contre-Réforme, la reine Elisabeth n'a d'autre choix que de recourir à l'espionnage pour se tenir informée des manigances de ses ennemis. L'homme qui est chargé de superviser cet aspect de sa politique est l'un de ses plus proches conseillers, William Cecil, baron Burgley (1520-1598), grand Trésorier et chef du Conseil privé de la reine, qu'il servira avec constance et loyauté durant quarante ans. Arrêtons-nous un instant sur cette figure. L'homme en vaut la peine... Né en 1520 à Bourne, dans le Lincolnshire, il est issu d'une modeste ascendance. S'étant très tôt fait remarquer par d'incontestables qualités intellectuelles, il réussit à entrer à l'Université où sa puissance de travail, sa vive intelligence et sa prodigieuse mémoire attirent l'attention de ses maîtres. Entré au service de Lord Seymour[2], il devient, en 1558, secrétaire d'Etat et, dès lors, le confident de tous les instants de la nouvelle reine. N'ayant de cesse de renforcer le pouvoir de sa souveraine — mais aussi de faire de l'Angleterre protestante un pays fort et respecté —, il fonde un véritable service secret, la *Défense de l'Etat*, dont les attributions touchent à la fois le renseignement extérieur et le contre-espionnage. A vrai dire, ce service ne naît pas tout à fait de génération spontanée. Edouard III (1327-1377) avait déjà mis en place un embryon de S.R. Le père d'Elisabeth, Henri VIII, tout comme son grand-père Henri VII, fondateur de la dynastie des Tudor, avaient eux-mêmes poursuivi cette tradition, mais c'est incontestablement sous Elisabeth que sont réellement jetées les bases d'un grand service d'espionnage moderne. C'est l'un des proches collaborateurs de William Cecil qui attachera son nom aux S.R. élisabéthains et à la naissance des services secrets modernes : François Walsingham (1536-1590).

Né à Chislerhurst, dans le Kent, ce grand voyageur à l'esprit vif et observateur a passé, sous le règne de Marie Tudor, plusieurs années en exil sur le continent. Aimant se mêler aux populations locales, il a ainsi appris à parler plusieurs langues. Entré au Conseil de la reine à l'âge de trente-huit ans, après avoir vécu en Italie et été ambassadeur en France, il se voit rapidement confier la direction du service créé par Lord Cecil[3]. Calculateur et patient, il le mènera avec une grande froideur. Walsingham est un homme de moyens. Et, pour lui, tous sont bons s'ils aboutissent à la grandeur de l'Angleterre et de la religion réformée. Assisté d'un petit groupe de secrétaires fidèles, il manipule un peu plus de cinquante agents permanents en poste dans les principales capitales, grandes villes, et ports de mer du continent[4]. Fasciné par l'Italie, sa culture et son art séculaire autant qu'inégalé de la *combinazione*, Walsingham utilise les services de nombreux Italiens, mais il recrute également des jeunes gens de la bonne société, étudiants à Oxford ou Cambridge, et des artistes. Dans le domaine du contre-espionnage, Walsingham a surtout à lutter contre les menées de la France en Ecosse et contre le service d'espionnage des jésuites. Fer de lance de la Contre-Réforme, l'ordre des Jésuites, fondé en 1540 et organisé militairement, s'est en effet donné pour mission de renverser ou d'assassiner la reine d'Angleterre, considérée comme l'un des plus sûrs soutiens des "hérétiques" du continent.

Gilbert Gifford, un espion-né

Par le biais de ses informateurs au séminaire de Reims où sont formés de nombreux jésuites — placé sous l'autorité du duc de Guise[5], catholique fanatique et allié de Philippe II d'Espagne[6], ce séminaire, sous couvert d'enseigner la théologie, est une véritable pépinière de comploteurs —, ou à celui de Douai, deux des centres d'où est censée partir la "rechristianisation" de l'Angleterre, Walsingham suit de près les préparatifs des divers complots mis sur pied par les ennemis de la Couronne. Sa cible principale est le collège anglais de la capitale champenoise placé sous la direction de William Allen où il dispose de quelques hommes de confiance, au nombre desquels Gilbert Gifford, qui va jouer un rôle prépondérant. Issu d'une famille catholique et entré au séminaire de Reims à l'âge de dix-sept ans, Gifford se passionne plus pour les intrigues que pour les commentaires des Pères de l'Eglise. Il n'a sans doute pas vingt-cinq ans quand le service de Walsingham, toujours à l'affût de nouveaux talents, le recrute.

Au cours de l'été 1584, la marine anglaise intercepte dans la Manche, grâce aux informations obtenues par Walsingham, un navire transportant le jésuite anglais Creighton et quelques autres prêtres qui souhaitent se rendre dans les Flandres. Plusieurs lettres et autres documents sont saisis. La torture arrache à Creighton et à ses amis des aveux circonstanciés qui viennent encore grossir la masse d'informations que Walsingham accumule sur les menées catholiques. Dans les mois qui suivent, Walsingham et l'un de ses fidèles lieutenants, Thomas Phelippes[7], protecteur et *officier traitant* du jeune Gifford, commencent à monter l'une de leurs plus importantes opérations. Leur but : compromettre Marie Stuart[8], ancienne reine de France, reine (catholique) d'Ecosse et, surtout, prisonnière d'Elisabeth. William Cecil, Walsingham et de nombreux autres conseillers de la reine sont en effet persuadés que l'existence même de Marie Stuart présente une menace grave pour la couronne et, au-delà, pour la Réforme.

Après avoir été convoqué à Londres pour y recevoir ses consignes, Gifford, de retour en France, parvient à s'infiltrer dans l'entourage du duc de Guise qu'il convainc, avec l'appui de Charles Paget et Thomas Morgan — deux agents de Marie Stuart en France, manipulés à leur insu —, de financer l'assassinat d'Elisabeth; un assassinat dont tous croient qu'il pourrait servir de prélude à une invasion de l'île anglaise. En décembre 1585, le jeune espion ramène à Londres quelques sacs d'or destinés à couvrir les frais de son complot et, surtout, de nombreuses lettres d'introduction qui lui permettront d'approcher l'ambassadeur de France et de pénétrer les milieux catholiques. Il annonce aussi qu'il a, de sa propre initiative, recruté le séminariste anglais John Savage et le prêtre français Jean Ballard. Gifford, muni de ses lettres de recommandation, persuade donc l'ambassadeur de France qu'il est l'homme de la situation pour faire parvenir à Marie Stuart le courrier secret venu de France et d'Espagne et qui s'accumule à l'ambassade, faute de moyens de le remettre à son illustre destinataire. Après quelques hésitations, l'ambassadeur accepte : tout le courrier de Marie Stuart — qui entre et sort du château où elle est retenue dans le double fond d'un tonneau de brasseur — transitera désormais par la table de travail de Thomas Phelippes.

Walsingham presse son agent d'obtenir du duc de Guise et du roi d'Espagne qu'ils précisent par écrit leurs intentions d'envahir l'Angleterre. Gifford reprend donc le chemin du continent où il va faire le siège du duc de Guise. C'est ici que le destin va donner un extraordinaire coup de pouce aux tortueuses manœuvres de Gilbert Gifford. Quelques années auparavant, un jeune noble catholique, tête folle et cœur chaud, est venu secrètement en France pour rencontrer Morgan et Paget, les deux hommes de confiance de Marie Stuart. Anthony Babington a le même âge que Gifford et, comme lui, ne rêve que d'intrigues, plaies et bosses. Il n'a qu'une seule obsession : inscrire son nom parmi ceux des grands acteurs de l'Histoire. Il a donc annoncé aux agents de la reine Marie Stuart qu'il était à la tête d'une petite conjuration qui se faisait fort de libérer l'illustre prisonnière. Ses projets sont bien entendu parvenus aux oreilles de Walsingham, qui ne les prend pas trop au sérieux mais en fait quand même part à Gifford au moment où le jeune homme s'embarque pour la France.

A Paris, Morgan confirme à l'espion que Babington lui a fait la meilleure impression du monde et que, outre la libération de Marie Stuart, les conjurés entendent aussi mener à bien une autre mission essentielle : l'assassinat d'Elisabeth ! Ballard, le prêtre retourné par Gifford, est aussitôt envoyé à Londres pour prévenir Walsingham. Le responsable de la police de la reine entrevoit immédiatement tout le bénéfice qu'il peut tirer de cette nouvelle péripétie. Il s'ingénie depuis des mois à susciter de toutes pièces un complot destiné à compromettre la reine Marie et voici que ses propres partisans lui amènent sur un plateau une véritable conjuration, montée par de vrais catholiques, avec l'appui du duc de Guise ! Il ordonne donc à Ballard de prendre langue avec Babington et de le convaincre que le plein et entier soutien de la France et de l'Espagne lui sont acquis. Aussitôt dit, aussitôt fait. Le 9 mai, Ballard rencontre Babington et lui affirme que des armées catholiques sont prêtes à traverser la Manche. Avertie de ce qu'on s'agite beaucoup pour elle, Marie Stuart commet alors une première erreur. Elle confie au papier (mais n'a-t-elle pas confiance dans la filière mise au point par Gifford ?) une lettre dans laquelle elle encourage Babington : *"Il faudra une bonne armée, des forces importantes pour réussir à m'arracher à Chartley"* [9]. Deux jours plus tard, Walsingham est en possession de la lettre...

Désormais, les événements vont aller bon train. Mais sans Gifford. Doté d'un véritable sixième sens, il a en effet compris que le terrain devenait brûlant. Il a parfaitement perçu le subtil montage que Walsingham est occupé à mettre au point : provoquer puis dévoiler une conjuration catholique. En toute logique, il faut donc laisser les comploteurs s'enferrer tout seuls puis les arrêter afin d'étaler sur la place publique toute leur rouerie. Mais, pour que la conjuration fasse frémir davantage encore les honnêtes gens, il ne serait pas superflu de mettre la main sur l'agent de liaison qui a établi le contact entre les comploteurs anglais et leurs commanditaires du continent. Or, cet agent de liaison n'est autre que Gifford lui-même. Il sait, il sent, il devine que ses jours sont comptés et que son maître n'hésitera pas l'ombre d'un instant à le sacrifier. L'heure est venue de prendre la tangente. Le 22 juillet, il quitte secrètement l'Angleterre où il ne reviendra jamais. Pas plus qu'il ne se mêlera encore aux affaires d'espionnage. Il a prouvé de quoi il était capable, à d'autres maintenant de prendre le relais. Il a, pour sa part, largement (et magistralement) joué son rôle dans le drame, qui arrive à son dernier acte. Gilbert Gifford sera finalement ordonné prêtre (!) en 1587, mais sa mauvaise conduite lui vaudra de mourir dans les geôles de Reims en 1590. Son destin n'aura donc été que de concourir à la perte d'une reine...

En Angleterre, le filet policier se referme lentement sur les conjurés. Le 4 août, Ballard, déguisé en capitaine de la marine, est arrêté. C'est lui qui jouera, dans la pièce que prépare Walsingham, le rôle initialement dévolu à Gifford.

Quatre jours plus tard, Babington et ses amis sont pris à leur tour. On quitte dès lors le domaine qui nous occupe pour entrer dans celui de la basse police. Le 15 septembre, les jeunes conjurés qui, pas un seul instant, précisons-le, n'ont réellement menacé la sécurité de la reine — ne s'agitaient-ils pas, en tous temps, sous l'œil attentif de ses agents ? — sont exécutés dans des conditions atroces. C'est la reine Elisabeth elle-même qui l'a voulu ainsi, et l'on rapporte que William Cecil, le fidèle parmi les fidèles, a désapprouvé cette décision barbare et indigne d'une grande souveraine. Le 8 février 1587, enfin, la tête de Marie Stuart roule dans la sciure de l'échafaud. Elle a trente-cinq ans. La menace que sa vie faisait courir à la couronne est définitivement écartée...

L'affaire Gifford-Babington n'est pas une opération de renseignement, mais bien un coup de contre-espionnage (C.E.) actif, une variation sur le thème de la provocation : comment mieux démasquer un complot qu'en le suscitant soi-même ? Il nous administre, en tout cas, la démonstration du profond cynisme qui restera, à travers les siècles, l'une des marques de fabrique des services spéciaux anglais. Nous aurons l'occasion d'en apporter d'autres preuves.

L'Armada vaincue

Dans le domaine du renseignement pur, l'un des plus beaux coups des agents de Walsingham sera certainement d'obtenir, grâce à la trahison de son secrétaire, une lettre confidentielle que l'amiral Santa Cruz, chef de la flotte de guerre, a envoyée, en mars 1587, au roi Philippe II pour faire le point sur les préparatifs d'invasion de l'Angleterre, une action projetée afin de punir la reine Elisabeth de l'exécution de Marie Stuart et de rétablir le catholicisme. Tout figure dans le document : le nom de chaque navire, la composition de son équipage, son port d'attache, son armement... Avertie de la menace, la reine peut dès lors prendre ses dispositions et Walsingham ne chôme pas : les agents d'influence dont il dispose sur le continent parviennent à bloquer, plusieurs mois durant, le financement de l'expédition. Et quand celle-ci est enfin prête à appareiller, Londres en est immédiatement avertie. Le courage des capitaines anglais et (surtout) le mauvais temps faisant le reste, l'Armada sera défaite sans même avoir combattu[10].

Ces succès confirment, une fois de plus, l'importance de disposer d'un bon instrument d'action secrète dans une Europe à feu et à sang. Robert Cecil (1563-1612), l'un des fils de William Cecil, succèdera à Francis Walsingham[11] et développera le rôle et les moyens du service. C'est sous sa direction, pour ne citer que cet exemple, qu'une machination digne d'Alexandre Dumas permettra de subtiliser à un courrier, de recopier et de remettre en place, sans que personne ne s'en aperçoive, le traité de Vervins qui établit la paix entre Henri IV et

> ### Christopher Marlowe, poète et espion
>
> Assassiné en 1593, à 29 ans, au cours d'une rixe d'ivrognes dans une taverne de la banlieue de Londres, Christopher Marlowe, personnalité complexe et donc attachante, n'a pas seulement été un agent de Walsingham et de son service. Totalement oublié aujourd'hui, il a longtemps été considéré comme un poète et dramaturge de talent. On lui doit, entre autres, *La Tragique Histoire du Docteur Faust* (1588), qui ne laissera pas Goethe indifférent, et *Edouard II* (1592) qui inspirera Shakespeare. On a d'ailleurs pu écrire à son sujet qu'il aurait peut-être éclipsé le grand dramaturge anglais si son destin ne s'était pas interrompu brutalement. La principale mission que lui a confiée Walsingham a été d'infiltrer, en 1587, le séminaire jésuite de Reims d'où il a pu faire parvenir d'importantes informations. A-t-il, au cours de son séjour à Reims, été "retourné" par les jésuites ? Rien ne permet, aujourd'hui, de l'affirmer, mais certaines circonstances bizarres entourant sa mort ont accrédité la thèse qu'il aurait été éliminé, sur ordre de Walsingham, après avoir trahi. Son meurtrier, d'ailleurs, n'a jamais été inquiété alors que son identité était parfaitement connue. De plus, il semble qu'un autre agent de Walsingham ait été présent dans l'auberge au moment du meurtre.
>
> Aragon lui a dédié quelques vers, chantés plus tard par Jean Ferrat :
> "Marlowe, il te faut la taverne,
> Non pour Faust mais pour y mourir,
> Entre les tueurs qui te cernent,
> De leurs poignards et de leurs rires
> A la lueur d'une lanterne..."[12]

Philippe II. Avec diverses fortunes et, entre autres, une mise en sommeil de plus de vingt ans sous le règne de Charles Ier, les services secrets continueront, comme nous le verrons, à rendre de nombreux services à l'Angleterre.

Anselmo Dandino, agent du pape à la cour d'Henri III

En 1577, le très imparfait *Traité de Poitiers*[13] promulgue une relative liberté de conscience dans tout le royaume de France et met fin, cinq ans après les massacres de la Saint-Barthélemy, à la sixième guerre de Religion. Les concessions du Traité — qui garantit aux protestants, entre autres, la liberté de culte et un certain nombre de places fortes — irritent au plus haut point le pape Grégoire XIII qui, pour s'informer de la situation en France, désigne comme nonce à Paris l'un de ses jeunes familiers, Anselmo Dandino. Grégoire XIII est un pape typique de la Contre-Réforme. Du point de vue diplomatique, l'essentiel de son action vise à isoler l'Angleterre d'Elisabeth. Rome estime en effet, non sans raison, que si l'Angleterre protestante est ramenée à la vraie foi catholique, un coup sévère serait porté à la Réforme. En France, Grégoire XIII favorise donc la Ligue⁽¹⁴⁾ et les Guise dans leur lutte contre le pouvoir royal jugé trop conciliant à l'égard des protestants. Bien plus qu'un simple ambassadeur, Anselmo Dandino, qui n'est alors âgé que de trente-deux ans, sera donc le chef d'un puissant réseau d'espionnage qui poussera ses ramifications jusque dans les régions protestantes, mais aussi et surtout dans l'entourage d'Henri III⁽¹⁵⁾ et de la reine mère, Catherine de Médicis⁽¹⁶⁾.

Installé à l'hôtel de Sens, le secrétariat privé de Dandino passe le plus clair de son temps à récolter les informations transmises par les agents et autres informateurs du nonce. Parmi eux, très classiquement pour l'époque, de nombreux domestiques placés dans de grandes familles — qui sont source d'inépuisables indiscrétions sur les secrets d'alcôves —, mais aussi des jésuites, des dominicains, et des princes de l'Eglise, tous plus ou moins liés à la Sainte Ligue. Sous l'impulsion de Dandino, ces hommes ne se contentent pas de recueillir des renseignements, mais se livrent aussi à une incessante pêche aux documents, permettant à Rome de prendre le pouls de ce que l'on ne nomme pas encore l'opinion publique. Pour acheminer ses rapports — codés au moyen de grilles secrètes —, Dandino n'a pas recours au courrier diplomatique dont il se méfie, non sans raison (lui, qui sait combien il est facile de corrompre un homme, ne se fait guère de doute sur la fidélité des messagers), mais bien au réseau de communication mis en place par les banquiers italiens. Le nonce, du reste, ne se contente pas d'informer son maître sur les rapports de force entre protestants et catholiques en France, il le tient également au courant des luttes fratricides qui opposent parfois entre eux les champions de l'Eglise. Apprenant ainsi les agissements occultes d'un proche du cardinal d'Armagnac, Grégoire XIII, qui a la rancune tenace, n'hésitera pas à le faire assassiner.

Anselmo Dandino, tout au long de ses années parisiennes, s'opposera très régulièrement aux services secrets anglais. C'est lui, en effet, qui supervise les séminaires de Reims et de Douai où sont formés, nous l'avons vu, les prêtres clandestins ayant pour charge de s'infiltrer dans les îles britanniques. Avant leur départ, il se charge de les informer le plus complètement possible sur ce qu'ils trouveront en arrivant à Londres. Homme de renseignement, Dandino est aussi un homme d'action qui met au point des plans machiavéliques pour déposséder, par exemple, Guillaume de Nassau de ses terres ou faire assassiner ceux qui, jusqu'en Angleterre, lui semblent devoir être éliminés. Il ira même, sur l'insistance de Grégoire XIII, jusqu'à soutenir la révolte des seigneurs irlandais contre Londres, reprenant à son compte l'obsession catholique d'affaiblir la couronne d'Angleterre. On peut donc dire que le service dirigé par Dandino est autant un réseau d'espionnage qu'un organisme d'influence politique et un service Action avant la lettre. Victime des tensions persistantes entre Rome et la cour de France, qui souhaite (déjà !) faire entendre la petite musique de la différence française, Dandino finira, en 1581, par être rappelé auprès du pape. Le service qu'il a mis sur pied ne survivra pas à son absence[17].

Le père Joseph, l'éminence grise de Richelieu

Faisons à présent un bond de près de quarante-cinq ans dans l'histoire de France et arrêtons-nous à la date du 29 avril 1624. C'est ce jour que Louis XIII "le Juste", cherchant à se réconcilier avec sa mère, Marie de Médicis (veuve d'Henry IV) qui, quelques années auparavant, avait pris la tête d'une véritable révolte de l'aristocratie contre son fils, annonce sa décision de faire entrer à son Conseil Armand Jean du Plessis, cardinal de Richelieu. L'homme a trente-neuf ans et restera ministre — à coup sûr, l'un des plus grands ministres de l'Ancien Régime — jusqu'à sa mort, en 1642. Pendant ces dix-huit années, il poursuivra inlassablement un double objectif : renforcer le pouvoir central et établir la prépondérance de la France en Europe. Pour arriver à ses fins, Richelieu peut compter sur quelques agents de haut vol dirigés par l'un de ses proches.

Fascinante figure que celle de François le Clerc du Tremblay (1577-1638), gentilhomme comme Richelieu, qui, comme son maître et ami, se destine à la carrière des armes avant d'embrasser celle de la robe. Devenu capucin à vingt-deux ans, sous le nom de *père Joseph*, puis provincial de son ordre pour la Touraine, parlant plusieurs langues, dépositaire de la confiance absolue de Richelieu, à tel point que l'un de ses contemporains, le cardinal Spada, a pu écrire qu'*"il ne fait qu'un avec Richelieu"*[18], il va être l'homme de toutes les missions, et son exemple léguera à la langue française une belle expression imagée : "éminence grise". "Eminence grise" de l'*Homme rouge*, donc, le *père Joseph* est de toutes les intrigues. En 1625, moins d'un an après l'entrée de Richelieu au Conseil, il se trouve à Rome d'où il informe le cardinal, à l'insu de l'ambassadeur, *"homme extrêmement jaloux et chatouilleux"*[19]. Agents et diplomates faisaient déjà, il y a plus de trois cent cinquante ans, mauvais ménage dans les ambassades de France... Cinq ans plus tard, nous le retrouvons à Ratisbonne où se réunit la Diète germanique. Il y œuvre contre les desseins de l'empereur Ferdinand II[20] qui souhaite unifier l'Allemagne pour mieux s'opposer à la France. Mais il ne néglige pas pour autant d'informer Richelieu des fuites venant de Paris qui sont portées à la connaissance de l'empereur : *"Le père Joseph, de Ratisbonne, racontait que, d'après le confesseur jésuite de l'Empereur, 'il y avait dans le Conseil du Roi de France, des gens de grande piété qui donnaient des avis, en Allemagne et près de l'Empereur, des mauvais desseins de Richelieu'"* [21]. Il n'est pas le seul à sonder ainsi les Etats allemands : trois autres capucins, les pères Alexandre d'Alais, Hyacinthe de Casal et Valerio Magni font d'incessants allers et retours entre Munich et Paris. Rien d'étonnant à cela : *"Richelieu utilisait volontiers les moines pour des missions et bien qu'il fût d'avis qu'il y avait trop de monastères. Les moines étaient de bons agents car ils étaient soumis par leurs vœux à l'obéissance passive, habitués par le cloître à la discrétion et au silence, ayant partout accès par leur caractère sacré, passant inaperçus dans la simplicité de leur équipage, protégés par le prestige de leur robe et rompus à la diplomatie par leur connaissance de l'homme..."* [22]. Mais il emploie également des laïcs, comme Rossignol, son secrétaire-cryptographe qui l'aide aussi bien à découvrir les secrets des correspondances chiffrées de ses adversaires qu'à leur dissimuler les siens...

Agents et services secrets de Louis XIV, Louis XV et Louis XVI

C'est Louvois, secrétaire à la Guerre de Louis XIV et modernisateur de l'armée française (il rendra, entre autres, les charges de commandement accessibles aux roturiers), qui créera le premier embryon de S.R. militaire en France en mettant sur pied la *Section Statistique du Dépôt de la Guerre*, dont les moyens seront malheureusement très limités. Louis XV, lui, disposera d'un véritable service de renseignement, qui ne rend compte qu'à lui-même, actionné par le prince de Conti et le comte de Broglie. La grande affaire de ce *Secret du Roi*, que Gilles Perrault a magnifiquement raconté dans un livre récent[23], c'est la succession du trône de Pologne. Grand utilisateur du cabinet noir qui intercepte et lit le courrier de certains de ses sujets, Louis XV, afin de préserver la confidentialité absolue de l'existence de son *Secret*, ira jusqu'à ordonner à son surintendant des Postes d'organiser un service parallèle destiné à faire échapper le courrier des hommes du *Secret du Roi* à la vigilance de sa propre police. En dehors de ces tentatives d'organisation, les règnes de Louis XIV et de Louis XV nous ont légué le souvenir de quelques belles figures d'agents.

Gaspard d'Espinchal : né en 1619 à Massiac, dans le Cantal actuel, vaillant soldat mais régnant sur ses terres comme le pire des brigands, voleur et assassin, il est condamné à avoir la tête tranchée mais s'échappe vers la Savoie, puis en Bavière. Il y deviendra l'un des meilleurs espions du ministre des Affaires étrangères de Louis XIV, Arnault de Pomponne. A la tête d'un réseau formé de Français exilés comme lui pour des raisons judiciaires, il fait parvenir à la cour de très intéressantes informations militaires et politiques. En 1679, après quelques années d'exil, il rentre en France et, récompensé par Louis XIV, mène une vie dont la piété fera oublier les débordements de sa jeunesse.

Robert Lefebvre d'Orval (1671-1743) : conseiller au parlement de Tournai, il est remarqué par Chamillart, ministre de la Guerre, et devient son agent dans le Nord, où la France doit faire face à une puissante coalition ennemie. Agent secret aussi bien que stratège en chambre, il sera à l'origine de *la manœuvre de Denain*, qui permettra au maréchal de Villars de remporter, en juillet 1712, l'une de ses plus belles victoires et de sauver la France. Celui-ci, du reste, usera de l'arme de l'intoxication pour appuyer la manœuvre suggérée par son agent, en rédigeant une lettre, soi-disant adressée à l'un de ses proches et destinée, en fait, à être interceptée par les agents de l'ennemi. La missive contenait, évidemment, de fausses informations... Largement récompensé par Louis XIV, Lefebvre d'Orval continuera, jusqu'à sa mort, à faire parvenir ses rapports à la cour.

Voltaire : l'immortel philosophe profita, sans qu'on puisse le qualifier pour autant d'agent, de l'amitié que lui témoignait le roi philosophe, pour renseigner la France sur ses intentions.

Pierre Augustin Caron, dit Beaumarchais : le plus illustre agent secret français du XVIIIe siècle, sans nul doute. Et qu'importe si, en fait de missions d'espionnage, il s'est surtout contenté de mener des négociations secrètes en vue de recupérer des pamphlets indélicats dirigés contre la royauté ou d'empêcher (contre monnaie sonnante et trébuchante) leur publication. Du reste, il lui est arrivé de donner dans le renseignement politique de haut niveau, lorsqu'il œuvrait pour l'indépendance des colonies américaines et informait Louis XVI et son ministre des Affaires étrangères, Vergennes, de l'évolution du conflit.

Les tribulations du chevalier d'Eon en Russie

Charles Geneviève Louis Auguste André Timothée d'Eon de Beaumont, plus connu sous le nom de chevalier d'Eon, est l'une des personnalités les plus étonnantes du XVIIIe siècle. Une fascination qu'il doit à son talent de diplomate et d'agent secret, certes, mais surtout au doute qu'il a entretenu sur son sexe durant toute sa vie. Nul ne peut en effet comprendre pourquoi un homme qui, après avoir été successivement officier et capitaine des dragons, docteur en droit civil et canon, avocat au parlement de Paris, ambassadeur et ministre, s'est tout à coup reconnu pour femme et en a pris les vêtements et le mode de vie, devenant ainsi le travesti le plus célèbre de l'histoire de France.

Sa naissance, en présence de nombreux témoins, le 5 octobre 1728 à Tonnerre, près de Dijon, ne laisse pourtant aucun doute : il s'agit bien d'un enfant de sexe mâle[24]... que sa mère, il est vrai, se plaira, quelques années plus tard, à habiller des robes de sa sœur... Après des études au collège Mazarin, à

Paris, il occupe un poste de secrétaire chez M. de Sauvigny, un ami de la famille, qui lui communique sa passion des armes. Et tandis qu'il s'adonne aux plaisirs de l'escrime, il est reçu docteur en droit civil et canon, avocat au parlement et grand prévôt de salle d'armes. Mais malgré ses occupations viriles, son asthénie sexuelle[25] étonne ses compagnons, les abbés de Grécourt et de Bernis, *"deux apôtres qui jetaient gaîment la morale aux orties"* [26].

Louis XV, qui le surprend métamorphosé en femme lors d'un bal, imagine aussitôt ce que ce déguisement peut lui permettre. A l'époque, la France tente de consolider les relations un peu tièdes qu'elle entretient avec la Russie. Après l'échec cuisant du chevalier de Valcroissant — arrêté pour espionnage par le grand chancelier Bestoucheff-Riumin et jeté dans la forteresse de Schlusselbourg —, c'est au chevalier d'Eon que le roi confie alors la mission de s'introduire, sous son costume de femme, à la cour de l'impératrice Elisabeth, et de devenir ainsi l'intermédiaire d'une correspondance secrète. Voyageant sous le nom de Lia Beaumont, le chevalier d'Eon est accompagné d'un second émissaire, le chevalier écossais Douglass. Tandis que ce dernier est refoulé dès son entrée en Russie, "celle" qui se fait passer pour sa nièce parvient à approcher la tsarine qui, séduite, décide de l'attacher à sa personne en tant que *"lectrice intime et particulière"* [27], une charge dont l'un des privilèges est de pouvoir pénétrer à toute heure dans la chambre de la souveraine... Celle-ci ne tarde pas à découvrir, non sans un certain amusement, le véritable sexe de son hôte qui, dès lors, parvient à la rallier à la France. Elle en donne l'engagement écrit de sa main et aussitôt adressé à Louis XV, en signant le traité de Versailles en 1756. Lors de son troisième voyage en Russie[28], en 1758, le chevalier d'Eon parvient à faire arrêter Bestoucheff, pour le faire remplacer par Michel de Woronzow. Plus éprise que jamais du brillant chevalier, Elisabeth souhaite se l'attacher pour toujours, mais doit essuyer son refus : *"Avec toute la franchise et la vérité dont un Bourguignon est capable, je ne quitterai jamais le service de la France pour celui de tous les empereurs et impératrices de l'univers"*, écrit-il[29].

Après son dernier exploit, il quitte la Russie pour rejoindre l'armée où il fait preuve d'une bravoure exemplaire, mais sa carrière militaire est de courte durée. En effet, la tsarine Elisabeth meurt, laissant le trône à Pierre III. Le chevalier d'Eon est renvoyé à Saint-Pétersbourg, avec le titre de ministre plénipotentiaire. Mais renversé du trône par Catherine, sa femme, l'empereur de Russie est assassiné et d'Eon se voit rappelé à Paris. Il est alors nommé secrétaire à l'ambassade du duc de Nivernais à Londres où il ne tarde pas à prouver une nouvelle fois son talent d'agent secret, en recueillant diverses informations militaires. En récompense de ses exploits, il est promu ministre plénipotentiaire de France à la cour de Saint-James, et décoré de la croix de Saint-Louis. Mais, s'étant attiré l'inimitié de Mme de Pompadour, favorite de Louis XV, le chevalier d'Eon est aussitôt dépossédé de son titre et prié de reprendre sa fonction de secrétaire... auprès d'un nouvel ambassadeur, le comte de Guerchy, qui se trouve être son ennemi personnel. Blessé dans son amour propre, d'Eon refuse de se soumettre, malgré les ordres du roi et, après avoir échappé à une tentative de meurtre[30], se réfugie dans une maison de campagne transformée en forteresse. Déchu de ses grades, privé de ses appointements, abandonné de tous, la rancœur le pousse alors au chantage : si on ne lui accorde pas réparation, il publiera des documents compromettants. Louis XV finit par lui accorder une rente, mais le comte de Guerchy se met à faire courir le bruit que le chevalier d'Eon est une femme. Cette nouvelle fait sensation : aussitôt, des paris sont organisés et la sexualité du chevalier devient une affaire de bourse. Sous la pression, d'Eon accepte de déclarer publiquement qu'il est bel et bien du sexe féminin. Il signe même un contrat dans lequel il abdique solennellement et définitivement son nom et sa qualité d'homme et s'oblige à porter les vêtements du sexe féminin.

A la mort de Louis XV, le 10 mai 1774, Louis XVI, son successeur, décide de tirer au clair une fois pour toutes la question du sexe du chevalier et, surtout, de s'emparer des documents secrets dont d'Eon continue à agiter la menace de publication. Il dépêche donc l'un de ses agents en la personne de Caron de Beaumarchais qui, une fois convaincu — on se demande comment ! — qu'il s'agit bien d'une représentante du sexe faible, n'hésite pas à la demander en mariage... Après toute une série de manœuvres et d'intrigues, la "chevalière d'Eon" s'engage à lui remettre les papiers secrets contre une rente de douze mille livres. Il (elle) est dès lors autorisé(e) à rentrer en France, ce qu'il (elle) s'empresse de faire le 13 août 1777, revêtu(e) de son uniforme de capitaine des dragons. Mais à peine a-t-il (elle) foulé la terre française, qu'on lui ordonne de reprendre les vêtements de son sexe supposé.

Lorsqu'éclate la Révolution, le chevalier d'Eon s'enfuit en Angleterre. Il y meurt le 21 mai 1810, à l'âge de quatre-vingt-trois ans, après avoir été un homme pendant quarante-neuf ans et une femme le restant de ses jours. Malgré toutes les mesures prises pour que le secret de son sexe soit enterré avec lui, le mystère est profané par les hommes chargés de le veiller, qui ne pourront résister à la tentation de soulever le drap mortuaire...

Les espions de Washington

Pendant que la France se passionne pour cette grave question, en Amérique, l'histoire s'accélère. En 1775, la bataille de Bunker Hill ouvre la guerre de l'indépendance américaine, qui va durer huit ans. A la tête de l'armée des Insurgents, le général George Washington — qui deviendra le premier président des Etats-Unis — doit coûte que coûte découvrir les projets des troupes anglaises menées par les généraux Gage, Howe et Clinton. Pour ce faire, il utilise, dans un premier temps, des volontaires inexpérimentés. Mais, après la capture et la pendaison d'un de ses hommes, le capitaine Nathan Hale[31], Washington décide, en 1778, de créer un véritable service de renseignement — dont l'existence a échappé à de nombreux historiens — et en confie la direction au colonel Benjamin Tallmadge, du deuxième régiment de dragons légers, ami de Hale.

Le S.R. américain est alors composé de plusieurs réseaux dont le principal, le réseau Culper, a pour mission de recueillir des informations dans les quartiers généraux de Howe et Clinton, établis à New York, ville conquise, et Long Island. Parmi les nombreux agents de Culper, on trouve des journalistes (déjà !), des tenanciers de bars et des commerçants, dont Robert Towsend, propriétaire respecté d'un grand magasin. En contact avec de nombreux clients, en majorité anglais, et plus particulièrement avec une partie de l'état-major qu'il loge dans sa maison de Long Island, c'est lui qui centralise les instructions de Washington et les communique à ses agents, tout en collectant une bonne part des renseignements recherchés. Son contact privilégié est Abraham Woodhull, alias Culper senior, chargé de transmettre les informations récoltées. Premier patron de la puissante CIA, Allen Dulles brosse, dans un de ses livres, le portrait de Woodhull : *"Le physique et l'attitude d'Abraham Woodhull le protégeaient fort efficacement. Nul ne semblait moins bien fait pour l'espionnage. Son visage cireux et ses mains maigres et tremblantes, sa voix inquiète qui n'était qu'un murmure, rien ne révélait l'agent secret"*[32]. Tel est l'homme qui, lentement, créera le premier réseau de renseignement de l'histoire des Etats-Unis, recrutant les Amos Underhill, William T. Robinson, Joseph Lawrence, et autres Austin Roe : autant d'hommes qui, dans la mesure de leurs moyens, recueilleront le renseignement dont l'armée rebelle a un besoin vital et le feront parvenir au colonel Tallmadge. Le réseau fonctionnera parfaitement jusqu'à la victoire américaine de Yorktown, en octobre 1781.

D'autres personnages hauts en couleur marqueront cette époque. Comme John Honeyman, l'agent double personnel de Georges Washington qui, sous couvert d'espionner pour les Anglais, informe en fait directement le général rebelle : les révoltés lui doivent le succès remporté, dans la nuit de Noël 1776, à Trenton, sur le fleuve Delaware, où Washington, en écrasant les mercenaires allemands de la Hesse qui combattent pour la couronne d'Angleterre, remporte la première victoire de la Révolution.

Mais si les Etats-Unis naissants ont leurs héros de la guerre de l'ombre, ils en ont aussi les inévitables traîtres. L'affaire Arnold en témoigne. Tous les ingrédients du drame y sont réunis, à commencer par le héros déchu. Le général

Benedict Arnold est en effet un pur héros américain, qui s'illustrera avec courage durant la guerre d'Indépendance. Mais, alors qu'il est encore gouverneur militaire de Philadelphie, il commet quelques irrégularités d'ordre financier. Malgré sa culpabilité, reconnue lors d'un procès, Washington ne lui retire pas son grade et lui confie, au contraire, un poste stratégique important, la défense de West Point. Mais Arnold a été humilié et ne rêve plus, désormais, comme l'écrira Alexander Hamilton, l'un des membres de l'état-major de Washington, *"qu'à rétablir sa faveur auprès de son roi en lui donnant quelque preuve éclatante de son repentir"* [33]. Il va donc trahir la cause de l'indépendance et proposer à un important agent anglais, le major John André, de lui livrer West Point contre une forte somme d'argent. Malheureusement pour le major André, il habite la maison de Towsend, à Long Island, et les conversations relatives à ce complot viennent aux oreilles de son hôte qui en informe immédiatement le réseau Culper. Mais l'arrestation des deux hommes, au moment où Arnold s'apprête à faire embarquer André, qui retourne vers les lignes anglaises, tourne mal. Le major britannique parvient à s'échapper et se réfugie dans une maison isolée. Persuadé que cela va le sauver, il troque son uniforme contre des vêtements de paysan. Arrêté dans cette tenue, il n'est plus considéré comme un officier capturé mais comme un espion en civil. Cédons une nouvelle fois la parole à Alexander Hamilton : *"Après une fouille minutieuse, on trouva, cachés dans les pieds de ses bas, plusieurs documents importants qu'Arnold lui avait confiés. Il y avait là, en particulier, un plan des fortifications de West Point, un mémoire de l'ingénieur sur l'attaque et la défense de cette place forte, des rapports sur la garnison, l'état des pièces d'artillerie, des munitions et des approvisionnements, la copie du procès-verbal d'un conseil de guerre tenu par le général Washington quelques semaines auparavant. Sans perte de temps, André fut conduit au quartier général de l'armée où il passa devant un conseil d'officiers généraux, pour éviter toute possibilité de faux rapport et de chicane de la part de l'ennemi. Le conseil décréta qu'il devait être considéré comme un espion et que, selon les lois et usages des nations, il devait être puni de mort, ce qui fut exécuté deux jours plus tard"* [34]. Quant au général Arnold, il réussit à disparaître et à se réfugier en Angleterre, où il a fini sa vie, méprisé de tous.

Sur les traces de Montgaillard, agent multiple

La Révolution américaine annonce, quinze ans à l'avance, la tourmente qui va se lever sur la France. Faute d'avoir pu décrypter des signes qui, avec le recul, semblent pourtant aveuglants, la monarchie va sombrer corps et biens dans la tempête révolutionnaire. Les vingt-six années qui séparent la prise de la Bastille de la fin de l'Empire ne seront pas, pour les agents de tout poil, des années de chômage.

Alors que la Terreur bat son plein en France, un homme arrive à Londres pour rencontrer des membres du ministère britannique. Il a déjà joué un rôle capital dans les débuts de l'affaire Pichegru[35], à la veille de septembre 1789. C'est un agent double, voire triple. Bref, un traître sans scrupules. Mais aussi l'un des plus grands espions de l'époque. Son nom : Jean Gabriel Maurice Rocques, dit comte de Montgaillard. Issu d'une famille noble mais ruinée de la Haute-Garonne, Montgaillard, dont le père est conseiller au parlement de Toulouse, est, à vingt et un ans, nommé capitaine en second au régiment d'Auxerrois et participe à la guerre d'Amérique.

Olivier Blanc, spécialiste de l'époque et auteur d'une passionnante *Histoire de l'espionnage de la Révolution à l'Empire*[36], a brossé le portrait de ce parfait aventurier : *"La Révolution donne à Montgaillard l'occasion d'exercer la pleine mesure de son goût prononcé pour l'intrigue, l'aventure et les voyages. Sur proposition de Arnaud de Laporte, le très actif intendant de la liste civile, il fut agréé par Montmorin, ministre des Affaires étrangères, comme agent secret des Tuileries..."*[37]. Devenu agent secret du roi, Montgaillard a le pied à l'étrier. Il exécute diverses missions, notamment auprès du duc de Villequier d'Aumont, dans les Pays-Bas autrichiens, déguisé en marchand de vin et se faisant appeler Pinaut. Douvres, Londres, Soignies, Bruxelles, les Pays-Bas autrichiens : suivre les pérégrinations de Montgaillard dans les années qui précèdent la Terreur, c'est un peu établir la carte de l'émigration royaliste. Volage et mythomane, l'homme se vante d'avoir défendu les Tuileries, mais aussi d'avoir participé à l'un des complots visant à faire libérer Marie-Antoinette et, surtout, d'avoir prêté une somme d'argent importante à Louis XVI, le 7 août 1792, deux jours avant la prise du palais où la famille royale vit pratiquement en résidence surveillée. Un montant qu'il réclamera encore en 1828, trente-six ans plus tard. C'est que Montgaillard, au cœur même des pires déchaînements de l'Histoire, ne cesse jamais de veiller à ses intérêts.

Arrivé en Angleterre en juin 1794, il y rencontre d'importants personnages, dont William Pitt[38] auquel il révèle l'état d'esprit dans lequel se trouve le général Pichegru qui songe à trahir, mais, homme de plume autant que d'intrigues, il n'hésite pas à publier un très remarqué *Etat de la France*, en mai 1794. Mis en cause par certains milieux anglais qui ne lui pardonnent pas ses ambiguïtés et le soupçonnent fortement d'avoir cause liée avec les révolutionnaires de Paris, Montgaillard s'exile à La Haye. Ses talents étant ce qu'ils sont, il devient rapidement l'agent du prince de Condé tout en ne dédaignant pas donner des gages de fidélité aux hommes du Directoire qui vient de s'installer au pouvoir en France. C'est d'ailleurs aux côtés de Bonaparte qui, à compter de 1804, l'attache à son cabinet secret, qu'il passera les années suivantes, avant de finir, la Restauration venue, abandonné de tous.

Le détective Pinkerton

C'est pendant la guerre de Sécession que le premier service indépendant de contre-espionnage voit le jour, en 1861, et ce, grâce au détective d'origine écossaise Allan Pinkerton, considéré comme l'inventeur de la protection industrielle et dont l'agence dirige la plus grande armée de privés qui soit[39]. C'est donc tout naturellement à lui que les directeurs de la compagnie de la ligne de chemin de fer Philadelphie-Baltimore font appel pour protéger leurs installations et, surtout, la vie du président Abraham Lincoln.

Après que Pinkerton a déjoué un complot fomenté par des adversaires de l'abolition de l'esclavagisme et sauvé la vie du Président, ce dernier le charge d'organiser un *Federal Secret Service*, service de contre-espionnage nordiste permanent. Mais bénéficiant de peu d'aide de la part du gouvernement et devant affronter de redoutables espions sudistes, Pinkerton échoue dans sa tâche. Après sa démission — il reprendra la direction de son agence de police privée — sera créé sous l'autorité du major, puis général, George H. Sharpe, le *Bureau of Military Information* qui, plus tard, sous la direction de Lafayette Baker, reprendra son nom initial.

Excellent espion, Baker — qui a parcouru les camps sudistes sous la couverture de photographe ambulant, afin de recueillir des renseignements militaires — s'avère moins brillant à son nouveau poste. C'est ainsi qu'il oubliera de faire surveiller la loge présidentielle du *Ford's Theatre* le soir du 14 avril 1865, laissant la voie libre à un sudiste fanatique du nom de John Wilkes Booth qui, armé d'un pistolet, abattra Lincoln à une représentation d'*Our American Cousin*. De nos jours, le Secret Service est toujours en charge de la protection du président et du vice-président américains, ainsi que de celle des anciens présidents et vice-présidents, mais il s'occupe aussi de la lutte contre la fausse monnaie.

Le comte d'Antraigues, à vendre au plus offrant

Dans les sombres grenouillages de ces années de sang, de deuil et d'espoir, le plus grand — et le plus dangereux — concurrent de Montgaillard est un autre aristocrate, jeté lui aussi sur les routes de l'exil par la Révolution. Curieuse figure que celle de Louis-Alexandre de Launay, comte d'Antraigues. Né à Montpellier, le 25 décembre 1753, député aux Etats Généraux, il s'y signale par des positions violemment opposées aux intérêts de sa caste. Mais la suppression des privilèges, entraînant la perte de ses droits féodaux, le ruine et provoque chez lui un virage politique à 180°. Désormais, il sera un fidèle serviteur de la cause monarchique. En octobre 1789, Louis XVI le charge d'une mission secrète en Espagne, où il ne tarde pas à créer sa propre agence d'espionnage.

Reconnu par les princes émigrés à Coblence comme l'un de leurs meilleurs agents, il prend, après l'exécution du roi, la nationalité espagnole et installe son service à Venise où son principal associé, Las Casas, est ambassadeur d'Espagne. Pas plus que celle de Montgaillard, la moralité d'Antraigues n'est franchement sans faille et l'homme joue sur plusieurs tableaux. Au printemps 1797, nous le retrouvons ainsi à Venise où, toujours agent de l'émigration, il a déjà pris langue avec des émissaires de Paris qu'il songe rallier. Le tout non sans s'être assuré, on n'est jamais trop prudent, d'une nouvelle nationalité : d'Antraigues est désormais un très fidèle sujet (et serviteur) du tsar...

Arrêté lors de l'entrée des troupes françaises en Italie, notre comte obtient, grâce à l'intercession de sa femme, une comédienne liée à Joséphine de Beauharnais, de rencontrer Bonaparte. On ignore ce que se diront les deux hommes, mais une certitude demeure : à compter de cette entrevue, les conditions de détention de l'aristocrate-espion s'améliorent considérablement. On ne sait toutefois pas très bien quoi faire de l'homme. Bonaparte songera même à le faire fusiller, ce dont le dissuade Talleyrand. Débat sans sujet réel, d'ailleurs, puisque sur ces entrefaites, grimé par sa femme en abbé italien, d'Antraigues s'évade. Les années qui suivent le verront passer de Vienne à Dresde, travaillant tour à tour (et sans doute simultanément) pour le chancelier d'Autriche et pour le tsar de toutes les Russies, qui le nommera conseiller d'Etat.

En 1806, l'étoile de Napoléon étant au zénith, d'Antraigues, qui craint de voir les troupes françaises occuper toute l'Europe, se réfugie à Londres où il devient, tout naturellement, agent anglais. Mais le 12 juillet 1812, un domestique renvoyé, peut-être payé par l'un ou l'autre des commanditaires de son ancien maître, à moins qu'il n'ait été aux gages de la police de l'Empereur, assassine l'agent multiple et sa femme avant de mettre fin à ses jours. Avant de succomber à ses blessures, d'Antraigues, professionnel jusqu'au bout, tentera de détruire ses papiers. En vain. Ainsi meurt l'un des plus grands espions de l'émigration. Et, à coup sûr, l'un des moins fidèles.

Fauché-Borel, l'espion tragique

Troisième et dernier portrait de cette tragique galerie des espions révolutionnaires : Louis Fauché-Borel, fils d'un célèbre éditeur de Neuchâtel et éditeur lui-même, que rien ne prédestine à devenir espion. Si ce n'est son incurable romantisme, car l'homme ne se contente pas d'être un éditeur en vue, il veut également jouer un rôle de premier plan dans la "comédie humaine". Il y réussira, au-delà de tous ses espoirs. Mais pour son plus grand malheur.

Au printemps 1795, il entre en relation avec notre vieille connaissance Montgaillard qui, voyant tout l'intérêt qu'il peut tirer de la citoyenneté neutre du Suisse, le présente au prince de Condé et le persuade d'accepter la mission d'aller sonder le général Pichegru dont les émigrés ont tout lieu de croire qu'il serait prêt à passer de leur côté. Pour emporter la décision de l'éditeur, le prince de Condé n'a pas lésiné sur les moyens : outre une coquette somme, il a promis à Fauché-Borel la direction de l'Imprimerie royale et de l'Inspection générale de la librairie ainsi que le prestigieux cordon de Saint-Michel. Tous engagements qui sont consentis avec d'autant plus de facilité qu'ils ne deviendront effectifs qu'après le rétablissement de la monarchie. On a le temps de voir venir... L'éditeur remplit donc sa mission et est sur le point de la réussir lorsque Pichegru, dénoncé, est relevé de son commandement. Fauché-Borel se cache, mais il ignore encore que, dans les papiers que Bonaparte vient de saisir, à l'autre bout de l'Europe, sur la personne du comte d'Antraigues (tout se tient...), figure déjà un compte rendu circonstancié des entretiens qu'il a eus avec le général Pichegru. La police, dès lors, le prend assez au sérieux pour lui donner la chasse. Mais il a la bonne fortune de s'en tirer et de pouvoir rentrer chez lui.

Nullement assagi par l'expérience, Fauché-Borel continue à intriguer. Mais sans grand succès, car l'éditeur-libraire est un homme fantasque, extravagant et peu sérieux. Arrêté à plusieurs reprises, s'évadant parfois de manière rocambolesque, il finit par entrer au service de Joseph Fouché qui l'utilisera comme agent d'intoxication dans l'entourage de Louis XVIII. Ce qui ne l'empêchera pas, dans la meilleure tradition de l'époque, de continuer à servir tout aussi fidèlement le monarque en exil, ses multiples maladresses valant, entre autres, à son neveu et fidèle assistant, Vittel, la peine capitale. Hélas ! les promesses, c'est connu, n'engagent que ceux qui les reçoivent, et la récompense tant attendue par Fauché-Borel n'arrivera jamais. Certes, lorsque Louis XVIII revient en France, l'éditeur suisse est bien du voyage, mais il attendra en vain l'Imprimerie royale et l'Inspection des librairies. Et même son million. Dépité, il écrit alors quatre volumes de mémoires, mais ceux-ci ne lui apportent pas davantage la fortune après laquelle il a couru toute sa vie. Fauché-Borel, revenu à Neuchâtel, monte alors sur le toit de sa maison et se jette dans le vide. Rideau.

L'affaire de "l'Agence anglaise"

Revenons quelques années en arrière. Le 12 décembre 1799, le petit village de Pouancé, en Bretagne, voit se réunir les principaux chefs de la rébellion chouanne. Mais ce n'est plus pour préparer de nouveaux plans de bataille que se retrouvent ceux qui défient depuis des années l'autorité de Paris : cette fois, il s'agit bel et bien, pour les chefs royalistes, de dresser le constat de leur échec et de se mettre d'accord sur les conditions dans lesquelles ils pourraient déposer les armes. Le général Fortuné d'Andigné de Maynent est donc chargé de se rendre à Paris pour y discuter des termes de la reddition. Mais au-delà de cette mission, le jeune chouan s'en est vu confier une autre, beaucoup plus secrète : sonder le Premier consul sur ses intentions profondes — certains secteurs royalistes se berçant d'illusions prêtent, en effet, à Bonaparte le souhait de restaurer le trône de France. A Paris, le général ne tarde pas à entrer en contact avec Hyde de Neuville, envoyé secret, mais quelque peu agité, des émigrés royalistes de Londres et qui dirige un groupe de conspirateurs, théoriquement placé sous les ordres du chevalier de Coigny, subventionné par le gouvernement britannique et surnommé de ce fait l'*Agence anglaise*.

Le 28 décembre 1799, Hyde de Neuville et l'envoyé des insurgés de l'Ouest rencontrent Bonaparte et Talleyrand[40], au palais du Luxembourg. Le Premier consul expose son point de vue : la guerre civile n'a que trop duré et il est grand temps de se réconcilier. Pourvu que les régiments chouans soient dissous et que chaque officier vienne à Paris en personne pour faire sa reddition, tout rentrera dans l'ordre. Certains pourraient même se voir confier des commandements dans les armées de la République. C'est dire que le général corse est prêt à bien des concessions. Mais de la Restauration, il ne souffle pas un mot et, quand ses interlocuteurs tentent de l'entreprendre sur ce sujet, il se cabre et finit par lancer : *"Je ne suis pas royaliste !"* Orphelins de leurs illusions, les négociateurs chouans se replient alors tout naturellement sur l'arme éternelle des opposants minoritaires dans un régime absolu : le complot. On dresse donc des plans pour enlever ou assassiner Bonaparte quelque part sur la route qu'il emprunte régulièrement pour se rendre de Paris à sa campagne de La Malmaison.

Un petit groupe "action" est même créé et placé sous l'autorité du chevalier de Margadel qui, sous le nom de Joubert, fait figure d'homme de main de Hyde de Neuville. Mais l'arrivée d'un nouveau venu va bouleverser les plans des comploteurs : le 4 mars, Georges Cadoudal débarque à Paris. Malgré son jeune âge (il n'a que vingt-neuf ans), c'est déjà une légende dans le petit monde royaliste : fils de laboureur, capitaine dans la cavalerie royaliste à vingt-deux ans, n'a-t-il pas soulevé toute la Bretagne contre le Directoire ? Or, si Cadoudal est venu à Paris, c'est pour faire sa soumission à Bonaparte qu'il rencontrera à deux reprises, les 5 et 9 mars 1800. Le premier consul propose au jeune rebelle breton un commandement prestigieux, celui d'une brigade de la garde territoriale qu'il envisage de former dans les départements de l'Ouest pour y assurer la pérennité de la pacification, et une rente fort enviable. Mais rien n'y fait : on n'achète pas Cadoudal. Un refus qui irrite fortement Bonaparte, stupéfait de rencontrer un adversaire aussi ferme que lui[41].

Entré en rapport avec Hyde de Neuville, Cadoudal qui, à la différence du jeune aristocrate, est un homme de terrain, n'a aucun mal à lui faire abandonner son projet. Certes, l'assassinat de Bonaparte n'est pas techniquement très compliqué à exécuter, mais quel bénéfice peut-on en attendre ? Pour les conjurés royalistes, il semble évident que la mort du Premier consul déclenchera, au sein du peuple de Paris, un vaste mouvement insurrectionnel permettant de ramener les Bourbons sur le trône. Le jeune Breton, plus réaliste, ne doute pas que ce sont plutôt les Jacobins qui tireraient les marrons du feu et en profiteraient pour revenir au pouvoir. Si l'élimination de Bonaparte doit conduire à la restauration de la monarchie, alors elle doit s'inscrire dans un cadre plus vaste. Hyde de Neuville et Cadoudal en viennent donc à envisager une action beaucoup plus ambitieuse qui verrait la flotte britannique débarquer sur le continent, un contingent placé sous le commandement d'un prince royal : de préférence le comte d'Artois, frère du futur Louis XVIII. A marche forcée, ralliant, entre autres, les bataillons chouans, le parti royaliste gagnerait Paris, et ce n'est que lorsqu'il serait à courte distance de la capitale que le Premier consul serait abattu. Fort contents d'eux, les deux hommes prennent le chemin de Londres et y arrivent sans encombre pour présenter leur plan à l'entourage du comte d'Artois et au cabinet de Sa Majesté.

C'est peu dire que les comploteurs sont fraîchement accueillis par celui qu'ils souhaitent mettre à la tête du débarquement : revendiquer la couronne de France depuis un palais de Londres et aller tenter de la gagner sur un champ de bataille, ce n'est pas tout à fait la même chose... Mais le Premier ministre William Pitt, lui, est ravi. Il accepte le plan, en proposant même de l'enrichir du débarquement symbolique de quelques contingents anglais[42].

Hélas ! la stratégie mise au point par Cadoudal et Hyde de Neuville fera long feu. Car à Paris, les choses se sont précipitées. Sans le savoir, les comploteurs royalistes agissaient sous le regard patient du terrible Fouché, ministre de la Police de Bonaparte, qui dispose d'agents partout et, entre autres, au sein de l'*Agence anglaise*. Patient, il attend son heure et frappera quand le complot sera arrivé à pleine maturité et que, d'un seul coup de filet, il sera possible d'arrêter tous les conjurés. Seulement, Fouché a des ennemis, et non des moindres. A leur tête, Lucien Bonaparte, le propre frère du Premier consul et ministre de l'Intérieur, qui voit d'un mauvais œil lui échapper le contrôle de la police[43]. Alors, pour éliminer Fouché, Lucien Bonaparte intrigue. Ses propres agents ont eu vent du complot de l'*Agence anglaise* mais sont loin d'en comprendre toute l'ampleur. Qu'à cela ne tienne ! Le ministre de l'Intérieur tient là, du moins le pense-t-il, l'affaire qui va lui permettre de faire tomber Fouché en l'accusant d'incapacité : comment un homme laissant se développer en plein Paris un complot royaliste pourrait-il encore prétendre diriger la police ?

Mais Fouché, décidément bien informé, dispose d'yeux et d'oreilles dans l'entourage même de Lucien Bonaparte. Prévenu du danger, il le pare de la seule manière possible : en déclenchant préventivement la rafle dirigée contre l'*Agence anglaise*. Il sauve ainsi son siège, mais, du point de vue policier, les résultats sont décevants : les arrestations ont été opérées durant le séjour londonien de Cadoudal et Hyde de Neuville, et les hommes de Fouché ne mettront la main que sur des seconds couteaux. Entre autres, les chevaliers Coigny et de Margadel. Si Fouché n'avait pas eu à se défendre contre les attaques passablement stupides de Lucien Bonaparte, il aurait été libre d'agir comme il le souhaitait et aurait pu frapper sans coup férir. Les manœuvres du frère du Premier consul ont donc rendu impossible l'arrestation de Georges Cadoudal qui fera encore parler de lui. Hyde de Neuville, contrairement à Cadoudal qui connaîtra une fin tragique, sauvera sa tête[44].

Quant à Coigny et Margadel, ils n'ont pas été égaux dans le malheur comme ils l'avaient été dans la conspiration : le premier, secrètement défendu par Joséphine de Beauharnais, sera épargné, mais le second périra fusillé le 18 décembre 1800. L'*Agence anglaise* avait vécu...

Charles Schulmeister, l'espion de l'empereur

Le service de renseignement militaire impérial dirigé par Savary[45] compte au nombre de ses agents un homme exceptionnel devenu, grâce à l'importance de ses missions et aux conséquences de ses réussites, un personnage historique. Fils et petit-fils de pasteurs luthériens, Charles Louis Schulmeister est né en 1770 à Neu-Freistett, une petite enclave alsacienne sur la rive droite du Rhin. Après de brillantes études, au cours desquelles il se montre particulièrement doué pour les langues — outre l'allemand et le français, il parle couramment l'anglais et l'italien —, il épouse, à vingt-deux ans, Charlotte Unger, la fille d'un ingénieur de Sainte-Marie-aux-Mines et, après la Révolution, ouvre à Strasbourg un petit commerce d'épicerie en gros. Mais sa boutique ne constitue qu'une façade : trouvant de peu de rapport la vente du sucre et du tabac, il devient rapidement contrebandier[46].

C'est en 1799, lors d'une campagne en Rhénanie, que le général Savary, l'homme à tout faire de Napoléon, rencontre l'Alsacien. Il découvre que ce petit homme trapu, au visage rusé sous une chevelure rousse, montre des dispositions remarquables pour le renseignement et l'enrôle dans ses services. Sa première mission d'intoxication consiste à tromper l'ennemi sur l'état d'esprit des troupes françaises. En 1805, monsieur Charles — comme il se fait nommer — se rend à

Vienne et se fait passer pour le descendant d'une famille aristocratique hongroise émigrée en France mais contrainte de fuir son pays d'adoption en raison de sa sympathie pour les Habsbourg. Le feld-général Mack, commandant en chef des troupes autrichiennes d'élite, le prend en amitié et, le trouvant particulièrement bien informé sur la situation des armées napoléoniennes, décide d'en faire son conseiller personnel en matière d'espionnage. Comme tout bon agent d'intoxication, Schulmeister lui livre effectivement d'authentiques renseignements mais il entreprend surtout de le persuader que les Français, las des guerres de l'Empereur, sont au bord de la Révolution et que Napoléon, pour faire face aux émeutes possibles, ramène ses troupes en France. Pour appuyer ses dires, il montre au général des centaines de lettres de pseudo-mécontents et même un journal clandestin bourré d'articles anti-napoléoniens que lui adresse Savary.

En conséquence, Mack, qui tombe dans le piège de cette mise en scène, décide de marcher sur Munich et de poursuivre les troupes françaises qui battent en retraite. Il les rencontre effectivement à Ulm, aux débouchés de la Forêt Noire, mais Ney, loin de faire retraite, avance vers l'Est. De plus, trois armées françaises supplémentaires apparaissent sur ses flancs. Le 19 octobre, Mack, complètement encerclé, capitule et quarante mille hommes rendent les armes. Au lendemain de cette victoire, l'espion, accompagné de Rippmann, un ancien contrebandier, se déguise en marchand ambulant, traverse clandestinement les lignes françaises et se porte au devant de l'armée russe pour en évaluer les effectifs et l'équipement. A Muhldorf, il rencontre un ancien ami, le lieutenant Rutzki, qui doit se rendre à Brunau auprès du général Merveld détaché auprès de Koutouzov. Schulmeister lui propose aussitôt de l'accompagner : il peut fournir aux Russes des renseignements sur les mouvements de l'adversaire. Présenté à Merveld, il donne, à nouveau, des informations précises mais sans grande importance. En revanche, il récolte nombre de détails de prix sur les armées russes et autrichiennes. Après quoi, il revient à Munich et transmet son rapport à Savary qui, aussitôt, le renvoie en mission à Vienne. Toujours accompagné du fidèle Rippman, il s'arrête dans une auberge à Linz où il fait la connaissance d'un certain Joseph von Rueff, qui prétend fuir devant l'avance des Français. Les trois hommes décident de poursuivre ensemble leur chemin. Mais au village d'Amstetten, des soldats autrichiens passent les menottes à Schulmeister et son complice : Rueff n'est autre qu'un agent autrichien. Encadrés de gendarmes, les deux complices sont ramenés vers Vienne pour y être interrogés ; ils risquent la pendaison. Contraints de marcher dans de mauvais sentiers détrempés par les pluies d'automne, les soldats, plus motivés par l'appât du gain que par leur devoir, décident d'en finir avec leurs prisonniers qui, roués de coups et dépouillés de leur argent, sont laissés pour morts dans la boue. Quand ils retrouvent leurs esprits, ils décident de gagner séparément la capitale autrichienne.

Joseph Fouché

Rien ne prédestine Joseph Fouché à jouer un rôle politique de première importance. Oratorien, il enseigne dans des collèges quand la Révolution éclate. Elu à la Convention en 1792, il vote la mort de Louis XVI. Chargé de réprimer l'insurrection fédéraliste et royaliste, il se rend coupable d'épouvantables massacres dans le Sud-Est, ce qui lui vaut le surnom de Mitrailleur de Lyon. Dénoncé après la chute de Robespierre comme l'un des principaux agents de la Terreur, il est sauvé par le Directoire. Nommé ministre de la Police, il s'y maintient jusqu'en 1810 et forge un outil policier particulièrement efficace, qui a servi d'exemple à de nombreux pays, entre autres dans le domaine du contre-espionnage. Il a surtout compris que les rivalités qui avaient marqué, très récemment encore, l'histoire de la police, étaient la pire des entraves à son bon fonctionnement. Sous la Terreur, on a ainsi vu chasser sur les mêmes terres le Comité de Sûreté générale de la Convention, dirigé par Vadier[47], et le Bureau central de Police du Comité de Salut public de Robespierre.

Certes, sous le Directoire, la loi du 12 Nivôse an IV (2 janvier 1796) a institué un ministère de la Police générale. Mais ses débuts ont été lents et peu prometteurs. Il faut attendre Fouché pour assister enfin à une évolution. Sitôt nommé, il divise son ministère en quatre directions principales : les affaires réservées; la sûreté générale et la police secrète; la direction des libertés individuelles et celle des émigrés.

Parallèlement à cette structuration de l'activité policière et de renseignement, Fouché met en place des méthodes modernes de réflexion et d'investigation. En 1804, il fait ainsi rédiger sa *Topographie Chouannique* qui recense précisément les routes, gîtes, lieux de rassemblement et points de débarquement des chouans et des agents anglais. Il y ajoute une *Bibliographie*, véritable fichier de 1 800 officiers et sous-officiers des armées vendéennes, puis, sous l'Empire, il fait rédiger par ses services un *Bulletin* journalier de renseignement divisé en cinq sections. La correspondance ministérielle résume les lettres et rapports envoyés aux différents départements et permet d'avoir une vue globale, au jour le jour, de la situation générale des affaires; les *Bulletins* s'intéressent à la province; le *Bulletin du troisième arrondissement de police* à la situation dans la capitale; les *Bulletins de l'extérieur* à celle des étrangers, réfugiés, émigrés et aux faits marquants de la vie des cours étrangères; et enfin, en cinquième partie, l'empereur peut prendre connaissance des délits commis dans les dernières vingt-quatre heures.

Disgrâcié et remplacé par Savary en 1810, Fouché passe sans complexe dans le camp royaliste en 1814 et devient même chef du gouvernement provisoire après les Cent Jours et la seconde abdication de Napoléon. Nommé à nouveau ministre de la Police, il est démissionné peu après, en butte à la soif de revanche des milieux monarchistes qui ne lui pardonnent pas d'être régicide. Il s'installe alors à Prague où il est naturalisé autrichien en 1818, et se retire à Trieste où il meurt en 1820. Premier policier de France pendant près de vingt ans, il a fortement marqué l'institution qu'il a eu pour charge de gérer.

Tandis que Rippmann retombe aux mains des Autrichiens, Schulmeister, lui, reste caché chez un aubergiste en attendant l'arrivée des troupes françaises. Savary, tout heureux de retrouver son agent qu'il croyait perdu, lui remet cent louis d'or et le nomme commissaire général de police à Vienne.

Au cours des campagnes suivantes, Schulmeister dirige dès lors plusieurs équipes d'espions, ce qui ne l'empêche pas de payer de sa personne. D'une bravoure extraordinaire, il est plusieurs fois blessé sur les champs de bataille. En 1809, il est nommé commissaire général des forces impériales en campagne. Mais cette promotion marque, en même temps que son apogée, la fin de sa carrière. L'année suivante, en effet, Napoléon épouse Marie-Louise d'Autriche, et son père, l'empereur François Ier, qui n'a pas oublié le rôle joué par l'Alsacien à Ulm, exige que son gendre se sépare de l'espion. Celui-ci retourne donc vivre auprès de sa famille au château de Meinau, près de Strasbourg, acquis avec le produit de ses somptueuses gratifications. Dans son beau jardin anglais, une statue de Napoléon grandeur nature est juchée sur un socle au milieu de l'étang. Est-ce l'heure de la retraite ? Non, pas vraiment. Car la guerre se rallume et Schulmeister reprend du service : à la tête d'une poignée de hussards, il enlève à la charge la ville de Wismar; à Friedland, il est blessé d'une balle en plein front; il combat à Landshut et participe à la bataille de Wagram.

Savary, qui a succédé à Fouché au ministère de la Sûreté, et dont il est l'un des plus proches collaborateurs, le rétribue généreusement et lui accorde une participation aux jeux de Paris et aux bains de Baden. Sa grosse fortune lui permet alors d'acquérir le château de Piple, en Seine-et-Oise. Mais en 1814, lorsque les armées européennes envahissent la France, les Autrichiens le recherchent et saccagent ses deux châteaux. Mais monsieur Charles — qui se fait appeler maintenant monsieur Schulmeister de Meinau — a disparu. Après les Cent Jours, il se cache dans la région parisienne, mais les Alliés le retrouvent. Interrogé sur ses activités passées, il affirme qu'il a travaillé beaucoup plus pour Vienne que pour Paris et les Autrichiens lui proposent alors d'entrer au service des Alliés. Mais les policiers prussiens mettent fin à cette idée de collaboration. Enfermé dans la forteresse de Wesel, en Prusse, il n'est libéré qu'après la signature du traité de Paris, en 1815, non sans avoir versé une appréciable rançon.

Louis XVIII remonté sur le trône, son habileté lui permet d'échapper aux mesures d'épuration de la Restauration qui frappe les anciens serviteurs du "tyran". Ecarté de la politique, il se consacre désormais à ses affaires commerciales où il réussit beaucoup moins bien que dans l'espionnage. Après la faillite de sa raffinerie de sucre de Piple, il doit vendre ses deux châteaux. Il se retire alors dans un modeste appartement, à Strasbourg. Devenu un petit vieillard, en apparence insignifiant, il se console de sa gloire perdue en compagnie de ses chats angoras. Peu de gens connaissent son activité passée mais, en 1851, lors d'un voyage officiel en Alsace, le prince-président — qui deviendra bientôt Napoléon III — rend visite à l'ancien agent secret de son oncle. Cette entrevue l'aura consolé de n'avoir pu réaliser son vœu le plus cher : obtenir la Légion d'honneur. Malgré ses nombreuses et dangereuses missions, Napoléon la lui a toujours refusée. Il aurait même déclaré : *"De l'argent, tant que vous voudrez ; la croix, jamais"*. Le seul titre qu'il a conféré à son fidèle agent est celui d'*Empereur des Espions*. Schulmeister meurt, le 8 mai 1853, peu de temps après la visite du neveu de l'homme auquel il a dévoué sa vie, à l'âge de quatre-vingt-trois ans[49]. Il quitte la scène quelques années avant que le monde du renseignement ne commence à prendre à peu près l'aspect que nous lui connaissons, dans les grandes lignes, encore aujourd'hui.

Le pays dont l'empereur est un espion

Mais avant de refermer ce chapitre, il nous reste à faire un nouveau détour par l'Asie lointaine.

Le 1er janvier 1536, dans une famille pauvre de la province d'Owari, au Japon, naît un enfant qui portera le nom de Toyotomi Hideyoshi. Ce récit commence comme un conte de fées et c'est bien ainsi, car c'est de cela qu'il s'agit. Enfant, Hideyoshi se passionne pour les exercices physiques, sans pour autant négliger le développement de son intelligence. Adolescent turbulent, il est renvoyé de son école, puis de près de quarante emplois, avant de devenir voleur de grand chemin et, enfin, d'entrer au service d'Oda Nobunaga, le plus puissant seigneur féodal du Japon. Peu à peu, il se rendra indispensable à son maître, jusqu'à devenir son général en chef. Lorsque Nobunaga meurt, en 1582, assassiné par l'un de ses officiers, il n'est pas arrivé à accomplir le rêve de sa vie : unifier et pacifier le Japon que se disputent une dizaine de chefs de guerre rivaux. Hideyoshi va poursuivre et achever son œuvre, remportant des victoires militaires qu'il assied, grâce aux multiples réseaux qu'il a mis en place dans l'île, sur le renseignement le plus exact qui se puisse obtenir. Il est tellement persuadé de l'importance du renseignement que, comme le rappelle l'auteur anglo-saxon Richard Deacon, *"en 1567, par exemple, quand il se prépara à soumettre l'île de Kyushu, dans la partie la plus méridionale de l'Empire japonais, il retarda son invasion de plus d'un an car il désirait que ses agents lui apportent davantage d'informations et activent une campagne de subversion dans la population"*[50]. Pour soumettre un grand féodal rétif, Shimazu Yoshihisa, il créera, ayant entendu dire que son ennemi était un bouddhiste fervent, un service secret particulier autour d'un prêtre de haut rang. Nullement dupe de ce que trament les hommes de Hideyoshi, ce dernier, un nommé Kennyo, lui offrira ses propres services et, avec l'argent reçu, bâtira l'un des plus magnifiques monuments religieux du Japon, le temple Nishi Hongwanji. Nommé *Kanpaku* (régent) par l'empereur, il s'éteindra en 1598, après avoir conçu l'idée insensée de conquérir la Chine. Le S.R. japonais le considère, aujourd'hui encore, comme un modèle.

Δ

[1] Les *Gueux des mers* étaient les corsaires réunis par Guillaume de La Marck.

[2] Le Lord amiral Thomas Seymour était le beau-père d'Elisabeth.

[3] Dans son magistral *Dictionnaire Encyclopédique d'Histoire, de Biographie, de Mythologie et de Géographie*, publié à Paris durant la seconde moitié du XIXe siècle, Louis Grégoire dit de lui qu'il fit *"de l'espionnage le grand ressort de la politique"*.

[4] L'un des agents les plus singuliers de Francis Walsingham fut certainement John Dee (1557-1607), astrologue de la reine. On lui attribue une éclatante victoire des S.R. anglais : il se serait procuré une lettre envoyée par Philippe II au pape, dans laquelle le roi d'Espagne faisait ouvertement état de sa volonté d'attaquer l'Angleterre.

[5] Les Guise furent l'une des familles les plus puissantes de la France du XVIème siècle. En particulier François Ier de Lorraine, deuxième duc du nom, et son fils Henri Ier de Lorraine, troisième duc de Guise. Tous deux, ainsi que Louis II de Guise, périrent assassinés.

[6] Philippe II (1527-1598), fils de Charles Quint, est l'un des souverains qui incarnent le mieux la Contre-Réforme. Les guerres incessantes qu'il livra appauvrirent l'Espagne et marquèrent le début de son déclin politique.

[7] Thomas Phelippes était d'origine espagnole. Son père était un proche de Philippe II et le jeune Thomas a travaillé à l'ambassade d'Espagne avant d'être "retourné" par Walsingham.

[8] Jean-Claude Pascal a écrit sur cette souveraine un fort beau livre, *La Reine maudite*, Monaco, éditions du Rocher, 1988, qui apporte de nombreuses précisions sur la conspiration que nous évoquons.

[9] Cité dans Jean Claude-Pascal, *op. cit.*, p. 802.

[10] L'Invincible Armada représentait pour l'époque une force colossale : 160 bâtiments, 20 000 soldats, 8 460 matelots. Sa puissance de feu était de 2 630 canons. Avec sa destruction - seuls soixante-trois vaisseaux rallièrent l'Espagne -, ce fut la puissance de l'Espagne qui commença à décliner.

[11] Après avoir dépensé une grande partie de sa fortune personnelle à l'édification du service secret, Francis Walsingham mourut dans la misère et fut enterré de nuit, à la sauvette, ses proches n'ayant pu trouver l'argent nécessaire pour organiser des funérailles dignes de lui.

[12] Aragon, "Prologue" au recueil *Les Poètes*, Paris, Gallimard, 1969. Ce texte a été mis en musique et chanté par Jean Ferrat sous le titre "Les Poètes", dans *Ferrat chante Aragon*, enregistré en 1979-1980, édité par les productions Alleluia et diffusé par Pathé Marconi-Emi.

[13] Le *Traité de Poitiers* garantit certaines libertés aux protestants, mais ne leur assure ni la liberté de culte absolue, ni leur représentation au sein des chambres de justice.

(14) La Ligue ne se contentait pas de défendre la Sainte Eglise. Son but inavoué était de détrôner Henri III pour mettre sur le trône de France Henri de Guise (voir note (5)).

(15) Henri III (1551-1589) fit assassiner Henri de Guise et se rapprocha d'Henri de Navarre, le futur Henri IV, avant d'être assassiné par le moine ligueur Jacques Clément.

(16) Catherine de Médicis (1519-1589) fut la mère de trois rois de France : François II, Charles IX et Henri III; sa fille, Marguerite de Valois (la reine Margot) en épousa un quatrième en la personne du futur Henri IV.

(17) La correspondance de Dandino est conservée aux Archives nationales, à Paris.

(18) Cité dans Roland Mousnier, *L'Homme rouge, ou la vie du cardinal de Richelieu*, Paris, Robert Laffont, 1992, p. 204.

(19) *Idem*, p. 228.

(20) Ferdinand II de Habsbourg (1578-1637), protagoniste de premier plan de la guerre de Trente Ans (1618-1648), fut un ennemi acharné de la France.

(21) Roland Mousnier, *op. cit.*, p. 388.

(22) *Idem*, p. 664.

(23) Gilles Perrault, *Le Secret du Roi*, Paris, Fayard, 1992.

(24) Elément confirmé par son acte de baptême, daté du 7 octobre 1728. Dans Eon de Beaumont, Charles Geneviève, chevalier d', *Mémoires du Chevalier d'Eon*, tome I, éditions de Saint-Clair, 1967, p. 25.

(25) *Idem*, p. 38.

(26) *Idem*, p. 31.

(27) *Idem*, p. 112

(28) C'est en homme qu'il y retourne quelque temps plus tard, toujours accompagné du chevalier Douglass.

(29) *Mémoires du chevalier d'Eon, op. cit.*, p. 179-180.

(30) Le comte de Guerchy aurait tenté de l'empoisonner.

(31) Déguisé en maître d'école hollandais, le capitaine Nathan Hale, d'une unité régulière du Connecticut, s'est rendu dans la zone britannique. Reconnu par un sympathisant des Anglais, il a été arrêté et pendu, devenant ainsi l'un des héros du Panthéon américain.

(32) Allen Dulles, *Les Grandes Histoires d'espionnage*, Paris, Stock, 1968, p. 95-96.

(33) Cité dans Allen Dulles, *op. cit.*, p. 134.

(34) *Idem*, p. 136.

(35) Le général Charles Pichegru (1761-1804), ancien de la guerre d'Amérique, est l'une des figures tragiques de l'époque. Il commanda les armées révolutionnaires du Rhin et du Nord et conquit les Pays-Bas (Belgique) et la Hollande. Rallié à la cause royaliste, arrêté, déporté, évadé, il est à nouveau arrêté à Paris et trouvé étranglé dans sa cellule, le 6 avril 1804.

(36) Olivier Blanc, *Les Espions de la Révolution et de l'Empire*, Paris, Perrin, 1995.

(37) *Idem*, p. 75.

(38) William Pitt (1759-1806) symbolise la résistance anglaise aux visées de Bonaparte.

(39) Créée en 1850, l'Agence Pinkerton a connu un développement extraordinaire puisque, cent vingt ans plus tard, elle possédait soixante-dix succursales et faisait travailler 23 000 personnes.

(40) Cette rencontre est décrite par Georges Lenôtre dans *La Conspiration de Cadoudal*, Paris, Flammarion, 1934, p. 31-32.

(41) Georges Lenôtre (*op. cit.*, p. 34) situe la première visite de Cadoudal à Bonaparte le 6 mars.

(42) Georges Lenôtre, *op. cit.*, p. 44 : *"(...) voici les conditions adoptées : trois ou quatre mille hommes prendront possession de Calais, mais sur l'invitation des royalistes français; vers le milieu de juin, l'armée de débarquement partira au premier vent favorable pour occuper l'île d'Houat, située en vue des côtes du Morbihan (...)"*.

(43) Méfiant, Bonaparte refusait de se fier à un seul service secret. Ainsi, outre la police secrète de Fouché, cohabitèrent durant son règne un service secret dépendant des Affaires étrangères de Talleyrand, un service de renseignement militaire, un service de renseignement de la gendarmerie dirigé par Savary et le "cabinet noir" chargé de la surveillance du courrier.

(44) La Restauration le fit député et ministre de la Marine.

(45) René Savary, duc de Rovigo (1774-1833), crée en 1801 les services secrets militaires de Bonaparte. Homme de toutes les missions, il finit sa carrière comme commandant en chef en Algérie.

(46) Selon certains historiens, il se livre dès cette époque à l'espionnage pour le compte de l'Autriche, avant de servir la France.

(47) Marc Guillaume Vadier (1736-1828), député du Tiers Etat en 1789 et de la Convention en 1792, traqué par la police puis redevenu député pendant les Cent Jours, proscrit comme régicide en 1816, mourut à Bruxelles douze ans plus tard.

(48) Cité dans la thèse de Françoise De Rocca, *Histoire des Renseignements généraux*, Université de Paris II, 1972, p. 24.

(49) C'est sous les traits de Jacques Fabbri que le feuilleton français *Schulmeister, l'espion de l'empereur*, réalisé par Pierre Decourt, a raconté la carrière de l'espion.

(50) Richard Deacon, *Les Extraordinaires Réussites des services secrets japonais*, Paris, Jacques Grancher, 1986.

3
De 1850 à la veille de la Première Guerre mondiale

Alors que Schulmeister s'éteint dans la solitude à Strasbourg, une ère nouvelle s'annonce pour le renseignement : dans une seconde moitié du XIXe siècle, qui va être témoin, en Europe, de la montée en puissance des nationalismes, deux puissances formidables s'observent de part et d'autre du Rhin. L'une, la France, est sûre d'elle, de sa force et de son bon droit. Accumulant les succès militaires (en Crimée entre 1854 et 1856, en Italie en 1859), le Second Empire est également marqué par une forte expansion coloniale en Afrique du Nord et en Afrique noire, ainsi qu'au Proche et en Extrême-Orient. Pourtant, aussi bizarre que cela puisse paraître, comme le souligne le général Henri Navarre dans l'introduction de l'ouvrage collectif qu'il consacrait, voici une vingtaine d'années, à l'histoire du S.R. militaire[1], le renseignement reste le parent pauvre de l'armée. Il n'existe en France, avant la guerre de 1870, aucun service de renseignement permanent : *"Des organismes d'information avaient bien été mis sur pied à différentes époques... mais ils n'avaient été que l'outil d'un moment, d'un événement, d'une opération, et ils avaient disparu avec leur utilisateur, ou avec les circonstances qui les avaient rendus nécessaires..."*[2].

L'autre puissance, encore en voie d'affirmation, elle, est l'Allemagne qui, dans les années qui nous intéressent, est morcelée en une multitude d'Etats, de principautés et de royaumes rivaux, mais qui, très bientôt, va réaliser son union. L'homme qui fera passer l'Allemagne de l'état de quasi-féodalité à la modernité s'appelle Bismarck. Entré en politique sous les couleurs de l'extrême droite nationaliste, Otto von Bismarck (1815-1898) ne poursuivra, tout au long de sa carrière, qu'un seul objectif : la grandeur de la Prusse. C'est lui aussi qui va présider à la création d'un puissant service de renseignement.

Wilhelm Stieber, directeur de la police judiciaire de Berlin, contre monsieur Marx, Karl, pamphlétaire

L'homme qui grimpe l'escalier en colimaçon menant à l'appartement de Karl Marx, en cette fin d'après-midi neigeuse de l'hiver 1850, dispose d'un passeport établi au nom de *"Schmidt, journaliste"*. Les apparences étant souvent trompeuses dans le petit monde que nous étudions — nos lecteurs doivent commencer à s'en rendre compte —, l'intéressé ne s'appelle évidemment pas Schmidt et n'est bien entendu nullement journaliste. Quelques semaines auparavant, Wilhelm Stieber, né dans une honorable mais modeste famille de Saxe, n'était encore qu'un petit inspecteur de la quatrième section de la police judiciaire de Berlin. Un heureux concours de circonstances l'a fait remarquer par le roi de Prusse et, en quelques jours, il est passé du grade d'inspecteur au poste de directeur de la police. Véritable promotion éclair !

Or, en ces années, la Prusse est inquiète. Un peu partout souffle le vent de la révolution. Au centre de cette agitation se trouve un petit groupe d'hommes rassemblés en une association secrète : la *Ligue des communistes*. Lors d'un congrès tenu à Londres en novembre 1847, la ligue a chargé deux de ses membres de rédiger son programme. Karl Marx et Friedrich Engels, puisqu'il s'agit d'eux, se sont mis au travail et, de leurs cogitations, est née une petite brochure dont personne ne sait encore qu'elle est appelée à avoir un énorme retentissement et à influencer profondément l'histoire du monde : le *Manifeste du parti communiste*. Ce texte a placé les deux hommes au cœur de la conspiration qui menace l'ordre établi et c'est précisément ce rôle prépondérant qui a amené le jeune Wilhelm Stieber (il n'a que trente-deux ans) dans l'escalier d'une demeure londonienne[3].

Introduit auprès du philosophe avec lequel il fait mine de sympathiser, Stieber, par la ruse, obtient de lui le nom du militant de la ligue chargé de la garde de son fichier et n'aura guère de peine, dès lors, à le lui ravir. Ce premier succès, et quelques autres remportés par la suite dans la partie de bras de fer qui oppose ceux que l'on n'appelle pas encore les marxistes à la police prussienne, vaut à Stieber d'être nommé, en 1853, directeur de la Division de sécurité de la Préfecture de police. Dans le même temps, il rédige, à la demande du roi Frédéric-Guillaume IV, le récit de son enquête qui sera publié par l'Imprimerie royale sous le titre *Les Conspirateurs communistes du XIXe siècle*. Homme intelligent et sensible, Stieber ne se borne pas à relater les faits : *"Dans ma conclusion, j'expliquais*, écrira-t-il bien plus tard, *qu'à mon avis, toutes ces tentatives visant à un bouleversement général de la société résultaient de la misère sévissant dans les différents pays concernés et que, par conséquent, l'arme efficace pour les combattre ne pouvait être forgée qu'à partir d'une meilleure instruction et d'une meilleure rémunération des travailleurs..."*[4]. Ce genre d'opinion, jugée dans certains milieux de l'époque par trop libérale, n'est certes pas faite pour s'assurer des amis. Le ministre de la Justice, en tout cas, l'apprécie assez peu et ne tardera guère à s'en prendre à son auteur.

Inconscient du danger qui le menace, Stieber continue à œuvrer pour la défense de l'Etat et à accumuler les succès. En 1858, il démasque un véritable réseau d'espionnage intérieur monté par un officier endetté qui a vendu ses services à différents journaux et, s'appuyant sur quelques serviteurs du palais royal, les alimente en documents exclusifs provenant des bureaux mêmes du roi de Prusse et de ses plus proches conseillers... Mais quelques mois plus tard, c'est Stieber lui-même qui se retrouve sur la sellette. A la mort de Frédéric-Guillaume IV, son fils Guillaume lui succède et s'entoure de libéraux. A force de contorsions, le très réactionnaire ministre de la Justice Simons parvient à se maintenir en Cour; mais pour se dédouaner, il doit trouver un bouc émissaire en position d'expier les abus répressifs qu'il a lui-même suscités. Stieber fera l'affaire. Arrêté, incarcéré, bientôt évadé, caché par la tenancière d'une maison close de haut vol aux charmes de laquelle il ne tardera pas à succomber, il arrivera cependant à obtenir justice. Mais il n'est pas question de rendre sa place à un directeur de la police qui a connu la prison. Le voici donc en disponibilité. Pas pour longtemps. Ayant déjoué un attentat contre Bismarck, Premier ministre de Guillaume, l'ex-directeur de la Division de sécurité se voit chargé par l'homme qu'il a sauvé de créer un service d'espionnage en... Autriche. Vienne est en effet la grande rivale de Berlin dans la course à la domination des Etats allemands.

Espion de Bismarck

La carrière de Stieber comme policier vient de s'achever. Commence alors le parcours sans faute d'un extraordinaire maître espion. Après quelques jours de réflexion, il remet un projet à Bismarck : *"Je mis principalement l'accent sur le fait que les résultats généralement limités obtenus par les méthodes d'observation utilisées entre Etats tenaient à l'insuffisance des effectifs engagés. C'est pourquoi mon service d'espionnage devrait compter un nombre d'agents aussi important que possible. Il s'agirait de mettre sur pied une véritable 'armée' d'observateurs infatigables. Le flot d'informations reçues de ces agents qui fouineraient dans tous les coins comme des chiens affamés, serait ensuite filtré.*

La synthèse qui en résulterait permettrait à ses destinataires de travailler sur des bases solides..."[5]. Mais Stieber ne s'arrête pas là dans son raisonnement. Homme décidément moderne, il entrevoit l'usage intéressé qui peut être fait de la presse : *"Pour la mise sur pied de cette organisation, d'une conception toute nouvelle, je voulais utiliser la puissance, également nouvelle et sans cesse croissante, de la presse. Avec ses journalistes toujours en quête d'informations, elle aussi devait nous permettre de nous procurer les échos dont nous avions besoin. Le droit de questionner étant unanimement reconnu aux journalistes, ceux-ci pouvaient devenir des collaborateurs insoupçonnables d'un service secret, d'autant qu'ils possédaient la faculté de relater les événements d'une manière compréhensible et de savoir distinguer les faits des simples rumeurs. Même les secrets économiques et militaires les mieux protégés ne peuvent décourager les journalistes, car ils connaissent souvent si intimement les hommes politiques et les militaires les plus haut placés que ceux-ci ne se gênent pas pour parler de tout en leur présence"*[6].

Spéculant donc tout à la fois sur l'impossibilité pour l'adversaire de contrer bien longtemps une véritable armée secrète, sur la *"vanité de nombreuses personnalités, désireuses d'étaler leur savoir en public"*[6] et sur le *"besoin d'argent chronique des gens de presse"*[6], le plan de Stieber séduit d'emblée Bismarck. D'autant plus que la guerre fait rage entre ce que l'on ne nomme pas encore les médias et que le roi vient d'exprimer le désir que l'on *"réagisse énergiquement contre l'Agence Télégraphique Reuter"*[7], qui inonde les journaux allemands de nouvelles jugées tendancieuses.

Doté de son agence télégraphique, payant ses agents autrichiens avec de la monnaie de singe réalisée par des faussaires sortis de prison pour la circonstance (encore une méthode moderne qui sera reprise quelques décennies plus tard par les services secrets de l'Allemagne nazie...), Stieber est bientôt en mesure d'informer le Premier ministre que si l'Autriche souhaite bien se retrouver à la tête d'une confédération des Etats allemands, elle entend réaliser cet objectif par des moyens pacifiques et n'est absolument pas préparée à la guerre. Bismarck en est ravi, car lui, la guerre, il la veut ! Mais la Prusse ne saurait apparaître comme l'agresseur. Il faut donc pousser Vienne à fournir à Berlin un prétexte à intervention. C'est à nouveau Stieber qui s'en charge, mettant en branle une véritable opération de désinformation dans la presse des pays neutres et finançant — toujours avec sa fausse monnaie ! — des centaines d'agitateurs qui réveillent les aspirations patriotiques des Tchèques, Hongrois, Slovènes et Dalmates, soumis au sein de l'empire austro-hongrois, à la domination de Vienne.

La guerre finit par éclater, le 15 juin 1866. Elle est de courte durée et se termine, dix-huit jours plus tard par la bataille de Sadowa, qui voit l'armée prussienne écraser les forces autrichiennes. Content de lui, Wilhelm Stieber peut dresser le bilan de l'activité de son service : *"Plus de 20 000 'comptes rendus d'observation', établis dans toute l'Autriche depuis le début de mon travail, avaient permis d'obtenir plus de 2 000 renseignements intéressants, dont 400 d'une grande importance. En outre, mes agents avaient pu s'emparer d'environ 200 documents très instructifs provenant de bureaux civils ou militaires autrichiens... D'autre part, 530 Autrichiens occupant de hautes fonctions purent être manipulés jusqu'au bout par mes 'résidents' et trahirent leur pays au profit de la Prusse. Bref, il est probable que les Autrichiens eux-mêmes étaient loin de connaître aussi bien l'état d'esprit et les habitudes de leur peuple que les principaux membres de mon service secret à Berlin"* [8].

Stieber et l'insouciance française

En novembre 1869, Stieber et quelques-uns de ses hommes effectuent une première mission en France où, tout en s'intéressant de près à deux armes "révolutionnaires", le fusil Chassepot et la mitrailleuse, ils déploient de louables efforts en vue de recruter le maximum de sources possibles. Connaisseur de la nature humaine, le maître espion prussien — qui vient d'être nommé conseiller privé du gouvernement en récompense des services rendus en Autriche — recommande à ses chasseurs de talents de concentrer leurs efforts sur "trois sortes d'individus" : *"Les personnes appartenant aux classes pauvres qui rêvaient de gagner de l'argent sans fatigue; les officiers et fonctionnaires qui avaient besoin de sommes importantes, pour dettes de jeu, par exemple, ou ruminaient une vengeance, qu'ils aient subi une injustice ou qu'ils soient mus par des motifs politiques; enfin, tous ceux qui pouvaient être soumis à un chantage par mes agents..."* [9]. A Berlin, pendant ce temps, des "vérificateurs" épluchent tous les décrets publiés concernant les nominations dans l'administration civile ou militaire et dressent des listes de "promus" qui sont aussitôt comparées aux listes de "nominables", elles aussi soigneusement tenues à jour. L'intérêt de la manœuvre est évident : repérer ceux qui espéraient une promotion et qui se sont vus, parfois pour la deuxième ou la troisième fois, préférer un rival. Une approche prudente permet alors parfois d'attirer ceux dont la rancœur et l'amertume sont telles qu'elles peuvent les pousser dans la voie de la trahison. Enfin, le service de Stieber s'intéresse aussi et surtout à la crème de la crème : les adversaires non déclarés du régime impérial permettant *"d'obtenir très vite des renseignements de haute valeur en provenance directe des milieux gouvernementaux français"* [10]. Ces opposants sont d'autant plus courtisés par Stieber que leur motivation essentiellement politique — précipiter la chute du régime honni — leur fait, le plus souvent, mépriser toute rémunération...

Les agents prussiens continuent donc à tisser leur toile et enregistrent de nombreux succès. Un certain *F.M.*, ainsi, se faisant passer pour un peintre en bâtiment d'origine alsacienne, parvient sans difficulté à pénétrer au ministère de la Guerre où, profitant de l'invraisemblable négligence de hauts gradés, il recopie... le plan de mobilisation et l'ordre de bataille de l'armée française.

Face à cette offensive en règle d'un service de renseignement structuré et expérimenté, qui vient de faire ses preuves en Autriche, que fait la France ? La réponse est simple : rien ! Non seulement le contre-espionnage est balbutiant, pour ne pas dire inexistant, mais le concept même d'espionnage est apparemment inconnu de l'état-major : *"A la veille de 1870"*, écrit, lapidaire, le général Navarre, *"la France n'avait pas, en Allemagne, un seul agent de renseignement à demeure, et cette carence fut amèrement constatée au cours de la campagne"*[11]. Le seul organisme militaire permanent d'information existant en France avant la guerre de 1870 était, en effet, une très vague *section statistique*, dont l'une des activités principales était de lire les ouvrages publiés à l'étranger et pouvant intéresser la défense nationale. A cette absence de politique du renseignement s'ajoute un tel aveuglement (et un tel sentiment de supériorité !) que l'état-major est persuadé que l'armée allemande ne pourra opposer qu'une faible résistance à la "meilleure armée du monde". La preuve la plus flagrante de cette attitude est que les officiers en campagne, s'ils disposent de nombreuses cartes géographiques de la Prusse, ne sont pas dotés d'une seule carte des régions frontalières françaises ! Or, pas un officier français n'aura l'occasion de mettre le pied sur le sol allemand autrement qu'en qualité de prisonnier... Le 19 juillet, l'Empire déclare la guerre à la France; un mois plus tard, le maréchal Bazaine se laisse encercler à Metz (il se rendra le 27 octobre) et, le 2 septembre, c'est la bataille de Sedan qui se termine par la capitulation, en rase campagne, de Napoléon III. Dans les années qui suivront la guerre, Wilhelm Stieber continuera à diriger son service, et ce, jusqu'à sa mort, en 1882.

Soulignons-le, son service, pour novateur et moderne qu'il fut, ne naquit pas par génération spontanée. Dans ses méthodes, il s'inspirait d'expériences remontant à l'époque napoléonienne, voire au XVIIe siècle, et, dans sa philosophie, il s'était largement nourri de la pensée stratégique allemande.

La France se dote d'un service de renseignement

La défaite de 1870 entraînera, en France, une profonde refonte des structures de l'état-major et la création d'un *Deuxième Bureau* dont l'essentiel des activités, dans les premières années du moins, sera d'accumuler les informations sur les troupes allemandes d'occupation.

Les moyens du *Service de Renseignement* ou *Service Spécial*, comme on le nomme souvent, restent toutefois limités : *"La centrale du S.R. comprend seulement, jusqu'en 1894, trois officiers, un interprète, un secrétaire et un archiviste; en revanche, le nombre de correspondants à l'étranger augmente progressivement. En 1880, il y en a à Berlin, Vienne, Dresde, Leipzig, Francfort, Cologne, Mannheim"*[12]. Au nombre de ces officiers de la centrale, on compte les Henry, Esterhazy et Weil dont les noms entreront dans l'Histoire, au cours de la décennie suivante, à l'occasion du triste rôle qu'ils joueront dans l'affaire Dreyfus.

Des pionniers qui ont nom Cuvinot, au ministère de la Guerre, Samuel, à l'état-major (chef d'escadron et l'un des premiers "patrons" du S.R.), ou Campionnet (lui aussi chef d'escadron et successeur de Samuel, en 1873), vont donc jeter les bases d'un service offensif, avec des moyens de misère : sept mille francs pour les six premiers mois d'existence du S.R. en 1871, cent quatre-vingt-six mille francs en 1878... A titre de comparaison, le S.R. allemand dispose, lui, d'un "trésor de guerre" de vingt millions ![13].

Dès cette époque, alors que le S.R. agit dans l'ombre et par des moyens le plus souvent illégaux, le *Deuxième Bureau*, lui, se fait remarquer en publiant quelques monographies remarquablement documentées sur les questions militaires, ainsi qu'une *Revue militaire de l'étranger* dont les premières parutions datent de 1871 et qui, à un rythme bimensuel, informe les élites civiles et militaires de l'évolution des structures et de la stratégie des armées étrangères. La diversité et la qualité de traitement des sujets donnent une idée de l'importance du travail fourni par les attachés militaires présents dans les ambassades de France. Ainsi, pour ne prendre qu'un seul exemple, dans le seul premier semestre de l'année 1883, la revue ne traitera pas moins d'une centaine de thèmes différents, allant de la question de Gibraltar à la *"fabrication de canons Krupp de 15 centimètres pour la marine chinoise"*, en passant par le *"nouveau règlement tactique de l'infanterie espagnole"*, *"l'organisation de la flotte de guerre italienne"* ou encore *"les effectifs de l'armée allemande sur le pied de paix"*[14]. L'"Affaire", outre ses aspects tragiques, va venir remettre en question cette évolution positive et ces fragiles constructions.

Le S.R. et l'affaire Dreyfus (1894-1906)

La femme de ménage de l'ambassade d'Allemagne qui, un soir de la fin du mois de septembre 1894, ramasse dans une corbeille les morceaux d'une lettre rédigée d'une petite écriture serrée sur une page de papier pelure — lettre qu'elle s'empresse de porter à ses employeurs officieux du S.R. —, ne se doute pas que ce geste insignifiant et cent fois répété marque le début d'une des plus scandaleuses affaires de l'époque. Marie Bastian — c'est son nom — est, pour le S.R., l'agent *Auguste* ou encore *la voie ordinaire* : cela fait des années qu'elle s'est introduite dans les bonnes grâces de chacun, à l'ambassade, et qu'elle fournit, presque quotidiennement, des documents cueillis dans les poubelles ou copiés dans les bureaux. Au moment de l'affaire Schnaebelé, elle est même parvenue à voler un dossier confidentiel dans le coffre-fort de l'attaché militaire. Ses services sont inestimables (mais néanmoins rémunérés à hauteur de deux cent cinquante francs par mois...) : n'a-t-elle pas déjà permis, entre autres, l'expulsion d'un attaché militaire et le jugement d'un ingénieur félon qui livrait à l'Allemagne d'importants renseignements sur l'artillerie française ? Et tout cela sans être démasquée[15] !

Mais revenons à la livraison cruciale de cette fin septembre 1894. Les officiers qui prennent connaissance de la lettre apportée par *Auguste* ne doutent pas un seul instant de sa signification : il s'agit de la liste de pièces dérobées à l'état-major et transmises à l'attaché militaire allemand à Paris, le major Schwartzkoppen. Une seule interprétation est possible : un officier d'état-major trahit les secrets de l'armée française au profit de l'Allemagne. L'enquête est très logiquement confiée au *Deuxième Bureau* de l'armée, qui cumule les rôles d'un service de renseignement (S.R.) et du contre-espionnage (C.E.), et est dirigé par le colonel Sandherr, assisté du commandant Henry, qui jouera dans l'affaire un rôle trouble et tragique. On commence par comparer, sans succès, l'écriture du bordereau avec celle de tous les officiers d'état-major et, très vite, les limiers du C.E. piétinent. L'armée française, et surtout son élite, est alors en proie au travail insidieux mené par la presse antisémite — en particulier *La Libre Parole* de Drumont — contre la présence d'officiers juifs en son sein. Une série d'articles, publiés en mai 1892 et intitulés *Les Juifs dans l'armée*, a d'ailleurs provoqué plusieurs duels au cours desquels un officier d'artillerie juif, le capitaine Mayer, a trouvé la mort. La haine que les antisémites portent aux officiers d'origine juive s'exacerbe de jour en jour.

Dès les débuts de l'enquête, le *Deuxième Bureau* s'est persuadé, au vu de la diversité des documents que le traître est en mesure de fournir, qu'il s'agit d'un stagiaire, un officier qui n'a pas encore d'affectation précise et qui a accès à divers services, et donc à des dossiers très différents. Or, depuis 1893, un officier juif, le capitaine Alfred Dreyfus, est précisément en stage à l'état-major. Après examen minutieux de la pièce dont ils disposent, les officiers parviennent sans trop de peine à se convaincre qu'en définitive, c'est bien son écriture qui se rapproche le plus de celle de la lettre fatale.

Le 15 octobre, le commandant du Paty de Clam, extérieur au milieu du renseignement, chargé de confondre le capitaine suspect, le convoque dans son bureau et, simulant une blessure à la main, lui demande de prendre sous sa dictée une lettre dont le contenu n'est autre que celui de la missive interceptée par *Auguste*. A l'issue de cet exerice, Dreyfus est arrêté, inculpé d'intelligence avec l'ennemi et incarcéré. Le capitaine a beau clamer son innocence, rien n'y fait. Quand vient le procès, les juges pourtant semblent hésiter. A la demande de l'accusation, le huis-clos est alors décrété pour permettre au commandant Henry de présenter les conclusions auxquelles est arrivé le *Deuxième Bureau*. Il remet aux juges, à la fin de son témoignage — et surtout hors de la présence de l'accusé et de son avocat — un dossier secret composé de quelques documents qui sont censés accabler Dreyfus. A vrai dire, une seule de ces pièces pourrait avoir trait au malheureux capitaine : une lettre de l'attaché militaire allemand à son collègue italien (et ami très intime) Pannizardi, dans laquelle il évoque l'existence d'un agent qu'il appelle *"cette canaille de D"*. Le dossier secret emporte la décision et, en décembre 1894, Dreyfus est condamné à la dégradation et à la déportation à vie dans une enceinte fortifiée de Guyane, sur l'île du Diable.

En juillet 1895, le lieutenant-colonel Georges Picquart prend la suite de Sandherr au *Deuxième Bureau*. Il s'intéresse de près à l'affaire qui continue à défrayer la chronique et tâche de se forger une opinion personnelle. Honnête homme, doué pour le renseignement, Picquart comprend vite que quelque chose ne tourne pas rond dans ce dossier, en apparence si bien ficelé, d'autant plus que Sandherr, en lui cédant le commandement de son service, ne lui a pas caché l'existence du dossier secret. La chance va le servir puisque, dans la corbeille à papier, décidément inépuisable, de l'attaché militaire allemand, on découvre un nouveau document : le brouillon d'une lettre qui passera dans l'Histoire sous le nom de *petit bleu*, adressée au commandant Esterhazy. Or, celui-ci est loin d'être un inconnu pour Picquart : l'homme a un passé assez obscur — il a servi dans plusieurs armées européennes et à la Légion étrangère — et se dit apparenté à une grande famille hongroise. Mais surtout, cet officier du 74e régiment d'infanterie caserné à Paris, est lié au commandant Henry et à Maurice Weil, qu'il a tous deux connus lors d'un détachement au S.R., quelques années auparavant. Si Henry apparaît seulement comme un homme envieux et totalement prisonnier de ses préjugés, Weil, lui, a déjà une exécrable réputation : plus ou moins escroc, il gravite dans l'entourage du général Saussier, gouverneur militaire de Paris qui n'est autre que... l'amant de sa femme. De troubles liens unissent le mari complaisant et le haut gradé, totalement subjugué par la belle Mme Weil.

Cependant, les informations recueillies auprès de sources militaires allemandes à Bruxelles, et sans doute également à Berlin, font état, à la même époque, de l'existence d'un agent français travaillant pour les Allemands et qui pourrait être un officier d'infanterie d'une quarantaine d'années. Certaines pièces fournies par ce traître sont passées entre les mains d'Esterhazy... En quelques mois, Picquart s'est donc forgé une certitude : le coupable, le traître, ce n'est pas Dreyfus, mais Esterhazy. Il fait part de ses convictions au ministre de la Défense, qui le renvoie au général Gonse, chef d'état-major adjoint. Pour Gonse, les choses sont claires : certes, on peut, s'il le faut, poursuivre Esterhazy sur base du *petit bleu*, mais cela n'implique pas que l'on revienne sur le cas Dreyfus. A la fin de l'entretien, il lâche : *"Si vous ne dites rien, personne ne saura rien !"* Horrifié, Picquart n'en croit pas ses oreilles, car l'homme, l'un des plus jeunes et des plus brillants officiers supérieurs français, a beau être antisémite, comme nombre de ses camarades, il n'en est pas moins profondément, viscéralement, honnête. Rien ne peut davantage lui répugner que de tremper dans une machination qui brise la vie d'un innocent. Les choses vont alors s'accélérer : Henry, qui cherche à protéger Esterhazy, fabrique de toutes pièces une nouvelle lettre — signée du nom de code *Alexandrine*, tout comme le document *cette canaille de D.* — qui incrimine Dreyfus. Picquart rue dans les brancards. Mal lui en prend : il est muté en Tunisie. Et c'est Henry, promu pour l'occasion lieutenant-colonel, qui lui succède (enfin ! Cela faisait trop longtemps qu'il attendait cette promotion...) à la tête du S.R. L'affaire est donc étouffée. Enfin presque, car Picquart ne désarme pas : il sait maintenant, sans encore percevoir toutes les dimensions de la tragédie, qu'une épouvantable conspiration, dans laquelle le S.R. joue un rôle central, s'est nouée et a pour objet de maintenir Dreyfus à l'île du Diable. Et cela, l'officier intègre qu'est Picquart ne l'accepte pas : il raconte tout à l'un de ses amis, l'avocat Louis Leblois qui, lui-même, livre les dessous de l'affaire au vice-président du Sénat, l'Alsacien Scheurer-Kestner. Convaincu, ce dernier devient immédiatement un ardent dreyfusard.

Entre-temps, Esterhazy a été gravement mis en cause : l'un des banquiers auprès desquels il s'est lourdement endetté a reconnu son écriture sur un fac-similé du bordereau attribué à Dreyfus et publié dans un journal. Le jugement de l'officier d'infanterie devient dès lors inévitable. Parodie de justice, une fois de plus, puisque Esterhazy, décidément bien protégé, est acquitté le 11 janvier 1898. Le lendemain, Picquart, accusé de divulgation de secrets militaires, est mis aux arrêts et, le jour même, Zola, prenant la défense de Dreyfus, publie dans *L'Aurore*, le journal de Clémenceau, *J'accuse*, qui reste à ce jour l'un des plus formidables pamphlets jamais écrits pour défendre une cause juste. En portant de graves accusations contre le lieutenant-colonel du Paty de Clam[16], le commandant Ravary et les généraux Mercier, Billot, de Boisdeffre, Gonse et de Pellieux, tous mêlés directement ou indirectement à la manipulation, Zola sait qu'il s'expose à des poursuites en diffamation. Mais il le fait sciemment, afin de pouvoir exposer au grand jour, devant la justice, les preuves sinon de l'innocence de Dreyfus, du moins du fait qu'il n'a été condamné qu'à l'issue d'un procès inique précédé d'une instruction tronquée et partiale.

Le ministère estime que, pour classer définitivement l'affaire, il faut charger Picquart et prouver de manière irréversible la culpabilité de Dreyfus. Picquart est donc arrêté le 13 juillet, tandis qu'un nouvel officier, proche du ministre de la Guerre, le capitaine Cuignet, est chargé de reprendre tout le dossier et d'en examiner chaque pièce. Le 13 août, le capitaine Cuignet se rend compte que plusieurs documents, dont la fameuse lettre *Alexandrine*, sont des faux. Dans ce dernier cas, on s'est contenté, fort grossièrement, de mettre bout à bout des morceaux de lettres différentes. Mais les papiers de ces missives ne sont même pas identiques. Convoqué chez le ministre, Henry avoue avoir falsifié des documents mais déclare avoir agi dans l'intérêt supérieur de l'armée. Il est pourtant incarcéré à son tour. Mais pas pour longtemps : le lendemain de son arrestation, le 31, on le découvre mort, dans sa cellule du Mont-Valérien, la gorge tranchée, et l'on conclut au suicide[17]. La mort d'Henry, dans laquelle beaucoup voient, à raison, une preuve de sa culpabilité, rend le scandale impossible à gérer pour le gouvernement : le ministre de la Guerre, Cavaignac — qui, pour prouver la culpabilité de Dreyfus, avait fait état au Sénat des faux réalisés par Henry — démissionne, imité par le général de Boisdeffre, chef d'état-major.

Notre but n'est pas de retracer ici le détail des multiples rebondissements de l'"Affaire" sur laquelle il existe une abondante littérature; qu'on sache donc seulement que le jugement condamnant Dreyfus est cassé le 3 juin 1899, que le prisonnier est à nouveau condamné avec circonstances atténuantes le 9 août de la même année, avant d'être gracié par le président Loubet. Dreyfus sera réhabilité, réintégré dans l'armée au grade de commandant et décoré de la Légion d'honneur en 1906[18]. Picquart, qui a passé près d'une année en prison, est nommé général la même année[19].

Avouons cette vérité, aussi frustrante soit-elle pour tout chercheur : les motivations profondes qui se cachent derrière l'acharnement de l'état-major et du *Deuxième Bureau* contre Dreyfus restent encore, aujourd'hui, assez mystérieuses. On en est donc réduit aux hypothèses. Quelques certitudes demeurent toutefois. D'abord, si la culpabilité d'Esterhazy ne fait plus aucun doute[20], il est clair aussi que l'officier, occupant une position subalterne dans un régiment d'infanterie, n'était pas en mesure de se procurer les pièces livrées à l'ambassade d'Allemagne. Il avait donc nécessairement des complices ou des commanditaires. Esterhazy était-il, en fait, un agent double, manipulé par le S.R. français pour intoxiquer l'Allemagne ? C'est peut-être, dans cette hypothèse, pour le couvrir et surtout pour protéger son travail, que le C.E. a tout fait pour que Dreyfus soit accusé et condamné à sa place. L'affaire pouvait paraître d'autant plus importante aux yeux de l'état-major, l'amenant à fouler aux pieds et l'honneur et la morale, que de subtiles manœuvres, auxquelles Esterhazy n'était pas étranger, étaient alors engagées pour sauvegarder le secret du canon de 75, une pièce ultra-moderne pour l'époque. Et il est probable que le choix d'un officier juif comme bouc émissaire n'a pas été un hasard, loin de là. Le rôle d'agent double d'Esterhazy pourrait sans doute expliquer qu'Henry ait maladroitement multiplié les faux pour le couvrir.

Mais si, au-delà des hypothèses, il y a une morale à tirer de cette affaire, elle est double. L'affaire Dreyfus nous apprend, du point de vue du renseignement, qu'il est extrêmement dangereux, en démocratie, de laisser un S.R. juger seul de ce qui est bon pour lui, pour les institutions et pour le pays. Le service s'arroge ainsi des pouvoirs qui ne sont pas les siens, et peut en être réduit aux pires extrémités pour se maintenir dans la voie qu'il estime être la bonne. De même, il peut s'avérer mortel d'engager ou de maintenir au sein d'un service aussi puissant des hommes travaillés par une idée extrémiste quelle qu'elle soit. Dans le cas de l'"Affaire", ce fut l'antisémitisme. Dans d'autres cas, cela aurait pu être — et cela l'a parfois été — l'intégrisme religieux, un anticommunisme trop primaire et trop radical, ou n'importe quel autre sentiment exacerbé. Les hommes du renseignement n'ont souvent, en effet, en dernière analyse, que leur intelligence et leur bon sens pour discerner le vrai du faux et le probable de l'impossible. Pour y arriver, cette intelligence doit rester lucide, aiguisée, libre de toute idée préconçue, et ne pas être esclave d'un dogme. L'homme qui est asservi à une idéologie, fût-elle élevée, ne finit-il pas souvent par la placer au-dessus de tout et surtout avant la recherche de la vérité ? Or, dans le renseignement, il n'existe pas de pire aberration, et de plus grand danger, que de ne pas rechercher d'abord la vérité. Quoi qu'en fassent, par ailleurs, ceux à qui elle est destinée.

Largement impliqué dans le "montage" de l'affaire Dreyfus, le S.R. mettra des années à s'en remettre. En 1899, le général Gaston de Galliffet, nouveau ministre de la Guerre, lui retire toute prérogative de contre-espionnage qui, de même que les missions à l'étranger, passe à la Sûreté générale, dépendant du ministère de l'Intérieur. La réforme va, certes, nuire à l'efficacité du service, mais il faut avouer que la Sûreté générale vient de faire ses preuves en résolvant un cas délicat, jamais révélé jusqu'à aujourd'hui et qui, sans la vigilance et l'impartialité des policiers, aurait pu dégénérer en une deuxième affaire Dreyfus.

Les Gougenheim, des "Dreyfus" manqués

C'est au début de 1898, alors même que l'affaire Dreyfus bat son plein, que le procureur de la République de Brest, Pérussel, dénicheur de complot légèrement obsessionnel, comme on va le voir, ordonne l'ouverture d'une enquête sur les frères Gougenheim, des commerçants de la place, qu'un informateur louche lui a signalés comme étant susceptibles de travailler pour l'Allemagne.

Après dix-huit mois d'enquête ubuesque, Pérussel n'hésite pas à porter la terrible accusation : *"J'estime que l'on peut, avec toute la certitude permise en semblable matière, conclure que les Gougenheim et Kahn* (leur beau-frère, n.a.) *se livrent à l'espionnage"*, car *"ils sont allemands et dissimulent avec soin leur nationalité. Le père est fournisseur de l'armée allemande, le gendre et les fils font partie de cette armée"*[21]. Mais Pérussel est bien malheureux : il a la nette impression de prêcher dans le désert. N'a-t-il pas vu le commissaire spécial Carlier ignorer complètement cette affaire pourtant prometteuse ? Il demande donc qu'on envoie à Brest un *"agent intelligent, discipliné, ayant déjà fait ses preuves..."*[22]. Pour une fois, il va être écouté. Au-delà de tout espoir. Quelques semaines plus tard, arrive, en effet, dans sa ville, le commissaire Célestin Hennion.

Originaire du Nord, où il est né dans une modeste famille d'ouvriers agricoles, Célestin Hennion est le prototype du grand flic. Engagé volontaire dans l'armée, il a passé cinq ans en Afrique du Nord où il a participé, comme sous-officier, à la campagne de Tunisie. Démobilisé, il entre dans l'administration puis dans la police comme inspecteur-adjoint de la police spéciale des Chemins de fer (qui ne dédaigne pas le renseignement). De sensibilité centre-gauche, franc-maçon, Hennion se voit confier quelques missions des plus délicates. Sa carrière est exemplaire et l'amènera, en 1907, à être le créateur et le premier patron des *Brigades mobiles*, les célébrissimes *Brigades du Tigre*[23]. En 1899, lorsqu'il arrive à Brest, il est commissaire spécial adjoint. Homme de raison, il a tôt fait de comprendre que l'affaire Gougenheim n'est que le produit de la rencontre hasardeuse d'un esprit envieux et rancunier, l'informateur de Pérussel, et de la personnalité confuse du procureur. Plus grave, il voit immédiatement qu'au mépris des devoirs de sa charge, Pérussel n'a accumulé que les éléments pouvant nuire aux Gougenheim et systématiquement rejeté les autres. Comme cette lettre envoyée le 28 décembre 1898 par le préfet de Meurthe-et-Moselle, en réponse à une demande de renseignements du procureur brestois : *"Au sujet de Lambert Kahn, j'ajouterai que celui-ci ne saurait être officier de réserve de l'armée allemande qui ne comprend que trois officiers de ce nom, tous identifiés"*[24].

Prudent autant qu'intelligent, Hennion n'attaque pas de front (l'atmosphère de l'époque est ce qu'elle est...) et affirme : *"Je m'empresse de faire remarquer que je ne m'étonne nullement de la surveillance exercée sur cette famille de cosmopolites : c'était là un devoir élémentaire de la police..."*[24]. Mais il démolit consciencieusement le dossier de Pérussel, qui n'est qu'un tissu de racontars, sans preuves, bâti sur les révélations d'un *"informateur qui a inscrit la plupart des Israélites de Brest sur sa liste des suspects, uniquement parce qu'ils sont juifs..."*[24]. Hennion s'étonne de *"la facilité avec laquelle on accueille trop souvent les dénonciations d'espionnage. Je crains bien que l'espèce d'hystérie patriotique qui sévit chez quelques hommes de ce pays ait atteint plus profondément qu'on ne le pense certaines consciences en d'autres temps plus clairvoyantes..."* [24]. Et l'envoyé de Paris de conclure par une belle leçon donnée à la magistrature : *"Que monsieur le procureur de la République attende le succès ou l'insuccès de nos efforts. Il examinera nos arguments, les pèsera dans le silence de son cabinet, avec tout le sang-froid d'un homme qui n'a pas été mêlé à la lutte intense que nécessite la recherche des délits de cette nature. Cette façon de procéder offrira une double garantie : la première pour les inculpés qui pourront être assurés de trouver, dans le représentant de l'action publique, un magistrat sans passion. La seconde pour nous, qui aurons ainsi la certitude que nos erreurs humaines, nos partis pris professionnels et inconscients pourront être redressés avant d'avoir causé d'irréparables injustices..."* [24].

Notons-le avant de conclure, cette réserve n'est pas l'apanage exclusif de Célestin Hennion. Le sous-préfet du Finistère, déjà, avait fait preuve d'une grande sagesse. Pérussel, lui ayant confié qu'il *"y avait, derrière les manœuvres des Gougenheim, une affaire d'espionnage dont les conséquences seraient plus graves encore que celles de l'affaire Dreyfus"* [24], ces paroles firent réfléchir le digne fonctionnaire et, *"pensant qu'une seule affaire de ce genre suffisait à son pays, il résolut de n'agir, en ce qui le concernait, qu'avec une prudence extrême..."* [24]. C'est donc à l'intelligence d'un sous-préfet et de quelques policiers que les frères Gougenheim doivent de ne pas avoir été inquiétés. Mais il est permis, malgré tout, de s'étonner du crédit manifestement apporté par l'armée aux délires monomaniaques du sieur Pérussel. Car celui-ci n'en était pas à son coup d'essai.

Quoi qu'il en soit, l'incontestable réussite de Célestin Hennion, qui évite au gouvernement de s'enfoncer dans une nouvelle affaire qui n'aurait pu que lui nuire, lui vaudra de continuer son ascension. Durant l'été 1899, il est chargé du transfert par train spécial, de Quiberon à Rennes où doit se tenir un nouveau conseil de guerre, du capitaine Dreyfus, mais aussi du maintien de l'ordre dans la ville durant toute la durée du procès. Il n'oublie pas, ainsi qu'en témoignent abondamment ses archives, de renseigner très régulièrement et fidèlement son ministre sur les dessous de la pièce qui se joue dans la capitale bretonne. Ainsi, le 21 juillet 1899, il envoie à sa direction une lettre dans laquelle il ne cache pas le mépris dans lequel il tient les officiers du S.R. (à l'exception du colonel Picquart avec lequel il a beaucoup collaboré et pour qui il a, manifestement, de l'estime) : *"Ce personnel a toujours été d'une moralité très douteuse ; ces agents n'étaient que très partiellement au courant des affaires traitées, et leur imagination avait beau jeu pour tirer des conclusions plus ou moins absolues de faits imparfaitement connus de chacun d'eux"* [25].

Au passage, Hennion nous en dit un peu plus sur la technique qui est à la l'origine de ses succès : *"En ce qui me concerne, ma fréquente collaboration avec le lieutenant-colonel Picquart pendant qu'il était à la tête du Service Spécial, jointe à des racontars d'anciens agents, a fait croire que j'étais très documenté. Comme j'ai l'habitude de ne dire ni oui ni non quand on me parle des affaires de mon service, on a conclu de mon silence, dans certains milieux, que j'étais parfaitement renseigné. C'est d'ailleurs un bénéfice moral qu'il est important de ne pas perdre au point de vue de nos fonctions..."* [25]. Se taire et écouter : toute la sagesse de l'homme du Nord que restera toujours Hennion est là. Se taire et écouter, certes, mais également agir vite quand il le faut : en novembre 1897, Hennion avait ainsi sauvé la mise à Picquart, muté depuis le début de l'année en Algérie, que d'anciens membres de son service voulaient compromettre par un habile "montage"; un peu plus tard, il devait démasquer l'un de ses anciens agents, Victor Décrion, devenu escroc au renseignement et qui touchait des services allemands de substantielles primes en leur dénonçant de soi-disant agents du S.R. français. Les malheureux pouvaient d'autant moins se défendre qu'ils n'avaient, évidemment, rien à voir avec les services français...

La très efficace Okhrana

Quand on associe les mots Russie et police secrète, on pense tout de suite à la Tchéka ou au KGB. Mais le régime des tsars n'avait rien à envier à l'URSS, comme en témoigne l'Okhrana.

L'assassinat du tsar libéral Alexandre II par le groupe de terroristes dirigé par Sophie Perovski, le 1ᵉʳ mars 1881, marque un tournant dans l'histoire de la police secrète russe. Obsédée — on la comprend — par la sécurité de la famille impériale, et plus particulièrement par celle du nouvel empereur Alexandre III, la haute administration prend une série de mesures ayant pour effet d'accroître les pouvoirs et l'efficacité de la police et de la gendarmerie. Et surtout, le comte Ignatiev, ministre de l'Intérieur, décide de créer des "sections de sécurité", ou *Okhrannoye Otdelenie*, dans les principaux centres de l'Empire. Ces sections spéciales, qui font preuve d'une grande efficacité, sont rebaptisées *"Okhrana"* par les opposants qu'elles traquent. Par extension, le terme désignera bientôt tous les services de la police secrète tsariste.

A vrai dire, la création d'une police politique n'a rien de vraiment neuf en Russie. Le tsar Ivan le Terrible (1530-1584) avait eu la sienne, et Nicolas Iᵉʳ (1796-1855) avait créé, caché derrière l'intitulé banal de *Troisième Section*, un véritable organisme de sécurité s'appuyant sur la gendarmerie impériale. Mais l'Okhrana ira plus loin. Très vite, les sections de sécurité prouvent leur adresse en utilisant deux des techniques les plus délicates de l'arsenal des services secrets : l'infiltration et la provocation. Parmi les spécialistes de ces arts difficiles, on peut citer, entre autres, le colonel Gregory Soudeïkine, qui officie à l'Okhrana de Saint-Pétersbourg. Il se fait passer pour un révolutionnaire assagi, devenu réformateur par la force des choses, souhaitant utiliser l'Okhrana pour pénétrer la bureaucratie impériale et promouvoir en Russie un régime parlementaire. Mais Soudeïkine a d'autres ambitions que l'anéantissement des groupes terroristes qui menacent la vie du tsar et des hauts dignitaires du régime : ce qu'il souhaite avant tout, c'est devenir lui-même ministre de l'Intérieur. Ses fonctions vont l'y aider. Pour devenir ministre, le plus simple, pense-t-il, est d'abord d'éliminer celui qui occupe le siège convoité et, ensuite, de faire la preuve de sa compétence. Avec le terrorisme, Soudeïkine a déjà compris qu'il peut faire coup double. Qu'il arrive à pénétrer à haut niveau un groupe révolutionnaire et il pourra déclencher une vague d'attentats au cours de laquelle son chef et d'autres responsables seront assassinés. Il ne lui restera plus alors qu'à lancer un vaste coup de filet pour arrêter les conspirateurs, chose facile puisque, dans l'ombre, c'est lui qui tirera les ficelles du complot ! Ayant ainsi prouvé ses capacités et sauvé le régime, il n'aura plus qu'à recueillir les lauriers mérités.

La chance sert Soudeïkine le jour où Serge Degaev, un révolutionnaire nihiliste de "La Volonté du peuple" — *Narodnia Volia*, l'un des principaux groupes terroristes russes du XIXe siècle — est arrêté à Odessa et demande à le rencontrer. Degaev n'est pas n'importe qui dans la mouvance terroriste : n'a-t-il pas participé aux préparatifs de l'assassinat d'Alexandre II ? Pour prouver sa bonne volonté, Degaev commence par dénoncer ses camarades, dont la légendaire Vera Figner, autre figure de proue des milieux révolutionnaires. Satisfait de ses services, Soudeïkine arrange l'évasion de Degaev, chargé d'infiltrer les organisations d'émigrés russes en Suisse. Nul ne sait exactement ce qui se passe à ce moment dans la conscience du révolutionnaire, devenu indicateur de basse police. A-t-il des remords ? Se méfie-t-il de Soudeïkine ? Mystère. Toujours est-il qu'une fois arrivé à Genève, il n'a rien de plus pressé que de se confesser à ses camarades qui le renvoient en Russie avec pour mission d'exécuter Soudeïkine. Ce qui sera chose faite le 16 décembre 1883[26].

L'extraordinaire destinée de l'agent Azev

C'est à la même époque que débute l'*affaire Azev*, qui sera l'un des plus grands succès de l'Okhrana et reste, aujourd'hui encore, un cas d'école. Né en 1869, dans une famille de petits commerçants juifs de Rostov, Evno Fichelevitz Azev est envoyé en Allemagne par son père pour y étudier la mécanique. Contrairement à nombre de révolutionnaires retournés par les services de police après leur arrestation⁽²⁷⁾, c'est en toute liberté, spontanément, que le jeune homme propose ses services à la police secrète alors qu'il achève ses études à Karlsruhe. Dans une lettre envoyée à l'Okhrana, il propose d'infiltrer les milieux d'émigrés : *"J'ai l'honneur d'informer Votre Excellence"*, écrit-il un beau jour à l'un des chefs de la police, *"qu'un groupe de révolutionnaires s'est constitué ici depuis deux mois..."* ⁽²⁸⁾. Ainsi commence sa carrière de policier.

Pour l'Okhrana, qui fait flèche de tout bois et qui est toujours à la recherche de nouveaux talents, l'occasion est trop belle pour qu'on la laisse passer : Azev est donc embauché au tarif de cinquante roubles par mois. L'Okhrana n'aura pas à regretter, loin de là, les espoirs mis en ce jeune homme prometteur. Ce dernier effectue de fréquents voyages entre l'Allemagne et la Russie, où il est parvenu, après ses études, à se faire envoyer par la société d'électricité *Allgemeine Elektricitäs Gesellschaft*, et n'oublie pas de renseigner ses employeurs officieux sur les faits et gestes de ses camarades du mouvement socialiste révolutionnaire. Au début du siècle, il permettra même à l'Okhrana de réaliser un remarquable coup de filet en saisissant la principale imprimerie clandestine du mouvement. Mais l'Okhrana voit loin, elle a le temps — le facteur temps sera toujours essentiel dans la conception des services secrets russes et, plus tard, soviétiques — et ne tient pas du tout à "brûler" son informateur pour des renseignements de peu d'importance. Plus il s'élèvera dans la hiérarchie occulte du mouvement révolutionnaire, plus les services qu'il pourra rendre seront appréciables. L'Okhrana fait donc tout pour favoriser la carrière de son protégé qui, dans les rapports internes, est désigné sous les pseudonymes de *Vinogradov* et *Raskine*.

En 1906, la police ira jusqu'à favoriser l'évasion du terroriste Karpovitch, un collaborateur direct d'Azev dans les milieux révolutionnaires, qui vient d'être arrêté par un modeste collaborateur du service. Exploit d'autant plus louable que Karpovitch n'avait, apparemment, aucune intention de s'évader et qu'il a presque été nécessaire de le jeter dehors...

Avec l'aide de la police, Azev met sur pied des filières sûres — et pour cause ! — qui permettent aux révolutionnaires d'importer en Russie la littérature illégale imprimée à Bruxelles et à Genève et, surtout, les armes et les explosifs indispensables au terrorisme. Dans le même temps, par un jeu subtil d'arrestations bien programmées, on favorise l'ascension d'Azev dans le mouvement révolutionnaire : en 1902, il contribue à la création de l'Organisation de Combat, la branche armée du parti socialiste révolutionnaire. Et un an plus tard, il accède à la direction de l'organisation, après l'arrestation de son chef, Gershuni. Il faut dire qu'il fait preuve, dans les milieux révolutionnaires, d'une personnalité et d'une force de séduction indéniables et ce, malgré les défauts physiques dont il est affublé : *"(...) Très grand et lourdement bâti, il a un visage bouffi et un teint jaune, de grandes oreilles décollées, des mains et des pieds tout petits, (...) des lèvres épaisses en partie cachées par une moustache (...). Quant à sa voix, elle est plutôt grinçante"* [29]. Celui que ses camarades de clandestinité surnomment *Valentin* est désormais en position de rendre d'immenses services à ses commanditaires. Mais à vrai dire, *Valentin/Raskine* est davantage préoccupé par son propre sort que par celui de la révolution ou par le destin de la Russie impériale. Car, si de nombreux mystères continuent à entourer le cas Azev, une chose au moins est certaine : c'est la vénalité qui est le principal moteur de l'activité de l'individu. Non content de son salaire mensuel de cinq cents roubles, qui en fait l'indicateur le mieux payé de l'histoire de la police secrète russe — ses émoluments ont décuplé depuis 1893 ! —, Azev, en effet, pioche allègrement dans les caisses secrètes de son parti pour mener la grande vie. La plupart de ceux qui ont étudié son cas sont d'accord pour estimer que le grand art d'Evno Azev aura été de fournir assez de renseignements à la police pour continuer à bénéficier de ses largesses, mais pas trop, de manière à ce que l'Okhrana ne parvienne jamais à démanteler totalement le groupe terroriste qu'il dirige, le privant ainsi de son très lucratif emploi d'indicateur et de ses autres rentrées occultes.

Toujours est-il qu'après l'assassinat, commis sur son ordre en juillet 1904, du ministre de l'Intérieur Konstantinovitch Plehve et celui du grand-duc Serge Alexandrovitch, oncle du tsar, les relations entre Azev et la police se distendent. Il faut dire qu'en 1905, avec la montée en puissance des forces révolutionnaires et l'échec de la première révolution russe, l'Okhrana a fort à faire. Mais, en 1906, alors que les socialistes révolutionnaires reprennent leurs attentats, Azev s'installe en Finlande d'où il livre au général Guerassimov, son officier traitant, toute la direction de l'Organisation de Combat de Saint-Pétersbourg et son chef, Boris Savinkov, qui figure pourtant au nombre de ses amis, en admettant que ce mot ait un sens pour le mouchard. C'est à cette époque qu'Azev est le plus actif : il organise nombre d'attentats, mais à chaque fois ou presque, la police attend les terroristes à l'endroit choisi pour agir et les arrête.

Toute chose a cependant une fin et les succès remportés par le tandem Guerassimov-Azev finissent par semer le trouble dans l'esprit de certains militants révolutionnaires. En 1908, un sympathisant du mouvement, installé à Paris où il tient une librairie, après avoir passé cinq ans dans les bagnes de Sibérie, fait part de ses soupçons à ses camarades. On l'éconduit. Et on a tort, car Vladimir Bourtzeff est un spécialiste qui s'acharne depuis des années à démasquer et à dénoncer les agents de la police secrète tsariste dans les colonnes de *Byloïe*, le journal qu'il publie. Il a compris, au vu de la précision et de l'importance des coups portés par l'Okhrana à l'appareil révolutionnaire, que le noyau dirigeant central du parti socialiste révolutionnaire est infiltré et, par un minutieux travail d'enquête, il est persuadé de la culpabilité d'Azev. Mis en demeure de prouver ses dires, il cite le témoignage de Lopoukhine, un ancien chef de la police qu'une retraite forcée a transformé en simple citoyen plutôt aigri, et qu'il est arrivé à persuader qu'Azev trahit tout le monde : le mouvement révolutionnaire, bien entendu, mais aussi la police. Convaincu, Lopoukhine[30] admet alors qu'Azev travaille pour l'Okhrana. Démasqué grâce à cette improbable alliance entre un vieux révolutionnaire et un policier honnête, et condamné à mort par ses anciens camarades, Azev échappe pourtant à son triste sort et quitte la Russie avec de faux papiers et une grosse somme d'argent fournie par la police secrète. Il a quarante ans et une nouvelle existence s'offre à lui. Pendant quelques années, il vivra la vie des riches oisifs de l'avant-guerre, voyageant en Italie, en Grèce, en Egypte, fréquentant les plages et les casinos de Deauville, Monte-Carlo et Ostende, avant de se fixer en Allemagne et de faire fortune en spéculant et en ouvrant des magasins de lingerie féminine. En 1918, il meurt d'une affection rénale.

Il est difficile d'évaluer le travail accompli par Azev pour le compte de l'Okhrana. Mais il est certain qu'il a permis à la police secrète de remporter ses plus grands succès de la fin de l'époque impériale. Le moindre d'entre eux n'étant pas de démobiliser le mouvement socialiste révolutionnaire gangrené par la méfiance et la peur des indicateurs. Mais cet échec des socialistes révolutionnaires ouvrait largement les portes de l'avenir au mouvement bolchevique. Vers qui allaient véritablement les sympathies profondes d'Azev, en admettant que cette question ait un sens ? Les révolutionnaires ou la police ? *"Le socialisme"*, a-t-il dit un jour à l'un de ses amis, *"c'est bon pour la jeunesse et pour les travailleurs. Mais cela ne vaut rien ni pour toi, ni pour moi"*[31]. Dont acte !

L'Okhrana à Paris

Pour traquer les révolutionnaires installés à l'étranger, l'Okhrana dispose d'une agence extérieure dont l'activité ne se démentira jamais. L'examen des activités de cette agence à Paris, rendu possible par l'existence, aux Archives nationales, d'un passionnant rapport sur la police russe en France[32] que nous rendons public, éclaire davantage encore les curieuses méthodes des agents russes.

C'est en 1882, pour surveiller les nihilistes réfugiés dans la ville lumière, que l'Okhrana obtient l'autorisation d'ouvrir un bureau à Paris : *"La police du tsar avait la conviction que la plupart des meurtres commis en Russie étaient préparés à Paris"*[32]. Très vite, l'Okhrana se retrouve, en France, aussi confortablement installée que le rat dans le fromage. Elle le doit à la personnalité hors du commun de son premier représentant, le conseiller d'ambassade Piotr Ratchkovski : *"Ce fonctionnaire, d'une éducation parfaite, se créa parmi nous une situation exceptionnelle : traité d'égal à égal par les plus hauts fonctionnaires français, il fut même reçu à plusieurs reprises par deux présidents de la République"*[32]. Le charme du "diplomate" russe se double d'un zèle tout à fait louable. C'est ainsi qu'en 1890, *"sur indication de la police russe"*, la Sûreté générale peut procéder à l'arrestation du groupe conspiratif dirigé par l'artificier Boris Reinstein, qui s'est fait une spécialité d'envoyer en Russie de la littérature révolutionnaire et des engins explosifs. Ce que Ratchkovski omet de préciser à ses homologues français qui ne tarissent pas d'éloges sur son *"éducation parfaite"*, c'est que, avant de dénoncer ce groupe, il l'a manipulé plusieurs mois par l'intermédiaire d'un agent provocateur, Lavrov.

Ce n'est que quelques années plus tard que la police parisienne commence à nourrir certains doutes. Dans la nuit du 30 au 31 janvier 1905, le prince Troubetzkoï échappe par miracle à un attentat, à son domicile du 6 de la rue d'Argenson. Le lendemain, une bombe explose à l'issue d'une réunion de l'opposition russe au Tivoli-Vauxhall. Attentat nihiliste, comme on l'assure à l'ambassade russe où l'on presse le gouvernement de prendre des mesures expéditives contre cette racaille. Que non, puisque *"l'enquête de la police française établit à peu près sûrement que les deux attentats ont été commis par des agents de la police russe..."*[32]. Rataïev, le successeur de Ratchkovski, est donc prié de regagner ses pénates.

L'Okhrana favorise les bolcheviques

La politique étant loin d'être une science exacte, l'exercice de la police politique peut réserver de surprenants retours de manivelle. C'est ainsi que, par une de ces erreurs de calcul qui caractérisent parfois le travail des services secrets vivant et réfléchissant trop souvent en vase clos, l'Okhrana décide, sans doute vers 1910, de favoriser la fraction bolchevique du parti social démocrate. Le raisonnement des policiers est simple : les bolcheviques, trop extrémistes pour rassembler, vont rester minoritaires et ne peuvent donc pas représenter une menace réelle pour le pouvoir impérial. En les aidant, par contre, on peut affaiblir les autres composantes du mouvement démocratique et révolutionnaire.

Désireuse de placer un homme à elle dans l'entourage de Lénine, chef de la fraction bolchevique, et qui n'est encore qu'un banal agitateur professionnel, l'Okhrana s'emploie donc à faciliter la carrière politique d'un petit délinquant de Saint-Pétersbourg, qui montre un talent prometteur pour l'action révolutionnaire.

Après une adolescence difficile, marquée par trois condamnations pour vol, Roman Malinovski a été attiré par le militantisme révolutionnaire dès 1902. Ses dons d'orateur, son charisme et son dévouement le portent rapidement à la tête du syndicat des métallos de Saint-Pétersbourg. Recruté par l'Okhrana, il est chargé de se rapprocher de Lénine. Rencontrant Malinovski, celui-ci, d'emblée, est conquis; d'autant que le beau parleur a l'immense avantage d'être un authentique ouvrier. Une denrée rare dans un parti qui prétend lutter pour la classe ouvrière, mais qui, pour l'essentiel, est formé d'intellectuels plus ou moins déclassés. Nommé au Comité central, Malinovski est aussitôt désigné comme candidat aux élections législatives pour la région de Moscou. Difficile de dire qui l'aide le plus, dans cette course à la Douma, de ses camarades de parti ou des policiers qu'il renseigne : l'Okhrana ne se borne pas à lui procurer l'indispensable certificat de bonne vie et mœurs auquel il n'a évidemment aucun droit du fait de ses condamnations, elle ira jusqu'à arrêter ses rivaux les mieux placés et même son contremaître qui envisage de renvoyer ce dangereux révolutionnaire, ce qui aurait pour conséquence l'invalidation de son élection, un député étant dans l'obligation d'avoir passé un certain nombre de mois chez le même employeur.

Elu à la Douma, il y sera le porte-parole de Lénine, qui dira un jour de lui : *"D'une main, il envoya des dizaines des meilleurs bolcheviks au bagne ou à l'échafaud, de l'autre, il ne pouvait s'empêcher d'en former des millions d'autres..."*[33]. Finalement démasqué, Malinovski s'enfuit à l'étranger. Il reviendra en Russie en 1918, alors que ses anciens camarades sont au pouvoir, pour se constituer prisonnier et être jugé. Laissons la parole à Victor Serge : *"Une révolution ne peut s'attarder au déchiffrement des énigmes psychologiques. Elle ne peut pas non plus s'exposer au risque d'être une fois de plus trompée par un joueur trouble et passionné. Le tribunal révolutionnaire rendit le verdict réclamé à la fois par l'accusateur et l'accusé. Dans la même nuit, quelques heures plus tard, Malinovski, traversant une cour écartée du Kremlin, recevait à l'improviste une balle dans la nuque"*[34].

Toute l'ambiguïté de l'action de l'Okhrana se trouve résumée dans cette affaire : certes, les Azev et autres Malinovski sont de fidèles auxiliaires de la police politique et des indicateurs de prix, mais dans le même temps, pour asseoir leur crédibilité dans les milieux qu'ils infiltrent et donc pouvoir rendre les services que l'on attend d'eux, ils sont bien forcés de déployer la plus grande activité : les bombes d'Azev déciment la haute administration et les mots de Malinovski mobilisent les masses contre le régime. Enfin, en luttant de manière indiscriminée contre l'ensemble de l'opposition, l'Okhrana interdit, de fait, toute évolution du régime. Toutes choses étant par ailleurs égales, les modérés éliminés, ce sont, par définition, les extrémistes qui tirent les marrons du feu. D'une certaine manière, la victoire bolchevique et les décennies de régime communiste qui s'ensuivirent sont inscrites dans l'action même de la police censée défendre le régime tsariste.

Après un court intermède assuré par le pâle Manouiloff, c'est le général Harting qui arrive à Paris pour prendre la tête du plus important bureau de l'Okhrana hors de Russie. Pendant deux ans, la collaboration entre l'Okhrana et la Sûreté générale va s'intensifier. L'année 1908, en particulier, est marquée par d'importantes arrestations, dont celles, à la gare du Nord, de deux "terroristes" suspectés d'avoir mené l'attaque à la bombe qui a permis de s'emparer de 600 000 francs or à la banque de Tiflis; ou encore celle de ce Litwak qui cherche à former, à Paris, un *"groupe mobile d'une quinzaine de personnes éprouvées qui auraient pour mission de tuer les fonctionnaires et les agents secrets russes..."* [32]. Mais en juillet 1909, les choses se gâtent. L'infatigable Bourtzeff (celui-là même qui, l'année précédente, a démasqué Azev) signale à qui de droit que Harting n'est autre que Landesen, alias Hoekelman, mieux connu enfin sous le pseudonyme de... Lavrov. Eh oui ! Le flamboyant patron de l'Okhrana à Paris n'est autre que l'ancien agent provocateur que Ratchkovski, premier chef de la police du tsar en France, avait infiltré dans le groupe de dynamiteurs de Boris Reinstein, seize ans plus tôt. Harting-Landesen-Hoekelman-Lavrov prend la tangente, mais l'émotion est telle, relayée par *"la presse révolutionnaire et des interpellations au parlement"* [32], que Clemenceau ne peut que demander à Saint-Pétersbourg de modérer les activités de sa police secrète en France. Le bureau de l'Okhrana est donc supprimé. Quelques années plus tard, c'est une agence privée de renseignement, *Bint et Sambain*, qui prendra la relève. Bint, ancien agent français de l'Okhrana, est un vieux routier de l'infiltration. Mais Bint et Sambain ne pourront jamais faire leurs preuves. Il est en effet bien tard : l'agence voit le jour le 24 novembre 1913. Dans neuf mois, la Grande Guerre éclatera, reléguant au second plan toute autre considération. L'empire des tsars, du reste, n'a plus que trois ans à vivre...

Les polices étrangères en France

Si l'Okhrana se comporte à Paris, entre 1882 et 1909, comme en terrain conquis, elle n'est pas seule. D'autres polices étrangères fonctionnent, en toute légalité (mais en abusant le plus souvent de celle-ci), sur le territoire français.

La fin du XIXe siècle est marquée par la flambée de la violence anarchiste. En 1898, une conférence internationale réunie à Rome décide que *"les administrations centrales chargées par les différents pays de la surveillance des anarchistes entreront en rapport direct et se communiqueront réciproquement les renseignements utiles"* [35]. Un autre rapport de la Sureté générale, lui aussi inédit à ce jour, permet de juger des abus que l'interprétation de cette décision va entraîner.

En juin 1899, le ministre de l'Intérieur autorise, par une circulaire, les préfets à correspondre directement avec les consuls italiens *"en vue d'assurer, dans un intérêt commun, la rapidité du service d'information relatif à la surveillance des anarchistes"* [35]. D'autres pays vont se ruer dans cette brèche et, profitant du flou juridique ainsi créé, installer un peu partout des services de police *"sans qu'aucun arrangement ait conféré à ces organisations un caractère régulier, ne bénéficiant en somme que d'une tolérance de fait..."* [35]. En réalité, cela fait parfois longtemps que de telles missions étrangères ont été mises en place. Depuis 1860, la Grande-Bretagne dispose ainsi, à Calais, Boulogne, Dieppe, Le Havre et Cherbourg, de "détectives" chargés de surveiller les voyageurs à destination de la Grande-Bretagne dans le but essentiel de repérer les activistes irlandais. La Russie, on l'a vu, a déjà ouvert un bureau de l'Okhrana depuis 1882; l'Espagne a débauché un ancien fonctionnaire de la 3ᵉ brigade des recherches de la Préfecture de police. Cet ancien policier, Nicole, *"connaît très bien les milieux anarchistes et entretient des agents dans diverses localités"* [35]; son activité est d'autant mieux tolérée qu'il agit avec *"tact"* et *"n'a jamais hésité à faire bénéficier la police française des renseignements qu'il a pu recueillir"* [35].

Bref, ce système ne fonctionne pas trop mal. Seul mouton noir de cette coopération : l'Italie. A Rome, on a fort bien compris ce que tout le monde feint d'ignorer, à savoir que cette pratique permet, sous couvert d'une meilleure coopération entre les polices, de se livrer à un fructueux travail de recueil de renseignements. Premier abus de la monarchie italienne : chercher à se procurer des renseignements sur ses nationaux, qu'ils soient socialistes ou simplement républicains, réfugiés en France, en les présentant abusivement comme des anarchistes. Mais il y a plus grave. Comme lorsqu'on apprend que le délégué Poli, en poste au consulat de Nice, de 1893 à 1903, *"s'occupait surtout de surveiller les officiers chargés par le ministre de la Guerre du service des renseignements militaires à la frontière du Sud-Est"* [35], activité qui poussera la Sûreté générale à se plaindre à plusieurs reprises au ministère des Affaires étrangères. Poli est donc remplacé, en juin 1903, par un certain Rughini qui n'a rien de plus pressé à faire que de reprendre la tâche abandonnée par son prédécesseur, cherchant, toujours au nom de la lutte commune contre les anarchistes, à *"nouer des relations étroites avec les autorités locales"* [35] pour mieux trouver qui recruter.

Autre brebis galeuse, le *delegato* Benjamin Wenzel, nommé à Lyon puis à Paris, en juillet 1907, qui tente sans succès d'entrer dans les bonnes grâces de la Sûreté générale. En 1911, il échouera dans ses tentatives de se faire accréditer auprès de la police belge. C'est son chant du cygne. Le 5 mai 1912, la Sûreté expulse l'aviateur Nardini qui, fréquentant assidûment les bases aériennes de l'armée, récolte, en jouant sur la fraternité des pilotes, nombre de renseignements que Wenzel s'empresse de communiquer à Rome. Le gouvernement décide alors de donner le coup de balai final : en décembre 1912, Wenzel est rappellé à Rome (où il deviendra préfet de police) et, début janvier 1913, c'est le poste de Nice des S.R. italiens qui est décimé avec le rappel, demandé par Paris, de Chiaravaloti et de Terdidi. Au début de la guerre, l'Italie aura toujours quelques agents en France, mais ils n'agiront plus que dans la clandestinité.

Mais revenons quelques années en arrière, en Autriche, où va se jouer l'un des plus sinistres drames de l'histoire de l'espionnage en ce début de siècle.

Le brillant colonel Redl

Le capitaine Alfred Redl a trente-six ans à peine lorsque, le 1er octobre 1900, le colonel baron Giels von Gieslingen le nomme à l'Evidenzburö, le service de renseignement de l'état-major général de l'armée impériale et royale austro-hongroise. Redl, qui vient d'effectuer — afin de perfectionner son russe — un séjour de plusieurs mois à Kazan, dans l'empire tsariste, principal adversaire potentiel de l'Autriche, se voit tout naturellement confier la direction du département russe et prend aussi la tête de la section des Opérations[36] du service. Homme intelligent et dynamique, estimé de ses supérieurs, Alfred Redl figure alors parmi les officiers les plus brillants de l'armée impériale. Il a d'autant plus de mérite qu'il n'est nullement issu d'un milieu noble ou fortuné, bien au contraire, puisqu'il est né dans une famille de quatorze enfants et que son père, employé des chemins de fer, est décédé alors qu'il n'avait que onze ans. Très jeune, il se met pourtant en tête d'entrer dans l'armée, tout comme son père l'avait fait dans sa jeunesse, et d'y faire carrière.

Installé dans ses nouvelles fonctions, Alfred Redl, travaillant jour et nuit, commence par moderniser son service afin de lui donner les moyens de se défendre dans le monde de l'espionnage international. Il fait appel à des procédés tout à fait révolutionnaires pour l'époque : dans certains bureaux du service, des appareils photographiques sont dissimulés derrière des tableaux et photographient systématiquement tous les visiteurs, tandis qu'un coffret à cigares, un briquet et un cendrier traités chimiquement conservent toutes les empreintes digitales. Et pour les non-fumeurs, il prévoit un faux dossier marqué "secret", dont la couverture est également traitée, oublié sur le coin d'un bureau ou dans l'antichambre et auquel nul, et encore moins un espion, ne pourra résister.

Dès son arrivée, une succession de procès d'espionnage va témoigner de son efficacité : le capitaine Alexandre von Carina, un ancien officier de cavalerie autrichien, est accusé d'avoir livré des secrets aux Français et aux Russes; un serrurier est condamné à son tour pour avoir communiqué aux Russes des informations sur les routes et fortifications de Galicie[37]; un déserteur de l'armée autrichienne est arrêté pour avoir vendu des renseignements à des agents étrangers... Dans toutes ces affaires, le témoin clé est toujours le même homme : le capitaine Alfred Redl. A chaque procès, c'est lui le héros, celui grâce auquel tel ou tel traître est traîné en justice. Dès lors, Redl est devenu une autorité reconnue en matière de renseignement et de contre-espionnage. *"Solide, honorable, loyal, doué d'un tempérament égal, grand travailleur, plein de zèle et d'un commerce agréable; respectueux envers ses supérieurs, amical et plein de tact avec ses collègues"* [38], écrit dans l'un de ses rapports le colonel Eugen Hordliczka, le successeur du baron von Gieslingen. Et d'ajouter : *"(...) exerce une très bonne influence sur les jeunes officiers"* [38]. Redl est effectivement toujours prêt à rendre service, non seulement aux jeunes officiers mais aux jeunes gens en général. C'est ainsi qu'une de ses anciennes ordonnances lui demande un jour d'intervenir pour l'un de ses amis, garçon de courses, qui souhaite faire carrière dans l'armée. Dès leur première rencontre, Redl se prend d'amitié pour le jeune Stephan Hromodka, fort joli garçon, alors âgé de quatorze ans, et court même le risque de prétendre qu'il est son neveu, afin de le faire entrer à l'Ecole des cadets de Vienne.

L'affaire Hekailo

Fin 1903, arrive au ministère autrichien des Affaires étrangères une information alarmante : les Russes seraient en possession des plans de guerre de l'Autriche et de l'ordre de déploiement de ses armées dans le Nord. Ces renseignements leur auraient été livrés par un officier autrichien. C'est bien entendu au capitaine Redl qu'est confiée la mission de débusquer le traître. En un rien de temps, il identifie l'espion en la personne du lieutenant-colonel Sigmund Hekailo. Mais, manque de chance, l'homme s'est réfugié au Brésil. Redl le fait aussitôt extrader pour fraude et détournement[39]. Lors de son procès, Hekailo reconnaît avoir détourné des fonds publics et vendu des documents secrets aux Russes; cependant, et il insiste lourdement sur ce point, il n'a jamais livré le plan de déploiement des forces autrichiennes vers le Nord car, précise-t-il, sa fonction ne lui permettait pas d'avoir accès à ce document. Il ajoute alors, en fixant intensément Redl, que le responsable ne peut être que quelqu'un de l'état-major général à Vienne. Finalement, Hekailo révèle le nom d'un de ses complices, le major von Wieckowski, en poste en Galicie. Questionné à son tour, ce dernier clame son innocence. Une perquisition à son domicile ne permet d'ailleurs pas de découvrir le moindre indice. Mais Redl, persuadé de sa culpabilité, ne veut pas lâcher sa proie. Il utilise alors la fille de Wieckowski, qui n'a que six ans, et parvient à lui faire indiquer l'endroit où son père conserve ses papiers. Une simple pression sur un bouton dissimulé dans un meuble fait apparaître un compartiment secret. Son contenu suffit à prouver la culpabilité du

Polonais et, de plus, mène les hommes de Redl vers un autre suspect, le capitaine Alexander Acht. Alors que le procès des trois officiers débute, Redl, pour une raison apparemment inexplicable, change subitement d'avis et se met à plaider leur innocence. Malgré ce brusque revirement de leur principal accusateur, les suspects sont déclarés coupables et condamnés aux travaux forcés.

En septembre 1905, Redl, promu major, reçoit la croix de la valeur militaire et est nommé chef d'état-major de la 13e division de l'armée territoriale. L'année suivante, ses supérieurs, qui ne tarissent pas d'éloges quant à ses qualités militaires et humaines, le décorent de la médaille militaire. En 1907, alors que la plupart des pays européens sont entraînés dans une crise qui les amènera au bord du conflit et que la Grande-Bretagne, la France et la Russie sont liées par une alliance défensive, le général von Hötzendörf, chef de l'État-Major général impérial et royal, décide qu'en cas de conflit, Alfred Redl prendra la direction de l'ensemble des services de renseignement et ce, malgré son manque d'ancienneté. Ses succès ne plaident-ils pas pour lui ? Il est promu lieutenant-colonel et décoré de l'ordre de la Couronne de fer. Rien n'arrête plus Redl dans sa course à la promotion. Malgré tous ces honneurs, il reste le même homme, dur à la tâche, cordial et discret. Au fil des ans, il emménage dans des appartements toujours plus spacieux et plus luxueux, mais nul ne sait rien sur sa vie privée. De temps en temps, il prend quelques vacances... avec le jeune et beau Stephan Hromodka qui est sorti de l'Ecole des cadets. Mais quoi de plus naturel que de passer quelques jours de repos en famille, avec son "neveu" ?

Arrive enfin le moment tant espéré : le colonel Hordliczka annonce son départ de la direction des services de renseignement. Mais, contre toute attente, ce n'est pas Redl qui est appelé à lui succéder, mais le colonel Urbanski von Ostrymiecz. Profondément déçu, Redl bénéficie toutefois de la chance dans un tout autre domaine — c'est en tout cas ce qu'il annonce à ses amis : il vient d'hériter d'un de ses oncles d'une somme très importante. Il améliore alors radicalement son train de vie : il meuble luxueusement son appartement, achète une Daimler rouge, loue les services d'un chauffeur en uniforme et commande une seconde voiture de luxe pour son "neveu", à qui il verse une rente de six cents couronnes par mois, c'est-à-dire plus que ce que lui-même gagne comme lieutenant-colonel. Ses supérieurs ne trouvent rien à y redire : il a hérité d'un parent fortuné et il en profite. Quoi de plus normal ?

Qui est Nikon Nizetas ?

Au début du mois d'avril 1913, alors que, promu colonel, Redl est muté à Prague comme chef d'état-major du 8e corps d'armée — une nomination approuvée par l'empereur François-Joseph lui-même —, une lettre, demeurée pendant plusieurs semaines à la poste centrale de Vienne sans avoir été réclamée par son destinataire, est ouverte par les services de sécurité. Adressée à Monsieur Nikon Nizetas, elle a été expédiée d'une ville frontière de Prusse orientale et contient six cents couronnes en billets de banque. Qui est ce Nikon Nizetas ? Max Ronge, qui dirige le service de contre-espionnage, est persuadé qu'il s'agit d'un espion d'envergure et décide de lui tendre un piège en plaçant deux agents de la police secrète dans les alentours de la poste. Mais le fameux Nikon Nizetas ne donne aucun signe de vie. Un mois plus tard, arrivent deux autres lettres adressées toujours au même homme et contenant chacune sept mille couronnes autrichiennes...

Quelques jours plus tard, le jeune Stephan Hromodka annonce à son "oncle" qu'il veut quitter l'armée pour se marier. Redl est littéralement brisé par cette nouvelle. Il lui écrit aussitôt afin d'empêcher une telle catastrophe. *"Je ne peux croire que tu veux vraiment me quitter... je ne peux que te répéter que ce mariage te rendra profondément malheureux (...) Je suis au désespoir (...) Ce que je souhaite le plus est de partir avec toi en voyage (...)"*, écrit-il[40]. Mais il ne poste pas sa missive. Il la dépose dans un tiroir et se précipite à Vienne où il a donné rendez-vous à son jeune amant. Ce dernier accepte d'oublier, pour l'instant, ses projets de mariage, en échange d'une grosse somme d'argent et d'une nouvelle Daimler. Redl, couvert de dettes, se précipite alors à la poste centrale. *"Avez-vous quelque chose pour Nikon Nizetas"*, demande-t-il à l'employé de service[41]. Celui-ci lui remet, sous le regard attentif des deux policiers, les enveloppes qui l'attendent. Le chef du contre-espionnage autrichien est aussitôt informé : il n'y a pas de doute possible, le mystérieux et inquiétant Nikon Nizetas n'est autre que le brillant colonel Redl. On imagine l'effet que cette nouvelle provoque sur la plupart des officiers supérieurs : Redl n'a-t-il pas eu à portée de main, pendant de nombreuses années, les secrets les plus jalousement gardés de toute l'Autriche-Hongrie ? C'est peu dire que la consternation est générale... Pour éviter le scandale, les choses doivent se régler selon le code de l'honneur. Le lendemain, quatre officiers frappent à la porte de la chambre que le colonel Redl occupe à l'hôtel Klomser. *"Je sais pourquoi vous êtes venus"*, leur dit-il[42]. Et dans la nuit, il se suicide à l'aide du pistolet qu'il a réclamé à ses visiteurs. Sur une feuille de papier, il laisse un ultime message : *"La frivolité et la passion m'ont détruit. Priez pour moi. Je paie pour les péchés que j'ai commis dans ma vie"*[43].

Voilà pour la version officielle. Mais Redl s'est-il vraiment suicidé ? Le doute est semé par son ordonnance qui tire argument du fait que l'arme avec laquelle il s'est donné la mort ne lui appartenait pas. Les autorités n'en démordront pas et s'accrochent à leur version : Redl a mis fin à ses jours dans un accès de dépression dû au surmenage. Mais la presse s'emparant de l'affaire, le gouvernement n'a plus d'autre choix que de confirmer que Redl était bien un traître, homosexuel de surcroît, et d'annuler les obsèques militaires prévues initialement. Entre-temps, à Prague, la fouille de l'appartement occupé par Redl a permis de se faire une idée de l'étendue de la catastrophe, qui dépasse toutes les appréhensions. On dira plus tard que les renseignements fournis par le colonel à la Russie ont entraîné, entre autres, le désastre rencontré par l'armée autrichienne en 1914 devant les Serbes. Et pour cause : Redl aurait vendu, à Saint-Pétersbourg, le *Plan Trois* contenant le plan d'attaque de la Serbie.

La vérité sur l'affaire Redl ne sera connue que quelques années plus tard. En 1915, alors que l'Europe est à feu et à sang, les Allemands s'emparent de Varsovie et mettent la main sur l'ensemble des archives du Centre de renseignements russes pour l'Ouest. C'est ainsi que l'on découvre la correspondance échangée entre Alfred Redl et le colonel Nikolai Stepanovitch Batyuchine, l'officier d'état-major russe qui dirigeait ce centre. Les deux hommes avaient conclu, dès 1902, un accord unique dans l'histoire de l'espionnage : échangeant les noms de leurs agents respectifs, ils procédaient ensuite à leurs arrestations afin d'obtenir des décorations et des promotions. Parallèlement, Redl fournissait de précieux renseignements au Russe — qui le tenait sous sa coupe en le menaçant de révéler son homosexualité —, informations pour lesquelles il était d'ailleurs grassement rétribué. C'est lui, bien entendu, et non Hekailo qui avait vendu aux Russes les plans de déploiement de l'armée autrichienne. Et dès qu'une fuite provoqua la panique dans l'état-major viennois, Redl, pour se couvrir, demanda à Batyuchine de sacrifier l'un de ses agents. Ce qu'il fit en livrant Hekailo. L'opération se compliqua lorsque ce dernier, se voyant perdu, communiqua aux enquêteurs les noms de ses complices qui n'étaient autres que les meilleurs agents de l'officier russe. Redl reçut l'ordre de les sauver à tout prix, ce qui explique sa brusque volte-face lors du procès. Mais il était trop tard. Batyuchine exigea alors qu'on lui livre la tête d'un espion autrichien, ce que fit Alfred Redl en lui "donnant" un commandant de l'état-major russe travaillant pour les Autrichiens. Il n'était que le premier d'une longue liste...

L'Angleterre renoue avec une tradition perdue

Nous l'avons vu, la Grande-Bretagne a été l'un des premiers pays européens à se doter d'un S.R. structuré et efficace. Mais contrairement à ce que l'on aurait pu croire, les Anglais n'ont guère capitalisé cet acquis et se sont même désintéressés des questions militaires après la victoire de Waterloo. Le major général, sir George Aston, a pu écrire : *"L'organisation et la force des armées étrangères étaient alors considérées comme matières négligeables et reléguées à l'arrière-*

plan. Ce service avait joui d'un long sommeil à partir du moment où le souvenir des scandales de Crimée s'était évanoui dans le passé. Il fut réveillé par l'intérêt que soulevèrent dans le public les succès remarquables de l'armée allemande remportés sur l'Autriche en 1886 et sur la France en 1870" [44]. C'est donc l'exemple des succès permis par l'inlassable travail de Wilhelm Stieber qui incite les Anglais à se pencher sur l'organisation de leur S.R. La section topographique est dépoussiérée et des officiers dynamiques, comme le lieutenant Baring (futur lord Cromer) du *Royal Artillery*, y font leur apparition. Enfin, le 1er avril 1873, un S.R. digne de ce nom, directement rattaché à l'état-major, est créé.

C'est pendant la guerre des Boer, en Afrique du Sud, que le nouveau S.R. fait ses premières armes, entre 1899 et 1902. Mais les résultats atteints sont médiocres. Et pour cause : *"L'officier de renseignement était considéré comme une sorte de factotum"* dont on attendait *"des services de toute nature"*, il était *"accablé du travail de tant d'autres gens qu'il lui restait fort peu de temps pour le sien propre"* [45]. Une nouvelle réforme s'ensuivra, et, preuve de l'importance reconnue au S.R., celui-ci, baladé à travers la capitale durant une trentaine d'années, sera finalement logé à Whitehall où il cohabitera avec les plus hautes autorités militaires. Le Secret Intelligence Service est désormais sur les rails...

Le soleil du renseignement japonais se lève

Au Japon, en revanche, les leçons du passé n'ont pas été perdues. Certes, le service d'espionnage japonais reste limité jusqu'à la seconde moitié du XIXe siècle : l'île est totalement fermée à la présence étrangère et la recherche de renseignements passe presque exclusivement par le canal d'une école de langue néerlandaise où sont formés des agents dont la mission est d'entretenir des relations avec les marins hollandais omniprésents en Asie et qui deviennent ainsi le principal vecteur d'information du Japon. Mais cet état de choses ne peut évidemment durer. Sous la pression militaire des Etats-Unis et de la Russie, le Japon va être contraint, à partir de 1859, de s'entrouvrir sur le monde extérieur. En 1867, avec l'empereur Mutsuhito, commence l'ère Meiji, qui voit le pays basculer dans la modernité. Dès lors, le rôle du renseignement va devenir essentiel pour le développement de l'île. En 1871, Tokyo (l'ancienne ville de Edo où Mutsuhito a transféré sa capitale) envoie à l'étranger des étudiants chargés en fait de collecter le maximum d'informations. C'est un Allemand, le major Meckel, que le Japon a choisi pour lui organiser un S.R. moderne; ici aussi, donc, l'influence prussienne sera déterminante. Mais Meckel lui-même, s'il se révèle un excellent maître (il sera d'ailleurs révéré par ses élèves), a beaucoup à apprendre du Japon. Ainsi, dès 1881, le S.R. japonais comprend tout le profit qu'il peut tirer des sociétés secrètes nationalistes dont les membres lui fourniront à très bas prix, voire gratuitement, par pur idéal patriotique, les informations dont il a besoin. La première d'entre elles, la Genyosha (*Société de l'Océan noir*), sera créée par un richissime homme d'affaires, Kotaro Hiraoka, et mêlera action terroriste (Genyosha sera responsable, en 1895, de l'assassinat de la reine Min de Corée) et espionnage. Quelques années plus tard, l'armée se dote d'une police militaire, la Kempeï Taï, aux attributions extrêmement larges, puisqu'elle fait office de service de contre-espionnage. En 1901, une ramification de Genyosha voit le jour sous le nom de *Société du Dragon noir*.

L'influence du *Dragon noir* sur la vie politique japonaise sera déterminante pendant des décennies mais s'exercera toujours dans l'ombre. Dès 1901, par exemple, un officier ne peut être nommé attaché militaire dans une ambassade du Japon que s'il est accepté par la société. L'un des hommes qui lieront leur vie à cette double allégeance armée-*Dragon noir* sera le colonel Moto Jiro Akashi. Attaché successivement aux ambassades de Saint-Pétersbourg et de Stockholm, Akashi sera l'un des principaux artisans de la victoire du Japon sur la Russie en 1904. Il manipule, entre autres depuis la Suède, nombre de révolutionnaires russes et sera à l'origine de l'intérêt porté par Tokyo à la question musulmane. Akashi a en effet compris, le premier, quelles formidables opportunités offrent les minorités musulmanes de l'empire russe et il ira jusqu'à pousser plusieurs de ses agents à se convertir à l'islam : *"Il n'est pas suffisant"*, dit-il, *"d'entrer en contact avec les musulmans, un officier zélé devra comprendre leur religion pour connaître le meilleur moyen de traiter avec eux sans commettre d'impair. Les Européens ne réalisent pas cela"*[46]. Mais le colonel Akashi et le *Dragon noir* ne s'intéressent pas qu'aux musulmans : d'après des spécialistes de l'époque, un coolie sur dix travaillant en Mandchourie pour les Russes est un espion japonais, et le S.R. de Tokyo a mis en place en Chine de nombreuses maisons de passe dans lesquelles des prostituées spécialement formées recueillent la moindre parcelle de renseignement. L'historiographe du S.R. japonais, Richard Deacon, raconte comment le major Fukushima, formidable aventurier qui, en 1882, a relié Berlin à Vladivostok à cheval, en quinze mois, collaborateur et ami d'Akashi, composera un jour un poème, *"D'un pétale flétri à la naissance d'une étoile"*, qui raconte comment une prostituée était devenue une noble patriote"[47]. Dans la meilleure tradition asiatique, Akashi sera également un lettré que s'arracheront les salons littéraires, et un peintre réputé qui, avant de mourir en 1919, sera promu général.

Δ

[1] Henri Navarre et un groupe d'anciens membres du S.R., *Le Service de Renseignement, 1871-1944*, Paris, Plon, 1978.

[2] Henri Navarre, *op.cit.*, p. 15.

[3] Wilhelm Stieber a laissé des mémoires, *Spion des Kanzler*, traduites en français par Bernard Hamel sous le titre *Espion de Bismarck*, publiées en 1985 par Gérard Wathelet/Pygmalion.

[4] Stieber, *op. cit.*, p. 35.

[5] *Idem*, p. 93.

[6] *Idem*, p. 94.

[7] *Idem*, p. 95.

[8] *Idem*, p. 102.

[9] *Idem*, p. 131.

[10] *Idem*, p. 133.

[11] Henri Navarre, *op. cit.*, p. 15.

[12] Henri Navarre, *op. cit.*, p. 16.

[13] Sur les débuts du S.R. français après 1870, on se reportera, entre autres, aux premiers chapitres des livres de Pascal Kropp, *Les Secrets de l'Espionnage français de 1870 à nos jours*, Paris, Jean-Claude Lattès, 1993, et de Roger Faligot et Rémi Kauffer, *Histoire mondiale du renseignement (depuis 1870)*, Paris, Robert Laffont, 1993.

[14] *Revue militaire de l'étranger*, Paris, L. Baudoin et Cie, Imprimeurs-Editeurs, douzième année, vingt-troisième volume, janvier-juin 1883.

[15] L'archiviste de la Bibliothèque de l'artillerie, Boutonnet, avait fourni à l'attaché militaire Huene quelques notices d'instruction des recrues. Huene fut déclaré *personna non grata* et Boutonnet condamné à cinq années de réclusion.

[16] Chassé de l'armée, du Paty de Clam sera volontaire en 1914. Son courage lui vaudra d'être réintégré dans son grade.

[17] Les circonstances exactes de la mort du lieutenant-colonel Henry n'ont jamais été établies. On a conclu à l'époque au suicide, mais - détail troublant - le mort qui était droitier tenait son rasoir dans la main gauche. Henry n'a pas été le seul à payer de sa vie son implication dans *l'affaire*. L'un de ses sbires, le faussaire Leeman, dit "Lemercier Picard", qui l'a aidé à falsifier plusieurs documents, s'est lui aussi "suicidé".

[18] Dégoûté de l'armée - on le comprend -, Dreyfus a demandé et obtenu sa mise à la retraite en 1907, un an après sa réintégration. En 1914, toutefois, il s'est porté volontaire pour le front. Il a terminé la guerre commandeur de la Légion d'honneur et lieutenant-colonel. Alfred Dreyfus est mort le 12 juillet 1935.

[19] L'honnête Picquart, qui a payé si cher son amour de la vérité, a été nommé ministre de la Guerre par Clemenceau le 25 octobre 1906. Le 19 janvier 1914, il meurt des suites d'une chute de cheval. Il ne verra donc jamais éclater la Grande Guerre à laquelle il a pourtant préparé l'armée. L'Etat lui accordera des funérailles nationales.

[20] La publication des carnets de Schwartzkoppen en 1930, entre autres, a prouvé définitivement l'innocence de Dreyfus et la culpabilité d'Esterhazy.

[21] Lettre de Pérussel en date du 2 juin 1899, conservée dans les *Papiers Célestin Hennion*, Paris, Archives nationales, cote F7 14 605.

[22] *Idem*.

(23) Voir *L'Épopée des Brigades du Tigre*, du commissaire Charles Diaz, Paris, Calmann-Lévy, 1995.
(24) Rapport de Célestin Hennion, non daté, *Papiers Célestin Hennion, op. cit.*
(25) Lettre de Célestin Hennion, 21 juillet 1899, *idem.*
(26) Après l'assassinat du malchanceux colonel Soudeïkine, Degaev parvient à s'embarquer pour les Etats-Unis où il devient professeur de collège, avant de mourir en 1921, oublié de tous, sous le nom d'Alexandre Pell.
(27) Sauf cas exceptionnels, l'Okhrana n'use pas de mauvais traitements envers ses prisonniers, préférant de loin utiliser la persuasion et "retourner" les révolutionnaires malchanceux qui tombent entre ses griffes.
(28) Cité par Fitzroy Maclean, *Il était 9 espions*, Paris, Tallandier, 1979, p. 94.
(29) Cité dans Fitzroy Maclean, *op. cit.*, p. 96.
(30) Pour avoir révélé aux socialistes révolutionnaires le rôle pervers d'Evno Azev, et avoir donc livré des secrets d'Etat aux ennemis du régime, l'ancien chef de la police a été arrêté, jugé et condamné à cinq ans de travaux forcés. Nicolas II l'a gracié.
(31) Cité dans Fitzroy Maclean, *op. cit.*, p. 181.
(32) *Rapport sur la police russe en France*, en date du 29 juin 1914, dans *"Papiers Célestin Hennion"*, déjà cités.
(33) Cité dans Bernard Thomas, *Les Provocations policières*, Paris, Fayard, 1972, p. 219.
(34) Victor Serge, *Ce que tout révolutionnaire doit savoir de la répression*, Maspéro, 1977, p. 26.
(35) *Note sur les polices étrangères en France*, en date du 19 juin 1914, *"Papiers Célestin Hennion"*, déjà cités.
(36) La Section des Opérations ou *Kundschafterstelle* organise les missions des agents, coordonne et ventile les informations recueillies dans les différents départements de l'État-Major général et assure la sécurité et le contre-espionnage.
(37) Ancienne province de l'empire autrichien, située au nord des Carpates. Aujourd'hui, elle est divisée entre la Pologne et l'Ukraine.
(38) Cité dans Fitzroy Maclean, *op. cit.*, p. 54.
(39) Selon les accords d'extradition existant entre l'Autriche et le Brésil, il est impossible de le faire extrader pour espionnage. Mais rien ne s'oppose à ce qu'il le soit pour fraude, d'autant plus que Hekailo est réellement impliqué dans une affaire de détournements de fonds.
(40) Cité dans Fitzroy Maclean, *op. cit.*, p. 73.
(41) *Idem*, p. 74.
(42) Cité dans Roger Gheysens, *Aventuriers de l'histoire, les espions*, Bruxelles, Elsevier-Séquoia, 1973, p. 24.
(43) Cité dans Fitzroy Maclean, *op. cit.*, p. 79.
(44) Major général sir George Aston, *Secret Service*, Paris, Payot, 1932, p. 12.
(45) *Idem*, p. 17.
(46) Richard Deacon, *op. cit.*, p. 17.
(47) *Idem*, p. 62.

4
La Première Guerre mondiale

Si retracer l'histoire du renseignement depuis ses origines relève déjà de la gageure et ne peut se faire, faute de pouvoir y consacrer plusieurs bibliothèques, que de manière relativement succincte, en ne s'attardant qu'aux grandes tendances et aux affaires significatives, il est *a fortiori* impossible de dresser un tableau cohérent et complet de l'action des services secrets durant le premier des deux conflits mondiaux qui ont embrasé le XXe siècle. Ici plus qu'ailleurs, on se voit donc contraint de travailler par petites touches, à la manière des impressionnistes, en espérant qu'une vision d'ensemble se détachera des détails.

Rappelons d'abord rapidement le contexte de l'action. Depuis les premières années du siècle, deux "blocs" s'opposent en Europe. D'un côté, les empires centraux (Allemagne et Autriche-Hongrie); de l'autre, la France et la Grande-Bretagne (liées depuis 1904 par l'entente cordiale), rejointes en 1907 par la Russie (Triple-Entente). L'Italie est à mi-chemin entre l'Allemagne (à laquelle elle est liée par des accords) et la France; le Japon est allié à la Grande-Bretagne; les Etats-Unis, qui ne s'affirment pas encore comme une puissance mondiale, sont neutres; la Belgique, coincée entre Paris et Berlin, est neutre elle aussi. Les deux principaux foyers de tension résident dans le vieil affrontement entre la France et l'Allemagne, d'une part (l'Alsace-Lorraine est toujours annexée au Reich) et, d'autre part, dans les Balkans où les peuples slaves, soutenus par la Russie, entendent se libérer du joug de la Turquie et de l'Autriche-Hongrie. Le fer de lance du panslavisme dans les Balkans est la Serbie.

Le 28 juin 1914, l'héritier du trône austro-hongrois, l'archiduc François-Ferdinand, est tué à Sarajevo par le terroriste serbe Gavrilo Princip. Après quelques péripéties, le 28 juillet, l'Autriche déclare la guerre à la Serbie. Par le jeu des alliances, en quelques jours, l'Europe bascule dans la guerre.

Walter Nicolaï, le seigneur

L'homme qui, du côté allemand, est en charge du renseignement est déjà un vieux routier de l'espionnage. Né en 1873, le colonel Walter Nicolaï a été chargé, dans les premières années du siècle, de monter un service de contre-espionnage dirigé vers la Russie, pays qu'il connaît bien et dont il parle la langue. Depuis 1913, il dirige le III b., cette appellation administrative désignant le S.R. allemand. Fort de plusieurs centaines d'officiers (on n'en comptait que quelques dizaines avant la nomination du colonel Nicolaï), le III b. offrira, tout au long du conflit, une image contrastée. Il va remporter, qu'il s'agisse d'espionnage ou de contre-espionnage, de nombreux succès et porter de rudes coups à l'adversaire et à ses réseaux. Mais si l'on compare le service de Nicolaï — à qui l'on doit la célèbre maxime *"Der Nachrichtendienst ist ein Herrendienst"* (*le renseignement est un métier de seigneur*) — à celui créé, quelques décennies plus tôt, par Wilhelm Stieber, on demeure frappé par l'amateurisme du premier. Telle est, du reste, l'opinion des auteurs anglais autorisés : *"Pendant la période qui va de 1908 à l'explosion de la guerre, pour chaque agent que nous eûmes en Europe centrale, il y avait cinq ou six émissaires allemands en Grande-Bretagne. Et ces chiffres ne s'appliquent qu'aux professionnels. En tenant compte des amateurs, la proportion des Allemands serait de dix à un..."*[1]. Cependant, *"les méthodes allemandes étaient essentiellement dénuées d'imagination, maladroites et sans effet; elles incluaient une bonne part de pseudo-espionnage et très peu d'analyse ou de déduction... C'était pour nous une source constante d'étonnement que les autorités de Berlin dissipent de grosses sommes pour des renseignements qui ne le méritaient généralement pas"*[1].

En tout état de cause, dès le 4 août 1914 au matin, le jour même où la Grande-Bretagne déclare la guerre à l'Allemagne, les hommes de la Special Branch de Scotland Yard, par une suite de perquisitions et d'arrestations, désorganisent les réseaux entretenus par Nicolaï dans l'île britannique, qui, depuis un certain temps déjà, évoluent sous l'œil attentif et intéressé du MI5 (contre-espionnage anglais) et plus particulièrement sous celui de Basil Thomson.

Sir Basil Thomson, un "grand flic"

Typiquement british, la carrière de sir Basil Thomson, mélange d'aventurier à la Lawrence d'Arabie et de grand commis de la couronne britannique. Né le 21 avril 1861, fils d'un archevêque, étudiant en droit à Oxford, il séjourne une année dans l'Ouest américain avant de se retrouver magistrat aux îles Fidji. A vingt-neuf ans, il devient Premier ministre du roi de Tonga avant de partir explorer l'intérieur des terres de la Nouvelle-Guinée occidentale. Rentré en

Angleterre, il passe quelques années dans l'administration pénitentiaire avant de devenir le patron du Service des recherches criminelles de Scotland Yard. Durant toute la guerre, il portera le poids du contre-espionnage avant de se voir nommé, la paix revenue, coordinateur général des services de renseignement. Pour l'assister, il dispose de la Special Branch créée dans les années 1880 pour combattre la sédition irlandaise et dirigée par Patrick Quinn. Dans ses mémoires, Thomson raconte son premier succès remporté contre l'espionnage allemand : *"Tout le mérite de la découverte des organisations d'espionnage allemand avant la guerre revient au service d'un département du ministère de la Guerre dirigé par des officiers d'une grande habileté. Ils avaient appris depuis longtemps qu'un certain Karl Gustave Ernst, coiffeur dans la Caledonian Road, effectivement sujet britannique parce que né en Angleterre, était la boîte aux lettres d'espions dispersés par tout le pays... Ses correspondants espions étaient au nombre de vingt-deux... Il fut décidé d'attendre la déclaration de la guerre avant de les arrêter. Le matin du 5 août, la police civile reçut l'ordre de procéder à leur arrestation. Vingt et un d'entre eux furent arrêtés et internés en même temps; un seul s'échappa, s'étant embarqué pour l'Allemagne peu avant la déclaration de guerre"* [2].

Mais le climat d'espionnite qui règne ne facilite pas le travail des contre-espions anglais, qui se voient vite submergés par les informations et les dénonciations les plus fantaisistes. Thomson rapporte une anecdote piquante qui résume bien l'ambiance qui prévaut alors en Angleterre. Deux opérateurs du service sont envoyés, avec un appareil de TSF, dans l'est du pays pour y intercepter d'éventuelles émissions ennemies : *"Ils quittèrent Londres à midi; trois heures plus tard ils étaient sous les verrous à Essex. Après un échange de télégrammes, on leur rendit la liberté, mais à sept heures du soir ils télégraphièrent des cachots de la prison d'une autre région, implorant aide et secours. Quand on leur rendit de nouveau la liberté, ils refusèrent de continuer leur voyage sans l'escorte d'un officier territorial en uniforme; on le leur accorda, et le lendemain matin la police d'une autre localité s'emparait d'eux et télégraphiait : 'Trois espions allemands arrêtés avec une automobile et une installation complète de T.S.F. L'un d'eux est en uniforme d'officier anglais'"* [3]. Mais des menaces plus sérieuses s'annoncent. Privé de ses "yeux" en Angleterre, Nicolaï, en effet, n'a pas le choix. Il tente de créer de toutes pièces un nouveau réseau.

Karl Lody, ou le sacrifice d'un patriote allemand

Ce n'est guère pour ses qualités d'espion que le lieutenant de réserve Karl Hans Lody est envoyé en Angleterre en août 1914. Les réseaux allemands en Grande-Bretagne ayant été, comme on l'a vu, anéantis, l'empereur Guillaume II demande à ses services de renseignement de recruter de toute urgence, non pas un professionnel mais un patriote en qui il pourra avoir totalement confiance. L'officier de marine Lody, homme brave et courageux, qui connaît bien l'Angleterre et les Etats-Unis et qui, précisément, vient d'offrir ses services à l'amirauté allemande, répond aux exigences du Kaiser. Totalement désintéressé, il demande seulement à ses nouveaux employeurs d'assurer sa vie pour permettre à sa famille de se débrouiller en cas de malheur. Mais, recruté dans la hâte et n'ayant reçu aucune formation spécifique, il ne maîtrise guère les rudiments de son nouveau métier.

C'est sous l'identité d'un touriste américain du nom de Charles A. Inglis qu'il débarque à Edimbourg. Il est le premier agent allemand à remettre le pied sur le sol britannique après la déclaration de guerre. Tout en sillonnant à bicyclette les bases navales d'Ecosse et d'Angleterre, il fait parvenir à Adolf Burchard, un agent allemand basé en Suède, ses rapports camouflés en de banales lettres dans lesquelles il se réjouit avec un peu trop d'enthousiasme des défaites allemandes. L'outrance de ses propos germanophobes et surtout le fait que Burchard soit déjà repéré, attirent immédiatement l'attention des services de contre-espionnage britanniques. En provenance des Etats-Unis, une information confirme alors les soupçons de la police anglaise : le passeport de Charles Inglis, envoyé à Berlin pour être remis à un ressortissant américain bloqué en Allemagne, avait été égaré au ministère des Affaires étrangères. Le véritable Inglis, par ailleurs, se trouve déjà sur un bateau voguant vers sa patrie.

Surveillé et suivi dans tous ses déplacements par les hommes de Thomson, l'usurpateur n'est toutefois pas arrêté, malgré l'accumulation de ses erreurs. La Special Branch, qui cherche seulement à accumuler le maximum d'informations sur le *modus operandi* de Lody-Inglis, ignore alors qu'en laissant l'espion allemand en liberté, elle va contribuer à changer le cours de la guerre. Car une étrange rumeur circule alors en Angleterre : des troupes russes auraient débarqué en Ecosse et se dirigeraient vers le front de l'Aisne, en France, afin de renforcer les troupes alliées. Karl Lody, en amateur éclairé, transmet immédiatement la nouvelle à ses supérieurs, sans prendre la peine de la vérifier. Sûr de lui, il affirme avoir rencontré des gens qui ont vu des trains remplis de soldats russes à longues moustaches noires à la gare de Dundee. N'est-ce pas suffisant ?

Alarmé, l'État-Major général allemand ne met pas en doute l'information de son agent. La situation est grave car, si les Russes débarquent en Belgique, l'armée du Kaiser qui progresse en France court à la catastrophe. Deux divisions sont aussitôt détachées pour monter la garde sur les côtes belges. Détail qui a son importance : ces événements se déroulent quinze jours avant l'un des affrontements décisifs de la Première Guerre mondiale, à savoir la bataille de la Marne. Certains historiens s'accordent à penser que la défaite allemande ne serait due qu'à l'absence de ces deux divisions et que l'Allemagne a peut-être perdu la Première Guerre mondiale à cause d'une simple rumeur née dans une gare au sud de l'Angleterre. L'échec de l'offensive de la Marne, en tout cas, va rapidement transformer la guerre de mouvement en guerre d'usure.

Karl Lody, quant à lui, n'aura guère eu l'occasion de prolonger sa carrière d'espion. Arrêté et enfermé à la Tour de Londres, il est jugé les 30 et 31 octobre et condamné à mort. Dans sa cellule, alors que s'écoulent ses dernières heures, il prend la plume. A ses proches, il assure : *"La mort d'un héros sur le champ de bataille est certainement plus belle, mais ce sort ne devait pas être le mien, et je meurs en pays ennemi, silencieusement et obscurément, mais la certitude que je meurs pour la Patrie rend ma mort plus facile"*[4]. Sa dernière lettre, toutefois, sera adressée au commandant de sa prison. Elle mérite, pour l'élévation des sentiments qu'elle révèle, d'être citée en entier : *"Je considère comme de mon devoir, en tant qu'officier allemand, de vous faire savoir combien j'apprécie la conduite des officiers et des hommes qui ont eu la garde de ma personne pendant ma réclusion et d'exprimer à ce sujet mes remerciements sincères. La bonté et la considération avec lesquelles ils m'ont traité ont fait naître en moi la plus haute estime et des sentiments d'admiration pour cette attitude de bonne camaraderie, même envers un ennemi, et si cela m'est permis, je vous serai très reconnaissant de leur faire savoir"*[4]. C'est en lui serrant la main que l'officier qui commande le peloton d'exécution rend hommage au courage de l'officier allemand. Karl Hans Lody est le premier agent allemand fusillé par les Anglais en 14-18. Mais pas le dernier. Si la mission de Lody est un échec, d'autres réussiront. Comme Julius Silber, auquel une longue fréquentation de l'armée britannique dans sa jeunesse, en Afrique du Sud, permet de se faire embaucher au service de... la censure. Durant toute la guerre, il fera parvenir à des boîtes aux lettres dans des pays neutres un flux ininterrompu d'informations militaires et politiques.

The Dark Invader

"Nous ne savons plus qu'imaginer pour nous défendre contre les munitions américaines"[5]. Ce télégramme, envoyé début 1915 au gouvernement de Berlin par le Haut Commandement de l'armée allemande, en poste à Charleville, est un véritable cri d'alarme. Les soldats allemands doivent en effet faire face à un ennemi nouveau et redoutable : les obus américains tirés en énormes quantités sur leurs tranchées par les canons français, britanniques et russes, alors qu'en

dépit d'efforts considérables, les fabriques de munitions allemandes sont loin de pouvoir satisfaire les demandes de l'armée. Alors que la situation semble sans issue, le lieutenant de vaisseau Von Rintelen propose à ses supérieurs un plan diabolique. Il est vrai que les démarches qu'il a effectuées pour fournir les fonds nécessaires à l'entretien des équipages des croiseurs dispersés à l'étranger lui ont, peu à peu, valu la réputation d'un homme sachant se débrouiller en matière de transactions financières.

Le 22 mars 1915, muni d'un *kaiserpass* (passeport impérial)[6] et d'un passeport suisse au nom d'Emile Gaché — une fausse identité destinée à déjouer les risques d'un éventuel arraisonnement par un navire anglais —, Von Rintelen quitte Berlin et embarque sur le vapeur norvégien Kristianiafjord. Destination New York. Il ne le sait pas encore, mais il ne reverra pas son pays avant... 1921. Dès son arrivée aux Etats-Unis, il reprend sa véritable identité et s'empresse de remplir la mission officielle qui justifie son voyage : remettre de nouveaux codes secrets à l'attaché naval, le capitaine Boy-Ed, et à l'attaché militaire, le capitaine von Papen. Puis, après avoir loué une chambre dans un modeste hôtel de la vingt-septième rue, il rend visite à divers fabricants d'explosifs. Très vite, il réalise qu'il lui sera impossible d'acquérir de grandes quantités d'explosifs disponibles sur le marché américain. Et pour cause : l'industrie arrive à peine à suivre les commandes de l'Italie, qui s'apprête à prendre part à son tour à la guerre contre l'Allemagne. Von Rintelen établit toutefois de nombreux contacts, notamment avec le docteur Bünz, ancien consul général d'Allemagne à New York, devenu représentant de la Hamburg-America Line, avec qui il fonde une société d'import-export, la E.V. Gibbons & C° — les initiales étant celles de son pseudonyme suisse — et loue des bureaux dans Cedar Street, en plein centre du quartier des affaires. Parallèlement, il découvre un élément qui lui semble exploitable : la majorité des dockers sont des Irlandais, qui vouent une haine sans merci aux Britanniques et aux alliés de l'Angleterre.

Le jour où il reçoit dans ses bureaux la visite du docteur Walter Scheele, chimiste allemand, il réalise qu'il va enfin pouvoir remplir sa mission secrète : détruire coûte que coûte et par tous les moyens les cargos transportant des armes. Fils et petit-fils de grands savants, Scheele jouit d'une excellente réputation aux Etats-Unis et effectue même des expertises pour la police de New York. Ce matin-là, il est simplement venu proposer à Von Rintelen l'une de ses inventions diaboliques : des cigares incendiaires[7]. Mais où fabriquer ces bombes incendiaires destinées à être introduites subrepticement sur les bateaux qui transportent des munitions et des explosifs en Europe ? Il est impossible d'imaginer qu'une telle opération puisse se dérouler sur le territoire des Etats-Unis. Von Rintelen a alors une idée de génie : pourquoi ne pas les fabriquer sur l'un des bateaux allemands bloqués par la guerre dans les ports américains, à savoir le vapeur *Friedrich der Grosse* ? Il s'entoure de quelques hommes de confiance, des officiers — les capitaines Karl von Kleist et Wolpert — et des ingénieurs qui, toutes les nuits, circulant sur des radeaux de liège, transportent les tubes de plomb, les disques de cuivre et tous les outils nécessaires à bord du grand bateau devenu le théâtre d'une activité fébrile.

C'est alors que survient, début mai 1915, un événement totalement inattendu. Le *Lusitania*, soupçonné de transporter clandestinement des munitions d'armes à feu dissimulées dans des barils de farine, est coulé, entraînant dans la mort plusieurs centaines de passagers. Von Rintelen pense aussitôt que ce torpillage va contraindre les Etats-Unis à déclarer l'embargo sur tous les chargements de munitions, et que sa mission a pris fin. Hélas ! rien de tout cela ne se produit. Les Irlandais reçoivent dès lors l'ordre de placer les cigares incendiaires sous la coque des navires britanniques, à commencer par le *Phœbus*, parti pour Arkhangelsk, et dont la cale est bondée d'obus. Suivront des dizaines d'autres bateaux — sans doute une trentaine — qui, sabotés, brûleront et sombreront corps et biens avec leurs munitions.

Malgré les risques encourus, Von Rintelen crée des succursales de sa société d'import-export à Boston, Philadelphie, Baltimore et, finalement, dans tous les principaux ports des Etats-Unis. Ce sont toujours les dockers irlandais qui font la tournée des ports, les poches pleines d'appareils incendiaires. Mais, aveuglés par leur haine des Anglais, ils deviennent parfois incontrôlables. Un jour, alors qu'ils s'apprêtent, de leur propre initiative, à placer des bombes sur des paquebots transportant des passagers, Von Rintelen a juste le temps d'intervenir afin d'éviter le carnage. Mais tandis que ces sabotages provoquent l'indignation générale, les docks grouillent de détectives et de policiers, et Von Rintelen, s'apercevant qu'il est surveillé, liquide aussitôt sa société et ordonne à son équipe de disparaître quelque temps. Le jeune lieutenant, lui, se retire dans une paisible station balnéaire près de New York où il glanera de nombreuses informations dans les salons de la haute société. Mais cette retraite forcée ne durera pas longtemps.

A nouveau sur le pied de guerre, il crée une seconde société, la Mexico North-Western Railway Company. Le premier acte de cette nouvelle firme est l'acquisition d'un engin capable d'arracher le gouvernail d'un bateau naviguant en pleine mer, inventé par un jeune ingénieur allemand du nom de Robert Fay[8]. Les sabotages reprennent alors de plus belle. Mais le nombre de transports de munitions a décuplé en quelques mois et il est à présent impossible de les atteindre tous. Il est donc indispensable d'avoir recours à une autre méthode.

Les stratagèmes inépuisables de Von Rintelen

Les manœuvres du port de New York et des autres ports américains se mettent régulièrement en grève pour des questions de salaire mais également afin d'empêcher les transports de munitions. Des mouvements de grève qui sont aussitôt réprimés par Samuel Gompers, président de la Fédération américaine du travail, un anglophile qui souhaite avant tout venir en aide à l'Angleterre. Von Rintelen fonde alors son propre syndicat, le Labor National Peace Council (Conseil national ouvrier pour la paix) et organise des réunions de propagande auxquelles sont invités à prendre la parole des membres du Congrès, Hannis Taylor, ancien ambassadeur des Etats-Unis à Madrid, des professeurs d'université et des dirigeants du parti ouvrier qui, tous, ignorent qu'ils sont, en fait, au service d'un officier allemand assis au milieu de l'auditoire. Cependant, l'affaire débute mal : pas une seule recrue ne se présente. Le lieutenant de vaisseau décide alors de verser des indemnités de chômage à tous les hommes inscrits à son syndicat et acceptant de cesser le travail sur les transports de munitions. Le lendemain, près de 1 500 hommes font grève dans le port de New York et, quelques jours plus tard, plus un seul transport ne peut effectuer son chargement. Puis, l'un après l'autre, tous les ports suivent le mouvement, de même que la plus grande fabrique d'armes des Etats-Unis...

Von Rintelen va encore plus loin. Après avoir étudié la politique extérieure des Etats-Unis, il comprend que le seul pays qu'ils ont à craindre est le Mexique. Et que, s'ils sont attaqués, ils auront besoin de toutes leurs armes qui, dès lors, ne seront plus exportées vers l'Europe. Il obtient une entrevue avec le général Victoriano Huerta, en exil, et lui propose ni plus ni moins de ramener son parti au pouvoir à condition qu'il prenne les armes contre les Etats-Unis. L'Allemand cable aussitôt à Berlin afin de réclamer des fonds, beaucoup de fonds. Mais, brutalement, la situation se gâte. Le même jour, Von Rintelen apprend avec stupeur que les codes allemands ont été volés et qu'ils sont entre les mains des Britanniques. Une semaine plus tard, Huerta disparaît et l'on apprend qu'il a été empoisonné[9]. Surveillé en permanence, il reçoit, le 16 juin 1915, un télégramme lui enjoignant de rentrer en Allemagne. Il redevient donc le Suisse Emile Gaché et embarque sur le *Nordam* de la Holland-America Line, laissant son œuvre inachevée mais persuadé de revenir quelques semaines plus tard. Le 13 août, à 7 heures du matin, un maître d'hôtel frappe à la porte de sa cabine afin de l'informer de la visite de quelques officiers britanniques. Débarqué à Ramsgate puis conduit dans un hôtel pour y être interrogé par l'amiral sir Reginald Hall, chef de l'Intelligence service naval, son bras droit, lord Herschell, et le chef du contre-espionnage, sir Basil Thomson (que nous avons déjà vu en action), Von Rintelen commence par nier être allemand. Sur le point d'être confondu, il finit pourtant par se rendre pour pouvoir bénéficier du traitement réservé aux officiers prisonniers de guerre. Avant de l'incarcérer, l'amiral Hall et lord Herschell, gentlemen jusqu'au bout des ongles, l'invitent à dîner à leur club et lui révèlent les circonstances qui ont permis son arrestation : *"(...) Ce n'est pas tant grâce à nos agents que vous êtes tombé dans nos mains, qu'à vos attachés militaire ou naval — je ne sais exactement lequel des deux... (...) Il* (le capitaine Von Papen, n.a.) *a si souvent télégraphié et retélégraphié votre nom à Berlin en clair et bon allemand qu'il vous a tout bonnement livré à nous; la chose semblait vraiment faite exprès..."* [10].

Après une première évasion ratée, Von Rintelen est interné, le 18 août 1915, au camp de Donington Hall, une belle demeure ancienne entourée de bois. Mais vingt mois plus tard, les choses se gâtent : il est livré aux Américains, sans aucune procédure d'extradition, et jugé. Accusé d'attentats sur des bateaux en pleine mer, de transport et dépôt d'explosifs sur le territoire des Etats-Unis, de violation des lois de grève, de constitution de syndicats illégaux, d'attentat contre la sûreté des Etats-Unis à la suite d'une conspiration avec une puissance étrangère (le Mexique)... il écope de quatre années de travaux forcés et est incarcéré au pénitencier d'Atlanta, dans l'Etat de Georgie. Trente autres hommes ayant travaillé pour lui sont également inculpés.

Début 1921, à sa sortie de prison, rien ni personne ne l'attend, sinon une lettre de l'amiral Behncke, chef de l'Amirauté : *"(...) Il n'entre pas dans mes attributions de vous remercier pour les services rendus au pays sur territoire étranger; mais je n'hésite pas, en ce qui concerne la marine, à vous exprimer ma reconnaissance pour tout ce que vous avez fait..."* [11].

Trebitsch Lincoln (1879-1943), un espion peu ordinaire

C'est une personnalité moins noble que celle des Von Rintelen et autres Lody, mais très curieuse, que celle de Trebitsch Lincoln, un homme qui a renoncé à l'Eglise pour devenir espion et aventurier et qui, après bien des désillusions, a pourtant fini sa vie dans un couvent chinois. Il est difficile de retracer en détail la vie de cet homme. Une chose paraît toutefois évidente : partout où il apparaît, la révolution ou la guerre civile semble immédiatement éclater. Rien pourtant, au cours de sa jeunesse en Hongrie, ne laisse prévoir une existence aussi mouvementée.

Fils de commerçants juifs pratiquants qui le destinent au rabbinat, le jeune Timothy Trebitsch Lincoln fréquente les écoles supérieures de Budapest. Délaissant peu à peu le Talmud, il se passionne alors pour Shakespeare et décide de devenir acteur. En 1899, il quitte la Hongrie pour tenter sa chance à Londres. Mais le succès se faisant attendre, il se convertit alors au christianisme et devient tour à tour luthérien, prédicateur méthodiste au Canada, puis pasteur anglican à Appledore, dans le Kent. Naturalisé citoyen britannique, il épouse la fille d'un juif hongrois fortuné. S'apercevant alors, avec le recul, qu'il n'a pas la vocation religieuse, il abandonne l'Eglise pour se tourner vers la politique. Rien n'est plus aisé, à l'époque, pour un homme aussi intelligent que Trebitsch Lincoln qui, de plus, est devenu très riche.

En 1910, il est élu aux Communes comme représentant de Darlington, à l'ouest de Middlesbrough. Mais dilettante et dépensier, ne s'occupant guère de sa circonscription, il n'est pas réélu et, en 1914, lorsque la guerre éclate, il se retrouve sans situation et sans argent. Il offre alors ses services au ministre des Affaires étrangères, sir Edward Grey. Econduit, il se contente donc d'un poste subalterne de censeur au ministère de la Guerre. Mais ce travail trop calme et routinier ne le satisfait guère. Il s'adresse cette fois à l'Amirauté britannique et lui soumet un plan fantastique destiné à attirer une partie de la flotte allemande en mer du Nord. Evidemment, l'exécution de ce projet sous-entend que l'ordre de bataille de la flotte anglaise soit révélé à Trebitsch. L'amiral Hall, directeur du service de renseignement naval, refuse. A bon escient puisque, beaucoup plus tard, on supposera que ce plan n'était destiné en fait qu'à bloquer une partie de la flotte britannique dans un secteur précis où elle aurait été attaquée par l'ensemble de la flotte allemande. Malgré l'échec de son idée fantastique, Trebitsch Lincoln ne se décourage pas. Le S.R. naval ne veut pas de lui ? Ce n'est pas grave, il tente de prouver sa valeur au service de contre-espionnage en lui proposant un autre plan génial : se faire embaucher par les services secrets allemands et devenir un agent double britannique. Il se rend donc à Rotterdam et remet à un agent allemand des messages chiffrés pour le commandant de la Marine de guerre allemande. Revenu en Angleterre, il affirme, non sans fierté, s'être procuré les codes secrets de la *Kriegsmarine*. Mais Vernon Kell, chef du MI5, méfiant, l'a fait suivre en Hollande et il a la conviction que Trebitsch est effectivement bien un agent double, mais un agent double allemand.

Trebitsch Lincoln se rend alors à New York où il travaille comme journaliste. Il prend contact avec les milieux de l'espionnage allemand, déclarant haut et fort à qui veut l'entendre qu'il déteste la Grande-Bretagne et que son séjour dans ce pays avait eu pour seul objet l'espionnage. Mais Trebitsch qui a une confiance exagérée en son intelligence fait une erreur en sous-estimant ses ennemis. Les Anglais, possédant de multiples preuves des activités d'espion de leur ancien député, décident de le faire revenir au pays. Et comme ils ne peuvent demander son extradition comme espion, ils exhument une vieille affaire de fausse signature sur un chèque. Trebitsch est arrêté aux Etats-Unis et expédié en Angleterre. Jugé à Londres en 1915, il est condamné à trois ans de prison comme faussaire et non comme espion... Le fait est surprenant, mais peut-être n'a-t-on pas voulu offenser le Parlement en fusillant comme espion l'un de ses anciens membres.

A sa sortie de prison, Trebitsch Lincoln est expulsé d'Angleterre. Vouant une haine sans merci à la Grande-Bretagne et dominé par la volonté de se venger, il se rend en Allemagne, où il se met en rapport avec le colonel Bauer et les monarchistes qui complotent contre le gouvernement. Après l'échec du "putsch Knapp", il s'enfuit à Budapest. Pendant quelques années, il continue à comploter et à conspirer, rêvant de susciter partout soulèvements et révolutions. Mais, connu de tous les services de contre-espionnage d'Europe, il a de plus en plus de mal à mener à bien ce qui semble être sa "mission historique" et qui se résume à répandre le désordre pour se venger d'un monde où il n'a plus sa place.

Il vogue alors vers la Chine, où il devient conseiller militaire du général Wu Peï Fu, le plus puissant seigneur de guerre chinois, contribuant ainsi à faire entrer dans une nouvelle phase la guerre civile qui dévaste alors le pays. S'éclipsant une fois de plus, c'est à Colombo que ses amères désillusions le guident à nouveau vers la religion : attiré par le bouddhisme, il se fait moine et s'enferme dans un vieux couvent. C'est dans ce Temple des Mille Bouddhas que Trebitsch Lincoln, alias Chao-Kung, passe les dernières années de sa vie, peut-être enfin réconcilié avec lui-même.

L'Allemagne attaque par la bande

Nous avons vu l'usage que Von Rintelen avait fait du nationalisme et du sentiment antibritannique des Irlandais des docks américains. Il n'est pas le seul à tenter de jouer de la fibre patriotique des nations soumises à l'Angleterre. L'un des acteurs, tragiques, de la pièce est sir Roger Casement.

Durant les premières années du siècle, il avait été vice-consul anglais en Afrique avant d'être nommé en Amérique du Sud. De ces deux continents, il envoyait à Londres des rapports réguliers et circonstanciés sur les mauvais traitements que les colons (ou, dans le cas de l'Amérique du Sud, les planteurs) faisaient subir aux indigènes. Rédigées dans un style vif et très imagé, ces notes, rendues publiques, lui valurent une grande notoriété. Mais à la fin de 1911, le ministère des Affaires étrangères, ayant quelques doutes sur sa moralité, décide de se séparer de lui. En 1915, Basil Thomson est prévenu que Casement, vivant alors aux Etats-Unis, entretient d'étroites relations avec le comte Bernstorff,

> ### La dépêche Zimmermann
>
> Adressée le 16 janvier 1917 à von Eckhardt, ambassadeur d'Allemagne à Mexico, par Arthur Zimmermann, alors sous-secrétaire aux Affaires étrangères, cette dépêche, interceptée et déchiffrée par l'Intelligence Service avant d'être publiée dans les journaux, provoquera l'entrée en guerre des Etats-Unis aux côtés des Alliés. En voici les termes : *"Nous commencerons le 1er février une campagne sous-marine sans restriction. Nous espérons néanmoins que les Etats-Unis resteront neutres. Si nous ne réussissons pas en cela, nous proposerons au Mexique une alliance aux conditions qui suivent : nous ferons la guerre et conclurons la paix en commun. Nous accorderons notre concours financier et nous stipulerons que le Mexique devra récupérer les territoires du Nouveau-Mexique et de l'Arizona perdus en 1848. Vous vous chargerez de la mise au point des détails. Vous êtes priés de sonder Carranza de la manière la plus confidentielle et dès que la guerre contre les Etats-Unis sera certaine, vous lui conseillerez d'entrer de sa propre initiative en négociations avec le Japon en lui demandant de se joindre à vous et en lui offrant de servir d'intermédiaire entre l'Allemagne et vous. Attirez l'attention de Carranza sur le fait que la mise en œuvre d'une guerre sous-marine à outrance aura raison de l'Angleterre et la forcera à demander la paix au bout de peu de mois. Accusez réception. Zimmermann"*[12].
>
> Ce télégramme a été déchiffré à la "chambre 40 O.B" — *room 40 Old Building* — située dans les bâtiments de l'amirauté, qui abrite le travail des équipes d'experts en décryptage de la Royal Navy.
>
> Hall a gardé secret le contenu du télégramme pendant un mois afin, d'une part, de pouvoir prouver son authenticité et, d'autre part, de tromper les Allemands sur la véritable source de cette information; l'une des règles de base des services secrets consiste en effet à ne jamais laisser deviner que l'on a cassé un code. Il fera donc courir le bruit que le texte a été volé dans une ambassade. Le 1er mars 1917, Robert Lansing, ministre des Affaires étrangères américain le publie dans la presse et, le 6 avril 1917, les Etats-Unis déclarent la guerre à l'Allemagne.

ambassadeur d'Allemagne à Washington. Invité en Allemagne, Casement tente, en vain, de recruter des volontaires irlandais dans les camps de prisonniers de guerre britanniques. C'est un échec : seuls un sous-officier et quelques dizaines de soldats répondent à son appel.

Ce manque d'enthousiasme n'empêchera pas les Allemands, à la veille de l'insurrection irlandaise du lundi de Pâques, de renvoyer Casement en Irlande à bord d'un cargo rempli d'armes. C'est que le III b., qui est longtemps resté prudent sur cette question, a reçu quelques gages d'actives sympathies des nationalistes irlandais. En 1979, Nora Conolly-O'Brien, fille du révolutionnaire James

Conolly (qui sera fusillé après l'échec de l'insurrection) révélait à l'écrivain Roger Faligot, historien des services secrets comme de la révolution irlandaise, que son père l'avait envoyée aux Etats-Unis en 1915, porteuse de certains renseignements militaires qu'elle était chargée de transmettre aux Allemands.

Voici donc Roger Casement à bord de l'*Aud*, un cargo de 1 100 tonnes pris aux Anglais et rebaptisé, qui transporte dans ses flancs 20 000 fusils destinés aux révoltés de Dublin. Intercepté par la marine britannique, l'*Aud* se saborde. Capturé, Roger Casement est condamné à mort pour haute trahison et pendu. Privée de ses fusils, l'insurrection du lundi de Pâques 1916 se termine dans un bain de sang.

S'il est, au regard du droit anglais, traître à la couronne, Casement n'est pas vraiment un espion. Il est plutôt une sorte d'agent d'influence, manipulé par la diplomatie parallèle dans le but d'ouvrir un nouveau front mobilisant des troupes britanniques, mais le témoignage de Nora Conolly permet de penser que c'est bel et bien en remplissant spontanément des missions de renseignement que les nationalistes irlandais parviennent à vaincre les réticences de l'Allemagne à jouer cette carte. Mais elle fera long feu. Comme échoueront lamentablement les diverses tentatives faites par l'état-major de Berlin de susciter des troubles graves en Inde. Le seul résultat tangible de la manœuvre sera, en effet, de vider quelque peu les caisses des services spéciaux chargés de financer des expéditions exploratoires ou des envois d'armes qui, dans la plupart des cas, s'égareront en route. L'argent dépensé, cependant, ne sera pas perdu pour tout le monde...

Thomas Edward Lawrence, l'aventurier absolu

Ce qui, peut-être, a manqué à l'Allemagne, c'est tout simplement un homme, *the right man at the right place*, comme disent les Anglais. Quelqu'un qui n'aurait pas été simplement un grand agent mais un individu conscient de son destin et du fait qu'il joue celui-ci en même temps que la partie qu'il poursuit pour son pays. Un Lawrence, en quelque sorte. Mais au-delà de l'image d'Epinal, qui était réellement Lawrence d'Arabie ? Un tartuffe ? Un mythomane ? Un imposteur ? Un super-espion ? Un traître ? Ou, comme le proclamait Winston Churchill, l'un des plus grands princes que la nature ait faits ? *"Je ne suis pas de ceux que l'on peut résumer en trois mots"*, dit un jour Lawrence lui-même[13]. Il n'est guère facile, en effet, de narrer en quelques lignes l'extraordinaire destin de cet homme à la personnalité ambiguë et très controversée, qui fut tour à tour archéologue, explorateur, agent de renseignement, soldat, stratège, diplomate, écrivain et, surtout, l'organisateur de la révolte des Arabes contre la puissance ottomane et leur libérateur.

Deuxième fils de Sarah Junner et Thomas Lawrence, Thomas Edward Lawrence est né le 16 août 1888 à Tremadoc, au pays de Galles. C'est à dix-sept ans qu'il subit sa première blessure, qu'il gardera toute sa vie, en apprenant l'illégitimité de sa naissance. Son père, Thomas Chapman[14], a quitté sa femme, Edith Hamilton, qui lui avait donné quatre filles, pour s'installer avec la gouvernante de celles-ci, dont il aura cinq fils. N'ayant que des frères, le jeune Thomas Edward (que ses proches appellent Ned) est, dès l'enfance, habitué à se passer de la présence des femmes, si ce n'est de celle de sa mère. C'est peut-être ce qui explique son attirance grandissante pour l'univers masculin tandis que sa timidité à l'égard des femmes se transformera très vite en une véritable aversion[15]. Dès sa petite enfance, il surprend sa famille par la vivacité de son intelligence : il est à peine âgé de deux ans quand il apprend l'alphabet simplement en écoutant son frère aîné, Bob, le réciter; à six ans, il commence à étudier le latin...

Durant ses premières années, la famille Lawrence voyage beaucoup et séjourne même quelques années en France, avant de se fixer, en 1896, à Oxford où les parents espèrent pouvoir donner une solide instruction à leurs enfants. Ned est déjà un garçon assez solitaire : on lui construit, au fond du jardin, un pavillon pour qu'il puisse s'isoler, lire et rêver. Lorsqu'il a seize ans, en 1904, survient un incident qui va profondément modifier son caractère et, de ce fait, le cours de son existence. Lors d'une bagarre avec un camarade de classe, au cours d'une récréation, il se fracture la jambe; il attendra courageusement la fin des cours pour se plaindre. Cet accident qui l'immobilise de longs mois a pour effet d'arrêter sa croissance et sa taille ne dépassera jamais 1,64 m. *"Je suis un Hercule de poche"*, s'exclame-t-il amèrement[16]. Ne pouvant plus rivaliser avec ses camarades dans les activités sportives, il décide de compenser son infériorité physique par quelque action d'éclat qui obligerait les autres à reconnaître sa supériorité et à l'admirer. Il se passionne alors pour l'histoire ancienne et l'archéologie et se livre même, avec l'un de ses camarades de classe surnommé Scroggs, à ses premières fouilles. Au cours de ses vacances, que ce soit avec Scroggs ou avec son père, il s'adonne à de longues randonnées à bicyclette en Bretagne, en Anjou, ou au pays de Galles. Ces voyages ont toujours pour but de visiter les châteaux forts et d'étudier l'architecture militaire. C'est durant ces années de formation qu'il se lie avec Edward Thurlow Leeds, conservateur adjoint du musée d'Ashmolean, puis avec le conservateur en titre de celui-ci, David G. Hogarth qui, séduit par Ned, s'emploiera par la suite à favoriser chaque étape de sa carrière.

En juin 1909, muni de son pistolet Mauser, d'un appareil photographique et de quelques vêtements de rechange, Lawrence, à peine âgé de vingt et un ans, s'embarque sur le *Mongolia* à destination de Beyrouth. L'Orient le submerge d'un seul coup. *"Les Arabes exercent un attrait particulier sur mon imagina-*

tion", écrira-t-il en 1918[17]. C'est au retour de ce périple de 1 750 km effectué à pied en l'espace de trois mois qu'il rédige sa thèse de doctorat, *"L'influence des croisades sur l'architecture militaire européenne"*, pour laquelle il obtiendra, à l'unanimité, la mention "Très bien". David Hogarth, dont il est l'élève, lui obtient alors une bourse afin qu'il puisse se joindre à la mission archéologique anglaise qui effectue des fouilles à Karkemish, sur la rive droite de l'Euphrate. Mais auparavant, voulant se perfectionner dans la langue du pays, le jeune homme s'installe près de Beyrouth, à l'école de la mission américaine, pour suivre des cours d'arabe, commencés à Oxford. Dès son arrivée en Mésopotamie, Lawrence qui, contrairement aux autres membres de la mission, parle la langue des Bédouins et mène la même vie qu'eux — s'abstenant, entre autres, de boire — est très populaire. Il adoptera, par ailleurs, durant l'été 1912, un accoutrement particulier (devenu sa tenue quotidienne) composé d'une chemise d'étoffe finement tissée et largement échancrée, d'un short blanc retenu à la taille par une ceinture kurde dont les glands rouges attachés sur sa hanche gauche proclament sa qualité de célibataire.

Malgré la passion qu'il voue à son activité archéologique, Lawrence est convaincu qu'il a une autre mission à mener. Laquelle ? Il ne le sait pas encore. Mais la situation en ces années 1912-1913 se prête à toutes les aventures. Le vieil Empire ottoman commence à craquer de toutes parts et la France, l'Allemagne, l'Angleterre et la Russie n'attendent que sa chute pour bondir sur son cadavre. En 1914, peu avant la déclaration de guerre, Lawrence et l'un de ses amis, l'archéologue Léonrad Woolley, effectuent une prospection archéologique du désert du Sinaï. Officieusement, ce voyage d'étude sert en fait de couverture aux travaux d'un officier du génie, le capitaine C.F. Newcombe, chargé d'établir la carte de la région en prévision d'un conflit éventuel avec la Turquie. En juin 1914, il participe à une nouvelle mission de Newcombe qui souhaite, cette fois, effectuer des repérages sur la ligne de chemin de fer Berlin-Bagdad. Le 2 août 1914, alors que la Turquie, alliée de l'Allemagne, prend les armes contre l'Angleterre, la révolte arabe devient tout à coup un facteur important de la stratégie britannique. L'heure a finalement sonné pour Lawrence qui sait qu'il est le seul homme à pouvoir gagner cette partie.

Le roi non couronné d'Arabie

Quatre mois après le déclenchement des hostilités, Lawrence se retrouve au Caire, où il est affecté tout à la fois au S.R. et au Service cartographique de l'armée d'Egypte, puis à l'Arab Bureau (MO4), rattaché au S.R. britannique. Sa première mission d'importance consiste à se rendre à Bassorah afin de soudoyer le commandant turc Halil Pacha, pour l'amener à lever le siège de Kout-al-Amara, où une garnison anglaise est encerclée, ou, à tout le moins, à accepter que les termes de la reddition de celle-ci soient honorables. C'est un échec. Lawrence songe aussitôt à fomenter une révolte locale, mais il se heurte à un veto absolu de l'état-major anglais. Son heure n'est pas encore venue... Envoyé sonder les quatre fils du cherif Hussein, chef des armées arabes dressées contre la domination turque, il tombe rapidement sous le charme de l'émir Fayçal, troisième fils d'Hussein, dont il devine aussitôt qu'il sera l'homme auquel s'identifiera la révolte arabe : *"Personnellement beaucoup plus imposant qu'aucun de ses frères"*, écrit-il dans un rapport, *"il le sait et en tire parti... Il a le tempérament bouillant, il est fier et impatient, parfois déraisonnable... Possède beaucoup plus de magnétisme personnel et de vitalité que ses frères, mais moins de circonspection. De toute évidence fort intelligent, peut-être pas exagérément scrupuleux... Idole pour le peuple et ambitieux; rempli de rêves et de ce qu'il faut pour les concrétiser..."*[18]. C'est en janvier 1917 qu'il apprend, entre deux missions, son détachement auprès du chef arabe comme officier de liaison.

Le 6 juillet 1917, l'armée arabe prend le port d'Akaba, écartant ainsi toute menace sur Suez et couvrant le flanc droit de l'armée du général Allenby. Lawrence, seul officier britannique présent lors de la chute de la ville, est considéré comme un héros national, promu major, décoré et cité à l'ordre de l'armée. Un succès d'autant plus mérité que Fayçal, qui devait commander l'expédition, s'est récusé et que c'est lui qui a dû s'identifier à la révolte arabe. Cette victoire a d'énormes répercussions psychologiques sur Lawrence : elle marque le début de son indépendance (qui sera grandissante) à l'égard des autorités du Caire et, dès lors, il cesse d'être anglais pour devenir un leader national arabe : si, pour les Britanniques, la révolte arabe n'est qu'un instrument destiné à faciliter l'avancée de leurs armées, elle est devenue une fin en soi pour Lawrence. C'est à ce moment — ses biographes l'affirment — que Lawrence, sommé de choisir entre les intérêts de l'Angleterre et ceux des Arabes, a opté pour ces derniers.

Un mois plus tard, en tout cas, il rédige un document majeur, *Vingt-sept articles sur l'art de manier les Arabes de Hedjaz*, qui, écrit sous une forme concise et se lisant comme une suite de conseils avisés, est le véritable vademecum des agents envoyés auprès de dirigeants arabes. *"L'art de manipuler les Arabes"*, conclut-il, *"est un secret dont l'alpha et l'oméga sont de les étudier sans cesse. Soyez toujours sur vos gardes; ne dites jamais rien d'inutile, surveillez-vous et surveillez vos compagnons sans arrêt : écoutez tout ce qui se passe, veillez à découvrir ce qui se trame sous la surface, déchiffrez leur caractère, découvrez leurs goûts et leurs faiblesses, et gardez pour vous toutes vos trouvailles. Enfouissez-vous dans les cercles arabes, ne montrez aucun intérêt, n'apportez aucune idée excepté pour le travail en cours, afin que votre cerveau ne soit saturé que d'une seule chose et alors vous jouerez votre rôle avec suffi-*

samment de perfection pour éviter les petites fautes qui iraient à l'encontre du travail péniblement effectué à longueur de semaines. Votre succès sera en proportion de la masse de travail mental que vous lui aurez consacré" [19].

Le 20 novembre 1917, Lawrence, déguisé, effectue seul une reconnaissance à Deraa. Capturé par les Turcs, qui le prennent pour un déserteur, il est violé et flagellé jusqu'à l'évanouissement. Evadé, c'est en tenue d'officier britannique, portant les insignes rouges de l'état-major, qu'il pénètre à pied, vingt et un jours plus tard, juste derrière Allenby, dans la ville de Jérusalem. C'est ainsi que se poursuit l'une des plus extraordinaires aventures de l'histoire contemporaine et que se mêlent étroitement l'épopée d'un peuple en mouvement et l'odyssée d'un homme seul, dont lord Allenby n'a pas hésité à écrire : *"La vie de Lawrence vaut tous les contes de fées. Il est rare que l'on puisse attribuer aussi nettement la direction d'événements mondiaux à la puissance et au dynamisme d'un seul individu"* [20].

Après la chute de Damas — Lawrence y est entré, assis aux côtés de Fayçal dans sa grande Rolls-Royce bleue —, le héros obtient une permission du général Allenby. Sous couvert de se rendre auprès de sa famille, il entend bien tout faire pour torpiller les accords Sykes-Picot qui, signés le 16 mai 1916, prévoient secrètement le partage du Moyen-Orient entre la France et la Grande-Bretagne. Il vient d'apprendre l'existence de ce texte et en est profondément choqué : *"Si j'avais été un conseiller honnête, j'aurais dû renvoyer mes hommes chez eux au lieu de les laisser risquer leur vie..."* [21]. La honte amère d'avoir menti à ses compagnons d'armes le poursuivra le restant de ses jours. Il est, par ailleurs, persuadé que ses supérieurs se sont servis de lui pour tromper les Arabes. Promu colonel, il renonce à son grade, tout comme il refuse, le 20 octobre, les insignes de commandeur de l'ordre du Bain, au palais de Buckingham. Churchill raconte la scène : *"(...) Le Roi prit la décoration sur le coussin de velours, et se prépara à l'accrocher à l'agrafe cousue à cette intention sur la tunique de l'uniforme ; Lawrence l'arrêta, et, à voix basse, sur le ton du plus profond respect, lui expliqua qu'il ne pouvait recevoir aucune distinction de la main de Sa Majesté aussi longtemps que la Grande-Bretagne trahirait les engagements pris en son nom envers les Arabes, ses courageux alliés (...)"* [22].

En janvier 1919, Clemenceau, Lloyd George, Wilson et Orlando se réunissent à Paris afin de rédiger les clauses du futur traité de paix. Lawrence est là à double titre : comme conseiller technique de la délégation du Foreign Office pour le Proche-Orient et comme conseiller et interprète de Fayçal. Durant toute la fin de l'hiver et le printemps 1919, il jouera son rôle auprès de Fayçal, à Paris, où les Français (bien qu'ils soient exaspérés par les manières provocantes et insistantes de ce petit officier de renseignement britannique) lui remettent la croix de guerre. En même temps, il entame la rédaction de ce qui restera l'œuvre de sa vie, *Les Sept Piliers de la Sagesse*, qui peuvent apparaître comme une manière de tuer son remords en exposant publiquement sa faute. Le texte, long d'environ trois cent trente mille mots, connaîtra trois versions : Lawrence égarera la première en novembre 1919 et réécrira complètement la deuxième, terminée en 1920. L'année 1921 pourrait être celle de la stabilisation pour le jeune colonel de trente-deux ans. Alors qu'il entre au *Who's Who* (*"Archéologue, savant arabisant, CB 1917, DSO 1918, sous-lieutenant en 1914, lieutenant-colonel, prince de La Mecque en 1917"*), Winston Churchill, nouveau ministre des Colonies, l'engage comme conseiller pour les Affaires arabes. Durant toute l'année, il remplit diverses missions pour Churchill qui l'envoie au Caire, puis à Djeddah et Amman pour y négocier avec les Arabes et y conseiller Hussein et son fils, Abdallah, devenu roi de Transjordanie. Début 1922, il termine la version définitive des *Sept Piliers de la Sagesse* (qu'il fait imprimer en huit exemplaires; il refusera pendant des années toute édition commerciale), démissionne de son poste au Colonial Office et, avec la complicité de sir Hugh Trenchard, chef d'état-major de l'armée de l'air, s'engage comme simple recrue, sous le nom de John Hume Ross, dans la Royal Air Force. La deuxième carrière militaire de T.E. Lawrence ne sera pas de tout repos : en décembre 1922, le *Daily Express*, qui a retrouvé sa trace, publie un article qui fait du bruit sur *"un Roi sans couronne, soldat de deuxième classe"*. Exclu, dès lors, des rangs de la RAF pour avoir refusé d'y servir à son grade réel, il vit pendant quelques mois comme un clochard, fréquentant les asiles de nuit ou dormant dans la rue, jusqu'à ce que le War Office l'autorise, en mars 1923, à s'engager dans l'armée blindée (sous le nom de T.E. Shaw, matricule 7875698). En août 1925, après un chantage au suicide et grâce à la pression de ses amis, il est réintégré dans la RAF. Il y restera treize ans, sans doute pour apprendre l'humilité, s'étourdir dans la routine militaire et le train-train quotidien, effectuant même un long séjour en Inde. Un quotidien britannique lui attribuera une mission totalement imaginaire de surveillance des agents bolcheviques de la péninsule, une information bientôt relayée par la *Pravda*. Cela pousse les autorités anglaises des Indes à demander son rappel.

L'existence de Lawrence demeure étrange durant ces années; lui-même dira à la fin de ses jours : *"Je trône dans ma petite maison, plutôt étonné de découvrir ce qui m'est arrivé, ce qui m'arrive et ce qui va m'arriver. Pour le moment, j'ai le sentiment d'être complètement éberlué. C'est, j'imagine, ce que les feuilles tombées de leur arbre doivent ressentir jusqu'à leur mort"*. Mélancolique, passant par des phases de profonde dépression, il mène une double vie : simple soldat le jour (bénéficiant d'un traitement privilégié dans sa base mais poursuivi par la vindicte de la haute hiérarchie), écrivain et homme de lettres la nuit et durant ses permissions. Il poursuit son œuvre d'écrivain, traduit l'*Odyssée*, fréquente George Bernard Shaw, ou Thomas Hardy, des députés et des éditeurs.

A quarante-sept ans, enfin libéré de la RAF, il se retire à Clouds Hill où il a acheté une petite maison, plusieurs années auparavant. Le 13 mai 1935, alors qu'il tente d'éviter deux jeunes garçons à vélo, il perd le contrôle de sa motocyclette et va se fracasser le crâne contre les pierres de la chaussée. Après cinq jours de coma, il décède le 19 mai, sans avoir repris connaissance. La cérémonie funéraire de l'homme, dont le destin public s'est joué en moins de trois ans mais dont l'action a profondément bouleversé le monde, réunira le surlendemain politiciens, militaires et hommes de lettres. Mais, dans le petit cimetière de Moreton, un seul homme suivra, à pied, le cercueil de Thomas Edward Lawrence, dit Lawrence d'Arabie, transporté par quelques militaires : Winston Churchill.

La tragique affaire Szek

Si les parents d'Alexandre Szek n'avaient pas vécu en Angleterre, le jeune radio n'aurait sans doute pas trahi l'Allemagne. Et le cours de la guerre aurait pu en être changé... D'origine autrichienne, fils d'un familier de l'empereur, parlant couramment cinq langues, Alexandre Szek est un jeune ingénieur brillant. Le déclenchement de la Première Guerre mondiale ne l'empêche pas de poursuivre, à Bruxelles où il se trouve alors, des recherches sur les communications par voie hertzienne. Indirectement, sa passion le perdra.

Le 27 novembre 1914, en effet, une panne généralisée paralyse les moyens de transmission de la Kommandantur allemande de la capitale occupée. Pour déceler les origines de l'incident et remettre en état le matériel défectueux dans les meilleurs délais, l'état-major réquisitionne tous les spécialistes radios sur lesquels il est possible de mettre la main, et Szek est bien entendu du nombre. Les qualités dont il fait montre, autant qu'une de ses récentes inventions dont le commandement a eu vent — un appareil de réception radio-télégraphique capable de s'adapter à toutes les longueurs d'ondes — incitent le gouverneur militaire de Bruxelles à recruter le jeune homme et à l'affecter définitivement au service de T.S.F. de son quartier général. Chaque nuit, jusqu'en février 1915, Szek dirige donc, depuis ses bureaux situés rue de la Loi, non loin du Palais Royal, dans le centre de Bruxelles, l'interception du trafic radio allié.

Mais Alexandre Szek est, avant tout, un esprit indépendant et le fait d'appartenir à l'armée allemande ne l'empêche pas de fréquenter des patriotes belges du réseau *La Libre Belgique* (qui édite le journal du même nom), avec lesquels il se lie d'amitié. Il se rapproche plus particulièrement d'Edith Cavell, une jeune Anglaise qui dirige une école d'infirmières à Bruxelles, tout en gérant une filière d'évasion de prisonniers de guerre anglais. Sait-il que ses propos font l'objet de rapports régulièrement transmis à l'Angleterre ? Peut-être. Toujours est-il qu'il se confie à ses amis au point de leur révéler que, bien qu'il soit lui-même de nationalité autrichienne, sa mère est anglaise. Mieux : il est né à Forest Hill, dans la banlieue de Londres, et ses parents vivent toujours en Grande-Bretagne. A leur réception à Londres, ces précisions intéressent au plus haut point l'Intelligence Service qui ne peut laisser passer cette occasion de recruter un agent au cœur du dispositif ennemi. Les spécialistes de la 40 O.B. réclament d'ailleurs sans cesse, à grands cris, aux services secrets des copies des codes en dotation dans les différents états-majors allemands. De plus, la Kommandantur de Bruxelles les intéresse tout particulièrement : les casseurs de code ont, en effet, tout lieu de penser que s'y trouve un exemplaire du code diplomatique secret dont Berlin use pour communiquer avec ses ambassadeurs partout dans le monde. Mais le moyen choisi par les Anglais pour convaincre le jeune Autrichien de trahir est, c'est le moins que l'on puisse dire, peu élégant.

La Special Branch ne met pas longtemps à retrouver les parents de Szek et les place en résidence surveillée. Un émissaire est alors envoyé à Bruxelles et Szek est brutalement placé devant la douloureuse réalité et un choix tout aussi difficile : la liberté de sa famille en échange de sa collaboration. Il n'hésitera guère. Ce que l'on sait de lui et des rapports qu'il a entretenus avec les patriotes belges nous fait d'ailleurs penser qu'il aurait peut-être accepté de travailler contre l'armée allemande même si on le lui avait demandé dans d'autres formes.

L'idée de voler le document qui intéresse Londres est très vite abandonnée, en admettant même que cela ait été envisagé : si Berlin se rend compte de la disparition de ce code précieux entre tous, il sera aussitôt modifié et les efforts des agents anglais n'auront servi à rien. Alors, nuit après nuit, durant tout le printemps 1915, Szek recopie bribe par bribe l'interminable protocole. Des semaines de travail passent, dans la crainte permanente d'être découvert, et, au début du mois d'août, l'ingénieur autrichien achève son œuvre clandestine. Grâce à ses amis des milieux patriotiques belges, et plus particulièrement à Philippe Baucq, l'éditeur de *La Libre Belgique*, il quitte secrètement Bruxelles et son douillet appartement de la rue de la Verrerie, à destination de La Haye, qu'il compte gagner à bicyclette, en emportant l'inestimable butin destiné au 40 O.B. Embarque-t-il, comme prévu avec ses traitants, sur le petit bateau de pêche par lequel le major Oppenheim, résident du SIS (Special Intelligence Service) en Hollande, envoie le code en Grande-Bretagne ? On ne le sait pas, mais c'est fort peu probable : la piste d'Alexandre Szek se perd là, quelque part en Hollande, peu après la nuit du 14 au 15 août 1915 qui l'a vu franchir la frontière. Alexandre Szek n'atteindra jamais l'Angleterre et personne ne le reverra vivant. Le code diplomatique secret, lui, est bien en possession des services de renseignement anglais dès le 25 août. Les inlassables recherches menées par son père après la guerre resteront vaines, chacune de ses demandes se heurtant à un épais mur de silence de la part des autorités britanniques. *"Je regrette de ne pouvoir venir à votre aide, mais je ne connais pas votre fils dont je n'ai jamais entendu le nom"*, lui répondra sir William Reginald Hall, le 3 mai 1921[24]. D'après Robert Boucart (1894-1976), historien prolifique des services secrets de la Grande Guerre, le général belge Lucien Buys, lui confirmera pourtant que Szek comptait bien gagner l'Angleterre : *"Alexandre est parti, au mois d'août 1915, pour se rendre en Angleterre et transmettre aux autorités des renseignements sur le code secret du gouvernement allemand"*[25]. Boucard affirme, d'autre part, qu'un certain Doulton, membre du SIS, a déclaré en 1921 au père d'Alexandre Szek *"qu'il se souvenait fort bien de la venue du jeune homme et de la remise du code au major Oppenheim..."*[26].

Plus de quatre-vingts ans plus tard, le voile du mystère ne s'est pas encore levé sur cette troublante affaire. On estime généralement que Szek, dont certains ont peut-être craint que la disparition n'éveille l'attention de Berlin, a été abattu par des agents des services de renseignement de la marine, après avoir embarqué pour l'Angleterre. Roger Faligot et Rémi Kauffer, eux, pensent que Szek a bien été tué par les Anglais mais que son corps aurait été ramené à Bruxelles afin que les Allemands, le découvrant, ne nourrissent aucun soupçon. En tout état de cause, lorsque le S.R. français tentera de mettre sur pied une filière d'évasion pour Edith Cavell et Philippe Baucq, les Anglais, pour d'obscures raisons, ne la suivront pas. A-t-on voulu faire taire des témoins gênants ? Une seule certitude demeure dans cette triste et ténébreuse affaire : c'est le code recopié à Bruxelles par Szek qui permettra aux spécialistes de 40 O.B. de déchiffrer le fameux télégramme Zimmermann.

En France, pas de service de cryptographie au ministère de la Guerre avant 1909...

On l'a vu, codage et décodage — tout ce qui relève de la cryptographie — présentent dans cette guerre une importance capitale, et ce sont les Anglais qui seront les grands pourvoyeurs de textes allemands décryptés pour les Alliés. La France, il faut dire, serait sans doute bien incapable de fournir un tel effort : les acquis accumulés sous Richelieu puis sous Louis XV semblent bien s'être évaporés et, au début du siècle, le pays ne dispose d'aucun service de cryptage-décryptage digne de ce nom. C'est en tout cas ce qu'apprend, le 7 juillet 1917,

Londres écoute

Nous avons vu s'affronter, à travers ces quelques affaires, les services secrets allemands et anglais. Et nous avons donc pu deviner, à plusieurs reprises, l'importance de l'interception et du décodage des communications allemandes par le S.R. britannique. Cette opération, menée sur une grande échelle, sera l'un des secrets les mieux gardés de la Grande Guerre (il ne sera d'ailleurs révélé qu'en 1931). C'est au cœur de la Naval Intelligence Division — le S.R. de l'amirauté — dirigée par l'amiral Hall que se niche la section à laquelle nous avons déjà fait allusion et que l'on désigne par le numéro de son bureau : *Room 40, Old Building* ou 40 O.B. C'est dans ces quelques pièces que travailleront, quatre années durant, les briseurs de code anglais. Dès le début de la guerre, la marine britannique a dépêché au large du continent quelques discrètes unités navales chargées d'une mission qui l'est tout autant : *l'Opération cisaille*. En une ou deux nuits, les câbles télégraphiques sous-marins allemands ont été remontés à la surface, coupés et rendus à leur vie sous-marine. Désormais, les communications de l'Allemagne avec le reste du monde ne peuvent plus passer que par les câbles sous-marins des pays neutres ou, en T.S.F., par la voie des airs. Il devient donc possible de les intercepter.

Encore faut-il les déchiffrer. C'est là le rôle de la brillante équipe d'universitaires rassemblée par sir Alfred Ewing au 40 O.B. Un coup de chance va considérablement faciliter leur travail : au début de la guerre, la flotte russe a récupéré, sur le corps d'un officier du croiseur allemand *Magdeburg*, coulé dans la Baltique, le code de ce bâtiment qui a permis de découvrir la clé de chiffrage de l'amirauté. D'autres récupérations, entre autres celle menée à Bruxelles par Alexandre Szek, vont permettre aux Anglais, durant toute la guerre, de déchiffrer la quasi-totalité des dépêches envoyées ou reçues par l'état-major, le ministère des Affaires étrangères et les autres services officiels allemands : *"On établit des stations d'écoute le long des côtes britanniques"*, écrit sir Basil Thomson dans ses mémoires, *"leur moisson nocturne était envoyée à la Chambre 40 O.B. à l'amirauté pour y être déchiffrée : apprendre les plans secrets de l'ennemi de sa propre bouche valait mieux qu'une tonne de rapports envoyés par l'armée d'espions employée par les Alliés. Peu de gens connaissaient l'existence de 40 O.B., on la cacha même aux ministres mariés. Les messages déchiffrés qui se montaient parfois à 2 000 par jour étaient soigneusement gardés et même les chefs des gouvernements qui profitaient de ces nouvelles ne connaissaient pas toujours leur source"*[23].

le ministre de l'Intérieur, qui prend connaissance du rapport que lui adresse le directeur de la Sûreté générale sur *"L'organisation et le fonctionnement du service cryptographique de la Sûreté générale"*[27]. Ce rapport, jamais rendu public jusqu'à ce jour, est plein d'enseignements. Première surprise : aucun service n'existe avant 1904. On fait appel alors aux compétences d'un unique spécialiste, le commandant Bazeries, qui travaille à la fois pour l'Intérieur, la Guerre et les Affaires étrangères.

Aux débuts de la guerre russo-japonaise de 1904, certains éléments concernant le chiffre nippon parviennent à la Sûreté générale qui, on s'en souvient, jouit depuis l'affaire Dreyfus d'importantes prérogatives dans le domaine du renseignement. Mais, après huit jours de travail, le commandant Bazeries renonce à casser le code. L'un de ses collaborateurs occasionnels, le commissaire-adjoint Haverna y parviendra, lui, après deux mois de labeur acharné. Son succès permettra à Paris de lire en temps réel toutes les dépêches échangées entre l'ambassade impériale en France, Tokyo et les autres missions japonaises dans le monde.

Waldeck-Rousseau, président du Conseil et ministre de l'Intérieur, ordonne alors au directeur de la Sûreté générale de communiquer l'ensemble de ces textes décodés à "notre alliée la Russie", ce qui sera fait grâce aux bons soins du résident de l'Okhrana à Paris, Manouilov. Mais le président du Conseil insiste pour que ce service gracieux soit rendu à la Russie à l'insu du ministère des Affaires étrangères. Et c'est ici que les choses vont se corser : le chiffre utilisé par Manouilov pour envoyer à Moscou les renseignements obtenus de la Sûreté est trop simple et il est, dès lors, aisément interprété par Bazeries.

Apprenant qu'on lui a caché cette collaboration entre l'Intérieur et la Russie, le ministre des Affaires étrangères pique une colère et ordonne au commandant de rompre ses relations avec la Sûreté. L'officier y perdra trois cents francs par mois mais gagnera un appointement fixe de douze mille francs aux Affaires étrangères... Le quai d'Orsay, qui ne jure que par Bazeries et ignore tout du rôle du commissaire Haverna dans le "cassage" du code de guerre japonais, pense ainsi priver l'Intérieur de l'un de ses principaux moyens d'interférer dans les affaires du monde qui sont, c'est l'évidence, du seul ressort de la diplomatie.

Paradoxalement, cette crise va permettre à Haverna, soutenu par Célestin Hennion, de constituer, sous couvert du Service photographique qui est alors en plein essor, une section du chiffre qui arrivera à quelques honnêtes résultats : entre 1907 et 1913, Haverna casse successivement les codes russe, turc, espagnol, italien et... monégasque, ainsi que les codes financiers utilisés par les banquiers russes, serbes et roumains actifs en France. Mieux : la cellule d'Haverna essaime, et c'est l'un des collaborateurs du commissaire spécial, le lieutenant-colonel Givierge, qui proposera en 1909 de créer un service du chiffre au ministère de la Guerre. Celui-ci sera confié au commandant Cartier, qui fera à son tour des émules, à l'état-major cette fois. Jusqu'en mai 1913, toutefois, les Affaires étrangères continueront à mener une véritable guérilla administrative contre ces sections et interviendront, à plusieurs reprises, pour qu'on ne leur communique pas les télégrammes diplomatiques...

Les miracles du commandant Andlauer

Quelle est la situation du S.R. français à la veille du déclenchement de la Grande Guerre ? Depuis 1905, les moyens de la section de renseignement se sont développés et le service compte cinq officiers. Aux frontières, trois postes (à Chambéry, Briançon et Nice) sont dirigés vers l'Italie et quatre vers l'Allemagne (à Nancy, Remiremont, Epinal et Belfort). Quelques commissaires spéciaux ont, de plus, été désignés pour assister le S.R. et le contre-espionnage est toujours du ressort de la Sûreté générale. Mais en 1912, certaines de ces implantations sont supprimées et, en 1913, il ne reste que trois postes dirigés vers l'ennemi principal, l'Allemagne, à Nancy, Mézières et Belfort. Peu après l'éclatement du conflit, un poste de renseignement interallié auquel participe la France s'installe sur les côtes anglaises, à Folkestone, chargé de créer et d'activer des réseaux en Belgique et en Hollande. Mais c'est incontestablement le poste de Belfort qui va jouer le plus grand rôle dans la collecte du renseignement.

Depuis 1913, il est dirigé par un officier d'origine alsacienne, le commandant Andlauer. Les débuts pourtant n'ont guère été prometteurs : quand il prend possession de son poste, le 14 avril, Andlauer, qui ne dispose que d'un lieutenant et d'un gendarme à la retraite lui servant tout à la fois de planton et de secrétaire, s'aperçoit qu'il est logé dans des locaux sordides, insalubres, beaucoup trop petits et n'offrant aucune sécurité. Il devra batailler des mois durant pour obtenir d'être traité avec un peu plus de considération par une hiérarchie locale qui, c'est manifeste, méprise le renseignement. Mais le plus grave est encore à venir : dès le début des hostilités, le contre-espionnage allemand porte des coups très durs aux réseaux implantés derrière les lignes par les Français : sur les douze exécutions capitales d'agents français que l'on peut rattacher directement à Belfort pour toute la guerre, dix datent des tout débuts du conflit... A la même époque, des dizaines d'agents travaillant pour la France en Suisse y sont condamnés à des peines de prison, à la demande de l'Allemagne. Andlauer doit donc, selon ses propres termes, rebâtir. Il va construire, de bric et de broc, un service qui, quatre-vingts ans plus tard, reste un exemple. Ses agents sont multiples et divers : un réformé alsacien, un médecin, alsacien lui aussi, soignant les officiers allemands atteints de maladies vénériennes, la supérieure des Sœurs de Ribeauvillé qui tend un filet serré à travers l'Alsace, des officiers ennemis à court d'argent...

Pour analyser les renseignements que lui apportent ses diverses sources, le commandant Andlauer crée un *Service d'Exploitation* (S.E.) dont le socle est formé d'Alsaciens triés sur le volet, qui tous ont accompli leur service militaire en Allemagne, mais se sont engagés dans l'armée française au début de la guerre. L'un d'eux se rend compte, début 1915, que le *Reichanzeiger* (le *Journal offi-*

L'agent "M82"

Puisque nous sommes en Belgique, restons-y. Occupée dans sa plus grande partie depuis les premiers temps de la guerre, la Belgique est le théâtre de bien des drames de l'espionnage. Parmi ceux-ci, outre l'affaire Szek et les cas d'Edith Cavell et de Gabrielle Petit (sur lesquels nous reviendrons au chapitre 7), nous n'en retiendrons qu'un : celui d'Henri Van Bergen, alias M82.

Né près de Bruxelles en 1875, interprète à la légation de Belgique en Chine en 1902, Henri Van Bergen est surpris en Belgique par la guerre qui éclate durant l'été 1914. Il ne rêvera plus qu'à s'évader pour s'engager et combattre. En février 1917, c'est chose faite : il se retrouve à Rotterdam où un membre du consulat et un officier britannique, le capitaine Landau, arrivent à vaincre ses réticences et à le persuader qu'il sera plus utile comme chef de réseau que comme soldat. Rentré en Belgique dès le 23 mars, après une courte période d'initiation, celui qui est devenu M82 s'attelle aussitôt à la tâche. Grâce à l'une de ses premières recrues, le contremaître Arthur Wattiez, employé aux chemins de fer, il met en place un réseau spécialisé dans l'observation des transports de troupes et de matériel par chemins de fer. Petit à petit, son organisation grandit; en quelques mois, elle ne compte pas moins de vingt postes d'observation ferroviaires et de sept postes territoriaux. M82 est à la tête d'une petite armée qui le renseigne inlassablement sur les mouvements de troupes, les dépôts de munitions, les hangars de zeppelins ou les champs d'aviation.

La matière devient tellement abondante, et la police allemande serre de si près le réseau de M82, que celui-ci doit, en juillet 1917, se résoudre à modifier le service de courrier secret qui lui permet d'acheminer ses rapports aux Pays-Bas. Il recrute, pour ce faire, un inspecteur de la police judiciaire d'Anvers, nommé Wouters, qui lui est présenté comme un patriote de la plus belle eau. Mais Wouters, qui travaille en fait pour la Polizeistelle allemande de la métropole anversoise, est bien entendu le traître qui perdra M82. Celui-ci a commis l'invraisemblable erreur — excusable, il est vrai, par le fait qu'il n'est pas un professionnel — de convier Wouters à une réunion dans sa propre planque.

Le 4 août, il y est arrêté avec deux de ses plus proches collaborateurs, l'abbé Moons et mademoiselle Ballegeer. Au même moment, un peu partout dans le pays, la police cueille, toujours sur indication de Wouters, tous les membres du réseau qu'il a pu approcher. Après quelques mois de prison et un procès hâtif — qui voit pourtant un officier allemand, commis à leur défense, tout faire pour sauver la vie de ses clients — Henri Van Bergen et cinq de ses complices, l'abbé Moons, Arthur Wattiez, Joseph Leroy, Joseph Jespers et Auguste Naelaers sont condamnés à mort. Ils seront exécutés le 16 mars 1918.

ciel allemand) comporte trois rubriques du plus grand intérêt. La première concerne les séances des conseils de guerre tenus pour les faits de désertion; les jugements sont datés et présentés, division par division. La deuxième est une liste des promotions récentes indiquant leur date, de même que le grade et l'unité de l'intéressé. La troisième, enfin, est une liste des pertes, par unité et par combat, indiquant les lieux, dates, noms et grades des victimes. Durant toute l'année 1915, la collation de cette information ouverte permettra à Andlauer de dresser l'ordre de bataille exact de l'armée allemande, de discerner quelles unités sont au repos, d'indiquer les pertes de chacune d'entre elles et de recueillir d'intéressantes informations sur l'état d'esprit qui y règne.

Un autre Alsacien mettra sur pied un système de "poste parallèle" permettant aux Alsaciens mobilisés du côté allemand, mais ayant de la famille en France, de correspondre avec elle. Quatre à cinq cents soldats seront concernés par cette mesure et, bien entendu, leur courrier sera soigneusement épluché avant d'être remis. L'information la plus intéressante, toutefois, reste souvent la provenance même de ces lettres : un système de fiches tenues à jour offre aux hommes du commandant Andlauer la possibilité de suivre le déplacement des unités adverses.

Verdun, un succès du commandant Andlauer

L'un des plus grands succès d'Andlauer concerne l'offensive de Verdun. Dans le livre qu'il a consacré en 1929 à *La Bataille de Verdun*, le maréchal Pétain écrit : *"A la fin de décembre 1915 et au début de janvier 1916, nos services de renseignement enregistraient des bruits nombreux, le plus souvent vagues et contradictoires sur la possibilité d'une offensive allemande sur le front occidental. Ils en concluaient que les points menacés étaient, d'une part, le nord du secteur franco-anglo-belge, d'autre part, le centre et la droite du secteur français, c'est-à-dire la Champagne, Verdun, la Lorraine ou Belfort; autant dire que les indices se neutralisaient puisqu'ils se rapportaient à l'ensemble de nos positions..."* [28].

Pour être assez précis, ces souvenirs sont cependant faux. Le maréchal se trompe ou travestit délibérément la vérité pour cacher les erreurs du haut commandement. En effet, ce n'est pas en *"décembre 1915 ou en janvier 1916"* que le S.R. a prévenu de la possibilité d'une offensive sur Verdun, mais bien quatre mois plus tôt. Le rapport envoyé le 6 septembre 1915 par le poste de Belfort, suite aux confidences d'un officier allemand recruté par Andlauer, qui peut être consulté aux archives de l'armée de terre, à Vincennes, en témoigne : *"On parle beaucoup d'une offensive de grande envergure qui sera dirigée, dans quelques mois, sur le front français. Il est question de deux points d'attaque principaux, Arras et Verdun. Des travaux de bétonnage pour pièces de très gros calibre auraient été faits récemment dans les deux régions précitées, un certain nombre de grandes unités seront transportées du front russe vers le front français"* [29]. Voici donc l'information qui tombe, dès septembre 1915 (on est quand même très loin des dates évoquées par Pétain !).

En octobre et en décembre, les informations vont se préciser et être régulièrement relayées sur l'état-major : ce sera une *"offensive puissante, sans souci des pertes"* ; des troupes se concentrent dans la plaine de la Woëvre, non loin de Verdun; des pièces d'artillerie de 420 et de 380 arrivent dans la région; le 7e corps de réserve allemand, engagé jusque-là entre Soissons et Reims, est retiré du front et mis au repos dans la région de Charleroi, etc. Pétain, pourtant, persiste et signe en affirmant que, du 10 au 18 février, les renseignements transmis sont *"tellement contradictoires"* qu'ils ne permettent pas au GQG de prendre de décision. Encore une fois, rien n'est plus faux. Le 10 février 1916, Andlauer concrétise des mois et des mois de travail et rédige le rapport dont rêve tout officier de renseignement : *"D'excellentes sources, les Allemands vont tenter une offensive très sérieuse dans la région de Verdun. Les troupes chargées de cette offensive sont placées sous les ordres du Konprinz... L'offensive doit commencer à une date aussi rapprochée que possible du 10 février"* [30].

L'officier qui, en septembre, renseignait Andlauer sur les préparatifs de l'offensive ayant été démasqué et fusillé, en même temps qu'un agent de liaison (ce seront les onzième et douzième victimes de l'activité du *poste Belfort*, donc les dernières de la guerre), ce sont des Alsaciens qui ont averti le commandant. L'un d'eux, professeur de médecine à Strasbourg, mobilisé comme médecin, n'a pas hésité à quitter son poste pour faire parvenir ses informations à l'organe collecteur de la capitale alsacienne. Arrivées à Belfort le 10 février à midi et demi, elles seront au GQG à 15 heures. Un peu plus tard, le colonel Dupont, qui dirige le *Deuxième Bureau*, téléphone au chef de poste de Belfort et lui demande s'il croit sérieusement à cette attaque. La réponse d'Andlauer est carrée, sèche et claire : *"Tout sur Verdun, rien de sérieux ailleurs"*. Dirigée par le Konprinz, l'attaque débute le 21 février. Voici pour les renseignements tellement contradictoires du maréchal Pétain...

On notera que le *poste Belfort* ne se borne pas à la collecte et à l'analyse du renseignement. Il alimente aussi régulièrement un discret petit organisme installé à Rechezy, non loin de là, et entièrement voué à la guerre psychologique : des spécialistes y sondent en permanence le moral allemand et rédigent ensuite des brochures, journaux et tracts disséminés sur les tranchées allemandes par le service de propagande aérienne...

Le commandant Ladoux, chasseur d'espions

Tour à tour lieutenant de chasseurs alpins, instructeur à Saint-Cyr, officier d'ordonnance de plusieurs généraux, journaliste plutôt marqué à gauche, puis chef du contre-espionnage militaire quand la Première Guerre mondiale éclate, le commandant Ladoux est l'un des officiers les plus doués et les moins conformistes du S.R. français.

En 1916, Ladoux, qui a pris conscience de l'importance de l'Espagne neutre comme base de repli pour les services secrets allemands, installe à Hendaye une antenne de ses services — le Poste spécial militaire ou P.S.M. — qui, en fait, sous sa couverture de centre de contrôle du passage de la frontière, offre surtout à Ladoux la possibilité de s'informer de ce que trament en Espagne les services secrets allemands. Pour ce faire, il met sur pied deux équipes, l'une fixe, l'autre volante (délicat euphémisme pour désigner un réseau de renseignement agissant en territoire étranger) composée de militaires connaissant bien le pays et la langue et autorisés à porter des tenues civiles pour circuler librement et débusquer les Allemands, les prisonniers évadés et les déserteurs français. C'est le sergent Cirot qui dirige la colonne volante. Les résultats ne se font pas attendre. Trois semaines plus tard, un premier rapport parvient à Ladoux : une carte de la côte atlantique de l'Espagne, sur laquelle sont pointés avec précision tous les dépôts d'essence clandestins auxquels se ravitaillent les sous-marins allemands agissant dans le golfe de Gascogne et parfois jusqu'à des centaines de kilomètres de là. Ce sont les pêcheurs des localités voisines qui, en toute innocence, transportent l'essence jusqu'aux bateaux, dans des bouteilles de bière et de cidre. Ladoux fait aussitôt parvenir un rapport aux ministères de la Marine et des Affaires étrangères. Et, puisque ces derniers ne prennent pas la peine d'y répondre, il décide d'intervenir sans leur accord : une nuit de mai, alors que le ravitaillement bat son plein, un sous-marin allemand est coulé tandis que toute une flotille de ravitailleurs espagnols essuie une pluie de projectiles... L'opération, suite aux plaintes de Madrid, fera couler beaucoup plus d'encre dans la presse que de bateaux...

Dans les trois années qui vont suivre, le P.S.M. d'Hendaye rendra encore bien des services au S.R. français. C'est ainsi que ce poste a à son actif, entre autres, le dépistage d'un foyer d'espionnage allemand à bord du *Frankenwald*, bateau ennemi séquestré dans le port de Portugalata, et la filature de la célèbre Mata Hari lors de son dernier voyage en Espagne.

Georges Ladoux doit en partie ses succès au fait qu'il n'hésite pas à brusquer une hiérarchie frileuse qui dédaigne trop souvent l'espionnage — une activité déshonorante —, mais son caractère de franc-tireur lui attire aussi quelques solides ennemis, et la fin de la guerre lui sera difficile. Accusé de trahison, à la suite d'obscures manœuvres au sein de son propre service[31], il est arrêté le 20 mars 1918. Jugé, emprisonné le 2 janvier 1919 au Cherche-Midi, il est acquitté le 8 mai par le troisième conseil de guerre, puis nommé commandant. Georges Ladoux, redevenu journaliste et auteur à succès de livres autobiographiques dans lesquels son imagination le dispute souvent aux faits, meurt en 1933 dans des circonstances tellement étranges que certains, et en particulier sa femme, n'hésiteront pas à parler d'un empoisonnement. En effet, d'après des proches du commandant, une de ses anciennes adversaires, *Fraulein Doktor*, se serait vengée de lui, quinze ans après la fin de la guerre, en lui faisant parvenir un pli empoisonné. Règlement de comptes tardif et d'autant plus improbable que *Fraulein Doktor* — une belle jeune femme blonde, fumant des cigarettes russes, portant des coups mortels aux S.R. alliés et ne dédaignant pas de jouer de la cravache contre ses victimes —, héroïne maléfique et symbole du mal, n'a jamais existé ! Ou plutôt, elle s'incarne en plusieurs femmes aux destins particuliers. La première, Anne-Marie Lesser, maîtresse d'un officier du III b., s'engagea dans ce service à la mort de son amant. Spécialisée dans le contre-espionnage, elle serait, entre autres, à l'origine de l'arrestation d'Edith Cavell. Elle mourra, toxicomane au dernier degré, durant l'été 1934. Une autre *Fraulein Doktor* serait Elisabeth Schragmüller, chargée de la formation des agents allemands à l'école d'espionnage d'Anvers. Docteur en philosophie — d'où le "Fraulein Doktor" ! —, elle restera à ce poste durant toute la guerre et ne remplira aucune mission particulière. Mais la propagande nazie des années trente ayant besoin de héros germaniques sans peur et sans reproche, les journalistes à la solde de Goebbels et le colonel Nicolaï lui-même, qui a repris du service, en feront le prototype de la courageuse femme allemande prête à tout pour sa patrie, une sorte de "Marthe Richard allemande"[32].

Guerre secrète en Suisse

Au début de 1918, dernière année de cette guerre terrible, le représentant de la Sûreté générale en Suisse est bien ennuyé. Non seulement il doit faire face aux menées de ses adversaires allemands, mais voici que son propre camp donne des arguments à l'ennemi. Depuis début janvier, en effet, les Alliés ont cessé de passer des commandes de munitions et autres équipements militaires à onze usines qui, auparavant, travaillaient exclusivement pour eux, au nombre desquelles on trouve Picad-Pictet à Genève ou Breguet à La Chaux-de-Fonds. De ce fait, plus de trois mille ouvriers se retrouvent au chômage technique. Or, ces ouvriers de l'armement sont le fer de lance de la Ligue des travailleurs suisses du député Marcel Guinand, une organisation portée à bout de bras par les S.R. français, dans le double but de combattre les courants socialistes révolutionnaires qui agitent le parti ouvrier suisse et d'influencer les décisions du gouvernement de Berne. Et, sans travail, ces braves militants sont *"à la merci des agitateurs soldés"* [33], d'autant plus que *"déjà, Berlin a envoyé des négociateurs pour placer pour dix millions de commandes allemandes"* [33].

Le "Deuxième Bureau" se paie *La Tribune de Genève*

Autre souci du poste de la Sûreté générale à Genève : le procès intenté par Esterhazy-Wyps aux propriétaires de *La Tribune de Genève*. En fait, il ne s'agit que d'un banal conflit d'intérêt commercial. L'intéressé a été abusivement écarté du conseil de *La Tribune* par son administrateur délégué, Marcel Rouff. Mais pour obtenir gain de cause, l'administrateur éjecté entend bien faire flèche de tout bois. C'est ainsi qu'il est prêt à révéler au procès que la direction de *La Tribune* "fait chanter le gouvernement français parce que l'agence 'Publicitas' leur a fait des offres d'achat pour l'Allemagne" [34]; en l'occurrence, cette direction entend simplement *"faire monter les enchères"*, puisque, *"dès avant l'arrivée de Clemenceau au pouvoir, le gouvernement français s'intéressait financièrement à ce journal"* [34] pour des raisons de propagande. Et le crime paie, puisque, résultat de cette sordide manœuvre, le gouvernement de la République aurait versé neuf cent mille francs supplémentaires *"pour éviter de voir un organe de presse important de Genève tomber dans les mains allemandes"* [34]. Pour preuve de ce versement, Esterhazy est prêt à avancer devant les tribunaux le montant de... la commission qu'il a touchée sur cette opération.

Bref, conclut désabusé (et on le comprend !) l'homme de la Sûreté générale, *"on se trouve, une fois de plus dans cette affaire, en face des toujours mêmes difficultés résultant du peu de valeur morale de ceux, sans exception, qui représentent en Suisse les idées françaises..."* [34]. D'autant plus que le journal, *"sur les questions grecque, turque et autrichienne, n'a pas fait preuve de ce que devrait être, sur de tels sujets, la ferme intransigeance d'un organe francophile..."* [34]. Sur cette question et sur beaucoup d'autres, le suivi du poste de Genève de la Sûreté est quotidien, ainsi qu'en attestent les épaisses liasses de courrier conservées aux archives. Tout défile à travers ces lettres, à commencer par la surprenante corruption qui règne dans la haute société genevoise : journalistes indélicats, politiciens vendus, juges fédéraux couvrant des opérations illégales, ou chef de la police de Berne mensualisé à hauteur de cinq mille marks par l'Allemagne...

De temps à autre, on peut apercevoir, au détour d'une lettre, les longues oreilles et les manœuvres occultes des services adverses. Ainsi, quand Genève, le 10 mai 1918, répercute sur Paris un rapport envoyé de Stockholm et dont il

> ### *L'ennemi, c'est Caillaux*
>
> Autre souci permanent pour la Sûreté : les faits et gestes de Joseph Caillaux. L'homme a défrayé la chronique lorsque sa femme a assassiné le directeur du *Figaro*, Calmette, en 1914. Contraint à la démission (il était ministre des Finances), il se partage entre la Suisse et l'Italie. Sa farouche opposition à la guerre lui vaut d'être au centre d'un vaste dispositif d'environnement de la Sûreté générale. Ainsi, une note très secrète du 13 avril 1918 affirme que l'ancien ministre a eu, lors d'un séjour à Rome, *"un long entretien avec monsieur Kappenberg, correspondant de la 'gazette de Cologne' et, surtout, agent des services allemands"*. Lorsqu'un avocat de Paris, de passage à Genève, confie au coiffeur de l'Hôtel Bristol la grande admiration qu'il a pour Joseph Caillaux, le coiffeur, agent de la Sûreté, rapporte fidèlement ses propos.
>
> Basse police ? Oui, et elle portera ses fruits lorsque Caillaux, arrêté en 1917 sur ordre de Clemenceau, se verra condamné en 1920, pour *"aide involontaire à l'ennemi"*, un concept qui laisse rêveur. Amnistié quelques années plus tard, l'homme politique se fera réélire député...

ressort que les services allemands achètent, au prix fort — vingt et une couronnes vingt pour une livre, contre quatorze au cours officiel; quatre couronnes vingt pour un dollar, contre trois; soixante-cinq couronnes le billet de cent francs, contre cinquante-deux — autant de devises américaines, anglaises et françaises que possible : il s'agit évidemment de constituer un trésor de guerre permettant de payer les agents travaillant pour Berlin dans les pays concernés. Et le poste de Stockholm d'annoncer qu'il dispose, dans les milieux financiers de la place, d'un agent qui se fait fort de relever les numéros des billets et de les marquer, ce qui permettrait de suivre leur parcours. Opération d'autant plus intéressante que l'agent en question, *"payé par le bénéfice sur le change"*, agirait gracieusement...

Les jésuites contre la République ?

Les hommes de la Sûreté à Genève s'intéressent de très près à une autre menace contre la France : celle de l'Eglise... *"Il est notoire"*, écrit le 13 avril 1918 le chef de poste Farichon, *"que, dans les pays où ils ont une influence politique prépondérante, les jésuites ont agi ouvertement, dès le début des hostilités, en faveur des empires centraux..."*[35]. Certes, reconnaît le bon monsieur Farichon, *"on ne saurait accuser les jésuites français de n'avoir pas rempli leur devoir. Plusieurs religieux ont trouvé la mort sur les champs de bataille, et nom-*

breux sont les pères qui ont été décorés et cités", mais *"ils n'ont pas rompu avec les dirigeants de l'ordre, sujets des puissances ennemies..."* [35]. Et d'épingler le système de courrier clandestin mis au point par le père Edouard Finé, proche collaborateur du père Ledochowski, général de la Compagnie de Jésus vivant en Suisse depuis l'entrée en guerre de l'Italie, pour permettre aux jésuites français de communiquer avec la tête de l'ordre, en échappant à la censure. Le père Lechodowski étant sur le point de créer une organisation pacifiste, cette information ne peut que passionner le contre-espionnage français. Quelle peut être, en effet, l'attitude des pères français ? *"La Compagnie de Jésus a la réputation d'être un ordre unifié, où l'obéissance aveugle aux décisions des supérieurs est imposée à tous les membres"*. Dès lors, *"sans vouloir, a priori, suspecter le loyalisme des jésuites français, il ne paraît pas téméraire de dire qu'ils ne pourraient résister que très difficilement aux ordres de leur général dont l'autorité s'exerce même dans les questions qui touchent à des intérêts politiques et nationaux..."* [35].

Dès lors, l'activité des bons pères et, au-delà, celle de l'ensemble des congrégations et même du Vatican seront passées à la loupe. Le souverain pontife reçoit-il secrètement à plusieurs reprises, à la mi-avril 1918, monseigneur Staniero, cardinal italien soupçonné d'être lié à l'internationale pacifiste ? Une note est aussitôt rédigée. Comme on souligne soigneusement le fait qu'un évêque allemand se voit remettre, à la même période, la somme de cinquante mille marks destinés au Sinn Fein irlandais. Le 23 mars déjà, le poste de Genève signalait à Paris[36] que la cour de Bavière, via la nonciature apostolique de Munich et la représentation de la Deutsche Bank à Schaffouze, mettait cinq cent mille marks à la disposition d'un autre homme d'Eglise, monseigneur Todeschini, aux fins de financer l'action pacifiste en France et en Suisse. Un peu plus tard, ce sont les allées et venues de monseigneur Pacelli (le futur Pie XII), qui joue les intermédiaires entre Berlin et le Vatican, qui retiennent l'attention des hommes de la Sûreté générale.

La curieuse ascension de Luca Cortese

Comment s'étonner, en voyant ainsi les hommes du ministère de l'Intérieur dépenser sans compter leur énergie dans le seul but de nourrir les fantasmes anticléricaux (pas toujours dénués de fondement, cela étant dit) de leur ministre, que les professionnels du renseignement, comme Andlauer, jugent très négativement leur travail ? Il arrive pourtant aux "super-flics" de la Sûreté générale de faire œuvre utile. Ainsi, quand ils démontent, le 3 avril 1918, les mécanismes d'une affaire judiciaire qui va défrayer la chronique italienne.

Au centre de cette histoire où les chevaliers d'industrie traitent avec le gratin de l'espionnage allemand, on trouve un certain Luca Cortese, accusé d'avoir escroqué deux établissements bancaires (la *Banca Latina* et le *Credito Centrale del Lazio*) de plus de quinze millions de lires, ce qui, à l'époque, représente une somme assez considérable. Comment des banques, en principe sérieuses, ont-elles pu avancer de l'argent à un homme criblé de dettes (en 1912, il devait déjà trois cent mille lires) et connu pour de multiples escroqueries ? Certes, Manfredini, le directeur du *Credito Centrale*, se trouve à ses côtés dans le box des accusés. Mais n'a-t-il agi que par pur esprit de lucre ? Rien n'est moins sûr...

En 1915, Cortese, qui vit d'expédients depuis qu'il a été ruiné par un scandale d'adjudications truquées qui a emporté le ministre de la Marine, rencontre un avocat romain qui le présente au commandeur Collazza, fonctionnaire au ministère de la Justice et des Cultes et *"jouissant d'une grande réputation dans le monde catholique de Rome"*[37], bien qu'il soit aussi un *"affairiste un peu douteux"*[37]. Collazza le présente au commandeur Barluzzi (on évolue décidément dans le beau monde), qui n'est autre que l'homme de confiance de monseigneur Todeschini — dont nous avons déjà vu qu'il était suspecté d'être l'un des grands argentiers du pacifisme en France —, et qui entretient d'excellentes relations avec l'archevêque Von Hartmann de Cologne, qui tente de manipuler les milieux pacifistes au profit de Berlin. En janvier 1916, Collazza se rend à Cologne pour rencontrer Von Hartmann et, dès son retour, la vie de son nouvel ami change du tout au tout. En quelques mois, Luca Cortese, en effet, met sur pied un véritable trust de maisons d'édition et de troupes artistiques diverses. Il n'a pas de fonds propres ? Qu'à cela ne tienne ! Le *Credito Centrale* (qui se trouve être l'une des banques du Vatican et dont monseigneur Todeschini est l'un des administrateurs) reçoit, par la valise diplomatique de la nonciature de Munich (occupée par le futur pape, le très germanophile monseigneur Pacelli) des lettres de Von Hartmann garantissant tous les versements faits à Cortese...

Sa nouvelle surface financière, ses introductions et son entregent naturel permettent désormais à Cortese de fréquenter le gratin du monde politique italien. Mais les voyages de Collaza et la chance de Cortese ont déjà attiré l'attention du S.R. italien et de l'"Ufficio Investigazioni" de Rome, qui se rendent assez rapidement compte que les maisons d'édition de Cortese règlent d'importantes avances à des spécialistes des questions militaires (un colonel, chroniqueur militaire, se verra ainsi offrir deux cent mille lires) pour des ouvrages qui ne voient jamais le jour...

Mieux, très introduit à l'état-major, l'obligeant Cortese pousse le patriotisme jusqu'à organiser des tournées artistiques gratuites pour les soldats du front. Ses techniciens profitent de ces déplacements pour prendre des images censées servir à des documentaires de propagande. A la fin de 1917, le chevalier Gasti, directeur de la sécurité italienne, a rassemblé assez d'éléments pour faire arrêter le fringant entrepreneur. Mais le scandale risque d'être énorme et Rome ne veut pas embarrasser le Vatican. Manfredini, qui a été également arrêté, obtient ainsi un "congé pénitentiaire" de vingt-quatre heures pour détruire les dossiers des entreprises de Cortese dans les archives de sa banque et, rapporte la Sûreté générale, *"l'instruction est confiée au juge Mosca, ordinairement désigné lorsqu'il s'agit d'étouffer une affaire"* [37]. Ses consignes ? Ignorer tout l'aspect espionnage du dossier pour n'en faire ressortir que des abus de confiance et, bien entendu, brouiller toute piste conduisant au Vatican. Il s'y emploiera à merveille...

L'affaire Schuler

L'une des opérations les plus difficiles pour un service de renseignement consiste à implanter un agent dormant (une taupe, comme on dit aujourd'hui) dans le camp adverse. L'affaire Schuler en est un bon exemple. Elle nous est parvenue par une autobiographie publiée en France en 1939 par d'anciens camarades de Saint-Cyr exécutant les dernières volontés de l'espion [38]. Mais on peut se demander s'il ne s'agit pas d'un montage du *Deuxième Bureau* destiné à impressionner les officiers auxquels, en cette fin des années trente, on apprend à se méfier de la cinquième colonne. Il faut donc la prendre avec prudence, tout en appréciant son aspect exemplaire.

Quelques années avant la Première Guerre mondiale, Charles de Montrose, fils d'un ancien officier français et d'une Autrichienne, est admis à Saint-Cyr, exauçant ainsi le vœu du comte de Schulembourg, son tuteur depuis la mort de ses parents. Sorti dans les premiers de l'École militaire, on lui prédit la plus brillante carrière. Obéissant toujours aux ordres de son tuteur, il demande son affectation à Lunéville, dans l'Est, où tiennent garnison une division de cavalerie et un bataillon de chasseurs à pied. C'est là qu'il reçoit, un beau jour, la visite impromptue du comte qui, après quelques minutes de conversation mondaine, lui lance : *"Le moment arrive pour toi de savoir les raisons pour lesquelles cette existence t'a été préparée et ce qu'on attend de toi. Tu ne t'appelles pas Charles de Montrose; tu te nommes Fritz Schuler et tu es le fils d'un officier allemand"* [39].

Une révélation brutale qui nécessite quelques explications. Son père, le capitaine Hans Schuler, après une formation à l'École militaire, a été amené à travailler pour les S.R. allemands. Considéré comme l'un de leurs meilleurs

Les "Sections spéciales d'écoute", ancêtres du renseignement électronique...

En 1915, des ingénieurs français s'aperçoivent que, grâce à un phénomène technique lié au mode de communication de l'époque (le "retour" des téléphones se faisant par la terre, au moyen de piquets enfoncés dans le sol), il est possible, dans certaines conditions, d'écouter les conversations adverses. Et ce, d'autant plus que les premières années de la guerre se feront dans les tranchées et que les lignes ennemies sont parfois proches de quelques mètres. Dès 1916, pendant la bataille de Verdun, un premier poste d'écoute artisanal donnera de bons résultats, et l'expérience se généralise avant la création officielle, début 1917, des Sections spéciales d'écoute mises au service du S.R. Celles-ci se composent de techniciens qui doivent repérer les endroits où des "fuites" permettent d'intercepter les conversations ennemies et d'interprètes capables d'écouter, en temps réel, les conversations ennemies. Le rôle de ces interprètes est d'autant plus difficile qu'il leur faut comprendre non seulement l'allemand mais aussi ses différents patois, et être familiarisés, dans la langue de Goethe comme dans celle de Voltaire, avec la terminologie militaire. La plupart des interprètes travaillant déjà pour l'état-major, les Sections spéciales se rabattront sur quelques professeurs et sur des volontaires de la Légion étrangère d'origine allemande ou suisse.

Durant les deux dernières années de la guerre, les écoutes téléphoniques rendront d'inappréciables services, permettant de juger du moral des troupes ennemies, de tenir à jour ses mouvements et, au niveau des champs de bataille, d'être informé de ses offensives et de capter les informations destinées au réglage de l'artillerie. Ajoutons que ces humbles auxiliaires du S.R. travaillent dans les tranchées de première ligne, directement sous le feu des Allemands. Leur travail de repérage permettra aussi de colmater quelques brèches béantes ouvertes dans les communications françaises. Leur rôle et même leur simple existence sont restés, jusqu'à ce jour, quasi ignorés des historiens[40].

---

agents, il a néanmoins été arrêté à Nancy et condamné à dix années de réclusion dans une forteresse. Lors d'une tentative d'évasion, il est tombé sous les balles d'une sentinelle. Le comte Schulembourg, attaché au Grand Quartier général et protecteur de la famille Schuler, a alors pris l'initiative d'envoyer le jeune Fritz en France, et de le faire entrer dans le circuit militaire, afin qu'il occupe un poste important au sein d'un des états-majors français. L'heure est venue de faire fructifier cet investissement.

A chacun de ses nouveaux grades dans l'armée française a correspondu son inscription sur les contrôles de l'armée allemande, avec le grade équivalent. Fritz Schuler est donc bel et bien, administrativement parlant du moins, un officier allemand. Et puis il y a Elsa, son amie d'enfance. Quelle n'est pas sa stupeur en apprenant que celle avec qui il a été élevé au sein de sa famille d'accueil à Paris a, elle aussi — sous le nom d'Elsa de Montrose, également fille d'un père français et d'une mère autrichienne — été placée comme gouvernante chez un général commandant un corps d'armée-frontière, dans le seul but d'en faire une espionne. C'est par elle qu'il obtiendra ses instructions. Fritz comprend alors que cette mise en scène est un moyen habile de faire pression sur lui, car refuser d'obéir risquerait de compromettre la jeune fille. Sorti dans les premiers de l'Ecole de guerre, Fritz Schuler, promu capitaine, entre à l'état-major en 1911 pour aussitôt, sur ordre du S.R. allemand, se faire affecter au commandement d'un escadron de spahis au Maroc oriental. Blessé lors de la révolte de Fez, il est décoré de la croix de la Légion d'honneur.

Durant toute la Première Guerre mondiale, Fritz Schuler, tout en prenant à cœur les intérêts de l'armée à laquelle il appartient, au sein de l'état-major du général Lanrezac, puis, quelques mois plus tard, à l'état-major du général Pellé, renseigne fidèlement ses "maîtres". En 1917, au cours de l'offensive de Nivelles, il déserte en emportant des documents confidentiels relatifs à l'emplacement de dépôts de munitions, pour rejoindre l'armée allemande qui, aussitôt, le décore de la croix de fer. C'est donc vêtu de l'uniforme d'officier allemand qu'il épouse enfin Elsa. Mais la guerre finie, il quitte l'armée et l'Allemagne où il ne s'est jamais vraiment acclimaté, pour s'installer à Vienne. Avant de mourir d'un cancer, il rédige son autobiographie : *"Je ne me considère pas comme coupable. Je n'ai été en somme qu'une misérable victime. (...) Mais j'éprouverais une dernière satisfaction dans ma tombe si je savais que mon ancien camarade de Saint-Cyr (...) pouvait faire paraître ces lignes. Non pour ma justification (...) mais pour faire comprendre à tous ceux qui l'ont connu que si le commandant de Montrose était un espion, il n'a jamais été un traître"* [41].

Δ

[1] Hector C. Bywater et H.C. Ferraby, *Intelligence Service, souvenirs du service secret de l'amirauté britannique*, Paris, Payot, 1932, p. 37.

[2] Sir Basil Thomson, *La Chasse aux espions, mes souvenirs de Scotland Yard (1914-1918)*, Paris, Payot, 1933, p. 12.

[3] *Idem*, p. 18.

[4] Sir Basil Thomson, *op. cit.*, p: 110.

[5] Cité dans Lieutenant de vaisseau Von Rintelen, *Mes souvenirs de guerre secrète (The Dark Invader)*, Paris, Payot, 1933, p. 47.

[6] Ce passeport ne pouvait être délivré qu'avec le consentement du ministre des Affaires étrangères et seulement à des personnes chargées de missions gouvernementales.

(7) Au début de 1916, Scheele, soupçonné par les Américains d'avoir incendié des usines, a été caché par les services secrets allemands à Cuba. Après son extradition, on a découvert dans ses archives la formule de l'ypérite (un liquide huileux utilisé comme gaz de combat, employé pour la première fois à Ypres en 1917, d'où son nom) qu'il avait mise au point en 1912.

(8) Il sera arrêté avec deux complices, le 24 octobre 1915, au moment où il s'apprêtait à utiliser un nouvel explosif.

(9) Huerta aurait été empoisonné par son cuisinier dans sa maison de campagne.

(10) Von Rintelen, *op. cit.*, p. 168-169.

(11) Von Rintelen, *op. cit.*, p. 238. Selon Jean-Pierre Alem, *L'Espionnage à travers les âges*, Paris, Stock, 1977, p. 497, Von Rintelen a quitté l'Allemagne en 1926 et a tenté d'être naturalisé anglais, mais en vain, et ce, malgré le soutien de Reginald Hall devenu son ami - comme le prouve cette lettre envoyée à l'Allemand le 13 août 1932, jour anniversaire de sa capture par les Anglais : *"(...) Que les vicissitudes de la guerre m'aient contraint à vous infliger tant de malheurs, j'en suis désolé et si je puis faire quelque chose pour vous aider à retrouver la paix et le bonheur, j'en serais moi-même très heureux"*. Von Rintelen, *op. cit.*, p. 7. Interné en 1940, Von Rintelen aurait vécu misérablement après la Seconde Guerre mondiale et aurait été trouvé mort dans le métro de Londres en 1949.

(12) Von Rintelen, *op. cit.*, p. 178-179.

(13) Cité par Benoist-Méchin, *Lawrence d'Arabie ou le Rêve fracassé*, Lausanne, La Guilde du Livre, 1961, p. 16.

(14) C'est au moment où il quitte l'Irlande avec Sarah Maden, sa compagne illégitime, que son père troque son nom contre celui de Lawrence.

(15) La seule femme qui a trouvé grâce à ses yeux est Gertrude Bell, qui a traversé le désert plusieurs fois toute seule, et qui deviendra la conseillère politique de sir Percy Cox, à Bagdad.

(16) Cité par Benoist-Méchin, *op. cit.*, p. 28.

(17) *Idem*, p. 50.

(18) T.E. Lawrence, *Dépêches secrètes d'Arabie*, Paris, Robert Laffont, 1992, p. 33-34.

(19) *Idem*, p. 115-122.

(20) *Idem*, p. 105.

(21) *Idem*, p. 146.

(22) Cité par Benoist-Méchin, *op. cit.*, p. 173.

(23) Sir Basil Thomson, *op. cit.*, p. 67.

(24) Cité dans Roger Gheysens, *op. cit.*, p. 182.

(25) Robert Boucard, *Les Dessous des archives secrètes*, Paris, Editions de France, 1929, p. 79.

(26) *Idem*, p. 81.

(27) Conservé aux Archives nationales, Série F7, carton 14 605.

(28) Maréchal Pétain, *La Bataille de Verdun*, Paris, Payot, 1929, p. 20.

(29) Rapport du commandant Andlauer, en date du 6 septembre 1915, Service historique de l'Armée de terre (SHAT-Vincennes), Fonds Privés, Cote 1K173, *Papiers Andlauer*.

(30) Rapport du commandant Andlauer, en date du 10 février 1916, même source.

(31) Il a été accusé de complicité par Pierre Lenoir, l'un de ses anciens subordonnés, condamné à mort et exécuté pour intelligence avec l'ennemi.

(32) Homme de plaisirs et grand séducteur, Georges Ladoux a eu affaire à d'autres femmes puisque c'est lui qui a recruté deux des plus célèbres espionnes : Marthe Richer, plus connue sous le nom de Marthe Richard, et Mata Hari, qui finira fusillée dans les fossés du fort de Vincennes (Voir chapitre 7 : "Les femmes dans l'espionnage").

(33) Lettre du "résident" Farichon à Jules Pams, ministre de l'Intérieur, en date du 26 janvier 1918. Archives nationales, Paris, série F7, cote 14607.

(34) *Idem*, 12 mars 1918.

(35) *Idem*, lettres de janvier 1918.

(36) *Idem*, rapport d'avril 1918.

(37) *Idem*.

(38) Fritz Schuler, *Ma double vie d'officier français et d'espion allemand*, s.l. Fernand Scorlot, 1939.

(39) Fritz Schuler, *op. cit.*, p. 40.

(40) Gustave Tornézy a rassemblé sur la question une très intéressante documentation conservée au Service historique de l'Armée de terre (Vincennes) sous le numéro 1K150 (Fonds privés). Il a, d'autre part, consacré un article aux sections spéciales dans *La Revue d'Histoire de l'Armée* (n° 4/1968).

(41) Fritz Schuler, *op. cit.*, p. 186-187.

5
L'entre-deux-guerres

Lorsque la Première Guerre mondiale s'achève enfin, l'Europe, exsangue, a définitivement changé de visage. L'Allemagne vaincue, ruinée et humiliée mais assoiffée de revanche, mettra plusieurs années à se relever, avec les conséquences que l'on sait; mais, jusqu'au début des années trente et l'accession d'Adolf Hitler au pouvoir, elle présentera plus de risques pour ses propres citoyens que pour ses voisins. L'empire d'Autriche-Hongrie a sombré corps et âme avec la défaite des puissances centrales et, à l'Est, de nouveaux Etats ont vu le jour. Avec leurs frontières artificielles ne tenant aucun compte des réalités nationales et linguistiques, ils seront, pour de nombreuses années, sources de tension. Mais c'est plus à l'est encore, dans l'ancien empire des tsars, que se situe, pour ce que l'on ne nomme pas encore le monde libre, le principal danger. Et c'est lui qui va quasi monopoliser, des années vingt à la Seconde Guerre mondiale, l'attention des services spéciaux.

Cette période peut, *grosso modo*, être divisée en deux époques distinctes. Premier acte : de 1917 à 1924 environ, les puissances occidentales, c'est-à-dire, à l'époque, essentiellement la France et la Grande-Bretagne, mènent une politique agressive contre le pouvoir des soviets, n'hésitant pas à envoyer sur place des corps expéditionnaires et soutenant à bout de bras les armées blanches du général Wrangel; durant ces années, les services secrets français et surtout anglais vont mener de multiples opérations pour saper les bases du gouvernement communiste, la plupart se terminant par de cuisants échecs. Deuxième acte : à compter de 1924 (le 2 février, la Grande-Bretagne reconnaît, *de jure*, le gouvernement soviétique; elle sera suivie par une dizaine de pays et, enfin, le 28 octobre, par la France), l'URSS "normalise" ses relations avec ses voisins et adversaires. Les S.R. occidentaux, dès lors, n'auront plus qu'une attitude essentiellement défensive face à l'URSS, mais l'action clandestine des services secrets soviétiques va croître dans d'énormes proportions, les hommes de Moscou menant le plus souvent de front la recherche de renseignements, l'action politique et la lutte révolutionnaire.

A vrai dire, c'est bien avant la fin de la guerre que les S.R. français et allemands se sont intéressés de très près à la situation intérieure de la Russie. Chacun comprenait, à Paris comme à Berlin, que l'Empire, en proie à de terribles tensions internes, affreusement ébranlé par la guerre — six à huit millions de soldats tués, blessés ou prisonniers, machine économique totalement désorganisée, famine, etc. — était le maillon faible de l'alliance qui combattait les puissances centrales. Un simple coup de pouce au bon moment devrait suffire à faire sauter ce maillon et à rompre la chaîne qui encercle les puissances centrales. Ce coup de pouce, c'est Lénine qui va le donner. Encore faut-il l'y aider...

Lénine, agent de l'Allemagne ?

Si Lénine n'a sans doute jamais été un agent de l'Allemagne au sens premier du terme, il est clair néanmoins que son sort est loin d'être indifférent à Berlin, qui croit, à raison, pouvoir utiliser les talents du révolutionnaire professionnel et chef de file du parti bolchevique pour neutraliser la Russie et en profiter pour retirer du front oriental des troupes qui seraient jetées, à l'ouest, contre la France et l'Angleterre. Calcul judicieux et auquel l'Histoire donnera rapidement raison. L'historien et général russe Dimitri Volkogonov, auteur d'une magistrale biographie de Lénine, pour laquelle il a pu, après 1991, consulter des archives inaccessibles auparavant, écrit à ce propos : *"Il serait difficile de trouver dans l'histoire un parti politique ayant travaillé à la défaite de son pays avec autant de zèle et de détermination que les Bolcheviks. Mais c'était un maillon essentiel de la chaîne : l'effondrement de l'Etat consécutif à la défaite militaire serait suivi par la prise du pouvoir"* [1].

Mais pour que Lénine puisse jouer le rôle qu'attendent de lui les Allemands, il faut qu'il rentre en Russie et qu'il y dispose des moyens de ses ambitions. Or, la première révolution, celle des 26 et 27 février 1917 qui renverse le régime tsariste, trouve Lénine en exil à Zurich. Depuis un certain temps déjà, le gouvernement allemand ne ménageait aucun effort pour aider les bolcheviques. Encouragé à la fois par l'état-major et par les milieux sociaux-démocrates, Berlin, toujours d'après Volkogonov, *"avait prodigué une aide financière substantielle par l'intermédiaire de divers hommes de paille"* [2] aux bolcheviques, à tel point que le général Ludendorff, le plus proche collaborateur du maréchal

Hindenburg, chef des armées allemandes, pourrait écrire un jour, à propos du gouvernement soviétique : *"Il existe grâce à nous"*[3]. Pour Volkogonov, brusquement décédé le 5 décembre 1995, la recherche de *la clé d'or allemande*, qui a permis aux bolcheviks de progresser, impose de s'intéresser de plus près à deux personnages : Alexandre Lazarevitch Helphand, dit Parvus, et Iakov Stanislavovitch Fürstenberg, connu, entre dix autres noms de guerre, sous le pseudonyme de Ganetski. Leur mission : fournir à Lénine et aux bolcheviks l'argent dont ils ont besoin.

Le premier, né dans une famille juive de Minsk, révolutionnaire, pamphlétaire et agent littéraire de Maxime Gorki, est aussi un homme d'affaires avisé qui va rapidement faire fortune. Durant la guerre il organise, depuis diverses capitales neutres, entre autres Stockholm, d'importantes opérations commerciales requérant souvent l'accord, au moins tacite, des Allemands, et engrange de fructueux bénéfices dont une part importante va aller grossir le "trésor de guerre" des bolcheviques : *"L'énorme développement des publications bolcheviques après la révolution de février n'est pas le fruit du hasard. En juillet 1917, le parti publiait quarante et un journaux, représentant trois cent vingt mille exemplaires quotidiens, dont vingt-sept titres en russe, et les autres en géorgien, arménien, lithuanien, tatar, polonais, et autres langues. Chaque jour, quatre-vingt-dix mille exemplaires de la seule* Pravda *étaient imprimés. Les cotisations n'auraient jamais permis un tel volume de publications. Après février, le parti s'acheta une presse pour deux cent soixante mille roubles et ses dirigeants recevaient un salaire, fût-il irrégulier. Les coffres bolcheviques n'étaient pas vides"*[4].

Le second, Ganetski, lui aussi révolutionnaire, devenu (sans avoir renié son idéal) homme d'affaires, joue un rôle plus effacé et semble avoir été l'un des principaux contacts entre Lénine et Parvus. Autre financier des bolcheviques : le social-démocrate suédois Karl Moor, en réalité un agent de renseignement allemand, qui décide en 1917 de faire, par l'intermédiaire de Ganetski, don au parti d'une importante somme d'argent dont il vient "d'hériter" et qui, en fait, provient de l'Allemagne.

On le voit, les bolcheviques peuvent compter sur des amis généreux. Lénine est-il totalement conscient de l'origine de l'argent que les Parvus, Ganetski et autres Moor font couler, par flot continu, dans les caisses des révolutionnaires ? Mystère. Seule certitude, établie par le général Volkogonov : à peine arrivés au pouvoir après la révolution d'octobre, Lénine et Trotski n'ont rien eu de plus pressé que de faire disparaître du ministère de la Justice les documents compromettants rassemblés durant l'enquête que le gouvernement provisoire a fait ouvrir contre Lénine et ses amis pour trahison.

Ganetski, l'homme qui en savait trop

Lénine reviendra à Pétrograd dans un train blindé mis à sa disposition par les Allemands. Les conditions exactes de l'accord qui a conduit à cette solution lui permettant de jouer un rôle de premier plan sont obscures, mais Volkogonov a retrouvé dans les Archives centrales spéciales d'Etat de Russie des documents provenant de la Sûreté générale française (saisis par les Allemands en 1940 et transportés à Berlin, certains dossiers du ministère de l'Intérieur y ont été découverts par les services spéciaux soviétiques en mai 1945 et emmenés à Moscou) et, entre autres, un rapport de 1917 dans lequel le contre-espionnage fait état d'une entrevue entre Lénine et un représentant de l'ambassade allemande au restaurant "Scioppa", à Berne. But de l'entretien : définir les modalités du futur voyage de Lénine en Russie. Le père du bolchevisme aurait donc bien négocié, en pleine guerre, avec des représentants de l'ennemi.

Dans un témoignage qu'il donnera, quelques années après la révolution et destiné à écrire l'Histoire[5], Ganetski affirme que les négociations qui ont permis le retour de Lénine ont été menées par l'ensemble des émigrés de Suisse et que la seule condition émise par les Allemands au libre passage de Lénine et des autres exilés était que *"les voyageurs s'engagent à faire, en Russie, de la propagande pour l'échange d'un nombre d'Austro-Allemands internés correspondant à celui des émigrés qu'on aura laissés passer"*, ce qui semble un peu léger au regard des formidables espoirs que Berlin mettait dans le retour au pays de l'exilé de Zurich...

Alors Lénine, agent des Allemands ou révolutionnaire cynique, usant des contradictions de l'adversaire pour faire progresser la cause ? Malgré les éléments qui sont aujourd'hui publics, la question reste posée. Pour longtemps encore peut-être. Les témoins, en effet, se sont tus rapidement : Parvus est mort avant d'avoir achevé ses mémoires, et le fidèle Ganetski, l'homme qui en savait trop, victime des purges staliniennes, a été exécuté le 26 novembre 1937, avec sa femme et son fils, après un procès qui aura duré... un quart d'heure. La vérité gît peut-être, malgré les destructions opérées par Lénine et ses amis, dans le secret de quelque fond d'archives oublié. Pour notre part, nous nous bornerons à verser un dernier élément au dossier.

Dans un rapport confidentiel adressé au ministre de l'Intérieur, le 6 juin 1918, jamais rendu public jusqu'à ce jour[6], Farichon, chef du contre-espionnage français à Genève, cite un incident rapporté, en juin 1917 (Lénine est rentré au pays depuis deux mois), par le lieutenant Timroth de la garde russe. Celui-ci a croisé, à la terrasse du Grand-Hôtel, le plus bel établissement du port de Stockholm, l'ambassadeur allemand Von Lucius. Manifestement ivre, Von Lucius s'entretient à haute voix avec un inconnu et, au beau milieu de la conversation, il lâche : *"Es kann keine Rede sein, das Lenine uns sehr teuer ankommt. Er spart unser blut welches mehrmal teuer als Gold ist"*. Traduction libre : *"Il ne peut y avoir de doute, Lénine nous est très cher. Il économise notre sang qui est beaucoup plus précieux que l'or..."*. Dans une lettre citée dans le même rapport, Von Lucius aurait décrit Lénine comme un agent de propagande...

Aux origines du renseignement soviétique

Au début du mois de décembre 1917, quelques semaines à peine après la prise de pouvoir, la direction soviétique, constituée en un Conseil des commissaires du peuple (*Sovnarkom*, d'après son abréviation russe), est inquiète. Certes, le coup d'Etat bolchevique a permis de renverser le gouvernement provisoire démocrate bourgeois, qui avait lui-même mis fin, quelques mois auparavant, au régime tsariste. Mais partout, l'opposition s'exacerbe et s'organise : les troupes "blanches", fidèles à la monarchie, ne s'avouent pas vaincues, les démocrates renversés par Lénine ont encore la prétention de reprendre le train de l'Histoire et, à l'extrême gauche, anarchistes et socialistes-révolutionnaires se montrent très méfiants envers les aspirations hégémoniques que les bolcheviques ont bien du mal à camoufler derrière leur slogan préféré mais vide de sens : *"Tout le pouvoir aux soviets !"* Face à cette menace, les aventuriers qui ont désormais en main l'avenir de la Russie ne peuvent avoir qu'une seule réaction : tout faire pour protéger les acquis de la "grande révolution prolétarienne d'octobre". Le 4 décembre donc, le *Sovnarkom* crée la Commission de lutte contre la contre-révolution et le sabotage, qui ne vivra que quelques jours, avant de donner naissance, par une décision gouvernementale du 20 décembre, à la Commission panrusse extraordinaire de lutte contre la contre-révolution et le sabotage (en russe : *Vserossiiskaïa Tchrezvytchaïnaïa Kommissia po Borbe s Kontrrevoliutsiei i Sabotazhem*). On ne la désignera bientôt plus que par les premières syllabes des mots russes "commission extraordinaire" : *Tchéka*. Le jour même de sa création, son chef, Félix Dzerjinski, dans une déclaration au *Sovnarkom*, délivre à l'organisme qu'il dirige le sinistre certificat de baptême qui en fera, sous différents avatars, le plus fidèle pilier du régime communiste et un impitoyable instrument de répression : *"Ne croyez pas que je cherche des formes pour une justice révolutionnaire; actuellement, nous n'avons pas besoin de justice. Aujourd'hui, nous sommes engagés dans une lutte au corps à corps, jusqu'au bout ! Je propose, j'exige l'organisation d'une répression révolutionnaire des agents de la contre-révolution"* [7]. "Répression révolutionnaire", cela veut dire, pour les bolcheviques, qu'il n'y a pas lieu de s'embarrasser des "scrupules moraux ou humanistes" et du "formalisme bourgeois" que Lénine et ses amis exigeaient de leurs adversaires du temps où ils étaient dans l'opposition : tout sera permis à la Tchéka, qui cumulera rapidement les rôles de la police politique et économique, du contre-espionnage, des magistrats instructeurs, des juges chargés de prononcer les sentences, mais aussi de l'administration chargée de les appliquer.

L'homme qui dirige cette organisation logée au n°11 de la Bolchaïa Loubianka, dans les bâtiments de la *Lloyds* de Londres (avant de déménager au n°2 de la même place, à quelques centaines de mètres du Kremlin) et qui, de simple instrument, deviendra bientôt un véritable Etat dans l'Etat, est évidemment un révolutionnaire professionnel. Né en 1877 dans une famille de la petite aristocratie terrienne polonaise, Félix Edmundovitch Dzerjinski a passé une dizaine d'années dans les geôles du tsar avant de goûter au pouvoir (quasi) suprême que lui offre la direction de la police politique. En quelques années, à travers les convulsions sanglantes de la guerre civile, celui qu'on surnomme *Félix de Fer* fera — avant de mourir d'une crise cardiaque en 1926 — de la Tchéka, devenue en 1922 la Guépéou (*Gossoudarsvennoïé polititcheskoïé oupravlenié*, ou *Direction politique d'Etat, GPOu*) et en 1923 l'OGPOu (*Obiédinionnyé Gossoudarstiennoïé polititcheskoïé oupravlenié* ou *Direction politique d'Etat unifiée*), un organisme tentaculaire appelé à devenir le service de sécurité le plus puissant du monde. Fanatiquement dévoué au parti, l'homme, il faut le dire, ne ménage ni ses efforts ni sa santé pour arriver aux résultats qu'attendent de lui ses camarades : durant la première année d'existence de la Tchéka, il ne quittera pour ainsi dire pas son bureau, y prenant tous ses repas et n'y dormant que quelques heures par nuit... Dans les années trente, l'OGPOu changera encore de nom avant de devenir, en 1934, une section du NKVD (*Narodnyi Kommissariat Vnoutrennikh Del*, le ministère de l'Intérieur soviétique).

Dès décembre 1920, Dzerjinski crée, au sein de la Tchéka, l'INO (*Inostrannyi Otdel* ou *Département extérieur*) chargé de la collecte de renseignements à l'étranger et qui dirige l'essentiel de ses activités contre les milieux russes de l'émigration, la France et la Grande-Bretagne.

Mais l'appareil de renseignement soviétique est complexe : formé à l'école clandestine et dès lors conspiratif par nature, le parti communiste multiplie les structures. Parallèlement aux services secrets d'Etat, le secrétariat exécutif de l'Internationale communiste (*Komintern*) fonde, dans les années vingt, l'OMS (*Otdel Mejdounarodnykh svyazey* ou *Service des liaisons internationales*) qui, chargé d'organiser et de faciliter le travail des missionnaires communistes dans le monde, met rapidement sur pied ses propres réseaux de renseignement. L'OMS et l'INO collaborent d'ailleurs étroitement, le premier pouvant faire profiter le second du travail de militants communistes dévoués qui, œuvrant dans l'ombre et dans le cadre de sections spécialisées (*S-APPARAT* : espionnage; *M-APPARAT* : pénétration des forces armées "impérialistes"; *P-APPARAT* : noyautage des services de police; *BB-APPARAT* : coordination du travail des correspondants ouvriers, les *Rabcors* dans les usines) à l'avancement des idées révolutionnaires, sont sources de précieux renseignements. Savent-ils que ceux-ci sont destinés, en fait, aux services secrets de Moscou ? La question est purement théorique : pour l'écrasante majorité des militants communistes, des années vingt aux années cinquante, voire après, le combat pour la révolution se confond, quasi religieusement, avec la défense et le renforcement de l'Union soviétique, patrie incontestée et infaillible du socialisme réel. Du reste, ce sont les milieux communistes qui, jusqu'au début des années soixante, seront le vivier de recrutement naturel des services secrets soviétiques : l'agent russe de renseignement est d'abord un militant révolutionnaire qui sert le parti !

Dans le domaine militaire, Léon Trotski obtient de Lénine, après une longue bataille politique, la création d'un service de renseignement de l'armée : fondé par décret le 21 octobre 1918, ce service, après divers changements de noms, va rapidement prendre celui sous lequel il est toujours connu aujourd'hui : le GRU (*Glavnoïe Razvedivatelnoïe Upravelnïe* ou *Direction principale du renseignement de l'État-Major général des armées*). Installé au 19 de la rue Znamenski, dans l'ancien palais d'un riche marchand, le GRU est en théorie totalement indépendant de la Tchéka ou, plus tard, du NKVD. En théorie seulement, car les communistes se méfiant comme de la peste de l'armée, les services secrets civils feront tout, des dizaines d'années durant, pour recruter des agents à l'intérieur de la machine de renseignement militaire.

Âgé de trente-huit ans, le premier patron du GRU, Simon Ivanovitch Aralov, est, comme la majorité des cadres militaires de l'Armée rouge de ces années, un ancien officier blanc passé dans les rangs de la révolution. C'est lui qui guidera les premiers pas de son service dans une direction qui, de la part d'un organisme militaire, peut surprendre : l'espionnage économique[8]. C'est à l'un de ses successeurs, le général Jan Berzine, surnommé Starik (*le vieux*) que reviendra le mérite de créer des réseaux qui porteront des coups très durs à l'Allemagne nazie. C'est lui, entre autres, qui recrutera Richard Sorge (voir chapitre 6).

Le temps des conspirateurs

Dès sa création, la Tchéka a fort à faire pour lutter contre des ingérences étrangères dont on est bien forcé de constater qu'elles sont très réelles mais pourtant artisanales. Deux hommes hauts en couleur vont jouer un rôle de premier plan dans la première et la plus importante de ces conspirations.

Robert Bruce-Lockhart a été, avant la révolution, consul général de Grande-Bretagne à Moscou. En 1918, l'ambassadeur anglais ayant été rappelé à Londres, Bruce-Lockhart est envoyé en Russie, avec pour toute recommandation une lettre de Maxime Litvinov, ambassadeur officieux des soviets à Londres, pour Léon Trotski, commissaire du peuple aux Affaires étrangères, dans laquelle le diplomate russe le présente comme *"un homme parfaitement honnête qui comprend notre situation et sympathise avec nous..."*[9]. La mission de l'envoyé britannique ? Maintenir des relations officieuses avec le nouveau régime et le convaincre de continuer la guerre contre l'Allemagne.

Dès le mois de mai, Bruce-Lockhart doit bien se rendre à l'évidence : entièrement préoccupé par la situation intérieure du pays, mais aussi, peut-être, mû par la nécessité de ne pas fâcher Berlin qui pourrait faire de gênantes révélations sur le soutien qu'elle a apporté à la révolution, le gouvernement soviétique est farouchement décidé à ne pas rouvrir les hostilités contre l'Allemagne. Dès lors, Bruce-Lockhart, bien qu'il ne soit pas officiellement mandaté par les services secrets (dont le représentant sur place est le lieutenant Ernest Boyce), va se lancer dans une activité conspiratrice aussi large que désordonnée. Son premier contact opérationnel sera l'ancien terroriste socialiste-révolutionnaire Boris Savinkov, devenu un farouche opposant du régime, que l'homme de Londres pousse à l'action. Le deuxième acteur de la tragi-comédie qui va se jouer est un aventurier de la plus belle eau. Né dans une riche famille juive de Pologne, Sidney Reilly, exilé à Londres, y a séduit sir Mansfield Cummings, le chef des services secrets, mais aussi Winston Churchill, alors ministre et, surtout, conseiller écouté du Premier ministre Lloyd George.

La première rencontre entre Bruce-Lockhart et Sidney Reilly est particulièrement révélatrice de l'immense culot de l'agent secret. Le 7 mai 1918, à 6 heures du soir, le diplomate britannique reçoit un coup de téléphone de l'un de ses interlocuteurs du Kremlin, Karakane, qui le presse de venir le retrouver séance tenante. En tête à tête, dans un bureau mal éclairé du Kremlin, le Russe raconte à l'Anglais une invraisemblable histoire : le matin même, un homme se prétendant officier anglais, envoyé en mission secrète par Llyod George, s'est présenté à la citadelle et a demandé à voir... Lénine. Etonnement, inquiétude, tergiversations : en définitive, le mystérieux visiteur parvient à rencontrer un ami intime du nouveau maître de la Russie, Vladimir Bronch-Brouïevitch, à qui il explique qu'il est envoyé par Londres pour sonder les bolcheviques sur leurs véritables intentions. A peine le visiteur a-t-il le dos tourné que l'on appelle Bruce-Lockhart pour vérifier si l'homme n'est pas un imposteur. Rentré à l'ambassade, Bruce-Lockhart apprend de la bouche même du lieutenant Boyce que l'inconnu est un agent britannique. Suffoquant de colère, Bruce-Lockhart convoque l'impudent et menace de le faire renvoyer dans ses foyers. Laissons-lui la parole : *"Il prit la chose avec calme et sans amour-propre et fit des excuses si ingénieuses que je finis même par rire. Je pus heureusement arranger l'affaire avec Karakane de telle sorte que ses soupçons ne fussent pas éveillés indûment. L'homme qui s'était si dramatiquement jeté en travers de mon chemin était Sidney Reilly, le plus mystérieux agent du service secret et connu aujourd'hui du grand public comme le maître de l'espionnage britannique. Ce que je savais de la guerre et de la révolution russe m'avait laissé une bien piètre estime des exploits du service secret. Sans doute, il a son utilité et ses fonctions, mais l'action politique n'est pas son fort. Les achats de documents constituent une prime à leur fabrication de toutes pièces. Mais les informations fabriquées ainsi sont moins dangereuses que les rapports faits en toute sincérité par des agents qui, tout doués qu'ils soient pour les langues, n'en sont pas moins fréquemment incapables de se former un jugement politique sûr. Les méthodes de Sidney Reilly, toutefois, étaient du meilleur style et forçaient souvent mon admiration..."* [10]. Un sentiment partagé, semble-t-il, par les adversaires de l'intrépide espion britannique : à en croire le transfuge du KGB, Oleg Gordievsky, *"Reilly stupéfie encore les spécialistes soviétiques qui étudient sa trajectoire inhabituelle"* [11]. Cette petite phrase ravirait sans doute Reilly s'il pouvait la lire, tant il est vrai que rien n'est plus doux aux oreilles d'un soldat, fût-il de l'ombre, que l'hommage de l'ennemi...

La soi-disant conspiration Bruce-Lockhart

Mais revenons aux manigances de Reilly. Ne pouvant plus désormais se faire passer pour ce qu'il est pourtant vraiment, l'agent se fond dans le paysage et, dans cette Russie révolutionnaire où accourent du monde entier rebelles et aventuriers cherchant la fortune, décide de se faire passer pour un Grec du Levant. Son objectif : renverser Lénine.

Plusieurs complots vont dès lors se chevaucher. Bruce-Lockhart (qui partage une ravissante maîtresse avec Maxime Gorki, ce qui lui vaut certaines informations) finance, avec le consul général de France, Fernand Grenard, et le chef de poste du S.R. français à Moscou, le capitaine de frégate Martial Marie Henri de Verthamon, un groupe contre-révolutionnaire lié à Savinkov. Reilly, en cheville avec le capitaine Cromie (resté à l'ancienne ambassade anglaise de Pétrograd avec mission de couler la flotte russe de la Baltique si les Allemands font mine de mettre la main dessus), se lance dans une tentative de retournement des régiments lettons de Moscou. Un autre joyeux larron, le capitaine George Hill (nom de code *IK 8*) est, lui, devenu conseiller technique de Léon Trotski, tandis qu'un Américain d'origine russo-grecque, Xénophon de Blumenthal-Kalamatiano, renseigne son gouvernement sous couvert de commercer avec les "rouges"...

Bien entendu, dans la plus parfaite insouciance mais en contradiction formelle avec les règles de la clandestinité, tout ce petit monde d'espions et de comploteurs se fréquente sans cesse : Hill rencontre Reilly qui, de son côté, présente des agents lettons à Bruce-Lockhart. Celui-ci juge leur offre de soulèvement *"intéressante et plausible, digne d'être étudiée..."* [12]. Mais ces braves ignorent que *Félix de Fer* ne les perd pas de vue depuis des semaines. Les agents lettons de Reilly ne sont rien d'autre que des provocateurs envoyés par la Tchéka, et le confident des comploteurs, René Marchand, envoyé spécial du très digne *Figaro*, secrètement gagné à la cause communiste, ne laisse pas ses amis du 2 Bolchaïa Loubianska perdre une miette de ce qu'il apprend quotidiennement.

Le 30 août, tout bascule : le chef de la Tchéka de Pétrograd, Ouritski, est assassiné et la socialiste-révolutionnaire Fania Kaplan tire sur Lénine qui sera grièvement blessé. Les filets de la police secrète se referment : Kalamatiano, Bruce-Lockhart et Boyce sont arrêtés; Cromie est tué en tentant de défendre l'entrée de son ambassade. A la mission de France, six officiers de renseignement sont capturés, mais leur chef, Henri de Verthamon, arrive à s'enfuir par les toits. Après s'être caché quelques jours à Moscou, il gagnera la Finlande à pied. Reilly, muni d'un faux passeport, est aussi en fuite, de même que Savinkov et Hill. Le 2 septembre pourtant, le *Sovnarkom* peut y aller d'un communiqué triomphaliste annonçant que la valeureuse Tchéka vient de déjouer un épouvantable complot des puissances capitalistes. Bruce-Lockhart et Boyce, condamnés à mort, finiront par être échangés contre des diplomates russes retenus à Londres, mais Kalamatiano, lui, ne sera libéré que trois ans plus tard. Ces aventures vaudront à George Hill (qui, vingt-trois ans plus tard, durant la Seconde Guerre mondiale, représentera officiellement les services secrets anglais à Moscou) d'être décoré du *Distinguished Service Order*, Sidney Reilly recevant pour sa part la *Military Cross*. Mais, dans quelques années, Reilly sera rattrapé par son destin... Qui mieux qu'un ancien du KGB pourrait dresser la morale de l'histoire ? Ainsi, d'après Oleg Gordievsky, *"la 'liquidation de la conspiration Lockhart' fut considérée comme un triomphe aux proportions héroïques. Une histoire officielle soviétique affirme que 'le coup écrasant porté par les tchékistes aux conspirateurs équivalut à une victoire dans une bataille militaire majeure'. En réalité, ce ne fut qu'une escarmouche. Les adversaires de la Tchéka ne représentaient pas une coalition déterminée de gouvernements capitalistes; c'était une poignée d'aventuriers en grande partie livrés à eux-mêmes au milieu du chaos. L'élément le plus élaboré de la conspiration — l'insurrection des troupes lettones de Moscou — avait été envisagé par la Tchéka elle-même; cependant, celle-ci fit la démonstration de sa maîtrise dans l'utilisation d'agents de pénétration et de saboteurs..."* [13].

"Sindikat" : objectif Savinkov

Le 1er décembre 1920, il neige sur Moscou lorsque Félix Dzerjinski sort du Kremlin pour regagner ses bureaux de la Bolchaïa Loubianska où il convoque ses adjoints. Lénine lui a ordonné de mettre au point un plan afin de neutraliser définitivement l'émigration blanche. Quelques jours plus tard, Dzerjinski lui propose une manœuvre d'ensemble comprenant entre autres la création de groupes d'élimination pouvant travailler à l'étranger et l'utilisation d'agents provocateurs. Son idée est acceptée et va donner lieu à une exceptionnelle réussite. Selon Gordievsky : *"Le KGB cite encore, parmi ses plus grands triomphes passés, les opérations de mystification montées contre l'émigration après la*

> ### L'agent Somerville ou Sommerset Maugham à Pétrograd
>
> En août 1917, un véritable dandy fait son entrée à Pétrograd, l'ex-Saint-Pétersbourg devenue capitale du gouvernement provisoire de Kerenski. Médecin de formation, William Sommerset Maugham est surtout, déjà, un écrivain réputé qui vit de sa plume depuis une dizaine d'années. Quoi d'étonnant dès lors qu'il vienne se documenter pour un nouveau livre dans cette Russie en proie aux tourments révolutionnaires ? Voyant comme une Bentley dans un quartier pauvre, homosexuel notoire, Maugham n'a rien pour faire un espion. Et pourtant, il travaille depuis deux ans pour le MI6 (renseignement extérieur britannique) qui l'a recruté, alors qu'il se trouvait en Suisse pour y surveiller les agents allemands.
>
> C'est William Wiseman, le représentant du SIS aux Etats-Unis, qui a eu l'idée de profiter de la couverture d'écrivain de Maugham pour l'envoyer en Russie. Sa mission est nettement définie : il doit évaluer les chances que le gouvernement démocratique de Kerenski a de se maintenir au pouvoir et estimer ce que peuvent faire les alliés pour l'y aider. Mais l'écrivain arrive trop tard et ne peut que préconiser une aide financière et une assistance militaire massive à Kerenski pour faire pièce aux bolcheviques. Ses commanditaires n'auront pas l'occasion de mettre ses conseils avisés en application : la révolution d'Octobre survient et balaie les réformistes. Maugham n'a que le temps de s'embarquer sur le destroyer que les Anglais ont envoyé pour le récupérer. Ce sera sa dernière mission pour le S.R. anglais : désormais il ne se vouera plus qu'à la littérature. Dans *Mr. Ashenden Agent Secret*, livre inspiré de son expérience relatant les exploits d'un espion amateur en Suisse, Maugham a consacré un chapitre (*Le linge de monsieur Harrington*) à la Russie, mais il se garde bien d'y évoquer des souvenirs trop précis...

guerre civile. Deux opérations de ce genre, appelées respectivement Sindikat *et* Trust, *figurent en bonne place dans les cours d'entraînement aux mesures actives dispensés par l'Institut Andropov du Ier Directoire Général..."* [14].

Première cible de *Sindikat* : Boris Savinkov qui, loin de s'être assagi après l'échec de la conspiration Bruce-Lockhart, s'active au sein d'une nébuleuse d'organisations tsaristes. En décembre 1920, alors qu'il tente de mettre sur pied, à Varsovie, la dernière de ces organisations, l'*Union du peuple pour la défense du pays et de la liberté (NSZRiS)*, il reçoit la visite d'Alexandre Eduardovitch Opperput, se présentant comme un haut responsable de l'état-major des forces intérieures. Opperput, qui est évidemment l'un des provocateurs de Dzerjinski, s'appelle en réalité Pavel Ivanovitch Selianinov et sa mission est d'attirer Savinkov en Russie. Son nom même, souligne Gordievsky, aurait dû mettre la puce à l'oreille du moins subtil des comploteurs *"en un temps où le régime soviétique introduisait tant d'abréviations dans la langue russe. 'Opperput' sonnait bizarrement comme un composé des abréviations d''Operatsia' (opération) et de 'putat' (confus) : 'opération confuse'"* [15]. Mais Savinkov n'entend qu'une chose : celle qu'il veut entendre, à savoir qu'il existe, au sein de l'Etat soviétique et jusqu'au cœur de l'armée, de larges secteurs oppositionnels.

Devenu le lieutenant de Savinkov, Opperput a tout le loisir d'identifier les membres de l'*Union du peuple* infiltrés en URSS : plusieurs dizaines d'entre eux sont arrêtés durant l'été 1921. Si les S.R. français et anglais commencent dès lors à nourrir de sérieux doutes sur la réalité de l'opposition anticommuniste intérieure en URSS, il n'en va pas de même pour Savinkov, aveuglé par la passion qu'il nourrit pour son pays. Dans le courant de l'été 1922, un de ses adjoints est arrêté, lorsqu'il passe la frontière séparant la Finlande de l'URSS. Mais son interception est gardée secrète et, sous la pression de la Guépéou, il écrit à son chef qu'il est entré en contact avec un réseau clandestin efficace et très structuré. Sous le nom de Moukhine, un prétendu dirigeant de ce réseau — en fait un officier du KRO, le contre-espionnage de la Tchéka — va effectuer plusieurs voyages à Paris, où réside Savinkov, pour essayer de le convaincre que l'opposition russe, divisée et mal encadrée, a besoin de sa présence. L'exilé délègue un de ses adjoints à Moscou. Arrêté et retourné, celui-ci lui envoie de nombreux messages le pressant de le rejoindre. Après s'être concerté avec son vieux complice Sidney Reilly, Boris Savinkov accepte enfin de prendre ce risque insensé et part à son tour pour la Russie soviétique.

Arrêté, Savinkov, conscient qu'il parle au public pour la dernière fois, retracera longuement, lors de son procès, sa carrière de révolutionnaire, expliquera son revirement et fera part des doutes qui le tenaillaient depuis des années, avant de conclure : *"Enfin, je sais ! Ici, devant cette cour dont je connais déjà le verdict, entouré de vos soldats que je ne crains pas, je dis que je reconnais sans réserve votre droit de gouverner la Russie. Je ne vous demande pas grâce : je vous demande simplement de laisser votre conscience révolutionnaire seule juger un homme qui n'a jamais rien ambitionné pour lui-même, qui s'est dévoué toute sa vie à la cause du peuple russe. Mais j'ajoute ceci : avant de venir ici dire que je vous reconnais, j'ai traversé de pires souffrances que les pires que vous puissiez m'infliger !"* [16]. Savinkov est-il sincère ? Souhaite-t-il uniquement sauver sa vie ? Nul ne le sait, mais quoi qu'il en soit, son destin est écrit : condamné à mort, il verra sa peine commuée en dix années de détention; en prison, on lui permettra de rencontrer des journalistes étrangers qu'il rassurera sur la sincérité de sa "conversion" et les méthodes de la Guépéou; enfin, quand celle-ci n'aura plus besoin de lui, il mourra, le 7 mai 1925. Officiellement, Savinkov, déprimé, s'est jeté par une fenêtre ouverte de sa prison. Gordievsky affirme pour sa part qu'il a été précipité dans une cage d'escalier de la Loubianka et que plusieurs vétérans du KGB lui ont montré l'endroit exact où le crime a eu lieu.

La formidable imposture du "Trust"

En toute logique, les arrestations des agents de Savinkov, puis de ce dernier, son procès et sa mort auraient dû convaincre les émigrés qu'ils avaient été manipulés de bout en bout. Il n'en sera rien. A peine l'*opération Sindikat* passe-t-elle dans sa phase finale que l'*opération Trest* (*Trust* en russe) arrive, elle, à sa vitesse de croisière. *Trust* vise à faire croire au Conseil monarchiste suprême (VMS) de Berlin et à l'Union russe des forces combinées (ROVS), dirigée à Paris par le général Koutiépov, qu'il existe en Russie une association monarchiste de Russie centrale qui leur est toute dévouée. C'est à nouveau un officier du KRO, Alexandre Iakouchev, qui est chargé de prendre les contacts nécessaires. Mais, dans l'ombre, c'est toujours le terrible Alexandre Opperput qui tire les ficelles pour le compte de Félix Dzerjinski. Manipulant les services secrets occidentaux, se servant d'un diplomate balte, Roman Birk (que le KRO faisait chanter depuis qu'il avait perdu de fortes sommes d'argent dans des parties de cartes truquées par la Tchéka), comme d'un agent de liaison neutre censé accréditer l'existence de l'association monarchiste, les services soviétiques vont, pendant plusieurs années, repérer et éliminer les derniers véritables opposants tsaristes encore présents dans le pays. Mais ce succès ne leur suffit pas. Il veulent réitérer *l'affaire Savinkov*, et les cibles, cette fois, sont Sidney Reilly et le général Koutiépov.

Depuis son départ précipité de Russie, Reilly s'est écarté du renseignement : à sa grande déception, après l'avoir décoré, les Anglais ne lui ont pas permis de travailler au sein de leur S.R. Il survit donc en gérant tant bien que mal des affaires à la santé chancelante tout en restant en contact avec le gotha de l'émigration qui ne semble pas s'inquiéter des signes de dérangement mental de plus en plus fréquents chez un homme à qui il arrive de se prendre pour le Christ. Il peut toujours compter, de plus, sur l'appui d'Ernst Boyce, son chef d'antenne de l'époque glorieuse de la conspiration Bruce-Lockhart, devenu chef de poste du SIS à Helsinki. C'est le malheureux Boyce qui va pousser Reilly vers son destin. En janvier 1925, il lui demande instamment de le rejoindre à Paris pour rencontrer des émissaires du *Trust*. En septembre, enfin, Reilly, Boyce et Koutiépov se retrouvent dans la capitale française. Prudent, Koutiépov conseille à Reilly de ne pas entrer en Russie, mais celui-ci décide d'accompagner Boyce en Finlande. A Vyborg, le 21 septembre, Iakouchev arrive à convaincre Reilly de l'accompagner pour une réunion de la plus haute importance avec des responsables de l'organisation qui ne peuvent quitter le territoire soviétique. Reilly se tâte puis, flatté et sans doute curieux de revoir le pays où il a mené tant d'aventureuses opérations, accepte la proposition. D'autant plus que ce n'est que l'affaire de quelques jours : ne lui a-t-on pas assuré qu'il serait de retour dès le 29 septembre ? Reilly accompagne donc Iakouchev à la frontière. Plus personne, à l'Ouest, ne le reverra vivant. La nuit où il est censé repasser la frontière, une fusillade éclate à proximité du village d'Allekul, en Union soviétique. C'est là, d'après la version que la Guépéou fera courir, qu'il aurait été tué. En réalité, il sera fusillé le 3 novembre 1925.

Mais la vie du *Trust* n'est pas terminée. Sa collusion avec les services spéciaux soviétiques ne deviendra évidente que le jour où, en 1926, le général Pilsudski, président de la Pologne, démontrera que des plans de mobilisation soviétiques fournis par Iakouchev sont des faux grossiers. Ce qui n'empêchera pas la Guépéou de tirer tout le bénéfice possible de son opération : passé en Finlande, Alexandre Opperput affirme qu'il a été trompé par les services soviétiques et que l'association monarchiste de Russie centrale n'a jamais été qu'une couverture de ces derniers. *"En dénonçant l'OGPU"*, écrit Gordievsky, *"Opperput mettait continuellement en évidence sa toute-puissance et son invincibilité. Il exagérait aussi, à dessein, les défaillances de ses ennemis en soutenant, par exemple, que l'espionnage polonais avait été pratiquement investi par les agents soviétiques. Ce qui fit dire à un officier de renseignement scandinave qu'après ces révélations les services finlandais, baltes, polonais, britanniques et français 'allaient pendant quelque temps ne plus guère s'adresser la parole'"*[17].

Les hommes du Komintern : révolutionnaires ou agents secrets ?

On l'a vu, la révolution bolchevique de 1917 a provoqué la floraison d'organismes d'espionnage pro-soviétiques. Le *Komintern* n'a pas échappé à la règle. Lorsque l'Internationale communiste — qu'on appellera bientôt par son abréviation russe *Komintern* — est créée, en 1919, elle a pour but d'unifier les mouvements révolutionnaires du monde entier, de les structurer et de les aider à prendre le pouvoir. Mais à partir de la deuxième moitié des années vingt, quand la lutte entre Trotski et Staline tourne à l'avantage de celui-ci et que triomphe la ligne politique du "socialisme dans un seul pays", le combat pour la révolution communiste va se confondre avec la "défense de la patrie des travailleurs", c'est-à-dire de l'Union soviétique. Insensiblement, les révolutionnaires professionnels, — ou du moins certains d'entre eux — vont se faire espions. Entre les activités d'un Jules Humbert Droz[18], envoyé spécial du *Komintern* en France, en 1921, et celles des hommes du *Bureau occidental* de Copenhague dans les années trente, il n'y a rien de commun. Le premier est là pour conseiller la direction du PCF naissant, les autres pour faire du renseignement pur. Pour Oleg Gordievsky, *"l'OMS rendit à l'INO (la section internationale du NKVD) le service d'attirer dans la mouvance des services secrets des communistes étrangers et des compagnons de route plus sensibles, au départ, à un appel de l'Internationale communiste qu'à une approche directe de l'espionnage soviétique"*[19].

Le service de renseignement du *Komintern*, nous l'avons dit, c'est l'OMS, le département secret des liaisons internationales. Dans l'Apparat du renseignement soviétique, l'OMS occupe une position bien particulière : elle dispose dans de nombreux pays, de la Chine à la France en passant par l'Angleterre, l'Autriche ou la Palestine sous mandat, de ses hommes et de ses propres réseaux. Formés à l'action clandestine, ces réseaux sont fortement cloisonnés et l'on y trouve, bien entendu, des propagandistes et des agitateurs — ce terme étant, dans ce contexte, dénué de tout sens péjoratif — mais aussi des spécialistes des faux papiers et des techniciens du sabotage et de l'infiltration. C'est dire si ce formidable réservoir humain est une mine d'or pour les S.R. soviétiques. Il est donc parfois très difficile de savoir, même maintenant que les archives se sont ouvertes, si les hommes du *Komintern* sont, en réalité, en mission pour l'OMS, pour le GRU de l'Armée rouge, pour la section étrangère de la Guépéou ou, plus tard, du NKVD. Mais à nouveau, comme lorsque nous nous interrogions sur les scrupules éventuels des militants communistes, ces considérations sont purement théoriques puisque, d'une part, tous ces organes concourent à la même finalité, renseigner le Kremlin et que, d'autre part, plus on avancera dans les années vingt et trente, plus l'emprise du NKVD sur la société russe sera totale. Dans le domaine du renseignement extérieur, en tout état de cause, c'est lui qui décide, qui fixe les objectifs et qui cadre les missions.

Agent secret donc, l'envoyé du *Komintern* ? Oui, mais il faut bien comprendre que dans les années trente, caractérisées entre autres par la montée des périls fasciste et national-socialiste, mais aussi par des luttes sociales très âpres, l'agent du *Komintern* qui renseigne Moscou sur son pays n'est pas, à proprement parler, un traître. Il se considère avant tout comme un militant révolutionnaire en mission spéciale : certains camarades font de l'agitation dans les usines ou les universités, d'autres militent au grand jour dans les syndicats, d'autres enfin mettent des dons plus particuliers au service de la révolution prolétarienne mondiale et combattent sur le front de l'ombre. Méfions-nous d'un autre écueil : il est trop facile de juger ces hommes que nous allons rencontrer dans les prochains chapitres (à peu près jusqu'en 1960) au regard de ce que nous savons aujourd'hui. Certes, le régime soviétique, avec sa "justice" expéditive, ses camps de la mort lente et ses millions d'hommes et de femmes passés en pertes et profits au cours de purges démentes, fut, en tout cas jusqu'à Khrouchtchev et la déstalinisation, l'un des pires cauchemars que le monde ait connu. Mais les hommes qui le servaient à l'étranger étaient bel et bien des "croyants". Egarés sans doute, mais sincères, généreux et honnêtes. Si un seul argument doit être avancé pour les défendre, c'est bien celui-là. Cette sincérité, beaucoup, d'ailleurs, la paieront de leur vie.

Au cours de ces années terribles, la vie des agents du *Komintern* est, en effet, souvent tragique. Beaucoup mourront dans les prisons et les camps allemands. Certains, comme Ignace Reiss, seront assassinés par leurs camarades; d'autres encore seront déportés ou exécutés à leur retour en Union soviétique. Ceux qui survivent sont des hommes et des femmes d'une trempe exceptionnelle. Ce n'est d'ailleurs pas par hasard si les principaux réseaux d'espionnage soviétiques durant la Seconde Guerre mondiale seront créés et animés par des anciens du *Komintern*. Dans ce sens, entre autres, on peut dire que l'Internationale communiste, si elle a été incapable de faire l'Histoire, comme elle l'espérait, a été une formidable école pratique de renseignement et d'action clandestine.

Ernst Friedrich Wollweber, le chef d'orchestre clandestin

A la tête du bureau occidental de l'OMS, qui couvre, depuis Copenhague, toute l'Europe du Nord-Ouest, se trouve, dans les années trente, l'une des figures les plus intéressantes de l'espionnage soviétique : Ernst Friedrich Wollweber. Mesurant à peine un mètre cinquante et pesant près de cent kilos, amateur de femmes et de boisson, l'homme dénote un peu dans le cercle restreint des premiers agents du *Komintern*. Mais il sera totalement à sa place dans l'appareil stalinien. Peu intéressé par les joutes intellectuelles et la dialectique marxiste, il est avant tout un homme d'action. Né avec le siècle, à Hambourg, dans une famille d'une extrême pauvreté — son père, mineur, sera tué sur le front russe — Wollweber, qui a quitté ses parents pour s'engager dans la marine, adhère très tôt au communisme et devient membre du *Spartakusbund* de Rosa Luxembourg, le précurseur du parti communiste allemand. En 1918, à peine âgé de dix-huit ans, alors que l'empire allemand sombre dans la défaite, il est l'un des dirigeants de la mutinerie de la flotte allemande de la Baltique. La révolte a commencé sur les navires *Thuringe* et *Héligoland*. Cinq cent quatre-vingts mutins ont été arrêtés et mis aux fers. Richard Krebs, qui deviendra lui-même un agent soviétique avant de faire défection, raconte la scène dans ses mémoires; il est encore enfant et son propre père fait partie des prisonniers : *"L'arrestation des mutins, cependant, ne devait pas durer longtemps. A l'aide de complicité, ils enfoncèrent leurs portes et se rendirent maîtres du bord. Les officiers s'inclinèrent : sur le* Héligoland, *un jeune soutier descendit le pavillon impérial et hissa le drapeau rouge. Le 7 novembre, toute la flotte était en révolte"* [20]. Le jeune soutier en question n'est autre qu'Ernst Wollweber.

En 1920, avec quelques camarades, Wollweber détourne un bateau allemand vers le port de Mourmansk pour l'offrir au jeune Etat soviétique. Cet exploit lui vaut d'être nommé par Lénine président de l'*Union internationale des gens de mer* qui, sous des dehors de syndicat, n'est rien de plus qu'une machine d'agitation, de sabotage et de renseignement. Revenu en Allemagne, élu au parlement de Prusse après avoir tâté un peu de la prison, Wollweber dirige, depuis le *Centre Karl Liebknecht*, le QG du parti, l'action clandestine en Allemagne. Un poste d'autant plus important que, durant les années vingt, si Moscou pense que l'Allemagne est mûre pour la révolution, à compter de 1930, il faudra y combattre la puissance montante du parti national-socialiste d'Adolf Hitler.

Le principal adjoint de Wollweber, l'homme qui coiffe en 1930 le *S-APPARAT*, la section de renseignement de l'antenne du *Komintern*, est Michel Avatin, une vieille connaissance de notre ami Richard Krebs, le futur transfuge. Il l'a rencontré quelques années auparavant, alors que, courant les ports du monde, il jouait les courriers du *Komintern* : *"Je compris vite que le nouveau venu était un communiste d'envergure. Il se nommait Michel Avatin; c'était un Letton : l'ancien organisateur maritime du parti communiste de Riga. Il était allé en Russie et avait travaillé pour le Komintern en Angleterre. Il se faisait appeler maintenant Lambert et avait un passeport britannique en bonne et due forme à ce nom-là... J'éprouvai tout de suite de la sympathie pour l'homme. En Michel Avatin, j'avais trouvé l'une des plus extraordinaires figures de l'Apparat souterrain du Komintern"* [21].

Richard Krebs, voyageur sans bagage

Un beau jour de 1930, Richard Krebs (après sa défection, il se fera appeler *Jean Valtin*, et c'est sous ce nom qu'il publiera, en 1941, son autobiogaphie), qui rentre des Etats-Unis où il a passé quelques mois en prison après une mission en Chine, débarque à Berlin et se rend au *Centre Karl Liebknecht* où, *"au quatrième étage, chambre 39"*, l'attend un certain *"camarade Ernst"* : *"Un petit homme ramassé était assis derrière le bureau; ses yeux noirs et perçants se fixèrent sur moi. Ses cheveux clairsemés cherchaient à couvrir la partie dénudée de son crâne. Ses mains étaient lourdes, son front dur et bombé, ses lèvres épaisses. Blafard, il avait une expression qui trahissait la puissance, la patience, le manque de scrupule. Ce qui caractérisait le plus cet homme, c'étaient ses yeux — ces yeux dont les pupilles sombres et brillantes envahissaient presque totalement le blanc et qui ne cillaient jamais. Avant que nous eussions échangé une parole, je reconnus l'homme. Je l'avais déjà vu : c'était l'ancien chauffeur du cuirassier Héligoland qui avait, en 1918, hissé le premier drapeau rouge de la flotte impériale !"* [22].

Ce n'est pas par hasard que Wollweber se retrouve à Berlin. Ecoutons encore Jean Valtin : *"Berlin était plus encore que le centre du communisme allemand. Depuis 1929, la capitale allemande faisait fonction de Grand Quartier général*

Willy Münzenberg "invente" la désinformation et les Front organisations

Autre figure surprenante de l'appareil clandestin du *Komintern* : Willy Münzenberg, l'homme-orchestre de la propagande communiste. Né en 1889 en Allemagne, il n'a pas vingt ans quand il se lance dans le journalisme engagé. A trente ans, il est à la tête d'un véritable groupe de presse chargé de répandre la bonne parole bolchevique en Allemagne, mais il assume également la direction du secteur de la "solidarité" du *Komintern* via le Secours ouvrier international, qu'il a lui-même créé. Avant quarante ans, l'homme, bourré de charme et de talent, gère une véritable multinationale, active aussi bien dans l'édition que dans le cinéma, et camoufle ses activités les plus secrètes derrière un véritable écran de fumée formé de comités répartis dans toute l'Europe. La victoire d'Hitler force Münzenberg et ses proches à fuir, et c'est depuis Paris qu'ils continueront leurs activités à travers le *Comité contre la guerre et le nazisme*, le *Comité de juristes internationaux* (ancêtre de l'*Association internationale des juristes démocrates*), ou le *Comité international d'aide aux victimes du fascisme hitlérien*, présidé par Albert Einstein. La technique est toujours la même et a été dévoilée par l'écrivain Arthur Koestler qui fut l'un de ses collaborateurs : Münzenberg approche dans chaque pays des personnalités libérales de premier plan et les convainc d'autant plus facilement de la justesse de sa cause "humaniste" que le nazisme est effectivement un régime épouvantable. La même technique continuera à être utilisée pendant des dizaines d'années par les services secrets communistes, qui créeront des syndicats, des organisations humanitaires, scientifiques, culturelles, pacifistes : autant de *Front organisations* qui serviront de paravent à l'activité politique et de renseignement de l'URSS.

Münzenberg n'est pas, à proprement parler, un agent soviétique; il ne s'occupe pas de renseignement, mais son activité permet de faire circuler, sous un dehors acceptable, la propagande communiste. Il agit donc comme agent d'influence; de plus, les services soviétiques ont le loisir de se servir de ses structures pour repérer, tester et approcher des recrues potentielles dont des collaborateurs du maître de la propagande peuvent amorcer le recrutement avant de les passer à un officier traitant qui achèvera de les "ferrer" et guidera leurs premiers pas dans l'espionnage. C'est par le biais de l'appareil de Münzenberg, par exemple, que sera recrutée l'une des plus grandes taupes de l'Histoire contemporaine : Kim Philby. Enfin, Münzenberg n'hésite pas à mettre la main à la pâte : il coordonne personnellement, depuis Paris, l'envoi de volontaires et d'armes aux brigades internationales espagnoles...

A la fin des années trente, Münzenberg entame un cheminement intellectuel qui le conduira à rompre publiquement en 1939, lors de la signature du pacte germano-soviétique, avec Staline, qu'il accusera de trahir la cause de l'antifascisme. Au début de la drôle de guerre, il est interné comme citoyen allemand. C'est dans un camp du sud de la France que le piège des tueurs staliniens va se refermer sur lui : il s'évade avec un camarade et, le 22 octobre, on le retrouve pendu à un arbre dans la région lyonnaise. L'ordonnateur de son exécution serait un jeune cadre du parti communiste allemand, encore quasi inconnu : Erich Mielke. Après la guerre, il sera l'un des fondateurs de la sinistre Stasi est-allemande et ministre de la Sécurité de RDA...

de toute l'Internationale communiste. Moscou se trouvait trop loin de l'Europe occidentale et des Amériques pour exercer une surveillance étroite et constante sur les activités de sa légion étrangère. D'autre part, les lois du travail de conspiration exigeaient que le trafic des agitateurs internationaux entrant et sortant de Russie fût réduit au plus strict minimum. Il avait été décidé que toutes les ramifications aboutiraient à Berlin et qu'une seule ligne de communication relierait Berlin à Moscou" [23]. C'est ainsi, qu'outre Wollweber et Avatin, on trouve dans ce Berlin du début des années trente Georgi Dimitrov, représentant personnel de Molotov, le maître du *Komintern*, ou encore la flamboyante figure de Willy Münzenberg.

Mais Krebs ne va pas rester à Berlin. Le voici en route pour Moscou, puis Anvers, où il continue son travail d'agitation parmi les marins. Il est toujours sous les ordres de Wollweber qui a autorité sur toute la zone Europe centrale, à savoir, pour le *Komintern*, la Suisse, la Tchécoslovaquie, la Belgique et les Pays-Bas. Un jour, Avatin vient le trouver et lui demande de dresser une liste de jeunes communistes sûrs mais inconnus de la police pour les infiltrer dans les organisations russes blanches et anticommunistes de Belgique et de Hollande. C'est bientôt chose faite. Et Avatin révèle alors sa nouvelle mission à Krebs : la section militaire du parti communiste allemand a besoin d'armes pour préparer la lutte finale contre le fascisme montant; or, il est difficile de se les procurer en Allemagne. Wollweber a donc décidé d'organiser un trafic clandestin depuis les pays voisins, et surtout la Belgique. C'est Krebs qui doit s'en charger.

Sans compter, Krebs se dépense et... dépense beaucoup : à raison de seize heures de travail par jour, il achète des armes à Bruxelles, Liège, Anvers, et les fait parvenir en Allemagne. Les missions se succèdent et parfois se mélangent. Alors qu'il est encore embringué dans son trafic d'armes, Krebs doit réorganiser à Anvers un service de courrier clandestin par bateau à destination de l'Amérique du Sud : en essayant de casser les filières secrètes des partis communistes de Syrie et du Proche-Orient, la Sûreté générale française est tombée, par pur hasard, sur l'"organisation sud-américaine" du *Komintern* à Marseille... Puis, au retour d'un long voyage au Chili, c'est le rappel en Allemagne, toutes affaires cessantes.

Quelques mois passés à perturber les réunions électorales nazies, dans la région de Hambourg, n'empêchent pas Krebs de réussir son examen d'officier de marine, ce qui ravit Dimitrov et Wollweber, qui voient aussitôt l'occasion de noyauter les organisations corporatistes d'officiers qui leur sont restées fermées jusqu'à présent. Mais le jeune Krebs (il a vingt-sept ans) a beau avoir son brevet en poche, il n'a, pour autant, aucune expérience réelle de commandement d'un navire. C'est sur un bâtiment soviétique, *Le Pionnier*, qu'il fera ses classes et vivra peut-être la période la plus heureuse de sa vie. A la fin de 1931, on lui assigne un nouvel objectif prioritaire. En Orient, l'armée japonaise est sur le point d'envahir la Mandchourie et les relations entre l'URSS et le Japon sont de plus en plus tendues. Venu de Moscou, l'ordre tombe : partout où c'est possible, les navires japonais doivent être sabotés, la priorité étant, bien entendu, à réserver aux bateaux transportant du matériel de guerre. Avatin devra d'ailleurs payer de sa personne pour libérer l'un des saboteurs recrutés par Krebs, un Chinois du nom de Yang, capturé et séquestré à bord d'un bateau japonais qui retourne vers l'empire du Soleil-Levant, où le prisonnier risque la mort. Après une course poursuite qui l'aura conduit d'Hambourg à Oran en passant par Amsterdam, Marseille et Alger, le chef du *S-APPARAT* allemand donnera l'assaut au vaisseau à la tête d'un véritable commando qui libérera Yang : *"Extrêmement populaire dans le service secret soviétique, Avatin témoignait d'une personnalité exceptionnelle. Il ne restait jamais en arrière lorsqu'il envoyait ses hommes au feu. Il allait au danger avec ses aides et marchait toujours à leur tête"* [24], nous confirment les mémoires de Krebs.

Lorsqu'Avatin revient d'Oran, une réunion est organisée par ses soins, à laquelle participent le jeune officier de marine allemand et un certain Schmidt, envoyé de Moscou avec pour tâche de démanteler l'*Auslandabteilung* (*section étrangère*) du parti nazi. Officiellement créée pour tisser un lien étroit entre le parti nazi et les millions d'Allemands résidant hors des frontières du pays, l'*Auslandabteilung* agit en fait comme une véritable cinquième colonne chargée de collecter des renseignements politiques et militaires à l'étranger. Première tâche fixée à Avatin et Krebs : s'emparer des archives du professeur Ernest Schwartz, chargé de monter, au sein de la section étrangère du parti nazi, une organisation spéciale dirigée contre l'Union soviétique. Mais l'opération est un désastre : tandis qu'elle se solde par la mort de Schwartz, ses archives disparaissent et la police tire prétexte des bagarres déclenchées par les SA afin de récupérer les précieux dossiers pour lancer des rafles contre les milieux communistes.

Un homme brisé

Krebs n'est évidemment pas responsable de cet échec et on ne lui en tiendra donc pas rigueur. Quelques mois plus tard, le voici envoyé en Angleterre pour y devenir une sorte de contrôleur général de l'ensemble du mouvement communiste. Il est chargé non seulement de relancer le *Daily Worker*, journal du parti, mais aussi, plus généralement, de remettre de l'ordre dans les affaires intérieures du PC qui bat de l'aile et, bien entendu, de s'assurer du bon fonctionnement des structures communistes clandestines. Dénoncé et expulsé de Grande-

Bretagne, il passe les derniers mois de 1932 à remplir des tâches de première importance mais surtout, il est témoin de l'invraisemblable aveuglement des dirigeants communistes, qu'ils soient allemands comme Ernst Thaelmann ou envoyés de l'étranger comme Dimitrov, qui se retrouvent tous sur un point : jamais Hitler n'arrivera au pouvoir et si, par extraordinaire, il y arrivait, une grève générale aurait tôt fait de l'en chasser. Le 30 janvier 1933 voit le chef du parti nazi accéder à la chancellerie et sonne le glas de ces folles illusions. Quelques jours plus tard, Krebs, désigné pour faire sortir d'Allemagne les archives du secrétariat occidental qui doit déménager à Copenhague, assiste, impuissant, au saccage du *Centre Karl Liebknecht* par la police. L'heure de la clandestinité a sonné pour le PC allemand : les hommes comme Krebs, eux, y sont habitués de longue date... Dans la tourmente, son équipe arrivera malgré tout à faire passer au Danemark une partie des archives secrètes du comité central. Dans les mois qui suivent, Krebs saute d'une ville à l'autre : une semaine en Allemagne, où il restructure les filières clandestines du *Komintern* (et répare les coupes sombres que font, dans l'Apparat, les arrestations opérées par la Gestapo), la semaine suivante en Suède, au Danemark ou en Belgique où il organise le boycottage de la marine marchande allemande par les dockers. Anvers, Gand, Bâle, Dunkerque, Strasbourg, Paris puis l'Allemagne, de nouveau. Les itinéraires de Krebs, dans ces terribles mois du printemps, de l'été et de l'automne 1933, nous racontent l'histoire d'un terrible échec : chaque jour, le nazisme se renforce; chaque jour de nouveaux coups ou de nouvelles désertions frappent le parti communiste. Le 30 novembre 1933, après sept semaines de clandestinité en Allemagne où il a essayé, une fois de plus, d'assurer la survie de ses réseaux, Richard Krebs et sa femme, Firelei, une Flamande épousée à Anvers, tombent aux mains de la Gestapo.

Cent et un jour d'interrogatoires et de tortures, deux procès, la prison et les camps de concentration : trois années vont passer, plus de mille jours de souffrance, de peur, de désespoir. Mais les camarades ne le perdent pas de vue. Lorsqu'ils estiment que suffisamment de temps a passé, ils lui envoient Rudolf Heitmann, agent de la Guépéou infiltré depuis plusieurs années au cœur de la Gestapo, qui lui annonce qu'une nouvelle mission lui a été confiée, la seule qu'il puisse encore remplir : s'infiltrer à son tour dans la Gestapo pour y collaborer au travail des quelques hommes du *PP-APPARAT* soviétique (noyautage des services de police ennemis) qui y survivent tant bien que mal. Le coup doit être joué en douceur, Krebs le sait bien; sans cela, personne ne croira qu'un homme comme lui ait pu retourner sa veste. En plusieurs mois pourtant, après avoir demandé à lire *Mein Kampf*, affirmé avoir rompu avec le communisme, multiplié les lettres et les manifestations publiques de reniement et suscité, grâce à quelques amis sûrs, une campagne de dénigrement de ses codétenus contre sa félonie, Krebs va remporter la partie la plus difficile et certainement la plus dangereuse de sa carrière : après quelques entrevues de plus en plus détendues, l'inspecteur Krauss, chef de la Gestapo de Hambourg, l'homme qui l'a torturé pendant trois mois lors de son arrestation, l'engage dans la Gestapo et organise son évasion après lui avoir assigné sa mission : infiltrer la nouvelle organisation du secrétariat international, à Copenhague.

Copenhague où, bien entendu, Wollweber et Avatin sont ravis : un agent bien placé au sein de la maison adverse, chargé, qui plus est, de missions de confiance, cela vaut de l'or. Mais très vite, le destin va basculer : pour tenter de faire libérer un important dirigeant de l'Apparat arrêté en Allemagne, Avatin donne l'ordre à Krebs de faciliter l'enlèvement du chef de l'antenne de la Gestapo en Scandinavie. Il accepte, conscient qu'il dévoilera du même coup son double jeu, mais sûr que ses chefs feront tout pour faire sortir d'Allemagne sa femme et son fils. Mais il n'en sera rien : régler les problèmes personnels des agents n'est pas, pour Wollweber, une tâche prioritaire. Krebs remue ciel et terre, écrit à Moscou, dénonce les erreurs de ses chefs qui ont, comme il peut le prouver, grâce entre autres aux confidences du gestapiste Krauss, provoqué l'arrestation de dizaines et de dizaines de camarades. Séquestré, menacé d'être renvoyé à Moscou puis d'être purement et simplement éliminé, il arrive à s'enfuir, mais désormais, il est à la fois traqué par la Guépéou et la Gestapo.

Passé aux Etats-Unis, il y écrira, pour témoigner de son exceptionnel itinéraire comme pour se laver des accusations de ses anciens compagnons, un formidable livre autobiographique, *Out of the Nights* (traduit en français sous le titre *Sans patrie ni frontières*; sa deuxième édition dans cette langue sera censurée à la demande du parti communiste), qui se termine sur ces mots : *"En décembre de la même année (1938, n.a.), un message me parvint, m'informant que Firelei était morte en prison. Avait-elle mis fin à ses jours ? L'avait-on froidement assassinée ? 'La Gestapo ne plaisante jamais !' Jamais, non plus, elle ne donne d'explications. Notre fils, Jan, devint pupille du IIIe Reich. Je n'ai plus jamais entendu parler de lui"*[25]. En 1951, c'est un homme brisé par la vie, un véritable vieillard consumé par l'Histoire, qui mourra en exil : Richard Krebs, devenu *Jean Valtin*, n'avait pourtant que quarante-sept ans...

Copenhague, capitale communiste

Le destin sera plus clément avec Ernst Wollweber. En 1933, après la prise du pouvoir par Hitler, c'est de la capitale danoise qu'il a choisi de diriger le secteur ouest-européen de l'Apparat soviétique. Il s'y fait passer pour un ingénieur et y est à la tête d'une énorme organisation : *"Le quartier général du Westbureau du*

Komintern était situé à Westerport, dans le plus grand et le plus moderne building du cœur de Copenhague. Il occupait sept pièces au troisième étage. Il y régnait l'atmosphère d'une affaire prospère, bourdonnante. Une équipe de dactylographes, de gardes, de traducteurs, constamment sur la brèche, allait et venait. Les gardes, scandinaves, lettons et polonais, étaient armés de porte-plumes chargés de gaz lacrymogènes. Un système de bruiteurs d'alarme était disposé dans les murs. L'absence totale de téléphone était frappante. Tous les messages étaient dépêchés par courriers... Ce n'était guère là que l'un des neuf bureaux que possédaient le Komintern et la Guépéou à Copenhague" [26].

En clair, la fonction de Wollweber se résume à un axe principal : organiser l'action clandestine et l'espionnage soviétique en Allemagne. Mais plus que le renseignement, ce sont les "actions spéciales" qui retiennent toute l'attention de l'homme qui finira par gagner le redoutable titre de roi des saboteurs. On doit ainsi à l'infatigable Wollweber de nombreux sabotages de navires de guerre nazis, dont celui du transporteur de troupe *Marion*, parti du Danemark pour prendre part à l'invasion de la Norvège et qui a coûté la vie à plusieurs milliers de soldats allemands. En tout, il semble qu'il soit directement responsable de la destruction d'une vingtaine de vaisseaux des marines de l'Axe germano-italo-nippon. Installé en Suède après l'invasion du Danemark par les nazis, Wollweber continue son travail occulte, mais finit par être arrêté par la police de Stockholm. Un prisonnier bien encombrant : l'Allemagne réclame son extradition, mais les autorités soviétiques ne cachent pas que, si l'homme est livré aux nazis, Moscou pourrait bien envisager de sévères mesures de rétorsion[27]. Soucieuse de sa neutralité, la Suède adopte un compromis qui lui évite à la fois d'offenser les Russes et les nazis : elle condamne Wollweber à dix-huit mois de prison pour entrée illégale sur son territoire et explique aux Allemands qu'il ne pourra être libéré qu'après avoir purgé sa peine. Les Soviétiques font alors pression sur la Suède en déclarant officiellement que Wollweber est recherché pour avoir détourné des fonds gouvernementaux et qu'il doit être renvoyé en URSS. L'Allemand finit par être extradé et les autorités suédoises s'empressent alors de classer secret d'Etat pour cinquante ans les documents du procès.

Après la guerre, Wollweber sera nommé ministre de la Sûreté de l'Etat en Allemagne de l'Est, en remplacement de Wihlem Zaisser. Il est, à ce titre, l'un des principaux fondateurs des services de renseignement est-allemands, le HVA (*Haupverwaltung Aufklärung*) pour l'espionnage, et la Stasi pour le contre-espionnage et la police secrète. En fonction jusque dans les années soixante, Ernst Friedrich Wollweber a battu un véritable record de longévité pour un maître espion communiste. Il ne le doit qu'au fait d'avoir toujours été un exécutant très fidèle, mais aussi de ne pas avoir approché de trop près le Centre de Moscou...

L'OMS et le *Komintern*, eux, disparaîtront dès le début des années quarante, et les agents de la section de liaison qui ont survécu aux purges staliniennes et aux rafles nazies dépendront alors directement de l'INO ou du GRU.

Pavel Soudoplatov, "tueur en chef" de Staline

Le 23 mai 1938, un peu avant midi, le soleil se montre enfin et chasse la pluie qui, depuis le petit matin, tombe sur Rotterdam. A la terrasse du restaurant *Atlanta*, à deux pas de la gare et de la poste centrale, Yevhen Konovalets lit un journal en attendant son contact, un jeune Ukrainien qui lui sert d'agent de liaison. Farouchement dévoué à la cause nationaliste ukrainienne, Konovalets a combattu l'Armée rouge pendant la guerre civile. Après la défaite des blancs, il a gagné la Pologne, puis Berlin où, dans les années trente, il a mis l'*Organisation nationaliste ukrainienne* qu'il dirige au service des renseignements militaires allemands. Il alimente régulièrement le colonel Alexander, le patron des S.R. allemands, en informations sur l'intérieur de la Russie et manœuvre dans l'ombre pour favoriser les visées expansionnistes hitlériennes, persuadé que Berlin libérera l'Ukraine. Il a même rencontré deux fois le Führer qui lui a proposé de faire entraîner certains de ses hommes dans des écoles de sabotage nazies. Aujourd'hui, Konovalets attend donc l'une de ses dernières recrues, le neveu de son lieutenant, Vassili Lebed, qui dirige la branche clandestine du mouvement en Union soviétique. Mais précisément, voici le jeune homme. Konovalets lui sourit, ils se serrent la main, discutent quelques minutes et conviennent d'un autre rendez-vous, discret celui-là, plus tard dans l'après-midi. Avant de partir, le jeune homme remet une boîte de chocolats à Konovalets. Quelques minutes plus tard, le dirigeant ukrainien est déchiqueté par la bombe contenue dans la boîte. Car Vassili Lebed a été retourné, treize ans auparavant, par les services spéciaux moscovites et celui qu'il présente comme son neveu n'est autre qu'un jeune officier particulièrement prometteur du NKVD, Pavel Anatoliévitch Soudoplatov.

C'est dans le bureau de Staline, quelques mois plus tôt, que le jeune homme a reçu l'ordre, de la bouche même du dirigeant soviétique, d'éliminer Konovalets dont il avait, en quelques mois, gagné la confiance. Après avoir rempli sa mission d'Amsterdam, Pavel Soudoplatov passe quelques semaines en Espagne et y fait une rencontre qui, deux ans plus tard, s'avérera être de première importance en la personne d'un jeune militant communiste du nom de Ramon Mercader del Rio. Revenu à Moscou, Soudoplatov y fait rapport à Lavrenti Béria qui est encore le numéro deux du NKVD, mais qui va bientôt en prendre la tête, et qui sera le grand protecteur du jeune Soudoplatov. A la faveur des purges — Nicolas Ejov, le chef du NKVD est écarté et exécuté, certains de ses adjoints partagent son sort —, Soudoplatov entame son ascension. En mars 1939, il est à nouveau convoqué chez Staline en compagnie de Béria, qui lui annonce qu'il est nommé directeur adjoint des services de renseignement étranger (INO) du NKVD. Mais c'est Staline qui, d'une phrase, lui révèle à quelle tâche prioritaire il doit désormais s'atteler : *"A part Trotski en personne, il n'y a aucune figure politique importante dans le mouvement trotskiste. Si on élimine Trotski, tout danger disparaîtra... il faut en finir avec lui dans l'année"* [29]. Or,

---

La mort d'Ignace Reiss

Au milieu de l'été 1937, une lettre des plus désagréables arrive sur le bureau de Staline. Elle est signée par Ignace Poretsky (alias Ignace Reiss), un communiste d'origine polonaise qui travaille depuis des années pour l'OMS et qui, à cette époque, sous le pseudonyme de *Ludwig*, est l'un des principaux chefs de réseau des services secrets soviétiques en Occident. Sa missive est sans appel : *"Jusqu'alors, j'ai marché avec vous. Je ne ferai pas un pas de plus à vos côtés. Celui qui se tait aujourd'hui devient le complice de Staline et trahit la classe ouvrière. Je me bats pour le socialisme depuis l'âge de vingt ans... J'ai derrière moi seize ans de travail clandestin... Je compte dévouer mes faibles forces à la cause de Lénine. Je veux continuer le combat, car seule notre victoire - celle de la révolution prolétarienne - peut sauver le monde du capitalisme, et l'URSS du stalinisme. En avant pour de nouveaux combats ! Vive la IVe Internationale !"* [28]. Dans le même geste, il renvoie à Moscou l'Ordre du Drapeau rouge dont il avait été décoré en 1928.

Son geste exaspère les thuriféraires de Staline qui dirigent le NKVD et en ont fait l'un des principaux instruments du culte de la personnalité et de la répression, mais il ne les surprend pas vraiment : le monde communiste est en ébullition; à Moscou, les purges succèdent aux purges et la vieille garde de la révolution bolchevique est décimée ou en prison; l'ensemble du mouvement se trouve entraîné dans la lutte sans merci que se livrent Staline et Trotski qui, à la tête de la IVe Internationale, ose s'opposer au Maître du Kremlin. Les hommes du *Komintern* ne sont pas en reste. Si certains, comme Dimitrov ou Wollweber n'ont aucun mal à se couler dans le moule et à devenir des staliniens purs et durs, beaucoup, comme Richard Krebs ou Willy Münzenberg, ne supportent pas, nous l'avons vu, de voir pervertis les idéaux généreux et romantiques de leur jeunesse et se révoltent. De nombreux chefs de réseau sont en fuite; d'autres, rappelés à Moscou, ont été fusillés. Reiss a choisi son camp. Ce n'est pas celui du Kremlin ? Tant pis pour lui...

Six semaines plus tard, le 4 septembre, on retrouve son corps criblé de balles, au bord d'une route, non loin de Lausanne. Il a été attiré dans un traquenard par Gertrude Schildbach, une communiste allemande, et un tueur du NKVD, Roland François Rossi (alias *Abiate*), l'a mitraillé à bout portant. Le NKVD tentera par la suite d'égarer la police suisse sur une fausse piste, en faisant passer Poretsky pour un trafiquant d'armes international, mais cette manœuvre échouera...

Léonid Eitington, le fidèle second de Soudoplatov, a déjà un homme dans l'entourage lointain de Trotski, émigré au Mexique : le jeune Ramon Mercader qui, avec sa mère, Caridad, a reçu l'ordre de se rapprocher des trotskistes. Objectif atteint : en 1939, Mercader se lie d'amitié avec Alfred et Marguerite Rosmer qui ont hébergé le célèbre exilé en France et, surtout, avec Sylvia Ageloff qui va devenir la secrétaire personnelle du dirigeant communiste en exil.

L'affaire Toukhatchevski

Durant la seconde moitié des années trente, le pouvoir de Hitler est déjà établi sur toute l'Allemagne. Il n'a pas encore tourné ses appétits vers l'étranger, mais déjà ses généraux mettent au point leurs plans d'invasion. De tous les ennemis potentiels qu'il sait devoir affronter tôt ou tard, c'est l'Union soviétique qui inquiète le plus le haut commandement allemand. Certes, selon les théories raciales aberrantes de l'Allemagne nazie, les Slaves sont des sous-hommes. Mais au-delà de cette propagande, les militaires, eux, savent que l'Armée rouge est une puissance formidable et qu'il faut donc tout tenter pour la neutraliser. La chance va servir le SS Reinhard Heydrich et une alliance tacite mais contre nature va bientôt permettre à l'Allemagne d'arriver à ses fins.

Durant l'hiver 1936, le général Nikolaï Vladimirovitch Skobline, l'un des responsables du ROVS (*Russki Obschtche-Voyenski Soyouz*), l'organisation russe blanche des anciens combattants tsaristes, basée à Paris, demande à rencontrer Reinhard Heydrich. A la tête du RSHA (*Reichssicherheitshauptampt*) — l'Office central de sécurité du Reich, qui regroupe tous les services de police et de renseignement du parti nazi et de l'Etat allemand —, Heydrich est bien placé pour savoir que Skobline, informateur occasionnel de la Gestapo, est surtout un agent du NKVD. Ancien commandant d'une division blanche durant la guerre civile, Nikolaï Skobline a été recruté par le S.R. soviétique, sans doute par l'intermédiaire de sa femme, la chanteuse Nadejda Plevitskaïa, le Rossignol de Koursk, dès 1925 ou 1926. L'homme, qui vit sur un grand pied (il possède entre autres une élégante maison dans la banlieue parisienne, son épouse arbore de somptueux manteaux de fourrure et le couple fréquente les meilleurs restaurants), a depuis rendu d'énormes services à ses employeurs. Pour un service de renseignement, bénéficier d'une relation comme Skobline peut être d'un excellent rapport. A condition, bien entendu, de savoir qu'on a affaire à un agent double. Pour rester crédible, l'agent double doit en effet fournir régulièrement des informations sensibles : premier bénéfice pour le service intoxiqué. Mais ce sont surtout les autres tuyaux livrés par la taupe qui sont intéressants. En se livrant à une analyse en finesse de ces fausses informations, le service qui en est la cible peut déceler les axes de travail de la maison adverse et en tirer de fort utiles conclusions.

Le 6 décembre 1936, Heydrich écoute donc religieusement Skobline lui expliquer qu'une conspiration est en train de se nouer contre Staline au cœur de l'Armée rouge et que le principal instigateur en est le commissaire adjoint à la Défense, le maréchal Mikhaïl Toukhatchevski[30]. Selon Skobline, qui précise que le maréchal est discrètement germanophile, Toukhatchevski serait en liaison avec l'immigration blanche à Paris et il serait de la plus haute importance qu'il puisse également nouer des relations avec l'état-major allemand. Heydrich, quelque peu méfiant, ne peut que s'interroger sur le sens caché — en l'occurrence le seul sens réel, en termes de renseignement — du message délivré par le général russe. Certes, si l'on s'arrête aux apparences, les choses sont claires : Skobline, conspirateur russe blanc, demande l'aide de l'Allemagne pour un autre conspirateur, particulièrement bien placé au sein de la direction soviétique, et qui s'apprête à renverser Staline. Mais sachant que Skobline travaille en fait pour le NKVD, que signifie exactement toute cette histoire ?

Très rapidement, Heydrich prend conscience du contenu véritable des confidences de Skobline et des vertigineuses possibilités qui s'ouvrent pour le S.R. allemand : le NKVD, pour des raisons qui lui sont propres, veut se débarrasser de Toukhatchevski. Et s'il a été fait allusion aux sentiments germanophiles du maréchal — une pure invention, Heydrich est bien placé pour le savoir —, c'est uniquement pour lancer un discret appel du pied à la Gestapo, un peu comme si la direction du NKVD voulait faire comprendre à son ennemie berlinoise : *"Nous ne sommes certes pas dans le même camp mais il peut nous arriver d'avoir des intérêts communs"*. Message reçu : Heydrich va fabriquer de toutes pièces les preuves qui permettront au NKVD d'impliquer Toukhatchevski dans un complot imaginaire. Ce ne sera d'ailleurs pas très difficile. Le maréchal, en effet, a collaboré au début des années vingt à un programme militaire commun réunissant l'Allemagne et l'URSS. L'Union soviétique garantissait aux Allemands la possibilité d'installer et d'utiliser sur son territoire des usines fabriquant chars, avions et autre matériel militaire lourd, interdit par le traité de Versailles et, pour payer cette facilité qu'on lui accordait, Berlin avait créé, toujours en URSS, des académies militaires de haut niveau dans lesquelles des instructeurs allemands formaient des élèves soviétiques. Dans cette alliance, chacune des deux parties trouvait amplement son compte. Bien entendu, cette collaboration avait donné lieu à un important échange de notes, de rapports, de lettres, dont un grand nombre étaient signés de la main de Toukhatchevski.

En 1937, Heydrich, qui a obtenu sans peine le feu vert de Hitler, n'a pas grand mal à se procurer ce matériel : il le fait tout simplement voler dans les locaux de ses rivaux de l'Abwehr, à Tirpitzufer et dans les archives du ministère de la Guerre. Une équipe de faussaires mise en place dans une villa proche de Berlin et travaillant sous le contrôle direct du SS Gruppenführer Hermann

Opération Outka, cible : Trotski

Durant l'été 1939, Soudoplatov et Eitington gagnent Paris, *via* Athènes, et commencent à y exécuter leur plan qui a reçu le nom de code de *Outka (canard)*. Le NKVD, qui sait que Staline ne lui pardonnera pas un échec, décide de mettre toutes les chances dans son jeu : d'une part, un peintre mexicain, David Alfaro Siqueiros, communiste et ami personnel de Staline, reçoit l'ordre de former une équipe qui prendra d'assaut la villa de la banlieue de Mexico où vit Trotski; d'autre part, les Mercader, mère et fils, reçoivent une formation accélérée aux techniques de renseignement et sont expédiés au Mexique avec l'ordre formel de renouer le contact avec Sylvia Ageloff, qui pourra inconsciemment être une source d'informations de première main. Soudoplatov rentre alors à Moscou tandis qu'Eitington, après quelques retards dus au déclenchement de la guerre, part pour les Etats-Unis d'où il assurera le contrôle de l'*opération Outka*.

Les moyens mis en œuvre pour en finir avec un homme qui n'a plus aucune base en Union soviétique et ne représente donc de danger que par la puissance de sa pensée sont à la mesure de la haine que lui voue Staline : à New York a été créée, sous la direction d'Eitington, une société-écran permettant de fournir couverture et argent aux agents soviétiques; à Mexico, Ramon Mercader, se faisant passer pour le Canadien Frank Jackson, a entamé une liaison avec Sylvia Ageloff tandis que Siqueiros monte son groupe d'assaut, à la demande de Béria, un troisième réseau de réserve est mis sur pied sous l'autorité de Iossif Grigoulevitch; deux radios, enfin, assurent les liaisons entre Mexico, New York et le Centre de Moscou. Des centaines de milliers de dollars ont été dépensés.

Le 23 mai 1940, un peu avant l'aube, Sheldon Harte, un trotskiste américain dont Grigoulevitch a conquis la confiance et qui est l'un des gardes du corps de Trotski est de permanence. Voyant Grigoulevitch se présenter à la porte de la villa, il ouvre le portail; le groupe Siqueiros se jette alors dans la propriété et mitraille la chambre de Trotski. C'est l'échec : Sheldon Harte est tué mais Trotski n'est même pas blessé et Siqueiros est arrêté. Trois mois plus tard, le 20 août, Mercader-Jackson réussira là où Siqueiros a échoué : ayant gagné, grâce à Sylvia Ageloff, la confiance de l'exilé, il se trouve seul avec lui dans son bureau sous prétexte de lui faire corriger le texte d'un article et lui plante un piolet dans la tête. Trotski mourra le lendemain sans avoir repris connaissance. Ramon Mercader passera vingt ans en prison. Libéré le 20 août 1960 et fait "héros de l'Union soviétique", il occupera divers emplois importants avant de devenir conseiller de Fidel Castro. Il mourra en 1978 et sera enterré au cimetière moscovite de Kountsevo. Pavel Soudoplatov, lui, continuera sa carrière et deviendra général. Chargé de l'organisation du travail des partisans, durant la Grande Guerre patriotique, puis, mais très brièvement, de l'espionnage atomique à la fin de la guerre, il sera l'une des premières victimes de la déstalinisation, mais, contrairement à son maître, Béria, il sauvera sa vie. Emprisonné en 1953, libéré dans les années soixante, Soudoplatov sera même réhabilité dans les années quatre-vingt.

Behrens, un proche de Heydrich, trafique habilement les documents. On change des dates, on modifie des lieux et des données chiffrées, on crée de toutes pièces quelques lettres et la correspondance assez anodine et connue, vieille de plus de dix ans, entre Toukhatchevski et de hauts responsables de la Reichswehr, se transforme en une arme mortelle contre le grand patron de l'Armée rouge : la preuve de sa collaboration avec le S.R. allemand.

Mais comment faire parvenir ces preuves à Staline ? Car, en 1937, si le dictateur a déjà écrasé un certain nombre de ses ennemis, il n'est pas encore totalement libre de ses gestes. Il est évident que s'il veut éliminer un homme aussi important que Toukhatchevski, il doit d'abord convaincre le Politburo. Et les membres de cet organisme pourraient se montrer réticents et donc difficiles à manipuler s'ils ont le moindre soupçon sur l'origine des documents attestant d'une trahison envers Staline. Heydrich, qui sait tout cela, va mettre au point une subtile manœuvre d'intoxication. Il est surtout persuadé que Staline se laissera plus aisément convaincre de l'authenticité des documents si ces derniers ne lui sont pas remis par les Allemands mais, par exemple, par les Tchèques.

Dans cette deuxième phase de l'opération, le NKVD et les S.R. nazis agissent de manière telle qu'il est difficile d'imaginer, même si les preuves manquent, qu'ils n'ont pas coordonné leurs opérations. Dans un premier temps, c'est la Gestapo qui mène la danse. Ses agents disséminés à travers l'Europe, sous diverses couvertures, activent leurs réseaux pour faire courir le bruit que Mikhaïl Toukhatchevski, ce héros de l'Armée rouge, est un Bonaparte en puissance et qu'il n'attend que la bonne occasion pour prendre le pouvoir. Un effort particulier est fait sur l'entourage du président de la Tchécoslovaquie, Edvard Benes : les S.R. allemands n'ignorent pas, en effet, que le NKVD possède quelques oreilles dans son entourage. Et même si cela n'était pas le cas, on estime au siège du RSHA que, s'il est persuadé que Toukhatchevski, non content de présenter une menace pour Staline, est germanophile, Benes fera tout pour prévenir le dictateur soviétique. Prague ne peut se permettre, en effet, de se retrouver coincée entre l'Allemagne et une Russie qui partagerait les visées hitlériennes. Benes, de plus, se sentirait flatté de pouvoir, en tant que chef d'Etat d'une petite république d'Europe centrale, protéger la grande Union soviétique.

Le deuxième coup de cette ouverture pragoise va être joué par le NKVD, qui organise l'arrestation à Prague d'un de ses agents chargé de se faire passer pour un envoyé de Toukhatchevski. L'homme se montre prolixe devant les enquêteurs de la police tchèque et ses aveux confirment les rumeurs parvenues à la présidence. Convaincu que quelque chose se prépare, l'entourage de Benes fait prévenir Staline[31]. Au tout début de la matinée du 27 avril, l'ambassade soviétique à Prague transmet un long télégramme chiffré à Moscou.

La machine est désormais en marche et plus rien ne l'arrêtera. Lors d'une rencontre organisée apparemment par le général Skobline, la Gestapo remet à trois envoyés du S.R. soviétique — contre espèces sonnantes et trébuchantes, il n'y a pas de petit profit — les fameux documents incriminant le chef de l'Armée rouge. En juin 1937, six mois après la fatidique entrevue entre Skobline et Heydrich, Mikhaïl Toukhatchevski est arrêté à Kouïbychev où il vient de prendre le commandement de la région militaire de la Volga et, après un simulacre de procès à huis clos, il est fusillé[32] le 11 juin avec ses complices, pour avoir *"projeté de conspirer contre l'Union soviétique avec le soutien de l'État-Major général allemand et de la Gestapo en vue de renverser le camarade Staline et le gouvernement soviétique ainsi que tous les organes du parti et de l'Union soviétique"* [33]. Avec lui périssent tous les chefs de l'Armée rouge, dont les généraux Iakir, Ouborevitch, Kork, Primakov, Feldman, Poutna et Eideman[34]. Mais la purge ne s'arrête pas là. On ne sait, au juste, combien d'officiers soviétiques ont été éliminés, sans doute entre trente-cinq et cinquante mille, auxquels il faut ajouter ceux qui seront déportés ou cassés de leur grade. En clair, c'est toute la direction et tout l'encadrement de l'Armée rouge qui disparaît, victime de la folle paranoïa de Staline et de son entourage. Cette terrible saignée aura des conséquences tragiques quand Hitler jettera ses troupes à l'assaut de la forteresse soviétique quatre ans plus tard : il faudra aller rechercher certains officiers dans les bagnes sibériens, et d'autres, qui n'ont jamais connu le feu, auront à affronter les nazis sans aucune préparation.

La manipulation de Heydrich a donc réussi au-delà de toute espérance. Mais elle n'aurait pas été possible sans l'aide du NKVD qui attachait plus d'importance au renforcement de la terreur policière qu'à la sécurité du pays qu'il était censé protéger. En tout état de cause, cependant, la Gestapo bénéficiait à l'évidence de ses entrées à Moscou et jouait pleinement des agents doubles qu'elle avait identifiés. Le chef de la Gestapo de Hambourg ne devait-il pas déclarer un jour à Richard Krebs, avant de l'envoyer en mission au Danemark : *"En dehors des douze têtes les plus haut placées, nous pouvons faire descendre qui nous voulons à Moscou et ce, sur ordre de la Guépéou. Nous n'avons qu'une chose à faire : informer celle-ci que tel ou tel travaille avec nous"* [35] ?

Il est même permis de se demander si, sans l'intervention de la Gestapo, Staline n'aurait pas, de toute manière, liquidé ce complot militaire imaginaire. Finalement, qui a manipulé qui ? L'affaire Toukhatchevski demeure l'une des grandes énigmes du XXe siècle. Mort à quarante-quatre ans, le maréchal Toukhatchevski a commencé à être réhabilité en février 1956 par le fameux *rapport Khrouchtchev*, dénonçant les crimes staliniens devant le XXe congrès du parti communiste de l'Union soviétique. Et puis, peu à peu, en Europe et aux

Etats-Unis, de nombreux articles et livres ont été consacrés à celui qui, selon le général de Gaulle avec lequel il avait partagé sa captivité au fort d'Ingolstadt, en Allemagne, en 1916, était *"un bel officier, brave et doué"* [36].

Quant à savoir si Touhkatchevski a réellement comploté... Certains spécialistes, pour la plupart allemands, affirment que le maréchal œuvrait réellement contre Staline. Mais rien ne permet de le prouver. Bien que lié à Léon Trotski, le plus irréductible ennemi du tyran, le maréchal était d'une loyauté absolue envers le parti communiste, même s'il n'aimait pas Staline et ne s'en cachait guère, critiquant ouvertement, par exemple, le rôle joué par celui-ci dans la campagne de Pologne à la fin de la guerre civile. Staline se méfiait de ce jeune maréchal aux "origines de classe suspectes" — le maréchal était issu de la petite noblesse terrienne et avait été officier dans la garde impériale avant de passer du côté de la révolution — et surtout de l'immense popularité dont il jouissait dans l'armée. Il est évident que si Toukhatchevski avait voulu comploter, il n'aurait eu aucun mal à entraîner derrière lui une armée qui supportait mal l'espionnage permanent dont elle faisait l'objet. C'est donc dans cette méfiance et dans la haine que Staline vouait à toute forte personnalité risquant de lui faire de l'ombre, qu'il faut peut-être chercher les origines de l'affaire Toukhatchevski.

En France, le S.R. à l'exercice

Pendant que les S.R. allemands et soviétiques s'agitent à l'est, en France, les hommes du service de renseignement, entre deux opérations, se préparent au pire. Dès mai 1925, l'état-major avait prévu l'organisation régulière de stages de formation pour les officiers du S.R. afin de les garder dans une forme honorable. Arrêtons-nous quelques instants à l'un de ces stages, celui, précisément, organisé en 1925. Il est plein d'enseignements. Ses buts sont définis dans une note conservée aux Archives militaires de Vincennes : familiariser les *"officiers avec l'organisation d'ensemble et le fonctionnement du S.R. en temps de paix et en temps de guerre; mettre en avant les procédés techniques nouveaux; éclairer l'orientation des recherches; permettre aux différents chefs de poste de se mettre personnellement et réciproquement en liaison en vue de coordonner étroitement leur action"* [37].

Le premier stage, celui auquel nous nous intéressons, est destiné aux chefs de postes encerclant l'Allemagne (entre autres depuis Strasbourg, la Belgique et la Suisse) et à leurs interlocuteurs parisiens. Mais d'autres exercices seront organisés pour d'autres zones géopolitiques : Méditerranée occidentale, Russie, Balkans... Au menu (particulièrement chargé) de ce stage d'une semaine : *"organisation du S.R. et du C.E. en temps de paix; mobilisation des S.R.; la*

T.S.F. en temps de paix et en temps de guerre du point de vue du S.R.; les lignes régulières d'aviation utilisables en période de tension internationale; l'utilisation des pigeons en temps de guerre; les encres sympathiques; le fonctionnement d'un S.R. d'armée et d'un poste S.R. dépendant du GQG" et enfin le *"bilan de ce que nous savons sur l'Allemagne et de ce qui nous reste à déterminer par ordre d'urgence"* [37]. De plus, les stagiaires bénéficient d'une conférence d'un après-midi donnée par un grand ancien, en l'occurrence le colonel Andlauer, venu leur expliquer en détail l'histoire et le fonctionnement du poste de Belfort (voir chapitre 4) durant la Grande Guerre. La cerise sur le gâteau, c'est l'exercice pratique qui clôture le stage et qui permet de juger de l'assimilation des matières par les élèves.

Le contexte dans lequel est censé se dérouler ce premier stage (du 21 au 28 octobre 1925) parle de lui-même : *"Depuis plusieurs mois, la situation économique en Europe est très mauvaise. En Allemagne, en Grande-Bretagne, en France sévissent des crises qu'exploite une propagande communiste intense. La question du Pacifique est entrée dans une phase aiguë qui absorbe toute l'attention de la Grande-Bretagne, de l'Amérique et du Japon. On signale de graves troubles en Inde et en Égypte. L'Afrique du Nord est travaillée, en particulier la Tunisie. La Pologne est agitée, les fabriques de guerre travaillent à plein en Espagne, Italie, Suisse, Hollande et Suède; des transports probables de matériel pour l'Allemagne sont signalés à Barcelone, à Gênes, au Brenner, etc.; des débarquements suspects sont observés à Hambourg et à Dantzig... L'Allemagne est agitée de manifestations nationalistes. Cependant, aucune instruction de Paris n'arrive aux postes concernés. Que doivent-ils faire ?"* [38].

S'il le fallait, le contenu du problème posé lors de cet exercice prouverait à suffisance que l'armée française, et singulièrement son S.R., s'ils estiment à sa juste valeur le danger potentiel que représente l'URSS, n'en sont pas pour autant aveuglés au point de ne rien discerner d'autre. Pour l'état-major, en ces années vingt, l'ennemi principal, c'est toujours l'Allemagne. L'Histoire va lui donner tragiquement raison. Il n'est pas inutile de souligner ici comment, le 1er janvier 1933, un mois avant l'accession de Hitler au pouvoir, le S.R. voit l'armée allemande : *"La Reichswehr, au seuil de 1933, est une armée en voie d'évolution. Très proche, encore, par son ossature générale, de l'armée imposée à l'Allemagne par le traité de Versailles, elle s'en éloigne à grands pas par l'esprit qui l'anime, l'activité qu'elle déploie dans des domaines qui lui étaient et lui sont encore théoriquement interdits, la place qu'elle réserve déjà dans ses rangs, dans ses écoles, dans ses arsenaux, à des spécialités, à des méthodes, à des armes nouvelles"* [39].

Le S.R. français n'aura de cesse, tout au long des années trente, d'affiner sa connaissance de l'Allemagne, de ses milieux dirigeants et de son armée. En 1932, arrive à la tête de la centrale le colonel Roux, qui a dirigé le poste de Strasbourg après avoir été l'adjoint d'Andlauer au poste de Belfort en 1918. Il va contribuer au renforcement des moyens mis en place par Paris, mais en privilégiant deux des sections géographiques de la maison : les *sections allemande* (Allemagne et Europe centrale) et *midi* (Italie, Méditerranée, et Proche-Orient). Faute de moyens, les *sections russe* (URSS, Chine, Japon) et *espagnole* resteront les parentes pauvres du S.R. La prédominance des futurs adversaires de la France dans sa politique de recherche de renseignement est encore plus parlante si l'on examine le contre-espionnage où n'existent, à côté de services techniques (défense préventive, archives et fichiers) et d'un groupe s'intéressant à la propagande révolutionnaire, que deux sections géographiques : *Allemagne* et *Italie*.

Que ce soit en S.R. ou en C.E., le travail de la centrale s'organise à travers des postes situés en territoire national (voir encadré) où à l'étranger : le réseau ainsi tissé couvre toute l'Europe nordique, centrale et orientale. Au niveau du *Deuxième Bureau*, les renseignements fournis par le S.R. sont recoupés avec ceux provenant de l'exploitation des rapports des attachés militaires, du dépouillement de la presse générale et spécialisée et des échanges avec les pays

Organigramme des postes de la Recherche en métropole dans les années trente

BENE	BREM	SCM	SER	SEA	BEP
Bureau d'Etudes du Nord-Est	Bureau régional d'Etudes militaires	Service des Communications militaires	Section d'Etudes régionales	Service d'Etudes algériennes	Bureau d'Etudes pyrénéennes
Basé à Lille (2 antennes : Anvers et Rotterdam)	Basé à Metz (1 antenne à Luxembourg)	Basé à Belfort (2 antennes : Bâle et Zurich; 1 annexe à Strasbourg)	Basée à Marseille	Basé à Alger (1 annexe à Tunis)	Basé à Perpignan
Cible : Allemagne	Cible : Allemagne	Cible : Allemagne	Cible : Italie	Cible : Italie	Cible : Espagne

amis (la Grande-Bretagne, mais aussi la Roumanie, la Pologne ou la Yougoslavie). En tout, le S.R., jusqu'à la guerre, va manipuler environ trois mille agents, dont plus de la moitié sur l'Allemagne. A ces agents (dont une dizaine de *grands agents* pouvant fournir des informations d'importance), il faut encore ajouter, en contre-espionnage, les *W* et les *W2*. Les premiers, choisis pour leur intelligence et leur loyauté, ont été infiltrés volontairement dans le S.R. adverse; les seconds sont des agents de pénétration ennemis retournés. L'un des meilleurs *W* français, selon le général Navarre, est un certain Doudot, chef du C.E. du BREM (voir encadré). Doudot, qui réussit le tour de force de travailler sous des identités différentes pour deux postes de l'Abwehr, a permis à Paris d'identifier plusieurs officiers ennemis et une trentaine de Belges et de Français œuvrant secrètement pour l'Allemagne. Mais surtout, le *Deuxième Bureau* recrutera Hans-Thilo Schmidt, le frère de l'un des officiers supérieurs les plus prometteurs de l'armée allemande. Jusqu'à son arrestation, en 1942, Hans-Thilo Schmidt rendra d'immenses services à la France et lui permettra, entre autres, de s'emparer d'*Enigma* (voir chapitre 6).

John Buchan et Eric Ambler,
deux précurseurs du roman d'espionnage britannique

Né à Perth (Ecosse) le 26 août 1857, John Buchan aura une carrière assez inhabituelle pour un romancier. Lieutenant-colonel durant la Première Guerre mondiale, il côtoie quelques agents secrets dont un certain Edmund Ironside, qui servira de modèle à *Richard Hannay*, son héros le plus populaire. Fait baron de Tweedsmuir en 1939, il est nommé, la même année, gouverneur général du Canada. Il écrira plus de trente romans, tous très lus en Grande-Bretagne, mais en France, il est surtout connu pour les inoubliables *Trente-neuf marches*, sombre affaire de complot balkanique se déroulant dans les brumes de Londres, portée à l'écran, entre autres, par Alfred Hitchcock.

Eric Ambler, lui, voit le jour en 1909 et publie son premier roman (en français, *Frontière des ténèbres*) à vingt-sept ans, en 1936. Ambler donne un nouveau souffle au roman d'espionnage en créant, d'une part, des personnages profondément humains et crédibles, souvent ballottés par la vie, et en s'inspirant, d'autre part, d'événements d'actualité : *"Dès mes premiers contacts avec la réalité contemporaine, le monde secret de la guerre et de l'argent, de la haute et de la basse politique, des individus qui y sont entraînés volontairement ou non"*, déclarera-t-il en juillet 1978 à son traducteur, Gabriel Veraldi, *"j'ai acquis une conviction que mes voyages et mes observations n'ont fait que renforcer. La vérité est une condition de notre survie à court terme"*[42]. Parmi ses meilleurs ouvrages, on compte *Le Masque de Dimitrios*, *Epitaphe pour un espion*, *La Croisière de l'angoisse*, *L'Affaire Deltchev*, *Les Trafiquants d'armes* et *Topkapi*[43].

Le S.R. français au Moyen-Orient et en Asie

Extrêmement présent en Allemagne, le S.R. français, s'il ne peut y consacrer les mêmes moyens, est néanmoins actif dans le monde musulman. Ainsi, René Bertrand, promu capitaine en avril 1918 à moins de vingt-trois ans (à sa mort, en 1966, il sera général de corps d'armée), est-il affecté, en 1923, comme attaché militaire près des légations de Kaboul et de Téhéran. Il y restera jusqu'en 1929, alternant exploits sportifs (en 1924, il réalise la première liaison automobile Téhéran-Kaboul sur autochenilles et sera, en 1929, l'un des organisateurs de la fabuleuse Croisière jaune) et collecte de renseignement[40]. Placé sous l'autorité du poste de Beyrouth, il l'inonde de rapports passionnants sur la politique intérieure des pays qu'il couvre. Tout le passionne et il tire magnifiquement parti de la localisation de son poste pour informer ses chefs des rapports que Téhéran ou Kaboul entretiennent avec l'URSS. Il s'intéresse aux armes que Moscou livre à l'Afghanistan (elles proviennent des stocks abandonnés en Sibérie par les armées blanches) et aux menées révolutionnaires en Inde; enfin, il n'oublie pas de rendre compte de chaque mouvement de ses collègues britanniques et tente de discerner les évolutions de la politique anglaise en Orient : Londres n'est-elle pas la grande rivale coloniale de Paris ?

Quelques années plus tard, dans le Maghreb, c'est aux menées soviétiques que nous voyons le S.R. s'opposer. Ses hommes s'intéressent tout particulièrement à un *Bureau technique et commercial*, établi au 43 de la rue Michelet, à Alger, considéré comme un centre de la subversion soviétique. Entre deux enquêtes et parallèlement au démantèlement de réseaux du *Komintern*, les agents français traqueront ainsi, de juillet 1930 à février 1932, de mystérieuses boîtes d'allumettes *made in Russia*, de marque *Cyclite*, répandues en Tunisie et en Algérie par les agitateurs de la rue Michelet. Ces boîtes, en apparence inoffensives, sont censées, d'après un informateur, renfermer des tracts réduits à une taille minuscule. Mais les agents du S.R. auront beau multiplier les achats surprises dans la plupart des bureaux de tabac d'Alger, ils ne mettront jamais la main sur le moindre bout de papier séditieux, *"bien que le contenu des boîtes ait été soigneusement examiné et le papier qui en recouvre les faces complètement enlevé"*[41]. Seule, aujourd'hui, une minuscule boîte de mauvais carton conservée aux Archives nationales témoigne de ce zèle méritoire...

Lutte à mort en Chine

Si le spectre communiste rôde entre Tunis et Alger, ce ne sont pas des fantômes qui s'affrontent à Shangaï. En 1927, les chemins de deux hommes que tout sépare vont s'y croiser. Pour le malheur de la Chine. Le premier, Zhao

Jung, est né en 1898 dans une famille de propriétaires terriens, mais il n'a pas dix-sept ans quand il quitte le domicile paternel, écœuré par l'exploitation des paysans dont il est le témoin. En 1924, le jeune homme, qui se fait désormais appeler *Kang Sheng*, est l'un des premiers membres du parti communiste chinois et il y fait montre d'exceptionnelles dispositions pour le travail de contre-espionnage. Le second, Dai Li, a passé sa prime jeunesse dans l'entourage d'un seigneur de la guerre avant de rallier le camp nationaliste de Tchang Kaï-chek. En 1927, les deux hommes se combattent par partisans interposés dans les rues de Shangaï : Dai Li est chargé de réprimer l'insurrection communiste. Pour s'acquitter de sa tâche, il estime que tous les moyens sont bons : c'est lui qui décide de brûler les communistes capturés dans les chaudières de locomotives... Quelques années plus tard, il est nommé à la tête du Bureau d'investigation et de statistiques (*Zhongyong Diaotongjiju*) du conseil militaire. Il a comme adversaire, toujours dans l'ombre, Kang Sheng[44], qui dirige le *Tewu*, le service de renseignement du PC chinois qui deviendra en 1939 le Département des Affaires sociales (*SHEHUIBU*). Les deux services vont se combattre durant des années, usant de toutes les méthodes : assassinats individuels ou en masse, tortures, manipulations diverses (Dai Li dispose, par exemple, de plusieurs bordels, dont l'un réservé aux homosexuels, pour piéger ses cibles). Même la guerre contre le Japon ne les empêchera pas de se vouer une haine mortelle.

Mais peu à peu, alors que le prestige de Dai Li grandit à l'étranger, et notamment aux Etats-Unis où il tire les ficelles d'un véritable lobby nationaliste, il perd de l'influence en Chine. Certes, il est nommé en 1943 directeur du SACO (*Sino American Cooperation Organisation*) qui coordonne les actions de la guérilla chinoise et des parachutistes de l'OSS (voir chapitre suivant), mais l'emprise des communistes croît sans cesse. En 1946, alors que la guerre civile entre nationalistes et communistes fait rage, Kang Sheng apprend que son rival effectue de fréquents voyages en avion pour rendre visite à sa maîtresse, une actrice de Shangaï. Il présente alors au pilote personnel de Dai Li un marché peut-être unique dans les annales de l'espionnage moderne : qu'il se sacrifie en précipitant son avion au sol, et sa famille sera richement entretenue. En mars 1946, l'avion s'écrase près de Nankin. D'après l'écrivain américain Ernest Volkman[45], le sacrifice du pilote n'aurait pas coûté cher à Kang Sheng : sa famille sera massacrée par les gardes du corps de Dai Li. Kang Sheng, lui, régnera sans partage sur l'appareil de sécurité chinois jusqu'à ce qu'un cancer l'oblige à se retirer, en 1970. A ce titre, il sera l'un des principaux acteurs des deux grands drames de l'histoire contemporaine de la Chine, le *Grand bond en avant* et la *Révolution culturelle*, qui se solderont par des dizaines de millions de morts...

Δ

(1) Dimitri Volkogonov, *Le vrai Lénine d'après les archives secrètes soviétiques*, Paris, Robert Laffont, 1995, p. 127.
(2) *Idem*, p. 129.
(3) *Idem*.
(4) *Idem*, p. 136.
(5) Ganetski, *De février à octobre*, cité dans *Lénine tel qu'il fut*, Moscou, éditions en langues étrangères, 1958, p. 657-667.
(6) Archives nationales, carton F7/14607.
(7) Cité dans Christopher Andrew et Oleg Gordievsky, *Le KGB dans le monde*, Paris, Fayard, 1990, p. 52.
(8) Pour en savoir plus sur le GRU, on se reportera au livre de Pierre de Villemarest, *GRU, le plus secret des services soviétiques*, Paris, Stock, 1988.
(9) R.H. Bruce Lockhart, *Mémoires d'un agent britannique en Russie (1912-1918)*, Paris, Payot, 1933, p. 214.
(10) *Idem*, p. 291.
(11) Andrew et Gordievsky, *op. cit.*, p. 65.
(12) Bruce Lockhart, *op. cit.*, p. 331.
(13) Andrew et Gordievsky, *op. cit.*, p. 73.
(14) *Idem*, p. 103.
(15) *Idem*, p. 104.
(16) Geoffrey Bailey, *La Guerre des services secrets soviétiques*, Paris, Plon, 1960, p. 46.
(17) Andrew et Gordievsky, *op. cit.*, p. 113.
(18) Pasteur suisse, Jules Humbert Droz milite très tôt dans le mouvement ouvrier. Devenu communiste en 1919, il est élu secrétaire du *Komintern* en 1921. Après plusieurs missions secrètes, il quitte ses fonctions en 1931. De 1946 à 1959, il sera secrétaire général du parti socialiste suisse.
(19) Andrew et Gordievsky, *op. cit.*, p. 90.
(20) Jean Valtin, *Sans patrie ni frontières*, Paris, Dominique Wapler, 1947, p. 19.
(21) *Idem*, p. 128.
(22) *Idem*, p. 215-216.
(23) Idem, p. 219.
(24) *Idem*, p. 317.
(25) *Idem*, p. 786.
(26) *Idem*, p. 725.
(27) Staline a entre autres fait comprendre à Stockholm que quelques ingénieurs suédois travaillant en URSS pourraient servir d'otages si la situation de Wollweber devenait critique.
(28) Cité in Andrew et Gordievsky, *op. cit.*, p. 167.
(29) *Idem*, p. 99.
(30) Nommé à l'État-Major général le 22 mai 1920, il a été couvert de décorations et récompensé en 1933 par Lénine pour services exceptionnels rendus après la révolution, dans l'organisation de la défense du pays. En novembre 1935, ce véritable bâtisseur de l'Armée rouge a été promu au

plus haut grade, celui de maréchal. Reconnu en URSS comme un chef de guerre, il est aussi considéré comme un scientifique de valeur.

(31) Selon Alexandre de Marenches, qui a préfacé le *Toukhatchevski, le bâtisseur de l'Armée rouge* de Sophie de Lastours, Paris, Albin Michel, 1996, p. 19-20 : *"Les preuves allemandes de la trahison du jeune maréchal étaient si grossières dans leur présentation, qu'on doute que Staline et ses proches, on ne peut mieux informés en ce domaine, aient pu se laisser si facilement abuser"*. Il est clair que la Gestapo a voulu utiliser la paranoïa de Staline en faisant circuler de faux documents en Tchécoslovaquie afin de faire croire que Toukhatchevski projetait un coup d'Etat. Mais il est possible que l'intervention de la Gestapo n'ait servi à rien de plus qu'à fournir un prétexte, dans la mesure où Staline avait de toute façon décidé de liquider le complot imaginaire avant même que Benes n'attire son attention dessus.

(32) D'après les témoignages d'anciens officiers du NKVD recueillis dans les années cinquante, il est probable qu'il ait auparavant été torturé. Le 26 mai 1937, lorsqu'il comprend que sa situation est désespérée, pour protéger sa famille, Toukhatchevski signe une déclaration dans laquelle il reconnaît l'existence d'un complot antisoviétique militaire et trotkiste et qu'il se trouve à sa tête. Il conclut : *"Le projet de complot date de 1932"*. Cité dans Sophie de Lastours, *op. cit.*, p. 237.

(33) Cité dans Sophie de Lastours, *op. cit.*, p. 223. Durant son procès, il a aussi été accusé d'être à la solde du Japon (!).

(34) On affirme que leur exécution a eu lieu à la Loubianka, place Dzerjinski à Moscou.

(35) Jean Valtin, *op. cit.*, p. 695.

(36) Cité dans Sophie de Lastours, *op. cit.*, p. 14.

(37) Note du 26.05.25, État-Major, Deuxième Bureau, Service historique de l'Armée de terre, fonds privés, cote 1K173, *Papiers Andlauer*.

(38) Rapport du commandant Roux, chef du poste de Strasbourg, 18.11.25. *Idem*.

(39) Général Henri Navarre, *op.cit.*, p. 25-26.

(40) Des archives du général Bertrand sont conservées au SHAT (Vincennes) sous la cote 1K246 (Fonds privés).

(41) Rapport secret en date du 18 février 1931, Tunis. Archives nationales, cote F7/14987.

(42) Interview publiée en introduction au roman *Les Trafiquants d'armes*, Paris, Seuil, 1985.

(43) Tous les romans d'Eric Ambler en traduction française sont publiés aux éditions du Seuil, au format de poche (Points roman).

(44) L'incontournable Roger Faligot a publié, avec son complice Rémi Kauffer, un livre unique sur le maître du S.R. chinois, *Kang Sheng et les Services secrets chinois*, Paris, Robert Laffont, 1987.

(45) Ernest Volkman, *Spies, the Secret Agents who Changed the Course of History*, New York, John Wiley and Sons inc., 1994, p. 175.

6
La Seconde Guerre mondiale

Lorsque la Seconde Guerre mondiale éclate, en septembre 1939, commence une période particulièrement troublée de l'histoire du renseignement. Pendant près de six ans, dans l'ombre, les services secrets des grands belligérants vont s'affronter en une guerre sans pitié, mille fois plus cruelle et sans merci que la guerre visible ne peut l'être. Mais quels sont les acteurs en présence dans cette guerre secrète qui va se livrer en Europe ?

SD et Abwher

Du côté allemand, deux services vont, dès les premiers jours de la guerre, rivaliser dans la course au renseignement, en un affrontement que l'on peut résumer à celui des deux hommes qui sont à leur tête : l'amiral Wilhelm Canaris et le SS Reichführer Heinrich Himmler. Le premier préside aux destinées de l'Abwehr, le S.R. de l'armée; le second est le chef suprême de la SS et donc de son service de renseignement, le SD (*Sicherheitsdienst* ou *Service de sécurité*). Il est entendu pour tout un chacun que Himmler, l'homme des basses besognes du régime hitlérien, grand ordonnateur de la solution finale, patron de la Gestapo et des camps de concentration et d'extermination et sans doute criminel contre l'humanité numéro un du régime, est un être abject. Wilhelm Canaris, lui, offre une image nettement plus contrastée. Canaris n'est pas Himmler et l'organisation qu'il dirige ne sombrera pas dans les horreurs commises par la SS. Mais là devrait s'arrêter le certificat de bonne conduite de cette organisation, car si l'Abwher ne torture pas ses prisonniers, il lui arrive plus souvent qu'à son tour de les livrer à la Gestapo, sommée d'obtenir les aveux vainement sollicités par les "honnêtes officiers" de l'armée... Mais si Canaris est l'un des hommes les plus puissants du régime et qu'il profite amplement de tous les avantages que ce statut peut procurer, il n'en reste pas moins qu'il entretiendra des rapports ambigus avec les services anglais et sera mêlé à différents complots contre Hitler. L'Abwher et le SD, donc, même s'ils concourent aux mêmes fins, vont régulièrement se combattre, affrontement qui, à partir de 1943, va tourner à l'avantage définitif de l'ordre noir SS. L'un des nœuds du problème réside dans la volonté hégémonique du chef suprême des SS : Himmler qui, au fil des avancées de l'armée allemande, a pu installer, dans tous les pays occupés, des échelons des différents services de la SS (et donc du SD, parfois désigné sous le nom de "SIPO-SD" pour *SichereitsPolizei-SD*), enrage de ne pouvoir étendre ses activités hors des frontières du Reich et de ses conquêtes. L'Abwher, de son côté, lui donne des arguments : si elle enregistre de grands succès à l'Est, notamment grâce aux réseaux du général Gehlen auquel nous reviendrons dans un prochain chapitre, elle se montre incapable de lutter efficacement contre les grands réseaux montés par Moscou, qu'il s'agisse de l'*Orchestre rouge* ou du G*roupe Dora* en Suisse. Petit à petit, tirant profit de chaque faiblesse de ses adversaires, Himmler va prendre barre sur l'Abwher. Dès 1943, il a, de fait, la haute main sur toutes les opérations de renseignement allemandes. Et en août 1944, lorsque Canaris sera arrêté et déporté, les S.R. allemands seront définitivement unifiés.

Churchill veut "mettre le feu à l'Europe"

En Grande-Bretagne, plusieurs services collaborent étroitement dans la lutte contre l'appareil de renseignement nazi et dans la collecte de renseignement. D'abord, bien entendu, comme lors de la Première Guerre mondiale, le MI5 (contre-espionnage), le MI6 (renseignement extérieur) et la Special Branch continuent à œuvrer dans leurs domaines respectifs. Mais l'importance de la Résistance armée, qui sera l'une des caractéristiques du conflit, pousse bientôt les Anglais à créer un nouveau service qui, pur produit de la guerre, deviendra une gigantesque organisation avant de disparaître avec la fin des hostilités : le SOE, pour *Special Operations Executive*, qui voit le jour le 22 juillet 1940. La tâche du SOE est surhumaine puisqu'il est programmé pour coiffer les activités paramilitaires de l'ensemble des réseaux clandestins agissant derrière les lignes ennemies sur tous les terrains d'opérations. On trouvera ainsi ses hommes de la Norvège à la Birmanie. En théorie, seule l'action militaire irrégulière relève de l'autorité du SOE, dirigé par le major-général sir Colin Gubbins : Churchill lui a ordonné de *"mettre le feu à l'Europe"*. Outil de guerre non conventionnel, il échappe cependant à l'emprise des militaires qui nourriront toujours une grande méfiance à l'égard de cette organisation jugée peu professionnelle. En théorie, les activités de renseignement, du seul ressort du MI6, échappent au SOE qui, en revanche, est chargé d'expédier armes et matériels divers aux réseaux de la

Résistance. En théorie seulement, car la guerre menée par la Résistance est très particulière. Si, dans les zones de maquis, son activité est le plus souvent purement politico-militaire (propagande et action), elle se révèle nettement plus complexe dans les régions urbaines et semi-urbaines. Un même réseau peut donc mener à la fois un travail politique (impression et diffusion de journaux, propagande dans les troupes allemandes, organisation d'activités syndicales), militaire (sabotage et attentats) et de renseignement. Ce flou sera à l'origine de bien des frictions entre le SOE et le MI6, surtout quand, à partir de 1942, le premier, fort de ses relations privilégiées avec l'OSS américain, empiétera de plus en plus sur la chasse gardée du second.

Enfin, Londres crée un deuxième service particulier : le MI9 (*Military Intelligence Nine*), spécialisé dans la mise sur pied de filières d'évasion pour les pilotes abattus et les prisonniers évadés des stalags et des oflags. Au niveau central du MI9, comme à celui des véritables services de renseignement créés de toutes pièces par les prisonniers dans leurs camps, la collecte d'informations est vitale, comme le souligne Aidan Crawley, qui fut officier de renseignement dans plusieurs camps de prisonniers de guerre : *"Comme pour les opérations militaires, le renseignement est la base de chaque évasion. Avant qu'un prisonnier ne coupe les barbelés, il faut qu'il étudie les systèmes défensifs du camp, qu'il connaisse exactement les endroits non couverts par des mitrailleuses, là où il risque le moins d'être vu par les sentinelles (...) Une fois sorti du camp, plus l'évadé était bien 'renseigné', plus il avait de chances de voyager sans incident à travers l'Allemagne (...) Pour mettre au point tous ces détails indispensables, un service de renseignement fut établi dans chaque camp. Il y eut un officier et un comité chargé de réunir le plus d'informations possibles. On interrogeait soigneusement les nouveaux arrivants qui venaient d'être transferés. Tous les civils allemands qui venaient travailler au camp étaient contactés avec précaution (...) Chaque renseignement précis représentait des heures entières d'un labeur insipide"*[1]. Le know-how accumulé par le MI9 durant la Seconde Guerre mondiale ne sera pas perdu : les mêmes méthodes serviront durant la guerre de Corée et certaines techniques acquises à cette époque sont toujours enseignées dans les écoles militaires britanniques.

Les Etats-Unis redécouvrent l'espionnage

Le 7 décembre 1941, en bombardant Pearl Harbour, les Japonais précipitent les Etats-Unis dans la Deuxième Guerre mondiale. Les forces immenses mobilisées par Washington pour la guerre vont, comme le rouleau compresseur russe à l'Est, jouer un rôle décisif dans la défaite des forces de l'axe. Mais curieusement, jusqu'à l'été 1941, les Américains, s'ils ont plusieurs S.R. militaires, ne disposent pas d'un service de renseignement civil digne de ce nom. Cette lacune va être comblée par un véritable personnage de roman : William *Wild* Donovan. Avocat d'origine irlandaise, vétéran de la Première Guerre mondiale, Donovan a convaincu, non sans peine, le président Roosevelt de lui laisser créer un S.R. civil, qui prendra, dans un premier temps, le nom de *Office of The Coordinator of Information* (COI). En quelques mois, le jeune service de Bill Donovan va connaître une croissance phénoménale, le tout dans le plus grand désordre. Deux anciens de l'OSS, Stewart Alsop et Thomas Braden ont raconté, il y a plus de quarante ans, ce qu'était le COI à ses débuts : *"La méthode de Donovan pour lancer une organisation ? C'est bien simple. Imaginez qu'on renverse un tonneau de mélasse par terre. Cela s'étale dans toutes les directions. Eh bien, avec lui, ça finit par s'étaler dans quelque chose qui ressemble à un plan"* [2]. Une anecdote permet de mieux saisir comment fonctionnait Donovan : *"Un professeur d'histoire de l'Université de Harvard arriva à Washington. On l'avait fait venir pour prendre la direction du Bureau des Recherches de l'OSS. Quand il arriva à son bureau, il y trouva quelqu'un qui se présenta comme directeur du Bureau des Recherches de l'OSS. Le professeur se sentit tout perplexe et un peu ennuyé. A tout hasard, il décida d'en référer à l'autorité supérieure : - Ah ! Je vois. Nous allons arranger ça. Lui sera le directeur et vous, vous serez le chef"* [3]. Ainsi était Donovan. Le plus incroyable, c'est que cet homme, génie inégalé de l'art subtil de la désorganisation et du désordre, va bâtir de toutes pièces un immense service de renseignement qui, par bien des aspects, reste un exemple. La première grande idée de Donovan sera de recruter les meilleurs cerveaux des Etats-Unis : diplomates, universitaires, avocats, hommes d'affaire, artistes; tout ce qui pouvait apporter quelque chose à l'édifice commun était immédiatement embauché. Aussi bien James Phinney Baxter III, l'historien *"perplexe et un peu ennuyé"* que nous venons d'évoquer, qui prend en août 1941 la direction du service *Recherche et Analyse*, que le philosophe Herbert Marcuse ou le cinéaste John Ford. Les hommes de Donovan seront donc des amateurs mais dans le sens le plus noble du terme : des individualités très fortes, passionnées par leur nouveau "métier" et palliant leur inexpérience par l'improvisation et l'audace tempérée de réflexion. Le tout avec une touche de génie... Nombre de ces hommes continueront, après la guerre, à faire carrière dans la CIA, l'héritière (nettement plus bureaucratisée) de l'OSS. Le plus célèbre de tous étant sans doute Allen Dulles qui, après avoir dirigé le bureau new-yorkais du service naissant, se retrouvera à Berne avec pour mission d'implanter et de contrôler des réseaux dans toute l'Europe occupée et deviendra, au début des années cinquante, l'un des premiers patrons de la CIA.

Après des débuts prometteurs, le COI se transforme, le 13 juin 1942, en Office of Strategic Services (OSS). Pour l'historien français de cette organisation, Fabrizio Calvi : *"Une fantastique machine à espionner et à subvertir*

Fiches d'identité de quatre chefs du renseignement nazi

Canaris, Wilhelm : né en 1887 à Aplerbeck. Entré dans l'armée en 1905, il fait la Première Guerre mondiale dans les S.R. et est mêlé, après la chute du Reich, à l'action des "corps francs" nationalistes et antibolcheviques dans les régions baltiques. Premier officier, en 1922, sur le *Berlin*, croiseur-école de la marine allemande, il est rapidement rattaché à l'état-major. Imposé à la tête de l'Abwher par les nazis, dans les rangs desquels il compte de nombreux amis de l'époque des "corps-francs", il en prend la direction le 1er janvier 1935. Compromis dans le complot de juillet 1944 contre Hitler, il est exécuté le 9 avril 1945 au camp de concentration de Flossenburg.

Heydrich, Reinhard : né à Halle en 1904, fils d'un chef d'orchestre. Prototype de l'aryen cher au cœur des nazis, il sera chassé de la marine, dans laquelle il est officier, pour *"manquement grave à l'honneur"* en 1930 (il a séduit et abandonné une jeune fille). Membre précoce du parti nazi, capitaine dans la SS dès 1934, il est chargé par Himmler de l'organisation du SD et de la Gestapo. C'est à lui que l'on devra quelques-uns des plus grands succès de l'espionnage nazi, dont la manipulation qui décapitera l'Armée rouge (voir chapitre 5). Il organisera également avec succès un bordel haut de gamme, le Salon Kitty, où des diplomates étrangers en poste à Berlin sont censés révéler leurs secrets sur l'oreiller. Le 31 août 1939, il est à l'origine de *l'incident de Glewitz*, une provocation menée par l'un de ses adjoints, Alfred Naujocks, et qui aboutira au déclenchement de la Seconde Guerre mondiale. En janvier 1942, c'est lui qui préside la *conférence de Wannsee* qui jette les bases de la *Solution finale de la question juive en Europe*. Nommé protecteur de Bohème-Moravie (l'une des parties de la Tchécoslovaquie dépecée par les nazis), il est exécuté, à Prague, par deux résistants tchèques, Jan Kubis et Josef Gabcik, le 27 mai 1942. Pour le venger, les SS détruiront et raseront le village de Lidice et extermineront ses centaines d'habitants...

Müller, Heinrich (1900- ?) : en 1953, alors que l'URSS entame la libération des prisonniers de guerre allemands, une curieuse rumeur se répand dans la communauté occidentale du renseignement. Lors de leur *debriefing*, plusieurs officiers expérimentés des S.R. allemands auraient raconté la même histoire, difficile à avaler pour leurs interrogateurs : tous prétendent avoir vu, au cours de leur interrogatoire, l'ancien chef de la Gestapo, Heinrich Müller. Détail : celui-ci n'était pas détenu et portait... un uniforme de colonel du KGB ! Né avec le siècle à Munich, dans une vieille famille de policiers, Müller suit sans hésiter la tradition familiale. Entré dans la police en 1919, il est inspecteur en 1929 lorsque ses chefs le chargent plus particulièrement de la surveillance du NSDAP, le parti nazi. N'étant pas membre du parti et jouissant d'une excellente réputation d'incorruptible, Müller est persuadé que l'accession de Hitler au pouvoir le 31 janvier 1933 va se traduire, pour lui, par la perte de son emploi. Il ne cache donc pas sa surprise lorsque Heydrich lui demande de créer une section antisoviétique au sein de la police. Müller mettra à cette tâche autant de froide ardeur qu'il a manifestée, quelques années plus tôt, dans la chasse aux nazis. Entouré d'une équipe de policiers professionnels qu'il choisit avec soin, entre autres pour leur apolitisme, il va porter des coups terribles au P.C. et aux organisations clandestines du renseignement soviétique. Certains de ses rivaux, comme Walter Schellenberg, commenceront, vers 1942, à nourrir l'idée que celui qu'on surnomme désormais Gestapo-Müller pourrait bien poursuivre un double jeu très personnel. Les services de Schellenberg auraient ainsi capté d'étranges signaux radio indécodables émis depuis le quartier général de la Gestapo, en plein centre de Berlin. D'autre part, pourquoi Müller s'ingénierait-il à continuer, après la chute de l'*Orchestre rouge*, un jeu radio qui ne peut réellement tromper les Soviétiques ? Resté à Berlin jusqu'à la chute de la ville, Heinrich Müller ne sera plus vu vivant en Allemagne après le 29 avril 1945. Officiellement, il aurait trouvé la mort en tentant de fuir la ville, et son corps, non identifié par les Soviétiques, aurait alors été inhumé dans une fosse commune. D'après certains témoignages, il aurait été aperçu en 1953 en Albanie et en Allemagne de l'Est, deux pays où il aurait travaillé comme conseiller des polices secrètes communistes. A la fin des années soixante, en tout état de cause, deux agents du Mossad israélien seront brièvement arrêtés pour avoir tenté de s'introduire dans la maison de la veuve de Müller. Certains spécialistes du renseignement, comme Pierre de Villemarest, estiment que le double jeu de Müller et sa récupération par les services communistes est un fait établi, mais aucune preuve sérieuse n'a jamais été avancée pour corroborer cette thèse. Le problème, c'est qu'aucun élément ne permet de l'infirmer et que, depuis sa dernière apparition dans le bunker de Hitler le 29 avril 1945, Gestapo-Müller, officiellement, n'est plus qu'un fantôme. Une ombre inssaisissable.

Schellenberg, Walter (1910-1954) : fils d'un fabricant de pianos de Sarrebrück, intelligent, élégant, cultivé, mais nazi jusqu'au bout des ongles, Walter Schellenberg étudie le droit avant de rejoindre l'appareil de sécurité du parti d'Adolf Hitler. Véritable "boîte à penser de Heydrich", il est en grande partie à l'origine de la création du RSHA et, en 1938, c'est lui qui est à l'origine de *l'incident de Venlo*, au cours duquel le chef de poste du MI6 en Hollande est enlevé par les SS. Etoile montante du SD, il sera dès lors obsédé par l'idée de contrôler l'ensemble du renseignement allemand et deviendra le principal instrument de Himmler dans la sourde lutte qu'il mène contre Canaris. Schellenberg est toutefois un homme complexe que son intelligence empêche d'être aveuglé par l'idéologie nazie. Ainsi, il sera l'un des protecteurs du docteur Kersten, le kinésithérapeute de Himmler, l'homme qui, soulageant le chef des SS d'épouvantables crampes d'estomac, fait payer ses soins en demandant la libération de résistants et d'internés juifs des camps de concentration et sauvera ainsi des milliers de vies. Véritable maître de l'espionnage nazi, Walter Schellenberg cherchera, dès 1943, à entrer en contact avec les services secrets américains, et plus particulièrement avec Allen Dulles qui dirige l'antenne de l'OSS à Berne. Condamné à une peine de prison légère à Nuremberg, l'homme dont l'ambition avait été de devenir le plus jeune général allemand (on le surnommait le benjamin nazi) mourra d'un cancer, à Turin en 1954, à l'âge de quarante-quatre ans.

venait de naître. Son modèle allait révolutionner le monde des services secrets. Pour la première fois, une seule et même organisation allait s'occuper simultanément de renseignement et d'action, s'intéressant ausi bien au domaine politique que militaire..." [4]. Deux chiffres permettent de juger de ce succès. A l'époque du COI, Bill Donovan ne peut compter que sur une quarantaine de collaborateurs; à la fin de la guerre, il régne sur une OSS forte de douze mille hommes et présente sur tous les théâtres d'opérations.

L'aveuglement de Moscou

Ce n'est un paradoxe qu'en apparence : alors que l'action politique communiste et l'espionnage soviétique avaient été omniprésents en Allemagne avant la guerre — de juin 1931 à décembre 1932, plus de trois cents affaires d'espionnage, ayant toutes un rapport avec Moscou y furent découvertes[5] ! —, le Kremlin, à la fin des années trente, est quasiment aveugle et sourd à ce qui se passe à Berlin. La chasse aux espions (et aux communistes) menée par la police hitlérienne et les purges staliniennes qui ont décimé l'Apparat communiste, à commencer par les agents et chefs de réseau du *Komintern*, se sont ligués pour arriver à ce résultat. De plus, Staline est persuadé que les grands ennemis de l'Union soviétique restent, comme aux années de la guerre civile, la France et la Grande-Bretagne. Jusqu'à l'invasion allemande de juin 1941, il restera convaincu que l'on peut s'arranger avec Hitler; pire : derrière toute information envoyée par des agents qui continuent à faire leur travail, mettant en relief le danger d'une agression allemande contre la Russie, Staline verra la trace d'un complot franco-britannique visant à provoquer une guerre entre Moscou et Berlin. Pourtant, à son insu parfois, l'un des deux services de renseignement, le GRU, va mettre en place dès la deuxième moitié des années trente, notamment sous la direction du général Jan Berzine (qui sera liquidé en 1938), trois réseaux qui vont jouer un rôle décisif dans la guerre : ceux de Léopold Trepper (Belgique et France), Richard Sorge (Japon) et Sandor Rado (Suisse). Etablis par le GRU, ces groupes seront, de fait, activés et contrôlés par le NKVD qui, depuis les purges, a la haute main sur tout l'appareil de sécurité et de renseignement.

A Vichy, les S.R. français préparent la revanche

L'occupation de la France crée une situation très particulière : deux pouvoirs s'affrontent, l'un à Vichy, tirant sa légitimité du vote d'un parlement en déroute qui a donné les pleins pouvoirs à Pétain, l'autre à Londres, qui, autour du général de Gaulle, compense son manque de légalité formelle par le poids moral qu'il va prendre au fil des mois.

Logiquement, deux services de renseignement vont donc se développer parallèlement. Rivaux et en apparence dévoués à des politiques totalement différentes, ils poursuivent pourtant les mêmes fins. A Vichy, le colonel Rivet crée, le 25 août 1940, le Service des Menées antinationales (MA), admis par les Allemands et les Italiens dans le cadre des accords d'armistice, et qui s'adjoint deux petites sections de renseignement axées sur la Grande-Bretagne et l'URSS. Pour Berlin et les collaborationnistes zélés qui entourent le maréchal Pétain, il est évident (au moins durant un temps) que les *menées antinationales* à réprimer sont celles qui sont dirigées contre le nouvel Etat français du maréchal et sa politique de collaboration. En réalité, le S.R., comme une bonne partie de l'armée d'armistice, au sein de laquelle naîtra bientôt l'ORA (Organisation de résistance de l'armée), est bien décidé à poursuivre la lutte contre l'envahisseur. Sous couvert du service MA, le colonel Rivet et ses adjoints ont, en effet, créé toute une structure clandestine de renseignement (MA1) et de contre-espionnage (MA3) qui renseigne Londres et lutte contre les ingérences allemandes et italiennes dans la zone libre. Le MA3, commandé par le capitaine Paul Paillole et camouflé sous l'apparence d'une entreprise de travaux ruraux (d'où la désignation *TR* qui lui sera rapidement accolée), développe une activité et des "postes" séparés de ceux du renseignement pur (MA1), mais les deux branches clandestines du service MA collaborent étroitement.

A Londres, le général de Gaulle a délégué au capitaine André Dewavrin (alias le *colonel Passy*), un ancien professeur de l'école militaire, la lourde tâche de créer un Bureau central de renseignement et d'action (BCRA) aux tâches multiples. Le BCRA doit, en effet, mener, en coordination avec les Anglais du MI6, des opérations de renseignement, mais aussi actionner, seul ou avec le SOE, les réseaux de sabotage et les maquis. Enfin, il est chargé d'importants travaux d'analyse politique et on lui doit non seulement des études régulières et fouillées de l'état d'esprit de la France occupée mais aussi l'élaboration de projets politiques pour l'après-guerre. Enfin, le BCRA se livre également à d'intenses recherches dans le secteur économique. Le but ainsi poursuivi est évident : comprendre la politique et l'organisation de l'économie de Vichy pour préparer une transition sans heurt à la libération. Les renseignements gaullistes bénéficieront, par exemple, à partir de décembre 1942, d'une source extrêmement bien placée (connue sous le pseudonyme de *Bertrand*) dans les milieux du cinéma. Dans son premier rapport, diffusé le 15 décembre 1942 par le BCRA et que nous avons retrouvé aux Archives nationales, *Bertrand* dresse une synthèse très complète et documentée de la vie d'une industrie qui fait travailler deux cent cinquante mille personnes : tout y est passé en revue, l'activité de production, l'état d'esprit de la corporation, les progrès techniques en prise de vue, la fabrication d'appareils et de pellicule... Au passage, *Bertrand* brosse des por-

Ernest Hemingway, escroc du renseignement

Les dix années d'expérience accumulées par le colonel John Thomason Jr., du corps des Marines, au sein de l'ONI (Office of Naval Intelligence, le renseignement de la marine), ne l'empêcheront pas de commettre une grossière erreur de jugement le jour où il "engage" son vieil ami Ernest Hemingway comme informateur. Censé profiter de ses voyages pour glaner ici et là des renseignements qui pourraient aider l'ONI, l'écrivain-reporter se laisse entraîner par son imagination plus souvent qu'à son tour et ne ramène en général à Thomason que des rumeurs sans fondement, des ragots de bar et des indiscrétions de bordels. Le tout lié par un assaisonnement de fumeuses théories géopolitiques. Fatigué de ne pas être pris au sérieux, ce n'est pourtant pas à l'ONI mais bien au département d'Etat qu'Hemingway va vendre sa plus belle histoire.

Vivant à Cuba, paradis des amateurs de jolies filles, de gros cigares et de rhum, l'écrivain persuade un autre de ses amis, l'ambassadeur Spruille Braden, que la colonie des réfugiés de la guerre civile espagnole qui hante La Havane abrite en fait une véritable cinquième colonne de vingt mille fascistes prêts à prendre le pouvoir dès que les Etats-Unis entreront dans la guerre. Pour faire bonne mesure, il n'hésite pas à affirmer que les comploteurs sont ravitaillés par des sous-marins allemands. Personne, ni à l'ambassade américaine à Cuba ni à Washington, ne mettra en cause une seule ligne de ce mauvais roman. Bien au contraire : le S.R. du département d'Etat n'hésite pas une seconde à dégager des fonds pour permettre à Hemingway d'embaucher quelques Espagnols sûrs — il engagera, en fait, une trentaine de tenanciers de bars, joueurs de cartes et autres trafiquants d'alcool et de cigarettes —, avec lesquels il se charge de traquer les agents nazis et, surtout, de faire la chasse aux sous-marins fantômes. Entre son quartier général du *Floradita Bar* et son bateau de pêche, le *Pilar* — du nom de la maîtresse de Robert Jordan dans *Pour qui sonne le Glas* —, Hemingway et ses acolytes ne feront pas grand-chose pour le renseignement américain, mais ils dépenseront allègrement l'argent de l'oncle Sam en beuveries mémorables, interminables parties de poker et joyeuses expéditions de pêche. A tel point que l'agent spécial Raymond Leddy, représentant du FBI à La Havane, ne mettra guère de temps à se convaincre qu'Ernest Hemingway a trouvé là un bon filon lui permettant, en ces temps de rationnement d'essence, de se procurer le carburant nécessaire à la poursuite des expéditions de pêche dans les mers des Caraïbes. Mais toute chose a une fin et les rapports de Leddy, dûment utilisés à Washington par J. Edgar Hoover, le patron du FBI, finiront par pousser l'ambassadeur Braden à en finir avec cette expérience.

D'après l'écrivain Ernest Volkmann, c'est à compter de cette royale magouille que le FBI mettra Hemingway sous surveillance permanente. Une opération qui durera jusqu'à sa mort, engloutira des sommes vertigineuses et produira des dizaines de milliers de pages de rapports qui feront peu pour la gloire du Bureau. Mais Volkmann souligne aussi que ce sont ces fameuses parties de pêche financées par l'administration qui permettront à Ernest Hemingway de rassembler la matière du *Vieil homme et la mer*, publié en 1952, qui lui vaudra le Prix Nobel de littérature en 1954.

traits cruels de ceux qui ont en charge le cinéma français occupé. Tixier-Vignancourt, avocat et figure de l'extrême droite française, que Vichy a placé aux commandes de ce secteur, n'échappe pas à sa prose vengeresse : *"Avocat de très grand talent, pauvre parlementaire, ivrogne à ses heures, possède une qualité primordiale : celle de ne pas savoir ce qu'est le cinéma..."* [6].

Selon une légende tenace, le général de Gaulle s'intéresse peu au renseignement et aux services spéciaux. Officier de la vieille école, il trouverait dans ces activités de l'ombre quelque chose de subalterne. Les *Mémoires de guerre* du chef de la France Libre témoignent d'une autre réalité : le Général n'hésite pas à défendre les prérogatives de ses hommes face aux grands alliés anglais qui ont tendance à considérer que l'ensemble des services secrets des pays occupés représentés à Londres ne sont, au mieux, que des appendices du MI6 ou du SOE. Des documents que nous avons retrouvés aux Archives nationales[7] et qui n'avaient pas été exploités jusqu'à ce jour complètent cette peinture et éclairent d'un jour cru les rivalités bien connues qui empoisonnent les relations entre le BCRA et ses interlocuteurs anglais.

A Londres, de Gaulle défend "ses" services

Plusieurs questions opposent en effet Français et Anglais. L'une des plus importantes est le passage obligé par *Patriotic School*, infligé par le MI5 à tout ressortissant d'un pays occupé qui arrive à Londres pour se mettre au service de son gouvernement en exil. En soi, l'existence de cet organisme — *Patriotic School* désigne en fait plusieurs centres fermés de Londres et des environs, dans lesquels les nouveaux arrivants sont interrogés — n'a rien de choquant. Il est normal que l'Angleterre tente de se protéger (et de protéger ses alliés) des tentatives de pénétration d'agents ennemis se faisant passer pour des résistants : à *Patriotic School*, les spécialistes du contre-espionnage passent donc leurs hôtes forcés "à la moulinette". Interrogatoires, contre-interrogatoires : le nouveau venu doit livrer sa biographie, s'expliquer sur ses activités résistantes, parler de ses contacts et de la composition de son réseau. Des questions en apparence anodines — *quand vous sortiez de chez vous, à combien de mètres se trouvait la bouche de métro la plus proche ? Parlez-nous de tel magasin (qui peut être fermé depuis des années), etc.* —, posées par des hommes qui connaissent les lieux, les milieux et les personnes évoqués, permettent en théorie de réduire à néant les couvertures des agents ennemis. A condition qu'ils aient été mal préparés. Car, si l'Abwehr ou le SD se sont donnés un peu de mal, leur envoyé n'aura que peu de difficultés à passer à travers les mailles du filet. Les vrais résistants, eux — et ils forment l'immense majorité des "clients" de *Patriotic*

School —, qui ont pris tous les risques pour servir leur pays, prennent très mal cette suspicion. Sans compter que les méthodes britanniques manquent parfois de l'humanisme le plus élémentaire. Le 12 octobre 1941, un contingent de volontaires français est, par exemple, parqué à York, dans le baraquement sans chauffage d'un... camp de prisonniers de guerre allemands ! Et parfois, le drame éclate : début 1943, à *Camberwell Institute* (une filiale de *Patriotic School*, à Peckham), un jeune Français, Stéphane Manier, se donne la mort entre deux interrogatoires, désespéré d'être considéré comme un suspect. Suite à cette tragédie, de Gaulle lui-même prendra la plume, le 10 mai 1943, pour protester contre le traitement infligé aux volontaires français par le MI5.

Georges Boris, proche collaborateur du Général, propose alors que les Français soient divisés en trois catégories : les premiers, *"en provenance d'un territoire relevant de l'autorité de la France combattante ou d'un pays allié"* (c'était le cas du malheureux Stéphane Manier), seraient dispensés du passage par *Patriotic School* une fois leur identité établie; les seconds, *"déjà connus des services de la France combattante et qui arrivent de France avec le concours des services britanniques"*, seraient, eux aussi, exemptés de toute mesure particulière (en fait, c'est, pratiquement, déjà le cas); les autres, *"qui ne sont pas connus"* et arrivent par leurs propres moyens, resteraient soumis au système de contrôle. Celui-ci, toutefois, devrait être allégé, *"une certaine tendance se manifestant à transformer le centre de sécurité de* Patriotic School *en un centre de renseignements généraux sur la France, où les interrogatoires sont de plus en plus poussés et prolongés"*.

Or, outre le fait qu'elle agace le BCRA, cette pratique désorganise gravement son travail : parachutages ou "rotations" en avion léger sont soumis à des plannings stricts, et les retards enregistrés à *Patriotic School* se répercutent d'autant sur le retour des agents en France. De même, les Français voient d'un mauvais œil leurs alliés britanniques tenter de recruter certains des hommes qu'ils interrogent. L'affaire atteint de telles dimensions que le ministre des Affaires étrangères, Anthony Eden, écrit lui-même, le 10 novembre 1941 à de Gaulle. Justifiant les enquêtes de sécurité, il ajoute : *"Très occasionnellement, des volontaires présentant des qualifications particulières se voient demander s'ils accepteraient de travailler pour un service britannique si les autorités de la France Libre n'y voyaient pas d'inconvénient..."* [8]. Toutefois, assure-t-il, *"aucune pression n'est exercée"* dans ce sens. Mais la question des interrogatoires de sécurité n'est qu'un des éléments qui opposent "Français libres" et Anglais.

Le 7 mai 1942, Charles de Gaulle dresse, dans une lettre à Anthony Eden, l'état des lieux : *"Comme vous le savez, les services spéciaux français ont pris un développement important; ils apportent à la cause alliée, dans le domaine des renseignements, des résultats déjà substantiels. Ils seraient, dans le domaine de l'action, en mesure de concourir d'une manière efficace à des opérations d'envergure sur le continent. Mais il ne saurait vous échapper que cette contribution de la Résistance française, très périlleuse pour nos concitoyens, et très difficile, constitue un tout. Nous estimons qu'il nous appartient de l'organiser. En fait, d'ailleurs, nous ne croyons pas que rien soit obtenu d'efficace, dans cet ordre d'idées, sinon par nous-mêmes. Ce point de vue ne paraît, malheureusement, pas partagé par certains des services spéciaux britanniques. Il en résulte, entre vos services et les nôtres, de continuelles frictions. De là, beaucoup d'occasions perdues et, en tous cas, de grands retards. Je crois devoir vous proposer, une fois de plus, que les relations entre les services spéciaux britanniques et français soient décidément établies dans tous les domaines sur des bases de confiance et de collaboration qui n'existent pas, à beaucoup près, pour le moment (...) En attendant que la coopération des services spéciaux britanniques et français puisse être établie d'une manière satisfaisante, les nôtres se borneront, avec les vôtres, à l'expédition des affaires en cours"* [9].

Séance de conciliation entre le BCRA et les S.R. anglais

Deux mois plus tard, le *colonel Passy* envoie un mémo confidentiel au chef d'état-major du général de Gaulle. Ce document, pour le chef du BCRA, devrait être la "bible" des rapports entre Français et Anglais. Il a été établi à la demande du Général pour permettre à son état-major de rédiger une note à l'attention d'Anthony Eden. Après avoir rappelé le principe de base des accords du 7 août 1940 entre Churchill et de Gaulle — *"ce dernier reconnaît le commandement supérieur britannique pour la conduite de la guerre, mais reste seul maître de ses troupes"* [10] —, Passy insiste : *"Par analogie, le général de Gaulle doit être le seul maître de l'action secrète à entreprendre en France à l'aide de ses moyens propres, qu'il devra mettre en œuvre, dans le domaine des opérations de guerre, conformément à un plan d'ensemble étudié entre le gouvernement britannique et lui-même"* [10]; mais le plan d'action en France étant *"fonction des événements"*, Passy propose de créer un *"comité dirigé par de Gaulle, chargé de l'action en France et où siégera un ou plusieurs Britanniques"* [10].

Ce choix de commandement étant posé, *Passy* s'en prend à la règle voulant que, pour le renseignement, le BCRA doive travailler avec le MI6 mais que son interlocuteur pour l'action soit le SOE : du fait de cette stricte répartition des rôles (voulue et défendue bec et ongles par le MI6), tout agent envoyé en France avec les moyens de transport et l'aide du S.R. britannique *"prend un caractère définitif d'agent de renseignement"* [10]. Or, *"la France étant un pays en guerre, on ne peut distinguer clairement les deux domaines et tout réseau de renseignement possède toujours un certain nombre de membres capables de faire de l'ac-*

tion" [10]. Doivent-ils donc en être empêchés pour des raisons que les Français trouvent bureaucratiques mais qui, dans la logique du renseignement professionnel (les hommes du BCRA sont, comme ceux de l'OSS, des amateurs dans le meilleur sens du terme), sont tout à fait défendables ? La question n'est pas de pure rhétorique. Car si, très légitimement, le MI6 se borne à organiser des activités de renseignement, les gaullistes, eux, font non seulement la guerre mais aussi de la politique : en vue de la libération du territoire national et de la période qui la suivra, les hommes de de Gaulle doivent mener un jeu subtil afin de permettre à toutes les composantes politiques et philosophiques de la France combattante de se lier à eux. Et ne voilà-t-il pas que le colonel Clarke, chef de la *section française* du MI6 et officier de liaison de ce service avec le BCRA, vient de faire savoir à *Passy* que, le contact avec les communistes ayant été obtenu par le biais d'un agent de renseignement envoyé en France en août 1942, *"il entendait que l'on fasse subir aux communistes le chantage suivant : 'Donnez-nous des renseignements, nous vous donnerons des armes'"* [10]... Autre exemple, celui du syndicaliste Garnier, amené à Londres par le MI6, et qu'il serait absurde, étant donné l'importance de ses contacts politiques et sociaux, de voir cantonné au seul renseignement. Pour échapper à ce chantage permanent — *"j'ai essayé"*, écrit *Passy*, *"de lui expliquer que nous ne faisions pas la guerre pour la satisfaction personnelle de monsieur le colonel Clarke..."* —, le chef du BCRA propose que la responsabilité de la mise en œuvre des plans décidés par le comité présidé par de Gaulle soit confiée *"aux organismes secrets français"*, avec l'aide des Anglais qui se borneraient à mettre au service du BCRA les moyens nécessaires. Dans la foulée, le *colonel Passy* demande que le courrier et les télégrammes arrivent directement à la France Libre sans être décodés par les Anglais. Il revendique des moyens aériens indépendants et suggère qu'en vue d'établir un *"climat moral satisfaisant, les officiers du BCRA soient autorisés à accompagner leurs agents à l'avion de départ et à les accueillir aux champs d'aviation"* [10].

Début septembre, de Gaulle ayant répercuté vers Eden la note de *Passy*, une réunion rassemble au *Paddington Hotel* des responsables français (dont le ministre de l'Intérieur André Philipp et *Passy*) et anglais (au nombre desquels, le brigadier Gubbins, patron du SOE). A l'issue de cette réunion, Philipp propose la création de deux comités, l'un, politique, se réunissant une fois par mois, l'autre, technique, rassemblant une fois par semaine le SOE et le BCRA.

La "carte américaine"

Cette tentative de conciliation des positions anglaises et françaises tournera court, au moins partiellement. Si le gouvernement de Churchill voit d'un bon œil la création du comité technique, il refuse d'entendre parler de coordination politique. Durant toute la guerre, ces frictions, qui tiennent pour beaucoup aux personnalités propres de Charles de Gaulle et de Winston Churchill, se poursuivront. Mais les *Free French* pourront bientôt se consoler. Alors même que de Gaulle et Eden échangent leurs lettres et que *Passy* et Philipp s'échinent à trouver un terrain d'entente avec leurs alliés, une excellente nouvelle vient d'arriver de Washington : le colonel de Chevigné, représentant des services français à Londres, cable le 13 juillet 1942 que l'OSS, qui *"cherche une collaboration étroite et loyale entre lui et nous"*[11], vient de lui demander comment il pouvait aider le BCRA. Certes, cette bonne volonté est sans doute la *"conséquence de la stagnation et du peu de résultats obtenus jusqu'à présent par les S.R. américains"*[11], mais, comme le souligne de Chevigné, pourquoi ne pas réaliser *"un accord où nous n'avons rien à perdre et tout à gagner"*[11] ? Le soir même, à 19 h 30, le câble 68903 part des bureaux du BCRA de Londres[12] : la France Libre accepte les propositions américaines... Et elle n'aura qu'à s'en féliciter : à partir de l'automne 1942 et de l'*opération Torch* (le débarquement allié en Afrique du Nord, qui aboutira au déplacement d'une partie des services de la France Libre vers Alger), l'OSS multipliera ses opérations en France et aidera efficacement la Résistance sans les "blocages" et les arrières-pensées politiques des Anglais. Drôle de boutique quand même que ce BCRA, dont le chef, *Passy*, ira jusqu'à se faire parachuter lui-même en France en février 1943 — au grand dam des Anglais, on s'en doute —, pour étudier personnellement *"les possibilités paramilitaires des divers groupes de résistance"* et porter sur les fonts baptismaux le *"Conseil national de la Résistance"*. Du jamais vu à la tête d'un S.R.

Dès l'été 1943, les S.R. britanniques, qui n'ont jamais porté le BCRA dans leur cœur, feront tout pour que celui-ci se fonde dans les services militaires dirigés, à Alger, par le colonel Rivet. A l'évidence, il faut trouver une solution : le BCRA et la DSR-SM (héritière des Menées antinationales et des TR de 1940) ont affirmé, chacun, leur légitimité à exister, alors que la France Libre ne peut entretenir deux services de renseignement. Mais les S.R. militaires souffrent d'un double handicap aux yeux des gaullistes. D'abord, ils ne font que du renseignement et du contre-espionnage et sont totalement absents du champ de l'activité politique. Or, il est clair que la reconstruction de la France bientôt libérée sous-entend un intense travail politique d'unification des forces de la Résistance, auquel excellent les hommes du BCRA. Deuxième point faible de la DSR-SM aux yeux de de Gaulle : elle est étroitement liée au général Giraud, son rival politique. Le 27 novembre 1943, par décret, le Général contourne la difficulté en créant une Direction générale des services spéciaux (DGSS) qui absorbe à la fois les S.R. militaires et le BCRA. Sa direction est confiée à Jacques Soustelle et, en fait, c'est le BCRA qui y tient le haut du pavé...

Mais il est temps de s'intéresser de plus près à quelques-unes des affaires de l'époque et à leurs protagonistes.

La source Ultra

La carrière de la machine *Enigma* commence mal. C'est en octobre 1919, à La Haye, qu'un inventeur hollandais, Hugo Koch, dépose un brevet pour une machine à écrire secrète. Mais il n'arrivera jamais à mener à bien sa fabrication et, quelques années plus tard, il cède ses brevets à l'Allemand Arthur Scherbius. Pour ce dernier non plus, le succès ne sera pas au rendez-vous. Certes, en 1923 et en 1924, les postes allemandes s'intéressent vaguement à la machine qu'il a construite et qu'il nomme romantiquement *Enigma*. Mais cette éclaircie sera sans lendemain et jamais la machine à coder, censée protéger les secrets de la correspondance commerciale, ne réalisera sa percée publique. Le destin d'*Enigma* est bel et bien ailleurs. En 1933, alors que Hitler vient d'arriver au pouvoir, le colonel Erich Fellgiebel, l'un des responsables des transmissions de l'état-major, découvre l'existence d'*Enigma* et comprend immédiatement tout l'intérêt que les militaires pourront en tirer. La machine disparaît alors des circuits commerciaux et, quelques mois plus tard, les communications de l'armée allemande commencent à devenir indécryptables. Les Anglais du MI6 ont beau remuer ciel et terre pour dénicher la moindre information utile sur *Enigma*, rien n'y fait.

Deux pas décisifs vont pourtant être faits, l'un à Paris et l'autre à Varsovie. En Pologne, le pays qui dispose peut-être, avec la *section BS4* de l'état-major, du meilleur service de cryptage-décryptage d'Europe, une équipe d'experts dirigée par deux des plus grands mathématiciens du pays travaille sur une version commerciale d'*Enigma*, que les services polonais ont pu trouver sur le marché; ils enregistrent quelques progrès mais leurs résultats sont encore insuffisants : les Allemands ont modifié le modèle civil d'*Enigma* pour l'adapter à son usage militaire. C'est Hans-Thilo Schmidt, avec lequel nous avons fait connaissance au chapitre précédent, et que le S.R. français a baptisé *Asche* (ou encore, phonétiquement, *HE*), qui livrera à Paris les éléments essentiels — un manuel secret d'utilisation et un texte chiffré et sa traduction "en clair" — qui permettront de "casser" les codes *Enigma*. Par la suite, il enverra régulièrement les nouveaux codes mensuels utilisés par la Werhmacht. Arrêté, *Asche* sera fusillé, à Berlin, en juillet 1943.

Un réfugié juif amènera aux Anglais un autre élément décisif pour la connaissance d'*Enigma* : ayant travaillé comme mathématicien et ingénieur à l'usine de Berlin où l'on fabrique *Enigma*, il se dit en mesure de construire une machine et de livrer le secret de son "cœur", son système de codage. Dès 1939, les Alliés commencent donc à avoir accès aux messages les plus secrets des Allemands. Les Français baptiseront ces interceptions *Source D*.

Alors que la guerre menace et que les trois S.R. concernés décident de concentrer en Angleterre tout leur matériel, le faisant ainsi échapper au risque d'être découvert par les Allemands en cas d'invasion de la Pologne et/ou de la France, les informations du transfuge permettront aux experts britanniques de fabriquer une machine hybride, abritée dans une baraque de bois de Bletchley Park et tenant tout à la fois de la machine à calculer géante (elle mesure 2,60 m de haut) et un ancêtre de l'ordinateur. *La bombe*, comme la surnomment les spécialistes, ne fournira ses premiers décryptages satisfaisants qu'en avril 1940. Le matériel qu'elle fournit est alors baptisé *Ultra*, en souvenir du code utilisé par l'amiral Nelson à Trafalgar. *Ultra* jouera un rôle décisif dans la bataille d'Angleterre dont les résultats dépendront autant du courage des pilotes anglais et polonais de la RAF que des informations précises acquises par le décryptage des communications *Enigma* de l'état-major de la Luftwaffe. Mais la protection absolue du secret d'*Ultra* — il est évident que si les Allemands apprennent que Londres déchiffre leur trafic, ils changeront immédiatement de système de codage — va poser quelques problèmes moraux aux responsables britanniques. Le 12 novembre 1940, *Ultra* apprend à Churchill que la Luftwaffe prépare une opération cyniquement dénommée *Sonate au clair de lune*, qui n'est autre que le bombardement terroriste de la ville de Coventry. Churchill, la mort dans l'âme, s'opposera à tout renforcement de la défense antiaérienne de Coventry : vers 19 heures, dans la nuit du 14 au 15 novembre, commence le ballet mortel des bombardiers Heinkel. Dix heures plus tard, la ville est détruite et plus de cinquante mille maisons brûlent. Par miracle, *Sonate au clair de lune* ne fera "que" cinq cent cinquante-quatre morts et près de cinq mille blessés, dont huit cent soixante-cinq graves. C'est le prix à payer pour protéger *Ultra* qui, tout au long de la guerre, rendra des services inestimables aux Alliés.

La tragique odyssée de Richard Sorge

Le 4 septembre 1964, on peut lire, en deuxième page de la *Pravda*, organe central du Parti communiste d'Union soviétique : *"L'heure est venue de présenter l'homme dont le nom sera, pour les générations futures, un symbole de dévouement à la cause de la paix, un symbole de courage et d'héroïsme"*. Deux mois plus tard, Richard Sorge reçoit, à titre posthume, le titre de "Héros de l'Union soviétique". Avant son exécution par les Japonais, vingt ans plus tôt, les Soviétiques n'avaient pourtant rien tenté pour sauver celui qu'ils surnomment aujourd'hui l'espion du siècle...

Fils cadet d'un ingénieur allemand travaillant pour une firme pétrolière du Caucase et né de mère russe, Richard Sorge voit le jour le 4 octobre 1895 à Bakou. Brillant étudiant à Berlin, où sa famille est revenue s'installer, il interrompt sa scolarité par patriotisme et s'engage en 1914 dans l'armée du Kaiser. Blessé à plusieurs reprises — il gardera d'ailleurs, de ses années de guerre, une claudication permanente —, il est réformé, ce qui lui permet de reprendre ses études à l'université de Hambourg, où il obtient son doctorat en sciences politiques. D'autant plus profondément marqué par l'expérience de la guerre qu'elle intervient dans sa vie après une enfance heureuse et choyée, le jeune érudit, romantique et idéaliste, commence alors à remettre en question les valeurs qui avaient jusque-là guidé son existence et devient l'un des membres les plus actifs du parti communiste allemand, qui sera, dans les années trente, l'un des viviers de recrutement les plus prometteurs de la Guépéou. En 1921, il épouse l'ex-femme d'un de ses professeurs les plus influents, Kurt Gerlach, et s'installe dans le nord de la Rhénanie-Westphalie où il travaille comme correspondant pour la *Voix des mineurs*, l'organe du parti.

Après plusieurs contacts avec les représentants de l'Union soviétique, Sorge se rend à Moscou, en 1924, et devient membre du parti communiste soviétique; à l'état-major du *Komintern*, il portera le n° 0049927. Après quelques missions effectuées en Allemagne, en Scandinavie et en Grande-Bretagne pour l'OMS, il est muté, en 1929, au 4e bureau, une des six sections du Directorat des services de renseignement militaires de l'Armée rouge (GRU), dirigé par le général Berzine.

En 1930, après la défaite infligée aux communistes chinois par Tchang Kaï-chek, Sorge est envoyé à Shangaï. Tout en travaillant comme correspondant étranger, il y crée, avec l'aide de Ozaki Hozumi, un jeune journaliste japonais du grand quotidien de Tokyo *Asahi Shimbun*[13] — qui va devenir son principal lieutenant —, un réseau d'espionnage s'étendant sur toute la Chine centrale. Il profite de son séjour pour étudier l'histoire, la culture, la politique et les langues chinoise et japonaise. Rappelé à Moscou trois ans plus tard, il n'a guère le temps d'écrire le livre qu'il souhaite publier sur l'agriculture chinoise ou de profiter de son nouveau bonheur conjugal avec Yekaterina Maximova. Convoqué par le général Berzine, il est informé de sa nouvelle mission : découvrir si le Japon envisage d'attaquer ou non l'Union soviétique.

Le 7 mai 1933, Sorge quitte Moscou pour Berlin, première étape de son voyage. Pour entrer au Japon en toute légalité comme correspondant de presse allemand, il doit se munir d'une carte de journaliste. Il sollicite donc son adhésion au parti nazi — en prenant d'énormes risques, car la Gestapo, qui vient d'être créée, est en possession de dossiers le concernant susceptibles de révéler son appartenance au parti communiste — dans la section de Tokyo et entreprend de circonvenir différents directeurs de journaux. Son intelligence, sa culture et le charme naturel qui est le sien le servent. C'est sous l'étiquette officielle d'un journaliste nazi du puissant *Frankfurter Zeitung* qu'il débarque le 6 septembre 1933 à Yakohoma.

Quelques semaines après son installation à Tokyo, il devient une personnalité en vue, admirée autant pour ses qualités de journaliste que pour ses connaissances sur la Chine et sa volonté d'en apprendre autant sur le Japon. A cela, il faut ajouter sa carrure athlétique et ce charme indéfinissable auquel aucune femme, semble-t-il, ne résiste. Il commence alors à tisser son réseau, établissant les premiers contacts avec ses agents européens et japonais parmi lesquels figure Ozaki Hozumi, le jeune idéaliste marxiste — mais qui n'appartient pas au parti communiste — qu'il a rencontré en Chine[14]. Pendant huit ans, Ozaki Hozumi lui transmettra des informations du plus haut intérêt sur l'évolution de la politique japonaise. Sorge cultive en même temps ses relations avec les membres de l'ambassade d'Allemagne — qui, d'ailleurs, ne cessent de le solliciter —, et en particulier avec le colonel Eugen Ott, attaché militaire adjoint, qui a servi pendant la guerre comme jeune officier d'artillerie dans la même division que Sorge. Les souvenirs communs rapprochent donc les deux hommes, qui deviennent rapidement de très bons amis, échangeant leurs points de vue en déjeunant ensemble tous les matins. Quand Ott finira par obtenir le poste d'ambassadeur d'Allemagne à Tokyo, en 1938, il proposera d'ailleurs à Sorge de travailler en qualité d'attaché de presse de son ambassade, ce que le journaliste refusera, prétextant une surcharge de travail. Son refus n'empêchera pas l'ambassadeur de montrer à Sorge, extrêmement bien informé sur le Japon, la plupart des documents qui passent entre ses mains. L'avis d'un expert est trop précieux pour que l'on s'en passe. Sorge, de son côté, n'hésite jamais à rendre service et rédige pour son ami des notes et des rapports d'un grand intérêt : *"Le meilleur moyen d'obtenir des informations, c'est d'en fournir"*, confie-t-il à l'un de ses amis[15].

En mai 1941, alors que les Soviétiques considèrent l'Allemagne comme une menace militaire mineure comparée au Japon, Sorge avertit Moscou que Hitler attaquera la Russie le 20 juin (il ne se trompe que de deux jours), en fournissant des précisions sorties tout droit des documents de Ott : neuf armées, comprenant cent cinquante divisions sont en voie de regroupement contre l'URSS. Mais Staline ne le croit pas. N'a-t-il pas signé un pacte avec Hitler ? Pour le génial petit père du peuple, *"Sorge n'est qu'une merde, qui a monté de petites affaires et des bordels au Japon"*[16] !

Le GRU répercute la réaction du chef suprême, dans un style plus délicat, il est vrai, mais pourtant sans appel : *"Nous doutons de la véracité de votre information"*[16]. Sorge est présent quand son radio, Max Clausen, réceptionne et déchiffre le message de Moscou. Il explose : *"Ces salauds, comment peuvent-ils ignorer notre information ?"*[16]. Dans les semaines qui suivent, il multiplie les messages alarmistes, mais rien n'y fait. L'attaque contre l'URSS sera un coup terrible pour le moral de Sorge — c'est d'ailleurs la première fois que sa compagne japonaise, Miyake Hanako, le voit pleurer. Mais il se reprend rapidement. Une seule question se pose alors : le Japon déclenchera-t-il une attaque le long de la frontière sibérienne ? Sorge transmet sa conclusion avant le 15 octobre : Tokyo a décidé d'étendre sa domination vers le sud et ne franchira pas les frontières soviétiques. Ce renseignement, d'une importance capitale, le plus important sans doute jamais transmis par Sorge, change le cours de l'Histoire : Staline peut déplacer ses divisions, immobilisées le long de la frontière sibérienne, pour les amener en renfort sur le front occidental où elles permettront au général Joukov, durant l'hiver, de reconquérir une partie du terrain perdu dans les premiers mois de la *Grande Guerre patriotique*. Sorge pense alors que sa mission est terminée et rédige un message pour demander son rappel en Union soviétique. Mais Clausen, son opérateur radio, pense que ce départ est prématuré et n'expédie pas le message[17]. Sorge est arrêté trois jours plus tard.

C'est une simple enquête de routine qui va provoquer l'anéantissement de tout son réseau. Dénoncé par son ancienne logeuse de Los Angeles pour ses liens avec le parti communiste américain, Miyagi Yotoku[18], un des agents japonais de Sorge, est arrêté et interrogé. Ne résistant pas à la torture, il dénonce tout le réseau. Le 18 octobre 1941, Sorge est donc interpellé à son tour, trois jours après Ozaki Hozumi. La nouvelle de son arrestation parvient à l'ambassade d'Allemagne où Ott est persuadé que son ami est victime d'un complot anti-allemand monté par des politiciens japonais. Ce n'est qu'au bout d'un mois que la vérité finit par éclater comme une véritable bombe. Clausen s'étant mis à table dès que cela lui a été possible, Sorge nie tout d'abord avoir travaillé pour les Russes. Il reconnaît seulement avoir recueilli des informations secrètes pour le compte de l'ambassadeur d'Allemagne et exige de le rencontrer. Mais le 24 octobre, il passe aux aveux et reconnaît être un agent du *Komintern*. La rencontre avec Eugen Ott aura pourtant lieu, le 29 octobre : *"C'est notre ultime adieu"*, lance Richard Sorge à son ami qui semble très affecté[19].

Dès lors, Sorge est interrogé sans interruption pendant dix-huit semaines. Mais, très vite, il en vient à entretenir des relations amicales avec ses interrogateurs, Ohashi et Yoshikawa. Chaque jour, ceux-ci viennent le voir, non seulement pour "boucler" le dossier d'instruction, mais aussi pour discuter avec lui de politique internationale, pour comparer les idéologies nazie et communiste ou pour parler de la Chine. Une fois de plus, le charme de Sorge lui a gagné ses adversaires. Le 17 mai 1942, le ministère de la Justice publie pour la première fois un communiqué officiel sur l'affaire.

Le procès débute en avril 1943. Sorge est accusé d'avoir livré des secrets d'Etat à une puissance étrangère, mais ses relations avec le S.R. soviétique ne sont jamais évoquées au cours des audiences. Le 29 septembre 1943, Sorge et Ozaki Hozumi sont tous deux condamnés à mort. Miyagi Yotoku aurait sans doute connu la même peine s'il n'était mort en prison quelques semaines auparavant. Les autres accusés sont condamnés à des peines allant de dix-huit ans à la prison à vie[20]. Sorge, qui n'a jamais laissé paraître le moindre regret d'avoir servi la cause qu'il a épousée un quart de siècle auparavant — *"mon groupe d'espionnage a accompli sa mission avec un succès extraordinaire"*, écrit-il dans sa *"confession"*[21] —, espère être sauvé par le gouvernement soviétique qui, de toute évidence, manifestera son désir de payer une rançon ou de l'échanger. Mais rien de tel ne se produira[22] : Sorge n'a-t-il pas eu le tort d'avoir raison contre Staline ? Voilà une réalité que le maître du Kremlin ne peut ni oublier ni pardonner : Sorge lui sera plus utile mort comme instrument de propagande que vivant, lui rappelant ses erreurs.

Le 7 novembre 1944, jour de l'anniversaire de la révolution d'octobre, alors qu'à Moscou, la *Pravda* annoncera dans quelques heures qu'un groupe anonyme d'agents de renseignement vient de se voir décerner une haute décoration, à la prison de Sugamo, Sorge remercie le chapelain bouddhiste et les gardiens pour leur gentillesse puis, escorté par le gouverneur et d'autres fonctionnaires, traverse la cour de la prison pour se rendre à la potence. Il se place sur la trappe et le bourreau lui passe le nœud de la corde autour du cou. Dans un épais silence, très calme, la voix du condamné s'élève une dernière fois : *"Sakigun... Kokusai Kyosanto... Soviet Kosyanto"* (*"l'Armée rouge, l'Internationale communiste, le parti communiste soviétique"*). A trois reprises, en japonais, pour être bien compris de l'assistance qui pourra témoigner qu'il meurt fidèle à son idéal, Richard Sorge prononce ces mots avant que le bourreau n'actionne la trappe. A 10 h 36, il est déclaré mort par le médecin légiste japonais.

En 1949, Miyake Hanako, après quatre années de recherches, découvre le corps de Richard Sorge au triste cimetière de Zoshogaya. Elle fait transporter son cercueil en dehors de Tokyo, à Musashi Koganei — où il est encore enterré —, auprès de ses camarades de combat Ozaki Hozumi et Miyagi Yotoku. Sur une stèle en marbre érigée par la Société d'aide aux victimes de l'affaire Ozaki-Sorge, est gravée cette inscription : *Here lies a hero who gave his life for opposition to war and for world peace*[23]. Un bloc de marbre noir, rajouté plus tard, porte en russe la simple mention que Sorge aurait certainement été fier de voir figurer sur sa tombe : *Richard Sorge, héros de l'Union soviétique*.

L'Orchestre Rouge, le réseau devenu légende

L'*Orchestre Rouge* (ce nom, *Rote Kapelle*, sera donné par l'Abwehr à une vaste filière de renseignement coiffant plusieurs groupes distincts du GRU en Europe) de Leopold Trepper, l'un des réseaux soviétiques les plus actifs de la Seconde Guerre mondiale, sera pris dans un mortel double jeu entre Moscou et Berlin. Durant l'été 1937, le général Berzine reçoit longuement, à Moscou, un jeune militant révolutionnaire de trente-trois ans. Né en Pologne dans une famille juive, ayant vécu en Palestine, Trepper a déjà eu l'occasion d'effectuer quelques opérations pour le GRU. Mais cette fois, Berzine, qui a une grande confiance dans l'intelligence et les talents du jeune activiste, veut lui confier une mission beaucoup plus ambitieuse : *"Je vous propose de venir travailler avec nous parce que nous avons besoin de vous. Pas ici dans l'appareil, ce n'est pas votre place ; mais pour établir en Europe occidentale les bases de notre action (...) Vous avez environ deux ans avant que la guerre n'éclate. Comptez d'abord sur vous-même. Votre travail, c'est de combattre le troisième Reich, et uniquement le troisième Reich. Prenez toutes vos précautions pour que votre réseau reste en sommeil jusqu'au début de la guerre..."* [24].

Pour Trepper, qui dispose désormais d'un passeport au nom d'Adam Mikler, industriel canadien, la meilleure manière de mettre sur pied son réseau, c'est de constituer des sociétés écrans dans les pays qui, demain, pourraient être la cible d'une invasion nazie. Cette technique a deux avantages. D'abord, elle lui permet de voyager sans se faire remarquer pour mettre en place les filières de son organisation et, ensuite, quand la guerre éclatera, il ne fait guère de doute que les liaisons avec l'URSS seront très difficiles. Il est donc indispensable de disposer de structures locales pouvant financer les activités du réseau.

C'est en Belgique, et plus précisément à Bruxelles — à cause de sa situation géographique — que Trepper (nom de code *Otto*) jette les bases de son organisation : il crée une firme d'import-export, *The Foreign Excellent Trench Coat*, avec son ami Léo Grossvogel, qu'il a connu en Palestine[25], et deux Belges, Jules Jaspar et Nazarin Drailly. Au printemps 1939, deux envoyés soviétiques le rejoignent : *Carlos Alamo,* en réalité l'officier Mikhaïl Makarov, et *Vincent Sierra* — Viktor Soukoulov, dit *Kent* — qui jouera un rôle déterminant dans l'histoire de l'*Orchestre Rouge*. En mai 1940, quand la guerre éclate à l'Ouest, le réseau commence à fonctionner, mais au ralenti : l'URSS, protégée par le pacte germano-soviétique, n'est pas encore en guerre et la couverture du groupe Trepper n'est pas encore totalement étanche. Avec Hillel Katz — encore un ami de Palestine — et Alfred Corbin, il fonde en janvier 1941 deux nouvelles sociétés : la *Simex* à Paris, où est désormais installé le quartier général de l'organisation, et la *Simexco*, dirigée à Bruxelles par *Kent*. Toutes deux travaillent pour l'organisation Todt qui assure les travaux de fortifications en Europe occupée et fournit la Wehrmacht en équipements. L'aspect financier de la couverture se double, évidemment, de la possibilité de recueillir des informations aux meilleures sources.

De 1941 aux rafles qui le décimeront à partir de 1942, les *pianistes* — les opérateurs radios — de l'*Orchestre Rouge*, qui s'étend en France, en Belgique, aux Pays-Bas et jusqu'à Berlin, enverront au *Centre* à peu près mille cinq cents dépêches. Parmi les coups de maître du groupe : la transmission à Moscou des plans du nouveau char *Tigre-T6*; l'évaluation des forces engagées sur les différents fronts — et d'abord, bien sûr, à l'Est; les chiffres des pertes quotidiennes sur le front russe; des informations précises sur la stratégie hitlérienne et les plans de l'état-major qui permettront, entre autres, la victoire de Stalingrad. D'après diverses estimations, les activités de l'*Orchestre Rouge* ont sans doute causé la perte de deux cent mille soldats allemands. L'un des groupes les plus secrets, dont l'*Orchestre Rouge* assure la coordination et les contacts radio avec Moscou, est un réseau de farouches antinazis installé au cœur même de Berlin, dans la hiérarchie militaire, et dirigé par Arvid Harnack et un jeune aristocrate gagné à la cause du communisme, Harro Schulze-Boysen. Les deux hommes animent plusieurs groupes totalisant quelques dizaines de membres, dont certains ne savent pas que les informations qu'ils transmettent finissent à Moscou. Peu de domaines échappent au travail des "taupes" du duo Harnack-Schulze-Boysen : les renseignements affluent de la Luftwaffe, du ministère de l'Air, de l'état-major, des départements de la Propagande, des Affaires étrangères, de la Politique raciale. Pour les *Izvestias* du 10 octobre 1969, reflétant l'opinion de la communauté soviétique du renseignement, *"le travail effectué par Schulze-Boysen à la division renseignement du quartier général de la Luftwaffe et ses contacts étendus dans les milieux militaires, y compris à l'Abwehr, lui permirent d'obtenir des informations extrêmement importantes sur les plans hitlériens"* [26].

Mais le 26 juin 1941, une station d'écoute militaire de Prusse orientale intercepte un message qui diffère de ce que les Allemands captent habituellement. Trois mois plus tard, deux cent cinquante radiogrammes, soit plus de quatre-vingt par mois, ont été comptabilisés — mais pas déchiffrés — et l'État-Major découvre avec stupeur qu'ils sont destinés à... Moscou. Les services nazis sont sur les dents. Le 12 décembre, rue des Atrébates à Bruxelles, l'Abwehr met la main sur un premier émetteur. Frôlant l'arrestation, Trepper décide de mettre en sommeil l'organisation belge de l'*O.R.*, mais les dégâts sont déjà énormes : un poste perdu et plusieurs arrestations dont celle d'*Alamo*, qui ne parlera pas malgré les tortures.

L'affaire de la rue des Atrébates ouvre les pages les plus noires de l'histoire du réseau. Le *Centre* a confié — malgré l'avis négatif de Trepper — au capitaine Efremov la direction des survivants du groupe de Bruxelles. Victime de sa stupidité, Efremov est arrêté et trahit presque immédiatement (sans avoir été torturé, précisons-le) ses amis : une trentaine de personnes sont arrêtées, dont plusieurs responsables de la branche hollandaise de l'*Orchestre Rouge*. Pendant ce temps, à Berlin, le groupe des "casseurs de code" qui travaille sur les messages interceptés durant l'été 1941 découvre, en partie grâce aux conclusions de l'enquête sur la rue des Atrébates, le chiffre employé par les *pianistes* dans leurs relations avec Moscou. Le 14 juillet 1942, est décodée une dépêche contenant les adresses des chefs du réseau berlinois; le 30 août, Harro Schulze-Boysen est arrêté; le 3 septembre, c'est au tour d'Arvid Harnack. Plus de quatre-vingts arrestations suivront. Si l'offensive des services nazis contre l'*O.R.* s'accélère, c'est parce que Himmler, le chef suprême des SS, a décidé de centraliser tous les résultats de l'enquête entre les mains d'un seul homme : le commissaire (*Kriminalrat*) Karl Giering, qui dirige le *Sonderkommando Rote Kapelle*. Giering est le prototype de l'opportuniste, prêt à servir n'importe quel régime : le Kaiser avant-hier, la République de Weimar hier, Hitler aujourd'hui et un autre demain. C'est aussi un bon flic qui préfère la méthode psychologique, l'enquête minutieuse et l'art des recoupements à la torture dont usent ses pareils. Ce qui ne signifie pas qu'il répugne à utiliser les informations que ses adjoints arrachent à leurs prisonniers dans leurs salles d'interrogatoires. Non, simplement, Giering n'aime pas se salir les mains...

Les arrestations continuent donc, et le 9 novembre 1942, *Kent* est arrêté à Marseille avec sa compagne, Margaret Barcza. D'après Léopold Trepper, l'officier soviétique a rapidement trahi; ce serait lui qui aurait livré à Giering des informations décisives sur la *Simex* et la *Simexco*. Kent, que l'on a longtemps cru mort et qui est, à l'heure actuelle, le seul survivant de haut niveau de l'*Orchestre Rouge*, conteste aujourd'hui ces faits et met en cause... *Otto* lui-même. Toujours est-il que, le 19 novembre, le siège de la *Simex* est investi par la police allemande. Bruxelles, Berlin, Amsterdam et maintenant Paris : l'*Orchestre Rouge* a vécu. Le 24 novembre, Léopold Trepper tombe à son tour entre les mains du *Sonderkommando*. C'est le début du *Grand Jeu*.

Le lendemain de son arrestation, Karl Giering annonce à Trepper — en présence de plusieurs officiers de la Gestapo, dont son chef, Heinrich Müller —, que le *Sonderkommando* souhaite retourner le réseau dans le but... de parvenir à une paix séparée avec l'URSS. On touche ici, peut-être, au vrai mystère de l'histoire de l'*Orchestre Rouge*. Un mystère qui n'a pas encore été totalement levé, faute de preuves : la plupart des acteurs du drame sont morts et les archives du *Sonderkommando Rote Kapelle* auraient été détruites. D'après

Trepper, Giering prétend vouloir utiliser les *pianos* de l'*O.R.* pour maintenir ouvertes les liaisons avec Moscou et faire savoir à l'état-major de l'Armée rouge que certains cercles dirigeants de Berlin souhaitent une paix séparée avec l'URSS. Mais le *grand chef* (par opposition à *Kent, le petit chef*), comme l'appelle Giering, pense qu'on le manipule, et que le but ultime de la manœuvre est d'intoxiquer Moscou. Pendant de longs mois, Trepper simulera la collaboration. Finalement, après avoir fait prévenir le *Centre* du retournement de l'ensemble des pianos, le 13 septembre 1943, Trepper s'évade. Il vit caché jusqu'à la fin de la guerre et regagne Moscou en 1945.

L'écrivain Patrick Rotman qui assistera Trepper dans la rédaction de ses mémoires nous confiait, il y a une quinzaine d'années, qu' *"à chaque minute, il refaisait l'histoire de son réseau, en se demandant s'il n'avait pas commis d'erreur et s'il ne portait pas une part de responsabilité dans l'arrestation, les souffrances et la mort de ses camarades..."* [27]. Des camarades que Léopold Trepper devait rejoindre pour toujours le 19 janvier 1982...

Kent, traître ou héros ?

C'est un vieil homme calme et souriant qui nous accueille, un après-midi de mai 1995, dans le *lobby* d'un grand hôtel européen. Nous échangeons quelques paroles banales avant d'entrer dans le vif du sujet. Et très vite, dans son regard, passe un éclair de tristesse. Car ce vieil homme appartient à l'Histoire, la vraie, la grande : il est le dernier témoin de l'une des plus extraordinaires affaires d'espionnage de la dernière guerre. L'homme qui nous reçoit n'est autre que *Kent*, de son vrai nom, Anatoli Gouriévitch[28]...

Né dans une famille juive de Léningrad, Anatoli Gouriévitch est officier dans la défense antiaérienne quand on l'envoie se battre en Espagne dans les rangs républicains. Il y est remarqué pour son intelligence et son don des contacts et, à son retour, on lui propose de suivre une rapide formation avant de devenir officier de renseignement : les rangs du renseignement militaire soviétique, le GRU, sont clairsemés, frappés comme ils l'ont été par les purges staliniennes, mais, comme la menace de la guerre se précise et qu'il faut bien y faire face, le GRU recrute à tout va et forme ses officiers en quelques mois, voire parfois en quelques semaines. Début 1939, Gouriévitch débarque à Bruxelles où il doit passer quelques mois afin de se légaliser, c'est-à-dire de donner une consistance à sa couverture d'homme d'affaires avant de partir pour Stockholm où il a été chargé de mettre sur pied un appareil de communication qui servira aux réseaux soviétiques coupés de Moscou en cas de guerre. C'est la société *The Foreign Excellent Trench Coat*, créée par un agent soviétique, *Otto*, qui doit permettre cette "légalisation". *Otto*, on le sait, c'est Trepper, un vieux routier des services de renseignement de l'Internationale communiste, le *Komintern* : juif comme Gouriévitch, il roule sa bosse depuis de nombreuses années dans les chemins de traverse de l'action clandestine. Dès le premier abord, entre le jeune officier de liaison et le "vieil" agent — Trepper a alors trente-cinq ans — encensé par le *Centre* de Moscou, le courant ne passe pas. *Kent* estime que *Otto* est maladroit, gaffeur, un peu menteur et que, surtout, il a commis une énorme erreur opérationnelle en bâtissant son réseau avec des amis connus en Palestine et qui sont membres de la section juive du parti communiste : il est évident que si l'Allemagne attaque la Belgique et l'occupe, le féroce antisémitisme nazi coupera le groupe de toute possibilité d'action réelle. Pourtant, c'est avec *Otto*, qu'il considère comme un amateur, que Gouriévitch devra travailler : *"Quand la guerre a commencé, on m'a dit : 'vous restez à Bruxelles comme assistant d'Otto qui était résident'. Notre réseau travaillait d'arrache-pied, mais c'était loin d'être facile. En mai 1940, nos sources nous ont informés que Spaak avait été averti par Hitler que l'Allemagne n'attaquerait pas la Belgique. C'était le 9 mai... Nous avons travaillé, avec Trepper, jusqu'à trois heures du matin pour coder le message avant de l'envoyer à Moscou, puis nous sommes allés dormir. Deux heures plus tard, nous avons été réveillés par des avions. La guerre venait de commencer...."* [28]

Jusqu'en 1942, le réseau va survivre, entre Paris et Bruxelles, et va même pouvoir réaliser "le" coup qui sera à l'origine de sa légende : renouer le contact entre le réseau soviétique installé au cœur de Berlin et dirigé par Harro Schulze-Boysen et Arvid Harnack et le *Centre*, à Moscou. Après son arrestation, en novembre 1942, *Kent*-Gouriévitch restera entre les mains de la Gestapo et, feignant de jouer le jeu, arrivera à "retourner" Heinz Pannwitz, chef de l'unité chargée de traquer les réseaux soviétiques (il a succédé à Giering, atteint d'un cancer en phase terminale). Mission réussie puisque, à la fin des hostilités, Pannwitz, auquel a été promis l'impunité, accompagnera Gouriévitch à Moscou avec armes et bagages. En l'occurrence, toutes les archives de son groupe de contre-espionnage.

Mais, pour Gouriévitch comme pour Trepper, le retour au pays sera amer et se traduira par dix années de prison et de camp. Alors qu'on croit *Kent* mort dans les geôles soviétiques et que Trepper s'emploie à faire connaître sa version de l'histoire de l'*Orchestre Rouge*, un homme, à Bruxelles, fait tout pour retrouver sa trace. Né de l'union entre *Kent* et Margareth Barcza, Michel Barcza n'aura de cesse, devenu adulte, de retrouver son père. Et il y arrivera. *Kent*, à son tour, peut présenter sa version des faits. Et le moins qu'on puisse dire est qu'il n'est pas plus tendre pour Trepper que celui-ci ne le fut pour lui. Ainsi, *"le 'grand chef' aimait bien exagérer son rôle et son importance. Dans son livre, il dit par exemple qu'il a rencontré Sorge à Bruxelles. Mais Sorge n'était pas là. C'est comme Berzine, dont Trepper disait tenir directement ses ordres. A l'époque où Trepper a été envoyé à Bruxelles, Berzine était en Extrême-Orient puis en Espagne. A son retour, il n'est resté que deux mois à la tête du GRU, puis il a été fusillé. Il était totalement marginalisé. Cela m'étonnerait vraiment que Berzine l'ait rencontré..."* [28]

Après son arrestation, *Kent* a connu (comme Trepper d'ailleurs) un traitement de faveur : *"La chance a joué pour moi parce que, dans l'entourage de Pannwitz, qui dirigeait le service de la Gestapo qui s'occupait de notre affaire, il y avait deux hommes dont l'un avait été un ami proche de Schulze-Boysen. Ils m'ont aidé en convainquant Pannwitz qu'il devait me 'protéger' et que cela lui permettrait peut-être de sauver sa vie si la guerre tournait mal pour les Allemands..."* [28]

A la question : *"Qui a trahi ?"*, Kent a évidemment sa réponse, qui ne correspond pas vraiment, on s'en doute, avec celle d'*Otto* : *"Dès son arrestation, Trepper a promis aux Allemands de collaborer, mais il ne connaissait ni le chiffre de codage ni les programmes de transmission. C'est pourquoi il a tout fait pour que Katz et Grossvogel soient arrêtés. Il a aussi dénoncé Harry Robinson et les Maximovitch. La réalité, c'est celle-là, comme c'est la réalité que c'est moi qui ai ramené Pannwitz à Moscou. Est-ce que je l'aurais fait si j'avais trahi ? Je pense que j'aurais plutôt essayé de me faire oublier..."* [28]

Les propos de *Kent* ne sont évidemment pas parole d'Evangile, et nul n'est obligé de le croire. Arrêtons-nous donc quelques instants aux conclusions de *L'affaire criminelle Gouriévitch, A.M.*, rédigées à Moscou le 16 juillet 1991 par le procureur militaire en chef de la *2ᵉ section de réhabilitation du parquet militaire général*, le colonel Levkovski. Ce document d'une trentaine de pages[30], établi à une époque (les derniers mois d'existence de l'Union soviétique) où la justice commençait à fonctionner normalement à Moscou, contient quelques passages très durs à l'encontre du *grand chef*. Premier grief : *"Trepper qui, en sa qualité d'agent-chef, dirigeait le réseau d'agents secrets soviétiques en Belgique et en France n'a pas pris de mesures efficaces pour assurer le secret de l'activité de ses agents en temps de guerre. Cela a été porté à la connaissance du Centre en 1940 dans le rapport présenté par le représentant du GRU, Bolchakov, qui avait inspecté l'activité des réseaux"*.

Plus grave, Trepper lui-même — dont le document relève à plusieurs reprises que les déclarations faites à son retour à Moscou sont *"hypothétiques, peu concrètes et contradictoires"*, voire *"contraires à la vérité"* — accuse

> ### Les trains ont parfois du retard
>
> En janvier 1945, Leopold Trepper arrive à Moscou et demande *"des éclaircissements sur les graves erreurs de la direction"*. Quelques jours plus tard, pour seule réponse, on l'enferme à la *Loubianka*. Il passe ainsi près de dix années dans différentes prisons, et ce n'est qu'après la mort de Staline et de Béria qu'il est libéré et réhabilité. Revenu en Pologne, il y dirige une maison d'édition juive.
>
> Mais en 1967, devant la terrible vague d'antisémitisme qui balaie le pays, Trepper comprend qu'il n'y a plus sa place et demande à émigrer pour Israël où se sont installés sa femme et ses enfants. Il devra se battre plusieurs années - soutenu par des comités fort actifs, entre autres en France où l'écrivain Gilles Perrault se dépense comme un beau diable - pour obtenir le droit à l'émigration. En 1973, enfin, quarante-neuf ans après avoir mis pour la première fois le pied sur le sol de la Palestine, Leopold Trepper débarque à l'aéroport Ben Gourion, non loin de Tel-Aviv. Parlant de ses *"années perdues"* de l'après-guerre, Trepper avait coutume de dire, en haussant les épaules : *"Le voyage Paris-Varsovie aura duré onze ans. Mais il arrive que les trains aient du retard..."*[29].

Gouriévitch, lors d'un interrogatoire le 15 mai 1945, d'avoir dénoncé la société *Simex*, plusieurs agents soviétiques et *"deux médecins français avec lesquels il devait entrer en contact suivant les instructions du GRU"*. Plus tard, en 1953 et en 1956, il accuse Gouriévitch d'avoir, *"après son arrestation, livré aux Allemands les membres du réseau Schulze-Boysen et deux clés de chiffrement dont l'une n'était pas connue de la Gestapo"*. Première constatation qui ressort d'une simple confrontation des dates : *Kent*-Gouriévitch ne peut pas avoir dénoncé le groupe de Berlin *"après son arrestation"*, puisque nous savons que le malheureux et héroïque Harro Schulze-Boysen a été pris le 30 août, soit neuf semaines avant que *Kent* ne soit arrêté à Marseille. Quant à l'affaire des médecins, citons le rapport du colonel Levkovski : *"Il ressort des pièces de l'enquête de la Gestapo, versées aux dossiers de l'affaire, que Trepper a nommé le premier, de son propre chef, pendant les interrogatoires, les médecins français que le GRU avait chargé Gouriévitch de contacter"* ; mieux : *"Gouriévitch, interrogé à la Gestapo après les dépositions de Trepper, a caché des faits qu'il connaissait, parlé vaguement desdits médecins et des lieux de leur résidence et déclaré qu'il ne les avait jamais rencontrés..."* Et un peu plus loin, Levkovski souligne que, Trepper ayant révélé que Corbin, le directeur de la *Simex*, connaissait les buts réels de la société mise en place pour servir de couverture aux activités du réseau (ce qui est vrai : Corbin est identifié par le rapport Levkovski comme *agent secret soviétique* désigné par le *Centre* sous le nom de code *Directeur Commercial*), c'est Gouriévitch qui s'acharnera à disculper le malheureux.

Bref, Gouriévitch se conduit, tout au long de sa détention aux mains des Allemands, en officier de renseignement responsable : il en dit le moins possible, se bornant, quand il ne peut faire autrement, à confirmer ce que l'ennemi sait déjà et tentant de préserver l'essentiel. *"Devant agir dans une situation extrêmement complexe, Gouriévitch, sans avoir pour but de passer à l'ennemi, a prétendu accepter devant les représentants des services de contre-espionnage allemands, de participer au 'jeu radio' dont était informé le GRU, ce qui n'a pas porté préjudice à l'Etat soviétique. Continuant d'exercer les fonctions dont il était chargé, il a pris en même temps des mesures dans l'intérêt de l'URSS afin de sauver la vie de l'agent de renseignement Ozels et celle d'autres agents soviétiques. Accomplissant la mission dont il était chargé par le GRU, il a enrôlé et conduit à Moscou le chef du* Sonderkommando *allemand et ses subalternes, et il a apporté dans la capitale de l'URSS des documents importants de la Gestapo".*

Nous voilà bien loin de l'image de traître que Léopold Trepper s'est ingénié, durant des années, à coller à son ancien adjoint. Beaucoup de questions, bien sûr, restent encore sans réponses : pourquoi Trepper a-t-il collaboré et quelle fut l'étendue de ses révélations aux Allemands ? Pourquoi (et comment) s'est-il évadé ? Quelle fut la nature exacte des liens entretenus par l'*Orchestre Rouge* avec le *Service B*, le réseau d'espionnage communiste dont Roger Faligot et Rémi Kauffer révélaient l'existence en 1985 ?

Et reste, surtout, la plus importante des questions. Quelques auteurs glosent depuis des décennies, mais sans jamais apporter la preuve de leur assertion, sur l'appartenance de Gestapo Müller au S.R. soviétique. D'après Pierre de Villemarest, ancien résistant et membre du SDECE, devenu historien du renseignement, Heinrich Müller aurait *"renseigné le GRU de 1943 à 1948"*[31]. Or, Müller fit personnellement un voyage à Paris en 1942, après l'arrestation de *Kent* et d'*Otto* et il plaça à la tête du *Grand Jeu* (le "retournement" des *pianos* de l'*Orchestre Rouge*) ses hommes de confiance. De là à penser qu'il voulait user de cette façade pour faire passer de vrais renseignements à Moscou, il n'y a qu'un pas. Mais répétons-le, même si l'explication est tentante, nous sommes ici dans le brouillard le plus complet. Officiellement, la piste de Müller se perd lorsque Berlin tombe aux mains des Soviétiques en avril 1945. Peut-être, de nouveaux documents permettront-ils dans l'avenir de répondre à ces questions. La vérité officielle reste, à ce jour, celle du chef du *4ᵉ bureau de la Gestapo*, Panzinger, qui déclarait en 1951 que les Allemands *"ont poursuivi leur jeu radio avec Moscou dans le but de déposter les agents des services de renseignement soviétiques qui restaient cachés en Allemagne, en France et en Belgique"*. Cela peut sembler un peu court, mais nous devons bien, jusqu'à preuve du contraire, nous en contenter...

Lucy, l'espion sans sources

Au début de la guerre, en Suisse, Sandor Rado, un communiste hongrois travaillant avec succès pour le GRU soviétique, se voit proposer un étrange marché. Rudolf Rössler, un réfugié allemand servant pour sa part le S.R. militaire suisse, lui offre de devenir son agent et de mettre à sa disposition les renseignements que lui font régulièrement parvenir les quelques amis qu'il a gardés dans les hautes sphères allemandes. Il met à sa collaboration une seule condition, mais elle est formelle : Moscou doit ignorer son identité. Le GRU, on s'en doute, apprécie peu cette clause du contrat imposé par Rössler : pour tout S.R. qui se respecte, connaître le nom de ses agents est une condition absolue. Ce n'est qu'en identifiant clairement la source d'une information et le canal par lequel elle est transmise que l'on peut juger de son degré de véracité et déjouer d'éventuelles manœuvres d'intoxication. Cela étant, le risque vaut peut-être la peine d'être couru et il sera toujours temps d'aviser...

Le 17 juin 1941, Rössler, devenu pour Moscou *Lucy* (parce qu'il réside à Lucerne; Rado, lui, est *Dora*), arrive chez son chef de réseau avec une incroyable nouvelle : dans les jours à venir, l'Allemagne va envahir l'Union soviétique. Le 18 juin, c'est l'ordre de bataille complet des armées allemandes et le nom de code de l'offensive — *opération Barbarossa* — que *Lucy* remet à *Dora*. Celui-ci se fait d'ailleurs sérieusement remettre à sa place. Staline, on le sait, même prévenu par ses meilleurs agents, refuse de croire à la réalité de la menace. Le déclenchement de l'offensive, à l'aube du 22 juin, change évidemment la donne. Dès lors, et pendant deux années, le tandem Rado-Rössler va fournir à Moscou ses meilleures informations : toujours exactes et arrivant au *Centre* en temps utile. Il y a de tout dans les renseignements de *Lucy* : des analyses de l'Abwehr sur la situation en URSS, des consignes du GQG du Führer pour la conduite de la guerre à l'Est, l'annonce des offensives prévues et leur ordre de bataille, les mouvements d'armées et les déplacements de divisions. Mieux : le GRU ne met pas longtemps à se rendre compte que, souvent, *Lucy* est en possession d'ordres de marche qui ne sont pas encore parvenus aux unités concernées. Pressé de temps à autre par Rado de lui parler de ses sources, Rössler reste vague et évoque des pseudonymes tels que *Inge* ou *Walther*. Mais qu'importe d'où *Lucy* tire ses renseignements : ce qu'il fournit, c'est de l'or en barre, à tel point que les spécialistes du GRU ont parfois l'impression de lire par-dessus leur épaule les documents rédigés par les généraux de Hitler. *Lucy* transmettra ainsi des informations de valeur exceptionnelles sur les troupes allemandes bloquées à Stalingrad ou, mieux encore, sur l'offensive de Koursk où se déroulera la plus grande bataille de blindés de l'Histoire et où, en deux semaines, les Allemands passeront définitivement de l'offensive à la défensive et entameront une longue retraite qui ne se terminera qu'en mai 1945 à Berlin.

Ces informations capitales seront les dernières à être transmises par *Lucy* : à la même époque, le contre-espionnage suisse arrête tous les membres du *réseau Dora*, à l'exception de Rado qui parvient à se cacher, et de Rössler lui-même, protégé par ses liens avec le S.R. suisse. Le rôle historique de *Lucy* s'achève, le mystère *Lucy* commence. Depuis un certain temps, les Soviétiques ont compris que *Lucy* ne pouvait pas, humainement, posséder assez de sources de haut niveau susceptibles de lui procurer les renseignements tellement diversifiés qu'il envoie à Moscou sans que l'attention de la Gestapo ou de l'Abwehr ne soit éveillée par une erreur quelconque. L'exploitation des archives du Reich, dans les premiers mois de l'après-guerre confirmeront cette analyse : les services radios allemands n'ont jamais constaté aucun trafic significatif vers la Suisse alors que les *pianistes* de Rado, alimentés par *Lucy*, transmettaient parfois jusqu'à vingt heures par jour. Quelle est, dès lors, la source de *Lucy* ? La réponse est simple mais elle mettra des années à émerger. Rössler n'avait effectivement aucun agent en Allemagne : tout ce qu'il a fourni au *Centre* lui a été remis par l'un des responsables du S.R. suisse pour lequel il travaillait, Hans Hausamann; ce dernier recevait le matériel envoyé à Moscou par un homme d'affaires tchèque, Karel Sedlacek. Agent chevronné du S.R. de Prague, résidant en Suisse et connu sous le pseudonyme d'*Oncle Karl*, celui-ci bénéficiait lui-même des largesses de son chef, Frantisek Moravec, installé à Londres. Et ce dernier tenait ses informations de Claude Dansey, le responsable du MI6. Les renseignements de *Lucy* n'étaient, en définitive, que le produit des interceptions et des décryptages du trafic allemand des machines *Enigma* : du matériel *Ultra*, ni plus ni moins !

Pour Londres, cette filière compliquée avait deux avantages principaux : d'abord, elle évitait de mettre Moscou au courant de l'existence de l'opération *Ultra* et limitait ainsi les risques de fuites, ensuite, elle permettait de fournir aux Russes des informations n'éveillant pas la suspicion paranoïaque de Staline. Estampillés *Lucy*, donc GRU, les renseignements du *réseau Dora* devenaient ainsi un pur produit soviétique immédiatement exploitable par l'Armée rouge. De plus, la filière choisie était quasiment indétectable par Berlin : Hausamann n'ayant aucune relation avec des agents anglais connus comme tels ne pouvait, évidemment, être suspecté. *Lucy* restera donc dans l'histoire du renseignement comme un phénomène unique : le seul espion qui n'ait jamais eu la moindre source mais qui ait néanmoins profondément influé sur le cours de l'Histoire.

Après la guerre, Rössler, recruté par Sedlacek, entre-temps passé au service des communistes, travaillera quelque temps pour les S.R. tchèques. Arrêté en 1952, il ne devra qu'à la protection des services secrets suisses de s'en tirer avec une légère peine de prison. Il mourra d'un cancer dix ans plus tard.

La bataille pour l'eau lourde

En 1942, alors qu'aux Etats-Unis débute le *projet Manhattan*, qui dotera Washington de la bombe atomique, le MI6 britannique découvre avec stupeur que l'Allemagne qui, depuis quelques années, se livre à des expériences très poussées dans le domaine de la fission nucléaire, est peut-être sur le point de posséder la bombe atomique. En effet, les savants allemands qui ont mis la main sur l'usine électrochimique de *Norsk Hydro* à Vemork, au sud de la Norvège, ont ordonné à ses ingénieurs d'augmenter la production d'eau lourde, le modérateur indispensable dans la fabrication de la bombe atomique. La destruction de l'usine devient dès lors, aux yeux des Alliés, une nécessité absolue[32]. Le MI6 fait aussitôt appel au professeur Lief Tronstad, ancien directeur technique de *Norsk Hydro*, devenu chef du service secret du gouvernement norvégien en exil. Grâce à sa connaissance précise des lieux, ce dernier peut annoncer d'emblée que la tâche ne sera guère aisée : l'usine et sa centrale hydro-électrique sont perchées au bord d'un précipice de trois cents mètres et entourées de montagnes pratiquement infranchissables.

L'homme désigné pour cette mission impossible s'appelle Einer Skinnerland. Résistant norvégien, il possède les qualités indispensables pour mener à bien l'opération : c'est un excellent skieur et tireur et, de plus, il connaît parfaitement la région. Le 29 mars 1942, l'agent est parachuté par la RAF près de *Norsk Hydro* où il obtient un emploi à la construction d'un nouveau barrage destiné à augmenter la production d'eau lourde. Il entre aussitôt en contact avec Jomar Brun, l'ingénieur en chef de l'usine, et établit un réseau d'espionnage chargé d'obtenir des schémas détaillés, des photos des bâtiments et des environs, renseignements qu'il transmet aussitôt à Londres *via* Stockholm. Les montagnes déchiquetées de la Norvège et ses puissants torrents ne se prêtent guère à une intervention des parachutistes ou à une attaque par planeur. C'est pourtant la solution que choisit le MI6, après avoir minutieusement étudié les rapports de Skinnerland. L'opération, baptisée *Freshman*, débute le 18 octobre 1942. Quatre Norvégiens, des *Swallows* (hirondelles) originaires de la région, sont parachutés dans les environs de l'usine avec pour mission de guider, par radio et balisage, les planeurs du commando de sabotage qui, aussitôt à terre, donneront l'assaut à *Norsk Hydro*. Mais les quarante planeurs, surpris par le mauvais temps, s'écrasent au sol. Les survivants et les blessés seront tous exécutés par des patrouilles allemandes.

Malgré l'échec cuisant de cette opération, Londres refuse de renoncer à la destruction de l'usine et prépare une seconde attaque qui reçoit le nom de code de *Gunnerside* et que l'on confie au colonel Jack Wilson, chef de la section norvégienne du SOE. Wilson sélectionne six hommes parmi des volontaires de l'armée royale norvégienne et leur fait subir, grâce aux maquettes géantes de *Norsk Hydro* fabriquées par le professeur Tronstad, un entraînement intensif dans une école spéciale en Ecosse. La réussite de cette seconde opération dépend totalement des *Swallows*, qui, poursuivis par la Gestapo depuis l'échec de *Freshman*, affamés et épuisés, se terrent dans une hutte à 1 400 mètres d'altitude.

Le 16 février 1943, les six Norvégiens atterrissent sur les glaces couvertes de neige du lac Skryken. Surpris par le blizzard, c'est à grand-peine qu'ils parcourent les quarante-cinq kilomètres qui les séparent de la cachette des *Swallows* où les attendent Skinnerland et ses hommes, des glaçons pendant à leur barbe hirsute. Le 27 février, neuf hommes munis d'explosifs entament la descente de la pente abrupte, franchissent un torrent à demi-gelé, escaladent un mur rocheux de cent cinquante-deux mètres pour finalement atteindre une corniche près de l'usine. L'équipe de sabotage s'y introduit alors par un conduit de câbles qui les mène tout droit à la salle de concentration de l'eau lourde où le seul garde présent, un Norvégien, n'oppose aucune résistance. Rapidement, les explosifs sont placés sur les réservoirs, les conduites et les machines. L'expédition *Gunnerside* a déjà retraversé le torrent lorsque l'explosion détruit près d'une tonne d'eau lourde. Douze mille hommes, une division complète de la Wehrmacht, sillonnent aussitôt les montagnes à la recherche des saboteurs norvégiens qui, après une marche de quatre cents kilomètres, ont atteint la frontière suédoise pour, ensuite, regagner Londres. Quant à Skinnerland, il a rejoint sa cabane pour faire son rapport et continuer à surveiller l'usine.

A Londres, où l'on estime que les Allemands ne pourront pas produire d'eau lourde avant deux ans au moins, on jubile. Cependant, vers la fin de 1943, Skinnerland annonce que l'usine, réparée, a repris le travail. Le haut commandement américain ordonne alors à la 8e armée aérienne de bombarder la centrale de *Norsk Hydro*. Les dégâts sont importants et Goering, à l'époque ministre du Programme atomique, décide de transporter les installations de *Norsk Hydro* en Allemagne. En janvier 1944, Skinnerland signale que trente réservoirs d'eau lourde sont sur le point d'être embarqués à bord du bac *Hydro* et propose de couler le chargement en plaçant un de ses hommes à bord. Le dimanche 20 février 1944, le ferry-boat fend les flots du lac Tinnsjo. A 10 h 45, une violente explosion retentit; cinq minutes plus tard, l'*Hydro* a totalement sombré avec ses cinquante-trois passagers. Ce succès retentissant des services secrets britanniques, marqué du sceau de la bonne collaboration du MI6 et du SOE aidés par la Résistance norvégienne, met un terme définitif aux espérances allemandes de construire, à temps, la bombe atomique. Le docteur Kurt Diebner, membre du programme allemand de recherche atomique, reconnaîtra d'ailleurs que l'élimination de la production d'eau lourde allemande en Norvège a été l'une des causes principales de l'impossibilité d'achever la mise au point d'un réacteur atomique avant la fin de la guerre[33].

Erich Gimpel, l'espion trahi

"J'ai de mauvais pressentiments, Gimpel", annonce le colonel Müller, *"votre sous-marin a quatre-vingt-dix chances sur cent de se faire couler. Supposons que la traversée réussisse, vous avez encore quatre-vingt-dix chances sur cent de vous faire agrafer en débarquant. En admettant que vous arriviez sans dommage, vous avez quatre-vingt-dix chances sur cent de vous faire prendre pendant votre travail... Savez-vous que vos six prédécesseurs sont passés sur la chaise électrique ?"* [34]. Erich Gimpel hausse les épaules. Evidemment qu'il le sait. Ce qu'il ignore, par contre, c'est que cette mission sera la dernière de sa vie.

C'est à la veille de la Seconde Guerre mondiale, au Pérou, que débute la carrière d'espion de ce technicien radio-télégraphiste. Engagé quelques années auparavant par une société allemande d'import-export implantée à Lima, Gimpel, loin de l'Allemagne qui s'entraîne en vue de l'agression, mène une vie mondaine. Tout, pour lui, n'est qu'amusement et plaisir et, lorsqu'un diplomate allemand lui demande de mettre ses relations au service de la patrie, il n'y voit aucun inconvénient. Au contraire, il trouve amusant de devenir un agent en smoking, le verre à la main. Sa mission consiste à recueillir des informations sur les navires américains basés à Lima et de les transmettre au Chili pour retransmission aux sous-marins allemands opérant sur les côtes américaines. Lorsque la guerre éclate, il est expulsé vers les Etats-Unis et rentre chez lui. Placé devant le choix de devenir soldat en Allemagne ou de continuer ses activités secrètes, Gimpel n'hésite pas une seconde. C'est alors que débute sa véritable carrière d'espion.

Après une formation rigoureuse à l'école des agents de Hambourg puis de Berlin, l'*agent 176*, placé sous les ordres de l'amiral Canaris, est chargé de missions de plus en plus risquées à travers toute l'Europe. Mais la guerre tourne mal pour le Reich de mille ans et, à Berlin, lorsque la menace de la bombe atomique américaine se profile, on est prêt à tout tenter, quitte à sacrifier la vie des meilleurs agents. Gimpel, qui figure parmi ceux-ci, est immédiatement désigné pour mener l'*opération Elster* : entrer en Amérique pour recueillir des informations sur le *projet Manhattan*. Il accepte, mais à une seule condition : *"Il me faut un compagnon, un Américain authentique, d'origine (...)"* [35]. C'est à La Haye, au quartier résidentiel des officiers SS que l'on déniche le compagnon idéal. De mère allemande et de père américain, Billy est né à Boston. Malgré de brillantes études à l'école de Marine, il se voit refuser son brevet militaire à cause de ses sympathies pour l'Allemagne. Il se réfugie alors en Argentine et se présente à l'ambassade d'Allemagne qui l'expédie aussitôt à Berlin. Porté déserteur et recherché par le FBI, il déclare haut et fort sa haine pour l'Amérique.

Le 15 octobre 1944, Gimpel embarque à bord du sous-marin U 1230 en compagnie de Billy, promu officier de marine. Après quarante-six jours de traversée, l'U 1230 atteint la Frenchman Bay, dans le Maine. Premier objectif : gagner New York. Le parcours s'avère extrêmement risqué, d'autant plus que Billy accumule les erreurs en abusant du whisky et des filles grâce à ses cinq mille dollars d'argent de poche. Dès leur arrivée à New York, Gimpel installe, dans une chambre miteuse de Manhattan, un émetteur dont chaque pièce est de fabrication américaine. En cas de problème, il pourra ainsi toujours se faire passer pour un amateur. Son premier contact est un homme d'affaires, qui doit le mettre en rapport avec des spécialistes de l'industrie atomique. En attendant le jour du rendez-vous, il s'enferme dans les salles de cinéma. Billy, quant à lui, s'absente de plus en plus souvent pour finalement disparaître... avec les valises de diamants, de dollars, d'armes et d'encre sympathique. Sans elles, l'*opération Elster* ne peut aboutir. Gimpel se précipite aussitôt à la gare centrale, aperçoit ses valises à la consigne et réussit, par un habile stratagème, à convaincre le contrôleur qu'elles lui appartiennent. En quittant la gare avec son précieux butin, il n'a qu'une certitude : son compagnon le trahira. Billy, effectivement, après avoir essayé en vain de récupérer "ses" bagages, se soûle épouvantablement et, ivre mort, raconte ses malheurs à un camarade de beuverie. Celui-ci s'empresse d'en informer le FBI, qui déclenche l'alerte générale. Le 31 décembre 1944, Erich Gimpel achète quelques journaux au kiosque de Times Square. Il glisse sa monnaie dans la poche supérieure gauche de son veston : il vient de signer sa condamnation à mort. L'homme, près de lui, appartient au contre-espionnage et vient de l'identifier grâce à ce signe particulier que Billy a transmis au FBI. Contrairement à son compagnon, considéré comme un traître, Gimpel est traité par les Américains avec une bienveillance particulière, mais il sait qu'il n'a aucune chance de s'en sortir. Après des semaines d'interrogatoires, le président Roosevelt ordonne personnellement la constitution d'un conseil de guerre destiné à le juger. Au septième jour du procès, le 13 février 1945, le verdict est sans surprise : *"Condamné à être pendu jusqu'à ce que mort s'ensuive"*. Et pas d'appel possible... Alors commence la longue attente pour Gimpel, au fond de sa cellule de Fort Jay. La date de son exécution est fixée au 15 avril entre 5 et 7 heures.

Le 12 avril 1945, le geôlier entre précipitamment dans sa cellule : *"Vous avez de la veine, Gimpel, le président Roosevelt vient de mourir... Pendant les quatre semaines de deuil national, on sursoit à toute exécution"* [36]. Quatre semaines de sursis, ce n'est pas long. Ses défenseurs adressent aussitôt une deuxième demande de recours en grâce au nouveau président Truman. En vain. Les mois passent et son sort demeure incertain jusqu'à ce soir du mois de septembre. Gimpel entend prononcer son nom à la radio : le président des Etats-Unis l'a gracié et a commué sa peine en détention perpétuelle. *"En temps de guerre, il est coutume de les pendre* (les espions, n.a.). *Une fois la paix revenue, l'usage veut qu'on les gracie"*[37]. Transféré sur l'île du Diable, Gimpel sera libéré sur parole après onze ans de détention.

William Bechtell, un officier français

L'homme qui se tient à la porte d'un avion anglais, par cette froide nuit du 9 au 10 avril 1944, et qui s'apprête à se lancer dans le vide, a dépassé l'âge de pratiquer ce genre d'exercice. Mais le capitaine Bechtell ne céderait sa place pour rien au monde : il a tout fait pour être là et il lui semble, à travers la nuit, sentir l'odeur de cette terre de France sur laquelle il sautera dans quelques minutes.

Ingénieur-chimiste, blessé et médaillé de la guerre 14-18, Bechtell est mobilisé en 1940, au service des poudres. A la capitulation, il fait sauter le dépôt dont on lui a confié la garde, pour empêcher qu'il ne tombe aux mains des Allemands, et gagne l'Angleterre en barque, où il sera l'un des premiers enrôlés des Forces Françaises Libres. Affecté en Afrique, il y combat sous les ordres de Koenig mais s'ennuie assez rapidement et demande à effectuer un stage de parachutisme. Etant donné son âge (il a alors quarante-huit ans), il doit faire preuve de toute l'énergie dont il est capable pour obtenir gain de cause, mais finira par arriver à ses fins. C'est sa désignation comme officier-observateur de l'*Equipe Orange* du *Plan Sussex* qui lui vaut, en cette nuit d'avril, d'être parachuté en France occupée. La mission confiée aux différentes équipes de *Sussex* est primordiale : implantées sur les arrières des armées allemandes, elles devront renseigner Londres sur les mouvements de celles-ci dans la période précédant et suivant le débarquement. Il faudra à Bechtell tout son enthousiasme pour mener à bien la tâche qui lui a été confiée : se retrouvant avec son radio, le sous-lieutenant Vallade, privé de matériel, il mettra plus de deux mois à le récupérer, au terme d'incessants allers et retours d'autant plus assommants que les sabotages et bombardements désorganisent les chemins de fer. Finalement installé dans la région de Rouen, Bechtell, qui se fait appeler *Claude Bonnet* et signe ses messages *Dagobert*, travaille sans relâche. A la tête d'un réseau de fortune composé d'une demi-douzaine de civils de bonne volonté, il accumule les informations que Vallade (*Adalbert*) envoie chaque nuit à Londres. Gravement blessé dans un accident de vélo, soigné dans une clinique amie — il demandera à être amputé pour pouvoir se remettre plus vite, mais le médecin sauvera sa jambe —, il fait installer sa radio au chevet de son lit pour continuer à émettre. Les 28, 29 et 30 août, il a le bonheur de voir ses renseignements permettre aux avions anglais de détruire, dans la boucle de la Seine, une très importante concentration de blindés et de camions allemands. A la fin du bombardement, le 30 août, il peut envoyer son dernier message à Londres : *"Il ne reste à Rouen, comme objectif militaire, que mon radio et moi-même"* [38].

Promu commandant, décoré de la Military Cross et de la Légion d'honneur, William Bechtell a mérité cette belle citation, signée le 22 mai 1945 par le général de Gaulle : *"Officier d'un courage remarquable, doué du plus bel esprit de sacrifice, vétéran de la guerre 14-18, s'est offert spontanément, malgré ses blessures, pour une mission parachutée derrière les lignes ennemies. S'est acquitté de sa mission de la façon la plus brillante malgré de très grandes difficultés"* [38].

Opération "Bernhard" ou les faussaires de Hitler

En mai 1945, quelques jours après la capitulation des armées hitlériennes, des soldats américains assistent à une scène stupéfiante à Redl-Zipf, un petit village d'Autriche : les riverains sont, très consciencieusement, en train de repêcher des milliers de billets de banque dans l'Enns. Au même moment, non loin de là, un capitaine de la Wehrmacht, qui vient de se constituer prisonnier, remet aux Américains le chargement de son camion. Le contenu de la cargaison — qualifiée de *reichwichtig* (d'importance national) — n'est guère moins impressionnant : vingt-trois caisses remplies de livres sterling. Le major George Mc Nally, spécialiste en fausse monnaie, et un émissaire de la Banque d'Angleterre sont aussitôt dépêchés sur place. Leur rapport fait sensation : les coupures sont des falsifications de billets de banque anglais. D'après une rapide évaluation, le trésor représente la fabuleuse somme de quarante millions de livres sterling, en billets de cinq, dix et vingt livres. C'est ainsi qu'apparaît au grand jour la plus extraordinaire entreprise de contrefaçon que l'Histoire ait connue, conçue par Hitler pour ruiner l'économie britannique.

En 1942, Himmler, qui projette — et ce, depuis le début de la guerre — de ruiner l'économie britannique en fabriquant de faux billets de banque anglais, confie l'opération à un jeune nazi, le capitaine Bernhard Krüger. Ce dernier recrute alors des techniciens et des experts en imprimerie, non pas auprès de l'Imprimerie nationale du Reich mais dans les camps de prisonniers. Tous ces hommes, une quarantaine de juifs tchèques, polonais, norvégiens et français, sont transférés au camp de concentration de Sachsenhausen, au nord de Berlin. Et c'est au bloc 19 — un bâtiment isolé et entouré de fils de fer barbelés électrifiés — que débute, dans le plus grand secret, l'*opération Bernhard*. Equipé d'un matériel de pointe fourni par des fabricants allemands, l'atelier de contrefaçon devient très vite rentable. Walter Schellenberg, chef de l'*AMT VI* (*6ᵉ Bureau du Service de sûreté du Reich*), se charge sans difficulté d'écouler les premiers billets en les distribuant aux agents de la Gestapo en poste dans les ambassades allemandes des pays neutres. Dès lors, la production s'intensifie, à tel point qu'elle nécessite la construction d'un deuxième bâtiment. Les faussaires, qui bénéficient d'un régime de faveur, sont à présent près de cent cinquante, répartis en plusieurs sections : gravure, impression et distribution. Tous les billets sont triés et classés par catégorie spécifique. Tandis que les plus parfaits sont destinés aux Allemands opérant en pays neutres et aux espions[39], les coupures moins bien imitées sont distribuées aux agents de la Gestapo dans les pays occupés. Quant aux billets dont la falsification paraît un peu trop évidente, ils sont stockés ou utilisés pour le marché noir.

Au cours de l'année 1943, des dizaines de milliers de faux billets circulent ainsi à Londres. Les experts, impressionnés, reconnaissent que c'est la fausse monnaie la plus parfaite que la Banque d'Angleterre ait jamais vue. C'est à cette époque que l'astucieux Krüger parvient, après de longues expériences, à donner aux coupures l'aspect du vieux. Dès lors, plus rien ne l'arrête et il envisage de fabriquer de faux dollars. Mais il se heurte cette fois-ci à quelques difficultés : aucun de ses experts ne réussit à imiter correctement le papier américain. Il ne se décourage pas pour autant et demande aux services secrets de Himmler de trouver un faussaire spécialisé dans la fabrication de cette monnaie. L'oiseau rare, un tzigane bulgare du nom de Solly Smolianoff, n'est pas un débutant. Ses activités lui ont déjà valu quelques séjours dans plusieurs prisons européennes. Fin 1944, les premiers billets de cinquante et cent dollars sortent donc du bloc 19.

Mais la guerre a pris un nouveau tournant. Berlin subit des bombardements de plus en plus fréquents et le camp de Sachsenhausen risque d'être anéanti. Krüger décide alors de le transférer à Redl-Zipf, dans une galerie souterraine creusée dans les parois granitiques des Alpes autrichiennes. Mais Smolianoff n'aura guère le temps de rentabiliser ses planches... Himmler, craignant que son atelier ne tombe aux mains des Américains, donne l'ordre de brûler les archives et les faux billets, de jeter les presses dans le lac Toplitz et de transférer les prisonniers travaillant pour l'*organisation Bernhard* dans un autre camp, à Ebensee. On installe donc une grande chaudière qui, pendant trois jours, engloutit des milliers de billets de banque. Mais quelques officiers SS, malgré les ordres de Himmler, ne résistent pas à la tentation de les enterrer. Un soldat allemand, sans doute pris de panique, préfère jeter le chargement de son camion dans l'Enns. Les autres ont purement et simplement disparu. Krüger, quant à lui, en profite pour s'éclipser. Différentes rumeurs ont laissé entendre qu'il s'était par la suite installé comme banquier à Buenos Aires ou qu'il serait mort à Bagdad. La vérité serait beaucoup plus prosaïque : il aurait vécu au grand jour près de Hanovre alors qu'Interpol le pourchassait aux quatre coins du monde.

Au cours de leurs recherches, les enquêteurs américains retrouveront d'anciens détenus ayant participé à l'*opération Bernhard*. Mais, craignant d'être impliqués, ils refusent de parler. Seul un Tchèque, Oskar Skala, ayant occupé le poste de chef comptable de l'organisation, accepte de remettre au major Mc Nally un petit carnet contenant le récit détaillé des activités des faux-monnayeurs. Selon ses déclarations, douze millions de billets d'une valeur d'environ cent cinquante millions de livres sterling ont été imprimés. Sur ces 150 millions, un million et demi serait parti pour la Turquie et le Proche-Orient, trois millions à destination de la France, de la Belgique et de la Hollande et sept millions et demi auraient servi au règlement des créances allemandes en Espagne, au Portugal, en Suisse et dans les pays scandinaves. Malgré la précieuse collaboration de Skala, les plongeurs britanniques ne retrouvent pas le matériel immergé dans le lac, car ils ne peuvent descendre au-delà de cinquante mètres. Mais au cours des six années suivantes, cette région, habituellement si peu fréquentée, voit bizarrement passer de nombreux "touristes" qui semblent s'intéresser de près au secret du lac. En 1952, suite à un article paru dans le *Reader's Digest* sur l'*opération Bernhard*, Wolfgang Löhde, reporter allemand, décide de reprendre les recherches. C'est ainsi que le 27 juillet 1959, les planches à billets et les coffres emplis de livres sterling seront enfin remontés à la surface.

Fortitude, le mensonge ultime

Les hauts responsables militaires alliés réunis, le 28 juin 1943, à l'hôtel Hollywood, à Largs en Ecosse, n'ignorent pas qu'ils sont en train de prendre deux décisions capitales. La première, c'est l'endroit du débarquement qui aura lieu moins d'un an plus tard : la Normandie. La seconde, c'est de tout faire pour cacher la première derrière un épais rideau de fumée. Ils décident ainsi d'une opération d'intoxication comme on en a rarement vu dans l'histoire de la guerre. Mais, tout à leur inquiétude, ils ne savent pas encore qu'elle sera une réussite. Une réussite payée au prix du sang par les résistants du continent et de nombreux agents alliés.

Selon Anthony Cave Browne, historien de la guerre secrète de 1940-1945, *"Fortitude se proposait de clouer au sol pas moins de quatre-vingt-dix divisions allemandes dans des zones éloignées de la Bataille de Normandie, avec tout leur soutien matériel, naval et aérien"*[40]. *Fortitude* se compose de deux volets. *Fortitude Nord* vise à intoxiquer l'état-major allemand en lui faisant croire que

> ### Cary Grant, agent de la Couronne
>
> Le monde du cinéma, s'il s'est (très largement) intéressé à la Seconde Guerre mondiale, y a aussi joué un rôle non négligeable. Non seulement, bien entendu, en servant les intérêts de la propagande de l'un ou l'autre des acteurs du conflit, mais aussi, de manière plus discrète, il est vrai, par l'engagement de certains de ses membres. On savait ainsi, depuis longtemps, que le séduisant Errol Flynn, gagné aux thèses nazies, avait activement collaboré au travail du renseignement nazi. D'abord en informant Berlin au sujet des réfugiés allemands s'engageant dans les Brigades internationales en Espagne, ensuite en faisant parvenir aux S.R. japonais des films tournés, sous prétexte de propagande, dans les bases américaines du Pacifique et qui serviront, en fait, aux Nippons pour la préparation du raid de Pearl Harbor.
>
> Ce que l'on ignorait, en revanche, jusqu'à présent, c'est qu'Archibald Leach, lui aussi, avait été un homme de l'ombre. Passé à la postérité sous son pseudonyme de *Cary Grant*, Archibald Leach avait été chargé (entre autres missions) par William Stephenson, l'*Intrepid*, qui fut l'un des principaux responsables de l'espionnage anglais durant le conflit, de surveiller, pour le compte des S.R. anglais, ceux de ses confrères de Hollywood qui s'étaient vendus aux forces de l'Axe. Errol Flynn fut, à ce titre, l'un de ses "clients". Avec une discrétion toute *british*, l'immense acteur, décédé le 29 novembre 1986, ne devait jamais, par la suite, se vanter des services rendus à la cause alliée. Il faudra attendre la publication, à la fin de l'été 1996, d'une biographie de sir William Stephenson pour apprendre que le grand séducteur dégingandé avait été aussi un homme d'engagement...

les Alliés s'apprêtent à lancer une opération de grande envergure sur la Norvège. Pour se faire, les Anglo-Américains créeront de toutes pièces, sur le papier, une prétendue quatrième armée britannique de trois cent cinquante mille hommes, basée en Ecosse. *Fortitude Sud* a pour but de faire croire aux Allemands que le débarquement, en France, aura lieu dans le Pas-de-Calais et non en Normandie. Mêlant adroitement le faux et le vrai, *Fortitude Sud* fera tout pour que Berlin pense que le 21e groupe d'armées de Montgomery et le 12e groupe de Bradley s'apprêtent à se jeter sur le nord de la France et disposeront aussi de leur armée fantôme : le *FUSAG* ou *First U.S. Army Group*. Mais *Fortitude* ne s'arrête pas là : des opérations connexes (*Ironside* dans la région de Bordeaux, *Vendetta* dans celle de Marseille, *Zepellin* dans les Balkans, *Diadème* en Italie) ont pour but de "fixer" des troupes allemandes en lançant la Résistance dans d'intenses opérations de guérilla et de sabotage (sauf dans le cas de l'Italie où les Alliés ont déjà débarqué depuis 1943 et utiliseront leurs propres troupes). De même, des missions de bombardement seront lancées sur des objectifs soigneusement sélectionnés, dans toute l'Europe, pour renforcer l'idée générale qui doit se dégager de *Fortitude*. Pour accréditer l'existence des armées fantômes d'Angleterre, les services spéciaux alliés créeront de toutes pièces, en Ecosse comme dans les Cornouailles, de faux trafics radios destinés à être interceptés par les Allemands, tandis que la presse rend régulièrement compte de la vie mondaine des officiers affectés au *FUSAG* ou à la quatrième armée. En France et en Norvège, des réseaux de Résistance entiers seront lancés, sans le savoir, dans des opérations de diversion qui pousseront effectivement les Allemands à concentrer des troupes dans les régions supposées être les cibles potentielles retenues par Londres pour le débarquement.

Fortitude a été précédée d'une autre opération allant dans le même sens, *Starkey*, dont le but est de mobiliser les Allemands autour du Pas-de-Calais afin de les empêcher d'envoyer des renforts en Italie où les Anglo-Américains débarqueront les 9 et 10 juillet 1943. L'un des aspects les plus tragiques de *Starkey* est certainement la chute des *réseaux Prosper* et de leur chef, le major Francis Suttill.

Né à Lille en 1910, d'une mère française et d'un père anglais, Suttill, qui a choisi de servir dans les commandos, est tout naturellement recruté par le SOE au début de la guerre et chargé de monter en France le réseau auquel il donnera son nom de guerre, *Prosper*. Le succès est au rendez-vous : les *réseaux Prosper* s'étendent sur l'ensemble des départements du nord de la Loire, et des dizaines de tonnes d'armes leur sont parachutées. Mais, à Londres, des responsables de la guerre secrète ont déjà décidé de passer par pertes et profits les *réseaux Prosper*. En mai 1943, Suttill est donc convoqué en Grande-Bretagne, où on lui demande de placer tous ses groupes en alerte en vue d'un débarquement qui aura lieu dans la région de Calais, au début du mois de septembre.

Au tout début de l'été 1943, alors qu'officiellement *Fortitude* commence à peine à se mettre en place, Suttill est arrêté à Paris. Les spécialistes s'entendent aujourd'hui pour penser que seuls les S.R. de Londres ont pu, d'une manière ou d'une autre, donner aux Allemands l'adresse de sa planque qui n'était connue de personne excepté de la *section F (French)* du SOE. Suttill, après trois jours d'interrogatoires, livrera ses réseaux (des dizaines de tonnes d'armes et un millier de résistants) contre la promesse de voir les Allemands traiter ces derniers comme des prisonniers de guerre. Une promesse qui ne sera évidemment jamais tenue : la grande majorité des résistants arrêtés mourra sous la torture ou en déportation. L'importance de *Prosper*, les renseignements arrachés à ses prisonniers par la Gestapo et le trafic radio que Londres continuera à entretenir, en toute connaissance de cause, avec *Archambault* (Gilbert Norman), le radio de *Prosper* émettant désormais sous contrôle allemand (et qui fera tout pour en prévenir l'Angleterre), renforceront Berlin dans l'idée que le Pas-de-Calais est bien la zone choisie pour le débarquement en France. On l'a dit, des centaines de membres de *Prosper* mourront. Suttill, lui, sera pendu au camp de concentration de Flossenburg et son radio, Norman, sera lui aussi exécuté.

Les archives de *Starkey* ont fort opportunément brûlé après la guerre. Si les grandes lignes et de nombreux détails de *Fortitude* sont aujourd'hui connus, les points d'interrogation demeurent nombreux et bon nombre de dossiers restent interdits d'accès. Au total, *Fortitude* a certainement coûté, du nord au sud de l'Europe, des milliers et des milliers de vies humaines : résistants et agents parachutistes anglais délibérément livrés à l'ennemi pour lui communiquer (souvent sous la torture) de fausses informations, ou sacrifiés dans des opérations de diversion; pilotes tués dans des missions de bombardement sans utilité réelle; civils écrasés sous les bombes, entre autres en France. A son actif, on peut penser que cette opération, la plus cynique peut-être, et la plus cruelle de l'histoire de la guerre secrète, a permis la réussite du débarquement du 6 juin 1944. On doit en tout cas l'espérer : sans cela, ces milliers de vies auront été sacrifiées pour rien.

Churchill aurait dit : *"En temps de guerre, la vérité est si précieuse qu'elle devrait toujours être protégée par un rempart de mensonges"*. *Starkey* et *Fortitude* seront deux des éléments essentiels de ce rempart de mensonges. Mais comment ne pas être accablé par la simple idée que c'est en l'ignorant, et en étant manipulés, que tant d'agents et de résistants courageux ont rendu à la cause alliée le plus grand service qu'ils pouvaient lui rendre...

Δ

[1] Aidan Crawley, *Les Grandes Évasions*, Paris, Fayard, 1965, p. 35-37.
[2] Stewart Alsop et Thomas Braden, *OSS, l'Amérique et l'espionnage*, Paris, Fayard, 1964, p. 13.
[3] *Idem*, p. 16.
[4] Fabrizio Calvi, *OSS - La Guerre secrète en France*, Paris, Hachette, 1990, p. 37.
[5] Christopher Andrew et Oleg Gordievsky, *op. cit.*, p. 238.
[6] Note du BCRA diffusée le 15/12/42, Archives nationales, Paris, carton F/1a/3729.
[7] Archives nationales, carton F/1A/3729.
[8] Lettre de Anthony Eden au général de Gaulle, 10/11/41, *idem*.
[9] Lettre du général de Gaulle à Anthony Eden, *idem*.
[10] Rapport du *colonel Passy* en date du 4/07/42, *idem*.
[11] Cable du colonel de Chevigné au BCRA en date du 13/07/42, *idem*.
[12] *Idem*.
[13] Grâce à ses nombreuses relations, Ozaki Hozumi était devenu le conseiller du prince Konoye, le Premier ministre japonais. Il sera pendu une demi-heure avant Sorge.

[14] On estime que le budget total du réseau de Sorge s'élevait à 3 000 yens par mois. Tous les agents y travaillaient par idéologie et non pour l'argent : leur salaire mensuel ne servait qu'à couvrir leurs frais de déplacements.

[15] L'hypothèse d'un Sorge agent double, renseignant l'Union soviétique mais aussi l'Allemagne nazie, a été soulevée dans certains livres, notamment celui de Deakin et Storry, *Le Cas Sorge*. Sorge lui-même déclare dans sa confession qu'il a été autorisé à fournir des informations à l'ambassade d'Allemagne.

[16] Chistopher Andrew et Oleg Gordievsky, *op. cit.*, p. 265.

[17] Max Clausen, allemand, était le principal lien entre Sorge et Moscou. Condamné à l'emprisonnement à vie en septembre 1943, il faillit mourir brûlé dans sa prison lors d'un raid américain sur Tokyo. Libéré par les troupes américaines le 8 octobre 1945, il s'est rendu à Moscou avec sa femme Anna, au nez et à la barbe des autorités américaines. Après des années de lutte, de prison et de silence, il reçut, au cours d'une cérémonie publique en 1964, des mains du ministre de la Sûreté de l'Etat de la RDA, la *Médaille d'Or* de l'Armée nationale populaire.

[18] Artiste japonais, ayant adhéré au parti communiste américain au cours de son séjour aux Etats-Unis, il s'était installé à Tokyo comme correspondant d'un magazine français.

[19] Ott a été remplacé à l'ambassade d'Allemagne à Tokyo par Heinrich Stahmer. Hitler ne l'a pas autorisé à rentrer en Europe et il a été incarcéré avec sa famille par les autorités américaines en Chine, à la fin de la guerre.

[20] Parmi lesquels Branko de Voukélitch, un ancien officier yougoslave. Condamné à la prison à vie, il est mort d'une pneumonie le 13 janvier 1945, à la prison de Hokkaido. Dix ans plus tard, l'Union soviétique a remis à son épouse japonaise la médaille de première classe de l'Ordre de la Guerre patriotique, décernée à son mari à titre posthume.

[21] Cité dans Robert Guillain, *L'Espion qui sauva Moscou*, Paris, Seuil, 1981, p. 147.

[22] D'après Leopold Trepper, les Japonais ont demandé aux Russes à trois reprises d'échanger Sorge contre un espion japonais détenu par eux, mais il leur a été répondu à chaque fois qu'à Moscou, on ne connaissait pas le nommé Richard Sorge. Toutefois, une légende — reprise dans le livre de Hans Otto Meissner, *The Man with Three Faces* — a circulé à Tokyo à la fin de la guerre, selon laquelle l'échange avait effectivement eu lieu le 7 novembre 1944. Plusieurs Européens affirment même avoir vu Sorge vivant. Pure affabulation.

[23] "Ici repose un héros qui a sacrifié sa vie pour que s'instaure la paix dans le monde".

[24] Trepper, *Le Grand Jeu*, Paris, Albin Michel, 1975, p. 89 et 91.

[25] Chargé des relations entre le *Komintern* et le mouvement communiste du Proche-Orient, il abandonne ses activités pour suivre Trepper.

[26] Cité dans Christopher Andrew et Oleg Gordievsky, *op. cit.*, p. 275.

[27] Entretien avec l'un des auteurs, printemps 1981.

[28] Entretien avec l'un des auteurs, 10 mai 1995.

[29] Gilles Perrault, *L'Orchestre Rouge*, Paris, Fayard, 1967, p. 671.

[30] La traduction de ce document est reproduite, in extenso, en annexe au livre d'Anatoli Gouriévitch, *Un certain monsieur Kent*, Paris, Grasset, 1995.

[31] Pierre de Villemarest, *GRU, le plus secret des services soviétiques*, Paris, Stock, 1988, p. 239.

(32) Deux mois avant l'occupation allemande en Norvège, l'ingénieur français Jacques Allier a réussi à s'emparer de la totalité du stock d'eau lourde de l'usine de *Norsk Hydro*, qu'il a remis au physicien français Joliot-Curie, prix Nobel de chimie en 1935.

(33) L'architecte Albert Speer, ministre de l'Armement, confie dans ses mémoires, parues en 1969, que même *"Hitler n'était pas enchanté par la perspective de voir, lui étant au pouvoir, la planète transformée en un astre dévoré par les flammes"*. Cité dans Otto Skorzeny, *La Guerre inconnue*, Paris, Albin Michel, 1975.

(34) Erich Gimpel, *Ma vie d'espion*, Paris, Arthaud, 1956.

(35) *Idem*, p. 117.

(36) *Idem*, p. 338.

(37) *Idem*, p. 352.

(38) Les archives de la *Mission orange* du *Plan Sussex* sont conservées au SHAT (Vincennes), section des fonds privés, cote 1K312. Leur communication est toutefois soumise à autorisation.

(39) Cicéron, le célèbre espion albanais, a été payé trois cent mille livres sterling en faux billets, pour avoir subtilisé des documents secrets dans le coffre-fort de l'ambassadeur de Grande-Bretagne à Ankara. Quant à l'*Opération Eiche*, la délivrance de Mussolini, confiée au capitaine de SS Otto Skorzeny, elle a coûté cinquante mille... fausses livres sterling.

(40) Anthony Cave Brown, *La Guerre secrète, le Rempart des mensonges*, Paris, Pygmalion/Gérard Watelet, 1981, volume 2, p. 66.

7
Les femmes dans l'espionnage

"Le Général n'aimait pas les agents féminins, et l'idée de parachuter de jeunes Anglaises du SOE en France occupée ne lui plaisait pas. A une époque, je reçus même l'ordre de de Gaulle de n'employer en aucune façon d'agents féminins. Mais je fus en mesure de lui prouver que certaines de nos dames avaient obtenu des succès remarquables qui n'auraient jamais pu être remportés par des hommes", a déclaré un jour le *colonel Passy*[1]. Le préjugé nourri par le général de Gaulle a été partagé par la plupart des chefs des services secrets, rejoignant ainsi l'opinion du grand espion soviétique Richard Sorge, qui aurait affirmé que *"la femme est incapable de tout travail sérieux d'espionnage (...) trop émotive, trop dépourvue de raison et de sang-froid"*[2].

Emotive, la femme l'est peut-être, mais est-elle pour autant encline à bavarder de ses occupations secrètes ? Ce n'est pas l'avis de sir Basil Thompson, qui fut tout à la fois le chef du *Criminel Investigation Department* (CID) de Scotland Yard et un redoutable chasseur d'espions : *"Je ne suis pas d'accord avec ces gens qui croient que les femmes sont incapables de garder des secrets. Il faut qu'ils se défassent sans plus attendre de ce préjugé"*[3]. Elles seraient même, selon un autre expert en la matière, Lavrenti Béria, maître de toutes les polices et premier garde-chiourme de Staline, plus habiles que les hommes à recueillir les bavardages : *"Les grands hommes sont si petits au lit, et ils aiment tant bavarder avec leurs maîtresses"*. Si les avis sont et ont toujours été controversés, grand nombre de spécialistes ont néanmoins longtemps estimé dangereux d'utiliser des femmes, car fatales, séduites ou séductrices, elles seraient trop souvent victimes de leurs sentiments quand l'amour et la jalousie se mêlent à leurs activités secrètes. C'est effectivement parfois le cas, comme nous l'a démontré la danseuse Lea Niako qui, folle de jalousie, a livré son amant polonais, le capitaine Jurek de Sosnowski, à l'Abwehr.

Depuis les temps bibliques, l'espionne mythique est donc décrite comme une femme vénale, aventurière et manipulatrice, prête à user de tous ses charmes pour conduire les hommes à lui livrer les secrets qu'ils détiennent. Il faut toutefois reconnaître que, dans certaines situations, seule la technique de la séduction peut réussir là où tout le reste a échoué. Piège dans lequel est tombé, entre autres, Samson qui, doté d'une force physique inexplicable, comme nous le raconte la Bible, a été trahi par la belle Dalila dont il s'est épris. Harcelé, jour après jour, il finit par lui avouer le secret de sa force herculéenne et faillit ainsi à sa mission de sauveur d'Israël. C'est également de cette manière que la belle comtesse Virginia de Castiglione a procédé auprès de Napoléon III — par ailleurs grand amateur de jolies femmes —, pour le convaincre de soutenir la cause de l'unité italienne. Mais s'il est vrai que l'Histoire offre de nombreux exemples d'espionnes séductrices, usant de leurs atouts comme meilleure arme — la littérature en a fait souvent des portraits romanesques en falsifiant parfois la réalité — elle n'a, fort heureusement, pas négligé celles qui, malgré tout, se sont livrées au renseignement par idéalisme ou patriotisme, en risquant ou en donnant leur vie.

La tourmente révolutionnaire qui se lève en France en 1789 verra ainsi quelques femmes jouer un rôle secret mais important dans les multiples conspirations qui se nouent dans les coulisses. De même que pendant la guerre de Sécession aux Etats-Unis (1861-1865), où plusieurs femmes ont courageusement traversé les lignes ennemies pour espionner. Parmi elles, Emma Edmonds qui, dotée d'une imagination débordante, s'est faufilée chez les Confédérés sous divers déguisements et en changeant d'accent. Le Sud a également compté des personnalités hors du commun, telle l'aristocrate Rose O'Neale Greenhow qui recueillait des informations d'une importance capitale auprès des politiciens, diplomates et généraux qui fréquentaient le salon à la mode qu'elle présidait à Washington. Arrêtée le 23 août 1861, mais autorisée à recevoir ses soupirants, elle n'a cessé de transmettre de sa prison des messages aux chefs des Etats du Sud. En Europe, c'est au cours de la Première Guerre mondiale que les véritables espionnes sont apparues. Ne pouvant endosser l'uniforme, les femmes les plus courageuses se sont tout naturellement tournées vers les actions clandestines. Si l'Histoire a principalement retenu Mata Hari, dont le rôle d'espionne a souvent été largement exagéré au fil des livres qui lui ont été consacrés, il serait injuste de ne pas rendre hommage à toutes celles qui, telles Gabrielle Petit, Edith Cavell et les autres femmes remarquables dont elle s'était entourée, ont occupé une place particulière au sein de ce conflit. Tout comme Elisabeth Schragmüller à qui de nombreux auteurs n'ont pas hésité à prêter de dramatiques aventures teintées d'érotisme et une fin tragique dans un asile d'aliénés. De tous ces ragots, seul est vrai le fait qu'elle ait occupé un poste important au sein du service de renseignement allemand : d'une intelligence remarquable, elle a dirigé l'école d'espionnage d'Anvers et, selon les dires de certains, elle n'aurait pas hésité à sacrifier froidement quelques-uns de ses agents pour en protéger d'autres.

La Seconde Guerre mondiale et les horreurs nazies ont suscité encore plus de vocations féminines en Europe. Le nombre de femmes agents était d'ailleurs tel que les nazis ont été contraints d'ouvrir un autre camp à Ravensbrück, en plus du quartier spécial du camp de concentration de Birkenau. Citons notamment Marie-Madeleine Fourcade qui, en 1941, à peine âgée de trente ans, a pris le commandement d'*Alliance*, le réseau de renseignement militaire le plus important en France, s'entourant de trois mille agents et utilisant cent postes émetteurs. Arrêtée en 1944, elle est parvenue à s'échapper de sa cellule quelques heures plus tard. A la fin de la guerre, *Alliance* avait perdu quatre cent trente-quatre agents dont trente-cinq femmes, arrêtées, torturées, mortes en déportation. C'est aussi une jeune fille, Andrée De Jongh, qui a fondé *Comète*, l'organisation belge d'évasion qui, d'août 1941 à juin 1944, a permis la récupération par les Alliés de centaines d'aviateurs. Violette Szabo, membre du réseau de Clara Malraux, a également fait preuve d'un courage exceptionnel au cours des combats qui l'ont opposée à des divisions SS. Capturée et internée avec quarante mille autres femmes au camp de concentration de Ravensbrück, elle y est morte le 26 janvier 1945. Contrairement aux Américains — le FBI a été interdit aux femmes jusqu'à 1972 —, les Soviétiques ont largement utilisé les femmes, préalablement initiées à certaines méthodes particulières, notamment à celles destinées à soutirer des secrets aux hommes. Selon les déclarations d'un transfuge soviétique, la séduction était enseignée dans les camps d'entraînement au même titre que la lecture de cartes ou le sabotage. En Israël, par contre, Isser Harel, premier chef du Mossad, interdisait formellement aux quelques femmes travaillant pour son service d'user de leurs charmes pour recueillir des renseignements.

Certes, il y a eu et il y aura toujours des femmes prêtes à utiliser leurs charmes comme monnaie d'échange. Mais combien sont-elles à avoir, par idéalisme ou patriotisme, sacrifié leur vie pour une cause ? A avoir succombé à la torture ? A avoir connu des fins atroces dans les camps de concentration ? Quant à savoir si elles sont plus ou moins efficaces que les espions, écoutons l'avis de Thomas Johnson, des services de sécurité de l'armée américaine pendant la Première Guerre mondiale. Selon lui, elles auraient trois défauts : elles remettent des rapports inexacts ou exagérés, elles n'ont pas la résistance physique des hommes et, surtout, elles tombent amoureuses de l'homme qu'elles sont chargées de surveiller. Point de vue nullement partagé par Elisabeth Schragmüller dans ses souvenirs : *"D'après ses structures, le service de renseignements est fondé sur des forces psychologiques, sur des aptitudes qui ne s'apprennent pas et qui ne sont pas l'apanage d'une profession... Ces exigences brièvement définies, une femme peut les remplir aussi bien qu'un homme"* [4]. Et l'Histoire lui donne sans doute raison. Il suffit de constater, pour s'en convaincre, qu'un certain nombre de femmes, véritables *executive women*, se trouvent aujourd'hui à des postes clés dans plusieurs services de renseignement importants.

C'est en 1988 que, pour la première fois, une femme, la Danoise Hanne Bech Hansen, alors âgée de quarante-neuf ans, a été nommée à la tête d'un service secret, à savoir le *Politiets Efterretnings Tjeneste* (PET). Autre pionnière, Stella Remington — qui vient de prendre sa retraite —, nommée à la tête du MI5 en 1992, après avoir dirigé la *section F* (*subversion politique*) et occupé un poste opérationnel dangereux à Belfast. Aux Etats-Unis, Christine Wiley est devenue, en 1995, directrice adjointe de la CIA, chargée des ressources humaines, tandis qu'à Moscou, la générale russe Smirnova a été propulsée, en 1991, à la tête d'une agence fédérale d'information et de liaison. La DGSE également a compté de nombreuses femmes depuis vingt-cinq ans, à des postes importants, à Washington comme à Moscou, Genève ou Rio, sans compter toutes celles qui participent à des missions spéciales. Même les services secrets chinois se sont féminisés, en nommant Li Shuzheng, une spécialiste de l'action clandestine, aux commandes du *département des liaisons internationales*. N'en déplaise donc à Sorge ou à Thomas Johnson, les services secrets font aujourd'hui confiance aux femmes, et ce n'est pas le MI5 qui nous contredira : service de renseignement le plus féminisé du monde, un quart de ses agents sont des agentes...

Edith Cavell, sacrifiée pour l'exemple

Au cours de la Première Guerre mondiale, les femmes n'ont pas seulement remplacé les hommes dans les bureaux et les usines. Beaucoup d'entre elles ont participé aux actions clandestines menées pour sauvegarder l'indépendance de leur pays. Certaines ont ainsi joué un rôle capital. En 1914, dans la confusion de l'invasion allemande en Belgique, les armées alliées submergées abandonnent derrière elles une partie de leurs blessés. Ces soldats français et anglais, rescapés des combats contre les armées des généraux Von Klück et Von Bulow, ainsi qu'un grand nombre de prisonniers évadés, sont alors recueillis, soignés et cachés par les Belges. Pour éviter qu'ils ne tombent entre les mains de l'ennemi, la Résistance belge crée alors, et ce malgré les menaces allemandes, une organisation spéciale d'hébergement et de transport de ces soldats. C'est dans ce réseau que s'enrôle spontanément Edith Cavell.

D'origine anglaise, née à Swardeston, Edith Cavell est arrivée en Belgique en 1907 et dirige l'institut médical Berkendael qu'elle a fondé à Bruxelles, à l'initiative du docteur Antoine Depage, au numéro 149 de la rue de la Culture, où sont formées de jeunes infirmières venues de toute l'Europe. Dès le début de la guerre, avec l'aide de ses amis, parmi lesquels figurent l'architecte bruxellois de renom international Philippe Baucq, la princesse de Croy et la Française Louise Thuliez, elle recherche les soldats blessés, éparpillés dans les bois, qu'elle recueille et soigne dans sa clinique, à l'insu du personnel. Les prisonniers évadés, quant à eux, sont logés dans des caves. L'entreprise connaît un tel succès, qu'au fil des mois, le nombre des fugitifs ne cesse de croître et que, malgré l'aide de nombreux Bruxellois, il devient de plus en plus difficile et risqué de les nourrir et de les camoufler. Il faut coûte que coûte leur faire franchir clandestinement la frontière. Pour rejoindre le front allié, en évitant la traversée des lignes allemandes, la seule solution est de filer par la Hollande. Par groupes de vingt à soixante personnes, les fugitifs, habillés en ouvriers, sont alors acheminés par des passeurs jusqu'à Flessingue d'où ils rejoignent l'Angleterre. Pendant onze mois, environ mille cinq cents soldats anglais et français parviennent ainsi à s'évader. Mais la jeune Anglaise poursuit également d'autres activités, tout aussi clandestines, relevant directement, elles, du renseignement. C'est par son intermédiaire que le S.R. britannique recrutera Alexandre Szek, ce génie de la radio qui travaille à Bruxelles pour le commandement allemand.

Un jour, souffrant de troubles cardiaques, un officier français du nom de Gaston Quien se présente à Edith Cavell. Après quelques semaines de soins, il sollicite un faux passeport et de l'argent pour s'évader. Mais le réseau préfère lui faire franchir la frontière au sein d'un convoi, comme tous les autres protégés. Il accepte bon gré mal gré mais, cinq semaines plus tard, à la grande surprise de l'infirmière, il réapparaît à Bruxelles. Il est, selon lui, de retour pour ses affaires. Dès lors, il ne cesse de réclamer, en vain, de nouveaux papiers et de nouveaux fonds. Il informe alors un membre du réseau d'Edith Cavell que les Allemands sont sur le point d'effectuer une perquisition chez Philippe Baucq qui loge de nombreux soldats dans sa cave, avenue de Roodebeek. On tente immédiatement de le prévenir mais il est trop tard : l'architecte et Louise Thuliez sont arrêtés par Bergon, chef de l'espionnage allemand à Bruxelles, et internés à la prison de Saint-Gilles. Edith Cavell ne tarde pas à les rejoindre : son nom, ainsi que ceux d'une trentaine de membres de son réseau, figurent, en effet, dans le carnet d'adresses de Louise Thuliez. Quant à "l'officier français", il n'est autre qu'un escroc que les Allemands ont trouvé dans une cellule de la prison de Saint-Quentin et qui, en échange de sa libération, accepte de travailler comme agent provocateur.

Edith Cavell comparaît le 8 août 1915 devant le *groupe de police B.* du gouvernement général, face à des policiers allemands mués en juges d'instruction. Assurée de sa prochaine libération et de celle de ses complices, elle tombe dans le piège tendu par Bergon : convaincue que ses complices sont déjà aux mains de la police allemande et qu'ils ont avoué avoir conduit des troupes à l'ennemi, elle les dénonce tous, non seulement ceux qui sont déjà fichés mais également ceux sur lesquels ne pèse aucun soupçon. Il faut toutefois préciser que les interrogatoires ont lieu en allemand et que l'interprète n'est autre qu'un fonctionnaire de la police criminelle qui cumule ce rôle avec celui d'accusateur et de témoin. Edith Cavell a donc signé une déposition rédigée dans une langue qu'elle ne connaît pas — il n'existe d'ailleurs aucune trace des dépositions originales en français — et qui a peut-être été modifiée lors de sa traduction.

Pendant la dernière quinzaine de septembre, toute la population bruxelloise est tenue en haleine par le bruit d'une grande offensive alliée à l'Ouest. A mesure que croît l'espérance des Belges, la nervosité s'empare des Allemands qui décident de frapper un grand coup au moral des Alliés, en faisant un exemple. Dès lors, le nombre des arrestations augmente de jour en jour et, le 7 octobre, ce sont trente-cinq inculpés qui comparaissent dans la salle du Sénat devant la cour martiale. Tous accusés d'avoir procuré des soldats à l'ennemi, ils sont défendus par des avocats qu'ils n'ont jamais rencontrés auparavant, qui n'ont pas été autorisés à prendre connaissance des dossiers et qui doivent s'exprimer en allemand, la langue officielle du pays occupé. *"Pas de pitié !"* : tel est le mot d'ordre que lance aux juges le général Von Sauberzweig, qui vient d'être nommé gouverneur militaire de Bruxelles. Le premier grand procès de la Première Guerre mondiale ne dure guère plus de deux jours. La sentence de mort prononcée le 9 octobre n'est communiquée aux condamnés qu'au début de l'après-midi du 11 octobre, quelques heures avant leur exécution. L'auditeur militaire, flanqué de son interprète, lit en allemand le verdict. Cinq fois retentit la sinistre *Todesstrafe* (*peine de mort*), qui frappe Philippe Baucq, Edith Cavell, le pharmacien Louis Severin, le professeur Louise Thuliez et la comtesse de Belleville. Maurice Pansaers, un cafetier, n'est condamné qu'à trois ans de prison. Mais il s'est déjà pendu dans sa cellule...

Le lendemain matin, à 5 heures, Edith Cavell, les yeux bandés et la tête recouverte d'un voile noir, est extraite de la cellule où elle est tenue au secret depuis dix semaines, pour être conduite au champ de tir national (appelé depuis champ des Martyrs) face au peloton d'exécution composé de six hommes et d'un officier. Aucun témoin n'assiste à l'exécution et le gouvernement allemand n'en publiera jamais de rapport officiel. Malgré une requête de Brand Whitlock, ambassadeur des Etats-Unis à Bruxelles, les Allemands ont toujours refusé de transférer la dépouille mortelle à l'école d'infirmières. Ce n'est qu'après l'armistice que son corps sera solennellement exhumé et ramené en Angleterre, au *Life's Garden* de la magnifique cathédrale romano-gothique de Norwich, où son père avait été pasteur anglican. Philippe Baucq subira le même sort que l'infirmière. Après avoir consolé sa femme et ses enfants, il embrasse l'aumônier et refuse de se laisser bander les yeux. Les trois autres peines de mort sont, grâce à l'intervention du pape sollicitée par les légations anglaise et belge, différées puis commuées en travaux forcés.

L'exécution d'Edith Cavell provoque l'indignation dans le monde entier. On peut pourtant se demander si la courageuse héroïne n'a pas délibérément été sacrifiée par les Anglais pour inciter les volontaires (la conscription n'étant pas obligatoire en Angleterre) à s'inscrire sur les listes de départ pour le front. Ainsi que l'a écrit Joseph Crozier, chef du réseau français à Rotterdam : *"A un moment où l'on ne s'enrôlait plus, le bruit de cette exécution créa une émotion populaire dont les armées anglaises profitèrent pour incorporer les recrues qui leur manquaient"* [5]. D'autres raisons, plus tortueuses encore, ont peut-être guidé les hommes de Londres. En tout cas, une chose est sûre : Joseph Crozier a tout tenté pour libérer Edith Cavell. En vain. La guerre avait trouvé Crozier, homme d'affaires d'origine lyonnaise, installé à Bruxelles. Engagé dans les rangs du *Deuxième Bureau* de l'armée française, Crozier s'installe en Hollande où il mène une dangereuse double vie. En apparence, il est le directeur très philogermanique d'une société de négoce; mais sous le pseudonyme de *Pierre Desgranges*, il anime un puissant réseau de renseignement économique qui informe Paris sur la situation de l'industrie de guerre allemande. Crozier, donc, ému par le sort de la petite Anglaise de Bruxelles, a monté un projet d'évasion qui avait toutes les chances de réussir. Mais les Anglais ne le financeront jamais... Basse volonté d'utiliser le sacrifice de leur compatriote à des fins de propagande, comme le pense Crozier, ou nécessité de faire disparaître les témoins de la très peu glorieuse affaire Szek ? La question reste ouverte...

Huit jours après l'exécution d'Edith Cavell, une autre femme tombe dans les griffes des Allemands : Louise de Bettignies qui, en créant son propre réseau à Lille, a fourni pendant des mois de nombreuses informations militaires au S.R. britannique.

Louise de Bettignies, l'espionne aristocratique

Comme beaucoup d'habitants du nord de la France et de la Belgique, la Lilloise Louise de Bettignies fuit, en octobre 1914, les troupes du général Alexander von Klück, commandant la 1re armée allemande, et se réfugie en

Angleterre. Interrogée par un officier des services de renseignement anglais dès son débarquement à Folkestone, elle lui fournit aussitôt une profusion d'informations qu'elle a récoltées avant sa fuite. L'Intelligence Service ne manque pas d'apprécier sa clairvoyance, son esprit d'observation et sa parfaite connaissance de l'anglais et de l'allemand. Le major Edward Cameron propose aussitôt à la jeune femme de retourner en zone envahie afin de renseigner les Alliés sur les mouvements et le moral des armées du Kaiser. C'est ainsi que Louise de Bettignies, issue d'une des plus anciennes familles du nord de la France, va délaisser le golf et l'équitation pour se livrer à un sport beaucoup plus dangereux : l'espionnage.

Munie de faux papiers d'identité au nom d'*Alice Dubois*, et se faisant passer pour une marchande de dentelles, elle rejoint Lille, où elle fonde son réseau, le *Service Dubois*, en recrutant une quarantaine d'agents, parmi lesquels le chimiste Geyter, fabricant d'encre sympathique, et le cartographe Paul Bernard, qui réussit, entre autres, l'exploit d'écrire mille mots sous un timbre-poste. Pour livrer ses rapports à l'état-major de Cameron — qui, en quatre ans de guerre, a compté plus de quatre mille hommes et femmes sous ses ordres —, elle s'adjoint une aide roubaisienne aussi redoutable qu'elle-même : Marie-Léonie Vanhoutte, alias *Charlotte*. Les deux femmes, travesties tantôt en marchandes de fromages, tantôt en couturières, franchissent chaque semaine la frontière des Pays-Bas pour transmettre les informations qu'elles ont collectées. Les messages sont camouflés dans le talon creux d'une chaussure, le manche d'un parapluie, les baleines d'un corset, ou transcrits à l'encre invisible sur une pellicule transparente collée sur un verre de lunettes. C'est ainsi que la jeune espionne réussit à faire bombarder un train d'officiers allemands par un avion français, entre Santes et Haubordin. C'est ainsi également que, lors de la visite soi-disant secrète de Guillaume II à Lille, son train fait l'objet d'un tir de projectiles émanant d'une escadrille de bombardiers britanniques. Détail amusant : l'espionne capte les messages chiffrés de l'Intelligence Service, sous le nez de l'ennemi. Elle utilise en effet le poste clandestin de l'abbé Pinte — arrêté le 21 octobre 1916 — qui opère dans une vaste école technique de Roubaix, dont les classes, dortoirs et chambres sont entièrement occupés par les Allemands.

Le service de renseignement britannique reconnaîtra que le réseau de Louise de Bettignies a certainement figuré parmi les plus efficaces. Mais l'étau se resserre peu à peu autour de la jeune femme, au fur et à mesure que s'étendent les rouages de son organisation. Les batteries allemandes ont subi de terribles rafales d'obus et les Allemands, furieux, engagent de nouveaux "mouchards" pour contrôler la population civile et installent des barbelés électrifiés entre la Belgique et la Hollande. Louise n'ignore rien de ces mesures répressives mais conserve son sang-froid et continue à passer la frontière des Pays-Bas.

Le 23 septembre 1915, *Charlotte*, attirée dans un piège, est arrêtée à Bruxelles et incarcérée à la prison de Saint-Gilles. Elle a eu le temps de donner l'alerte et de sauver le réseau, mais elle ne parvient pas à prévenir *Alice Dubois* qui opère en Hollande. Arrêtée à son tour à Froyennes, près de Tournai, en possession de six cartes d'identité différentes, elle a juste le temps de mâcher et d'avaler le document compromettant qu'elle camoufle dans une de ses ingénieuses cachettes, avant d'être enfermée à quelques mètres de la cellule de Marie-Léonie. Malgré des interrogatoires musclés, Louise ne livre aucun renseignement, aucun nom. Même lorsqu'on la confronte à son amie Léonie, elle certifie ne l'avoir jamais rencontrée auparavant. Mais sa ruse et son silence n'empêchent nullement les Allemands de constituer un dossier accablant et d'établir la complicité des deux femmes.

Son procès s'ouvre le 16 mars 1916. L'homme qui dirige les débats de ce conseil de guerre n'est autre que l'officier qui a condamné à mort Edith Cavell. Mais Louise n'a pas peur. La seule chose qui importe pour elle, c'est de protéger les cinquante autres membres de son réseau encore en liberté. Le verdict tombe le 17 mars : peine de mort pour Louise de Bettignies et quinze ans de travaux forcés pour Marie-Léonie Vanhoutte et Georges de Saever, un passeur belge. Cependant, le gouverneur de Belgique, se souvenant de la vague de protestation soulevée dans le monde entier par l'exécution d'Edith Cavell, signe la grâce de Louise et commue la peine capitale en vingt-sept années de prison, à la forteresse de Siegburg, près de Bonn, où plus de trois cents détenues belges et françaises ont été incarcérées par les Allemands.

Louise de Bettignies, nullement découragée malgré une santé ébranlée par la fatigue et les privations, continue son combat patriotique. Elle sème le trouble au sein de la forteresse. En novembre 1916, les prisonnières sont astreintes à une tâche bien singulière qui consiste à garnir d'une mince feuille de bronze et d'aluminium le fond d'un capuchon d'acier. La jeune femme réalise immédiatement qu'il s'agit de la fabrication de grenades et exhorte ses compagnes à refuser ce travail. Elle est alors jetée au cachot. C'est dans cette cellule exiguë, humide et à peine éclairée qu'on la retrouve un matin terrassée par une pneumonie. Soignée par ses amies, Léonie et Louise Thuliez, elle semble se remettre d'aplomb au printemps. Mais guère pour longtemps. Autorisée à effectuer sa promenade quotidienne dans la cour de la prison, mais sans lainage, sa santé se dégrade à nouveau dès le retour de l'hiver. Elle est rongée par la tuberculose et seule une opération chirurgicale peut la sauver. Mais pour qu'elle se déroule dans de bonnes conditions, il faut la transférer dans un hôpital. Le directeur de la prison s'y oppose catégoriquement. L'intervention a donc lieu sur place. Les conséquences en sont dramatiques : la plaie ne se cicatrice pas et Louise s'affaiblit de jour en jour. Sur intervention du pape et du roi d'Espagne, et après de nombreuses tergiversations, la jeune femme est finalement transportée à l'hôpital Sainte-Marie de Cologne. Mais il est trop tard. Elle s'éteint sans avoir prononcé un mot, le 27 septembre 1918, quarante-cinq jours à peine avant l'armistice qui verra la libération de Louise Thuliez et Léonie Vanhoutte.

D'abord enterré à Bichendorf, son corps a été ramené en France en 1920 pour être inhumé au cimetière de Saint-Amand-les-Eaux, sa ville natale, qui a honoré sa mémoire par des funérailles officielles. Sur sa tombe a été gravée cette citation : *"S'est volontairement dévouée pendant plusieurs mois, animée uniquement par le sentiment patriotique le plus élevé pour rendre à son pays un service des plus importants pour la Défense nationale..."*. Baptisée *The queen of spies* par les Anglais, qui lui ont décerné à titre posthume la médaille de guerre et la croix d'officier de l'ordre de l'Empire britannique — auxquelles s'ajoutent la croix de la Légion d'honneur et la croix de guerre offertes par la France —, Louise de Bettignies a épaté les Allemands eux-mêmes par son courage, comme l'a exprimé un écrivain germanique : *"Quand de tels actes ne sont inspirés que par un fanatique amour de sa patrie, qu'importe si c'est de notre camp ou dans le camp ennemi, il convient de s'incliner très bas devant les nobles victimes dont une parfaite pureté d'intention a grandi le sacrifice"*. Une admiration sans doute comparable à celle suscitée par Gabrielle Petit, une autre héroïne, belge celle-ci, qui, après avoir fait preuve d'un patriotisme et d'un courage exemplaires, sera également condamnée à mort pour espionnage. Et exécutée.

Gabrielle Petit, fusillée à 22 ans

"Je t'adresse mes adieux; ne regrette rien, c'est tellement naturel. C'est la vie courante, vois-tu, on part comme on est venu. Je ne regrette rien. Sois sage et courageuse surtout (...)"[6]. C'est entre les derniers points d'une broderie que Gabrielle Petit écrit, le 31 mars 1916, cette ultime lettre à sœur Hélène. Contrairement à Louise de Bettignies qui, graciée, a été transférée dans une prison allemande, elle sait à présent qu'elle n'échappera pas à la peine capitale. Dans quelques heures, elle sera fusillée au champ de tir national.

Seconde fille d'une famille de la bonne bourgeoisie de Tournai, Gabrielle Petit est née en février 1893. C'est une enfant gaie, à la frimousse mutine et aux allures de garçon manqué, lorsque survient le drame qui va modifier le cours de sa vie. Sa mère, gravement malade, meurt brutalement, à l'âge de trente-trois ans, en laissant ses quatre enfants à leur père, un homme instable qui s'en désintéresse avant de les abandonner. Gabrielle est alors placée à l'orphelinat de

Brugelette où, jusqu'à l'âge de dix-sept ans, soumise à une stricte discipline et coupée du monde extérieur, elle ne reçoit aucune visite, ni le moindre colis.

Jules Petit qui, entre-temps, s'est remarié et a fait fortune, décide alors de reprendre ses filles. Mais ni Gabrielle ni Hélène — son aînée d'un an — ne souhaitent renouer avec leur père. Travaillant à gauche et à droite — tour à tour coupeuse dans un atelier de couture, servante, nurse, vendeuse, lingère —, Gabrielle, fort jolie, impressionne beaucoup par son intelligence et son sens inimitable de la répartie. C'est chez Mme Collet — qui jouera un rôle important dans ses activités secrètes —, qu'elle loue une petite chambre, chaussée d'Anvers à Bruxelles. En mars 1914, elle se fiance à Maurice Gobert mais, malgré les mille projets qu'ils échafaudent ensemble, le mariage ne sera jamais célébré. Quelques mois plus tard, le jeune sous-officier belge est mobilisé et emporté dans la tourmente de la Première Guerre mondiale. Après avoir reçu quelques lettres passionnées de Gaby — la dernière est datée du 17 août 1915 —, il perd tout contact avec sa blonde sauvageonne, qu'il ne reverra plus[7]. Depuis sa dernière missive, Gabrielle Petit a en effet pris une grande décision : elle a de l'énergie à revendre et, avec un fiancé au front, pas question de rester inerte face à cette terrible guerre. Elle aussi doit servir son pays d'une manière ou d'une autre. A l'insu de tous, elle gagne alors la Hollande et, à Rotterdam, s'embarque pour Londres à bord du *SS Copenhagen*, où elle est immédiatement recrutée par l'Intelligence Service. Devenue *mademoiselle Legrand*, elle est chargée de fournir des renseignements sur la position et les mouvements de troupes en Belgique. A son agent recruteur, qui la met en garde contre les périls de sa mission, elle répond sans hésiter : *"Je sais, j'y ai réfléchi et je persiste car cette carrière signifie le dévouement total à la Patrie, le maximum de ce que peut faire pour son pays une femme et une fiancée de soldat"*[8].

De retour en Belgique, après avoir à nouveau franchi la frontière hollandaise en pleine nuit, l'espionne informe immédiatement sa logeuse de ses nouvelles activités et lui demande de recevoir les courriers de Flessingue. Quant à elle, elle se lance dans l'aventure avec un sang-froid et un courage qui ne lui feront jamais défaut. Experte dans l'art de se travestir, la jeune femme, tantôt en infirmière, tantôt en pêcheuse à la ligne ou en voyageuse de commerce, opère du front d'Ypres à Maubeuge. Elle n'a pas son pareil pour se faufiler dans les cafés, déguisée en vendeuse de journaux, flirtant avec les officiers allemands pour mieux entendre leurs conversations, tout en jetant un œil sur le numéro cousu à l'intérieur de leur képi, afin de connaître leur régiment et donc de retracer l'ordre de bataille allemand. Et, en véritable *chevalier d'Eon*, elle circule sous l'uniforme d'un lieutenant prussien, du nom de *Walter Henning*, lorsqu'elle voyage en Grande-Bretagne pour y rendre compte de ses activités. Malgré les risques qu'elle court quotidiennement, elle n'a guère perdu le sens de l'humour : elle porte elle-même le journal clandestin *La Libre Belgique* au bureau du gouverneur allemand, le général Von Bissing. *"Il faut bien"*, déclare-t-elle, *"donner quelque distraction à son Excellence"*.

Ses nombreuses allées et venues finissent toutefois par éveiller les soupçons des Allemands qui la filent à plusieurs reprises et l'arrêtent une première fois, fin 1915. Au moment de les suivre, elle se ravise, détache de son cou un médaillon du roi Albert et, le déposant dans un tiroir, confie à l'officier : *"Je ne veux pas qu'Il passe la nuit à la Kommandantur"*[9]. Tout le patriotisme de Gabrielle Petit, un peu exalté mais tellement sincère, est dans cette phrase. Interrogée pendant trois jours, son insolence et son langage quelque peu vert finissent par décourager l'ennemi. De plus, elle refuse catégoriquement de signer ses déclarations... rédigées en allemand. Aussitôt libérée, elle reprend ses activités. Les principaux chefs de l'organisation dont elle fait partie ont été arrêtés et fusillés, mais elle n'est nullement effrayée; au contraire, elle multiplie ses efforts. Le 20 janvier 1916, Mme Collet s'est absentée pour faire quelques achats, lorsqu'un homme se présente chez elle. C'est sa nièce qui le reçoit : *"(...) Il n'y a point chez nous de mademoiselle Legrand... à moins que vous ne vouliez parler de Gabrielle Petit ?"*[10]. L'inconnu prie alors la jeune fille d'avertir Mme Collet qu'il l'attendra dans un café proche. Dès son retour, cette dernière se présente au rendez-vous, croyant y trouver le courrier habituel de Flessingue qui ne donne plus de ses nouvelles depuis plusieurs semaines. Elle ignore que ce dernier a été capturé. Ce qu'elle ne sait pas non plus, c'est que l'homme a parlé sous la torture. L'étranger, qui prétend s'appeler Kindermans, informe immédiatement la logeuse qu'il est chargé de remettre à Gabrielle les plans des batteries allemandes de l'Yser. Malgré son léger accent allemand, l'homme inspire confiance, car il connaît le mot de passe du réseau de Gabrielle. Mais lorsqu'il revient, le 2 février, accompagné de trois Allemands, c'est revolver au poing qu'il surgit dans l'appartement. Furieusement, il arrache le papier des murs et jette à terre tout le contenu des armoires en brisant les bibelots les uns après les autres, sous le regard impassible de Gabrielle. La perquisition terminée, la jeune femme est emmenée.

Interrogée et torturée durant des jours et des nuits, elle ne sort de son mutisme que pour cracher son mépris et accabler ses bourreaux d'injures. Au moment de comparaître dans la grande salle des séances du Sénat, on lui refuse un défenseur belge. Le verdict tombe tel un couperet : la peine de mort. En apprenant son sort, la jeune fille s'écrie : *"Vous êtes le mal incarné. Vous avez pillé, ravagé, brûlé notre pays. Vous avez massacré et torturé non seulement nos soldats, mais des civils innocents, des femmes et même des enfants"*. *"Taisez-*

vous", ordonne le président, *"savez-vous que le métier d'espion mérite la mort ? Votre organisation a été la cause de la perte de milliers de soldats allemands"*. Lorsqu'elle quitte le tribunal, encadrée de soldats, elle crie aux badauds : *"Regardez-moi, je suis espionne belge et ils m'ont condamnée à mort"*[11]. Incarcérée à la prison de Saint-Gilles, elle tente d'apaiser sa révolte en chantant La Brabançonne à tue-tête. Elle refuse de signer son recours en grâce. Implorer la grâce de l'ennemi qui oppresse son pays ? Elle ? Jamais ![12]

Quatre longues semaines s'écoulent entre le prononcé de son jugement et son exécution. Les services de Von Bissing espèrent en effet, par ce supplice d'attente, fléchir l'indomptable espionne afin d'en tirer peut-être des précisions sur son réseau. Peine perdue, Gabrielle ne révèle rien. Après de nombreuses démarches, Hélène parvient à obtenir une dernière entrevue avec sa sœur, le 31 mars. Elle vient d'apprendre que l'exécution est fixée pour le lendemain. C'est en sanglotant qu'elle murmure : *"C'est pour demain matin"*. Gabrielle, toujours calme, lui répond : *"Je m'y attendais (...). Mademoiselle de Bettignies a été emmenée avec plusieurs autres condamnés à mort... Si je ne suis pas partie, c'est que je dois y passer"*[13]. Le 1er avril 1916, à cinq heures trente, les paupières rougies par les larmes, Gabrielle est conduite au champ de tir national. Encadrée de quatre soldats, elle prie à haute voix, salue l'aumônier, l'officier et les soldats et, d'un pas alerte, prend place face au peloton d'exécution. Et c'est en criant : *"Vive la Belgique, vive le..."* qu'elle s'affaisse lentement sous les balles. L'officier allemand qui assiste à l'exécution dira plus tard : *"Cette femme est morte comme peu d'hommes savent mourir"*. La dépouille de Gabrielle Petit sera exhumée le 27 mai 1919 afin que son pays puisse lui offrir des funérailles nationales. Deux jours plus tard, une chapelle ardente est dressée à l'hôtel communal de Schaerbeek où la foule, lentement, défile et s'agenouille devant le cercueil recouvert de fleurs. La reine Elisabeth elle-même, toute vêtue de blanc, s'inclinera devant la défunte avant de déposer sur le cercueil la croix de l'Ordre de Léopold. Sur le mur de sa maison natale de Tournai, une plaque commémorative sera posée, portant cette seule inscription : *"Ici naquit l'héroïne nationale Gabrielle Petit, lâchement fusillée par les Allemands"*. En mai 1916, alors que Gabrielle Petit fait face au peloton d'exécution, non loin de là, Mata Hari ignore encore que le même sort lui sera réservé un an et demi plus tard.

Mata Hari, courtisane ou espionne ?

Malgré les nombreux ouvrages qui lui ont été consacrés, il n'est guère facile de retracer la vie de l'héroïne de l'affaire d'espionnage la plus sensationnelle de la Première Guerre mondiale. Mythomane, la danseuse a elle-même bâti sa légende que certains auteurs, assurément à cause de sa fin tragique et du parfum d'érotisme et d'aventure attaché à son nom, se sont empressés d'enrichir. Son rôle d'espionne a sans doute été très exagéré, mais quelle est la part de vérité ? Qu'a donc réellement fait Mata Hari qui justifia son exécution par les Français en 1917 ? Fille d'un prince javanais du nom d'Assivapatam et d'une célèbre bayadère du temple de Kanda-Swani, Mata Hari — *Œil du jour* — est née au sud de l'Inde, dans la cité sainte de Jaffnapatam, au sein d'une famille de la secte sacrée des brahmanes. Telle est l'une des légendes issues de l'imagination fertile de la danseuse, qui s'est évertuée elle-même à brouiller la vérité en brodant constamment des fables sur son passé : en quatre lignes, elle n'accumule pas moins de quatre mensonges.

De son vrai nom Margaretha Geertruida Zelle, née le 7 août 1876 à Leeuwarden, aux Pays-Bas, Mata Hari n'est en fait que la fille d'Adam Zelle, un riche chapelier hollandais — surnommé *le Baron* — qui, après un brusque revers de fortune, fera banqueroute[14]. Margaretha est alors envoyée chez un de ses oncles à La Haye qui, en cette fin de siècle, est le lieu de villégiature de nombreux officiers permissionnaires de l'armée coloniale des Indes orientales néerlandaises. C'est là que le 11 juillet 1895, après avoir répondu à une annonce matrimoniale, elle épouse le capitaine Rudolph Mac Leod, un aristocrate d'origine écossaise de vingt ans son aîné. Après la naissance de leur fils, le couple embarque sur le *SS Princess Amalia* pour rejoindre les Indes néerlandaises où, un an plus tard, la jeune femme donne naissance à une petite fille, Jeanne-Louise, surnommée *Non*. Mais les dissensions conjugales, qui étaient déjà apparues en Hollande, s'aggravent lorsque leur fils Norman, âgé de deux ans et demi, meurt brutalement, victime d'un empoisonnement[15]. Finalement, lasse du climat tropical, bafouée par un mari brutal et alcoolique, Margaretha demande une séparation "de table et de lit", selon l'expression hollandaise légale, et rentre en Europe. Le divorce sera prononcé quatre ans plus tard. Elle obtient la garde de sa fille, ce qui n'empêchera pas Mac Leod de la lui prendre un jour et de refuser définitivement de la lui rendre.

Après avoir cherché sans succès du travail à Amsterdam et La Haye, elle arrive à Paris début 1904. Elle n'a évidemment jamais été initiée aux danses sacrées dans les temples bouddhistes, comme elle le prétend, mais c'est pourtant comme danseuse orientale — l'exotisme est alors une valeur sûre — qu'elle fait ses débuts dans les salons parisiens, en 1905, à l'âge d'or de la Belle Epoque. Le succès est immédiatement au rendez-vous, et pour cause : *"Je n'ai jamais été capable de danser correctement"*, dira-t-elle quelques années plus tard, *"les gens venaient me voir parce que j'étais la première à oser me montrer nue en public"*[16]. Dès lors, Margaretha Zelle, fille d'un chapelier, et Mme Mac Leod, épouse délaissée, disparaissent pour laisser la place à *Mata Hari*, un nom aux consonances mystérieuses; et tant pis si, censé désigner une danseuse originaire des Indes, ce nom ne vient pas de l'hindou mais du malais : le public ne s'arrête pas à ce genre de détail.

Quoi qu'il en soit, l'inconnue de Leewarden devient la coqueluche du tout-Paris. *"Miss Ducan n'avait d'apparemment nu que les pieds et les bras, tandis que Mata Hari est nue complètement, avec le seul vêtement de ses colliers, de ses ceintures de pierreries et d'une draperie qui lui ceint les reins et les jambes"*[17], peut-on lire, à l'époque, dans l'hebdomadaire humoristique *La Vie parisienne*. Gabriel Astruc, son impresario, lui bâtit alors une carrière époustouflante. Après avoir séduit et envoûté les Français dans les salons à la mode les plus riches et les mieux fréquentés, *Mata Hari* part conquérir l'Europe : Madrid, Monte-Carlo, Milan où elle s'exhibera à la *Scala*, en 1911, et Berlin où elle devient, entre autres — car, entourée d'une cour d'admirateurs, elle est peu avare de ses charmes[18] —, la maîtresse du lieutenant Alfred Kiepert, du 11e régiment de hussards de Westphalie. Bien que marié, celui-ci l'installe dans un appartement du quartier le plus chic de la ville et — ce qui sera, plus tard, considéré comme l'une des preuves de ses activités d'espionne — lui demande de l'accompagner aux manœuvres de l'armée en Silésie. En 1914, elle se trouve à Berlin lorsque la guerre la prend de court. Elle fuit aussitôt l'Allemagne et la panique qui y règne et se réfugie à Amsterdam où, succombant à un accès d'amour maternel, elle tente de retrouver sa fille alors âgée de seize ans. Son ex-mari, après un échange interminable de lettres, accepte cette rencontre à condition qu'elle ait lieu à Rotterdam puis, finalement, déclare qu'il n'est pas assez riche pour payer le voyage : *Mata Hari* ne reverra jamais *Non*.

Devenue très française pendant ses longues années d'absence, la danseuse s'ennuie en Hollande et n'a qu'une idée : retourner à Paris. Selon les archives de l'armée de terre allemande, c'est en juin 1915 — et non pas avant la guerre, comme on a pu l'écrire — que *Mata Hari* aurait été recrutée par les services allemands en Hollande[19], et plus précisément par Karl Cramer, consul d'Allemagne. Devenue l'agent *H 21*, elle obtient un visa de séjour pour la France — où Cramer souhaite la voir s'installer et jouer de ses charmes pour obtenir des informations — et un second, de transit, pour l'Angleterre (il est évidemment impossible d'aller de Hollande à Paris en traversant les lignes de front de la Belgique et du nord de la France), où Scotland Yard lui fait subir un simple interrogatoire de routine. Quelques jours plus tard, alors que la danseuse a rejoint Paris, la police britannique diffuse néanmoins une note dépourvue de toute ambiguïté : *"Mata Hari (...) est apparue comme très suspecte, et il faut lui refuser l'autorisation de revenir dans le Royaume-Uni"*[20]. Cette information, qui laisse supposer que les Anglais, bien avant les Français, l'ont soupçonnée d'espionnage, est communiquée à Paris, où on la prend apparemment à la légère, puisque *Mata Hari* ne fait l'objet d'aucune surveillance particulière lors de son séjour dans la capitale en 1915. Pourtant, la danseuse, qui n'a rien perdu de ses atouts bien que frôlant la quarantaine, compte parmi ses amants un nombre impressionnant d'Allemands, des officiers pour la plupart, car, comme elle le déclarera plus tard, elle a toujours été fascinée par l'uniforme : *"J'aime mieux être la maîtresse d'un officier pauvre que d'un banquier riche"*, déclarera-t-elle un jour[21]. Rentrée en Hollande début février 1916, *Mata Hari* fait à nouveau une demande de visa pour retourner en France (sans doute sur ordre des services allemands). Mais cette fois-ci, son visa de transit britannique lui est refusé. Elle est, sans aucun doute, d'ores et déjà "brûlée".

Ne renonçant pas à ses projets pour autant, elle se contente simplement de changer d'itinéraire et de passer par l'Espagne. C'est alors qu'elle est recrutée par le commandant Ladoux, dont nous avons déjà fait la connaissance — un épisode qui, lui aussi, a donné lieu aux versions les plus fantaisistes. Qu'en est-il exactement ? En dépit d'une légende tenace, ce n'est pas *Mata Hari* qui a offert ses services à la France mais Ladoux lui-même qui, la soupçonnant d'être une espionne allemande — à la suite des mises en garde répétées des Anglais —, l'a convoquée à son bureau du boulevard Saint-Germain. La danseuse a, semble-t-il, longuement hésité avant d'accepter sa proposition de travailler pour le contre-espionnage français, en échange d'un laissez-passer pour Vittel où elle souhaite effectuer une cure et non pas — encore une contre-vérité — rejoindre le jeune capitaine russe Vadim Masloff dont elle s'est éprise. Masloff ne la rejoindra au Grand Hôtel de Vittel que plus tard, le temps d'une permission de quatre jours.

De retour à Paris, *Mata Hari* reprend aussitôt contact avec le commandant Ladoux qui lui aurait alors confié une mission, bien que le juge Bouchardon, chargé plus tard d'instruire son dossier, ait toujours soutenu le contraire. Quoi qu'il en soit, l'espionne projette de se rendre en Belgique occupée, en repassant par l'Espagne où elle prendra le bateau. Quelles instructions lui a-t-on données ? Personne ne le sait. Mais une chose est certaine : quelques semaines plus tard, elle se rend à Madrid pour embarquer sur le *Hollandia* qui fait route vers Rotterdam, avec une escale dans le port britannique de Falmouth. Et c'est là que les choses commencent à se gâter. Arrêtée par les services secrets britanniques, persuadés qu'elle effectue une mission au profit de l'Allemagne, elle est interrogée puis incarcérée. Mais, malgré leurs soupçons, les Britanniques ne sont en possession d'aucune preuve tangible permettant de la maintenir en prison, et la danseuse (pourtant accablée par Ladoux, qui prétend toutefois le contraire dans ses mémoires[22]) est donc relaxée et refoulée vers l'Espagne.

Ce séjour en Espagne demeure certainement l'un des épisodes les plus obscurs et les plus controversés de la vie de *Mata Hari*. Dès son arrivée, elle aurait séduit le major Kalle, attaché militaire à l'ambassade d'Allemagne, mais aussi, ne faisant jamais les choses à moitié, son homologue français, le colonel Denvignes. Elle aurait alors transmis à ce dernier des renseignements relatifs aux débarquements allemands au Maroc, recueillis auprès de Kalle, mais aurait aussi manipulé le Français. L'Allemand, qui n'ignore nullement le double jeu de l'espionne, envoie alors une série de télégrammes accablants à Berlin dans lesquels il stipule clairement que *Mata Hari*, espionne allemande, a été recrutée par les services français. Ce sont ces télégrammes qui serviront de preuves de sa culpabilité. Le 13 février 1917, *Mata Hari* est secrètement arrêtée (les journaux n'en parleront qu'à la fin du mois de juin 1917) à son hôtel parisien sur les Champs-Elysées. Emmenée à la prison de Saint-Lazare, elle est interrogée pendant des mois par le capitaine Bouchardon, juge d'instruction militaire. Elle nie son appartenance aux services allemands et tente désespérément de prouver que l'argent qu'elle recevait provenait de ses différents amants. Mais Bouchardon, impitoyable, la ramène sans cesse à son matricule *H 21* et rassemble minutieusement ses éléments. Sa conclusion est sans appel : l'espionne a bel et bien été payée par l'ennemi pour services rendus.

Le 24 juillet 1917 s'ouvre au palais de justice de Paris le procès en huis clos de la danseuse-espionne. Un procès bien inutile car *Mata Hari* est condamnée à l'avance par le dossier établi par Bouchardon. L'écrivain Paul Allard a fort bien résumé le sentiment général : *"Personne ne sait ce qu'a fait Mata Hari. Posez nettement la question à un Français moyen ou à un homme averti : il n'en sait rien. Il est convaincu qu'elle était coupable, mais il ne sait pas pourquoi"*[23]. L'espionnite en France est alors à son paroxysme, mais surtout, il est fort tentant pour l'état-major de faire retomber la responsabilité des pertes considérables de l'armée sur quelque bouc émissaire, étranger si possible. Mieux vaut que l'homme de la rue peste contre des trahisons réelles ou supposées plutôt que de s'interroger sur les faiblesses de l'état-major. Tant pis si la danseuse, ne sachant en définitive presque rien, n'a pas pu trahir grand-chose : elle fera une coupable idéale. *Mata Hari*, vêtue d'une robe bleue et d'un petit chapeau tricorne, décline calmement son identité. Elle est accusée d'être venue en France pour espionner et d'avoir livré des secrets à des agents allemands, en Espagne et en Hollande, depuis 1915. Les témoins cités par la défense, bien que nombreux, ne lui sont d'aucun secours car la plupart n'ont pas répondu à la convocation qu'on leur a adressée. De toute façon, leur présence n'aurait sans doute servi à rien : *"A l'unanimité, l'accusée est déclarée coupable et condamnée à mort"*, annonce le président du 3e conseil de guerre, après de brèves délibérations et en dépit des efforts de son avocat, Edouard Clunet. Le procès de l'*espionne du siècle* aura duré, ultime paradoxe, une journée et demie. Deux mois plus tard, sa demande de grâce sera rejetée par le président de la République.

Le 15 octobre 1917, au petit matin, *Mata Hari*, qui a reçu la veille une forte dose de soporifique, dort profondément lorsqu'on vient l'extraire de sa cellule. Lorsqu'on lui annonce qu'elle doit se préparer à mourir, elle s'écrie : *"Ce n'est pas possible !"* Maître Clunet tente de la sauver en lui demandant si elle attend un enfant. Le code prévoit en effet que l'exécution soit retardée si la prévenue est enceinte. Cette question, un peu étrange, surprend *Mata Hari* puisqu'elle est en prison depuis huit mois et elle ne saisira pas la perche que lui tend son défenseur. Elle demande alors à parler au pasteur Arboux, puis rédige trois courtes lettres (dont une à sa fille qu'elle n'a pas vue depuis plus de dix ans) et prend place à bord de la voiture qui doit la conduire au polygone de tir du château de Vincennes. Face au peloton d'exécution, vêtue d'une robe gris perle et d'un chapeau de paille, elle refuse qu'on lui bande les yeux et qu'on l'attache au poteau et regarde une dernière fois la foule qui s'est déplacée nombreuse pour assister à cette scène morbide, avant de s'affaisser sous les balles : pour sa dernière représentation, elle n'aura pas déçu son public. Son corps, tant admiré et convoité, instrument de sa réussite et outil de sa perte, est transporté à la faculté de médecine pour y être autopsié, avant d'être inhumé au nouveau cimetière de Vincennes. Le sordide Mac Leod tentera vainement de récupérer les biens de celle qui reste légalement sa femme, mais ils seront vendus aux enchères pour couvrir, entre autres, les frais du procès. Sa fille *Non* qui n'a, semble-t-il, jamais reçu sa lettre d'adieu, est décédée très peu de temps après, le 10 août 1919, d'une hémorragie cérébrale.

L'affaire *Mata Hari* n'a cessé depuis de hanter les historiens[24]. Car, à part les messages interceptés en Espagne, exceptée la fascination de la jeune femme pour l'uniforme, sur quelles preuves se fonde sa lourde condamnation ? Espionne, *Mata Hari* ? Techniquement oui, bien entendu : elle a accepté de l'argent (quelques dizaines de milliers de francs, ce qui, pour l'époque, n'est pas mal du tout) pour accomplir des missions en France, mais elle fut certainement plus stupide et écervelée que réellement nuisible. Leon Schirmann, spécialisé dans l'étude des falsifications policières et judiciaires en Allemagne, parle, dans son ouvrage extrêmement documenté *L'Affaire Mata Hari, enquête sur une machination* — comprenant entre autres des pièces de l'instruction restées longtemps inaccessibles —, de *"machination militaro-judiciaire"* et d'*"instruction truquée"*, et suggère que le procès de la danseuse soit révisé.

Mais passons à la Seconde Guerre mondiale et découvrons une autre aventurière, Mathilde Carré qui, après avoir été une héroïne de la Résistance... a fait volte-face et a livré tous ses anciens camarades.

Mathilde Carré, alias "La Chatte"

Au journaliste Gordon Young qui, en 1955, lui demande pourquoi elle a dénoncé tous les membres de son réseau, Mathilde Carré répond calmement : *"Que pouvais-je y faire ? On m'a offert le choix de rester libre ou d'être fusillée. Qu'auriez-vous fait ?"* [25]. La personnalité énigmatique de Mathilde Carré a dérouté plus d'un expert en psychologie et c'est la raison pour laquelle, sans doute, sa condamnation à mort n'a pas été exécutée. Mais malgré tout le mystère dont s'entoure l'espionne, un fait demeure certain : ses nombreuses trahisons, aux conséquences dramatiques pour la Résistance et pour les Alliés, découlent d'une totale absence de scrupules.

C'est presque un soulagement pour Mathilde Carré lorsque la guerre éclate en 1939. Installée près d'Oran depuis six ans, la jeune Jurassienne saisit cette occasion pour échapper à la vie monotone qu'elle mène auprès de son mari, un modeste professeur qu'elle a épousé six ans auparavant à l'âge de vingt ans, et connaître enfin l'aventure. Elle se rend aussitôt en France et s'engage comme infirmière à la Croix-Rouge. Après un stage dans un hôpital parisien, elle est rapidement transférée sur le front de l'Est où, selon des témoins, elle se consacre aux blessés avec un dévouement total et une énergie inépuisable. En 1940, elle se joint aux flots de réfugiés qui fuient vers le sud et aboutit finalement à Toulouse. C'est là qu'elle rencontre l'homme qui va bouleverser sa vie.

Brillant officier de l'armée de l'air polonaise, Roman Czarniawski est immédiatement séduit par la jeune femme, non par sa beauté, car elle n'en possède pas vraiment, mais par son intelligence et cette grâce féline qui lui vaudra le surnom de *La Chatte*. Le Polonais lui propose de l'aider à organiser en France un réseau d'espionnage allié. Aucun projet ne peut plaire davantage à Mathilde Carré qui, aussitôt, vêtue de son manteau de fourrure et coiffée de son chapeau rouge, part sillonner la France pour recruter des agents et établir des communications. En l'espace de quelques mois, le groupe *Interallié* devient ainsi l'un des plus grands et plus actifs réseaux de renseignement de la Résistance. Au début de 1941, grâce aux émetteurs installés dans plusieurs appartements parisiens, il transmet aux Britanniques de précieux détails sur les mouvements des troupes allemandes ou sur les déplacements des bateaux de guerre le long des côtes. Chaque appel commence toujours par *"n° 55 A, ministère de la Guerre, Londres, La Chatte vous parle..."* [26]. Une légende est née.

C'est alors que Czarniawski, alias *Armand*, commet une erreur dont les conséquences seront dramatiques. Malgré sa relation amoureuse avec Mathilde Carré[27], il propose à son ancienne maîtresse, Renée Borni, de venir se joindre au

Autres espionnes de la Première Guerre mondiale

Marthe Richard : *"Etre espionne pendant la guerre, ce n'est point comme on se l'imagine parfois, se lancer dans une aventure romanesque dont le danger aiguise le plaisir; ce n'est pas jouer à la femme fatale (...) Etre espionne, c'est d'abord servir"*, écrit Marthe Richard (de son vrai nom Richer) dans la préface de *Ma vie d'espionne au service de la France*[28]. A la mort de son mari, un riche commerçant tué au front en 1916, l'aviatrice (et ex-prostituée) française offre ses services au capitaine Ladoux. Envoyée en Espagne, elle y devient la maîtresse de Hans von Krohn, chef de la section d'espionnage naval allemand dans ce pays (qui passe pour être également l'un des amants de *Mata Hari*), et fournit à la France de nombreux renseignements sur la guerre sous-marine. Agent double, elle avouera par la suite qu'elle a aussi été contrainte de livrer des renseignements à son amant allemand. Contrairement à *Mata Hari*, fusillée pour espionnage, Marthe Richard, elle, a été décorée de la Légion d'honneur en janvier 1933 et est devenue un véritable mythe national. Mais est-ce pour services rendus au cours de la Première Guerre mondiale ? Selon Alain Pujol, auteur d'un *Dictionnaire de l'espion*[29], le gouvernement français, débiteur de feu Thomas Crompton (directeur financier de la Fondation Rockfeller et second époux de Marthe Richard), qui finança, entre autres, la restauration du Petit Trianon, a jugé élégant de décorer sa veuve "au titre des Affaires étrangères". Une seule certitude : dans ses mémoires, Marthe Richard (qui a surtout attaché son nom à la fermeture des maisons closes en 1946), a fait preuve d'une imagination débridée en s'attribuant d'invraisemblables aventures.

Marguerite d'Andurain : née à Bayonne en 1895, devenue comtesse par son mariage avec le comte Pierre d'Andurain, Marguerite d'Andurain a servi de nombreux maîtres pendant trente ans. Certains exploits de sa vie aventureuse relèvent toutefois peut-être de la pure fantaisie. C'est au cours d'un séjour en Egypte en 1914, en compagnie de son époux, qu'elle aurait été recrutée par Lawrence d'Arabie. En devenant la maîtresse d'un chef nationaliste égyptien, elle aurait alors fourni de nombreux renseignements aux Anglais. On la retrouve ensuite en Syrie où elle travaille à la fois pour les services soviétique et français. En 1932, lasse de son mari, elle le quitte et envoie son fils en France. Elle se convertit alors à l'islam et paie un chef bédouin arabe pour qu'il l'épouse, dans le seul but d'entreprendre le pèlerinage de La Mecque. Après avoir sans doute empoisonné ce mari, puis poignardé le comte d'Andurain (quel tempérament !), elle s'installe à Hendaye, et sert successivement les Espagnols et les nazis, sa villa devenant même le "Q.G." mondain des officiers allemands. Pressentant la fin de Hitler, elle part pour Alger, puis travaille pour les services anglais et français. Soupçonnée de nombreux meurtres (vingt-deux selon son fils), dont ceux de ses maris et de quatre hommes politiques, elle fréquentera assidûment les prétoires mais s'en tirera toujours par manque de preuves. Mais un autre tribunal, bien plus terrible, l'attend : en 1948, son corps, le visage défiguré, est retrouvé sur une plage de la baie de Tanger. Elle aurait été assassinée par un ancien agent de la Gestapo, à la suite d'une dispute au sujet de sa part de bénéfices dans un trafic de poudre d'or...

groupe et de partager sa vie. *La Chatte* n'approuve guère cette décision et fait part à *Armand* de son inquiétude quant à l'honnêteté de sa compagne qui, rapidement, est devenue un des principaux agents de transmission d'*Interallié*. Mais le Polonais, convaincu que Mathilde Carré n'est guidée que par la jalousie, ne prête qu'une oreille distraite à ses conseils. Le 18 novembre 1941, le couple est arrêté à son domicile, Villa Léandre, par la police de sécurité allemande[30]. Mathilde Carré est capturée quelques heures plus tard. Au moment de monter dans la voiture de police, elle aperçoit Renée Borni en grande conversation avec un Allemand et a juste le temps d'entendre : *"C'est bien elle, c'est La Chatte"*[31].

Après un premier interrogatoire à l'hôtel Edouard VII, où se tient l'état-major de l'Abwehr à Paris, l'espionne est écrouée à la Santé où elle perd rapidement son assurance légendaire. Il est probable que l'idée de collaborer, pour échapper au sort qui l'attend, l'ait frôlée dès cette première nuit dans sa cellule. Car, dès le lendemain, elle accepte sans aucune hésitation ni scrupules la proposition du sergent Hugo Bleicher : *"Travaillez loyalement avec moi et vous serez libre. Sinon, je vous fais exécuter"*[32]. Dès lors, les choses se précipitent. *La Chatte* est conduite à Maisons-Laffitte, à la villa de l'acteur Harry Baur, réquisitionnée par l'Abwehr. Bleicher lui répète qu'elle est absolument libre, bien sûr, mais qu'il est quand même plus sûr qu'elle habite avec ses anciens geôliers. La suite, elle la raconte dans ses mémoires : *"Je me souviens seulement que Bleicher me conduisit à 'ma chambre' ; il commença lui-même à s'y installer et à se déshabiller (...) J'étais donc devenue la maîtresse de Bleicher (...)"*, et d'ajouter : *"J'avais des vertiges et des nausées"*[33]. Des regrets ? Difficile de la croire, et d'ailleurs elle n'a guère le temps d'en avoir. Car au petit matin, elle accompagne le sergent allemand au domicile de Rocchini, un membre important du réseau *Interallié*. *"Ne vous inquiétez pas, c'est un des nôtres"*, lui dit-elle en désignant Bleicher. Trois minutes plus tard, des coups sont frappés à la porte et des Allemands entrent, revolver au poing. Cette mise en scène sera répétée de nombreuses fois au cours de cette même journée.

Après quatorze mois d'incontestable courage et de dévouement, il n'aura pas fallu huit heures à Mathilde Carré pour basculer dans la trahison et remettre entre les mains of Bleicher les trente-cinq membres les plus importants de son réseau. Détail à souligner : elle assiste personnellement à presque toutes les arrestations[34]. Ces victimes n'ayant guère eu le temps de prévenir leurs camarades, *La Chatte* reprend donc ses activités au sein du groupe qu'elle entreprend de réorganiser, sans que personne ne la soupçonne. Le soir, elle redevient *Victoire* lorsqu'elle rejoint secrètement la villa d'Harry Baur et trahit les plans établis pendant la journée. Au cours d'un de ses rapports, elle confie à Bleicher que, suite à l'arrestation de tous les agents de liaison, le premier souci de la

Résistance est de rétablir le contact avec Londres. L'Allemand la persuade alors de prendre contact avec l'homme idéal pour cette mission, Pierre de Vomécourt, alias *Lucas*, agent du SOE. Lors d'une première rencontre au bar du George V, Mathilde Carré explique à *Lucas* qu'elle possède un moyen de lui faire rejoindre l'Angleterre à condition qu'elle l'accompagne. Les autres membres du réseau approuvent cette décision : qui, mieux que leur héroïne, pourra les représenter à Londres ? Bleicher veille donc à ce que son agent et *Lucas* puissent sortir de France et gagner la Grande-Bretagne.

Mais les premiers soupçons apparaissent rapidement dans l'esprit de *Lucas* qui, comme l'écrit *La Chatte* elle-même *"a les qualités d'un bon espion"*. Bombardée de questions, Mathilde Carré perd son sang-froid habituel et passe aux aveux en omettant soigneusement de préciser le rôle qu'elle a joué dans l'arrestation de ses amis et en se peignant sous les traits d'une femme terrorisée par les menaces de Bleicher. Tout ce qu'elle veut, avoue-t-elle, c'est trouver une occasion de se racheter. *Lucas* lui propose donc de l'accompagner à Londres non pas en tant qu'agent de l'Abwehr mais pour trahir les Allemands. Les Britanniques, bien que prévenus des activités de *La Chatte*, ne l'arrêtent pas immédiatement mais installent des micros dans son appartement londonien dans l'espoir que, tôt ou tard, elle tentera de prendre contact avec les agents de Bleicher. Peine perdue, l'espionne ne transmet aucun renseignement à Paris. Par contre, elle accepte de collaborer avec les Anglais en leur livrant un code de radio allemand. Malgré cela, elle demeure une menace[35]. Que faire ? Au début du printemps 1942, une conférence se tient au War Office pour décider de son sort : il faut à tout prix la mettre hors d'état de nuire. Incarcérée à la prison de Holloway, Mathilde Carré passe les dernières années de la guerre à écrire ses mémoires, avant d'être remise aux mains de la justice française pour être jugée, en janvier 1949[36]. La défense ne présente qu'un seul témoin : le capitaine (devenu général en 1963) James Achard, officier des services de renseignement. *"Elle savait où je me trouvais, mais elle ne m'a pas dénoncé"*, déclare-t-il au tribunal. Il est effectivement, et pour des raisons obscures, le seul membre important du réseau *Interallié* à avoir échappé à la grande trahison. Mais ce témoignage, qui se perd dans le flot des accusations, ne suffit pas à convaincre, et le procureur de la République requiert la peine de mort pour cette femme *"fourbe, malicieuse et sans cœur"*. Quelques mois plus tard, malgré les protestations des organisations de Résistance, sa peine est commuée en détention à perpétuité.

Au cours de l'été 1954, après une incarcération totale de douze ans, Mathilde Carré, remise en liberté, change de nom et se réfugie dans le petit appartement parisien de ses parents. Aucun de ses anciens collaborateurs ne l'a jamais revue : *"Ayez la bonté de demander au monde d'oublier 'La Chatte'"*, ditt-elle à Gordon Young, le seul journaliste à l'avoir interviewée[37]. Peine perdue : en 1955, Bleicher vient à Paris rendre visite à ceux qu'il avait pourchassés pendant la guerre. Mais les parents de Mathilde Carré l'empêchent de la revoir. L'Allemand publiera ensuite le récit de ce pèlerinage dans un livre hautement romancé consacré à *La Chatte*.

La Seconde Guerre mondiale a, fort heureusement, compté des espionnes d'un autre style...

Elizabeth Pack, la "James Bond" blond platine

C'est parce qu'elle s'est servie de ses charmes pour séduire des hommes influents que Betty Pack a, inévitablement, été comparée à *Mata Hari*. Mais la comparaison s'arrête là, comme nous allons le voir. Si la vie d'Elizabeth, fille d'un capitaine des Marines, ressemble à un roman, ce n'est certainement pas son mari qui campe le personnage principal. Attaché commercial de l'ambassade britannique, Arthur Pack, homme terne de vingt ans son aîné, n'a effectivement rien d'un héros. Cinq mois à peine après leur mariage, la jeune femme met au monde un fils qu'Arthur Pack s'empresse d'abandonner afin d'éviter un scandale pouvant nuire à sa carrière. Cet "incident" oublié, le couple, qui alimente les pages mondaines de la presse, voyage énormément, et Betty, véritable dévoreuse d'hommes, collectionne déjà les amants.

C'est sans doute en Espagne, pendant la guerre civile, que Betty, dont le comportement héroïque lors de l'évacuation de l'ambassade d'Angleterre à San Sebastian n'a échappé à personne, a été recrutée de façon non officielle par les services de renseignement britanniques, afin d'observer et de rendre compte de la situation. Mais guère pour longtemps. Prenant position en faveur du régime de Franco, Arthur Pack est muté sur-le-champ à Varsovie[38]. Entreprenant aussitôt une idylle avec Edward Kulikowski, un jeune diplomate polonais extrêmement bavard, Betty apprend que Hitler s'apprête à envahir la Tchécoslovaquie et que, pour prix de son silence sur cette agression, la Pologne sera autorisée à en annexer une petite partie. C'est, semble-t-il, cette information qu'elle transmet à Jack Shelley, un "diplomate" anglais, qui aurait persuadé le SIS de la recruter, avec d'autant plus de succès qu'à cette époque, la couverture de la Pologne par les services de renseignement britanniques est ridiculement faible. Ses instructions consistent à cultiver l'amitié d'hommes haut placés dans le gouvernement polonais et à les encourager à parler. Experte en la matière — n'en déplaise à Neville Chamberlain, Premier ministre de cette époque qui faisait, dit-on, peu de cas d'informations obtenues par des méthodes d'aussi mauvais goût —,

Betty ne tarde pas à séduire le chef du cabinet du ministre des Affaires étrangères, Michal Lubienski. Si dans ses mémoires, Betty ne dévoile pas le contenu des informations qu'elle a recueillies auprès de Lubienski, certains ont affirmé qu'elle avait transmis des rapports sur l'un des plus grands secrets de la Seconde Guerre mondiale, à savoir la machine à coder allemande *Enigma*. Betty, qui ne quitte plus d'une semelle son amant, l'accompagne même à Berlin où il doit se rendre avant d'assister au rassemblement du parti nazi de Nuremberg. Peu de temps après, elle apprend avec stupeur que Lubienski a non seulement avoué son idylle à sa femme, mais qu'il a également averti Beck, le ministre des Affaires étrangères, de son intention d'épouser Mme Pack dès que son divorce sera prononcé. Consterné, Beck s'en plaint auprès de l'ambassadeur britannique, sir Howard Kennard, qui n'a pas d'autre choix que d'exiger qu'Elizabeth Pack quitte immédiatement la Pologne.

Une espionne nommée Joséphine

Profitant de sa notoriété, l'héroïne de la célèbre *Revue nègre* n'a pas hésité à sillonner le monde afin de récolter et de livrer des renseignements aux Alliés. Dès le début du conflit mondial, les services de renseignement français recrutent des personnalités susceptibles de voyager pour raisons professionnelles, sans attirer l'attention sur elles. C'est ainsi que l'imprésario Daniel Marouani convainc Joséphine Baker, qui a pris la nationalité française en 1938, de devenir un "honorable correspondant" du *Deuxième bureau*. Détail amusant : son officier traitant, Jacques Abtey, officiellement le secrétaire de la star, arbore sur son passeport à la rubrique profession : *"accompagne madame Joséphine Baker"*.

Refusant de jouer dans des cabarets fréquentés par des officiers allemands, elle fuit Paris dès le début de l'Occupation et se réfugie au château des Milandes, en Dordogne, mais guère pour longtemps. Toujours accompagnée de son fidèle secrétaire qui, pour cette mission, prend le nom de *Jean-François Hébert*, elle se rend dans le sud-ouest de la France afin de collecter des renseignements — transcrits à l'encre sympathique sur ses partitions — sur l'importance des troupes allemandes dans la région, avant d'entamer une tournée au Portugal et en Espagne. En 1943, alors qu'elle s'est engagée spontanément aux côtés du général de Gaulle, la chanteuse anime une véritable campagne de propagande dans tout le bassin méditerranéen. Son amitié avec le chef de la France Libre se prolongera bien après l'armistice. L'une de ses proches amies, que nous avons rencontrée au printemps 1995, se souvient des nombreuses visites du général de Gaulle au château des Milandes, domaine sur lequel elle a tenté d'implanter son "village des enfants du monde". Nommée sous-lieutenant dans l'Armée de l'air française, elle sera décorée de la médaille de la Résistance à la Libération et de la Légion d'honneur, en 1961.

"Finie" en tant qu'agent à Varsovie, ayant perdu tout contact avec les services britanniques, elle accompagne Arthur à Santiago. Elle tente de renouer avec le SIS, mais tout ce qu'elle en obtient, c'est un travail d'une importance minime au bureau du chiffre de l'ambassade. Déçue, elle se lance alors dans le journalisme et publie, sous pseudonyme, de nombreux articles de propagande antigermanique dans *La Nacion* et le *South Pacific mail*, des journaux locaux. En juin 1940, ses demandes répétées reçoivent enfin une réponse du ministère de la Guerre britannique qui l'invite à "participer à l'effort de guerre". Envoyée à Washington sous le nom de code *Cynthia*, elle y est recrutée par l'OSS. C'est au cours de son séjour aux Etats-Unis, en 1941, qu'elle rencontre Charles-Emmanuel Brousse, une personnalité importante de Vichy, mais pas pour les motifs idéologiques que l'on pourrait croire : son patrimoine familial étant entièrement localisé dans la zone sous contrôle de Vichy, il estime qu'il aurait bien sûr été stupide de sa part de s'opposer ouvertement au gouvernement en place. C'est le début d'une nouvelle histoire d'amour, qui permettra à Betty de "retourner" son amant. Résultat : le déchiffrage des codes utilisés par la marine italienne et ceux de Vichy donnera aux Alliés l'occasion de remporter plusieurs victoires (mineures, certes) en Méditerranée... C'est avec Charles Brousse que Betty choisit de finir sa vie, dans le sud de la France, tandis que le pauvre et faible Arthur, profondément déprimé, se tue d'une balle de revolver en novembre 1945, à Buenos Aires.

La vérité oblige à dire que lorsque Harford Hyde a publié *Cynthia*, en 1966, livre tiré directement des *Mémoires* de Betty Pack (en minimisant ses activités amoureuses afin de ne pas donner l'impression qu'il s'agissait d'une nymphomane), les membres de l'establishment des services secrets britanniques se sont montrés des plus sceptiques quant aux multiples tribulations de cette femme fatale version "guerre de l'ombre". Ces révélations, sans doute un peu romancées, venaient, il est vrai, peu de temps après l'*affaire Profumo* (voir encadré), et les services de Sa Majesté étaient quelque peu excédés par la gent féminine...

Espionnage et coucheries en Inde

Le sous-continent indien qui, dès le IVe siècle, a donné au monde le *Kama-Sutra*, ne peut être épargné par l'espionnage sexuel. La police de l'Etat de Kerala en a fait l'expérience pas plus tard qu'en octobre 1994. Depuis quelque temps, les policiers avaient à l'œil quelques jolies indiennes originaires des Maldives et manifestement passionnées par le programme spatial indien. En novembre, la filature et l'interrogatoire de deux Maldiviennes, Miriam Rashida et Fauzia Hassam, permettait à la police et aux hommes de l'Intelligence Bureau

Autres espionnes après la Seconde Guerre mondiale

Irmgard Margarethe Schmidt : enrôlée par le KGB sous le nom de code *Stephania*, et après un entraînement intensif à l'école d'espionnage de Moscou, Fraulein Schmidt est envoyée à Berlin-Ouest en 1953. Devenue secrétaire au sein d'un service américain, sous la protection du lieutenant-colonel Pritchard, cette élégante brune aux airs innocents use de ses charmes pour se laisser courtiser par les officiers de l'US Army. La chance tourne le jour de sa rencontre avec Alfred Mainz, un Allemand, agent de la CIA, à qui elle offre le mariage, à condition... qu'il lui communique la liste des officiers de la CIA et leurs agents en Allemagne de l'Est. Dénoncée et arrêtée, elle est jugée par le tribunal de la Haute Commission américaine de Berlin qui la condamne à cinq ans d'emprisonnement.

Christine K. et le "Dreyfus britannique" : c'est en 1959 que Christine Keeler, call-girl de luxe, alors âgée de seize ans, rencontre le docteur Stephen Ward, célèbre ostéopathe londonien (il compte parmi ses clients Churchill, Ava Gardner et le milliardaire Paul Getty), qui s'empresse d'installer chez lui cette jeune beauté quelque peu évaporée. Introduite dans les cercles mondains, Christine, tout en demeurant fidèle, dans l'âme, à son protecteur, collectionne les amants. Un soir de juillet 1961, alors qu'elle s'exhibe dans son plus simple appareil au bord d'une piscine, elle fait la connaissance de John Profumo, qui n'est autre que le ministre de la Guerre. Ce dernier, marié à l'ex-actrice Valérie Hobson, succombe aussitôt aux charmes de la jeune femme. Une imprudence qui lui coûtera cher, car Christine Keeler entretient aussi une idylle avec Evgueni Ivanov, attaché naval soviétique. Début 1963, l'*affaire Profumo* éclate et le scandale est tel que le ministre, qui a menti au parlement sur la nature de sa relation avec le top-model, est contraint de démissionner en entraînant la chute du gouvernement conservateur.

Tandis qu'Ivanov est rappelé à Moscou, Stephen Ward — qualifié de *Dreyfus britannique* —, traîné dans la boue par la presse, abandonné par le service de contre-espionnage britannique avec lequel il entretenait des contacts étroits et pour lequel il avait tenté de "retourner" le diplomate russe, et jugé pour proxénétisme (on l'accuse, faussement, d'avoir tiré un profit vénal des aventures de sa jeune amie), est acculé au suicide. Homme d'une grande séduction, courtois, raffiné, il apparaît comme la victime typique de l'incroyable et froide hypocrisie de la haute société anglaise. Christine Keeler, elle, retombera rapidement dans l'anonymat. A l'occasion de la sortie du film de Michael Caton-Jones, *Scandal*[39], des journalistes la retrouveront : mère de deux enfants, vivant médiocrement dans un quartier sinistre de Londres, la beauté plus que fanée. Mais propulsée à nouveau sous les feux des projecteurs, elle en profitera pour publier sa propre version de l'*affaire Profumo*. Selon elle, Stephen Ward était au service des Soviétiques et se serait servi d'elle à des fins politiques. Dès que les choses ont mal tourné, il aurait alors tenté de la faire éliminer. Pathétique tissu de mensonges, bien évidemment.

L'autre grande victime de l'affaire, John Profumo, a expié sa "faute" en se dévouant sans compter, avec sa femme, comme bénévole dans des foyers de sans-abri londoniens. En 1987, la reine Elisabeth, visitant l'un de ces centres, le réhabilitait de fait aux yeux de la "gentry". Il faudra attendre la mort d'Evgueni Ivanov, intervenue à Moscou en janvier 1994, et la publication de sa notice mortuaire dans la presse soviétique, pour avoir la confirmation que le beau diplomate russe était bel et bien un espion. Ce dernier a, par ailleurs, rédigé ses mémoires intitulées *L'Espion nu* (*The Naked Spy*), dans lesquelles il fait état de son amertume d'avoir été laissé sur la touche en URSS après l'*affaire Profumo*. Mais, officiellement, le mystère demeure : agissait-il, dans l'affaire Profumo, en service commandé ou fut-il le jouet de ses sentiments ? Connaissant la rigueur avec laquelle étaient formés les agents soviétiques, on peut d'autant plus facilement écarter cette thèse que la carrière d'Evgueni Ivanov ne semble pas avoir souffert le moins du monde de ses incartades londoniennes. Reste à savoir si sa mission consistait à exploiter les éventuelles indiscrétions du ministre de la Défense ou plutôt à le compromettre...

Gaby Gast, une grande de l'espionnage : c'est à la suite de sa rencontre avec l'amour de sa vie, Karl Heinz Schneider, alias *Karliczek*, que Gaby Gast, alors étudiante en politologie, a été recrutée par le HvA (*Hauptverwaltung Aufklärung*, service d'espionnage de l'ex-Allemagne de l'Est). Elle réussit parfaitement sa mission qui consiste à approcher un éminent universitaire afin de se faire engager au BND (*Bundesnachristendienst*, service de renseignement de l'Allemagne de l'Ouest). Devenue Mme le docteur Leinfelder et travaillant au QG du BND à Pullach, près de Munich, elle est chargée de rédiger des synthèses sur les pays de l'Est. Entre 1973 et 1990, tous ses rapports, photographiés par ses soins, sont ainsi transmis en même temps au chancelier de RFA et, cachés dans des aérosols de déodorant, aux services secrets d'Allemagne de l'Est.

Markus Wolf, le légendaire chef du HvA, qui l'a rencontrée pour la première fois en Yougoslavie en 1975, reconnaît lui-même qu'elle était un agent exceptionnel, animée véritablement de convictions idéologiques et n'acceptant jamais d'argent. *"Mais je lui avais ouvert un compte en RDA où elle recevait entre sept cents et mille marks par mois qui devaient lui servir en cas de rapatriement en RDA"*[40].

Dénoncée par un officier du HvA qui, au moment de la dissolution de ce service, s'empresse, comme beaucoup d'autres, de changer de camp, Gaby est arrêtée, trois jours avant la réunification de l'Allemagne qui devait lui permettre enfin de vivre avec *Karliczek*. *"Sa détresse est grande"*, avoue Markus Wolf au journaliste français Maurice Najman, *"et elle se fait un souci terrible pour son fils qui a maintenant seize ans*[41]. *(...) Mon impuissance à l'aider me met en rage. Evidemment, je me sens complètement responsable..."*[42]. Entre-temps, son grand amour a choisi de partager la vie d'une autre femme. Gaby Gast ? Une vie brisée par le *grand jeu* du renseignement.

(IB, le contre-espionnage indien) spécialement venus de Delhi, d'interpeller deux chercheurs réputés de l'*Indian Space Research Organisation* (ISRO), tandis qu'une douzaine d'autres étaient placés sous surveillance[43]. Le dossier n'est pas mince, loin s'en faut. D. Sashikumaran, le directeur adjoint de l'ISRO, a été placé sous mandat d'arrêt tandis qu'un chercheur de l'Organisation, Nambi Narayanan, lui aussi mis en détention, est un spécialiste des chariots de lancement (*PSLV, Polar Satellite Launch Vehicle*) de satellites. Or, le PSLV est un outil fondamental de la conquête spatiale indienne, puisqu'il doit permettre de placer sur orbite basse des satellites d'observation et de renseignement. Deux industriels proches de l'ISRO, Sudhir Kumar Sharma et M. Chandrasekharan, sont également passés à la trappe. Le second, apparemment un agent double travaillant tout à la fois pour l'IB et pour les services secrets pakistanais, aurait également servi d'intermédiaire entre l'ISRO et la nouvelle agence spatiale russe *Glovkosmos* lorsque cette dernière vendit des moteurs cryogéniques à l'Inde, il y a quelques années.

On le voit, une affaire complexe et importante : d'après l'*Indian Express*, outre leurs charmes, les deux Maldiviennes auraient procuré des millions de dollars à leurs contacts indiens. Reste un problème : pour qui travaillaient donc ces deux jeunes femmes ? Avec ses 233 000 habitants et ses quelque deux cents kilomètres carrés, on imagine assez mal les Maldives, dont l'économie est essentiellement axée sur le tourisme et sur la pêche, se lancer dans un programme spatial. Dès lors, il est évident que les belles espionnes "roulaient" pour un autre pays. Selon le quotidien indien *Pioneer*[43], c'est la France, et plus particulièrement *Arianespace*, qui aurait monté l'opération. Mobile : l'argent. Quand le programme indien de lancement sera au point, une mise sur orbite par les bons soins de l'ISRO ne coûterait "que" quarante millions de dollars contre une centaine de millions pour *Arianespace*. Mais rien n'est simple en Asie et le même journal affirme que, tandis que la belle Miriam Rashida œuvrait pour la France, l'industriel Chandrasekharan, de son côté, renseignait tout à la fois *Glovkosmos* et... la *mafia russe*. La suite du feuilleton dans votre journal indien préféré...

Δ

[1] Cité dans Roger Gheysens, *op. cit.*, p. 101.
[2] *Idem.*
[3] *Idem.*
[4] Cité dans Gert Buchheit, *Secrets Services Secrets*, Paris, Arthaud, 1974, p. 325-326.
[5] Cité dans Jean-Pierre Alem, *L'Espionnage à travers les âges*, Paris, Stock, 1977, p. 414.
[6] *"Enfance, jeunesse et martyre de Gabrielle Petit"*, p. 26.

[7] Persuadé que son amie l'a trahi en vendant ses parents et amis aux Allemands, Maurice Gobert a épousé une autre femme et, par prudence, a récupéré ses lettres envoyées à Gabrielle Petit.

[8] *"Enfance, jeunesse et martyre de Gabrielle Petit"*, p. 7.

[9] *Idem*, p. 9.

[10] Pierre Ronvaux, *Gabrielle Petit, la mort en face*, Izegem, Illustra, 1994, p. 242.

[11] *Idem*, p. 290.

[12] Sur le montant de la porte de sa cellule, on découvrira cette inscription : *"Ils consentent à me fusiller demain. Adieu à tous, amis inconnus et éprouvés. Gaby Petit"*.

[13] Cité dans Pierre Ronvaux, *op. cit.*, p. 330-331.

[14] En 1906, Adam Zelle décide de tirer un peu d'argent du triomphe de sa fille en publiant : *La vie de Mata Hari, une biographie de ma fille et un récit de mes griefs à l'encontre de son ex-mari*, à laquelle a répliqué l'avocat de l'ex-mari : *Toute la vérité à propos de Mata Hari*. Aucun de ces deux ouvrages ne s'est vendu et c'est un fabricant de cigarettes qui a profité de la célébrité de la danseuse en lançant la cigarette *Mata Hari*.

[15] Selon Sam Waagenaar, dans *Mata Hari ou la Danse macabre* (Paris, Fayard, 1985, p. 65-66), Mac Leod a probablement fait des avances à la nurse. Son amant, un soldat indigène, s'est alors vengé en empoisonnant l'enfant.

[16] Sam Waagenaar, *op. cit.*, p. 76.

[17] *Idem*, p. 91.

[18] *"Oh ! Oui, un homme intelligent et haut placé dans le monde devait trouver plaisir et intérêt à s'entretenir avec cette femme (...)"*, disait d'elle Elisabeth Schragmüller. Cité dans Leon Schirmann, *L'Affaire Mata Hari, enquête sur une machination*, Paris, Tallandier, 1994, p. 25.

[19] Leon Schirmann, *op. cit.*, p. 27-28.

[20] *Idem*, p. 31-32.

[21] *Idem*, p. 26.

[22] Dans *Les Chasseurs d'espions*, Editions du Masque, 1932, p. 246, le commandant Ladoux raconte que lorsqu'il reçut de l'Intelligence Service une note indiquant que Mata Hari prétendait être à son service, il aurait répondu : *"Comprends rien. Refoulez Mata Hari en Espagne"*. En revanche, plus tard, lors de sa déposition devant le juge d'instruction, il a déclaré : *"(...) Les Anglais me demandent mon avis sur elle, je leur déclare qu'elle m'est suspecte, elle est alors refoulée par eux sur l'Espagne"*, cité dans Leon Schirmann, *op. cit.*, p. 76.

[23] Sam Waagenaar, *op. cit.*, p. 383.

[24] De nombreux films ont aussi été consacrés à la danseuse-espionne, parmi lesquels *Mata Hari* réalisé en 1931 par George Fitzmaurice, produit par la Metro Goldwyn Mayer et interprété par Greta Garbo, *Mata Hari, agent H 21*, par J.-L. Richard, scénarisé par François Truffaut et interprété par Jeanne Moreau (1964), et *Mata Hari* de C. Harrington, avec Sylvia Kristel (1985).

[25] Gordon Young, *L'Espionne n°1 : La Chatte*, Paris, J'ai lu, 1957, p. 165.

[26] *Idem*, p. 30

[27] Idylle que dément Lily Carré dans ses mémoires, *On m'appelait La Chatte*, Paris, Albin Michel, 1975.

[28] Marthe Richard, *Ma vie d'espionne au service de la France*, Paris, Editions de France, 1935.

[29] Alain Pujol, *Dictionnaire de l'espion*, Solar, 1965.

(30) En 1942, l'Abwehr réussit à convaincre le Polonais, alors incarcéré à Fresnes, de travailler pour eux. La contrepartie était que les membres du réseau *Interallié* emprisonnés ne seraient jamais traduits devant un conseil de guerre. Après avoir simulé une évasion, il se rendit en Angleterre et transmit des renseignements aux Allemands jusqu'en 1945. Les services secrets britanniques, certainement mis au courant de cet accord, n'ont jamais tenté la moindre intoxication pour épargner la vie des soixante-six résistants, qui ont tous survécu à la guerre.

(31) Gordon Young, *op. cit.*, p. 47. En dénonçant Mathilde Carré, il est possible que Renée Borni ait agi sous l'impulsion de la haine qu'elle vouait à sa rivale. Elle a sans doute collaboré avec les Allemands avant son adhésion à l'*Interallié*. Gravement malade, elle n'a jamais accompli les trente mois de prison auxquels elle a été condamnée pour collaboration.

(32) *Idem*, p. 50.

(33) Lily Carré, *op. cit.*, p. 127.

(34) Selon Gurt Buchheit, elle serait responsable d'une centaine d'arrestations. D'après son avocat Albert Naud, plus de cent agents d'*Interallié* auraient été arrêtés à cause d'elle. Cent quinze déportés et trente-cinq fusillés, estime *France-Soir*.

(35) Arrêté par les Allemands, après son retour en France, *Lucas* a convaincu Bleicher que *La Chatte*, alors à Londres, continuait à travailler pour l'Abwehr. Les Allemands n'ont jamais su avec certitude que Mathilde Carré les avait trahis. Après la guerre, Bleicher se posait encore la question : *La Chatte nous faisait-elle en double, oui ou non ?*, Gordon Young, *op. cit.*, p. 125.

(36) Certains passages de ses mémoires, lus au tribunal, ont mis en évidence les principaux traits de son caractère : complaisance vis-à-vis d'elle-même, cynisme et absence totale de scrupules. Le récit des aventures de *La Chatte* a ensuite trouvé sa place aux Archives nationales.

(37) Gordon Young, *op. cit.*, p. 165.

(38) Selon Mary S. Lovell, dans *Betty Pack, l'espionne qui changea le cours de l'histoire* (Paris, Albin Michel, 1995), la mutation d'Arthur n'a peut-être été qu'un prétexte afin de permettre à Betty d'être déplacée vers un secteur où ses talents pourraient être d'une plus grande utilité.

(39) *Scandal*, de Michael Caton-Jones, avec Joanne Whalley-Kilmer dans le rôle de Christine Keeler et John Hurt dans celui de Stephen Ward.

(40) *Markus Wolf, l'œil de Berlin*, entretiens de Maurice Najman avec le patron des services secrets est-allemands, Balland, 1992, p. 195.

(41) En 1980, malgré l'avis défavorable de ses "patrons", elle n'écoute que son cœur et adopte un jeune garçon handicapé.

(42) Maurice Najman, *op. cit.*, p. 196.

(43) Cité dans *Courrier International* n° 219, du 12 au 18 janvier 1995 et *Libération* du 8 décembre 1994.

8
Les débuts de la guerre froide et la décolonisation

A peine la Seconde Guerre mondiale s'achève-t-elle que se profile à l'horizon un nouvel affrontement : à la faveur du conflit, l'Union soviétique de Staline a mis la main sur toute l'Europe centrale et orientale et, en deux ans, elle va totalement les soumettre à sa volonté. La guerre froide commence, elle va durer, avec son alternance de périodes d'accalmie et de crises aiguës, plus de quatre décennies. Qu'on ne s'y trompe pas, la guerre froide est une vraie guerre et, sous ses dehors d'affrontement diplomatique policé, elle en a tous les attributs : pays occupés et nations opprimées, opérations militaires (même si elles se déroulent toujours loin de l'Europe, qui demeure pourtant le principal champ d'opposition des forces et l'enjeu crucial de l'affrontement) et conflits entre deux doctrines politiques que tout sépare, le communisme et la démocratie représentative. Avec, pour corser le tout, bien entendu, une guerre secrète sans pitié. Pendant quarante ans, en effet, les services secrets des deux blocs vont s'affronter sur tous les terrains possibles et imaginables, des couloirs des institutions internationales à la plus reculée des guerres extra-européennes, en passant par les ruelles de Vienne, d'Helsinki ou de Genève, ou encore par les grandes conférences scientifiques mondiales.

En ces années de révisionnisme historique où le passé s'estompe à grande vitesse dans la brume de nos mémoires, on se condamnerait à une relecture balbutiante de l'Histoire si l'on oubliait le contexte général de la guerre froide car, s'il n'excuse pas tout, il explique en tout cas les erreurs et les abus dont les gouvernements et les services spéciaux occidentaux ont pu se rendre coupables dans les années les plus chaudes de la lutte. La mentalité de la communauté occidentale du renseignement était alors celle d'une citadelle assiégée. De la fin des années quarante au début des années quatre-vingt, de l'établissement du rideau de fer à l'invasion de l'Afghanistan, le bloc communiste n'arrêtera pas de marquer des points, grignotant par la force des armes ou par le poids de son influence les positions du bloc occidental et imposant sa tyrannie. Il faudra attendre la fin des années quatre-vingt, et les signes avant-coureurs de la faillite d'un système économique et politique absurde, pour comprendre que le géant avait, en fait, des pieds d'argile et qu'il suffisait, en définitive, d'attendre qu'il s'effondre de lui-même, gonflé de sa propre suffisance et aveugle au moindre de ses défauts. Certes, quelques rares spécialistes — historiens, sociologues, économistes — répétaient qu'un système fabricant à la chaîne des blindés et des avions de chasse — qui allaient, pour la plupart, tout aussitôt rouiller dans quelque taïga — mais qui se révélait incapable de proposer assez de biens de consommation à sa population, était condamné. Mais le monde était fasciné par la force apparente du géant soviétique, et qui écoutait les sceptiques ? Pour les observateurs autorisés et pour ceux qui avaient en charge la défense du monde libre, l'heure n'était pas aux tergiversations mais au combat. Les S.R. allaient y prendre leur place.

Les principaux services spéciaux communistes de la guerre froide

En Union soviétique, deux organismes de renseignement continuent à se partager le travail. Au sein de l'armée, le GRU (*Glavnoïe Razvedïvatelnoïe Upravelnïe*) s'intéresse au renseignement militaire et technologique, tandis que le NKVD de Staline, devenu en 1954, après de nouvelles mutations, le KGB (*Komitet Gosurdarstvennoï Bezopasnosti*, ou *Comité de la Sécurité d'Etat*) s'intéresse à tous les autres secteurs du spectre du renseignement et monte, aux frontières comme dans tous les secteurs de la société, une garde vigilante contre les ennemis de l'Etat. On notera d'ailleurs que le GRU est étroitement surveillé par le KGB qui jouit d'une prépondérance absolue (seuls les membres de la hiérarchie du parti échapperont, après Staline, à la surveillance des "organes", comme les appellent les Soviétiques). La recherche, dans le domaine industriel et technologique, est coordonnée par la VPK (*Commission d'Etat militaro-industrielle*) et le GKNT (*Commission d'Etat pour la science et la technologie*). Enfin, au sein du parti communiste lui-même, existe un Département international qui s'occupe, entre autres, des relations avec les partis frères et avec divers mouvements de libération, reprenant ainsi le rôle confié à l'OMS du temps du *Komintern*. C'est ce Département international qui décide, entre autres, du financement des partis communistes étrangers; dans la plupart des cas, ses opérations "conspiratives" sont menées par des agents prêtés par le KGB, mais l'on sait aujourd'hui que ses propres fonctionnaires ne répugnaient pas à endosser le manteau couleur muraille. Ce qui est toutefois fondamentalement nouveau, après 1945, c'est que les services soviétiques peuvent désormais s'appuyer sur ceux de plusieurs pays tiers. Ainsi, l'AVO (*Allamvedelni Asztaly*) puis l'AVH (*Allamvelmi Hatosag*) hongrois; la DIE (chargée du renseignement extérieur) et DGSP (*Directoratul General al Sigurantei Poporuli*, mieux connue sous le sinistre vocable de *Securitate*) roumaines; le DS (*Durzhavna Sigurnost*) bulgare; le HVA (*Hauptverwaltung Aufklärung*) et le K-5 puis le SSD (mieux connu sous le nom de STASI) est-allemands; l'UB (*Urzad Bezpieczenstwa*) puis le SB polonais; le StB (*Statni Bezpecnosti*) de Tchécoslovaquie — autant de manières de nommer, dans la langue locale, le Service de Sécurité — seront de fidèles auxiliaires du renseignement soviétique. Encore faudrait-il leur ajouter leurs homologues militaires pour avoir une petite idée de la force de frappe que représente cette galaxie de services. D'autant que la progression du communisme dans le monde se traduira par la création de nouveaux services, eux aussi étroitement inféodés à Moscou : DGI (*Direccion General de Intelligencia*) à Cuba; DISA (*Direça de Informaçao a segurança de Angola*) en Angola; SNASP (*Servicio Nacional de Segurança Popular*) au Mozambique; KHAD (*Khedamat-e Etela ate Dawlati*) en Afghanistan...

Enfin, le KGB collabore ponctuellement avec les services secrets de certains "clients" de l'URSS : Egypte, Irak, Libye, Syrie, ou encore organisations palestiniennes. Bref, une véritable pieuvre employant directement des centaines de milliers d'hommes et de femmes et étendant ses bras dans toutes les directions. Pour conclure, soulignons encore que les Soviétiques disposent de trois clés pour contrôler étroitement les activités de ces services satellisés. D'abord, dans les pays socialistes, les services de sécurité dépendent étroitement des partis communistes locaux, eux-mêmes, le plus souvent, soutenus à bout de bras par Moscou; ensuite, le KGB, tout à fait officiellement, assure la formation des cadres de ces organismes et provoque régulièrement des conférences bilatérales ou multilatérales dans le but de coordonner, plus étroitement encore, le travail commun. A cette fin, des missions de liaison du KGB siègent en permanence dans les locaux mêmes des services amis. Enfin, dans le cas bien improbable où quelque chose d'important échapperait encore aux conseillers soviétiques, la centrale moscovite dispose, dans chacun de ces services, de véritables taupes recrutées ou implantées par ses soins et l'informant, en temps réel, de tout ce qu'elles apprennent. Une seule anecdote suffira à comprendre que pas un seul élément de la vie des pays soumis au joug soviétique ne peut échapper à cette gigantesque toile d'araignée. Elle est rapportée par Gordievsky et concerne la Pologne à l'époque de la terreur stalinienne : *"L'une des inventions les plus cyniques de l'UB consista à entraîner l'un de ses agents, le lieutenant-colonel Jierek Labanovski, à se faire passer indifféremment pour un prêtre catholique, un pasteur protestant ou un rabbin lorsque des condamnés à mort exerçaient leur droit de demander la présence d'un ecclésiastique à leur exécution"*[1]. Ce que les interrogateurs de l'UB polonais n'avaient pu obtenir par la torture et les pressions psychologiques, ce curieux conseiller moral l'apprenait ainsi par la confiance et la confession.

Les ennemis d'hier

L'affrontement entre l'URSS et les alliés occidentaux n'attendra pas le refroidissement des cendres de la Seconde Guerre mondiale pour se manifester. Alors que la paix revient sur l'Europe, en mai 1945, à l'Est comme à l'Ouest, les spécialistes des services tentent de mettre la main sur des agents allemands prêts à monnayer la moindre information pour survivre. Ce fut longtemps l'un des secrets les mieux gardés de l'après-guerre, mais depuis une quinzaine d'années, l'ouverture de certaines archives américaines et divers témoignages ont permis de mieux comprendre l'un des plus grands scandales de l'après-guerre : l'utilisation d'anciens nazis par les services secrets occidentaux dans la lutte contre le communisme.

En 1945, certains responsables américains estiment que la guerre contre l'Allemagne sera suivie, à très courte échéance, d'une autre guerre, dirigée contre l'Union soviétique. A tel point que quelques hauts gradés sont purement et simplement partisans de laisser leurs hommes continuer leur route vers l'Est. Ils ne seront pas écoutés, mais, plus sérieusement, dans l'ombre, les responsables des services secrets — qui mettent ainsi en pratique l'adage selon lequel *"la guerre ne s'arrête jamais, elle change seulement de forme"* — songent déjà à installer des réseaux qui, la paix revenue, pourront lutter contre les filières soviétiques. Seulement voilà, les Américains auxquels les bouleversements de la guerre laissent déjà prévoir qu'ils auront à assumer le leadership du monde libre, connaissent assez mal l'Europe, et encore moins le monde communiste. Et, sans une connaissance approfondie du terrain, pas question de monter des services de renseignement efficaces. C'est à ce moment que certains cadres de l'OSS pensent à utiliser toutes les compétences disponibles et d'abord celles de leurs anciens adversaires nazis. Tous les spécialistes sont, en effet, d'accord pour reconnaître l'excellence — du point de vue technique s'entend — du travail de renseignement effectué pendant la guerre par les différents services allemands. Sans complexe, on va donc commencer à recruter des officiers qui y ont appartenu, et les acolytes qui partageaient, de gré ou de force, leurs vues au-delà de ce qui est devenu le rideau de fer. Cette opération contre-nature provoque d'autant moins de vagues dans les rangs des services américains que la plupart des officiers de l'OSS qui ont fait la guerre en Europe et auraient pu être choqués par la manœuvre sont rentrés aux Etats-Unis et ont été remplacés par de jeunes loups, pas très au courant de ce qui s'est passé sur le vieux continent. En clair, pour eux, crimes contre l'humanité ou crimes de guerre, c'est une vieille histoire; ce qui compte, aujourd'hui, c'est la lutte contre le communisme. Dans un premier temps, c'est le service *X 2* — le contre-espionnage de l'OSS — qui est chargé de mener ces recrutements, dont la responsabilité passera, après la dissolution de l'OSS, au contre-espionnage militaire, le CIC.

Parallèlement à l'action des S.R., d'autres forces occultes se mettent en branle pour offrir aide et protection aux nazis en cavale, en échange de leur assistance. C'est le cas, entre autres, de l'OPC (*Office of Policy Coordination*) créé en 1948 par le Département d'Etat et contrôlé par Franck Wisner. C'est cet organisme qui aura le triste privilège, et de loin, d'être le plus grand protecteur américain de criminels nazis. L'OPC agit en effet essentiellement grâce à des structures clandestines implantées en Europe de l'Est et formées par d'anciens collaborateurs locaux de l'Allemagne recrutés par d'anciens nazis passés au service de l'Oncle Sam. C'est ce service, d'après l'enquête effectuée dans les années quatre-vingt par le procureur John Loftus, qui permettra à d'anciens SS biélorusses de s'installer aux Etats-Unis, dans un premier temps pour y être entraînés, et ensuite en remerciement des services rendus. Pour faire pénétrer ses protégés en Amérique, Wisner n'hésitera pas à contourner la législation américaine qui interdit aux criminels de guerre et aux anciens membres du parti nazi d'entrer aux Etats-Unis. Plus tard, au cours de l'*opération Paperclip*, il fera même passer pour de simples savants des médecins nazis ayant pratiqué de sadiques expériences sur des cobayes humains dans les camps de concentration. Paradoxalement, c'est la protection même offerte à ces hommes il y a un demi siècle qui se retourne contre eux depuis que les Américains ont pris conscience de l'importance et de l'immoralité de ces agissements : accusés d'avoir falsifié leurs documents d'entrée dans le pays, ils sont, pour la plupart, sous le coup de mesures d'expulsion qu'ils essaient de retarder en tirant profit de la moindre astuce juridique. Mais les apprentis-sorciers du CIC et de l'OPC vont être pris à leur propre piège. Le contre-espionnage soviétique, qui possède des quantités d'archives secrètes nazies saisies à Berlin, a d'autant moins de mal à identifier ces agents qu'il a commencé à s'intéresser à eux dès les années de guerre. L'une des plus importantes opérations noires (clandestines) montées pour le compte de Wisner par son principal collaborateur biélorusse, Radoslav Ostrovsky, se terminera ainsi par un véritable désastre. Convaincu que les nazis biélorusses, dont beaucoup militaient avant la guerre dans des organisations de gauche et y côtoyaient des Polonais, disposent de contacts haut placés dans la bureaucratie de Varsovie, l'OPC créera en Pologne un réseau qui permettra à l'UB polonais d'identifier les véritables agents occidentaux et, de surcroît, de rafler des millions de dollars de subventions occultes.

Le moins que l'on puisse dire d'ailleurs est que les Soviétiques auront plus que de la chance dans toute cette affaire. En Grande-Bretagne, en effet, ce sont des agents... de Moscou, dont Kim Philby et Donald Maclean, qui sont chargés, à la fin des années quarante, de coordonner l'action des organisations d'émigrés anticommunistes de l'Est européen, largement noyautées, pour certaines d'entre elles, par d'anciens nazis. Cette conclusion est d'ailleurs particulièrement intéressante : il était non seulement moralement douteux mais, de surcroît, particulièrement dangereux d'utiliser d'anciens nazis dans la défense du monde libre. La première règle de sécurité quand on recrute un agent n'est-elle pas de s'assurer qu'il ne peut subir aucune pression ? Ce n'était évidemment pas le cas d'anciens SS ou gestapistes... On aurait tort, toutefois, de croire que les Américains ont eu l'exclusivité de l'utilisation d'anciens nazis. Les pays communistes ne se sont pas gênés pour leur rendre la pareille. Ne pouvant évidemment leur faire miroiter, comme les Américains, la participation à la lutte anticommuniste, les hommes de Moscou ont plutôt utilisé l'arme du chantage. La possession des archives de la Gestapo, bourrées de noms d'auxiliaires locaux et d'indicateurs, leur a évidemment facilité la tâche. On notera le cas très particulier de l'Allemagne de l'Est, où, dans les années soixante, plusieurs dizaines de nazis de haut rang — dont une brochette de criminels de guerre — ont été ouvertement employés par le gouvernement. Certains à des postes de confiance où ils avaient commencé à faire leurs preuves vingt ans plus tôt sous un tout autre régime...

L'organisation Gehlen

Mais dans leurs filets, les agents américains ne ramènent pas que des crapules et des escrocs au renseignement de la "classe" de Klaus Barbie. Leur meilleure recrue sera un général en fuite qui, lui, a vraiment beaucoup à vendre. Pendant la guerre, Reinhard Gehlen a dirigé le *Fremde Heere Ost* (FHO, le S.R. de la Wehrmacht dirigé contre la Russie). C'est à la tête de ce service qu'il réussira l'un des plus beaux coups du renseignement allemand durant le conflit : le retournement du général soviétique Andreï Vlassov, qui prendra, à la fin de la guerre, le commandement d'une éphémère "armée russe", combattant sous l'uniforme allemand contre l'Armée rouge. Vlassov et ses officiers, livrés à Moscou par les alliés occidentaux, seront exécutés et des centaines de ses hommes iront pourrir, pour de longues années, dans les camps de l'Archipel du Goulag.

En 1945, avec son adjoint direct, le lieutenant-colonel Gerhard Wessel, la plupart de ses collaborateurs et, surtout, ses archives, Gehlen se livre aux Américains et, en juillet 1945, il se retrouve enfin en présence du général Sibert, le chef du renseignement militaire (G 2) en Allemagne. Après un séjour d'une dizaine de mois aux Etats-Unis, Gehlen rentre au pays durant l'été 1946. Mais plus comme prisonnier : les Américains en ont fait le chef d'une *Organisation Gehlen* (OG, ou encore ORG GEHLEN) qu'ils financeront et installeront à Pullach, dans la banlieue de Munich, à charge pour celui qu'on surnommera un jour le "général gris" de mettre sur pied, avec les rescapés du FHO, une structure cohérente et rentable capable de renseigner Washington sur tout ce qui se passe à l'Est. Contesté en RFA par l'opposition de gauche qui ne lui pardonne pas de faire travailler nombre d'anciens nazis (et particulièrement des anciens officiers du RSHA), l'OG remportera pourtant de grands succès, surtout en Allemagne de l'Est, et se transformera tout naturellement, en juillet 1955, en *Bundesnachrichtendienst* (BND, *Service fédéral de renseignement*). Gehlen restera encore treize ans à la tête du BND, dont il contribuera plus que tout autre à faire l'un des grands S.R. occidentaux. Mû, peut-être, par quelque secret sentiment de culpabilité, il fera beaucoup pour le rapprochement de la nouvelle Allemagne et du jeune Etat israélien et jouera entre autres un rôle décisif dans l'un des grands succès du Mossad, l'affaire Lotz (voir chapitre 9). En mai 1968, il part à la retraite et laisse la place à Gehrard Wessel qui modernisera le BND. Il mourra en 1979.

Igor Gouzenko passe à l'Ouest

Igor Sergeievitch Gouzenko est à peine âgé de vingt-six ans lorsqu'il arrive au Canada, en 1943, avec sa femme Svetlana et leur bébé. Sous couverture diplomatique, cet agent du GRU est en fait un spécialiste du cryptage-décryptage de la Résidence des Services spéciaux soviétiques de l'ambassade moscovite à Ottawa.

Dès le début de son séjour, Gouzenko est séduit par sa nouvelle vie dans un pays qui ne correspond nullement à ce que la propagande lui en avait dit : au Canada, les gens ont l'air heureux, ils vivent dans de bonnes conditions et, surtout, ils sont libres, ainsi qu'en témoigne la presse que dévore le jeune homme. Ebahi par cette découverte, il n'hésite pas, non sans naïveté, à en parler à ses collègues. Trop, puisque, par un après-midi de septembre 1944, il reçoit un ordre de rappel à Moscou. Par chance pour lui, ses supérieurs interviennent : ils ne peuvent se séparer du jeune agent alors que l'URSS vient de réussir une importante percée dans le domaine du renseignement atomique et que son ambassade à Ottawa est submergée de messages et autres rapports à envoyer au *Centre*. Mais Gouzenko a déjà pris sa décision : hanté par la menace d'un nouveau rappel qui, effectivement, ne tardera pas à arriver, il décide de préparer son passage à l'Ouest.

Dans tout service de renseignement, l'emploi de chiffreur, pour être subalterne et technique, n'en est pas moins essentiel : c'est le chiffreur qui crypte et décrypte tous les messages envoyés et reçus par la Résidence. A l'exception de l'identité des agents, ils est donc, par définition, au courant de tous les secrets du service et de toutes les opérations en cours. Cette omniscience est d'ailleurs à l'origine de l'un des cauchemars de Gouzenko qui a entendu dire que, régulièrement, en ces périodes de paranoïa stalinienne, des employés du chiffre en poste à l'étranger sont rappelés à Moscou et éliminés parce qu'ils en savent trop et présentent un danger pour le système. Au début de l'été 1945, Gouzenko verra ainsi passer les rapports d'un agent qu'il ne connaît que sous le pseudonyme d'*Alex* et qui dispose de renseignements extrêmement précis sur le programme nucléaire américain. Dans sa naïveté, Gouzenko a alors un trait de génie. Il veut déserter, mais il se méfie : la guerre n'est pas terminée, l'URSS et le Canada sont encore alliés. Ne risque-t-il pas, s'il s'en remet à la seule bonne volonté des autorités d'Ottawa, d'être purement et simplement remis aux mains des Soviétiques ? Par contre, s'il apporte la preuve de la duplicité des Russes... Jour après jour, le jeune chiffreur détourne alors les mesages qu'il code et décode. Dans la soirée du 5 septembre 1945, c'est avec une serviette contenant une centaine de messages échangés entre la Résidence et le *Centre* qu'il quitte son domicile sans esprit de retour.

Incroyable prélude à sa défection, Gouzenko se présente alors dans les rédactions de plusieurs grands journaux et leur raconte son histoire. Mais aucun rédacteur en chef ne le prend au sérieux, et le patron de l'*Ottawa Journal*, son quotidien préféré, le fait même jeter à la porte. Il réitère alors son offre auprès des ministères des Affaires étrangères et de la Justice : même réaction, personne ne veut croire à son aventure rocambolesque, et on lui conseille de rentrer gentiment à son ambassade. Terriblement déçu, il se réfugie chez lui et comprend que si sa défection ne semble guère intéresser les Canadiens, elle n'a cependant pas échappé aux Soviétiques, prêts à récupérer de n'importe quelle manière les documents dérobés. Gouzenko se cache alors avec sa famille chez un voisin de palier tandis que son appartement est mis à sac par la sécurité de l'ambassade. Comprenant tardivement qu'il se passe quelque chose d'étrange, la police montée canadienne finit, à la suite de ce raid, par intervenir. Coup de chance pour le transfuge, William Stephenson, l'un des responsables du MI6, d'origine canadienne — figure légendaire, il a dirigé le BSC (*British Security Coordination*), basé à New York et s'est chargé de la coordination de tous les services de renseignement britanniques —, mieux connu sous le nom de code d'*Intrepid*, est précisément de passage à Ottawa. Il estime immédiatement à leur juste valeur les informations apportées par Gouzenko, qui se trouve dès lors pris au sérieux par ses interlocuteurs. La crise entre le Canada et l'URSS est presque immédiate.

Le cas Barbie

En France, le plus connu des anciens nazis retournés par les services américains est Klaus Barbie, l'un des chefs de la Gestapo de Lyon — tortionnaire de Jean Moulin et de beaucoup d'autres, et responsable de la déportation des enfants d'Izieu —, condamné à la réclusion perpétuelle en 1987, et décédé depuis.

Dès la libération de Lyon, en août 1944, la Résistance, puis la police et les services officiels tentent de mettre la main sur Barbie et ses complices. En vain. Ce n'est qu'à l'automne 1947 que le commissaire Louis Bibes, qui traque les criminels de guerre en Allemagne, retrouve la piste de Barbie qui se fait appeler *Altmann*. En mai 1948, Bibes pourra l'interroger à deux reprises, dans la zone américaine et en présence de deux fonctionnaires américains, tandis qu'un agent du SDECE arrivera à le photographier. Mais les Américains sont peu coopératifs : pas question de laisser l'Allemand répondre à des questions portant sur ses activités actuelles, ni de communiquer son adresse. La raison de cet étrange comportement apparaîtra, dès le 3 septembre 1948, dans une lettre envoyée par le commandant Gonnot, juge d'instruction militaire à Paris, au capitaine Poignet, son homologue lyonnais : *"Pour des raisons de défense nationale des USA, les autorités américaines ont fait connaître que le nommé Barbie ne pouvait être rendu aux autorités françaises"*[2]. Ces *"raisons de défense nationale"* sont des plus simples : Barbie travaille, sous le matricule *X-3054*, aux ordres du CIC, pour lequel il infiltre des groupes communistes, quand il ne le renseigne pas sur ce qui se passe dans... la zone d'occupation française en Allemagne. Barbie est loin d'être un cas isolé : pour ne prendre qu'un seul exemple, à la même époque, le SS Obersturmbannführer Friedrich Buchardt travaille lui aussi pour les Américains, plus précisément pour Wisner en personne. La protection de ce dernier lui vaudra d'être l'un des seuls anciens commandants d'*Einsatzgruppen* — les commandos mobiles d'extermination — à échapper à la peine de mort. Les hommes du CIC, chargés entre autres de pourchasser les criminels de guerre, ne peuvent ignorer qui est vraiment Klaus Barbie : les listes régulièrement publiées par les différentes administrations alliées en Allemagne reprennent toutes le nom de leur nouvel agent (orthographié indifféremment Barbi, Barbie, Barbier, Barby...) et mentionnent qu'il est réclamé pour crimes de guerre à la fois par les Français et par les Hollandais (avant de "travailler" en France, Barbie œuvrait aux Pays-Bas où il a porté des coups très durs à la communauté juive).

Ses nouveaux employeurs sont-ils, au moins, satisfaits de leur homme de main ? Ehrard Dabringhaus, l'un des chefs américains de Barbie à l'époque, déclarait il y a une quinzaine d'années au quotidien Le Monde : *"Il bluffait, il ne nous a pratiquement rien donné de valable. Il prétendait avoir cent agents travaillant pour lui, un peu partout en Allemagne. Il lui fallait de l'argent pour les rétribuer. En fait, il encaissait les dollars et c'est tout..."*[3]. En 1951, c'est pourtant le CIC qui organisera l'exfiltration vers l'Amérique latine de Barbie, en lui fournissant argent et papiers. A lui de prendre la *Ratline* (*filière du rat*) qui permet aux anciens nazis, avec l'aide active de certains milieux du Vatican, de quitter une Europe devenue trop brûlante pour eux.

Les informations que livre Gouzenko sont considérables : des centaines de documents relatifs, entre autres, à l'espionnage atomique et l'organigramme de l'espionnage soviétique en Amérique du Nord, y compris celui du réseau dirigé par le colonel Nicolaï Zabotin, actif depuis 1942 (date de l'ouverture des relations diplomatiques entre le Canada et l'URSS) et qui ne compte pas moins de dix-neuf agents du GRU. Au cours de son *debriefing*, Gouzenko révèle également l'existence de deux agents du GRU infiltrés dans les services britanniques répondant tous deux au même nom de code d'*Elli*. Si le premier est facilement identifié — il s'agit de Kathleen Willsher, greffier adjoint à la *High Court* britannique —, le second, que Gouzenko qualifie *"d'espion haut placé dans les services britanniques"*, donnera du fil à retordre aux contre-espions anglais durant de longues années. Ce deuxième *Elli* fera en effet l'objet de nombreuses fausses identifications; on attribuera entre autres ce pseudonyme à sir Roger Hollis, directeur du MI5, qui sera accusé par sir William Stephenson d'être une taupe soviétique. La rumeur sera tenace puisque, des années plus tard, d'autres collègues suspecteront sir Roger d'être le "cinquième homme" de l'affaire Philby (qui sera d'ailleurs lui-même suspecté, un temps, d'être le fantomatique *Elli*). C'est Oleg Gordievsky qui dissipera, enfin, le mystère en 1981 : *Elli*, c'est Leo Long, ancien étudiant de *Trinity College*. Un agent tellement important que, lorsque ses rapports arrivent à la salle du chiffre du GRU, à Moscou, une femme se tient prête à les apporter directement à Staline. C'est que Long occupe durant la guerre un poste particulièrement sensible, lui donnant accès au matériel *Ultra*. Après la guerre, affecté à la commission britannique de contrôle en Allemagne, il y devient directeur-adjoint du renseignement.

Mais les révélations de Gouzenko sont surtout à l'origine de l'arrestation d'*Alex*, en réalité le savant atomiste anglais Alan Nunn May. C'est également à la suite de sa défection que le Congrès américain votera, le 1er août 1946, la loi Mac-Mahon imposant le secret absolu autour de toutes les fabrications militaires, une rupture du secret pouvant entraîner la peine de mort. Cette loi a eu, entre autres, pour effet d'interdire à la Grande-Bretagne tout accès à de nouvelles informations relatives au projet atomique. Coupé de la recherche américaine, le gouvernement anglais décidera dès lors, en janvier 1947, de construire sa propre bombe atomique.

Le 27 mars 1981, la tête couverte d'une cagoule qu'il porte pour ne pas être reconnu et échapper ainsi à de possibles représailles soviétiques, Igor Gouzenko donne une dernière interview devant les caméras de la télévision canadienne et déclare qu'aucune action n'a été entreprise contre la présence de traîtres aux plus hauts échelons de la hiérarchie des services secrets britanniques. Ultimes et tardives révélations ou besoin d'argent d'un homme qui fait payer mille dollars la moindre interview ? Les spécialistes, en tout cas, estiment que Gouzenko, qui est passé par une longue période d'alcoolisme dans les années cinquante, n'est plus, depuis cette époque, considéré comme une source très fiable.

Un an plus tard, en juin 1982, il décède prématurément à l'âge de soixante-trois ans, près de Toronto. Sa disparition est annoncée dans le *Times* du 2 juillet 1982 : *"La mort de Gouzenko, due apparemment à des causes naturelles, fut d'une certaine manière aussi mystérieuse que la vie qu'il a menée depuis septembre 1945 (...) Il passa le reste de sa vie à redouter la vengeance du KGB"*[4]. Ses funérailles sont entourées d'un halo de mystère : la messe est anonyme, et c'est le cercueil d'un certain *"Monsieur Brown, réfugié tchèque"* que les assistants accompagnent au cimetière. Un détail, toutefois, prouve que la vie d'Igor Gouzenko et de sa femme a été relativement prospère au Canada : le couple n'a pas eu moins de dix enfants...

La défection de Gouzenko et les conditions rocambolesques qui l'ont accompagnée influenceront profondément la vie de deux catégories d'êtres humains. Les employés du chiffre soviétiques occuperont désormais l'un des postes les moins enviés de la Résidence : étroitement surveillés, cloîtrés dans les ambassades, ils ne pourront en sortir que rarement et toujours en se joignant à un groupe de collègues. Les journalistes de l'*Ottawa Journal* — qui a raté l'un des *scoops* du siècle — se verront contraints de recevoir toute personne ayant des révélations à leur faire et de les écouter religieusement, y compris, souligne Ernest Volkmann, *"ceux qui viennent régulièrement les informer qu'ils sont en contact avec des extra-terrestres au moyen de micros-récepteurs greffés dans leur cerveau..."* On n'est jamais trop prudent !

Les procès à l'Est :
Allen Dulles joue sur la paranoïa de Staline

La fin des années quarante voit s'abattre sur l'Europe de l'Est une longue suite de procès qui, à Budapest, Prague, Varsovie et Sofia vont décimer la vieille garde des dirigeants communistes de l'avant-guerre. Laszlo Rajk, en Hongrie, Kosto Tchaïkov en Bulgarie, Rudolf Slansky en Tchécoslovaquie, et des dizaines d'autres communistes sincères seront ainsi accusés d'être des traîtres, vendus à Tito, au sionisme international ou aux services secrets anglais et américains. Durant des décennies, ces procès sont restés mystérieux; l'explication la plus couramment admise était que Moscou, alors que la Yougoslavie du maréchal Tito venait de rompre avec l'URSS, devenant ainsi le premier pays non aligné, cherchait à purger les partis frères des éléments "douteux". Les victimes de ces parodies de justice ont effectivement des points communs : nombre d'entre eux ont participé à l'aventure des Brigades internationales en Espagne et y ont été en contact avec des trotskistes ou des hommes devenus par la suite des camarades de Tito. Certains, comme Arthur London, ont passé la guerre en Occident, la plupart, en tous cas, n'ont pas vécu les années du conflit à Moscou. Mais derrière cette explication politique, se cache en réalité, ainsi que le révélera, en 1974, le journaliste anglais Stewart Steven[5], une machiavélique manipulation mise au point par Allen Dulles.

L'instrument du destin sera un individu complexe et tourmenté, généreux et naïf, courageux mais peu réaliste : le communiste américain Noël Field. Né le 23 janvier 1904 à Londres, Field entamera sa carrière au Département d'Etat américain avant de passer à la Société des Nations et de devenir directeur général européen d'une association caritative, l'*Unitarian Service Committee* (USC); un poste qu'il occupera durant toute la guerre et d'où il protégera, entre autres, des anciens des Brigades internationales. A la fin de 1944, il persuade Allen Dulles, chef de poste de l'OSS à Berne d'où il coordonne l'action de son service pour toute l'Europe occupée, de faciliter le retour dans leurs foyers de réfugiés antifascistes d'Europe centrale. Lié à l'appareil de renseignement soviétique, Field permet ainsi à de nombreux dirigeants communistes de regagner leur pays sous protection américaine. Sans le savoir, il signe aussi leur arrêt de mort. Car Alen Dulles a percé à jour la double personnalité de Field. Il va, diaboliquement, l'exploiter.

Licencié de l'USC en 1947, Noël Field envisage de se lancer dans le journalisme et multiplie les voyages dans le bloc communiste. A Varsovie, le lieutenant-colonel Josef Swiatlo, chef du *Dixième Bureau* de l'UB, chargé de la coordination entre les services polonais et russe, suspecte Field de n'être, en fait, qu'un agent américain. Le fait d'avoir organisé le rapatriement de cadres communistes avec l'aide de l'OSS corrobore, évidemment, cette légende. Alerté, le *Centre* prépare sa riposte. Après des mois d'enquête à laquelle Swiatlo participe activement, tout est en place pour que s'ouvre l'une des grandes tragédies de l'après-guerre. En mai 1949, à Budapest, Lazlo Rajk, proche ami de Field et ancien ministre de l'Intérieur du gouvernement communiste, est arrêté. Des dizaines de ses camarades le suivront. Lors des procès qui se succèderont, on verra des communistes convaincus s'accuser des pires crimes : ils ont été agents de provocation de la police avant la guerre, indicateurs de la Gestapo durant celle-ci, agents anglais, américains et comploteurs titistes ou encore "agitateurs sionistes"[6] après la fin des hostilités. Si ces hommes ne risquaient pas leur tête, l'affaire serait risible tant l'accusation, montée de toutes pièces par les services de sécurité concernés, assistés de pléthoriques missions de "conseillers" soviétiques, est excessive et grotesque. Mais toujours, l'ombre de Field (arrêté à

Prague en 1949) rôdera dans les prétoires. Ainsi, lorsqu'il dépose, le 16 septembre 1949, Lazlo Rajk déclare-t-il : *"C'est au camp américain du Vernet qu'un citoyen américain nommé Field qui, à ma connaissance, était le chef du service de renseignement américain pour l'Europe centrale et orientale, vint me voir... On voulait me faire parvenir en Hongrie pour que je puisse, en tant que provocateur non démasqué et travaillant à l'intérieur du parti selon les instructions reçues des Américains, chercher à désorganiser et à désagréger le parti..."* [7]. A Varsovie, Swiatlo, inlassablement, continue son travail : en août 1949, il arrête Herman Field, le frère de Noël et, en juillet 1951, il incarcère Wladyslaw Gomulka, le chef du parti polonais. Mais celui-ci, contrairement aux Rajk, London, et autres Kostov, n'avouera jamais...

Puis, c'est le coup de théâtre : tandis que, les procès passés, les communistes méditent sur la trahison de tant de leurs chefs respectés, Joseph Staline meurt. En décembre 1953, son successeur, Béria, ancien chef des "organes", est exécuté. Khrouchtchev arrive au pouvoir. Au milieu de ces événements planétaires, un fait divers passe quasiment inaperçu : le 21 décembre, le colonel Josef Swiatlo est passé à l'Ouest. Car Swiatlo, l'homme qui a monté de toutes pièces le dossier de Noël Field est en fait, depuis des années, un agent américain : il a été recruté, en 1948, par le MI6 britannique, mais celui-ci a passé son contrôle à Allen Dulles. Et Dulles, comprenant que le naïf Noël Field pouvait lui permettre de réaliser un coup sans précédent, s'est appuyé sur Swiatlo pour tailler sur mesure un costume d'espion américain à Field. Staline et sa paranoïa ont fait le reste et ont permis la réussite de l'*opération Splinter Factor* (*Facteur d'éclatement*) destinée à déstabiliser les pouvoirs communistes en place à l'Est. Moins d'un an plus tard, les portes de la prison s'ouvriront pour Noël Field, sa femme Herta et son frère. Tous toucheront quarante mille dollars de dédommagement. Mais Noël et Herta Field ne rentreront jamais aux Etats-Unis, préférant finir leurs jours à Budapest où Noël mourra en 1972. Entre le système qui avait broyé leurs amis et leur avait volé quelques années de vie et celui qui les avait trahis, les Field ont fait leur choix.

Kim Philby, l'agent double du siècle

Le 12 mai 1988, alors qu'à la une des quotidiens britanniques, on annonce *"la mort du traître Philby, le troisième homme du plus célèbre réseau d'espionnage de l'avant-guerre"*, l'agence Tass, elle, rend hommage au maître-espion en le présentant comme un *"homme ayant accompli, dès les années trente, son devoir international contre le fascisme"*. Et même si Richard Sorge a davantage contribué à la victoire militaire de l'URSS sur le nazisme, Philby, qui s'est converti au communisme par haine des milieux les plus huppés de la société britannique dont il est issu, restera une figure exceptionnelle du monde du renseignement et, peut-être, l'agent le plus doué de toute l'histoire du KGB. Né le 1er janvier 1912 au Penjab, où son père est inspecteur des colonies de l'empire, Harold Adrian Russel Philby — surnommé *Kim* par référence au héros de Rudyard Kipling, l'idole de son père — entre au *Trinity College* de Cambridge en 1929 afin d'y étudier l'histoire. Fasciné par Maurice Dobb, son professeur d'économie, marxiste convaincu — il fut l'un des premiers intellectuels anglais à devenir un *card carrying*, c'est-à-dire un détenteur de la carte du parti communiste —, et déçu de la modération du parti travailliste, il se convertit lui aussi au communisme en 1933. C'est à cette époque qu'il entre dans la très secrète société des *Apôtres*[8], où il se lie d'amitié avec deux autres étudiants, Guy Burgess et Anthony Blunt. Après ses études, Philby part pour le continent. Son mentor, Maurice Dobb, l'a recommandé à Willy Münzenberg qui l'expédie à Vienne. Chez ses logeurs, les Kholmann, qui sont aussi ses contacts avec l'organisation communiste clandestine, *Kim* rencontre leur fille, une jeune divorcée, Alice Friedman, surnommée Litzi, qui deviendra sa première femme. Il milite dans les rangs des milices ouvrières pendant les brefs combats qui entérinent la naissance de l'"Austro-fascisme". Selon Youri Ivanovitch Modine, l'un des officiers traitants de Philby, ce séjour en Autriche a été capital pour la suite du parcours du jeune Anglais : *"Je crois que les massacres de Vienne qu'il a vus de ses propres yeux ont été un facteur déterminant dans son engagement communiste qui a dépassé en Autriche le simple militantisme estudiantin"*[9].

Peu avant son retour à Londres, en 1934, avec son épouse viennoise, il est recruté par le NKVD. Il est clair que c'est Litzi qui l'a poussé à devenir un agent soviétique. Elle-même est en contact étroit avec les réseaux clandestins du *Komintern* et est en mesure de présenter son mari à l'un des grands opérateurs soviétiques de l'époque, Théodore Maly. Maly, *der lange* (*le grand*), fait alors équipe avec un autre illégal, Gabor Peter. Difficile d'imaginer deux destins plus divergents que ceux-là : prêtre défroqué venu au communisme par générosité et haine de la guerre, Maly dira un jour à l'un de ses agents, évoquant les horreurs des tranchées : *"J'ai perdu la foi et, quand la révolution a éclaté, j'ai rejoint les Bolcheviks. J'ai complètement rompu avec mon passé. Je ne suis plus ni hongrois, ni prêtre, ni chrétien ni même le fils de quiconque. Je suis juste un soldat 'disparu au combat'. Je suis devenu un communiste et je le suis toujours"*[10]. Devenu suspect lors de la chasse aux trotskistes de la fin des années trente, Maly sera rappelé à Moscou; avant de s'y rendre, il déclarera à la femme d'Ignace Reiss : *"Ils me tueront là-bas et ils me tueront ici. Mieux vaut mourir là-bas"*[11]. Maly sera effectivement fusillé fin 1937. Dans les années quatre-vingt, son portrait était toujours accroché dans la salle du souvenir de la *Première direction principale* (PDP, renseignement étranger) du KGB, pour lequel son plus grand titre de gloire reste le recrutement de Philby. Gabor Peter, lui, sera l'homme de la terreur stalinienne à Budapest. Après la guerre, c'est lui qui montera de toutes pièces le procès de Laszlo Rajk et, sous sa direction, l'AVO persécutera des milliers de Hongrois dont beaucoup mourront dans les prisons du régime. Peter mourra à Budapest en 1993.

Revenu en Angleterre, Philby convainc aussitôt Guy Burgess de le suivre. Ce dernier, qui entretient une amitié particulière avec Anthony Blunt, tout en l'initiant aux théories marxistes, séduit intellectuellement (et peut-être même physiquement selon les dires de certains — il faut dire que Burgess, *Mädchen* pour le NKVD, est très bel homme) un autre élève de Cambridge, Donald Maclean (*Homère*), qu'il recrute dans son noyau dur de marxistes. Un autre nom viendra bientôt s'ajouter à ce petit cercle : celui de John Cairncross, le fameux cinquième homme du réseau, alias *le Carélien*, *Liszt* ou *Molière*, qui n'entretiendra aucun contact avec les quatre autres. Affecté tour à tour au Foreign Office, au Trésor, au secrétariat privé d'un ministre, à l'agence d'interception-décryptage GC & CS et au MI6, Cairncross est devenu agent soviétique non pas par le biais de la bande Philby-Burgess-Blunt-Maclean mais grâce à un autre étudiant aristocrate, James Klugmann. Klugmann qui, durant la guerre, entrera au SOE et sera affecté au Caire, à l'antenne de cette organisation responsable de l'action en Yougoslavie (il parle parfaitement le serbo-croate), ce qui lui permettra d'informer très valablement Moscou de la situation dans les Balkans, n'est pas à proprement parler, dans les années trente, un agent de renseignement, mais plutôt, un *talent spotter* (dénicheur de talent) utilisé comme "rabatteur" par le NKVD. Après la guerre, il deviendra membre du bureau politique et historien du P.C. britannique. *"Je crois franchement"*, écrira Modine à propos de Cairncross, dont il a également été l'officier traitant, *"que la cause principale de sa collaboration avec le NKVD, ce ne sont ni ses convictions communistes, ni son antifascisme, c'est sa haine envers ses supérieurs, ces aristocrates qui se moquaient ouvertement de lui"*[12]. Le pauvre John Cairncross aurait sans doute été fort marri d'apprendre que ses amis de Cambridge, interrogés à son propos par leur officier traitant soviétique, allaient émettre quelques remarques dédaigneuses sur son *"manque de classe"*[13] ! Comme quoi on peut être communiste et rester un grand bourgeois... Dernier recruté des cinq, Cairncross ne sera démasqué qu'en 1980 par Oleg Gordievsky. L'identité réelle du cinquième homme, si elle semble aujourd'hui largement prouvée, est pourtant contestée par un spécialiste britannique, Roland Perry. Dans un ouvrage fort documenté publié en 1994, *The Fifth Man*, Perry affirme que, loin d'être Cairncross, qu'il qualifie d'agent subalterne et dont il affirme qu'il appartenait à un autre réseau que les hommes de Cambridge, le cinquième homme serait Lord Victor Rothschild. Cette thèse, pour argumentée qu'elle soit, n'est toutefois confirmée par aucune source russe. Mieux, dans un ouvrage récent sur lequel nous aurons l'occasion de revenir, l'ex-colonel du KGB, Vladimir Tchikov, confirme tout à la fois que Cairncross est bien le cinquième homme et que son rôle, notamment dans l'espionnage atomique, est très loin d'avoir été anodin. Mais revenons à notre réseau. Par allusion à un western populaire, *The Magnificent Seven* (traduit en français par *Les Sept Mercenaires*), ces cinq meilleures recrues du KGB à Cambridge deviendront au fil des années, pour leurs chefs, *The Magnificent Five*, séduits par une image mythique du socialisme et vendant leurs secrets non pas pour de l'argent mais uniquement par conviction idéologique : ne refusent-ils pas toute gratification pour leur travail ?

En 1937, *Kim* Philby est envoyé en Espagne comme correspondant du *Times*, où il couvre la guerre civile auprès des forces franquistes. Décoré par Franco lui-même de la croix du mérite militaire, il accède facilement aux milieux dirigeants de la nouvelle Espagne et entretiendra un moment l'idée de tuer Franco... Début 1942, il fait son entrée dans les services de renseignement britanniques. Le MI6 a un besoin urgent de personnes compétentes et *Kim* Philby est l'homme idéal pour ce genre d'activités : intelligent, charmeur et, de plus, parlant cinq ou six langues. Il grimpe rapidement les échelons pour accéder, quatre ans plus tard, à la direction de la section "IX" chargée de surveiller les activités soviétiques et les partis communistes du monde entier. Philby, alias *Stanley*, alias *Soenchen*, alias *Tom*, est, en clair, chargé de lutter contre les espions soviétiques ! Un coup de maître ! En 1949, il obtient une nouvelle promotion et est nommé agent de liaison avec la CIA et le FBI à Washington. Un an plus tard, en pleine guerre froide, Anglais et Américains projettent secrètement une opération au sud de l'Albanie pour renverser le gouvernement d'Enver Hodja. Un commando d'Albanais anticommunistes, entraînés dans la clandestinité, est parachuté sur le terrain. Tous sont cueillis à l'arrivée et exécutés ainsi que des agents de la CIA et du MI6 qui tentaient également de s'infiltrer dans le pays. Il ne fait aucun doute que quelqu'un a averti Moscou. *"Ils savaient ce qu'ils risquaient, mais je faisais mon travail"*, écrira Philby dans son autobiographie, *Ma guerre silencieuse*[14]. Ses homologues anglais et américains, qui ne le soupçonnent encore aucunement, trouvent en lui un compagnon élégant, gai et bon vivant, aimant raconter des histoires.

Mais la carrière de Philby s'est pourtant assombrie depuis 1945 lorsque Constantin Volkov, représentant du KGB à l'ambassade soviétique d'Ankara, a demandé asile aux Britanniques et leur a "offert" les noms de trois agents soviétiques de haut niveau dont deux travaillant au *Foreign Office* et le troisième à la tête d'une section du contre-espionnage à Londres. On l'aura compris, il s'agit de Burgess, Maclean et Philby. Sir Maurice Peterson, ambassadeur de Grande-

Bretagne à Ankara, refuse de recevoir Volkov mais alerte Londres par la valise diplomatique... remise, tout naturellement, à Philby. Enlevé à Ankara par le NKVD — un simple "rapatriement sanitaire", selon la version officielle —, le transfuge potentiel est jugé à Moscou et fusillé. On ne soupçonne pas encore Philby, mais l'ambiance, au MI5, s'alourdit notablement. En 1951, ce sont les Américains qui décodent une dépêche secrète récupérée à l'ambassade soviétique et découvrent ainsi que le *Foreign Office* abrite un espion dont le nom de code est *Homère*, lequel n'est autre que Maclean. Aussitôt informé, Philby, alors en poste à l'ambassade britannique à Washington et rejoint par Burgess — qui, après avoir animé à la BBC des émissions de propagande destinées à l'Europe occupée par les nazis, est attaché au *Foreign Office* depuis 1944 — décide d'agir vite, car les activités de Maclean au département américain du *Foreign Office*, après avoir été attaché aux ambassades britanniques à Paris, Washington et au Caire, risquent d'être découvertes. Le jour de son interrogatoire, et alors qu'il est sur le point d'être démasqué, Maclean, doutant de sa capacité à supporter une telle épreuve, s'enfuit pour l'URSS. Burgess, qui a pour mission de l'accompagner et qui, par ailleurs, a juré à Philby de ne pas se rendre à Moscou, est pourtant également exfiltré. Devenu un alcoolique notoire, il ignore qu'il ne présente plus beaucoup d'intérêt pour ses supérieurs et semble avoir agi sur un coup de tête, une lubie de poivrot. Les deux hommes prennent le bateau à Southampton et, après une brève escale à Paris, gagnent Prague puis Moscou. Malgré toutes les précautions prises par le *Foreign Office* pour empêcher la presse d'être informée de leur disparition, l'événement provoque un tollé général. Aucune allusion n'est faite à leur appartenance à l'Apparat soviétique, mais la presse décrit en détail les liens de Burgess avec les communistes de Cambridge et la possibilité qu'avait Maclean, en dirigeant la section américaine du *Foreign Office*, de livrer aux Russes des secrets militaires.

Kim Philby, dont l'amitié pour les deux hommes est connue (et pour cause, à Washington, Burgess habitait chez lui), est rappelé à Londres et longuement entendu. Mais rien ne prouve qu'il est mêlé à l'affaire des "diplomates disparus" et, une fois de plus, il s'en tire. *"Depuis quinze ans, je connaissais toutes les questions, et toutes les réponses étaient prêtes"*, dira-t-il plus tard. Ainsi déclare-t-il très sérieusement, un jour : *"La dernière fois que j'ai parlé à un communiste en toute connaissance de cause, c'était en 1934 et la dernière fois, sans savoir que la personne était communiste, c'était en avril 1951, lorsque Burgess logeait chez moi"*[15]. Peter Wright, à l'époque officier du MI5 dont il deviendra le chef, émettra, lui, une autre hypothèse pour expliquer le manque de perspicacité des chasseurs d'espions britanniques : à chaque fois que Philby patauge, ses interlocuteurs lui tendent une perche. Selon lui, pour ne pas déclencher un énorme scandale mettant en danger leur relation privilégiée avec les

Américains, les services britanniques ont purement et simplement couvert Philby, en sachant pourtant pertinemment qu'il était un agent soviétique. Philby, officiellement blanchi, même s'il fait l'objet d'une étroite surveillance, est toutefois prié de démissionner. N'ayant dès lors plus accès aux sources des renseignements secrets, ne pouvant plus copier ou voler des documents, il est d'une utilité beaucoup moins grande pour ses maîtres soviétiques.

Après avoir été blanchi, en 1955, Philby est envoyé à Beyrouth comme correspondant de l'*Observer* et de l'*Economist*. Il semble qu'il n'ait plus eu, dès lors, aucun rapport avec le MI6, mais le contre-espionnage (MI5) le convoquera assez régulièrement pour des interrogatoires de routine. Pendant huit ans, Philby poursuivra une brillante carrière de journaliste, tout en continuant à adresser à Moscou ses renseignements sous forme, cette fois, de brillantes synthèses sur les questions politiques du Moyen-Orient. Après le décès de sa seconde épouse, Aileen (qu'il a rencontrée alors qu'elle était employée aux archives du MI6), restée à Londres, il se marie pour la troisième fois avec Eleanor, l'ex-épouse du correspondant du *New York Times*, et fait venir d'Angleterre se deux plus jeunes enfants. Mais, en 1963, la chance tourne à nouveau, définitivement cette fois : l'un de ses vieux amis, Nicholas Elliott, ancien Résident du MI5 à Beyrouth, lui annonce au cours d'une soirée particulièrement arrosée, détenir des preuves irréfutables qu'il est un agent soviétique. C'est alors que, pour la première fois de toute sa carrière, Philby, qui noie depuis un moment une dépression chronique dans l'alcool, craque. Elliott lui accorde quelques jours pour rédiger des aveux complets. Le 20 janvier 1963, *Kim* prévient son épouse qu'il sera en retard à une réception à laquelle ils sont invités à l'ambassade de Grande-Bretagne, car il doit finir un article. Il ne réapparaîtra plus. Le soir même, après avoir laissé à sa femme deux mille livres et une lettre expliquant qu'il part en reportage, il rejoint Moscou où il demande l'asile politique. Selon lui, les Anglais l'ont laissé partir pour éviter le scandale. Opinion partagée par Modine : *"A force de déductions, j'en suis arrivé à la conclusion que les services secrets britanniques voulaient le pousser à s'enfuir. Il existait tant de possibilités pour retenir Philby et le faire arrêter à Beyrouth"*[16].

Une fois à Moscou, il refuse de rencontrer Burgess, un traître, selon lui. Ce dernier ne s'est guère habitué aux conditions de vie soviétiques et ne souhaite qu'une chose : rentrer en Angleterre. Il mourra sans avoir pu exaucer ce vœu, à la fin de 1963, à l'âge de cinquante-deux ans, miné par l'alcool et une homosexualité d'autant plus mal vécue qu'elle est bannie par la loi soviétique, après avoir légué, en un dernier témoignage d'amitié, une partie de ses biens à Philby. A sa mort, Blunt, son ex-amant devenu directeur des collections privées de la reine et historien de l'art mondialement réputé, passe aux aveux après douze ans d'interrogatoires serrés par le MI5. Mais la reine Elisabeth redoutant un scandale, l'identité du quatrième homme — qui détient un titre de noblesse et qui était un grand ami de feu le roi George VI — demeurera longtemps secrète. Ce n'est qu'en 1979 que Margaret Thatcher, alors Premier ministre, dévoilera les activités de Blunt à l'occasion de la sortie de plusieurs livres sur les services secrets. Mais Blunt, qui n'a jamais fait d'aveux susceptibles de le traîner devant un tribunal, pourra tranquillement continuer son travail d'érudit jusqu'à sa mort, en 1983. John Cairncross, le dernier des cinq à être publiquement identifié, n'a pas non plus été traduit en justice. Faute de preuves, bien qu'il ait avoué en échange de l'impunité. Parti à l'étranger, il aurait alors séjourné aux Etats-Unis, en Asie et à Rome. Puis il est venu s'installer sur la Côte d'Azur où il coule encore des jours heureux avec sa compagne Gayl, une jeune Américaine. *"Je ne suis pas le cinquième homme, juste un soldat de deuxième classe"*, déclare-t-il modestement aux journalistes qui l'interrogent[17], donnant ainsi quelque crédit aux thèses de Roland Perry que nous évoquions ci-dessus.

A Moscou, Philby a donc retrouvé Maclean, devenu *Mark Petrovitch Frazer* (en hommage au poète James Frazer), qui s'est mis à étudier le russe et qui, refusant les privilèges attribués aux apparatchiks, se contente de vivre dans une maison toute simple. Devenu membre du parti communiste, il prend une part active aux travaux d'une de ses organisations, l'*Institut d'économie mondiale et de relations internationales*. Il est également l'auteur d'une thèse de doctorat sur *La politique étrangère britannique après Suez*, qui sera même publiée en Angleterre. Philby est, quant à lui, logé dans un vaste et luxueux appartement au centre ville. Toutefois, malgré la vie privilégiée qu'il mène, il regrette de ne pas obtenir, comme il l'espérait, une position élevée dans la hiérarchie du *Centre*. Pour Gordievsky, *"Philby réalise donc un peu tard que le KGB ne fait jamais pleinement confiance à ses agents occidentaux"*[18]. Et, de fait, dès l'époque stalinienne, certains responsables du NKVD seront convaincus, malgré l'excellence du travail fourni par Philby, que ce dernier n'est qu'un agent double, une taupe anglaise dans les services soviétiques. Il leur faudra des années — après son arrivée à Moscou, Philby sera même longuement espionné et écouté par le contre-espionnage soviétique — pour changer d'avis à son sujet.

Eleanor rejoint *Kim* neuf mois après sa fuite de Beyrouth, mais elle ne s'habituera pas à cette nouvelle existence. *"Qu'est-ce qui a le plus d'importance dans ta vie"*, demande-t-elle un jour à Philby, *"moi et les enfants ou le parti communiste ?" "Mais le parti, bien sûr"*, lui répond-il sans un instant d'hésitation[19]. Elle rentre à Londres en 1965, après avoir découvert que Philby entretient une relation amoureuse avec Mélinda, l'épouse de Maclean. Après cette aventure qui ne dure guère longtemps — Mélinda ne supportant pas ses beuveries suicidaires —, Philby convole alors pour la quatrième fois avec Rufa, une jolie rousse moitié russe moitié polonaise dont on peut penser qu'elle lui a été jetée dans les bras par ses employeurs dans le but de le stabiliser. Il a en tout cas, dans la capitale soviétique, quelques amis fidèles. Parmi eux, George Blake, un autre agent anglais vivant à Moscou, ou le général Oleg Kalouguine, l'un des responsables du renseignement à l'étranger au KGB. C'est Kalouguine qui sortira Philby de la dépression où l'a plongé le désintérêt apparent du KGB après son arrivée à Moscou et l'aidera à en finir avec le problème de l'alcool. C'est lui qui lui rendra le goût du travail en le mettant en contact avec d'autres officiers de la Maison, en lui commandant des études sur le contre-espionnage anglais et en le faisant inviter comme conférencier à l'académie où sont formés les officiers du KGB. C'est lui, enfin, qui l'encouragera à écrire ses mémoires. Mais Kalouguine s'occupe aussi des détails : c'est lui qui fait rénover l'appartement de Philby et procure à sa femme, Rufa, un mobilier digne du maître-espion. En 1994, le général pourra écrire : *"Nous avions réussi. Il était transformé. Il arrêta quasiment de boire et n'eut plus jamais le regard ennuyé ou tourmenté. Il sentit qu'il était toujours nécessaire aux personnes et au service qui l'avaient négligé pour tant d'années"* [20]. Décoré de l'ordre de Lénine (la plus haute distinction d'Union soviétique), *Kim* donnera sa dernière interview au *Sunday Times* peu de temps avant sa mort. A-t-il des regrets ? *"Si c'était à refaire, je le referais. Je ne veux pas vivre ailleurs qu'en Union soviétique. C'est mon pays, je l'ai servi pendant cinquante ans. Je souhaite que mes os reposent là où j'ai travaillé"*.

Le 11 mai 1988, Harold *Kim* Philby, l'homme qui a dupé les services secrets britanniques pendant trois décennies, s'éteint avec le grade de général du KGB. Sa demande a été exaucée : il repose au cimetière *Novo Kountsovskoïe*, dans le carré des généraux. Le spectacle de la fin du communisme qu'il a servi toute sa vie lui aura donc été épargné. Mais en 1993, sa veuve devra faire vendre par Sotheby's plus de cent vingt objets personnels ayant appartenu à son mari, sa retraite ne lui permettant plus de vivre.

"Philby mérite le pardon", dira l'ancien espion britannique Greville Wynne, *"car on ne peut imaginer pire sentence que de vivre sous un régime communiste pendant plus de vingt ans"*. Ce n'est pas tout à fait la vision du principal intéressé qui déclarait : *"Je n'ai aucune attache avec l'Angleterre. Pour trahir, il faut avoir appartenu à quelque chose ou à quelqu'un et moi, je n'ai jamais appartenu qu'au KGB"*. A l'heure des comptes, on ne peut que constater que les *Magnificent Five* ont rendu un triple service à l'URSS : pendant plus d'une vingtaine d'années, ils ont été de précieux agents de renseignement; leur découverte a traumatisé les services britanniques qui se sont longtemps épuisés dans

la recherche du cinquième homme; enfin, l'affaire a fortement perturbé les bonnes relations existant entre les S.R. anglais et leurs alliés. Du point de vue soviétique, le bilan, faut-il le dire, est largement positif...

Un Glaive pour l'Europe

Au milieu de l'automne 1990, la nouvelle éclate comme une bombe et, en quelques jours, fait le tour de l'Europe : depuis quarante ans, des réseaux clandestins, organisés par les services secrets occidentaux en marge de l'OTAN, sommeillent dans les pays de l'alliance. Sans activité visible, formés d'hommes menant des vies entièrement normales — à l'exception de brèves mais régulières périodes de "rappel" leur permettant de préserver leur potentiel physique et technique —, ces réseaux sont censés échapper à tout contrôle, en attendant le moment de passer à l'action. Rapidement, le scandale, né en Italie et largement alimenté par la sotte et frileuse réaction de repli des autorités atlantiques (le vieil adage journalistique *"si l'on refuse de commenter une information, c'est qu'on a quelque chose à cacher"*, va une fois de plus jouer à plein), va croître et embellir : une énorme campagne de presse se développe à travers le continent. La matière, il est vrai, est prometteuse : les services secrets, un réseau clandestin s'étendant par-delà toute frontière, des armes... Bref, de quoi "pisser de la bonne copie", comme on dit dans les rédactions. D'autant plus que tous les fantasmes peuvent s'en donner à cœur joie. Quoi de plus facile en effet que d'attribuer à ces réseaux — que l'on baptisera bientôt de leur nom italien, *Gladio*, le *Glaive* — la paternité des complots d'extrême droite endémiques dans l'Italie des années soixante, le meurtre du parlementaire communiste Julien Lahaut en Belgique, le 18 août 1950, ou tout autre crime mystérieux à connotation politique.

La réalité est beaucoup plus prosaïque et les investigateurs les plus sérieux se rendront rapidement compte que, même si les détails étaient restés inconnus, l'existence des réseaux *Gladio* n'était plus depuis longtemps, loin s'en faut, un secret. Dès 1978, douze ans donc avant les révélations de 1990, celui qui avait été leur créateur avait partiellement vendu la mèche. Dans ses mémoires, *Honorable Men, my Life in the CIA*, William Colby consacrait en effet de longues pages à expliquer la genèse de ces groupes officiellement dénommés *Stay Behind*. C'est en novembre 1950 que Colby (qui allait devenir par la suite le directeur de la CIA et qui est mort, au printemps 1996, de noyade) entendit pour la première fois parler du plan *Stay Behind* : *"Une invasion de l'Europe occidentale par les Russes était alors loin d'être invraisemblable. En cas de succès total ou partiel des Soviétiques, Miller* (alors directeur adjoint de la branche Europe occidentale de l'Office of Policy Coordination (OPC), devenu le service action de la CIA, n.a.) *m'expliqua que l'OPC souhaitait être en mesure de compter sur le soulèvement contre l'occupant de partisans bien armés et bien organisés. Profitant des leçons apprises pendant la guerre, l'OPC ne voulait pas avoir à armer et organiser ses partisans après l'occupation en faisant appel aux techniques délicates et incertaines du parachutage et de l'infiltration. Non, poursuivit Miller, il fallait implanter, dans tous les pays d'Europe occidentale qui semblaient menacés, des capacités de résistance et de sabotage qui n'entreraient en action qu'après l'éventuelle invasion"*[21]. Voilà pour la philosophie de l'opération. Dans la pratique, sous le contrôle de Frank Wisner, le patron de l'OPC que nous avons vu à l'œuvre dans la manipulation des anciens nazis, elle rassemble, dans ses échelons supérieurs, quelques vieux briscards de la clandestinité qui ont appris leur métier en jouant, quelques années plus tôt, à un mortel jeu de cache-cache avec la Gestapo : on trouve ainsi à leur tête, dans les premières années d'existence des réseaux *Gladio*, à côté des hommes de la

Les réseaux Stay Behind en Europe

L'examen de certains cas particuliers permettra de mieux comprendre comment l'opération *Gladio-Stay Behind* est organisée sur le terrain. Dans chaque pays, le nombre de gladiateurs va de quelques dizaines à quelques centaines d'hommes.

En France, ainsi que l'ont révélé il y a quelques années Roger Faligot et Rémi Kauffer, l'état-major du *Glaive* est composé, à l'origine, d'anciens résistants non communistes. Certains réseaux (ayant, en général, étroitement travaillé avec l'OSS et le SOE pendant la guerre) dépendent de la CIA et du MI6, d'autres du SDECE. En 1990, lorsque François Mitterrand prendra la décision de mettre fin à leur existence, tous les réseaux français du *Glaive* seront passés, depuis longtemps, sous le contrôle exclusif de la DGSE, héritière du SDECE. Leur dernier patron sera le général Jean Heinrich, alors chef du service Action.

En Belgique, deux réseaux existeront dès janvier 1949; le premier, dépendant du S.R. civil (Sûreté de l'Etat), est encadré par la *Section Training et Communication* (STC/MOB) et est chargé de maintenir ouverts des réseaux de communications radios entre la Belgique occupée et ses alliés; le second, coiffé par le S.R. militaire, dépend de sa section SDRA 8 et est plus spécifiquement destiné à organiser l'action militaire. Un troisième réseau, créé en 1953 par un ancien parachutiste belge de 40-45, aura pour mission essentielle de favoriser l'exfiltration du gouvernement belge vers sa colonie congolaise en cas d'invasion. Il disparaîtra dans les années soixante, mais les groupes dépendant de STC/MOB et de SDRA 8 resteront actifs jusqu'à la fin des années quatre-vingt et verront même moderniser, en 1985, leur matériel de transmission. C'est d'ailleurs le chef du Service général de renseignement (SGR) de l'armée belge, à l'époque le général Raymond Van Calster, qui occupe la présidence du CCA lorsque éclate le scandale, en 1990.

Aux Pays-Bas, *Gladio*, dirigé par l'ancien chef du S.R. hollandais à Londres durant la guerre, entretiendra, jusqu'en 1983, des stocks d'armes disséminés sur tout le territoire. L'un des dirigeants de la Section O (Opérations) du *Gladio* hollandais commettra toutefois l'erreur de créer, dans les années soixante, une structure de documentation assez visible et active pour être repérée par le KGB dont elle deviendra dès lors une cible privilégiée. Il y a donc gros à parier qu'en cas de conflit, le *Gladio* hollandais aurait été rapidement mis hors de combat et aurait, peut-être, menacé la survie des autres structures nationales avec lesquelles il était lié, notamment le *Gladio* belge.

En RFA, c'est, hélas, avec d'anciens SS que le réseau *Schwert* (*Glaive*, en allemand) sera créé à la fin des années quarante. Ceux-ci prévoyaient entre autres, d'après une enquête du magazine *Stern*, d'assassiner des personnalités de la gauche allemande en cas de guerre avec l'URSS. Dans les années cinquante, toutefois, *Schwert* passera entièrement sous contrôle du BND et du MAD (S.R. militaire), respectivement dirigés par le général Gehlen et par son ancien adjoint, Gerhard Wessel.

C'est en Italie que *Gladio* connaîtra ses dérives les plus graves. Formé au départ, comme en Allemagne, par des survivants des unités spéciales du régime fasciste, il drainera tout naturellement, sans qu'ils y soient pour autant majoritaires, nostalgiques de l'Ordre noir et militants néo-nazis. C'est d'ailleurs en enquêtant sur deux de ces hommes, Carlo Cicuttini et Vincenzo Vinciguerra, accusés d'être liés à un attentat ayant coûté, en mai 1972, la vie à trois policiers italiens, que le juge Felice Casson dénichera, en décembre 1989, des dépôts d'armes secrets dispersés dans toute l'Italie. Cette première étape devait l'amener, une dizaine de mois plus tard, à découvrir le pot aux roses et à jeter sur la place publique l'existence des réseaux *Gladio* dans toute l'Europe...

En Grèce, les Gladiateurs de l'organisation *Toison Rouge* disposent, depuis 1955, de huit cents caches d'armes clandestines. Ils participeront activement à la préparation et à la réalisation du coup d'Etat militaire qui, le 21 avril 1967, portera au pouvoir le régime des colonels.

La Suisse, enfin, offre un cas d'école intéressant. Pays neutre, elle ne pourra évidemment pas participer à une organisation mise sur pied par l'OTAN. Mais elle aura malgré tout, essentiellement dans sa partie alémanique, son réseau, dénommé *P-25* puis *P-26* et enfin *P-27*, mais habituellement appelé, comme en Allemagne, *Schwert* et organisé par les services secrets militaires. L'agent secret belge André Moyen, une figure clé de l'ensemble des réseaux *Stay Behind* pour l'Europe, nous déclarait, en novembre 1990 : *"La Suisse a été l'un des premiers pays a adhérer au projet* Stay Behind. *Sans doute à la demande de la France"*[22]. Un plan avait, par la suite, été mis sur pied pour assurer le repli éventuel du gouvernement suisse vers l'Irlande du Sud où plusieurs immeubles furent achetés à cette fin. Ces précisions, publiées par nos soins dans la *Tribune de Genève* furent, entre autres, à l'origine de la création d'une commission parlementaire d'enquête...

CIA, des anciens du MI9 (chargé, pendant la guerre, de l'organisation de filières d'évasion) ou du SOE reconverti en *Special Operation Branch* du MI6. Par la suite, se créera un *Comité clandestin de planification* (CCP), au sein duquel les rôles clés seront tenus par les services spéciaux américain et français. En 1990, le CCP, devenu entre-temps CCA (*Comité de coordination allié*) se réunissait encore régulièrement. En schématisant, on peut dire que le CCP et la CIA se sont répartis les rôles : le Comité coiffe les réseaux *Gladio* dans les pays membres de l'alliance atlantique et l'Agence les organise dans les pays neutres qui ne peuvent évidemment participer à une structure de l'OTAN.

Sous diverses formes, les réseaux *Stay Behind* resteront en place jusqu'à leur découverte, en octobre-novembre 1990. Le contexte théorique de leur éventuelle activation est toujours le même : le pays concerné envahi par les troupes soviétiques, son gouvernement légitime se réfugie à l'étranger (Grande-Bretagne, Irlande ou Amérique du Nord) et les hommes de *Stay Behind*, devenus immédiatement opérationnels, passent à l'action en étroite coordination, grâce à des moyens radios propres, avec leur gouvernement en exil. Soulignons-le, si l'on excepte deux pays, l'Italie et la Grèce, *Gladio* n'est jamais sorti, semble-t-il, du rôle qui lui était imparti : se préparer à l'animation de réseaux clandestins de Résistance en cas d'occupation. Sa principale activité consiste à repérer, durant les périodes de service militaire, les jeunes appelés jugés assez équilibrés et assez sûrs pour pouvoir appartenir au réseau. Une fois cooptées au sein de *Gladio*, les recrues sont gardées à l'œil et assez régulièrement convoquées pour des périodes d'exercices d'une durée approximative d'une semaine. Au début des années quatre-vingt, un ami d'un des auteurs de ce livre, jeune officier de réserve dans l'armée française, lui parlait (sans toutefois évoquer l'existence de la structure *Stay Behind* à laquelle il nous fut confirmé par la suite qu'il avait bel et bien appartenu) de cet entraînement : *"La dernière fois* (la scène se passe en 1982, n.a.), *j'ai été convoqué dans une petite ville de Bretagne où je n'avais jamais mis les pieds mais à proximité de laquelle je savais qu'il y avait une importante base militaire. On me dit de me trouver au buffet de la gare vers onze heures du soir et on me donna un signe de reconnaissance. Tout se passa bien, mais à un moment, alors que je montai dans une voiture, je fus ceinturé, on m'immobilisa et on me banda les yeux. Un peu plus tard, je me retrouvai dans une cave avec quelques camarades que je connaissais. On venait nous chercher pour nous soumettre à des interrogatoires poussés, mais sans violence. Nous ne savions pas à qui nous avions affaire, mais nos geôliers nous bombardaient de questions sur la structure à laquelle nous appartenions. Pas un seul d'entre nous n'a parlé. Cela a duré une nuit et un jour mais, au bout de vingt-quatre heures, nous avons eu l'opportunité de nous évader en maîtrisant un gardien. Nous l'avons saisie : nous avons volé un véhicule et à nous la liberté. Bien entendu, nous l'avions compris au bout de quelques heures, c'était un exercice. Le reste de la semaine s'est passé plus calmement : maniement des armes, stages de tir et de sabotage, révision des codes et de la pratique radio, filature et contre filature, quelques largages en parachute à différentes altitudes. Je crois que nos instructeurs étaient plutôt satisfaits..."* [23].

Grâce au Mossad, le rapport Khrouchtchev passe à l'Ouest

La nuit tombe sur Moscou, en cette soirée du 24 février 1956, quand les délégations étrangères assistant au XXe congrès du parti communiste soviétique sont priées de quitter la salle. Une bonne occasion de se dégourdir les jambes et d'aller se promener dans les rues de Moscou. Restés entre eux, les mille quatre cent trente-six délégués soviétiques assistent à l'un des actes les plus importants de l'histoire de leur pays et du mouvement communiste en général : monté à la tribune, Nikita Khrouchtchev, Premier secrétaire du parti, donne lecture d'un rapport secret. En quelques heures, Khrouchtchev déboulonne la statue de Staline et dénonce, devant un public médusé, quelques-uns de ses nombreux crimes. Tard dans la nuit, une étrange procession d'hommes en noir quitte le Kremlin. Par groupe de deux, de taciturnes fonctionnaires du Comité central vont réveiller les chefs de toutes les délégations communistes étrangères. Ils leur remettent un porte-documents fermé à clé, contenant *"un document de la plus haute importance"*, en fait une copie du rapport. Chacun des cadres communistes signe une décharge et s'engage à remettre le porte-documents aux envoyés du Comité central dès le lendemain matin. Ils sont laissés libres, s'ils le veulent, de communiquer le contenu du rapport à leurs camarades, mais aucune copie ne pourra en être faite. Pourtant, dès le 16 mars, de premiers extraits du rapport secret sont publiés dans la presse occidentale. D'où vient la fuite ? On a longtemps considéré que c'est la CIA qui a récupéré une copie du rapport en Pologne. Mais c'est faux : si la centrale américaine se trouve bien à l'origine de la divulgation du document, ce n'est pas elle qui se l'est procuré, mais un petit service secret encore inconnu, travaillant pour un pays qui a à peine huit ans d'âge : le Mossad israélien. A vrai dire, le Mossad ne s'est pas beaucoup fatigué : c'est un concours de circonstances et une petite romance amoureuse qui sont à l'origine de sa bonne fortune. Au début du mois de mars 1956, un jeune journaliste polonais d'origine juive, Victor Greiyevssky, rend visite à l'une de ses amies intimes, Lucia Branowsky, qui occupe une position en vue dans la hiérarchie du parti communiste polonais. Sur le bureau de Lucia, trône un dossier sur la couverture duquel est écrit *"Très confidentiel. Discours du secrétaire général Khrouchtchev"*. Des dizaines d'années plus tard, le journaliste racontera : *"Je fus pris d'une violente curiosité. Je pris le dossier et je dis à Lucia : 'Puis-je y jeter un coup d'œil ?' Elle me répondit que c'était là un docu-*

ment des plus secrets. Elle me fit promettre de le ramener à seize heures afin qu'elle puisse l'enfermer dans le coffre-fort" [24]. Dès qu'il entame sa lecture, Victor comprend qu'il a de la dynamite dans les mains. Après une courte réflexion, il se déguise et se rend à l'ambassade d'Israël où un diplomate de ses amis photocopie les cinquante-huit pages du rapport Khrouchtchev.

Le Mossad, lorsqu'il reçoit le texte, perçoit aussitôt à quel point cette réussite — l'ensemble des services secrets occidentaux ayant eu vent de l'existence du rapport sont sur les dents, et la CIA a même fait savoir qu'elle était prête à payer un million de dollars pour un exemplaire de cette prose explosive — peut le servir : il tient là son billet d'entrée dans la cour des grands, l'occasion de prouver à la toute-puissante centrale américaine qu'il est capable de faire du bon travail. Mais Washington commence par se méfier, estimant sans doute que la mariée est trop belle et que les Israéliens tentent un coup de bluff. A moins qu'ils ne se soient fait intoxiquer. C'est l'historien Ray Cline, un ancien de l'OSS passé à la CIA et l'un des proches collaborateurs d'Allen Dulles qui convaincra l'Agence de l'authenticité du rapport. C'est lui aussi qui persuadera Dulles de l'intérêt de publier le texte intégral dans la presse.

Aux dernières nouvelles, Victor Greiyevssky vivait tranquillement en Israël, où il a émigré quelques semaines après son coup d'éclat. Ray Cline, lui, est décédé le 15 mars 1996, dans sa résidence d'Arlington en Virginie, cinq ans après avoir vu s'écrouler cette Union soviétique à laquelle le rapport Khrouchtchev — qu'il fut l'un des premiers à avoir entre les mains — avait, dès 1956, porté un coup terrible.

Klaus Fuchs, l'espion atomiste au-dessus de tout soupçon

Selon certains historiens, Klaus Fuchs aurait écourté de trois ans les recherches des Russes sur la bombe atomique. Et ce jugement n'est pas vraiment exagéré : l'homme, en œuvrant au sein d'un réseau d'espionnage à la solde de l'Union soviétique, a porté les coups les plus rudes à la sécurité de la Grande-Bretagne et des Etats-Unis.

En 1933, Klaus Fuchs est âgé de vingt-deux ans lorsqu'il fuit l'Allemagne nazie, et se réfugie en Angleterre pour poursuivre ses études de physique à l'université de Bristol, où il compte parmi ses maîtres le futur prix Nobel sir Neville Mott. Les autorités britanniques n'ignorent pas que ce fils de pasteur protestant est membre du parti communiste allemand depuis 1932, mais ne le soupçonnent d'aucune activité suspecte. Etudiant sérieux, solitaire et peu bavard, il n'a d'autres préoccupations que la recherche. Après de brillantes études, il débute sa carrière de physicien dans un laboratoire de l'université d'Edimbourg. Trois ans plus tard, il demande la citoyenneté britannique mais la guerre éclate et Fuchs qui, en sa qualité d'étranger ennemi, sera même brièvement interné, devra attendre juin 1942 pour que sa démarche aboutisse. L'Angleterre qui vient de se lancer dans la course à l'armement atomique a, en effet, besoin de chercheurs de talent et Fuchs est, de plus, un spécialiste de physique nucléaire. Rien ne peut donc lui être reproché... Pourtant, fin 1941, le physicien qui rend tant de services à son pays d'adoption commence également à transmettre aux Russes les informations qu'il récolte sur les projets atomiques. C'est la pente naturelle qui l'a amené à trahir le pays auquel il doit pourtant la vie : resté militant communiste, il a assidûment fréquenté, en compagnie d'ailleurs de sir Neville Mott les réunions de l'Association pour les relations culturelles avec l'Union soviétique. Alors que d'autres, parmi les meilleurs militants historiques du mouvement communiste, ont depuis quelques années pris leurs distances avec l'URSS, Fuchs, lui, est un stalinien de la plus belle eau. Ne lui arrive-t-il pas de camper, dans des pièces de théâtre improvisées reproduisant les sinistres procès de Moscou, le rôle de l'épouvantable procureur Andreï Vichynski, l'homme qui envoya à la mort toute une génération de communistes ? Un rôle qu'il tient, dira un jour le professeur Mott, *"avec une froideur venimeuse que je n'aurais jamais soupçonnée chez un jeune homme aussi calme et aussi discret"* [25]. Calme et discret, Fuchs l'est tellement que, un demi-siècle après les faits, il reste difficile de tracer de lui un portrait précis. Introverti, renfermé, il semble ne s'intéresser qu'à deux choses : ses recherches et son idéal. Car Fuchs est resté un membre clandestin du parti communiste en exil, et c'est l'un des membres influents de ce parti, Jurgen Kuczynski, qui le mettra en contact avec un réseau du GRU. Les informations transmises, dès lors, par Fuchs (*Charles* pour le S.R. soviétique), sont d'autant mieux venues que, depuis quelques semaines, les milieux du renseignement soviétiques sont en ébullition et tentent de découvrir la moindre information sur les recherches atomiques en cours en Grande-Bretagne.

D'après le dossier *Datchniki* (*les estivants*), conservé sous le n° 13676 aux archives du KGB, qui relate l'*opération Enormoz* (espionnage atomique) et auquel l'ex-colonel du KGB, Vladimir Tchikov a, le premier, eu accès dès 1990, c'est par le rapport 6881/1065 du 25 septembre 1941 envoyé au *Centre* par *Vadim* (en fait Anatoli Veniaminovitch Gorski, Résident du NKVD à Londres) que Moscou a été alerté. *Vadim* y relaie des informations de *Liszt* concernant une réunion tenue huit jours auparavant et au cours de laquelle il a été établi qu' *"une bombe à uranium peut être élaborée dans un délai de deux années..."* [26]. *Liszt*, qui met ainsi Moscou sur la piste de l'arme atomique, n'est autre que John Cairncross, l'un des *Magnificent Five* de Cambridge...

En 1943, un accord secret entre le président américain Franklin Roosevelt et le Premier ministre britannique Winston Churchill, relatif à l'énergie atomique, prévoit un échange d'informations entre les deux alliés. Fuchs est donc envoyé aux Etats-Unis en décembre, avec d'autres savants britanniques, pour participer aux travaux de l'opération Manhattan — la mise au point de la bombe atomique — au centre de recherches atomiques ultra-secret de Los Alamos, où se côtoient douze lauréats du prix Nobel. C'est à Los Alamos que Fuchs rendra les plus grands services à ses employeurs soviétiques, leur transmettant chaque bribe de renseignement à laquelle il a accès. L'espionnage atomique soviétique est encore loin d'avoir livré tous ses secrets. Et pour cause : pas moins de deux cents agents de Moscou seront concernés, à un titre ou à un autre, en Grande-Bretagne comme aux Etats-Unis, par l'*opération Enormoz*. Mais on sait au moins aujourd'hui que Fuchs n'était pas le seul agent russe présent à Los Alamos. L'affaire, d'ailleurs, donne lieu à de sévères polémiques.

Dans son livre *Missions spéciales*, Pavel Soudoplatov, dont nous avons croisé l'inquiétante et, pour tout dire, sinistre personnalité dans les années trente, affirme que c'est... Robert Oppenheimer, généralement considéré comme le père de la bombe A américaine qui a contribué à informer Moscou de l'avancée des travaux. Outre le fait que Soudoplatov n'apporte aucune preuve décisive à l'appui de ses dires, ceux-ci ont été démentis par le SVR (service "héritier" du KGB, voir chapitre 12). Dans un rarissime communiqué publié le 6 mai 1994, Tatiana Samolis, porte-parole du chef du SVR, écrit en effet : *"En règle générale, les services spéciaux évitent de commenter leurs méthodes de travail et leurs sources d'information. Pourtant, dans ce cas particulier, nous pouvons nous permettre d'affirmer que les allégations contenues dans le livre, selon lesquelles les services de renseignement soviétiques auraient obtenu des données sur la bombe atomique directement auprès de savants illustres comme E. Fermi, L. Szilard, R. Oppenheimer et quelques autres, ne correspondent pas à la réalité"*[(27)]. Certes, ce communiqué, en lui-même, ne signifie pas grand-chose. Le mensonge n'est-il pas l'une des formes les plus bénignes d'action des S.R. ? D'autre part, on sait que les anciens des services soviétiques qui ont obtenu l'accès aux archives ou l'autorisation d'écrire leurs mémoires on dû s'engager, en régle générale, à ne révéler que des faits et des opérations qui, pour n'avoir jamais été portés à la connaissance du grand public, n'en étaient pas moins connus des S.R. adverses.

Il y avait pourtant un "deuxième homme" à Los Alamos, toujours vivant à l'heure où nous écrivons ces lignes, et que Vladimir Tchikov désigne, dans son livre, sous les pseudonymes que lui attribuèrent les services soviétiques : *Persée* ou *Mlad (le jeunot)*. Pour des raisons qui lui sont propres (et qui sont, probablement, à rapprocher de l'obligation de réserve à laquelle nous faisions allusion ci-dessus), Tchikov n'identifie pas plus précisément *Mlad*. Il faudra attendre le 25 février 1996 pour que, dans son édition dominicale, le *Washington Post* affirme que *Mlad*, en fait, n'est autre que le physicien américain Théodore Alvin Hall, aujourd'hui retiré à Cambridge. Hall a d'ailleurs fait l'objet, de 1950 à 1952, d'une enquête pour espionnage par le FBI, mais il n'a jamais été inquiété et a pu quitter les Etats-Unis en 1962. Interrogé par le *Post*, Hall n'a ni confirmé ni nié les faits qui semblent aujourd'hui établis : en 1961, la *National Security Agency* (NSA) a déchiffré plusieurs messages échangés en 1944 et dans les années suivantes entre New York et Moscou, qui permettent d'établir un lien formel entre *Mlad* et Hall. Selon le chercheur américain Gary Kern[28], *Mlad* est un *Walk-in*, à savoir un agent spontané : au printemps 1942, il s'était contenté de pousser la porte de l'*Amtorg*, la mission commerciale soviétique à New York, et avait demandé à être mis en relation *"avec quelqu'un du consulat soviétique"*... Enfin, en liaison étroite avec *Mlad*, un troisième homme travaillait pour Moscou à Los Alamos. Uniquement connu sous les pseudonymes de *Star* ou *Oldtimer*, il appartenait à l'équipe de savants mise en place par les Américains mais semble surtout avoir été le courrier permettant à *Mlad* de correspondre avec les Soviétiques. Avec trois hommes dans la place et près de deux cents autres participant à l'opération, on devine que Moscou ne devait pas ignorer grand-chose de ce qui se passait dans le saint des saints de la recherche atomique...

Mais revenons à Fuchs : à son retour en Angleterre, en 1946, il occupe d'importantes fonctions au nouvel institut de Harwell, un autre centre secret, où les Britanniques préparent, à l'insu des Américains, la fabrication de leur première bombe atomique. Après une nouvelle enquête de routine, le MI5 délivre un avis favorable sur le physicien qui entre alors dans l'*establishment* scientifique. Il est devenu une des gloires de la science britannique.

Et c'est le coup de théâtre ! Le 13 janvier 1950, la presse annonce une nouvelle qui fait l'effet, c'est le cas de le dire, d'une véritable bombe : l'éminent savant reconnaît qu'il n'a jamais cessé de trahir la Grande-Bretagne depuis huit ans, en livrant aux Soviétiques des informations capitales sur la bombe atomique. Selon la version officielle, c'est de sa propre initiative que Klaus Fuchs, ne pouvant supporter sa double vie, aurait contacté un agent du contre-espionnage pour lui faire des aveux. En fait, le FBI avait, en 1949, décodé des messages que l'ambassade soviétique adressait à Moscou pendant la guerre. Parmi eux figurait un rapport signé par Fuchs sur les recherches entreprises à Los Alamos. Mais le MI5, auquel le FBI a refilé le bébé, est bien ennuyé : il est, certes, possible d'inculper Fuchs sur base de cette interception radio, mais cela équivaudrait à faire savoir aux Soviétiques que l'on est en mesure de décrypter leurs codes, qui seraient aussitôt modifiés. Mieux vaut négocier... Klaus Fuchs manœuvre en maître et ne livre que peu d'informations sur ses activités. Certes, il reconnaît les charges portées contre lui, mais il refuse de donner davantage de précisions sur les personnes impliquées dans l'espionnage atomique, de même que sur les techniques utilisées. Ses aveux ne permettront qu'une arrestation, celle de son courrier à New York, le chimiste Harry Gold (il ne s'agit pas d'*Oldtimer*, pour les S.R. soviétiques, Gold est connu comme *Raymond*).

Au cours de son procès, en février 1950 à Old Balley, Klaus Fuchs plaide coupable. *"J'ai utilisé la dialectique marxiste pour établir dans mon esprit deux compartiments distincts : dans l'un, je m'autorisais des amitiés, des relations personnelles. (...) Je pouvais me sentir libre et heureux avec les autres sans crainte d'être découvert, car je savais que l'autre compartiment prendrait le relais si je m'aventurais en eaux profondes (...)"* [29], déclare-t-il pour expliquer comment il a pu prêter allégeance à la couronne britannique et communiquer néanmoins des secrets anglais aux Russes. Et il ajoute que *"l'Union soviétique devait connaître les résultats de ces travaux, l'équilibre des forces dans le monde devant être meilleure si l'arme suprême était partagée"* [30]. Condamné à quatorze ans de prison, il sera libéré neuf ans plus tard pour bonne conduite et expulsé vers la RDA. Nommé directeur adjoint de l'Institut de physique nucléaire de Rosendorf, près de Dresde, élu à l'Académie des sciences, décoré pour ses travaux scientifiques, il deviendra alors un dignitaire du régime est-allemand. Sa mort, le 28 janvier 1988, ne suscitera aucune réaction officielle ni aucun commentaire dans la presse. Fuchs était bel et bien oublié...

Julius et Ethel Rosenberg, une tragédie américaine

C'est à leur tragique destin que les Rosenberg doivent de voir passer leur nom dans l'histoire. Au mois de mai 1950, le FBI arrête Harry Gold, l'un des courriers de Klaus Fuchs. Les preuves sont tellement accablantes que Gold n'a pas d'autre choix que d'avouer. Mais ses déclarations varient au fil des mois quant à la durée et à l'étendue de ses activités illégales. Le FBI relève néanmoins une précision jugée du plus grand intérêt. Harry Gold déclare en effet avoir eu une entrevue, en juin 1945, avec un certain Greenglass à Albuquerque, une ville voisine de Los Alamos, au Nouveau-Mexique. Or, David Greenglass, jeune sergent de vingt-trois ans, est déjà connu du FBI qui le soupçonne d'avoir volé de l'uranium au centre de recherches de Los Alamos lorsqu'il y faisait ses classes comme soldat mécanicien. Le 15 juin, David Greenglass est convoqué au bureau du FBI de New York. A la grande stupéfaction des inspecteurs qui l'interrogent, il craque immédiatement et avoue non seulement être communiste mais, de plus, avoir dérobé des secrets atomiques pour le compte de l'Union soviétique. Mais, précise-il, il n'a agi que sur les conseils de son beau-frère, Julius Rosenberg.

Julius Rosenberg et sa femme, Ethel, tous deux d'origine juive, vivent alors avec leurs deux enfants dans un petit appartement au sud de l'île de Manhattan. C'est en 1936 qu'ils se sont rencontrés, un soir où Ethel est venue chanter pour les grévistes du quartier d'East Side. Dès lors, ils ne se sont plus quittés. La jeune femme travaille comme secrétaire et son mari a trouvé un emploi d'ingénieur. Mais ils sont tellement pauvres qu'ils devront attendre 1942 pour enfin délaisser leur chambre meublée et louer un appartement à Knickerbocker Village. Peu de temps après, Julius, accusé d'être membre du parti communiste, perd son emploi. Il décide alors de créer une petite société de machines provenant des surplus de guerre et prend comme associés les deux frères d'Ethel, Bernard et David Greenglass qui vient d'être démobilisé. Mais les affaires ne rapportent guère et Julius, abandonné par ses deux beaux-frères, se retrouve seul et incapable de rembourser leurs parts. Très vite, leurs relations se dégradent et David, de plus en plus impatient, menace de le poursuivre en justice.

Le 16 juin 1950, le lendemain même des aveux de Greenglass, des agents du FBI se présentent chez les Rosenberg et procèdent à un premier interrogatoire de Julius. Celui-ci, stupéfait, affirme ne rien comprendre aux accusations de David Greenglass. Ruth, la femme de ce dernier, soutient de son côté que son mari a bien remis des documents à Gold mais sur les recommandations des Rosenberg. Et elle ajoute que le couple a reçu d'énormes sommes d'argent des Soviétiques. Le 17 juillet, Julius Rosenberg est arrêté, inculpé et incarcéré. Aussitôt, la presse et la radio se déchaînent, encourageant la chasse aux sorcières qui sévit déjà depuis un an. De plus, le président Truman vient d'annoncer aux Américains, qui se croyaient les maîtres du monde, que l'URSS est en possession de l'arme atomique. Dès lors, Julius Rosenberg se voit désigné comme le chef du principal réseau d'espionnage soviétique aux Etats-Unis. Du reste, les accusations de Greenglass se font de plus en plus précises. Il déclare ainsi avoir, au cours d'un déjeuner avec sa sœur et son beau-frère, rédigé de mémoire les plans de la bombe A que Julius a lui-même remis aux Soviétiques. Et il ajoute que c'est Ethel qui a dactylographié ce rapport. Arrêtée à son tour pour complicité, la jeune femme rejoint son mari en prison sans avoir eu le temps de prendre ses dispositions pour la garde de ses deux garçons, Michael et Robby. A l'évidence, le FBI se sert d'elle pour faire pression sur son mari. Pendant des mois, le FBI tente de recueillir des preuves contre les Rosenberg. Harry Gold, qui vient d'être condamné à trente ans de prison, persiste à affirmer qu'il ne connaît pas les Rosenberg et qu'il n'a jamais entendu ce nom. Il le dit et le répète. Il n'existe donc qu'un seul témoin contre le couple Rosenberg : David Greenglass, qu'un différend commercial oppose à Julius Rosenberg. Greenglass qui, de plus, exagère manifestement son rôle : comment un simple mécanicien aurait-il pu transmettre (de mémoire, qui plus est...) les plans d'une bombe conçue par un cénacle des meilleurs physiciens de l'époque ?

Lorsque le procès Rosenberg s'ouvre le 6 mars 1951 à New York, un sentiment de malaise plane sur la salle d'audiences : bien des témoignages sont ambigus et contradictoires. David Greenglass, pourtant, répète tranquillement devant les jurés son absurde histoire du plan de la bombe atomique. Des savants atomiques viennent témoigner à la barre mais à huis clos; Einstein lui-même écrira au président des Etats-Unis pour lui faire part de sa conviction que la déposition de Greenglass ne peut être plausible. La seule certitude acquise au cours de ce procès est que les Rosenberg sont, ou ont été, communistes : Julius a milité aux Jeunesses communistes, tout comme David Greenglass, et il ne le nie pas. Devant le courage tranquille de l'homme qu'elle aime passionnément et qui se tait, Ethel adopte la même stratégie. Fière et hautaine, elle nie toute culpabilité et on finit même par la soupçonner d'être le cerveau de l'organisation. Malgré l'incroyable faiblesse de l'accusation, les jurés, influencés par la presse qui leur demande de se montrer *"fermes et patriotes"* et sous la pression du FBI qui continue à espérer des aveux de dernière minute, les déclarent coupables de *"complot en vue de commettre le crime d'espionnage"*. Le 5 avril 1951, après trois semaines d'audiences, le juge Kaufman, qui dirige les débats, prononce la peine de mort contre Ethel et Julius Rosenberg. David Greenglass, qui a accepté de coopérer, s'en tire avec une peine de quinze ans de prison. Sa femme, Ruth, n'a pas été inculpée car, selon le procureur, c'est grâce à elle que les autorités ont pris connaissance de toute l'affaire. La majorité des Américains accueillent le verdict avec satisfaction. Il leur faut des boucs émissaires. Le monde pourtant va s'émouvoir et, très vite, une formidable campagne d'opinion se développe en faveur des Rosenberg : des comités se forment aux Etats-Unis, des appels, des pétitions proviennent du monde entier. *"Clémence au bénéfice du doute"*, réclament aussi bien Einstein que Pie XII ou Vincent Auriol, président de la République française. A Paris comme à Rome, à Londres comme à New York, intellectuels et artistes se mobilisent. Les mois passent, Ethel et Julius, qui ne cessent de clamer leur innocence, attendent à la prison de Sing Sing. Ils refusent le marché qu'on leur propose; il leur suffirait pourtant d'avouer pour avoir la vie sauve. *"Nos aveux"*, écrit Julius, *"signifieraient la fin de la liberté en Amérique"*.

Le 19 juin 1953, après vingt-sept mois de procédure d'appel, les Rosenberg sont exécutés l'un après l'autre sur la même chaise électrique. *"Ils les ont tués, que leurs assassins soient maudits à jamais !"*, titre une édition spéciale de L'Humanité. *"Jamais on ne pardonnera au gouvernement américain ce scandaleux déni de justice, et cette sentence odieuse contre deux innocents"*, écrivait Julius Rosenberg à son épouse, le 21 mai 1953, dix-huit jours avant leur exécution[31]. Depuis cinquante ans, les services secrets soviétiques, puis russes, s'en sont tenus à la même version : les Rosenberg n'ont jamais été employés par le

S.R. de Moscou. Et pourtant, après des décennies de débat et d'anathème — à l'instar de celle des anarchistes Sacco et Vanzetti, dans les années vingt, l'exécution des Rosenberg a été régulièrement utilisée pour stigmatiser les Etats-Unis —, le débat est aujourd'hui tranché : Julius et Ethel Rosenberg étaient bel et bien des agents soviétiques, mais d'une importance mineure. Leur appartement de New York servait à des réunions clandestines et faisait office de labo-photo où l'on reproduisait plans et documents. La preuve définitive en est apportée par quelques-uns des quarante-neuf télégrammes envoyés par la résidence du NKVD à New York au *Centre* en 1944-1945, et qui ont été rendus publics en juillet 1995. Julius Rosenberg y est désigné sous son pseudonyme, *Libéral*, mais sa femme l'est par son véritable prénom (ce qui semble prouver qu'elle n'était pas, à l'époque du moins, un agent) et le nom complet de sa belle-sœur, Ruth Greenglass, est mentionné dans un télégramme du 21 septembre 1944. Il n'en reste pas moins que la sentence qui a été appliquée à *Libéral* et à Ethel est hors de toute proportion avec ce qui leur était reproché. Il est clair que le fait d'être d'authentiques Américains les a desservis : ils devenaient ainsi, non plus des espions, qu'il est d'usage de n'exécuter qu'en temps de guerre, mais des traîtres. Si les Rosenberg ont été les seuls agents soviétiques à être jamais exécutés en Occident, ils le doivent probablement à deux facteurs : d'abord, les Etats-Unis traversaient dans les années cinquante, avec le maccarthysme, la plus grave crise d'intolérance de leur histoire; ensuite, lorsque s'ouvre le procès du couple, la guerre de Corée est à son apogée. Elle fera un million de victimes et des milliers d'Américains y laisseront la vie en luttant contre l'expansionnisme communiste : on ne pouvait rêver plus mauvais moment pour juger, aux Etats-Unis, des Américains ayant travaillé pour Moscou...

D'autres auront nettement plus de chance, comme Morris et Léontine Cohen, connus en Occident comme *les époux Kroger*. *Les Estivants* du dossier 13676 des archives du KGB, ce sont eux. C'est Morris Cohen qui a recruté *Mlad* en 1942 à New York. Le couple rendra, avant d'être découvert, d'immenses services à l'URSS, aussi bien en Amérique qu'en Angleterre. Condamnés, en Grande-Bretagne, à quelques années de prison puis libérés, les Cohen finiront tranquillement leurs jours à Moscou, où Léontine mourra en 1992, Morris la rejoignant trois ans plus tard. Signe de l'importance du personnage aux yeux des S.R. moscovites, et même de la nouvelle Russie : le président Boris Eltsine lui-même devait, à titre posthume, le nommer héros de la fédération de Russie.

Rudolf Abel, l'artiste

Depuis des années, sans doute, celui qui se fait appeler *Martin Collins* vit dans l'attente de ce moment qu'il sait inéluctable : son arrestation. Finalement, elle est peut-être, pour lui, un soulagement. Ne met-elle pas fin à dix années de mensonges et à une double vie exténuante ? Mais de l'étouffante matinée de ce 21 juin 1957, l'histoire du renseignement ne retiendra pas la fin des angoisses d'un espion soviétique mais bien l'une des plus belles réussites du contre-espionnage américain. En interpellant *Collins* — alias *Goldfus*, alias *Kayotis* —, les trois agents du FBI qui font irruption dans la chambre 839 au huitième étage de l'hôtel Latham, un établissement simple mais décent de la 28ᵉ rue Est, à New York, mettent un terme à la carrière de l'illégal[32] *Rudolf Ivanovitch Abel* (nom de guerre utilisé par plusieurs agents soviétiques dans les années vingt en France) et saisissent toute la panoplie du parfait espion : émetteurs-radio, boutons de manchette, épingles de cravates et toute une gamme d'objets destinés à abriter des messages secrets.

Envoyé au Canada en 1947, *Abel* est entré aux Etats-Unis un an plus tard et exerce à New York, sous le nom d'*Emil Goldfus*, des activités aussi diverses que prenantes : homme d'affaires, photographe d'art ou encore peintre de talent. Pour le reste, il est à peine une sihouette légèrement esquissée sur la toile de fond de l'histoire de l'espionnage... L'homme, qui a suscité l'admiration d'Allen Dulles, chef de la CIA, qui aurait confié à l'un de ses proches qu'il aurait bien aimé avoir quelques agents comme *Abel* à Moscou, ne laisse aucune trace. Jusqu'au début des années quatre-vingt — avant la publication d'un livre écrit par son ami Cyrille Henkine —, on ignorait même son véritable nom : William Guenrikhovitch Fisher. L'une des particularités d'*Abel* — et l'une des meilleures preuves de son professionnalisme — est bien qu'il ait réussi à être l'un des espions soviétiques les plus célèbres de l'histoire, sans que l'on sache grand-chose sur lui. Et encore moins, jusqu'à il y a peu, sur les missions qu'il a remplies. A son avocat James Donovan, il a simplement déclaré que *"sa mission n'avait rien à voir avec l'espionnage atomique (...) Son travail aux Etats-Unis consistait uniquement à obtenir des renseignements d'ordre général, de nature non militaire"*[33]. Pourtant, il n'est pas inutile de rappeler que la période pendant laquelle il a séjourné aux Etats-Unis a été celle de l'effort soviétique pour percer les secrets des recherches atomiques américaines. Le récent ouvrage du colonel Vladimir Tchikov[34] permet d'affirmer que *Rudolf Abel* était en relation avec plusieurs membres des réseaux atomiques, dont les *Kroger*-Cohen. Les Cohen diront d'ailleurs un jour de leur officier traitant : *"Travailler avec Rudolf était pour nous facile et nous apportait de la joie. Nous avons eu d'emblée le sentiment de gagner chaque jour en professionnalisme. Avec lui, nous avions d'excellentes perspectives de collecte de renseignements. 'Le travail de renseignement', aimait-il dire, 'est un grand art. Il réunit le talent, la créativité, l'inspiration'. Abel avait de magnifiques aptitudes pour le métier du renseignement comme d'ailleurs pour n'importe quelle activité..."*[35].

En fait, *Abel* a sans doute été, pendant dix longues années, le véritable Résident du KGB en Amérique du Nord. L'hystérie anticommuniste de l'époque empêchant l'ambassade soviétique de fonctionner comme centrale d'espionnage, il est logique que Moscou ait délégué sur place un officier supérieur qui, n'ayant aucun statut diplomatique, n'en aurait que les mains plus libres. Il aurait été chargé, notamment, d'acheminer les finances nécessaires au fonctionnement de plusieurs réseaux qu'il ne dirigeait pas directement et d'assurer une partie de leurs communications. De plus, *Abel*, par l'intermédiaire de quatre adjoints, a certainement contrôlé plusieurs dizaines d'agents américains et canadiens. C'est d'ailleurs l'un de ses lieutenants, Reino Hayhanen, qui le trahira. Affecté aux Etats-Unis en 1952 pour seconder le colonel *Abel* qu'il ne connaîtra jamais que sous le pseudonyme de *Mark*, Hayhanen, devenu *Eugène Nicolai Maki* — nom de code *Vik* —, citoyen américain né dans l'Idaho, a, entre autres défauts, ceux d'être un espion médiocre et de boire beaucoup plus que de raison. Lorsqu'il ne tabasse pas sa femme, il est mêlé à des bagarres qui, inévitablement, attirent sur lui l'attention de la police. Considéré par ses employeurs comme un danger pour tout le réseau, *Vik* est alors rappelé à Moscou. Mais, craignant de subir les conséquences de son échec, il prend peur et, alors qu'il est en transit à Paris dans l'attente d'un nouveau passeport, il se précipite à l'ambassade américaine. En théorie, *Vik* n'est en mesure de causer du tort qu'aux agents américains qu'il manipule, car étant donné les règles très strictes de sécurité du KGB, il ne sait rien sur *Abel*. En théorie... car un soir de 1954, son chef a commis une erreur, peut-être la seule de sa carrière : *Vik* lui a réclamé d'urgence du matériel photographique pour microfilms et, dans la précipitation, le colonel l'a reçu dans l'appartement, aménagé en studio de photographe, qu'il loue sous le nom d'Emil Goldfus, au 252 de Fulton Street, à Brooklyn. Lors de son interrogatoire, Hayhanen ne se rappelle plus l'adresse exacte du studio, mais c'est l'exploitation de ce très mince renseignement qui va toutefois permettre au FBI de "loger" *Mark*, puis de l'arrêter. Inculpé le 7 août 1957 et défendu par James Donovan, un brillant avocat américain, *Abel* adopte devant ses juges l'attitude que l'on attend d'un maître espion. Il ne desserre les lèvres que pour dire : *"Je suis un soldat. Je travaille pour mon pays"*[36], et accueille sans émotion une condamnation à trente ans de prison. D'après la loi, il aurait pu être condamné à mort; mais son avocat lui a évité la peine capitale en suggérant qu'il pourrait bien, un jour, servir de monnaie d'échange : *"Il est fort possible que, dans un avenir plus ou moins proche, un Américain de rang équivalent à celui du colonel Abel soit capturé par les Russes ou par un de leurs alliés (...)"*[37].

Le 10 février 1962, *Abel*, qui n'a strictement rien révélé durant ses cinq années d'incarcération, est échangé contre Francis Gary Powers, dont l'avion espion U2 a été abattu en 1960 au-dessus du territoire soviétique. Décoré de l'ordre du Drapeau rouge pour son courage et sa force d'âme, l'homme-mystère du KGB, devenu instructeur des jeunes officiers des services secrets soviétiques, mourra à Moscou le 15 novembre 1971 des suites d'un cancer du poumon.

Otto John : aller et retour pour l'Est

Le 22 juillet 1954 est une très mauvaise journée pour le chancelier Konrad Adenauer. Aux petites heures de la matinée, l'un de ses plus proches conseillers vient lui annoncer l'une des pires nouvelles que peut craindre, en pleine guerre froide, le chef d'un gouvernement occidental : la défection d'un haut responsable des services secrets. Le docteur Otto John, qui est passé à Berlin-Est deux jours auparavant, n'est pas n'importe qui : opposant à Hitler, il a fui l'Allemagne après l'échec de l'attentat du colonel comte Von Stauffenberg contre le tyran en juillet 1944. Son frère Willi a eu moins de chance que lui et a été exécuté, le 20 juillet 1944, dans la purge sanglante qui a suivi l'attentat. Passé à Londres, Otto John a fini la guerre dans les services de propagande anglais, avant de rentrer en Allemagne avec les Alliés, et de travailler comme conseiller de l'accusateur public britannique au procès des grands criminels de guerre de Nuremberg. Ses brillants états de service ont valu à Otto John d'être nommé, avec l'appui de Londres, à la tête du *Bundesamt für Verfassungsschutz* — le BFV ou contre-espionnage — dès la création de ce service à l'automne 1950. Mais déjà, il ne s'agit plus que d'un malentendu entre Otto John et ses amis britanniques. L'Allemand est persuadé qu'à la tête du BFV, il pourra présider à la dénazification de l'Allemagne. Il n'a pas compris que l'époque exige de lui qu'il fasse taire ses scrupules et devienne un rouage essentiel de la guerre froide.

Dans la soirée du 19 juillet 1954, Otto John et son épouse, Lucie, prennent l'avion à Bonn pour se rendre à Berlin-Ouest et assister aux cérémonies commémorant le dixième anniversaire de la tentative de putsch contre Hitler. Le lendemain soir, après la manifestation, il raccompagne sa femme à l'hôtel, avant de gagner, seul, le domicile d'un de ses amis, le chirurgien Wolfgang Wohlgemuth. D'après l'enquête menée par le BFV, c'est vers 21 heures, le 20 juillet, dans la voiture du médecin, que les deux hommes sont passés à l'Est. Dans un message envoyé à sa secrétaire, Wohlgemuth fait savoir que c'est de son plein gré, et sans avoir subi aucune influence, qu'Otto John a fait défection.

Le 23 juillet au soir, ceux qui, au sein du gouvernement de Bonn, pensent encore pouvoir étouffer le scandale doivent déchanter : Radio Berlin-Est retransmet un discours enregistré du docteur Otto John, à l'intention de ses concitoyens allemands, dans lequel il déclare : *"Je n'ai jamais pu jouir de la liberté politique. J'ai été constamment calomnié par des nazis qui réapparaissaient dans tous les secteurs de la vie publique et le ministère de l'Intérieur faisait obstacle à la continuation de ma tâche"* [38]. Il est vrai que bon nombre d'anciens nazis ont habilement pu tirer parti de la guerre froide pour faire des offres de service à leurs anciens adversaires anglo-américains. Certains se sont tellement bien débrouillés qu'ils se sont rapidement retrouvés dans les sphères dominantes de la République fédérale. C'est le cas, entre autres, de Reinhard Gehlen qui ne perd pas une occasion de se plaindre de la tiédeur d'Otto John dans la lutte contre les activités subversives communistes. Le chef du BFV le savait : ses jours étaient comptés et ce serait Gehlen, l'ancien nazi, qui tirerait les marrons du feu.

Le ministre de l'Intérieur, Gerardht Schroeder, déclarera malgré tout à la presse qu'Otto John n'a pas trahi et que son discours ne prouve rien puisqu'il a certainement parlé sous l'influence de drogues ou de menaces. Dans les derniers jours de juillet 1954, Otto John multiplie toutefois les conférences de presse pour dénoncer *"le militarisme et la renaissance du nazisme"* [39] qui, selon lui, prévalent à Bonn. Le ministère de l'Intérieur modifie aussitôt sa position : Otto John est effectivement passé à l'Est, mais il y est retenu contre sa volonté. Au fil des mois, à l'Est, le temps semble s'écouler dans une monotone grisaille pour Otto John : de temps à autre, dans une université ou une salle de conférences de province, devant un auditoire poli de jeunes communistes ou d'ouvriers d'élite, il reprend ses accusations contre Bonn. Mais les services secrets est-allemands et le KGB estiment avoir tiré tout le profit possible de sa défection, en termes de propagande. Il faut maintenant passer aux choses sérieuses, à savoir ces feuilles blanches que les "collègues" d'Allemagne de l'Est déposent régulièrement devant lui en lui demandant d'y inscrire les noms des agents ouest-allemands en Europe orientale. Seulement voilà, le docteur John a beau être un transfuge, il n'est pas un traître... Et, dix-huit mois après la nuit du 20 au 21 juillet 1954, c'est l'incroyable coup de théâtre : Otto John revient à l'Ouest. Cette fois, il se fait aider par un journaliste danois, Hendrik Bonde Hendriksen. Aussitôt placé sous mandat d'arrêt, l'ancien chef du BFV est condamné à quatre ans de prison, le 22 décembre 1956, pour *"avoir séjourné en Allemagne orientale et s'être mis au service de la propagande communiste"*. Idéaliste plein de scrupules, l'homme s'était égaré dans un monde qui n'était pas le sien, et la guerre qu'on lui demandait de faire n'était plus la sienne.

On sait aujourd'hui que c'est sans doute quelques jours avant le 20 juillet 1954 qu'il a décidé de sauter le pas. Ce jour-là, le 16 juillet exactement, il a reçu la visite d'un vieil ami, Wolfgang Höfer. Ce dernier, juif allemand réfugié aux Etats-Unis, devenu agent à la CIA, a expliqué à Otto John que sa mission principale en Allemagne consistait à le surveiller [40]. Et Otto John a craqué. Pour son malheur, son principal confident, le docteur Wohlgemuth est, lui, un authentique agent communiste. C'est lui qui, le manipulant adroitement, l'amènera à passer à l'Est. Otto John a été gracié et libéré le 25 juillet 1958.

Guerre secrète en Algérie

Dernière grande guerre coloniale, le conflit algérien offrira aux services spéciaux de multiples occasions d'exercer leurs talents. Quand, le 23 octobre 1956, le chef du FLN algérien, Ahmed Ben Bella, quitte le Maroc pour la Tunisie, il souhaite emprunter l'avion personnel du roi Mohammed V, ce qui est censé assurer sa sécurité. Au dernier moment, toutefois, c'est dans un avion civil normal qu'il prend place avec son état-major. Le dirigeant de la rébellion algérienne ne peut évidemment se douter que le décollage de l'appareil de l'aéroport de Rabat donne le signal du déclenchement de la *Mission Hors Jeu* : après avoir tenté de persuader, par radio, l'équipage de se poser à Alger, les S.R. français le font intercepter par des chasseurs. Ben Bella est arrêté, en même temps que plusieurs autres responsables du FLN. A plus de trente ans de distance, quand on évoque les opérations spéciales menées par le SDECE en Algérie, ce n'est toutefois pas *Hors Jeu* qui vient à l'esprit, mais plutôt la *Bleuite* ou encore les attentats de la *Main Rouge*.

La *Bleuite*, qui aura des conséquences dramatiques pour le FLN, démarre presque par accident. Le capitaine parachutiste Paul Léger, un spécialiste du "retournement" affecté au SDECE, arrête une jeune militante indépendantiste, Zora Tadjer. Durant son interrogatoire, il se rend compte qu'elle a pris connaissance de certains documents se trouvant dans son bureau et contenant de fausses listes d'informateurs de l'armée française au FLN. Libérée, Zora Tadjer, qui a été vue en compagnie de Léger, est interrogée par le FLN. Torturée, elle lâche les noms qu'elle a lus. Les interrogatoires des faux agents dénoncés par Zora déclenchent un effet boule de neige imprévisible : c'est le début d'une vague d'épuration interne qui coûtera la vie à environ quatre mille cadres et militants du FLN.

Un autre grand succès du SDECE sera la lutte contre les trafiquants d'armes qui fournissent le FLN. A partir de 1956, de mystérieux attentats revendiqués par une organisation secrète — la *Main Rouge* — détruisent les navires transportant des armes pour le compte des révolutionnaires algériens tandis que des opérations *Homo* — pour homicide — sont lancées contre les trafiquants et des cadres du FLN. La *Main Rouge*, bien entendu, n'est qu'une couverture du service action du SDECE, qui s'est approprié le nom d'un éphémère groupuscule créé dans un autre pays du Maghreb par des pieds-noirs. Les opérations, en fait, sont exécutées par les hommes du *Onzième Choc*, le bataillon parachutiste dans lequel le

George Blake, l'espion qui ne regrette rien

La défection d'un agent et, à plus forte raison, d'un responsable des services secrets, donne toujours lieu à d'interminables enquêtes et à d'abondantes analyses dans lesquelles les spécialistes tentent de trouver l'explication de la trahison. L'arrestation de George Blake, en 1961, ne fait pas exception à la règle. D'autant que, loin d'être un sous-fifre au sein du Secret Intelligence Service de Sa Majesté, Blake a été mêlé à plusieurs opérations importantes. Contrairement à Philby, Blake n'était pas communiste avant d'entrer dans les services spéciaux; il n'a pas non plus trahi pour de l'argent : l'homme n'agit que par conviction et refuse la moindre rétribution pour ses services. En désespoir de cause, les enquêteurs du contre-espionnage anglais finiront par se convaincre qu'il a été victime d'un lavage de cerveau durant sa détention dans les camps communistes, pendant la guerre de Corée...

La réalité est très différente, et on peut aujourd'hui la retracer en se basant sur deux documents : les propres mémoires de Blake, publiées en 1990, et la somme consacrée au KGB par le transfuge Oleg Gordievsky, qui a, entre autres, été le Résident du KGB à Londres. Né aux Pays-Bas, d'un père juif séfarade et d'une mère hollandaise, Blake, de son vrai nom Behar, entre dans la Résistance hollandaise durant la guerre, puis dans la *Royal Navy* où il devient officier de renseignement, avant d'être recruté, trois ans plus tard, par le SIS britannique. Assez curieusement, le contre-espionnage anglais ignore que leur nouvelle recrue est le cousin... d'Henri Curiel, fondateur du parti communiste égyptien. Ce n'est toutefois que quelques années plus tard que Blake, approché par le KGB, passera à l'ennemi. Au cours de sa détention en Corée du Nord, les Russes auront tout le temps de le recruter et, à sa libération, en 1953, il aura franchi le pas. De cette date à 1961, il livrera à Moscou de nombreux agents britanniques et américains travaillant derrière le rideau de fer, en fait tous ceux dont il connaît l'identité, de même que de nombreuses manœuvres secrètes, comme l'*opération Gold* : l'établissement, à Berlin-Est, d'un tunnel secret permettant d'intercepter les communications du Q.G. militaire et des S.R. soviétiques. Démasqué et dénoncé par l'agent double est-allemand (travaillant à la fois pour les Britanniques et les Soviétiques) Horst Eitner et par un haut responsable polonais, Blake est condamné à quarante-deux ans de prison, *"une année de prison pour chaque vie supprimée"*, selon la sentence[41], au cours d'un procès qui n'a duré que quinze minutes. Après cinq ans de détention, il s'évade de manière spectaculaire, dans la nuit du 21 au 22 octobre 1966, et réussit à gagner Moscou.

L'homme a livré un témoignage passionnant mais un peu désabusé sur sa *vie d'espion* et son idéal; il n'hésite pas à affirmer : *"(...) Les années que j'ai passées dans ce pays à vivre au milieu des Russes, comme un des leurs, ont été la période la plus heureuse et la plus stable de ma vie"*[42]. Il vit toujours à Moscou. Au printemps 1995, un porte-parole du Service fédéral de Sécurité (FSB), nous affirmait, alors que nous nous enquérions de la position de Moscou sur ces "vieilles affaires" : *"Qu'on ne compte pas sur nous pour 'régler des cas' comme celui de George Blake. Il a travaillé pour nous et nous le protégerons. Comme nous l'avons toujours fait dans le passé et comme nous continuerons à le faire dans l'avenir avec tous les agents qui nous font confiance..."*[43] A bon entendeur...

service action puise ses hommes. Mais la guerre d'Algérie aura, en métropole, un volet dont jusqu'à présent les détails étaient loin d'être connus : le FLN, par l'organisation de ses collectes (d'après le ministère de l'Intérieur, elles rapporteront environ trois milliards d'anciens francs par an) mais aussi par des attentats, a porté la guerre en France. Dès la fin des années cinquante, le SDECE va lui donner la réplique.

La guerre d'Algérie en plein Paris

En mai 1960, un jeune capitaine venu d'Algérie débarque en France. Raymond Muelle a déjà l'expérience de la guerre secrète. En novembre 1940, incapable de supporter l'Occupation, il a quitté la France pour l'Afrique du Nord. Après être sorti de l'école d'officiers de Cherchell, il passe deux ans dans les spahis avant de s'engager au premier bataillon de choc. Parachuté près du Vercors, il participera à la libération de Grenoble et terminera sa guerre dans le Tyrol. En 1945, Muelle ne souhaite pas vraiment reprendre ses études; la vie qu'il connaît à l'armée lui convient mieux, il y reste donc. La suite, ce sera l'Indochine, puis, après 1954, l'incorporation au Onzième Choc et l'Algérie : *"Au 'onze', nous avons essayé de travailler intelligemment. Nous avons rapidement compris que les femmes, surtout en Kabylie, pouvaient être nos meilleures alliées. En l'absence des hommes, c'étaient elles qui tenaient les villages, et elles appréciaient fort peu les réquisitions des 'frères' du FLN. Il suffisait de provoquer un climat propice pour recueillir des informations rapidement exploitables..."*[44]. Après 1958, la guerre s'intensifie et Muelle, qui travaille désormais à temps plein pour le service Action, participe à plusieurs opérations visant, en Tunisie et au Maroc, à détruire des bases arrières de la rébellion. Théoriquement, le SDECE n'a pas vraiment les mains libres en Algérie (qui est juridiquement un territoire français), mais à Paris on ferme les yeux. L'important, c'est de gagner la guerre...

Du Maroc et de Tunisie, les opérations du service Action se déplacent donc sur le sol algérien : destruction de matériel et élimination physique de cadres du FLN se succèdent. Au printemps 1960, Raymond Muelle est appelé à Paris pour y continuer ce qu'il a appris à faire en Algérie : mener la guerre de l'ombre contre le FLN. Il sera l'un des cinq officiers traitants à organiser des actions *Homo* en métropole. L'idée de travailler en France ne provoque pas d'état d'âme chez le jeune parachutiste : *"On croyait encore que la guerre pouvait être gagnée, alors on était décidé à la faire à fond. Nous n'avions aucun remords : combattre le FLN en Tunisie, en Algérie ou en France, quelle différence ?"*[44]. L'heure, effectivement, n'est plus aux sentiments. L'armée a encore l'impression d'être soutenue par de Gaulle (ce sont d'ailleurs des parachutistes du service Action qui ont assuré la protection du Général et de sa famille pendant l'*opération Résurrection* qui allait, en 1958, le ramener au pouvoir) et le SDECE ne va pas y aller avec le dos de la cuiller. Pour autant, le S.R. français ne prend aucune initiative, il se contente d'exécuter. Jacques Foccart, entre l'Elysée et Matignon, conseille le chef de l'Etat et le Premier ministre et fait un peu figure de coordinateur des services secrets; Constantin Melnik, surnommé *Furax* par le colonel Roussillat, chef du service Action, assure la liaison entre les bureaux du Premier ministre et le SDECE. *"Nous agissions sur des objectifs qui nous étaient désignés par le pouvoir civil. La maison accumulait des renseignements, les transmettait à Matignon, où siégeait alors Michel Debré, et c'est lui, ou ses conseillers, qui désignait au SDECE les cibles à frapper. Nous, en qualité d'officiers traitants, nous recevions un nom avec un rapport succinct sur sa localisation et ses habitudes. A nous d'étudier la question et de proposer le meilleur moyen de 'traiter' le sujet..."*, ajoute Raymond Muelle[44].

Combien y aura-t-il de "sujets traités" ? Impossible de le savoir, mais le chiffre doit être de quelques dizaines. Des cadres du FLN, un "frère" infiltré dans la *Harka* du capitaine Montaner qui a installé un service de police "supplétif" dans les quartiers algériens de Paris (il permettra l'arrestation de plusieurs centaines de membres du FLN), mais aussi un avocat appartenant au collectif qui défend les membres du FLN. Me Amokrane Oul Aoudia est abattu, le 24 mai 1959, à Paris : *"Ce jour-là, Jacques Vergès a eu beaucoup de chance. Il appartenait à la même mouvance et le service avait reçu l'ordre d'abattre tous les avocats du collectif. Certains officiers avaient proposé de commencer par Vergès, la figure la plus médiatique de ce milieu, mais c'est Oul Aoudia qui a été retenu. Et l'affaire a fait tellement de bruit que, pour finir, les autres exécutions ont été décommandées..."* [44]. L'élimination de quelques cerveaux et des filières du trafic d'armes vers l'Algérie désorganisera à plusieurs reprises le FLN mais ne pourra rien, à terme, contre le désir d'indépendance des Algériens et le renoncement des Français de métropole : les services secrets ne font pas l'Histoire, ils se contentent d'y participer...

Qui a tué Jean-Claude Saint-Aubin ?

Restent quelques mystères et autres zones d'ombre. Toutes les actions exécutées en Europe contre le FLN et ses sympathisants sont-elles imputables au SDECE ? Rien n'est moins sûr. En Belgique, l'étudiant algérien Alik Aïssiou, interne en médecine et responsable de l'Union générale des étudiants musulmans d'Algérie (UGEMA), est abattu le 9 mars 1960. En mars, à Liège, c'est le professeur Georges Laperches qui est tué dans l'explosion d'un colis piégé. Or, Laperches, s'il est solidaire du combat algérien, n'est pas pour autant un militant actif de la cause. Des anciens du service Action, que nous avons interrogés

007, un pur produit de la guerre froide

James Bond, l'agent secret de Sa Gracieuse Majesté Elisabeth II, est devenu un mythe de la littérature d'espionnage; il est aussi un fidèle reflet de son époque.

"L'odeur d'un casino, mélange de fumée et de sueur, devient nauséabonde à trois heures du matin. L'usure nerveuse causée par le jeu — complexe de rapacité, de peur et de tension — devient insupportable; les sens se réveillent et se révoltent. James Bond s'aperçut soudain qu'il était fatigué". C'est avec ces premières phrases de *Casino royal*, paru en 1953, qu'apparaît James Bond. Le roman, malgré un accueil chaleureux de la critique, ne remporte qu'un modeste succès, et son auteur, Ian Fleming, devra attendre presque dix ans avant de se faire connaître du grand public. C'est John Kennedy qui, sans le savoir, allait devenir l'artisan du mythe de James Bond, en citant *Bons baisers de Russie* comme son livre de chevet : il n'en fallait pas plus pour engendrer l'immense popularité du super héros des années soixante.

Ecossais comme son héros, Ian Fleming est né le 28 mai 1908 à Mayfair. Après des études au collège d'Eton (comme Bond), il s'inscrit successivement aux universités de Munich, puis de Genève. Engagé par l'agence de presse Reuter, il effectue son premier reportage en 1933 à Moscou, où il couvre le procès de six ingénieurs anglais accusés d'espionnage. C'est là qu'il récolte les précieux détails que l'on trouvera plus tard dans *Bons baisers de Russie*. En 1933, il quitte la presse pour travailler chez un agent de change et mène alors une vie mondaine et raffinée comme James Bond, avec qui il partage de nombreuses passions : les femmes, le golf, le bridge et, plus important que tout, la gastronomie — Bond raffole du caviar, n'a rien contre le gratin de queues de langoustes, mais déteste le thé, dont il estime établi qu'il s'agit de l'une des causes de la décadence de l'empire britannique; il apprécie également les bons vins. Comme son héros, Fleming porte des costumes bleu foncé avec chemise blanche, il fume des Morland Specials et subira une cure de désintoxication dans une clinique naturiste.

Lorsque la guerre éclate, il est mobilisé au Service naval de renseignement britannique. Son directeur, l'amiral Godfrey, servira de modèle au personnage de *M*. Quant au *00* de Bond — dont tous ses afficionados savent qu'il équivaut au *"permis de tuer en mission"* —, il n'est qu'une réminiscence du système de classement des documents secrets de son service. Ses nombreux voyages lui fourniront l'atmosphère de ses romans : près de Toronto, il suit des cours dans une école pour agents secrets et, dans un casino de Lisbonne, il joue — et perd — au baccara contre des nazis. Il prendra sa revanche dans *Casino royal*. En 1945, Fleming entre dans le groupe de presse de Lord Kemsley où il occupe le poste de directeur du service étranger, ce qui lui donne à nouveau l'occasion de voyager.

> C'est son roman *Dr No*, puis le film réalisé par Terence Young en 1962, qui marque le véritable début du succès de James Bond. Avec ce mélange de violence, d'érotisme, d'humour et de féerie, les péripéties de Bond ne ressemblent guère aux romans d'espionnage classiques. L'univers de Ian Fleming, dont il faut saluer la qualité de l'écriture, s'inspire à la fois du roman d'aventures, de la bande dessinée et du roman noir de l'après-guerre. Quant aux gadgets, ils relèvent totalement de la science-fiction. Dans cet univers explosif où l'humour conserve ses droits, James Bond, dont la mission est de mener un combat contre le Mal, ne rencontre que des adversaires d'une envergure semblable à la sienne. Autre ingrédient des romans de Ian Fleming (et non des moindres) : l'érotisme. Entre ce misogyne et les femmes, il n'y a qu'assez rarement de l'amour, seulement du désir. Bond prend ses maîtresses où bon lui semble, mais Fleming décrit ses aventures avec beaucoup de pudeur. Le cinéma, de Sean Connery à Pierce Brosnan, a évidemment beaucoup fait pour la réputation de 007. Et nombreux seront encore, dans l'avenir, ceux qui frémiront en entendant leur héros déclarer d'une voix tranquille : *"My name is Bond, James Bond"*.

à ce sujet, nous affirment que la maison n'avait rien à voir avec ces meurtres : *"Il ne s'agissait pas, sauf peut-être pour Aïssiou, de cibles privilégiées, pourquoi auraient-ils, dès lors, été frappés ? Il y avait assez à faire sur d'autres terrains..."*. Selon eux, c'est ailleurs, peut-être sur la piste de barbouzes avant la lettre, qu'il faut chercher les responsables de ces attentats.

A la fin de la guerre d'Algérie, en tout cas, le SDECE est découragé : *"On nous avait fait faire le sale travail"*, explique aujourd'hui Raymond Muelle, *"mais nous l'avions fait pour rien. Un soldat peut accepter de tuer quand il croit que cela servira à quelque chose. Mais pas gratuitement. Or, nous devions nous rendre à l'évidence : tous ces morts avaient péri en vain..."* [44]. La direction du service refusera donc avec obstination de se mêler aux règlements de compte de la fin de la guerre d'Algérie : qu'on n'attende pas du SDECE qu'il mène la guerre contre les déçus de l'Algérie française regroupés dans l'OAS. Pour l'Algérie, le service a assez donné. Il se met aux abonnés absents. C'est donc l'heure des barbouzes, ces membres des "polices parallèles" et du Service d'action civique (SAC) qui vont se salir les mains avec d'autant plus de facilité qu'ils sont peu contrôlés.

Le 5 juillet 1964, il est sept heures du matin lorsque la gendarmerie découvre, sur la nationale 7, entre Fréjus et Puget-sur-Argent, un véhicule accidenté dans lequel gît le corps sans vie d'un jeune homme de vingt-trois ans, Jean-Claude Saint-Aubin. Un banal accident ? Pas vraiment, non : l'enquête poursuivie depuis des années par les parents du jeune homme établit des faits troublants. Un camion militaire aurait été vu sur place un peu avant l'accident et, surtout, la voiture de Jean-Claude Saint-Aubin, domicilié à Genève, est la copie conforme de celle d'un responsable de l'OAS installé dans la même ville. Mieux : l'homme devait se rendre, le 5 juillet, à Fréjus. De là à penser qu'il y a eu erreur sur le véhicule, il n'y a qu'un pas. En plus de trente ans, le combat des parents Saint-Aubin permettra à la vérité de progresser pas à pas. Après le rejet de neuf procédures judiciaires, la justice reconnaîtra, en 1985, l'implication d'un véhicule militaire dans ce qu'elle qualifie toujours d'accident, et, en 1990, elle accordera aux infortunés parents la somme de cinq cent mille francs de dommages et intérêts pour réparer le *"dysfonctionnement des services de justice"*. Mais le dossier de l'affaire est toujours classé *"Secret défense"*.

Un ancien officier du service Action nous affirmait, au printemps 1996, que, comme le pensent les Saint-Aubin, *"c'est la SM (Sûreté militaire) qui a tué Jean-Claude. Une 'erreur' qui ne m'étonne pas. La SM, à l'époque, c'était un ramassis de brutes. Malheureusement, le refus du SDECE de continuer à se salir les mains avec la question algérienne les a propulsés en première ligne..."*. Pour le plus grand malheur d'un jeune homme innocent.

Δ

[1] Christopher Andrew et Oleg Gordievsky, *op. cit.*, p. 350.
[2] Cette lettre est reproduite dans le livre de Ladislas de Hoyos, *Barbie*, Paris, Robert Laffont, 1984, p. 309.
[3] *Idem*, p. 166.
[4] William Stevenson, *L'Affaire Gouzenko, les révélations de l'agent secret Intrepid*, Paris, Carrere, 1986, p. 393.
[5] Stewart Steven, *Le Grand Piège*, Paris, Robert Laffont, 1974.
[6] Pour tout l'aspect antisémite et antisioniste de ces procès, on se reportera, entre autres, au livre de Claude Moniquet, *Histoire des Juifs soviétiques*, Paris, Olivier Orban, 1989.
[7] *L'affaire Rajk*, Paris, Editeurs français réunis, 1949, p. 63.
[8] Cercle très fermé, créé en 1820 par un évêque anglican, qui réunit les enseignants et les étudiants les plus brillants de l'Université.
[9] Youri Ivanovitch Modine, *Mes camarades de Cambridge. J'étais au KGB l'officier traitant de Philby, Burgess, Maclean, Blunt, Cairncross*, Paris, Robert Laffont, 1994, p. 14.
[10] Andrew et Gordievsky, *op. cit.*, p. 203.
[11] *Idem*, p. 225.
[12] Modine, *op cit.*, p. 113.
[13] Vladimir Tchikov et Gary Kern, *Comment Staline a volé la bombe atomique aux Américains*, Paris, Robert Laffont, 1996, p. 46.
[14] Harold Philby, *Ma guerre silencieuse*, Paris, Robert Laffont, 1968.
[15] Modine, *op. cit.*, p. 268-269.

(16) Modine, *op cit.*, p. 273
(17) Cité dans Modine, *op. cit.*, p. 252.
(18) Andrew et Gordievsky, *op. cit.*, p. 19.
(19) Eleanor Philby, *Femme d'espion*, Paris, Presses de la Cité, 1968, p. 126.
(20) Extrait de *Burning the Bridges*, publié dans le *Moscow Magazine*, hiver 1994.
(21) William Colby, *Trente ans dans la CIA*, Paris, Presses de la Renaissance, 1978, p. 82.
(22) *La Tribune de Genève*, 15 novembre 1990.
(23) Entretien avec L., officier de réserve, printemps 1983.
(24) Cité dans Gad Shimron et Victor Malka, *Histoire secrète du Mossad*, Paris, Dagorno, 1995.
(25) Vladimir Tchikov et Gary Kern, *op. cit.*, p. 64.
(26) *Idem*, p. 39.
(27) *Idem*, p. 26.
(28) *Idem*, p. 361.
(29) Andrew et Gordievsky, *op. cit.*, p. 377.
(30) J. Mordal, G.A. Chevallaz, R. Gheysens, J. de Launay, *Dossiers de la guerre froide*, Marabout Université, 1969, p. 263.
(31) Julius et Ethel Rosenberg, *Lettres de la maison de la mort*, Paris, Gallimard, 1953, p. 250.
(32) L'illégal est un personnage clé de la galerie de portraits du renseignement : on désigne ainsi un agent n'ayant pas de couverture diplomatique et travaillant sous une fausse identité.
(33) James Donovan, *L'Affaire Abel*, Paris, Fayard, 1965, p. 45.
(34) Vladimir Tchikov et Gary Kern, *op. cit.*
(35) *Idem*, p. 214-215.
(36) J. Mordal, G.A. Chevallaz, R. Gheysens, J. de Launay, *op. cit.*, p. 265.
(37) Vernon Hinchley, *Les Transfuges*, Paris, Dargaud, 1969.
(38) Gérald Gohier, *Otto John, l'espion aux scrupules*, Paris, Editions de Paris, 1958, p. 113.
(39) *Idem*, p. 115.
(40) Ancien camarade de classe d'Otto John, Höfer se suicide le soir même où Otto John est repassé à l'Ouest.
(41) Plus tard, il avouera avoir livré non pas quarante-deux mais quatre cents agents.
(42) George Blake, *Une vie d'espion*, Paris, Stock, 1990, p. 415. Après l'effondrement de l'Union soviétique, en août 1991, il a été question d'une éventuelle extradition de Blake. Mais Moscou a démenti la nouvelle.
(43) Entretien de l'un des auteurs avec le colonel Tomarovsky, porte-parole du FSB, à Moscou, à la Loubianka, le 26 mai 1995.
(44) Entretien avec Raymond Muelle, à Paris, le 23 mai 1996.

9
1960-1989 : la guerre froide joue les prolongations

Ni la mort de Staline, ni l'arrivée de Khrouchtchev au pouvoir, ni la pâle période de stagnation (pour reprendre l'expression soviétique consacrée) qui suivra le putsch de la clique de Brejnev en 1964, ni la succession de deux Premiers secrétaires mourants (Andropov et Tchernenko) au début des années quatre-vingt, ni même la nomination de Mikhaïl Gorbatchev en 1985 ne modifieront le cours de la guerre froide. A peine celle-ci est-elle devenue, après le décès du "petit père des peuples", en 1953, un peu plus civilisée. Mais, sous des dehors plus urbains, la lutte continue, sournoise et implacable, seulement révélée aux yeux du public lors d'une affaire particulièrement explosive ou à l'occasion de graves tensions internationales, comme la crise des missiles à Cuba, la guerre du Vietnam ou l'invasion de l'Afghanistan en 1979 par les Soviétiques. Tout en protestant d'un indéfectible attachement à l'esprit de la détente et en accusant régulièrement les partenaires-adversaires de l'Ouest de ne pas jouer le jeu, les Soviétiques ne rateront pas une seule occasion de faire progresser leur cause, par les armes parfois, dans le tiers monde, par la subversion, l'action politique clandestine ou l'espionnage, en Europe et en Amérique du Nord.

Le rouage le plus évident de la subversion, bien entendu, ce sont les partis communistes. Mais il faudra attendre l'ouverture des archives soviétiques, après 1991, pour avoir la confirmation de ce que les spécialistes subodoraient de longue date : la plupart des P.C. étaient largement soutenus, voire parfois maintenus en survie artificielle par l'argent de Moscou. De l'argent parfois versé clandestinement par les envoyés du Département international du P.C.U.S. mais faisant parfois aussi l'objet de virements réguliers par lesquels des structures soviétiques (bureaux commerciaux, Aéroflot, Intourist) payaient les services rendus par des sociétés commerciales (imprimeries, sociétés d'import-export) liées au mouvement communiste. Ainsi, dans les années quatre-vingt, les communistes suisses du parti du travail (PDT) touchèrent-ils deux millions et demi de dollars, le plus souvent à la demande d'Armand Magnin, secrétaire général du PDT; les partis communistes français et italien, eux, n'encaissaient pas moins de deux millions de dollars par an. L'affaire était réglée comme du papier à musique[1] : chaque année, les dirigeants des partis concernés faisaient connaître leurs besoins à Moscou et, presque toujours en février, après que les fonds avaient été dégagés, sur ordre du Politburo, par la Gosbank (Banque d'Etat), des agents chevronnés du KGB se transformaient en véritables garçons de courses pour livrer l'or de Moscou. Au total, pas moins de vingt à trente millions de dollars servaient, suivant les années, à arroser les partis communistes. Ces chiffres n'ont pas été inventés et ne sortent pas d'une quelconque officine de propagande occidentale : ils ont été fournis, en 1991 et en 1992, par un juge d'instruction russe, Sergueï Aristov, et par un journaliste de l'hebdomadaire *Rossia*, Alexandre Evlakhov, tous deux ayant eu accès aux archives secrètes du PCUS L'aide fraternelle apportée par Moscou aux camarades des pays capitalistes n'est pas seulement financière : le 10 juillet 1987, le Politburo approuve, par exemple, "suivant la demande du PCF", la livraison aux communistes français de mille trois cents tonnes de papier par an pour les années 1987 et 1988.

L'une des méthodes préférées de Moscou, durant ces années, sera la désinformation ou encore l'information dirigée, vraie mais livrée au moment et dans la forme choisis par Moscou. De 1960 à la chute du régime, l'utilisation de l'information et de la désinformation comme armes de guerre idéologique empruntera bien des canaux, mais, schématiquement, on peut en discerner, principalement, trois. Cet aspect du travail des organes est géré par le *Service A* (*Sloujba Activnikh Meropriiatii*, ou *Service des mesures actives*) de la Première Direction principale du KGB (PDP, renseignement à l'étranger).

Le *Service A* peut, par exemple, faire appel aux journalistes étrangers qui lui sont acquis ou, le plus souvent, utiliser à son profit la course aux scoops qui caractérise la presse du monde libre, en organisant sciemment une fuite crédible vers un journaliste que l'on choisira le plus souvent parce qu'il ne peut pas être soupçonné de "rouler" pour le KGB. La troisième méthode, qui sera couramment employée, consiste à utiliser une petite publication neutre (dont la survie peut parfois, en réalité, dépendre de l'argent de Moscou, ou qui peut abriter un agent soviétique) pour lui faire sortir une fausse information. Les journaux communistes du monde entier (et parfois des journaux n'appartenant pas à cette tendance) pourront alors reprendre en toute objectivité une information de provenance non communiste mais allant dans le sens voulu par Moscou... L'un des plus talentueux outils de l'information dirigée des Soviétiques sera le journaliste *Viktor Louis* (Vitali Evgennevitch Loui, pour l'état civil). Avant de décéder, à Londres, à l'âge de 64 ans, en 1992, *Viktor Louis,* figure énigmatique mais non dépourvue de charme, sera, pendant des décennies, l'un des meilleurs fournisseurs d'informations exclusives d'origine soviétique aux médias occidentaux : vivant à Moscou dans un luxe inouï pour un citoyen soviétique, *Louis,* qui a passé quelques années au Goulag à la fin des années quarante pour s'être livré au marché noir, alimentera ainsi des journaux aussi prestigieux que le *Washington post,* le *New York Times, Times Magazine* ou encore le *Bild Zeitung.* En 1961, c'est lui qui prévient l'Occident que le corps de Staline va être retiré de la place Rouge et, en 1964, il est le premier à annoncer, avec douze heures d'avance sur l'agence Tass, la disgrâce de Nikita Khrouchtchev. Quelques années plus tard, on le retrouve à Taïwan en mission secrète, puis il publie un livre sur le futur déclin de la Chine communiste avec laquelle Moscou a rompu; il annoncera d'ailleurs, en 1969, que l'URSS est susceptible de déclencher une guerre atomique contre la Chine avant que celle-ci ne se dote de l'arme nucléaire. En 1967, il expédie en Occident les mémoires de la fille de Staline, Svetlana, et dans les années quatre-vingt, c'est lui qui procure à plusieurs journaux européens les premières photos du dissident Andreï Sakharov, alors exilé à Gorki. On n'établira jamais avec certitude que *Viktor Louis* a été lié au KGB, mais son train de vie, la liberté dont il semble jouir, ses privilèges — une datcha luxueuse dans la banlieue réservée de Moscou, ses trois fils autorisés à étudier en Angleterre... — permettent de deviner que le régime est très content de lui. Le transfuge Youri Nossenko affirmera en 1964 que *Viktor Louis* a, en fait, été recruté par le S.R. soviétique lors de ses années de déportation. Et l'une des sources les plus autorisées sur l'histoire du KGB, Oleg Gordievsky, le qualifie de *"journaliste lié au KGB"* participant à des *"mesures actives"* du *Service A*[(2)].

En renseignement pur, le KGB et le GRU feront flèche de tout bois pour arriver à leurs fins. Un seul petit exemple permettra de comprendre que, pour le KGB, tout fait farine à bon moulin : en 1960, alors qu'il est déjà un pianiste éminent, le virtuose Vladimir Ashkenazy est "recruté" par le KGB qui l'oblige à espionner les rares étudiants étrangers qui fréquentent le conservatoire de Moscou; ayant refusé de participer à un chantier destiné à faire chanter un diplomate occidental entretenant une relation homosexuelle avec un étudiant, il sera renvoyé au bout de deux ans. *"Je ne valais rien"*, dira-t-il en riant, une trentaine d'années plus tard[(3)]. Le renseignement soviétique est d'autant plus fort qu'il peut s'appuyer, nous l'avons vu dans le chapitre précédent, sur les services de pays satellites. De plus, les Soviétiques utilisent, pour travailler, chaque possibilité qui leur est offerte. Rien n'est anodin à leurs yeux : le KGB évalue le potentiel de toutes les organisations internationales auxquelles participe l'URSS; de même que celui de toutes les associations qu'elle suscite ou qu'elle observe, des industries et des structures soviétiques ou alliées à l'étranger. Toutes les personnes étant en contact, surtout professionnel, avec des ressortissants étrangers font, de même, l'objet de criblages serrés : les organes ne veulent laisser passer aucune occasion de recruter une source, d'avoir accès à un "domaine réservé" de l'Occident ou d'implanter un agent sous couverture. Les spécialistes occidentaux auront ainsi l'attention attirée, entre autres, par l'utilisation que font les Soviétiques des possibilités que leur offrent les jumelages entre villes. Un maire de Brest dénoncera d'ailleurs les liens entre sa cité et le port de Tallin : la marine s'inquiétait de l'intérêt que manifestait des chalutiers soviétiques hérissés de curieuses antennes pour l'île Longue, base de sous-marins nucléaires français.

Dès la fin des années soixante, l'URSS et ses satellites orientent nettement leurs activités de recherche de renseignement vers la science et l'industrie, l'une de leurs spécialités étant de se concentrer sur les technologies "à double usage" pouvant tout à la fois servir dans le civil et dans le militaire. Il s'agit pour eux de tenter de combler le fossé technologique qui continue à se creuser entre l'Est et l'Ouest, d'économiser des années de recherche et des milliards de dollars d'investissement et, bien entendu, de renforcer leur potentiel militaire en contournant les règlements qui interdisent à l'industrie occidentale d'exporter certains systèmes ou composants vers les pays communistes. Dans ce domaine comme dans les autres, rien n'est laissé au hasard, ainsi qu'en témoigne ces quelques extraits d'un rapport sur les transferts de technologies, rédigé en mai 1988 à l'intention de l'Assemblée de l'Atlantique Nord (qui regroupe des parlementaires des pays membres de l'OTAN) : *"La stratégie soviétique en matière d'acquisition de technologie est définie par le Comité de l'industrie militaire (VPK) du Praesidium du conseil des ministres et par un département du ministère du Commerce extérieur qui travaille en parallèle avec les services de renseignement"*[4].

Chaque année, la VPK actualise une liste, comptant de trois à cinq mille postes, des matériels à rechercher. Dans les années quatre-vingt, outre l'informatique et l'électronique de pointe, ce sont surtout les systèmes de guidage et de contrôle de chaînes de montages, les machines-outils, la robotique, le matériel de test et de communication qui sont recherchés par Moscou. *"Cinq agences sont chargées de se procurer les technologies figurant sur cette liste : le KGB, le GRU, le Comité d'Etat pour la Science et la Technologie (GKNT) qui travaille en collaboration avec l'Académie des sciences, le Comité d'Etat des Relations économiques étrangères (GKES) et le ministère du Commerce extérieur"*[4], mais, le GKNT et le GKES se bornant le plus souvent aux acquisitions légales, c'est bien le KGB qui se charge du gros du travail, la *Direction T* de la Première Direction principale du KGB qui *"emploie un millier de personnes, dont trois cents en poste à l'étranger. Les agents en poste à l'étranger sont pour la plupart des spécialistes scientifiques qui ont une 'couverture', généralement un poste d'attaché scientifique ou d'attaché commercial auprès des ambassades et missions d'Union soviétique ou dans leurs représentations auprès des organisations internationales"* [4]. Encore convient-il de ne pas négliger le GRU qui *"compte environ 1 500 agents en poste à l'étranger. Ceux-ci utilisent les mêmes couvertures que les agents de la Direction T du KGB, mais ils sont également attachés militaires ou travaillent dans les agences des compagnies Aéroflot et Morflot (marine marchande soviétique)"* [4]. Ces efforts permettent, évidemment, des résultats spectaculaires : *"Au début des années 80, la liste des matériels et documents recherchés par l'Union soviétique comportait chaque année quelque 3 500 postes et le budget consacré annuellement aux acquisitions équivalait, en 1980, à 1,4 milliard de dollars. En règle générale, un tiers de ces postes étaient 'acquis' tandis que les autres étaient maintenus sur la liste. Les Soviétiques se procuraient ainsi, chaque année, de 6 000 à 10 000 appareils et près de 100 000 documents. Environ 50% des appareils et 20% des documents étaient utilisés dans des projets militaires soviétiques permettant de faire progresser chaque année, en moyenne, 5 000 projets de recherche sur des armes et des équipements militaires... En ce qui concerne l'origine des technologies ainsi acquises, 61,5% provenaient des Etats-Unis, 10,5% d'Allemagne de l'Ouest, 8% de France, 7,5% de Grande-Bretagne et 3% du Japon"* [4].

Outre les cas que nous allons étudier plus en détail dans la suite de ce chapitre, il n'est pas inintéressant, pour se faire une (toute) petite idée de l'importance de l'activité du renseignement soviétique et est-européen, de passer rapidement en revue quelques-unes des affaires qui ont défrayé la chronique des trente dernières années de la guerre froide.

Anatoli Golitsine : le transfuge paranoïaque

C'est en Scandinavie, en novembre 1961, que débute l'une des affaires d'espionnage les plus complexes du siècle. Anatoli Alexandrovitch Golitsine, l'officier du KGB nouvellement affecté à l'ambassade d'URSS à Helsinki qui fait défection cette année-là, n'est pas un inconnu pour la CIA, qui le tient à l'œil depuis qu'un autre transfuge, Piotr Deriabine, alias *Smirnov*, *Korobov* ou encore *Constantin* — qui travaillait au contre-espionnage (C.E.) soviétique à Vienne — a signalé, en 1954, que son compatriote était recrutable par les Occidentaux. Rappelé à Moscou, Golitsine passera six ans à la section anglo-américaine du

Le renseignement du bloc communiste : de quelques cas

4 août 1969 : arrestation à Bruxelles du Français Francis Roussilhe, surnommé, pour cause de calvitie, *Tarass Boulba*. Fonctionnaire au Secrétariat général de l'OTAN, il a livré, en quelques années, environ douze mille documents secrets relatifs à la défense occidentale à un officier des S.R. roumains, Mikhaïl Caraman. Condamné à vingt ans de détention le 19 janvier 1971, il sera liberé sept ans plus tard, le 4 septembre 1978.

11 octobre 1977 : arrestation à Royan de l'ancien héros de la Résistance, Georges Beaufils. Depuis 1966, l'homme qui avait été l'un des principaux négociateurs du rapprochement entre la Résistance communiste et la France libre animait un réseau d'espionnage soviétique particulièrement actif dans l'ouest de la France.

19 août 1980 : un touriste pas comme les autres est arrêté à Lille par la DST. Le général Heinz-Bernhard Zorn, ancien chef d'état-major de la RDA est, au moment de son interpellation, en possession de renseignements militaires classifiés concernant des chars et des armes anti-chars. Il sera échangé le 24 juin 1984.

Mars 1983 : Robert Juge, un ingénieur radio-électricien, est arrêté à Paris. Inventeur déçu par le manque de succès de ses brevets, il a été recruté par deux diplomates russes auxquels il remettra divers documents scientifiques portant entre autres sur les fibres optiques, les détecteurs à infra-rouge ou les systèmes radar.

Septembre 1984 : arrestation, en RFA, de l'ingénieur de Messerschmitt-Boelkow-Blohm, Manfred Rotsch. Il sera condamné à huit ans et demi de prison en 1986 pour avoir livré des plans de l'avion de combat Tornado. Echangé en septembre 1987, il reviendra en RFA trois mois plus tard pour y jouir tranquillement de sa retraite...

Décembre 1984 : selon les S.R. occidentaux, sur quelque cinq cents diplomates et fonctionnaires de pays communistes présents à Vienne, au moins quatre-vingts se livrent à des activités de renseignement. Vienne, capitale neutre, proche des frontières du pacte de Varsovie, troisième ville de l'ONU, siège de l'OPEP et de plusieurs négociations Est-Ouest, est un terrain de choix pour le renseignement.

14 juillet 1986 : Richard Miller, un ancien agent spécial du FBI est condamné à deux peines de prison à vie et à cinquante années de prison supplémentaires pour avoir fourni des informations secrètes à un couple d'immigrés soviétiques travaillant en fait pour le KGB. Miller est le premier fonctionnaire du FBI condamné pour espionnage.

23 août 1986 : arrestation à New York de Guennadi Fedorovitch Zakharov, fonctionnaire soviétique aux Nations unies. Au moment de son interpellation, dans le métro, il payait des documents secrets à l'un de ses agents travaillant en fait pour le FBI. Suite à son arrestation, vingt-cinq diplomates soviétiques seront sommés de quitter les Etats-Unis.

9 avril 1987 : le Quai d'Orsay confirme que, de 1974 à sa mort, en 1984, Maurice Abrivard, chiffreur au Quai d'Orsay, s'est rendu coupable de *"complicité avec une puissance étrangère pouvant porter atteinte aux intérêts de la France"*. Recruté alors qu'il était en poste à Damas, il aurait travaillé pour le KGB dans plusieurs pays du Proche-Orient avant d'être nommé à l'ambassade de France à Vienne, où il mourra.

Mai 1987 : découverte, au Japon, d'un important réseau soviétique impliqué dans l'espionnage d'installations militaires américaines.

21 août 1987 : le sergent Clayton Lonetree, du US Marines Corp, est condamné à trente ans de prison pour espionnage. En échange de relations sexuelles avec une soviétique et de quelques liquidités, il avait, lorsqu'il était en poste à la sécurité de l'ambassade américaine à Moscou, livré au KGB l'identité de plusieurs agents de la CIA opérant en URSS et des plans de l'ambassade. Le sergent Lonetree, qui verra sa peine réduite contre une promesse de collaboration, aura le douteux privilège d'être le premier Marine à passer en cour martiale pour espionnage.

Septembre 1987 : les Etats-Unis envisagent de raser les cinq derniers étages de leur ambassade à Moscou pour éliminer les dispositifs d'écoute placés par le KGB.

27 mars 1988 : la collaboration entre les services de contre-espionnage français et allemand permet l'arrestation de six agents ayant fourni au KGB des renseignements sur le chasseur-bombardier Tornado.

Avril 1988 : la DST interpelle quatre dirigeants des sociétés *Machines Françaises Lourdes* (MFL) et *Forest Liné*, accusés d'avoir fourni à l'URSS du matériel ultrasensible permettant entre autres de fabriquer des hélices "silencieuses" (non détectables au sonar) pour les sous-marins nucléaires. Parmi eux, le général d'aviation en retraite, Jean-Paul Chamouton.

30 avril 1988 : un homme d'affaires soviétique se livrant à l'espionnage industriel est expulsé de Suède.

Juin 1988 : condamnation, à Boston, de Brian Butcher, citoyen britannique accusé d'avoir fourni à Moscou des ordinateurs Hewlett-Packard pouvant servir à des fins militaires.

21 juin 1988 : huit "diplomates" soviétiques sont expulsés du Canada : ils se livraient à l'espionnage industriel.

Juillet 1988 : Glen Michael Souther, qui a servi en Italie dans la Sixième flotte américaine où il avait notamment accès à des photos satellites, demande l'asile politique en URSS. Il avait disparu en mai 1986 après avoir été interrogé par le FBI.

Novembre 1990 : selon le directeur du BVD, le S.R. hollandais, un tiers des citoyens soviétiques travaillant aux Pays-Bas seraient des agents du KGB. Le BVD et le contre-espionnage de La Haye souhaitent le renvoi de trente agents identifiés.

KGB avant de travailler dans la section qui chapeaute la collecte de renseignements sur l'OTAN. En 1960, enfin, à peine nommé à Helsinki, Golitsine se présente au bureau finlandais de la CIA, une liasse de documents secrets sous le bras et demande l'asile politique aux Etats-Unis, pour lui et sa famille.

A Langley, au siège central de la CIA, c'est le chef du C.E., James Jesus Angleton[5], qui se charge lui-même du *débriefing*[6] de Golitsine, désigné au sein de la CIA sous l'acronyme *AE/LADLE*. Souffrant d'une sorte de complexe de supériorité, *AE/LADLE*, en effet, a refusé de se confier à d'autres, trop stupides selon lui pour comprendre ce qu'il a leur dire. Car Golitsine s'estime investi d'une mission : démasquer les taupes du renseignement soviétique dans les S.R. occidentaux. Il apporte la tempête... Pour les Américains, le transfuge semble d'autant plus prometteur qu'il aligne, sinon les noms, du moins les descriptions et des éléments permettant de situer certains des agents de Moscou. Et l'homme qui, grâce à Angleton, est même autorisé à consulter les dossiers les plus secrets de la CIA, ceux de son personnel, semble tenir ses promesses. Ses révélations permettent, entre autres, de préciser l'étendue de la trahison de *Kim* Philby, et de démasquer, toujours en Angleterre, Anthony Blunt, qui gère les collections d'art de la reine. Il dénonce également, sans la nommer, une taupe à l'Amirauté britannique. Il s'agit de John Vassal — que le KGB a recruté en le faisant chanter après l'avoir photographié au cours d'une soirée homosexuelle —, qui sera arrêté l'année suivante, grâce aux révélations d'un autre transfuge, Youri Nossenko (pour la CIA : *AE/FOXTROT*).

En Suède, il permet de confondre le colonel de l'armée de l'air Stig Eric Wennerström, mais sera à l'origine d'une grave bavure : ses informations ont amené le C.E. suédois, le SAPO, à se focaliser sur Ingeborg Lygren, la secrétaire d'un haut responsable du renseignement militaire. Elle est innocente et devra, ayant perdu son emploi, être indemnisée. En Allemagne, il accuse plusieurs responsables des S.R. fédéraux, et il n'a pas tort : il est à peine passé à l'Ouest que Heinz Felfe et Hans Clemens, qui dirigent la Section soviétique du BND sont arrêtés. Travaillant tous deux depuis dix ans pour l'Est, ils ont vendu à Moscou quinze mille documents secrets et des dizaines d'agents. Mais, pour l'Allemagne, le coup le plus dur reste à venir. Sept ans plus tard, le C.E. du BND et les Américains en sont encore à étudier les révélations de Golitsine quand le coup de Prague leur apporte une manne inespérée. Le 21 août 1968, les blindés russes écrasent le Printemps de Prague. Coup sur coup, le vice-ministre de la Défense, Jan Sejna, responsable du renseignement militaire et deux importants officiers du StB, Ladislav Bittman et Josef Frolik, passent à l'Ouest. Leurs révélations viendront compléter les éléments livrés quelques années plus tôt par Golitsine. Le 8 octobre 1968, le contre-amiral Herman Lüdke, responsable de la logistique de l'OTAN, est victime d'un curieux accident de chasse près du village d'Inmerath. Le lendemain, Horst Wenland, directeur adjoint du BND (il a failli succéder au général Gehlen, mais on lui a préféré Gerhard Wessel) est trouvé mort dans son bureau. L'enquête officielle conclura au suicide. Comme pour les quatre autres taupes du StB identifiées par Bittman et qui mourront dans les deux semaines qui suivront. Curieuse épidémie...

Golitsine, cependant, continue ses révélations et implique des agents soviétiques travaillant au Canada et en Australie. Quand il en vient à la situation en France, il est toutefois encore moins précis que d'habitude, mais il affirme que plusieurs taupes sont infiltrées dans l'entourage du général de Gaulle, qu'un fonctionnaire français de l'OTAN renseigne Moscou, et, surtout, qu'un réseau soviétique qui lui est connu sous le nom de code de *Saphir* agit au sein du SDECE. Le transfuge livre d'ailleurs, sur l'organisation du S.R. français, de nombreux détails qui laissent supposer qu'il a obtenu des informations par quelqu'un de la maison. Au printemps 1962, le général de Gaulle reçoit en mains propres une lettre de John Fitzgerald Kennedy qui fait l'effet d'une bombe : de source sûre, le président américain lui affirme que les services français sont infestés d'espions soviétiques. L'interrogatoire de Golitsine par des spécialistes, dépêchés en toute urgence aux Etats-Unis, à la fois par le SDECE et la DST, va durer des mois. Des dossiers établis sur des centaines de suspects, hommes politiques, policiers, diplomates, hauts fonctionnaires sont présentés au transfuge, sans grand succès. Le travail de fourmi des experts du C.E. français débouche toutefois, en août 1963, par le biais d'une enquête parallèle, sur un premier résultat concret : l'arrestation et la condamnation de Georges Pâques, chef adjoint du service de presse de l'OTAN.

Mais Pâques n'est pas une victime de Golitsine : lorsqu'il est entré à l'OTAN, le transfuge était déjà aux Etats-Unis depuis un an. Curieuse figure quand même que celle de ce chrétien de gauche, partisan de l'Algérie française et ami d'Yvan Audouard ou de Maurice Clavel, que rien, en apparence, ne destinait à devenir un agent de Moscou : étudiant brillant, incorporé comme sous-lieutenant au début de la Seconde Guerre mondiale, c'est à Alger que Pâques aura ses premiers contacts avec les Soviétiques. Pendant des années, il leur fournira surtout, sans être rétribué, des informations d'ordre général. Chef du Service d'action psychologique de l'état-major en 1959, directeur d'études à l'Institut des hautes études de défense nationale en 1961, il ne transmettra à Moscou aucune information relative à la défense française, mais bien des documents de nature à nuire à la stratégie américaine. Pour Pâques, en effet (et il n'est pas le seul, à l'époque, à penser ainsi), le véritable adversaire de la France en Afrique noire et dans le monde arabe, c'est Washington et non pas Moscou...

Il est acquis, donc, que Pâques, bien que coupable, ne peut pas être l'agent dénoncé par Golitsine. Alors qui ? *"Il existe à l'intérieur de la défense française un agent. Il a notamment transmis au KGB un document de l'OTAN. Cet agent a accès aux dossiers les plus sensibles. A cause de lui, la défense française et même occidentale n'a aucun secret pour Moscou"*, affirme Golitsine[7]. Or, si Golitsine dit la vérité quand il prétend qu'un haut fonctionnaire français est en fait une taupe du KGB au sein de l'Alliance Atlantique, il y a de fortes chances, pensent les spécialistes, pour qu'il ne mente pas quand il accuse le SDECE d'être infiltré. Logique imparable — bien que très discutable en matière de renseignement, d'autant que la simple chronologie des faits la condamne — qui pousse la DST à exiger du Premier ministre Georges Pompidou l'ouverture d'une enquête sur le SDECE.

Les conclusions d'une nouvelle confrontation entre Golitsine et une mission venue de Paris conduisent, à la fin de 1963, le général Paul Jacquier, directeur général du S.R. français, à éloigner de son service l'un de ses proches, qui fut pourtant l'un des pères fondateurs du SDECE, le général Léonard Hounau, patron de la Recherche. A terme, même si *Saphir* ne dévoile pas ses secrets (mais le réseau a-t-il vraiment existé ?), les doutes distillés par Golitsine déboucheront toutefois sur une véritable déstabilisation du S.R. français. D'abord, si la CIA — qui prend au pied de la lettre la moindre parole de Golitsine — se méfie du SDECE, le contraire est certainement vrai. Alors que de Gaulle est occupé à recentrer la politique étrangère et la politique de défense de la France, les experts du SDECE ne peuvent que se demander si les révélations de Golitsine (que les Français appellent *Martel*) ne sont pas, en fait, directement téléguidées par la CIA qui souhaiterait ainsi paralyser l'action de l'appareil français de renseignement. Mais si Golitsine dit la vérité, qui sont les membres du réseau *Saphir* ? Comme si tout n'était pas, déjà, assez compliqué, le représentant du SDECE à Washington, Philippe Thyraud de Vosjoli, emboîte le pas à la CIA et se met à dénoncer l'infiltration de sa maison par les Soviétiques. Remercié par ses employeurs, Thyraud décidera de rester aux Etats-Unis où il écrira, quelques années plus tard, un livre affirmant, à peu de choses près, que le SDECE est un nid de taupes rouges. Bref : une génération de contre-espions français s'essoufflera, sans grand résultat, dans la chasse aux taupes soviétiques. Trente ans après, il se trouve encore d'anciens agents français pour expliquer que tel ministre ou tel conseiller de l'ombre (les noms de Louis Joxe et de Jacques Foccart font, en général, les frais de ces supputations gratuites) étaient des hommes de Moscou. Sans apporter, précisons-le, la plus petite preuve de leurs assertions. L'enquête sur le réseau *Saphir* n'a jamais abouti, et aujourd'hui encore, les hypothèses que nous avons évoquées ont chacune leurs partisans et leurs détracteurs qui, faute de pouvoir s'opposer des preuves décisives, bâtissent des raisonnements tortueux pour arriver à leurs fins. Mais on sait, en tout état de cause, que l'affaire Hounau a été montée de toutes pièces par Angleton, peut-être aidé par Thyraud de Vosjoli, pour consolider la position occupée par son transfuge, Golitsine...

Le "syndrome Golitsine" fera également des ravages aux Etats-Unis, où Angleton se jette sur la piste de *Sacha*, taupe mythique censée être implantée au cœur de l'Agence. James Angleton suspectera d'abord David Murphy, le directeur de la section soviétique, avant que *AE/LADDLE* ne se rappelle fort opportunément que le vrai nom de *Sacha* commence par la lettre "K". Un officier supérieur de la CIA, Peter Karlow, verra ainsi brisée sa carrière et devra quitter l'agence à 42 ans. Karlow devra attendre vingt-cinq ans avant de toucher un substantiel dédommagement (cinq cent mille dollars) et de se voir décerner une médaille (assortie d'une citation de deux pages), le 26 mai 1989, au siège de la CIA. La communauté américaine du renseignement fermait ainsi le dossier ouvert un quart de siècle plus tôt par la paranoaïa d'Angleton. Une théorie a été avancée depuis longtemps par quelques spécialistes : toute l'affaire Golitsine n'aurait été qu'une gigantesque manipulation soviétique — c'est, entre autres, la thèse de l'écrivain Pierre Nord (voir encadré) — destinée à miner l'ensemble de la famille du renseignement occidental. Dans ce cas, Golitsine aurait mêlé habilement de véritables informations sur des réseaux et des agents en voie d'être démasqués et ayant donc perdu leur utilité, à d'autres, forgées de toutes pièces à Moscou, le vrai servant à faire passer le faux. L'histoire serait belle et l'explication assez tentante si elle était corroborée par d'autres éléments. Mais nous ne pouvons que constater que, pour Oleg Gordievsky, par exemple, Golitsine est bel et bien un véritable transfuge. Quant à Anatoli Golitsine, qui déclencha le plus grand jeu de massacre de l'histoire du renseignement contemporain, il reviendra brièvement sous les projecteurs de l'actualité en 1990, en affirmant que la faillite du communisme n'est qu'apparente et qu'elle est, en fait, l'un des éléments d'une diabolique opération de désinformation du KGB. Mais il y avait déjà longtemps que plus personne n'accordait la moindre attention au délire paranoïaque de l'homme qui avait été *AE/LADDLE*.

AE/LADDLE dénonce monsieur Wilson

S'il est un pays où les révélations de Golitsine ont eu des conséquences durables et dommageables à bien des égards, c'est certainement la Grande-Bretagne. En décembre 1962, le dirigeant travailliste Hugh Gaitskell tombe brusquement malade et décède. Harrold Wilson lui succède à la tête du parti et devient, en 1964, Premier ministre. Il n'en faut pas plus pour que Golitsine affirme haut et fort que Gaitskell a été empoisonné par le KGB dans le seul but

> ### La CIA et le SDECE règlent leurs comptes au cinéma
>
> L'affaire Golitsine fera au moins deux heureux : les écrivains Léon Uris et Pierre Nord. Le premier, avec l'aide de Philippe Thyraud, écrira l'un de ses meilleurs best-sellers, *Topaz*, qui prend pour argent comptant toutes les révélations de Golitsine et trace un triste portrait du S.R. français. Le second prendra, avec *Le Treizième suicidé*, la défense du SDECE. Deux livres adaptés au cinéma sous les titres respectifs de *L'Etau* pour le premier (et un prestigieux réalisateur, Alfred Hitchcock en personne) et *Le Serpent* (réalisé par Henri Verneuil sur un script de Gilles Perrault) pour le second. Si Philippe Noiret et Michel Piccoli forment, dans *L'Etau*, un couple d'agents soviétiques très crédibles, Yul Brunner campe, dans *Le Serpent*, un Golitsine machiavélique mais très humain (rebaptisé pour l'occasion Alexeï Ivanovitch Vlassov) qui ne sera démasqué que grâce à la ruse d'un officier français. Détail qui passionnera les cinéphiles : le polygraphe (détecteur de mensonges) qui apparaît dans plusieurs scènes du film est un appareil authentique manipulé par un véritable spécialiste de la psycho-analyse. On mentionnera aussi le fait que Philippe Noiret, la taupe de *L'Etau*, incarne dans *Le Serpent* l'officier français qui démasquera le faux transfuge, le rôle du traître étant dévolu à l'inimitable Dirk Bogarde[8], alors que, dans *L'Etau*, il est l'un des traîtres recherchés...
>
> Quant à Pierre Nord, avec près de quatre-vingts romans publiés, il occupe une place à part dans le petit monde des auteurs d'espionnage. Ecrivain et donc spectateur attentif du monde de l'ombre, il est aussi "de la boutique" : depuis 1939, il aura été tour à tour officier de renseignement de l'armée et *Honorable correspondant* du SDECE.

de permettre l'accession à la direction du parti puis à la tête du gouvernement de Wilson qui n'est autre qu'une... taupe soviétique. James Angleton est positivement ravi : une fois de plus, son poulain fait parler de lui. Sous pression de Washington, le chef du MI5, sir Roger Hollis, crée un comité spécial mixte MI5-MI6 pour tirer l'affaire au clair : ce sera l'*opération Fluency*. Ni Angleton ni les gentlemen de Londres ne prennent le temps de s'arrêter à un malheureux détail : les déclarations de Golitsine ne sont pas la révélation d'une science personnelle des choses mais plutôt le fruit des cogitations d'un esprit fiévreux. Au moment où Gaitskell est tombé malade, Golitsine était aux mains de la CIA depuis plus d'un an. Sauf à être doté de pouvoirs surnaturels, le transfuge ne peut donc, tout simplement, pas savoir que le KGB a assassiné le politicien britannique. Les grands esprits, il est vrai, n'aiment pas s'encombrer le cerveau de mesquineries. Golitsine dit que Gaitskell a été assassiné et que Wilson est une taupe ? Du point de vue de l'Agence, Golitsine ne se trompe jamais : les choses doivent donc être telles qu'il les annonce. Et tant pis si, une fois de plus, la chronologie joue contre le super-transfuge. D'autant plus qu'une autre source va, quelques années plus tard, abonder dans le sens de Golitsine : Josef Frolik, l'homme du StB tchèque à Londres, lorsqu'il choisit la liberté en 1968, annonce lui aussi que l'entourage de Wilson est bourré de taupes. Or, Frolik, que le *Times* qualifiera vingt ans plus tard *"d'encyclopédie vivante sur les réseaux d'influence russes en Angleterre"*[9], est lui aussi considéré comme une source exceptionnelle.

Autour de Wilson, et pour des années, les hommes de l'*opération Fluency* vont donc tisser un étroit filet de surveillance : filatures, interception et lecture du courrier, écoutes des lignes téléphoniques et des appartements d'Harold Wilson et de quelques-uns de ses amis sont diligentées. Certes, le MI5 agit à bon droit : il ne peut ignorer les accusations, fussent-elles saugrenues, lancées contre des hommes politiques de premier plan. Le premier devoir du contre-espionnage, si on lui dénonce des agents adverses est, bien entendu, d'ouvrir une enquête. Fût-ce pour pouvoir classer le dossier après avoir levé quelques doutes. Ce qui surprend, dans l'affaire Wilson, c'est la longueur de l'enquête et, surtout, le climat politique qui l'entoure. Car il semblerait que, assez rapidement, des officiers de renseignement plutôt marqués à droite aient pris le train en marche. La préoccupation de ces derniers n'est pas tellement de mener la chasse aux taupes rouges que de nuire à un gouvernement qui leur paraît trop mou sur la question de l'Irlande du Nord. Revenu au pouvoir en 1974 après en avoir été chassé en 1970, Wilson sera toujours, plus de dix ans après avoir été mis en cause par Golitsine, l'objet des attentions du MI5. Une surveillance d'autant moins innocente que les chefs du MI5 sont alors en contact étroit avec un ancien du renseignement qui, lui, poursuit un objectif politique très clair. Airey Neave, évadé de la forteresse de Colditz pendant la guerre, a servi au MI9. Membre de l'aile droite du parti conservateur, il s'emploie à favoriser par tous les moyens la carrière d'une femme encore inconnue mais qui fera bientôt parler d'elle : Margaret Thatcher.

Ces années de recherches et de ce qu'il faut bien, semble-t-il, appeler "complot", ne permettront jamais de trouver la moindre preuve contre Harrold Wilson. Mais tous ses proches ne sont pas aussi blancs, car, si Golitsine raconte apparemment n'importe quoi, Josef Frolik, lui, a mis le MI5 sur des pistes sérieuses. D'après lui, trois parlementaires travaillistes, Will Owen, John Stonehouse et Tom Driberg sont des agents recrutés par le StB. Il dresse de Owen (*Lee* pour les Tchèques) un portrait particulièrement cru : *"Tout ce qui intéressait 'Lee', c'était la somme de 500 livres que nous lui payions chaque mois... Malgré les risques évidents, il réclamait sans cesse des voyages gratuits en Tchécoslovaquie pour ne pas devoir payer lui-même ses vacances. Chaque fois qu'il venait à l'ambassade pour une réception, il n'hésitait pas à prendre autant de cigares que sa poche pouvait en contenir"*[10]. Démissionnaire en 1970, acquitté par un tribunal faute de preuves, Owen avouera cependant sa trahison au MI5 en échange d'une impunité définitive : *"Owen"*, dira plus tard le député travailliste Leo Absee, son avocat, *"a fait tout ce qu'il a pu pour violer sa mère patrie"* [10]. John Stonehouse a connu pour sa part de graves revers de fortune qui l'amèneront, en 1974, à mettre en scène un faux suicide. Retrouvé en Australie où il vit avec sa maîtresse, ramené en Angleterre et jugé, il sera condamné à sept ans de prison pour divers délits. Quand à Driberg, qui mourra pair du royaume en 1976, il aurait été retourné par le MI5, désireux de l'utiliser comme agent double.

Les services est-européens ont-ils d'autres taupes haut placées en Angleterre ? Oui, à en croire le *Sunday Times* qui, le 19 février 1995, met en cause Michael Foot, ancien ministre de Wilson et dirigeant du parti travailliste au début des années quatre-vingt. Foot, il est vrai, a tout pour plaire à Moscou, qui, d'après Gordievsky, lui aurait attribué le nom de code de *Boot* : partisan des nationalisations, opposé à la guerre du Vietnam comme à l'alignement de Londres sur Washington, critique acharné de la politique nucléaire britannique, Foot est, dès les années soixante, le principal chef de file de l'aile gauche des travaillistes. Est-il, pour autant, un agent des Russes ? Les témoignages contradictoires d'Oleg Gordievsky et du colonel Lyubimov ne permettent pas de trancher cette question. Gordievsky affirme avoir eu entre les mains, à Moscou, en 1981, un dossier qui ne laisse aucun doute sur le fait que Foot ait été un agent du KGB. Et il assure avoir reçu, en 1985, alors qu'il était Résident à Londres, un cable chiffré lui demandant de reprendre contact avec l'homme politique : *"Cet agent nous a puissamment aidés dans les années soixante. Il a été sur la touche pour une longue période, mais maintenant qu'il est devenu un ancien homme d'Etat, il peut de nouveau être très utile... Pensez aux moyens de reprendre contact avec l'ancien agent, maintenant contact confidentiel, Boot"* [11]. D'après Gordievsky, Foot aurait été un agent jusqu'en 1968 mais aurait pris ses distances après l'écrasement du printemps de Prague et était, dès lors, considéré comme un *contact confidentiel*, c'est-à-dire, pour le KGB, une source valable permettant d'obtenir des informations confidentielles mais que le S.R. soviétique ne pouvait pas (ou ne voulait pas, pour des raisons de sécurité) contrôler aussi étroitement qu'un agent. Le lieutenant-colonel Viktor Kubeykine, qui occupa, de 1971 à 1977, le poste de Deuxième secrétaire à l'ambassade soviétique à Londres, confirme que *Boot* et Michael Foot ne font qu'un et assure que Moscou le considérait comme un agent d'influence. Mais le colonel Mikhaïl Lyubimov, en poste à Londres de 1961 à 1965, affirme pour sa part que ses contacts avec Michael Foot ont été innocents bien qu'il aurait *"adoré recruter Michael Foot comme agent"* [12].

Que Foot ait été un agent soviétique au sens technique du terme ou qu'il ait simplement été, pendant quelques années, un compagnon de route de l'URSS, cultivé pour son antiaméricanisme, ne change rien à un fait évident : de 1960 à la fin des années quatre-vingt, Londres sera une cible de choix pour les S.R. soviétiques, désireux tout à la fois de se renseigner sur le meilleur allié européen de Washington et de briser, si faire se peut, le couple anglo-américain.

Des officiers traitants de très haut niveau, les colonels Mikhaïl Lyubimov (1961-1965) et Yuri Kobaladze (1977-1985), les lieutenants-colonels Viktor Kubeykine (1971-1977) et Oleg Tsarev (1975-1980) et, bien entendu, le colonel Oleg Gordievsky (mais ce dernier est un agent double travaillant en fait pour le MI6) réussiront d'importantes percées dans les milieux politiques, syndicaux, scientifiques et dans les médias. Yuri Kobaladze, travaillant sous couverture comme correspondant de la radio-télévision soviétique, entretiendra par exemple de très nombreux contacts avec des universitaires de renom et des journalistes. Interrogé par Carey Scott, du *Sunday Times*, à Moscou, en 1995, sur ses relations avec le professeur Fred Halliday, un politologue, il répondra : *"Fred Halliday était très expert en politique étrangère. J'ai eu des dîners avec lui, mais cela implique-t-il qu'il ait été une de mes sources ?"*[(12)]. Dans le monde de l'ombre, les choses sont rarement claires...

Markus Wolf, l'espion devenu légende

Peu de chefs de services secrets peuvent se vanter d'avoir acquis une célébrité mondiale. C'est pourtant le cas de Markus Wolf, chef des S.R. est-allemands. Né le 19 janvier 1923 à Hechingen, près de Stuttgart, dans une famille de la bourgeoisie juive allemande, Markus Wolf, que ses amis d'école appellent affectueusement Mischa, se retrouve à Moscou en 1934 : peu de temps après l'arrivée de Hitler au pouvoir, son père, médecin devenu dramaturge et membre du P.C., a tout naturellement rejoint, avec femme et enfants, la patrie du socialisme.

Durant l'été 1942, le jeune Markus fréquente l'école secrète de formation des cadres du *Komintern*, puis, après la dissolution de cette organisation, en juin 1943, travaille à la rédaction de la radio du P.C. allemand, à Moscou. Dès le 30 avril 1945, alors que le siège de Berlin s'achève (l'Allemagne nazie va capituler dans huit jours), Markus Wolf est de retour à Berlin, avec les premiers groupes de communistes allemands chargés d'organiser la vie de la population dans la zone d'occupation soviétique; le 6 juin, il entre à la rédaction de la *Berliner Rundfunks* où il travaillera sous le pseudonyme de *Michael Storm*. En octobre 1946, sa radio l'envoie couvrir le procès des criminels de guerre qui s'ouvre à Nuremberg. Mais le 3 novembre 1949, c'est en qualité de diplomate

Frederick Forsyth,
une valeur sûre du roman d'espionnage

La pénétration du parti travailliste britannique par le KGB, la manipulation de son aile gauche, la lutte acharnée des Soviétiques pour dénucléariser la Grande-Bretagne : autant de thèmes qui forment la trame du *Quatrième Protocole*, publié en 1984 par Frederick Forsyth.

A 57 ans, avec six romans traduits en vingt-huit langues et vendus à plus de quarante millions d'exemplaires, Frederick Forsyth incarne une incontestable réussite dans le milieu des écrivains de politique-fiction. Il s'imposera dès son premier roman. Pourtant, *Chacal*, qui met en scène un complot contre le général de Gaulle sur fond de guerre d'Algérie finissante, avait été refusé par plusieurs éditeurs avant d'être publié en France ! En vingt ans, son succès ne s'est pas démenti. Un personnage s'entretient, et ce que Frederick Forsyth laisse filtrer sur sa vie, par le biais des services de presse de ses éditeurs, a tout pour renforcer son image de baroudeur. Une adolescence agitée l'aurait ainsi conduit du sud de l'Espagne à Tanger, ville de tous les trafics. Engagé dans la RAF à 19 ans, il a été l'un des plus jeunes pilotes de l'armée britannique, avant de mettre son uniforme au clou pour devenir journaliste. Formé à la dure école de la presse régionale, il entre à l'agence Reuter pour laquelle il s'intéressera de près aux soubresauts de la guerre d'Algérie et aux attentats de l'OAS. En 1965, il a 28 ans quand la BBC l'envoie au Biafra pour couvrir l'une des plus horribles guerres nées de la décolonisation. D'autant plus dégoûté qu'il est sujet à des pressions politiques insistantes, il démissionne et devient *free lance*. Après une vingtaine de mois passés dans la brousse aux côtés de mercenaires auxquels il se lie d'amitié, il publie sur cette guerre un document qui remporte un vif succès. De retour à Londres, sans argent et sans emploi, il écrit en trente-cinq jours son premier roman, *Chacal*, qui connaîtra la réussite que l'on sait : neuf millions d'exemplaires vendus, dix-huit traductions et une adaptation au cinéma.

Son secret, c'est une documentation sans faille. Ancien journaliste, Forsyth travaille encore comme un jeune reporter : *"Pour écrire Le Poing de Dieu, j'ai rencontré beaucoup de monde : des Irakiens exilés, des hommes d'affaire qui ont travaillé pendant de nombreuses années à Bagdad, des correspondants étrangers, des diplomates qui s'y trouvaient pendant la guerre du Golfe. Cela m'a donné une impression assez précise de l'ambiance qui régnait dans la ville et plus généralement dans le pays. Après cette 'prise de contact' indirecte, je me suis plongé dans des récits de voyages et des guides pour planter le décor. Et j'ai étudié cartes et plans. Avec des cartes des rues de Bagdad, j'ai pu, par exemple, me faire une idée de la topographie. Les autres informations, relatives à la puissance militaire irakienne ou à l'organisation des forces armées et des services de sécurité, je les ai trouvées dans des revues très spécialisées, comme le Jane's, cette revue anglaise consacrée aux problèmes de défense et aux équipements militaires, considérée comme une Bible, même par les gens des services de renseignement. Enfin, pour corser le tout, j'ai eu des discussions avec des amis qui sont dans différents 'services' et ils m'ont livré quelques informations confidentielles..."*[13]

> L'écrivain se défend de vouloir transmettre un message : *"Je n'en ai pas. Parfois au fil de mes recherches, certaines choses me semblent assez claires et j'en déduis que nous menons une politique ridicule et finalement destructive. Alors si je ne le dis pas moi-même, je le fais dire par l'un des personnages de mes romans. Peut-être qu'en me lisant quelque part, quelqu'un dira : 'Mais oui, il a raison'. Mais je n'essaie pas de prêcher, je fais des livres pour distraire les gens et leur apporter un peu de dépaysement et je n'ai aucune autre ambition"*[13].
>
> Curieusement, contrairement à la plupart des professionnels, Frederick Forsyth estime que les journalistes font de mauvais espions : *"S'il travaille dans un régime policier, ce qui, par définition, sera quand même souvent le cas, le journaliste est immédiatement guetté, peut-être suivi, en tout cas, on le remarque et on le surveille. Les dictateurs n'aiment pas les journalistes, surtout les Occidentaux qui posent des questions trop embarrassantes et fouinent partout. Or, un 'agent' doit être invisible dans la foule. D'autre part, évidemment, il lui est possible de poser toutes les questions qu'il souhaite..."*[13]. Et quand on lui demande pourquoi, à son avis, les Anglo-Saxons réussissent mieux dans le roman d'espionnage que les Français, les Allemands ou les Italiens, Forsyth éclate de rire : *"C'est une tradition britannique assez ancienne, qui remonte en tout cas à l'entre-deux-guerres. Il y a eu* Les 39 marches *de John Buchan, et puis les formidables livres d'Eric Ambler et Sommerset Maughan et son* Monsieur Ashenden. *Puis il y eut Graham Greene et, après la guerre, bien entendu, le James Bond de Ian Flemming et enfin le réalisme de John Le Carré. Que voulez-vous ? C'est une sorte de spécialité nationale pour nous, comme le roastbeef. Et comme nous avons l'intérêt du public, ça prend mieux chez nous qu'ailleurs. Je ne sais pas pourquoi puisque tous les pays ont leurs services de renseignement. Ça tient peut-être à notre caractère. Les Anglais, vous savez, adorent les clubs privés, inaccessibles à qui n'est pas membre. Ils ont un goût réel et même un don pour la vie secrète. Tout cela est manifeste dès l'enfance avec les 'public schools' qui sont, en quelque sorte, des clubs privés parfois très select. Vous y entrez à neuf ans et vous en sortez à dix-huit ans. Ça vous marque pour la vie. Il est d'ailleurs de notoriété publique que nos services secrets recrutent dans les universités qui, chez nous, sont d'autres 'clubs'. Nous aimons être membres de petits clubs privés, donc nous aimons tout ce qui se rapporte aux services secrets, c'est typiquement britannique. Les Américains nous ont copiés et même les Russes ont créé une sorte de James Bond soviétique, mais ça n'a pas marché..."*[13]

que Wolf s'installe à Moscou : il est premier conseiller à l'ambassade de la RDA, qui a vu le jour moins de six mois plus tôt. Enfin, en septembre 1951, Wolf est convoqué, dans le plus grand secret, au Comité central du SED, le parti communiste de Berlin-Est, où le responsable des Affaires internationales, Anton Ackermann, lui annonce qu'il a été choisi pour être l'un des premiers membres des services secrets est-allemands, l'*Aussen Politische Nachrichten* (APN, Renseignements politiques étrangers) qui se camoufle derrière la façade d'un banal institut d'études économiques, l'*Institut für Wirtschartswissenschaftliche Forschung* (IWF). La vrai carrière de Mischa Wolf commence...

Ils sont une vingtaine de jeunes gens à avoir ainsi été triés sur le volet pour porter le renseignement est-allemand sur les fonts baptismaux, et Wolf est rapidement versé au contre-espionnage où il est l'adjoint de Gustav Szinda, le chef du département. A terme, la tâche la plus importante du service se révélera être l'envoi de dizaines et de dizaines jeunes Allemands de l'Est en Allemagne de l'Ouest (les frontières entre les deux Allemagnes sont encore ouvertes à l'époque), à charge pour ces derniers de se noyer dans la masse et de s'intégrer à tous les milieux, dans le but d'occuper le maximum de postes à responsabilités. A l'automne 1953, suite à une défection qui permettra à l'Ouest d'identifier plusieurs dizaines d'agents est-allemands, l'IWF est rattaché au ministère de l'Intérieur (MFS) dirigé par Ernst Wollweber (voir chapitre 6). Wolf, qui a grade de général-major, est alors chef du service qui, formant le XVe département du MFS, sera, un moment, appelé Service XV. A 29 ans, il est le plus jeune chef d'un S.R. en Europe.

Dès cette époque, Wolf, encore inconnu des services occidentaux, commence à monter les opérations qui finiront par faire sa gloire. En août 1954, le travail clandestin du Service XV est brièvement mis en lumière par le passage à l'Est de Franz Karl Schmitt-Wittmach, l'un des dirigeants de la CDU, le parti chrétien-démocrate ouest-allemand, par ailleurs membre de la commission des Affaires étrangères du Bundestag. Le retour à l'Est de Schmitt-Wittmach provoquera d'ailleurs la colère de Wolf qui n'a pas été consulté. Le SED a simplement voulu marquer un coup dans la guerre idéologique et, pour ce faire, a mis fin à une opération d'infiltration à haut niveau qui se révélait particulièrement prometteuse...

Enfin, en novembre 1957, est créé le HvA ou *Hauptverwaltung Aufklärung*, dont Markus Wolf garde la direction et à la tête duquel il pourra donner toute sa mesure. Doté d'un flair infaillible et d'une intelligence supérieure, travailleur infatigable, le jeune chef de l'espionnage va, en quelques années, faire de sa carrière une véritable légende et inscrire à son palmarès quelques-unes des plus belles opérations de renseignement du bloc communiste. Combien d'agents sont-ils, contrôlés en Allemagne de l'Ouest, en France ou à l'OTAN par le HvA ? A en croire les affaires découvertes pendant la guerre froide ou, plus encore, celles qui ont été révélées depuis la réunification des deux Allemagnes, il n'est pas excessif d'estimer que Wolf et ses hommes activent des milliers de taupes : ses réseaux sont tellement denses qu'aucun secret gardé en RFA ne peut lui échapper plus de quelques jours; que ce soit par les réseaux des secrétaires, par des hauts fonctionnaires, des journalistes, des hommes politiques, chaque semaine, pendant près de trente ans, les documents les plus confidentiels du gouvernement de Bonn prennent le chemin de Berlin-Est. Et, de là, celui de Moscou.

Etant donné la place occupée par l'Allemagne dans la défense occidentale et dans la construction de l'Europe, l'intérêt de ces informations est souvent immense. Malgré sa réussite — ou peut-être à cause d'elle —, Wolf n'a pas que des amis. L'homme est paradoxal. On ne possédait, avant 1989, quasiment pas de photographie le représentant (son visage est apparu pour la première fois dans la presse, à la une du *Neues Deutschland*, en 1982, lors des obsèques de son frère Konrad qui, comme leur père, s'était tourné vers la littérature et le théâtre), mais dans le monde du renseignement, sa réputation est telle qu'on pensera longtemps qu'il a inspiré au romancier John Le Carré quelques-uns des traits principaux de Karla, le maître espion soviétique qui est l'adversaire habituel de Smiley. Excédé par cette rumeur, c'est Le Carré lui-même qui finira par mettre les choses au point en mai 1993 : il n'existe aucun rapport entre Karla et son supposé modèle, si ce n'est que *"tous deux étaient communistes... tous deux servaient des régimes repoussants"*.

Mais c'est peut-être dans le magnétisme certain qu'il exerce sur ses amis comme sur ses adversaires qu'il faut chercher l'origine des inimitiés farouches que Markus Wolf se fera à Berlin-Est. Le moindre de ses ennemis n'est certainement pas Erich Mielke, le ministre de la Sécurité qui, depuis le début de sa carrière, poursuivra Wolf d'une rancune tenace. Mielke, il est vrai, est tout le contraire de Markus Wolf : celui-ci est brillant, ouvert, intelligent, tandis que le premier est bureaucrate, stalinien, borné et d'une méfiance confinant à la paranoïa... Mais notre maître espion a de puissantes protections : il est, en fait, et c'est là le secret de sa longévité, l'homme de Moscou à Berlin-Est. Jouissant de la nationalité soviétique depuis ses années de jeunesse moscovite, protégé personnel de Youri Andropov — qui, après toute une carrière dans l'appareil de renseignement, dirigera le KGB de 1967 à 1982 avant son bref passage à la tête de l'Union soviétique —, Wolf est d'abord, et sans doute plus que la plupart de ses collègues d'Europe de l'Est, un homme du renseignement soviétique. C'est dire avec quel intérêt il suit les événements qui, à compter du début des années quatre-vingt, vont lentement amener sa deuxième patrie à se transformer. Mischa Wolf, sans doute sous l'influence de Youri Andropov, deviendra un réformiste. Conscient du fait que les structures figées du monde socialiste doivent évoluer si l'on veut sauver l'essentiel, il commence à lutter ouvertement pour le renouveau en Allemagne de l'Est, et finit, sous la pression de la direction est-allemande, totalement imperméable au vent novateur qui souffle de Moscou, par se voir contraint de renoncer à ses fonctions en 1986. Durant les événements de la fin de 1989, Markus Wolf jouera toutefois un rôle important dans la contestation du gouvernement, à tel point que certains estiment qu'il est un élément essentiel des opérations tentées par Moscou en vue de favoriser une transition graduelle en Europe orientale (voir chapitre 11). Mais le socialisme à visage humain qu'il préconise appartient déjà au passé pour les jeunes Allemands qui, en quelques semaines, vont faire tomber le mur de Berlin.

Le 2 octobre 1990, la veille de la réunification allemande, Markus Wolf, qui sait qu'il n'a aucun cadeau à attendre de ses anciens adversaires du BND qu'il a si souvent dupés, prend, pour la deuxième fois dans sa vie, la route de l'exil et retourne vers Moscou. Pendant quelques mois, il voyagera régulièrement entre la capitale soviétique et différentes villes d'Europe centrale. Finalement rentré en Allemagne, après avoir transité par Vienne, il sera jugé pour trahison, à Düsseldorf, comme son ancien adjoint et successeur, Werner Grossmann, et d'autres chefs du S.R. est-allemand. Markus Wolf se sert alors de son procès comme d'une tribune, dénonçant, non sans raison, une véritable parodie de justice (les anciens maîtres espions de la RDA, état internationalement reconnu, ne peuvent, à l'évidence, avoir trahi la... RFA) : *"Il aurait été plus honnête de déclarer, au nom du vainqueur de l'unification allemande : 'Maintenant, nous vous avons, maintenant nous vous présentons des comptes et vous devez expier'"*[14]. Mischa trouvera des accents pathétiques pour dénier aux magistrats de l'Ouest le droit de le juger : *"Rien ne doit subsister dans la conscience des vivants et des générations à venir des visions auxquelles nos parents croyaient jadis, de notre tentative d'édifier un ordre social plus juste, rien, seulement l'injustice... Vous pouvez nous soumettre à la pression de votre pouvoir, nous imposer l'interdiction professionnelle et une discrimination sociale, mais ce qui n'est pas en votre pouvoir, c'est de nous priver de notre honneur et de notre conscience... A soixante-dix ans, le temps est certainement venu de s'interroger sur le bilan de sa vie. Ici, dans cette salle, le mot 'trahison' a été prononcé. Ai-je trahi les valeurs qui ont marqué ma vie, des valeurs qui étaient précieuses et chères à ceux qui me servaient d'exemple, à ma famille et à moi-même ?... Je n'ai pas trahi mon pays. Je n'ai pas trahi un seul homme. Mon silence, Monsieur le Procureur, vous l'avez qualifié de non honorable. Déjà le grand Karl Liebknecht, également socialiste et adversaire de la guerre, déclara, face à ses accusateurs : 'Votre honneur n'est pas mon honneur'"*[14].

Condamné à six ans de prison en décembre 1993, Mischa Wolf verra enfin la justice lui donner raison et bénéficiera de l'amnistie générale touchant les anciens responsables du renseignement est-allemand. Il vit aujourd'hui, en homme libre, quelque part en Allemagne fédérale...

Gunter Guillaume, le disciple

Le 24 avril 1974, au petit matin, la police ouest-allemande procède au n° 106 de l'Uberstrasse, à Bonn, à l'arrestation de *Gunter Karl Heinz Guillaume* et de son épouse, Christel, qui s'apprêtent à fuir à l'Est.

Vingt taupes exemplaires...

En décembre 1991, les services spécialisés d'Allemagne de l'Ouest estiment que cinq à six mille agents de l'ex-RDA n'ont pas encore été découverts et que, parmi ces milliers de cas non encore élucidés, cinq cents agents devraient sans doute être considérés comme des espions de tout premier plan. En 1991, la justice de Bonn ouvrira près de mille sept cents dossiers pour espionnage et prononcera une centaine d'inculpations. Un rapide passage en revue de quelques taupes de Berlin-Est permet de comprendre à quel point Wolf et ses collaborateurs ont pénétré les différentes sphères du pouvoir ouest-allemand.

Klaus Croissant, ex-avocat des membres de la Bande à Baader, condamné à deux ans et demi de prison en 1980 pour complicité avec ses clients, travaillera quelques années pour Berlin-Est (nom de code *Taler*). Arrêté le 14 septembre 1992, il est condamné, le 4 mars 1993, à 21 mois de prison avec sursis.

Elke Falk, secrétaire au ministère de la Coopération. Elle a accès à d'importants dossiers concernant la politique étrangère allemande. Séduite en 1973 par *Gerhard Thieme*, un agent du HvA, elle a travaillé, de 1974 à 1977, avec le chancelier Helmut Schmidt. Arrêtée en mars 1988.

Gerhard Flaemig, député social-démocrate de 1963 à 1980, chargé des questions nucléaires au sein du SPD. Travaillera pour Berlin-Est jusqu'en 1989.

Gerhard G., expert de la Stasi au sein du C.E. de Bonn, il disparaît en 1982. Malgré l'absence de cadavre, la police conclura à un décès. Retrouvé et arrêté en Thuringe (ex-RDA) en décembre 1990.

Ingrid Garbe, employée à la délégation allemande à l'OTAN. Séduite par *Christophe Willer*, un illégal du S.R. est-allemand travaillant à Bruxelles comme fleuriste, elle lui transmettra les documents secrets qui lui passent entre les mains. Arrêtée le 2 février 1979.

Thomas Gundelach, ancien collaborateur du ministre Philipp Jeninger, accusé d'avoir livré des informations secrètes de haut niveau à la RDA. Il nie mais reconnaît avoir entretenu des relations confidentielles avec des représentants de Berlin-Est.

Herbert K., journaliste à la *Deutsche Welle*, spécialisé dans les informations militaires. Travaille pour le HvA de 1977 à 1989. Il se verra notamment chargé de faciliter l'introduction d'une autre taupe au sein du MAD (*Militärischer Abschirmdienst*, S.R. militaire de Bonn).

Lutz Krusche, journaliste et ancien président de l'Association des étudiants nationaux-démocrates (NHB, extrême droite), il touchera trois cent quatre-vingt mille marks pour prix des informations transmises à la RDA.

Klaus Kuron, haut responsable du contre-espionnage ouest-allemand. *Stern* pour le HvA, il touchera sept cent trente mille marks pour les informations transmises, de 1982 à 1990, au S.R. de Berlin-Est. C'est de sa propre initiative, pour faire face à d'importants problèmes financiers, qu'il avait pris contact, en 1981, avec le HvA. Au moment de l'unification allemande, il négociera son passage au KGB mais y renoncera : les propositions financières de Moscou n'étaient pas assez tentantes. Condamné à douze ans de prison, le 7 février 1992.

Ursel Lorenzen, proche collaboratrice d'un haut responsable de l'OTAN. Disparaît à Bruxelles le 5 mars 1979 et réapparaît trois jours plus tard à... la télévision est-allemande, où elle dénonce les plans de guerre de l'Alliance atlantique. Elle aurait été manipulée par son amant, Dieter Will, un illégal du HvA travaillant officiellement comme employé au Hilton.

Sonia Lueneburg, secrétaire de Martin Bangemann, figure importante de la vie politique allemande (il sera ministre de l'Economie et commissaire européen). Accusée d'espionnage, elle disparaît sans laisser de traces en 1985 mais sera arrêtée dans la région de Berlin, en juin 1991.

Holger Oerhens, chef d'édition régionale du *Bild Zeitung*, il aurait informé le HvA sur le groupe de presse *Springer*, super-puissance de la scène médiatique allemande.

Werner R., haut fonctionnaire au ministère de l'Intérieur de Bonn, recruté alors qu'il était encore étudiant. Arrêté en novembre 1991.

Karl-Heinz Rode, diplomate et spécialiste des questions économiques et commerciales. Travaillera pour le S.R. est-allemand de 1975 à 1989. Arrêté en octobre 1991.

Rainer et Ann-Christine Rupp, alias *Topaze* et *Turquoise*, tous deux employés par l'OTAN à Bruxelles. Rainer Rupp avait été recruté par le S.R. de Berlin-Est en 1968, alors qu'il était encore étudiant. De 1977 à 1988, Rupp et son épouse anglaise transmettront mille sept cent trente-sept documents ultra-secrets à la RDA et seront payés trois mille marks par mois. Arrêtés en juillet 1993, *Topaze* et *Turquoise* ont été condamnés, en novembre 1994, respectivement à douze ans et à vingt-deux mois de prison.

Dirck Schneider, l'un des responsables des *Verts* en RFA. Utilisé comme agent d'influence et *talent spotter*, informe Berlin-Est sur les militants *Verts* ayant des relations avec les dissidents.

Klaus von Raussendorf, diplomate de carrière, travaillera pour le HvA de 1960 à 1989. "Numéro deux" de la représentation ouest-allemande à l'UNESCO lors de son arrestation, le 9 avril 1990, il avait notamment travaillé à l'OTAN. Il sera condamné, le 20 juin 1991, à six ans de prison.

Heinz Helmuth Werner, chiffreur à la délégation ouest-allemande à l'OTAN. Arrêté en Allemagne le 3 avril 1990, après une perquisition particulièrement fructueuse de son appartement, à Bruxelles. Il aurait travaillé vingt ans pour le renseignement est-allemand.

X, infiltré au ministère de la Défense, il livrera, pendant vingt et un ans, des documents top secrets sur les armements de l'OTAN. Condamné à dix ans de prison en mai 1992. Son identité n'a pas été révélée.

Proche conseiller du chancelier Willy Brandt, *Guillaume*, travailleur, cultivé, obstiné, n'a, aux yeux du contre-espionnage ouest-allemand, qu'un seul défaut. Mais de taille : sous son véritable nom de Peter Lohse, il est capitaine de l'armée du peuple est-allemande et agent de Markus Wolf. Installé à Berlin-Ouest en 1956, *Guillaume* a pris le temps de se construire une couverture à la mesure de sa mission : il est "programmé" pour devenir *Führung-Officier*, "officier traitant" (OT) d'autres agents est-allemands envoyés à l'Ouest. Ce n'est qu'en 1970 qu'il commence à graviter dans l'entourage de Brandt, tout à fait accidentellement d'ailleurs : adhérent à l'aile droite du SPD pour parfaire sa couverture, il a été remarqué par Brandt pour son sérieux et son application. En quatre ans, *Guillaume*, qui se retrouve désormais à la chancellerie, inondera les services est-allemands d'une véritable marée d'informations ultra-confidentielles concernant le SPD, le gouvernement de Bonn, l'OTAN, les rapports franco-allemands et la construction européenne.

Mais le C.E. de Bonn est déjà sur les traces du couple. Deux agents de Wolf ont été arrêtés coup sur coup, l'un avec le nom de *Guillaume* (avec qui il doit avoir un contact) dans ses papiers, l'autre avec son numéro de téléphone. Une vérification approfondie des messages radios interceptés depuis quelques années permettra au contre-espionnage de découvrir un élément décisif : Berlin-Est, comme Moscou, a, en effet, l'habitude de féliciter ses agents pour leur anniversaire et pour les grands événements de leur vie privée. Or, plusieurs télégrammes de ce type ont été envoyés à un couple d'agents non identifiés à des dates qui correspondent à celles de la naissance de Gunter et de Christel. Il n'en faudra pas plus pour déclencher la catastrophe : identifié au printemps 1973, le couple est arrêté un an plus tard après une longue période de surveillance.

Après avoir déclaré devant le Bundestag que *Guillaume* ne pouvait avoir accès aux dossiers confidentiels, Willy Brandt se verra forcé de revenir sur sa déclaration : l'espion a bien pris connaissance, par exemple, d'une lettre personnelle de Nixon avertissant le chancelier des dernières modifications portées aux dispositifs de sécurité de l'OTAN face au renforcement militaire du bloc oriental. Brandt devra démissionner. Pour Markus Wolf, c'est une défaite politique grave : *"Nous savions que Brandt pratiquait, et allait approfondir son Ostpolitik qui recoupait nos propres intérêts stratégiques. Nous n'avions aucun intérêt à le faire tomber. Bien au contraire !"* [15]. Condamné à treize ans de prison, *Gunter Guillaume* sera échangé en 1981. Malade, divorcé et retiré près de Berlin-Est avec le grade de colonel, il verra s'écrouler le monde pour lequel il a combattu. En 1987, son fils est passé à l'Ouest et a changé de nom; en 1989, le mur de Berlin est emporté par le vent de la réunification. *Gunter Guillaume* mourra le 9 avril 1995, à l'âge de 68 ans.

Le terrorisme, une arme de Berlin-Est

Nom : Weinrich
Prénom : Johannes
Date de naissance : 21 juillet 1947
Pseudonymes : *Steve*, *Schneider*
Fonctions : a été, dans le *Groupe Carlos*, responsable des relations avec les autres groupes terroristes.

Telle pourrait être, succinctement résumée, la fiche de Johannes Weinrich, le lieutenant du terroriste *Carlos*, arrêté au soir du 1er juin 1995, dans une planque de la banlieue d'Aden (Yémen). Les informations seraient justes mais incomplètes, puisqu'elles laisseraient dans l'ombre ce qui peut être l'essentiel : Johannes Weinrich a été le contact entre *Carlos* et la Stasi est-allemande. Il est, en d'autres termes, la preuve vivante que certains services spéciaux est-européens ont, quand existait encore le bloc communiste, directement manipulé des groupes terroristes.

Johannes Weinrich est à peine âgé de 20 ans quand il crée en 1967, avec Wilfried Böse (qui sera tué par les parachutistes israéliens à Entebbe, dans la nuit du 3 au 4 juillet 1976, après avoir détourné un avion d'Air France), les *Cellules révolutionnaires*, un groupe de l'ultra-gauche allemande dont émergera, quelques années plus tard, le *Groupe Baader Meinhof*. On est alors en pleine guerre du Vietnam, et, internationalisme oblige, les intérêts américains en Allemagne sont les premières cibles du tandem Weinrich-Böse. Les jeunes gens sont particulièrement doués et animent, en même temps, un réseau de *secours rouge* qui draine des fonds pour les causes vietnamienne et palestinienne. Leur activisme forcené ne tarde pas à attirer l'attention plus que bienveillante de l'un des patrons légendaires de la scène terroriste internationale : Waddi Haddad. Cofondateur du *Front populaire de libération de la Palestine* (FPLP) avec Georges Habache, Waddi Haddad dirigera les opérations du FPLP avant d'acquérir une indépendance réelle et de faire de son département, le *Commandement des opérations spéciales à l'étranger* (COSE), une organisation à part entière. Il mourra d'une leucémie, dans un hôpital de Berlin-Est, le 28 mars 1978. Mais pour l'heure, c'est Haddad qui présentera Weinrich à l'un de ses protégés les plus prometteurs : Illitch Ramirez Sanchez dit *Carlos*.

Arrêté le 24 mars 1975 à Francfort, après avoir, pour le compte de Haddad, dirigé une action qui a échoué contre des avions d'El-Al à Orly, Weinrich est libéré sous caution en novembre de la même année pour raisons de santé et passe définitivement dans la clandestinité. Ayant rejoint *Carlos* en Syrie, il deviendra son principal adjoint après lui avoir amené sur un plateau ses *Cellules révolutionnaires*. Mais, quand *Carlos* lui demande de nouer un contact avec la Stasi est-allemande, il ignore que Weinrich collabore déjà avec ce service depuis une dizaine d'années. Enregistré par la centrale de renseignement est-allemande sous le nom de *Schneider*, il reçoit ses consignes des colonels Harry Dahl et Helmuth Voigt (respectivement responsables de *l'action violente* et du travail de renseignement en Europe occidentale) qui le considèrent, ainsi que le révéleront des années plus tard les dossiers de la Stasi, comme un *agent modèle*...

Fort de ses contacts à la Stasi, c'est Weinrich, que tout le monde dans le *groupe Carlos* appelle *Steve*, qui négocie la possibilité, pour son chef et ses amis, de s'installer à Budapest et de voyager librement entre la Hongrie et la RDA. En échange de ces menus services, la Stasi se sert des membres du groupe pour amasser des informations, notamment sur les centrales nucléaires françaises dans lesquelles travaillent un certain nombre de scientifiques et de stagiaires arabes auxquels les hommes de *Carlos* n'ont aucun mal à se faire recommander par leurs *parrains* syriens ou libyens. Mais Weinrich va plus loin, et, toujours par l'intermédiaire de la Stasi, il entre en relation avec la redoutable Securitate roumaine qui versera près d'un demi-million de dollars à *Carlos* pour l'exécution d'un attentat contre *Radio Free Europe* en février 1981 et pour la préparation du meurtre d'un opposant roumain réfugié en France. Désormais habité par la "folie des grandeurs", Weinrich proposera même à la Libye d'éliminer Ronald Reagan — mais Tripoli, où, une fois n'est pas coutume, la raison semble dominer, ne donnera aucune suite à cette suggestion — et Anouar El Sadate, qui tombera sous les balles d'un commando islamiste avant que les hommes de *Carlos* n'aient eu le temps de s'occuper sérieusement de son cas...

Lorsque le groupe passe à nouveau sous la tutelle de Damas, au début des années quatre-vingt, Weinrich se voit doté d'un passeport diplomatique au nom de *Farid Radward*. C'est pour le compte de Damas, et avec la complicité tacite de la Stasi, que Weinrich organisera, sur ordre de *Carlos*, le plasticage de la *Maison de la France* à Berlin-Ouest, le 25 août 1983. Les explosifs sont arrivés en droite ligne de Syrie par la valise diplomatique et ont été remis à Weinrich par le deuxième secrétaire de l'ambassade syrienne à Berlin-Est, Nabil Schrita. Mais l'attentat de Berlin se retournera contre le *groupe Carlos*. Désormais traqués par les hommes de la Direction générale de la sécurité extérieure (DGSE) française, toujours présents sur la liste noire du Mossad et de la CIA mais aussi du BND ouest-allemand, *Carlos* et ses amis sont désormais trop encombrants : la Stasi les lâche. Pour *Carlos* et *Steve*, qui sont toujours liés par une forte amitié (bien que Magdalena Kopp, la compagne des premières heures de Weinrich, soit devenue la femme de *Carlos*), l'heure de la préretraite a sonné. Ils se contentent désormais de gérer leur fortune (plusieurs millions de dollars, fruit des cachets payés par leurs protecteurs arabes et de divers trafics) et de servir de conseillers et d'instructeurs pour des services spéciaux arabes qui continuent à manipuler des groupes terroristes. Les deux hommes vivent alors, le plus souvent, à Damas, mais Weinrich conserve des relations étroites avec le Yémen qui lui procure d'ailleurs un faux passeport diplomatique au nom d'*Abdul Nabi Mohamed Hussein.*

En août 1994, alors que *Carlos* tombe dans les filets tendus par le colonel Philippe Rondot (devenu, depuis, général), consultant de la DST pour les affaires terroristes, Weinrich se trouve à Damas. C'est le début de la fin. Expulsé de Syrie, il se réfugie au Yémen après que Tripoli eut refusé de lui accorder l'asile. Il se déplace beaucoup et échappe de peu, début 1995, à un commando du service Action de la DGSE venu spécialement de Paris à Djibouti pour le capturer. Mais les services spéciaux français ne le lâchent plus et finissent par le "loger" à Aden où une équipe le photographie et relève ses empreintes sur la vaisselle d'un restaurant. Formellement identifié, il fait alors l'objet d'une demande d'arrestation de Bonn et est interpellé dans la soirée du 1er juin. L'avenir de Johannes Weinrich est désormais aussi sombre que celui de son patron et ami *Carlos* : jugé en Allemagne, il le sera également en France, à moins que Paris ne se contente de dénoncer les faits criminels qui lui sont reprochés à la justice allemande, et une très longue peine de prison l'attend.

Les derniers membres influents du *groupe Carlos* encore en liberté se comptent désormais sur les doigts d'une main : outre Magdalena Kopp, réfugiée au Venezuela où elle est protégée par la famille, richissime, de *Carlos,* les seuls à vraiment intéresser la justice et les "services" sont Abou Akam, le financier de l'équipe — impliqué dans l'attentat qui a fait un mort et soixante blessés rue Marbeuf, à Paris, le 22 avril 1982 —, Ali Farhat, qui était le responsable de la sécurité de *Carlos* et est considéré comme son successeur naturel, et les deux artificiers et logisticiens, Mohamed Amir et Mahmoud Mabil. Si Magdalena Kopp n'intéresse que très médiocrement les spécialistes de la lutte antiterroriste, il n'en va pas de même pour Akam, Farhat, Amir et Mabil qui sont jugés *"toujours opérationnels et extrêmement dangereux..."*. Mais leur marge de manœuvre se rétrécit de jour en jour...

L'instruction du procès de Johannes Weinrich, en tout cas, devrait éclairer d'un jour particulier ces années où Berlin-Est aidait le terrorisme international. Markus Wolf, pour sa part, affirme que le HvA n'a jamais formé ni manipulé de terroristes. D'après lui, c'est Erich Mielke, le patron de la Stasi qui avait la haute main sur cet aspect des choses. Pour Wolf, cependant, et pour le général Gehrart Neibert, l'ancien chef du Département XXII de la Stasi (*Section anti-*

terroriste), il s'agissait, en permettant à quelques anciens de la Fraction Armée Rouge, comme Suzanne Albrecht, Inge Viett ou Till Mayer ou aux chefs du *groupe Carlos* de se mettre au vert en RDA, de neutraliser ces terroristes et non pas de les utiliser...

Les Bulgares sortent leur parapluie

Dans la galerie des gadgets pervers mis au point par les services secrets pour éliminer les gêneurs, le *parapluie bulgare* n'est pas déplacé et ne déparerait pas un volume des aventures de James Bond. En septembre 1978, à Londres, l'écrivain et journaliste dissident bulgare, Georgi Markov, qui vit en Angleterre depuis 1969 et travaille à la section en langue bulgare du *World Service* à la BBC, est hospitalisé, victime d'une mystérieuse infection généralisée. En quelques jours, il décède sans que les médecins anglais n'aient pu le sauver. A l'agonie, il n'a cessé de répéter qu'il avait été bousculé, à un arrêt d'autobus, par un gros homme muni d'un parapluie et qu'il est persuadé d'avoir été empoisonné par des agents du DS, le *Durjavna Sigurnost*, le service de sécurité bulgare. Une thèse d'autant plus crédible pour les S.R. occidentaux que le DS a réellement mauvaise presse. Tout à la fois S.R. du régime communiste et police personnelle de Todor Jivkov, aimable tyran à la mode balkannique, le DS trempe notamment dans toute une série de louches opérations de trafic (entre autres de cigarettes), dans lesquelles il n'hésite pas à côtoyer la mafia turque. Les camions bulgares qui sillonnent alors l'Europe occidentale sont ainsi devenus le cauchemar du C.E. occidental et des services de polices luttant contre les fraudes : quand il ne passent pas de cargaisons illégales, on retrouve leurs chauffeurs en train de mesurer la hauteur des ponts ou de photographier des bases militaires. En théorie, toutefois, la répression de la dissidence n'est pas du ressort du DS mais bien du *Département de lutte contre la diversion idéologique* de la *Milice*.

Après deux autopsies, du reste, l'empoisonnement ne fait plus aucun doute pour les services spéciaux et la *Special Branch* : *"Le groupe de Scotland Yard de Bow Street à Londres, chargé de l'investigation, conclut que l'agression contre Markov n'était ni un hasard ni l'œuvre d'un personnage isolé. Une arme aussi sophistiquée ne pouvait être employée que par une organisation disposant de grands moyens d'action"*, peut-on lire, à l'époque, dans *Le Monde*. Début octobre, toujours à Londres, c'est Vladimir Simeonov, un Bulgare de 30 ans qui est trouvé mort dans le hall de son immeuble. Le diagnostic — *"étouffement avec son propre sang"* — est loin de satisfaire des enquêteurs qui, par ailleurs, ont vite fait d'établir un parallèle troublant entre la mort des deux dissidents et "l'accident" dont a été victime, un mois plus tôt, à Paris, à la station de métro

Charles de Gaulle-Etoile, un autre réfugié politique bulgare, Vladimir Kostov qui, un an auparavant, a demandé aux autorités françaises l'asile politique pour lui et sa famille. Mais, par miracle, Kostov a survécu et son témoignage permet aux experts du contre-espionnage d'affirmer que les deux affaires sont liées et résultent d'un complot des services secrets de Sofia visant à intimider l'émigration politique. Markov et Kostov ont tous les deux, d'après l'enquête, été victimes d'un poison violent, extrait de graines de ricin et contenu dans une boule de platine, administré à l'aide d'une seringue très perfectionnée camouflée dans la pointe d'un parapluie. Il suffit au tueur de heurter accidentellement sa cible, et une aiguille microscopique se charge du reste. La victime en est quitte pour une légère douleur, à laquelle elle ne prête pas vraiment attention, tandis que le poison commence à agir quelques heures plus tard. Kostov n'a pas succombé, car la boule de métal contenant le poison ne s'est pas désintégrée et a pu être extraite par un médecin.

Pendant treize ans, la Bulgarie niera, avec indignation, toute implication dans les deux meurtres et dans la tentative d'assassinat de Kostov, et clamera haut et fort qu'elle est victime d'une odieuse campagne de désinformation. Mais depuis la libéralisation de l'Europe de l'Est, divers témoignages apportent quelques précisions sur l'affaire. C'est ainsi que le général Oleg Kalouguine, ancien chef du contre-espionnage au KGB et aujourd'hui homme politique réformateur à Moscou, affirme que c'est l'ancien dictateur et secrétaire général du P.C. bulgare, Todor Jivkov lui-même, qui a exigé de son ministre de l'Intérieur, Dimotar Stoianov, l'élimination des dissidents vivant à l'étranger. Stoianov se serait alors tourné vers le KGB, et en particulier vers Vladimir Krioutchkov — qui devait en devenir le chef avant d'être arrêté pour son implication dans le putsch manqué du 19 août 1991 —, pour obtenir aide et conseil. Oleg Gordievsky, pour sa part, affirmait, le 23 octobre 1990, au cours d'une interview donnée par téléphone à la télévision bulgare, que le poison du parapluie avait été fourni à Sofia par Sergueï Gogolov, l'un des anciens responsables du KGB.

Mais l'enquête est loin d'être facile : le dossier Markov a été fort opportunément détruit, avec beaucoup d'autres, en octobre 1990, avant la chute du régime communiste. Et en juin 1991, l'ancien Résident du KGB à Sofia, Ivan Savtchenko, déclarait à l'hebdomadaire bulgare *Pogled* que la Bulgarie n'avait rien à voir dans l'affaire Markov : *"J'ai assisté à tous les entretiens entre dirigeants des S.R. soviétiques et bulgares, jamais il n'a été question du meurtre de Georgi Markov"*, affirme Savtchenko, avant de conclure que l'assassinat *"a été organisé par des services secrets occidentaux qui ont tenté de discréditer les services secrets et le régime politique bulgare..."* [16]. Outre l'invraisemblance de cette dernière affirmation, qui ressemble aux vieux ragots de la guerre froide, on soulignera seulement qu'à l'époque où Savtchenko fait cette déclaration, l'Union soviétique existe toujours et le chef du KGB est encore, pour quelques mois, ce même Vladimir Krioutchkov, personnellement mis en cause par le général Kalouguine...

Un ancien colonel des services secrets bulgares, affirme quant à lui, que le gouvernement communiste avait bien décidé de *"donner une leçon à ceux qui dénonçaient le régime bulgare depuis l'étranger"*[17], et confirme l'implication du KGB dans l'opération.

Danger : la gauche au pouvoir en France

Le 10 mai 1981, François Mitterrand devient le quatrième président de la cinquième République. Mais surtout, il amène aux affaires une coalition socialo-communiste qui ne peut qu'être vue avec méfiance par les hommes du SDECE. Précisons-le, les hommes de l'ombre n'ont aucune agressivité particulière contre les socialistes. Après tout, ils en ont l'habitude : dans les années cinquante, ils ont servi des gouvernements de gauche et ils n'oublient pas que nombreux furent, dans les années quarante, les dirigeants de la maison à être de sensibilité socialiste (SFIO, comme on disait à l'époque). Certains officiers et cadres de la maison ont d'ailleurs, sinon leur carte du P.S., du moins des idées de gauche. Non, le problème, bien entendu, c'est le parti communiste. Ses liens avec Moscou, qu'ils soient politiques ou financiers, n'ont (presque) pas de secret pour le SDECE, qui a de bonnes raisons de craindre que chaque information secret-défense révélée à des ministres communistes ne prenne assez rapidement la direction de l'URSS. Et puis, même si l'alliance P.S.-P.C. de ce printemps 1981 est purement conjoncturelle et n'a plus rien à voir avec l'union de la gauche de 1974, les S.R. ne peuvent que se souvenir que leur sort était réglé, dans ce programme, en moins d'une ligne : *"Le SDECE sera supprimé"*. Bref, la maison fait le gros dos et attend l'orage. Celui-ci ne viendra pas, même si des mouvements de personnel ont lieu. En effet, le vicomte de Marenches, patron du SDECE depuis onze ans, cède la place à Pierre Marion, dont l'une des qualités premières est d'être bien en cour et de partager les options philosophiques du ministre de la Défense, Charles Hernu, et le SDECE devient DGSE.

Pierre Marion ne fera guère d'étincelles à la tête des services spéciaux français. Ignorant des arcanes du monde du renseignement, dépourvu de toute relation dans les milieux militaires, il s'illustre surtout en faisant (assez somptueusement, d'après la presse) réaménager ses bureaux désormais surnommés *le petit Trianon*[18], et en entamant une valse des cadres. Le général René Crignola et le colonel Georges Grillot, respectivement directeur du Renseignement et chef du service Action, sont ainsi limogés en même temps que quelques autres. Même si certains des remerciés ne laissent pas derrière eux un souvenir ému, petit à petit, l'ambiance se détériore : le courant passe mal entre un directeur qui prétend tout régenter jusque dans les moindres détails et des professionnels dont il ne parle pas le langage et qu'il punit, le cas échéant, avec une remarquable rapidité. Ainsi, *L'Express* ayant révélé, le 18 décembre 1981, que les directeurs de cabinet des quatre ministres communistes du gouvernement étaient invités à une séance de sensibilisation — un cauchemar pour les hommes de l'ombre — au siège de la DGSE, boulevard Mortier, Marion limoge-t-il immédiatement un officier qu'il suspecte, à tort, d'être à l'origine de cette fuite, tandis que d'autres sont soumis à d'interminables interrogatoires de sécurité. En quelques mois, des dizaines d'officiers sont écartés, mouvement qui aurait provoqué la rupture de centaines d'*honorables correspondants* avec la maison et l'effondrement de réseaux entiers. Sans compter certaines mesures politiques regrettables : l'Afrique du Sud étant, bien évidemment, infréquentable pour raison d'*Apartheid*, le poste de la DGSE y est, par exemple, fermé. Et tant pis pour la collecte de renseignements sur l'Afrique.

Pierre Marion, bien entendu, jette sur ces années un regard quelque peu différent. Comme il l'explique dans *La Mission impossible*[19], ni le chef de l'Etat ni le ministre de la Défense, Charles Hernu, ne font preuve d'un grand intérêt pour le service qu'ils lui ont confié. Il se retrouverait ainsi, dit-il, sans consignes claires à la tête d'une administration délicate, dominée par des cadres issus de l'armée et où se cultive la médiocrité. La vérité est sans doute, comme toujours, quelque part entre les affirmations des uns et des autres. S'il est évident que Marion n'était pas préparé à sa mission et que le sort du S.R. intéressait d'autant moins François Mitterrand que celui-ci était occupé, dès 1982, à tenter de mettre sur pied une structure parallèle (avec les conséquences catastrophiques que nous étudierons au chapitre 10), il n'en est pas moins clair que certains de ses subordonnés ne feront rien pour lui faciliter la tâche. Dommage : l'idée d'introduire un grand patron venu du privé à la tête des structures de renseignement n'était pas mauvaise et aurait sans doute permis d'augmenter la rentabilité du service en modifiant sa "gestion".

Mais Pierre Marion n'aura jamais le temps de faire ses preuves. A la mi-novembre 1982, l'amiral Lacoste, commandant de l'escadre de Méditerranée, prend la relève. Il restera aux commandes de la DGSE jusqu'à l'automne 1985 et sera entraîné par la catastrophique opération dirigée contre le *Rainbow Warrior* : si les choses commencent à aller mieux pour la DGSE, elle n'est pas encore sortie de la zone des turbulences. Et si les choses se calment, en France, les Etats-Unis, eux, voient toujours d'un mauvais œil les "rouges" aux affaires à Paris.

Farewell, un brevet de bonne conduite

C'est dans ce contexte que va éclater, en 1985, l'affaire *Farewell*. Le 27 mai 1981, un mercredi, François Mitterrand n'est à l'Elysée que depuis six jours quand Gaston Defferre l'informe qu'il vient d'apprendre du directeur de la DST l'existence d'une taupe française à Moscou. Identifiée sous le nom de code de *Farewell*, cet agent fournit régulièrement au C.E. français des renseignements de haute importance en provenance directe du KGB. *Farewell*, en réalité, n'est autre que le lieutenant-colonel Vladimir Ippolitovitch Vetrov, employé à la *Direction T* (renseignement scientifique et technique) du KGB. Ayant étudié le français, qu'il possède en langue principale (première langue étrangère parlée par un officier des S.R. soviétiques), Vetrov a été en poste en France de 1965 à 1971; il y a d'ailleurs été approché par le C.E. parisien et les rapports établis notent sa francophilie. Ce qui ne l'empêche pas, sous sa couverture de spécialiste en électronique à la représentation commerciale de l'URSS, de faire son travail et de recruter des agents. Comme Pierre Bourdiol, ingénieur chez Thomson-CSF, travaillant sur le projet Ariane (démasqué, il sera condamné à cinq ans de réclusion criminelle, le 16 juin 1987, par la cour d'assises de Paris).

Rappelé à Moscou avant qu'une manipulation n'ait pu s'engager, Vetrov ne sera plus jamais désigné pour un poste étranger, mis à part un bref séjour au Canada, en raison de problèmes personnels qui restent obscurs. Il commence alors à ressasser une véritable haine pour le KGB. C'est au début des années quatre-vingt qu'il passera le pas et remettra à un ami français travaillant à Moscou une lettre destinée à la DST. Après quelques hésitations, le contre-espionnage français décide rapidement de poursuivre ce contact, par l'intermédiaire de l'ami français de Vetrov (qui recevra la Légion d'honneur en récompense des risques courus). Selon Gordievsky, Vetrov a *"fait montre d'une incroyable témérité : il avait sorti du Premier Directorat général des dossiers entiers ou des chemises bourrées de pièces qu'il avait photographiés chez lui avant de faire passer les bobines aux Français. Il avait transmis à l'Ouest un véritable monceau de documents"*[20]. D'après notre confrère Thierry Wolton qui, le premier, a révélé au monde l'existence de *Farewell*, du printemps 1981 à l'automne 1982, Vetrov ne livrera pas moins de quatre mille documents très secrets à Paris.

Farewell-Vetrov est, sans nul doute, l'une des taupes les plus importantes jamais recrutées par l'Ouest au sein du S.R. soviétique. Outre les services inestimables rendus au renseignement occidental, il permettra également à François Mitterrand de rassurer les alliés américains de la France : le 19 juillet 1981, au sommet des sept pays les plus industrialisés à Ottawa, le président de la République annonce à Ronald Reagan l'existence de la taupe. Mieux : il promet que la France transmettra à Washington tout ce que *Farewell* communiquera sur le renseignement soviétique aux Etats-Unis. *"Epaté, Reagan s'exclame : 'C'est le plus gros poisson de ce genre depuis 1945'"* (21).

Le 11 janvier 1983, François Mitterrand apprend par le quai d'Orsay que, depuis 1976, un dispositif électronique intégré au télex de l'ambassade de France à Moscou permet au KGB d'intercepter toutes les communications entre l'ambassade et Paris. Colère froide du président qui décide d'expulser des agents soviétiques résidant en France. Il faut donc en établir une liste : *"Ce que fournit* Farewell, *n'est, de ce point de vue, pas inutile"* (22). Et deux mois et demi plus tard, en date du 4 avril 1983, Jacques Attali peut inscrire dans ses carnets : *"Le compte est bon : expulsion demain de quarante-sept ressortissants soviétiques et de leurs familles, accusés d'espionnage. Les informations de* Farewell *ont permis d'établir une liste exhaustive, précise, indiscutable"* (23). Dans les jours qui ont précédé l'expulsion, la DST, pour noyer le poisson tout en donnant un coup de pied dans la fourmilière, a multiplié les "coups" contre les contacts du KGB et du GRU : huit opérations, se soldant par des gardes à vue et des auditions, se déroulent ainsi les 22, 23 et 25 mars. Convoqué au quai d'Orsay le 27 mars par François Scheer, chef de cabinet du ministre des Relations extérieures, le ministre-conseiller soviétique, Nicolaï Afanassievski proteste : *"Le diplomate français lui donne alors le 'bilan de la VPK pour l'année 1979' dans sa version russe. Afanassievski feuillette la brochure pendant une demi-minute et la rend, silencieux, à son interlocuteur... il n'émet aucune réserve sur l'authenticité du document, qu'il n'a, selon toute probabilité, jamais vu auparavant. A-t-il remarqué que l'exemplaire qui lui a été communiqué porte le n° 1 ?"* (24). Enfin, en date du 29 mars 1985, Jacques Attali note : *"Bruno Masure révèle l'affaire* Farewell *au journal télévisé. Il faut tout arrêter.* Farewell *est perdu"* (25). Mais cette fois, le conseiller de François Mitterrand se trompe : *Farewell* est perdu, c'est bien exact, mais depuis près de trois ans. A la fin du mois de février 1982, la taupe a en effet cessé de venir aux rendez-vous fixés à Moscou avec son contact français. Il ne viendra non plus à aucun des rendez-vous de repêchage et ne donnera plus jamais signe de vie. On n'apprendra que bien plus tard et en grande partie, une fois de plus, grâce à Gordievsky, ce qui s'est passé. Au cours d'une banale scène de ménage avec sa maîtresse, dans un parc de Moscou, Vetrov, qui mène une vie de plus en plus déréglée, a voulu la frapper avec une bouteille de champagne. Un passant s'est interposé; fou de rage, *Farewell* l'a poignardé. Jugé, condamné à vingt ans de prison, comprenant que sa vie est brisée à jamais, dans une ultime bravade, Vetrov a envoyé une confession complète au directeur de la sécurité intérieure du *Premier Directorat Principal* du KGB, Vitali Iourtchenko. Interrogé par ce dernier, il confirme ses dires et fait état du dégoût que lui inspire le système soviétique. Vladimir Ippolitovitch Vetrov est exécuté en décembre 1984 ou en janvier 1985. Environ

Les grands services occidentaux de la guerre froide

La fin de la Seconde Guerre mondiale et les débuts de la guerre froide ont figé le monde du renseignement occidental. Certes, comme pour tout organisme vivant, l'évolution ne s'arrête pas, et les services peuvent être remaniés, transformés ou voir leurs missions modifiées, mais, en gros, le visage que prend, entre 1945 et 1950, la communauté occidentale du renseignement restera le même jusqu'à nos jours. Outre les MI5 et MI6 britanniques, quels sont les principaux services de sécurité du monde libre ?

Aux Etats-Unis, c'est la CIA qui est, principalement, en charge du renseignement à l'étranger. Elle partage toutefois cette responsabilité avec les militaires de la DIA (*Defense Intelligence Agency*) qui regroupe, depuis 1947, les services de renseignement de l'US Army et de l'US Navy et les "diplomates" du *State Department Bureau of Intelligence and Research* (SDBIR). La DIA peut, de plus, compter sur l'appui de l'*Intelligence Support Activity*, l'équivalent du service Action français. Les S.R. de l'aviation, de la marine, de l'armée de terre et des *Marines* continuent, toutefois, à rassembler le renseignement relatif au champ de bataille. Le système ouvre évidemment la porte à toutes les rivalités. Ainsi, selon le colonel William V. Kennedy, *"plus de vingt ans après l'événement, la DIA et la CIA présentent encore chacune à la presse des arguments différents pour prouver que leur service d'interprétation des photos aériennes avait, avant celui de l'autre, 'découvert' à Cuba les engins soviétiques qui provoquèrent la fameuse crise de 1962"*[26]. Le contre-espionnage est théoriquement confié au FBI (*Federal Bureau of Investigation*), mais la CIA comme la DIA possèdent leur propre organe de C.E.

En Grande-Bretagne, MI5 et MI6 partagent le terrain avec le renseignement militaire et ont accès aux interceptions et aux observations par satellite réalisées par le GCHQ (*Government Communications Headquarters*). L'ensemble de ces activités est coordonné par le *Joint Intelligence Committee* (JIC). Le JIC a, notamment, mis au point un excellent système d'appréciation du renseignement : chaque service évalue lui-même les informations dont il est le producteur mais, avant que celles-ci ne soient soumises aux échelons politiques, elles passent par le filtre du *Committee*, au sein duquel elle sont soumises aux chefs des autres services. De même, en cas de crise spécifique (la crise du Golfe en 1990, par exemple), le JIC peut demander à chacun des services qu'il coiffe de détacher quelques spécialistes à une cellule commune mise sur pied pour l'occasion. Travaillant à temps plein sur la question, ces spécialistes peuvent s'appuyer sur toutes les ressources de leurs services respectifs. La Grande-Bretagne collabore, de plus, assez étroitement (comme les Etats-Unis) avec les services secrets des pays du Commonwealth (Police montée et son C.E. au Canada, *Australian Security* and *Intelligence Organisation*, ASIO en Australie, etc.)

En France, le SDECE, devenu en 1981 la DGSE, est actif à l'étranger, aussi bien pour ce qui concerne le renseignement que le contre-espionnage offensif ou l'Action.

> Depuis 1992, il doit compter avec la DRM (Direction du renseignement militaire) créée au lendemain de la guerre du Golfe. Contre-espionnage et anti-terrorisme en métropole sont du ressort de la DST (Direction de la sécurité du territoire).
>
> En Allemagne, enfin, outre le BND, deux services coexistent. Le contre-espionnage est du ressort du *Bundesamt für Verfassungsschutz* (BfV) tandis que l'armée dispose, avec le *Militärischer Abschirmdienst* (MAD), de son propre organisme de renseignement/contre-espionnage. Le *Bundeskriminalamt* (BKA), qui regroupe les services de police criminelle, extrêmement actif dans la lutte contre le terrorisme, collabore tout naturellement avec les organismes précités.

un an et demi après que ses révélations ont permis l'expulsion de quarante-sept Soviétiques de France et, quelques mois après, l'arrestation de Manfred Rotsch, ingénieur en chef chez *Messerschmitt*, arrêté après dix-sept ans d'espionnage, grâce aux informations transmises par *Farewell*.

Les Roumains aiment trop la France

Le 1er avril 1984, en début de matinée, sans un cri, un homme tombé du troisième étage de l'ambassade de Roumanie à Paris vient s'écraser aux pieds d'une passante, sur le trottoir de l'avenue Bosquet. Début et fin d'une possible histoire d'espionnage. Une ambassade jouissant de l'extra-territorialité, on est libre de s'y égorger en toute quiétude sans avoir à rendre de comptes à la police. Mais comme on ne peut quand même pas laisser traîner n'importe quoi sur la voie publique, les Roumains, grands seigneurs, expliqueront que la victime, Nicolae Iossif, un ouvrier chargé de réparations dans les locaux diplomatiques, a mis fin à ses jours dans un moment de déprime. De déprime noire, sans doute : avant de se jeter par la fenêtre, Iossif a pris soin de se briser une ou deux côtes et de se planter un poignard dans le cœur. Voilà un homme qui n'aimait pas faire les choses à moitié. Règlement de comptes pour une sombre affaire de trafic ? Querelle sanglante entre soûlards ? Leçon un peu trop musclée donnée à un homme dont on n'était plus sûr ? Mystère. Une seule certitude : même si la *Securitate* n'a rien à voir dans cette affaire, elle a pris, depuis de nombreuses années, l'habitude de se comporter en France comme en terrain conquis...

L'une des plus importantes opérations jamais menées en France par le S.R. roumain sera, sans nul doute, l'organisation, au début des années soixante, d'un réseau offensif dirigé contre l'OTAN par le lieutenant-colonel Mihaïl Caraman. Arrivé en France en 1958, Caraman va recruter une demi-douzaine d'agents français qui lui permettront de pénétrer l'alliance atlantique et divers milieux intéressant Bucarest. C'est l'adjoint de Caraman, Dan Jacobescu, qui, menacé d'un rappel en Roumanie, vendra le réseau à la DST en 1969. Tombent entre autres dans les mailles du filet le documentaliste de l'OTAN, Francis Roussilhe, et le diplomate Pierre Locheron. Dommage pour le pacte de Varsovie, car, au-delà de Bucarest, c'est l'ensemble du bloc communiste qui est intéressé par les renseignements recueillis par le réseau Caraman : la Roumanie, dans la répartition des tâches liée au système global de renseignement en vigueur derrière le rideau de fer, a, en effet, hérité du *secteur France*, ce qui signifie qu'elle est priée de faire un effort particulier sur les objectifs hexagonaux. Décision assez logique, au fond : le français est toujours très présent en Roumanie et les compatriotes de monsieur Ceaucescu se sentent, à Paris, comme des poissons dans l'eau... Le seul problème, qui sera à l'origine d'une véritable faillite du renseignement roumain en France, c'est que monsieur Ceaucescu, puisque nous parlons de lui, est légèrement dément. Et qu'il ne supporte pas la moindre contradiction.

Le 20 mai 1982, l'écrivain roumain dissident Virgil Tanase disparaît en plein Paris. Rapidement, la rumeur enfle : il aurait été enlevé, ou pire, par la *Securitate*, à cause d'un article paru dans le mensuel *Actuel* qui tournait en dérision la famille Ceaucescu. Le 9 juin, François Mitterrand affirme que, si un état étranger est à l'origine de cette disparition, la France réagira comme il se doit. Puis, le 31 août, c'est le coup de théâtre : Tanase fait sa réapparition, au cours d'une conférence de presse, avec un parfait inconnu qui se présente comme le *commandant Z* de la *Securitate* qui avait été chargé de l'élimination du dissident. Mythomanie ? Coup de pub douteux pour l'écrivain ? Non : vrai complot. Z, c'est Matei Pavel Haiducu dit *Visan*. Illégal, chargé d'assassiner Tanase, mais aussi l'écrivain Paul Goma, il a préféré se confier à la DST. Celle-ci, avec l'accord de son ministre, Gaston Defferre, a organisé la disparition de Tanase, le temps de faire venir en France la famille d'Haiducu. La DST ne tardera pas à toucher les dividendes de sa bonne action. Le 22 novembre, Haiducu expose les véritables rôles de plusieurs diplomates roumains filmés à leur insu par *Antenne 2*, à commencer, à tout seigneur tout honneur, par Dimitriu Aninoiu, l'ambassadeur. Les officiers de renseignement ainsi démasqués n'auront d'autre choix que de quitter la France avant que le quai d'Orsay ne demande leur rappel pour *"activités incompatibles avec leur statut..."* Une véritable hémorragie pour la *Securitate*...

Arne Treholt, un diplomate norvégien au service des Soviétiques et des Irakiens

Le 20 janvier 1984, Arne Treholt, qui se rend à l'aéroport d'Oslo pour prendre le vol 1245 pour Vienne, ne se doute pas un seul instant que sa carrière qui s'annonce si prometteuse va, dans quelques instants, être réduite à néant.

Agé de quarante ans, ce brillant diplomate, considéré comme l'un des espoirs du parti socialiste norvégien (il est lui-même fils d'un ancien ministre socialiste), nouvellement nommé porte-parole du ministère des Affaires étrangères, travaille en effet pour le KGB depuis 1967. A l'époque, ses idées avaient de quoi séduire les Soviétiques : il prônait un antiaméricanisme féroce et se battait pour que la Norvège se retire de l'OTAN. *"Nous* (lui et son officier traitant, n.a.) *eûmes des déjeuners extraordinaires où nous avons discuté de la politique norvégienne et internationale"*, racontera-t-il plus tard[27]. Devenu rapidement le principal agent d'influence soviétique en Norvège — il dirige, entre autres, secrètement, en 1972, la campagne contre l'entrée de son pays dans la CEE —, Treholt fournit surtout à Moscou des informations de valeur, relatives à la politique norvégienne sur laquelle son influence est parfois considérable, comme c'est le cas dans l'affaire de la mer de Barents. Nommé sous-secrétaire au ministère des Droits de la mer, il participe étroitement aux négociations de 1977 sur la délimitation de la mer de Barents, qui aboutiront à un traité qui défavorise lourdement la Norvège. Et pour cause : *"Les Soviétiques connaissaient d'avance le moindre de nos mouvements"*[28], lâchera-t-il cyniquement après son arrestation. L'année suivante, il occupe à nouveau un poste stratégique, cette fois à la mission norvégienne aux Nations unies. Durant son séjour aux Etats-Unis, il continue sans relâche à fournir des renseignements à son contact new-yorkais. C'est à cette époque que le FBI, à la demande des Norvégiens, commence à le surveiller. Il faut dire que Treholt, qui jusqu'à présent a respecté toutes les règles de sécurité et de discrétion, a quelque peu modifié son train de vie. Devenu relativement riche — précisons que, s'il a travaillé au début par pure idéologie, il se fait à présent fort bien payer pour ses services —, il joue fréquemment à la bourse et entretient un cheval de course.

Malgré les soupçons qui pèsent sur lui, il entre en 1982 au Collège norvégien de défense, où il a accès à des documents de l'OTAN classés *cosmic top secret*, qu'il remet en mains propres à son officier traitant, Gennadi Fedorovitch Titov — qui deviendra général du KGB juste avant l'arrestation de son agent —, qu'il rencontre régulièrement à Vienne[29]. Mais ces rendez-vous sont photographiés par des agents du service de contre-espionnage norvégien qui ne le quittent plus d'une semelle. Début 1984, le ministre des Affaires étrangères le désignera pourtant comme porte-parole auprès de la presse durant la visite du secrétaire d'Etat américain, George Shultz.

Le 20 janvier, alors qu'il s'apprête à s'envoler pour Vienne où l'attend Titov, il est arrêté par la sécurité norvégienne. Dans sa mallette, on trouve soixante-six documents secrets dont le contenu de l'entretien que le secrétaire d'Etat américain vient d'avoir avec son homologue norvégien. Treholt n'oppose aucune résistance, comme si, au fond de lui, il avait toujours su que ce moment arriverait tôt ou tard. La nouvelle, connue dès le lendemain, provoquera un énorme choc dans le pays et sera à l'origine de bien des polémiques. Lors de son procès, en 1985, Treholt, qui apparaît comme un homme extrêmement imbu de lui-même, affirme à la cour qu'il est un diplomate *"hors du commun qui a jeté des ponts entre l'Est et l'Ouest"*. Et que les documents qu'il a transmis au KGB ne revêtaient aucun caractère confidentiel. Victime de sa vanité, Treholt l'est aussi de sa cupidité : il aurait gagné non moins d'un million de couronnes norvégiennes, en plus des quelques dizaines de milliers de dollars reçus des... services de renseignements irakiens. *"Vous croyez qu'on peut m'acheter pour si peu"*, clame-t-il ironiquement, *"cette somme n'était que le remboursement de mes notes de frais"*[30]. Le tribunal d'Oslo le condamne en juin 1985, par un verdict en partie secret, dont seules quelques pages seront déclassifiées en 1991, à vingt ans de prison. Le 13 mai 1986, à la surprise générale, le diplomate norvégien renonce au pourvoi en appel qu'il avait engagé auprès de la cour suprême et que celle-ci est occupée à examiner. Dans une lettre qui provoquera un nouveau scandale, il met en doute l'intégrité et l'objectivité des magistrats: *"Aucune instance juridique norvégienne n'est en fait capable d'examiner cette affaire de façon impartiale et neutre"*[31]. Durant le procès, il ne s'est pas privé, d'ailleurs, d'accuser la police, le FBI américain et le contre-espionnage norvégien d'avoir fabriqué de toutes pièces certaines preuves. Mais le matériel déclassifié en 1991 prouve que cette accusation est fausse. Le secret ayant entouré certaines phases du procès s'explique, pour l'essentiel, par le fait que certains éléments incriminant Treholt ont été fournis par Oleg Gordievsky. Or, à cette époque, Gordievsky est à Moscou où il fait l'objet d'une enquête du C.E. du KGB. La moindre fuite (même s'il n'est pas nommé au procès, le KGB n'aurait pas énormément de mal à retracer l'origine des informations révélées) lui serait fatale. Pour la justice, qui estime que *"Arne Treholt tente de bâtir un mythe autour de sa personne et du procès (...)"*[32], le traître bluffe. Un bluff qu'il entretient en donnant des interviews (rémunérées) à la presse et en publiant ses mémoires dans un livre intitulé *Seul*, qui a remporté le prix du *meilleur document* de l'année et dont les droits d'auteur ont contribué à remplacer le salaire qu'il ne perçoit plus de Moscou. Selon les spécialistes norvégiens qui ont étudié son cas, il y ment de façon tellement éhontée que c'est plutôt le prix de la "meilleure fiction" qu'il aurait dû se voir accorder...

Gordievsky, la taupe devenue écrivain

Le vendredi 19 juillet 1985, vers 16 heures, Oleg Gordievsky, en tenue de sport, quitte son appartement moscovite sans éveiller d'inquiétude particulière chez les hommes du contre-espionnage soviétique chargés depuis quelques semaines de sa surveillance : n'a-t-il pas l'habitude de faire, chaque jour, son jogging en fin d'après-midi ? Même le petit sac en papier qu'il tient à la main n'inquiète pas ses cerbères qui le regardent s'éloigner à petites foulées. Ils ont tort : le colonel Gordievsky ne reviendra jamais de cette course. Quelques jours plus tard, il passe clandestinement la frontière soviéto-turque avec l'aide du MI6 et se réfugie en Grande-Bretagne. Il met ainsi fin à sa première vie, mais aussi à onze ans d'infiltration du KGB au profit des services secrets britanniques dont c'est l'une des plus importantes manipulations depuis la guerre.

Fils de tchékiste, recruté en 1962 par la *Première Direction Principale* (PDP) du KGB — plus particulièrement chargé de mener les opérations de renseignement à l'étranger — Gordievsky occupera plusieurs postes au *Centre*, mais aussi à Copenhague (entre 1966 et 1970, puis entre 1973 et 1978) et à Londres (de 1982 à 1985). Il est amusant de noter que trois mois avant de devenir secrétaire général du parti soviétique, Mikhaïl Gorbatchev, en voyage à Londres, s'est inspiré des rapports de celui qui travaillait depuis des années pour le S.R. anglais, pour rédiger ses discours. C'est l'intervention des troupes soviétiques à Prague, en 1968, qui lui fait douter du bien-fondé de son action au service de l'URSS, et il n'est pas impossible que ses contacts avec Philby aient accentué sa décision : *"Lorsqu'il laisse planer son regard sur Moscou depuis ses fenêtres, Philby essaie désespérement — il l'affirme dans ses mémoires — de voir 'les solides fondations d'un avenir qu'il entrevoyait à Cambridge'. A l'inverse, Gordievsky a l'impression qu'il existe un véritable gouffre entre l'image mythique d'une société soviétique équitable — qui a inspiré Philby lorsqu'il était étudiant à Cambridge — et la sinistre réalité de la Russie de Brejnev"* [33].

Finalement, lors de son deuxième séjour à Copenhague, où il travaille pour la *Ligne PR* (renseignements politiques) de la PDP, il saute le pas et propose ses services à l'Ouest. En l'occurrence, aux Anglais du MI6. Après un passage à Moscou, au début des années quatre-vingt — au cours duquel il est notamment chargé, sur base des archives du KGB, d'écrire plusieurs chapitres de l'histoire des opérations de la *PDP*, ce qui lui donnera un point de vue unique et extrêmement documenté sur plusieurs décennies d'espionnage soviétique, il est nommé à Londres et y devient *Rezident*. Ce sont les Anglais qui l'ont aidé à décrocher ce poste, en lui fournissant la matière de remarquables analyses de la stratégie de Margaret Thatcher. Impressionnés, ses chefs n'ont pas hésité. Comment refuser un poste à Londres à un officier qui comprend si bien la mentalité britannique ?

Ces années sont particulièrement pénibles, tous les *Rezident* étant mobilisés par l'*opération Ryan*, pur produit de la paranoïa ambiante à Moscou. *Ryan* est l'acronyme de *raketno yadernoye napadeniye* (*attaque de missiles nucléaires*).

Plus tard, en évoquant cette période, Gordievsky expliquera : *"Léonid Brejnev était devenu fou. L'insistance américaine à vouloir déployer des engins à moyenne portée en Europe l'avait convaincu que l'OTAN allait se mettre en guerre. Après sa mort, en novembre 1982, cela ne s'est pas arrangé. L'hystérie devait atteindre son apogée entre le 2 et le 11 novembre 1983, quand les Occidentaux, lors de manœuvres de routine, passèrent en revue leurs procédures de tir de l'arme atomique. Il n'y avait pas, à Moscou, plus d'une demi-douzaine de paranoïaques croyant à ces calembredaines d'apocalypse. Mais c'était les plus hauts personnages de l'Etat. Leur affolement aurait pu précipiter le monde dans la guerre totale"* [34]. Gordievsky multiplie alors les mises en garde et les rapports, extrêmement fouillés, sur l'état d'esprit des maîtres du Kremlin. L'une de ces notes, transmise à la CIA, aurait persuadé Ronald Reagan de la nécessité de modérer ses positions...

Trois ans plus tard, le 17 mai 1985, il est rappelé dans la capitale soviétique. Le télégramme qui l'en informe n'a rien de suspect, mais Gordievsky comprend rapidement que le *Centre*, même s'il manque de preuves, se doute de sa trahison. Il décide toutefois, contre l'avis de ses amis anglais, de se rendre en Union soviétique où l'attend le général Alexandrovitch Krioutchkov, chef de la PDP. Après une semaine d'attente, commencent les interrogatoires : on le questionne, en douceur, sur des transfuges soviétiques, sur sa famille puis, un jour, on le drogue pour le faire avouer sa trahison. Gordievsky, qui sait qu'il risque d'être exécuté comme traître (les Soviétiques n'auront jamais, dans ce domaine, les scrupules des Occidentaux), part au sanatorium de Semionovskoïe, afin de se reposer et, surtout, de préparer son évasion, malgré la surveillance étroite dont il fait l'objet.

Exfiltré par le MI6 dans des circonstances qui n'ont jamais été éclaircies (manifestement, la filière peut encore servir), il s'installe quelque part en Angleterre et y participe à la rédaction d'un livre imposant sur l'histoire du KGB dans le monde. L'ouvrage est d'autant plus intéressant qu'il permet, pour la première fois, d'avoir accès à la connaissance d'un homme qui, non content d'avoir appartenu à l'appareil de renseignement soviétique, connaît parfaitement l'histoire des organes de renseignement moscovites. Signe des temps : après sa défection, Gordievsky devait vivre caché, changeant régulièrement d'aspect physique et placé sous la protection permanente de la *Special Branch* de Scotland Yard; à Moscou, sa femme, Leïla, s'était vue obligée de demander le divorce et était soumise à une surveillance de tous les instants. Mais quelques jours après le putsch manqué de Moscou, en 1991, les autorités autoriseront Leïla et leurs deux filles, Maria et Anna, à le rejoindre. John Major et sa femme, Norma, de passage à Moscou pour assurer Boris Eltsine et Mikhaïl Gorbatchev de leur soutien, étaient passés prendre le thé chez Mme Gordievsky et le

Premier ministre britannique avait insisté auprès de ses interlocuteurs pour que la famille du transfuge puisse être à nouveau réunie.

Edward Lee Howard, l'espion malchanceux

Le 14 septembre 1986, les chefs de la CIA ruminent leur amertume : durant trois quarts d'heure, ils pourront suivre, à la télévision russe, l'interview d'Edward Lee Howard, un de leurs anciens agents passé à l'Est et qui s'est vu, quelques semaines auparavant, accorder par Moscou le statut de réfugié politique. Ce n'est pas tellement la teneur du discours d'Howard qui les exaspère, mais plutôt la certitude que cet homme de 35 ans a ruiné des années d'efforts de l'Agence en URSS.

Né en octobre 1951, fils d'un pilote de l'US Air Force, Edward Lee Howard flirtera, dans les années soixante, avec le mouvement de contestation de la guerre du Vietnam. Les années suivantes le trouvent voyageant dans différents pays d'Amérique latine au titre de la coopération, mais certains de ses amis le suspectent déjà de travailler, en fait, pour la CIA. Officiellement, ce n'est toutefois qu'en janvier 1981 qu'il sera engagé par l'Agence, bientôt suivi par sa femme. Membre de la section soviétique de la CIA en 1981, Edward Lee Howard subira, en 1982 et en 1983, une formation intensive destinée à le préparer à prendre un poste à Moscou. Outre des cours accélérés de russe, il est formé aux techniques de communication spéciales en vigueur dans la capitale soviétique et mis au courant de plusieurs opérations qui s'y déroulent. Rencontrant de temps à autre ses futurs collègues de poste, il apprend également à mieux connaître l'agent dont il sera l'officier traitant désigné, un ingénieur en électronique du nom de Tolkatchev. Mais en 1983, il échoue au test du détecteur de mensonges. L'enquête de sécurité interne de la CIA révèle alors qu'il est alcoolique et toxicomane. En mai 1984, sa carrière d'agent américain s'achève définitivement.

Dans les deux années qui suivent, Howard effectuera quelques voyages en Europe et verra son train de vie s'améliorer. Pourtant, officiellement, ses revenus sont des plus limités. La CIA ne commencera, toutefois, à nourrir des soupçons à son encontre que le 24 juin 1985, quand la presse soviétique annonce l'arrestation de Tolkatchev, qui sera exécuté le 22 octobre 1986. Un peu plus d'un mois plus tard, Vitali Yourtchenko, un transfuge soviétique récent, livre à l'Agence des informations qui permettront d'identifier formellement Howard comme le traître qui est en train de livrer tout ce qu'il sait des agissements du S.R. américain à Moscou. Howard s'enfuit et refait surface, l'année suivante, dans la capitale soviétique. Les informations livrées par Edward Lee Howard aux Soviétiques permettront l'expulsion, en 1985 et 1986, de cinq agents américains travaillant sous couverture diplomatique et pris la main dans le sac. Mais surtout, Howard obligera Washington à renoncer à l'une des plus importantes opérations jamais menées par la CIA en territoire soviétique. En 1979, les Américains avaient appris que le KGB entamait, à Troitsk, dans la grande banlieue de Moscou, la construction d'un centre de transmission. Ayant infiltré un agent dans l'équipe technique chargée du câblage du bâtiment, les hommes de la CIA étaient en mesure d'y faire poser des micros. Il "suffisait" alors d'envoyer des équipes dans les conduits d'égouts voisins pour capter les conversations retransmises par ces systèmes d'écoute et les enregistrer. L'opération durera dix ans et, n'ayant jamais été détectée par le C.E. russe, elle se serait certainement prolongée sans la défection d'Howard. Mais celui-ci avait été mis au courant de toute l'affaire lors de sa période de formation et Langley préféra ne plus prendre de risques... Edward Lee Howard quittera Moscou en 1992 pour s'installer en Suède. Il y sera arrêté et extradé vers les Etats-Unis.

Vitali Yourtchenko, le double transfuge

En l'espace de quatre mois, Vitali Sergeïevitch Yourtchenko effectuera un étonnant aller et retour KGB-CIA, en provoquant l'un des plus importants scandales de l'histoire des services de renseignement américains. *"J'ai été enlevé par la CIA, drogué et manipulé"*, proclamera l'agent soviétique dès 1986, date à laquelle il est retourné à Moscou après un passage éclair à l'Ouest. *"C'est faux"*, rétorque le journaliste américain Ronald Kessler, auteur du best-seller *S'échapper de la CIA*, qui l'a interviewé pendant quatorze heures en février 1989, *"Yourtchenko était un véritable transfuge"*[35]. Mais, dans ce cas, pourquoi a-t-il fui la CIA et comment cette dernière a-t-elle pu le laisser partir si aisément ? En fait, l'énigme Yourtchenko comporte bel et bien une explication, mais elle n'apparaîtra que quelques années plus tard.

Le 28 juillet 1985, Yourtchenko, jusque-là responsable du service de contre-espionnage de la PDP du KGB (c'est lui, notamment, qui a mené l'interrogatoire de *Farewell* avant son exécution) est en poste à Washington lorsqu'il débarque dans la capitale italienne. Officiellement, il vient préparer l'arrivée d'une délégation de savants russes devant participer, en Sicile, à un congrès international sur les armes nucléaires. Le 2 août, l'espion quitte la résidence de l'ambassadeur soviétique, villa Alabamek sur le Janicule, à Rome, s'engouffre dans un taxi et se rend aux musées du Vatican. Dès lors, son destin va basculer. Deux heures plus tard, il se présente à l'ambassade américaine où, reçu par des agents de la CIA, il signe une demande d'asile politique. Puis, discrètement escorté, il prend l'avion pour rentrer aux Etats-Unis. Les Américains se frottent les mains : Yourtchenko n'est pas n'importe qui ! Après avoir débuté comme responsable du contre-espionnage au sein des forces armées soviétiques, il a successivement occupé le poste d'officier des opérations du *Département spécial* au sein de la flotte de la mer Noire puis de conseiller auprès de la flotte égyptienne à Alexandrie, pour finalement être nommé, en 1975, officier de sécurité à l'ambassade soviétique de Washington. Sa mission consiste en fait à surveiller ses concitoyens et à les empêcher d'entrer en contact avec des Occidentaux, mais aussi à recruter des agents étrangers, comme Ronald W. Pelton. Après avoir travaillé pendant quatorze ans au sein de la NSA (National Security Agency), Pelton s'est présenté un beau matin à l'ambassade soviétique à Washington pour vendre des secrets d'Etat. Accueilli par Yourtchenko, il a immédiatement été engagé par le KGB, après vérification de ses informations.

En 1980, Yourtchenko quitte l'ambassade soviétique et rejoint le quartier général du KGB, toujours au service du contre-espionnage, poste qu'il occupe

---

Len Deighton ou le spleen de l'espion

Les espions de l'écrivain britannique Len Deighton sont souvent amers, désabusés, fatigués. En pleine guerre froide, confrontés à un monde qu'ils ne comprennent plus toujours très bien, en proie à leurs doutes, ils doivent affronter un ennemi qui, souvent, leur ressemble trop. De tout cela, sort un petit parfum rétro légèrement nostalgique; pour un peu, on se laisserait aller à s'écrier : *"Dieu que la guerre froide était jolie !"*. Pour avoir occupé des postes subalternes dans les services spéciaux anglais - mais sa formation de plongeur de combat est celle d'un agent du service Action, et sa connaissance du travail de renseignement doit plus aux lectures et à l'instinct qu'à l'expérience -, Deighton a retenu quelques ficelles du métier, qu'il restitue assez bien. Pourtant, on a parfois l'impression que le monde du renseignement, chez lui, n'est qu'un prétexte, et que ce qui l'intéresse vraiment, ce sont les problèmes personnels auxquels sont confrontés les agents sortis de son imagination. Le résultat est un peu hybride et hésite parfois entre le polar intimiste et la politique-fiction.

Les héros - on serait d'ailleurs tenté de parler d'anti-héros - de celui que la presse anglaise baptise au gré des parutions "le poète du roman d'espionnage" ou "le Flaubert du thriller" sont gentiment cyniques et tentent, entre deux crises matrimoniales plus ou moins graves, de défendre le monde libre et la couronne britannique contre un ennemi soviétique - ou assimilé - qui n'est pas toujours, loin s'en faut, un gentleman. Mais à qui se fier ? Bernard Samson, le héros anonyme des premiers romans auquel il finira par donner une identité dans *Le Réseau Brahms*, premier volume d'une trilogie qui le conduira de Berlin-Est à Londres en passant par Mexico, l'apprendra à ses dépens, en découvrant fortuitement que son épouse, non contente de le tromper avec ses propres collègues, ce qui n'est déjà pas très fair-play, a le grade de colonel dans le KGB, ce qui devient franchement irritant... Au total, une œuvre peu réaliste, à lire néanmoins pour s'imprégner du spleen de l'espion.

encore en 1985 lorsqu'il décide de passer à l'Ouest. Au cours des mois qui précèdent son voyage en Italie, il traverse une phase difficile liée, semble-t-il, à des problèmes sentimentaux. Marié depuis 1958, il entretient, en effet, une relation amoureuse avec Valentina Yereskovski, la femme du consul général d'Union soviétique à Montréal. On ne sait pas exactement ce que le transfuge, une fois entre les mains des spécialistes du *débriefing* de la CIA, révèle des nombreux secrets qu'il connaît. Les informations qui ont filtré sur la question sont contradictoires. Selon certains, Yourtchenko aurait été l'une des meilleures sources de la CIA depuis des années, mais d'autres affirment qu'il n'a rien donné que de secondaire, n'indiquant aux Américains que des affaires plus ou moins mortes du point de vue soviétique.

Début octobre 1985, Yourtchenko est autorisé à rendre visite à sa maîtresse à Montréal. Mais Valentina Yereskovski n'a guère envie de quitter son mari et l'ancien agent du KGB rentre à Washington très déprimé. Cette dépression provoque-t-elle chez lui un début de remords ? Toujours est-il que le 2 novembre, il propose à l'agent de la CIA chargé de le surveiller de dîner au *Pied de cochon*[36], un restaurant français à deux pas de l'ambassade soviétique. *"Je m'en vais pour une dizaine de minutes. Si je ne reviens pas, ce ne sera pas de votre faute"*[37], déclare le transfuge à son interlocuteur au milieu du repas. Sur ce, il se lève, se dirige vers la sortie et se rend, à pied, à l'ambassade soviétique. Deux jours plus tard, il affirmera, au cours d'une conférence de presse, avoir été enlevé et drogué par les services de sécurité américains. Le 6 novembre, il rentre à Moscou, accompagné d'un autre officier du KGB, Valéri Martinov. Il laisse derrière lui une CIA ridiculisée qui, à la veille du sommet américano-soviétique en Islande, tente d'analyser ses erreurs et de comprendre ce qui lui est arrivé. Peu de temps après le retour de Yourtchenko en URSS, des rumeurs laisseront entendre qu'il aurait été exécuté. Selon une "vieille tradition", sa famille aurait même reçu la facture des balles utilisées pour le tuer. La presse occidentale se délectera de l'histoire, jusqu'à ce que le mort s'avère bien vivant et commence à donner des interviews... De temps à autre, dans les années suivantes, le KGB le ressortira du placard où il est censé végéter. Mais personne n'expliquera jamais le fin mot de son incroyable aller et retour. Toutefois, il est plus que probable que, si Yourtchenko avait été un véritable transfuge, il aurait connu le sort que le KGB a, de tous temps, réservé aux traîtres.

Les déboires de Mme Thatcher

Les années quatre-vingt se terminent mal pour les services secrets de Sa Majesté. Coup sur coup, la censure britannique va, en effet, connaître deux sérieuses défaites. Il faut savoir que la loi anglaise est extrêmement stricte sur les questions de sécurité : nombreuses sont les informations que l'on ne peut, tout simplement, pas publier, au terme de l'*Official Secrets Act*, parce que leur donner une quelconque publicité pourrait menacer la sécurité du pays. Or, ne voilà-t-il pas qu'en 1987, le gouvernement apprend qu'un ancien responsable du MI5 s'apprête à publier ses mémoires. Des mémoires explosives car le responsable en question n'est autre que Peter Wright, l'ancien directeur adjoint du contre-espionnage. Et ce qu'il révèle dans *Spycatcher* a de quoi donner des insomnies aux services britanniques. Peter Wright, en effet, est l'homme qui a été chargé d'enquêter, vingt ans auparavant, sur les révélations d'Anatoly Golitsine. C'est lui qui a organisé la surveillance d'Harrold Wilson et de ses amis travaillistes; c'est lui qui a été en relation étroite avec Airey Neave, le parrain politique de Mme Thatcher. Il a donc beaucoup à dire sur les turpitudes de son ancien service. Et il ne s'en prive guère, accusant sir Roger Hollis, son ancien patron, d'avoir été une taupe soviétique ou se souvenant avec attendrissement de l'époque où, jeune spécialiste des écoutes, il "piégeait" les téléphones et les télex de l'ambassade de France. Alors que Londres négociait son adhésion à la CEE, le gouvernement pouvait ainsi prendre connaissance des messages échangés entre la représentation française et le Quai d'Orsay, voire la présidence de la République. Margaret Thatcher mènera une vaine bataille pour empêcher la publication de *Spycatcher* et parviendra à interdire, pendant plusieurs années, aux journaux anglais de publier la moindre ligne extraite de cet ouvrage. Dérisoire victoire : publié en Australie, traduit en plusieurs langues et bénéficiant de la promotion gratuite que lui organise, en le poursuivant, le gouvernement anglais, le livre de Peter Wright fera le tour du monde. Son auteur se permettra même une dernière provocation, posthume celle-là. Margaret Thatcher ayant annoncé qu'il serait poursuivi s'il mettait un pied en Angleterre, il demandera à ce que ses cendres y soient dispersées. Ce qui sera fait après sa mort, en avril 1995... Cette année 1987 qui voit débuter le duel Thatcher-Wright est décidément à marquer d'une pierre noire pour le renseignement britannique : en février, la *Special Branch* pensait pourtant avoir bien fait les choses en saisissant, dans les studios de la BBC, un reportage consacré au programme de satellite de renseignement anglais. Hélas ! *Project Zircon* (c'est le nom de l'émission interdite) avait déjà fait l'objet de multiples duplications, et les cassettes pirates seront un grand succès du ciné-club très spécial organisé par le Conseil national pour les libertés civiques... Mais si l'*Official Secrets Act* n'a pu empêcher la circulation de *Project Zircon*, il permettra, par contre, aux services secrets d'élever un véritable mur autour de l'une des plus curieuses histoires de la décennie. Entre août 1986 et mars 1988, pas moins de huit scientifiques anglais liés à des programmes de recherche de la défense mourront dans des conditions suspectes. Mais le public ne saura jamais ce qui peut expliquer la curieuse épidémie qui frappera successivement, en dix-huit mois, Vimal Dajibhaï (mort d'une chute), Ashad Sharif (étranglé dans un parc), Richard Bugh (dont la police ne découvrira jamais la cause de la mort), Peter Peapell (gazé dans sa voiture), David Sands (mort dans un bizarre accident de la route), Victor Moore (victime d'une surdose de médicaments), Russel Smith (sans doute suicidé) et Trevor Knight (mort dans les mêmes circonstances que Peapell). A peine saura-t-on que quatre des morts travaillaient dans la même société d'électronique et que plusieurs d'entre eux œuvraient dans le domaine de l'*Initiative de défense stratégique* chère au cœur du président Ronald Reagan...

Δ

[1] Pour une approche plus approfondie de ces questions, le lecteur se reportera à deux livres essentiels et récents : Vladimir Boukovsky, *Jugement à Moscou, un dissident dans les archives du Kremlin*, Paris, Robert Laffont, 1995, et Michaël Voslensky, *Les Nouveaux Secrets de la Nomenklatura*, Paris, Plon, 1995.

[2] Chistopher Andrew et Oleg Gordievsky, *op. cit.*, p. 490.

[3] Conférence de presse donnée au Foreign Press Club, Tokyo, 22 septembre 1986.

[4] Rapport de l'Assemblée de l'Atlantique Nord sur les transferts de technologies, 1988, p. 6-7.

[5] Visionnaire et génie du renseignement pour les uns, alcoolique et paranoïaque pour les autres, Angleton, qui a été un ami de *Kim* Philby avant que ses activités dans l'ombre ne soient mises à jour, a fini par être renvoyé de la CIA en 1974. Il est décédé en 1987.

[6] Le *debriefing* est une opération particulièrement complexe qui consiste à faire raconter au transfuge l'ensemble de sa vie professionnelle et à vérifier la véracité de ses dires. Le *debriefing* d'un transfuge peut durer plusieurs années.

[7] Thierry Wolton, *Le KGB en France*, Paris, Grasset, 1986, p. 167.

[8] Roland Lacourbe, *La Guerre froide dans le cinéma d'espionnage*, Paris, Henri Veyrier, 1985.

[9] *The Times*, 4 mai 1987.

[10] Chistopher Andrew et Oleg Gordievsky, *op. cit.*, p. 516.

[11] *The Sunday Times*, 14 février 1995.

[12] *Idem*.

[13] Entretien des auteurs avec Frederick Forsyth, Paris, mai 1994.

[14] Extrait du plaidoyer de défense de Markus Wolf devant le tribunal de Düsseldorf. Archives des auteurs.

[15] Markus Wolf, *L'Œil de Moscou*, entretiens avec Maurice Najman, Paris, Balland, 1992, p. 188.

[16] Dépêche AFP du 14/01/91, 15H53 GMT.

[17] *Idem* 09/09/91, 13H51 GMT.

[18] Voir l'article de Jacques Derogy et Jean-Marie Pontault, *L'Express*, 22 août 1985.

[19] Pierre Marion, *La Mission impossible. A la tête des services secrets*, Paris, Calmann-Lévy, 1991.

[20] Chistopher Andrew et Oleg Gordievsky, *op. cit.*, p. 622.

[21] Jacques Attali, *Verbatim I (1981-1986)*, Paris, Fayard, 1993, p. 60.

[22] *Idem*, p. 382.

[23] *Idem*, p. 420.
[24] *Historia*, juin 1996.
[25] Jacques Attali, *op. cit.*, p. 793.
[26] Colonel William V. Kennedy, *La Guerre secrète moderne*, Paris, Bordas, 1994, p. 40.
[27] Christopher Andrew et Oleg Gordievsky, *op.cit.*, p. 564.
[28] Cité dans Fabrizio Calvi et Olivier Schmidt, *Intelligences secrètes. Annales de l'espionnage*, Paris, Hachette, 1988, p. 134.
[29] Vienne, tout comme Helsinki, sont les deux villes de prédilection du KGB pour rencontrer leurs agents importants.
[30] Fabrizio Calvi et Olivier Schmidt, *op. cit.*, p. 134.
[31] Cité dans *Le Monde*, 15 mai 1986.
[32] *Idem*.
[33] Chistopher Andrew et Oleg Gordievsky, *op. cit.*, p. 20.
[34] *L'Express*, 25 octobre 1990.
[35] Pourquoi le KGB l'a-t-il autorisé à interviewer Yourtchenko ? Kessler répond : *"C'est une manière d'assurer aux autres transfuges que, d'une part, la CIA ne réserve pas un accueil chaleureux aux transfuges et que, d'autre part, un retour en URSS n'est pas mortel"*.
[36] Une plaque a été déposée au *Pied de cochon* pour commémorer la fuite historique de Yourtchenko.
[37] Cité dans Fabrizio Calvi et Olivier Schmidt, *op. cit.*, p. 123.

10
Pendant ce temps-là, sous d'autres cieux...

Tandis que la guerre froide voit s'opposer en Europe, aux Etats-Unis et en URSS, les services de l'Est et de l'Ouest, sous d'autres cieux, d'autres combats se mènent, parfois liés au grand affrontement global entre les deux blocs, mais parfois indépendamment de cette lutte de titans. De même, les S.R. des protagonistes de l'affrontement principal peuvent être mêlés à ces combats plus ou moins exotiques comme ils peuvent y demeurer totalement étrangers. Ce dernier cas de figure est toutefois assez rare : le tiers monde est bien aussi l'un des terrains d'exercices de la guerre froide. Et, même quand ce n'est pas le cas et que les intérêts en jeu sont purement locaux, il est rare que les grandes puissances y restent indifférentes. Nous ne prétendons pas passer ici en revue l'ensemble des activités des autres services spéciaux, ce qui ne présenterait d'ailleurs qu'assez peu d'intérêt : nous nous proposons seulement d'exposer quelques situations et quelques affaires qui mettent en relief d'autres préoccupations que celles qui rythment la rivalité Est-Ouest ou, à l'occasion, de montrer que cette rivalité peut s'étendre à l'ensemble de la planète.

Le premier service extra-européen auquel nous nous arrêterons est devenu, au fil des années, un véritable mythe. A tel point que nombreux seraient certainement ceux qui, spontanément, le citeraient, peut-être même en premier lieu, si on leur demandait à brûle-pourpoint ce qu'ils savent de l'espionnage. Son nom est synonyme d'excellence et sa réputation a très largement dépassé les frontières du petit Etat qu'il sert avec un dévouement sans faille. Nous voulons parler, on l'aura compris, du Mossad israélien.

Le bras armé d'Israël

Créé avant la Seconde Guerre mondiale, le *Mossad le Aliyah Bet* — ou *Bureau de la deuxième Alyah* — a pour première mission d'aider les juifs d'Europe à échapper au piège nazi et à gagner la Palestine. L'organisation ne pourra rien faire, bien sûr, pour contrecarrer les plans d'extermination nazis, mais ses membres, formés dans une dangereuse clandestinité puis dans les durs combats de la guerre d'indépendance de 1948, ont accumulé un tel capital de contacts et de connaissance pratique de la vie secrète, que c'est tout naturellement qu'ils forment, à partir du 30 juin 1948, l'épine dorsale des services secrets de l'Etat nouvellement indépendant.

Le premier S.R. israélien sera le SHAI, abréviation de *Sherut Yediot* (*Service d'information*), créé au sein de la *Hagana*, la principale organisation juive clandestine de la Palestine sous mandat britannique. Après l'indépendance, le 15 mai 1948, la *Hagana* disparaîtra pour se fondre dans Tsahal, les Forces de défense d'Israël. Le SHAI, dirigé par le lieutenant-colonel Isser Beeri, surnommé, à cause de sa taille, *Isser ha Gadol* (*Isser le Grand*) ne survivra pas longtemps à la *Hagana*. Le 30 juin 1948, sont créés quatre services de renseignement distincts. Les Renseignements militaires, qui prendront par la suite le nom de *Aman* (abréviation d'*Agah ha Modi'in*, *aile renseignements*), sont compétents pour tout ce qui touche le renseignement tactique et l'observation des armées ennemies. Le *Sherout ha Bitahon ha Klali* (*Services secrets généraux*), communément désigné sous ses initiales hébraïques *Shin Bet*, s'occupera de la sécurité intérieure du jeune Etat. Avec quelques fonctionnaires du ministère des Affaires étrangères nouvellement créé est fondé un Département politique, chargé de l'acquisition du renseignement étranger non militaire. Enfin, le *Mossad le Aliyah Bet* garde ses attributions.

Les premiers mois d'existence de la communauté israélienne du renseignement seront catastrophiques : exécution sommaire d'un "traître" qui s'avérera innocent, torture de suspects, fabrication de fausses preuves pour poursuivre des adversaires politiques et assassinat d'un informateur arabe marqueront ses débuts. Isser Beeri n'est pas en fonction depuis six mois que le Premier ministre Ben Gourion le fait rayer des cadres de l'armée. Mais durant les mois qui suivront, les choses ne s'amélioreront pas; au contraire : entre la direction des services et les agents en poste à l'étranger, l'incompréhension grandit. Les chefs reprochent à leurs agents de mener la belle vie sans produire de travail satisfaisant (quand ils ne passent pas leur temps à se livrer à Dieu sait quel trafic...), et ceux-ci accusent leur direction de ne pas comprendre la mentalité européenne. Et le 2 mars 1951, l'inimaginable se produit : la plupart des agents européens du

S.R. israélien se mettent en grève; certains iront jusqu'à détruire leurs archives. Cette fois, c'en est trop : Reuven Shiloah, le coordinateur des S.R., dissout le *Département politique* et, le 1ᵉʳ avril 1951, crée le *Mossad le Modiin ule Tafkidim Meyuhadim* ou *Institut pour le renseignement et les missions spéciales*. Le Mossad est né. Le 20 septembre 1952, il touvera son chef légendaire, Isser Harel, dit — pour le différencier d'Isser Beeri — *Isser Ha Katan* (*Isser le Petit*). En trente ans, ce service va écrire l'une des plus formidables sagas de l'histoire du renseignement.

Au départ, les membres du Mossad ne disposent d'aucune autre formation que celle qu'ils ont acquise sur le tas durant la guerre ou qu'ils peuvent puiser dans les livres. Les hommes de l'ombre israéliens se formeront donc de manière empirique, ce qui ne les empêchera pas d'accumuler les succès. Quand on se bat pour un pays acculé, on n'a guère d'autre choix que de se surpasser. Il est difficile de choisir parmi les centaines d'affaires qui jalonnent l'histoire du renseignement israélien celles qui méritent d'être racontées. Mais avant de passer à quelques cas précis, encore un mot sur les structures. Fondamentalement, le milieu israélien du renseignement se divise aujourd'hui en trois branches : Shin Bet, Aman et Mossad. La mission du Shin Bet correspond, à peu près, à celle de la DST française ou du FBI américain : il a en charge le contre-espionnage, la lutte anti-terroriste et la lutte contre la subversion à l'intérieur des frontières israéliennes. L'Aman — basé non loin de Tel-Aviv — est la branche de l'armée, chargée du renseignement purement militaire, qui contrôle, entre autres, l'activité des attachés militaires dans les ambassades israéliennes et gère les systèmes d'écoutes électroniques du pays. Il dirige également les forces spéciales quand elles se livrent à des opérations non conventionnelles en territoire ennemi. Le Mossad gère la collecte de renseignements et l'action à l'étranger pour autant qu'elle n'implique pas d'unités militaires constituées. Pour que le tableau soit complet, il faudrait encore parler de la Division spéciale de la police dont certaines compétences recoupent et complètent celles du Shin Bet; le couple Shin-Bet-Section spéciale s'est largement inspiré, dans sa conception comme dans son fonctionnement, du tandem MI5-Special Branch en Grande-Bretagne. De même, il est nécessaire d'évoquer certains services ultra-secrets comme le Lakam, un bureau des relations scientifiques créé pour espionner... les Etats-Unis, dissous après l'affaire Pollard (voir chapitre 12).

Tous les services de renseignement israéliens sont, directement — c'est le cas du Mossad — ou indirectement soumis à l'autorité du Premier ministre. Celui-ci est entouré de quelques conseillers spéciaux — renseignement, anti-terrorisme, affaires politiques et affaires militaires — et peut compter sur les avis de la coordination (*Va'adat Rashei ha Shirutim*, *Commission des chefs de ser-*

vices, le plus souvent désignée sous l'acronyme *Varash*) qui regroupe, comme son nom l'indique, les chefs de tous les services spéciaux et se réunit au moins une fois par semaine à Tel-Aviv. Services d'élite formés par des agents extrêmement motivés, le Shin Bet, le Mossad et l'Aman, s'ils ont enregistré nombre de succès, ont également connu quelques crises mémorables. Mais, dans l'ensemble, ces services jouissent au sein de la société et des milieux politiques israéliens, d'une image extrêmement positive et d'un soutien quasi absolu.

La traque d'Eichmann

Isser Harel a, certes, de nombreux soucis, mais, depuis sa prise de fonction, il est obsédé par la chasse aux nazis. Tous ne l'intéressent pas, bien entendu, mais il aimerait tellement mettre la main sur quelques-uns des grands patrons ! Sans que ce soit pour lui une priorité, le Mossad, lorsqu'il reçoit une information concernant la cache éventuelle d'anciens nazis, la vérifie donc et tente de la recouper avec d'autres sources. Souvent, ce travail s'effectue en vain; pourtant, de temps à autres, dans les années cinquante, d'anciens dignitaires du IIIe Reich connaîtront la fin qu'ils méritent en tombant sous les balles de vengeurs inconnus très professionnels. Parmi les hommes dont le nom symbolise la Shoa, il en est quelques-uns qui occupent la place d'honneur dans les pensées de ceux qui les recherchent. C'est le cas du docteur Mengele, le médecin responsable de la sélection à Auschwitz, ou d'Adolph Eichmann, le boucher nazi artisan de la solution finale, l'un des grands absents des procès de Nuremberg.

En 1957, des informations transmises par le docteur Fritz Bauer, avocat général du land de Hesse, en Allemagne fédérale, et par le chasseur de nazis Simon Wiesenthal — qui, contrairement à une légende tenace, n'a jamais appartenu au Mossad — mettent les services spéciaux israéliens sur la piste de l'ennemi n°1 du peuple juif. Eichmann, après s'être caché en Allemagne, où il a travaillé comme bûcheron à Kulmbach, vivrait avec sa famille à Buenos Aires. Une équipe d'une vingtaine d'agents du Mossad et du Shin Bet — presque tous les membres de ce commando sont des survivants des camps d'extermination nazis — est mise sur pied et expédiée en Argentine où se rend également Isser Harel. Il est tout à fait inhabituel que le chef du Mossad soit présent sur un terrain d'opération, mais, étant donné la difficulté de cette mission — Eichmann, contrairement à d'autres nazis, ne doit pas être abattu, mais bien capturé vivant afin d'être jugé par un tribunal juif — et toutes les implications de l'affaire, Harel a tenu à être avec ses hommes. Eichmann, qui vit avec sa famille dans le quartier de San Fernando sous le nom de Ricardo Klement, sera rapidement identifié. Certes, au début, le Mossad a cru faire fausse route. Comment ? Ce modeste et terne employé de bureau à la vie réglée comme du papier à musique serait Eichmann ? Impossible. Le 21 mars 1960, pourtant, les Israéliens qui le surveillent voient l'homme revenir chez lui avec un bouquet de fleurs. Une vérification des dossiers fait apparaître que cette date correspond à celle des noces d'argent de Vera et Adolph Eichmann. Un mois et demi plus tard, le 11 mai 1960, Eichmann est aux mains de ceux qu'il craint le plus au monde. L'homme, qui a perdu l'arrogance de l'officier SS, coopère sans se faire prier et, le 22 mai 1960, à 7 heures du matin, il arrive en Israël; le lendemain, Ben Gourion peut déclarer à la Knesset : *"Les services de sécurité d'Israël ont retrouvé Adolph Eichmann... Il sera prochainement jugé devant la justice d'Israël"*. Plus tard, dans sa cellule de la prison de Ramla, Eichmann lui-même dira : *"Ma capture s'est déroulée de manière absolument correcte, et l'opération a été organisée et préparée de façon exemplaire. Mes ravisseurs ont pris un soin tout particulier à ne pas me blesser physiquement (...)"* [1]. Jugé un an plus tard en présence de la presse mondiale, Eichmann sera exécuté le 31 mai 1962, et ses cendres seront dispersées en mer. Il est, à ce jour, le seul individu à avoir subi le châtiment suprême en Israël.

Recherche Yossele, désespérément...

Le cas est sans doute unique dans les annales de l'espionnage moderne : pendant plusieurs mois, en 1962, les hommes du Mossad recherchèrent, dans le monde entier, la trace d'un petit garçon qui menaçait la sécurité de l'Etat. C'est au début de mars 1962 que Ben Gourion, lors d'une réunion, a lancé de but en blanc à Isser Harel : *"Dis, pourrais-tu retrouver l'enfant ?" "Si tu m'en charges, j'essaierai"*, a simplement répondu Isser ha Katan. *L'enfant*, pas besoin de prononcer son nom. Tout Israël sait qu'il s'agit de Yossele Schuhmacher, un gamin de huit ans enlevé à ses parents au début de 1960 par son grand-père maternel, Nahum Shtarkès, un fanatique religieux qui veut en faire un juif orthodoxe. L'affaire déchire le pays : jamais l'opposition entre laïcs et religieux n'a été aussi forte. Les recherches de la police israélienne n'ayant donné aucun résultat, le Mossad en arrive rapidement à se convaincre que Yossele a été emmené à l'étranger. Partout en Europe et en Amérique du Nord, les agents du S.R. israélien reçoivent un ordre peu commun pour des hommes qui, à l'époque, sont plus habitués à s'intéresser aux secrets des nations arabes ou aux opérations soviétiques : pénétrer les milieux ultra-orthodoxes et retrouver le lieu où est retenu l'enfant qui divise Israël. Les choses ne vont pas sans peine, et l'on verra, par exemple, dans une synagogue anglaise, les policiers de Scotland Yard interpeller une dizaine d'hommes portant kippa et fausses barbes : des agents du Mossad, bien sûr...

C'est la censure militaire qui viendra en aide au S.R. Dans une lettre envoyée par un jeune soldat religieux à une femme habitant Bruxelles, les censeurs s'arrêtent sur une phrase laconique : *"Et comment va le garçon ?"* La femme à laquelle ces mots sont adressés est Madeleine Frei, une catholique française convertie au judaïsme qui, dans les maquis, a organisé le sauvetage des enfants juifs persécutés par les nazis. Isser Harel vient personnellement à Bruxelles pour la rencontrer. Mais Madeleine refuse de parler. Harel devra utiliser l'arme du chantage pour la faire craquer : avant sa conversion, la jeune femme a mené une vie amoureuse, disons, assez compliquée. Le Mossad la menace de rendre ces faits publics, ce qui équivaudrait à la faire chasser de sa nouvelle communauté, réputée pour son puritanisme. Alors Madeleine parle : c'est elle qui a fait quitter Israël à Yossele, déguisé en petite fille, et qui l'a amené, à la demande de son rabbin, à Paris, puis à New York. Le lendemain de ses aveux, Robert Kennedy, alors attorney général des Etats-Unis, reçoit une demande d'entraide internationale. Quelques jours plus tard, une importante équipe du Mossad débarque à New York et, en coopération avec le FBI, perquisitionne une laiterie kasher de Brooklyn. C'est là que Yossele sera retrouvé. L'enfant, bien entendu, a été bien traité et il dira seulement que, même si tout le monde était très gentil avec lui, sa maman lui manquait. Pour retrouver un gamin d'une dizaine d'années, quarante agents du Mossad auront, en huit mois de travail à plein temps, dilapidé le budget annuel de leur organisation. Mais c'est le prix à payer pour assurer la paix civile dans le pays. Quand Madeleine Frei s'installera en Israël quelque temps plus tard, Harel lui proposera de devenir l'un de ses agents. Mais Madeleine a d'autres plans : ayant épousé un rabbin de vingt-sept ans son aîné, elle ne souhaite qu'une chose, finir sa vie dans la peau d'une juive pieuse, dans le quartier religieux de Mea Shearim, à Jérusalem...

Eli Cohen : "notre homme à Damas"

La nuit du 17 au 18 mai 1965 est longue pour les chefs du Mossad : à Damas, en Syrie, on pend un homme que ses amis arabes ont connu sous le nom de *Kamal Amin Taabes*, mais que les Israéliens appellent Eli Cohen. Agent du Mossad, il est le héros tragique d'une des plus glorieuses pages de l'histoire de l'espionnage israélien. Né le 16 décembre 1924 dans le quartier juif d'Alexandrie, Eli Cohen sera plongé dans l'action dès 1948 : il participe au travail clandestin du S.R. israélien en Egypte au sein d'un réseau qui sera entièrement démantelé. Arrivé en Israël en 1957, il entre deux ans plus tard, dans les services de renseignement israéliens. C'est son instructeur, *le Derviche*, qui, le premier, prend conscience des formidables potentialités d'Eli Cohen. Petit, râblé, les sourcils broussailleux et la moustache épaisse, *le Derviche* a vraiment une tête que l'on n'oublierait pas si on la voyait à la télévision. Mais jamais cet homme de l'ombre ne s'est laissé filmer. Après avoir été l'un des responsables d'une organisation terroriste juive particulièrement redoutée, le *Groupe Stern*, il est entré au Mossad en 1948, pour le compte duquel il a monté de nombreuses opérations. Tout cela se passe bien avant qu'il n'entame une brillante carrière politique et oublie son surnom, pour se faire connaître sous son patronyme : Yitshak Shamir...

En novembre 1960, dans un grenier délabré de Tel-Aviv, Shamir lance à Eli Cohen : *"Désormais, tu t'appelleras Kamal Amin Taabes, tu es né à Beyrouth, mais tu es syrien..."*. La préparation d'Eli à sa mission durera encore un an. Il effectue, pour parfaire sa couverture, un séjour de quelques mois à Buenos Aires, juste le temps de se faire des relations profitables dans l'importante et influente communauté arabe d'Argentine. Entre autres personnalités de premier plan, il se lie avec l'attaché militaire de l'ambassade de Syrie, un certain Amin El Hafez, qui apprécie particulièrement son patriotisme intransigeant. Le 10 janvier 1961, Eli Cohen met enfin le pied sur la terre syrienne. A Damas, *Kamal Amin Taabes* devient rapidement l'intime du ministre de la Défense, Samy Al Goundi, mais surtout, il fréquente assidûment le palais présidentiel où loge désormais une de ses vieilles connaissances, Amin El Hafez, l'ancien attaché militaire de Buenos Aires, porté au pouvoir peu de temps après par un coup d'Etat. Le président aime tellement le jeune homme qu'il va jusqu'à confier à quelques proches qu'il envisage d'en faire... son successeur.

Un autre ami de *Taabes*, le colonel Salim Hatoum, qui commande les parachutistes syriens, l'emmène régulièrement avec lui lors de ses tournées d'inspection, tandis que le lieutenant Maazi, le propre neveu du chef d'état-major général, le traîne plus d'une fois jusque sur les hauteurs du Golan, qui dominent la région israélienne de Galilée. Là, les deux hommes s'assoient et devisent calmement, échafaudant des plans pour la destruction de l'ennemi israélien... Régulièrement, pour fixer ces bons moments, *Taabes* prend des photos-souvenirs. Il mitraille ainsi des dizaines de batteries de mortiers de 122 dont les obus peuvent atteindre des cibles situées à vingt kilomètres à l'intérieur du territoire israélien, et même les nouvelles installations de canons de 130 encore plus dangereuses pour l'Etat hébreu. C'est un homme bon et attentionné : dans la région du Golan, précisément, il s'inquiète de la chaleur étouffante qui règne dans les abris syriens et obtient que l'on plante des bouquets d'arbres pour procurer un peu d'ombre aux malheureux soldats. Ces mêmes arbres serviront, durant la guerre des six jours, au réglage des tirs de l'artillerie israélienne quand elle écrasera les défenses syriennes du plateau... *Taabes* est parfait : riche, il comble ses amis militaires de cadeaux; fraternel, il passe ses nuits à écouter les récits cent fois répétés de leurs exploits guerriers. Comme il n'a jamais été à l'armée, dès que la conversation devient un peu trop technique, il s'embrouille et avoue, à sa grande confusion, qu'il a du mal à suivre. Ses camarades officiers sont alors trop heureux d'étaler leur savoir et s'y reprennent à plusieurs reprises pour qu'il assimile bien les subtilités des plans de défense syriens. Aux petites heures du matin, épuisé mais lucide, Cohen, dans le silence de son appartement somptueux, transmet à Tel-Aviv la moisson de la nuit. Ses informations, couvrant tous les aspects de la société syrienne, sont inestimables et finissent régulièrement sur la table de travail de David Ben Gourion lui-même. En novembre 1964, prétextant un voyage d'affaires en Europe, Cohen, après de longs détours, débarque en Israël afin d'assister à la naissance de son troisième enfant et de rencontrer ses nouveaux officiers traitants. A ses chefs, il ne cache pas l'état de perpétuelle tension dans lequel il vit, mais assure qu'il souhaite poursuivre sa mission. On le laisse donc repartir. Il est arrêté en janvier 1965.

Plus tard, on apprendra que sa chute n'est due qu'à un enchaînement de circonstances insignifiantes : l'ambassade d'Inde, voisine de son appartement, s'étant plainte à plusieurs reprises de voir ses propres émissions radios brouillées, les techniciens syriens se rendirent rapidement compte que le parasitage provenait d'un poste clandestin. Ils firent appel aux conseillers militaires soviétiques et ceux-ci n'eurent guère de mal à repérer la source d'émission des messages, de plus en plus fréquents et toujours envoyés à la même heure (8 h 30 du matin) qui perturbait les communications diplomatiques : l'appartement de *Kamal Amin Taabes*. Torturé pendant des semaines par des experts formés par d'anciens gestapistes réfugiés en Syrie, Cohen n'avouera que son nom et se contentera de répéter : *"Je m'appelle Eli Cohen. Je suis un soldat israélien"*. Le 18 mai 1965, alors que les appels au pape et aux gouvernements européens pour obtenir la clémence des autorités syriennes ont échoué — El Hafez hésitera jusqu'au dernier moment à donner l'ordre fatal de procéder à l'exécution, craignant de salir la réputation de son pays —, il est pendu sur la place des Martyres, à Damas, sous les hourras de la foule, venue nombreuse assister à cette scène macabre[2]. Le corps du plus grand espion israélien repose, depuis, au cimetière juif de Damas.

Wolfgang Lotz, l'aryen...

Une autre taupe légendaire d'Israël aura plus de chance. Le 22 février 1965, la police secrète égyptienne arrête, non loin des pyramides du Caire, *Wolfgang Lotz*, un Allemand propriétaire d'un élevage de chevaux. Ici aussi, ce sont les spécialistes de radiogoniométrie du GRU soviétique qui ont aidé le Mukhabarat égyptien à repérer le poste émetteur de *Lotz*. Très vite, l'Allemand, confronté à des preuves accablantes, avouera qu'il a aidé le renseignement israélien pour des motifs financiers. Ce n'est qu'à moitié vrai : car si *Lotz* travaille bel et bien pour le Mossad, il est aussi citoyen et officier israélien, et son mobile est purement patriotique.

C'est à la fin de 1959, que le général Gelhen s'est vu demander par le Mossad de l'aider à faire passer un agent en Egypte. Né à Mannheim avant la guerre, d'un père chrétien et d'une mère juive, immigré en Israël avec cette dernière dès l'accession de Hitler au pouvoir, le major Zeev Gur-Aryeh, de Tsahal, est un véritable aryen : grand, blond, les yeux clairs, parlant couramment la langue de Goethe, il n'a aucun mal à se faire passer pour un Allemand. Au début de 1960, il séjournera quelques mois à Pullach, non loin du siège du BND où des agents allemands triés sur le volet l'aideront à polir sa couverture. C'est en se faisant passer pour un ancien officier de l'*Afrika Korps* de Rommel que *Lotz* arrivera au Caire en janvier 1961. Il y fréquente très vite la meilleure société, fraye avec des militaires de haut rang et devient la coqueluche des autres Allemands résidant en Egypte. Précieuse source de renseignements pour Tel-Aviv, qui dispose donc, au début des années soixante, de deux taupes au plus haut niveau dans les deux principales capitales ennemies, Le Caire et Damas, *Lotz* participera à la campagne d'intimidation des savants allemands qui construisent, en Egypte, des fusées capables de toucher les villes israéliennes. La campagne, qui verra alterner menaces et envois de lettres piégées poussera les techniciens allemands à quitter l'Egypte mais, ayant déclenché un scandale international, elle coûtera sa place à Isser Harel...

En juin 1961, en France, *Lotz* rencontre Waltraud, une belle Allemande qu'il séduit et épouse immédiatement, oubliant au passage qu'il a, sous son nom hébraïque, une femme légitime qui l'attend en Israël. Selon certains, Waltraud est un petit "plus" ajouté à sa couverture par les bons soins du général Gehlen. En tout cas, elle participera à son travail d'espion. Condamnés à la prison à vie après leur arrestation, les *Lotz* seront libérés trois ans plus tard, le nouveau chef du Mossad, Meir Amit, ayant obtenu qu'ils soient inclus dans les trocs de prisonniers qui ont suivi la guerre des Six-Jours. Durant leur procès et la détention qui s'ensuivit, la protection du BND n'avait jamais cessé de s'étendre sur le couple...

La vengeance de Munich

Le 5 septembre 1972, à 4 h 30 du matin, tout dort encore au village olympique de Munich, et personne ne remarque la dizaine de silhouettes vêtues de noir qui se glissent le long des murs. Le commando investit le pavillon israélien et prend en otage la délégation de l'Etat hébreu. Cette action terroriste, l'une des plus médiatiques de tous les temps, sera courte mais sanglante : elle ne dure qu'une journée et se solde, à la suite d'une catastrophique intervention de la police allemande, par la mort de plus de onze athlètes.

Depuis longtemps déjà, Zvi Zamir, ancien général de division de l'armée de terre et chef du Mossad depuis 1968, en remplacement de Meir Amit, préconise la lutte à outrance contre les terroristes. Après ce massacre, le Premier ministre israélien, Golda Meïr, lui donne le feu vert : *"Dorénavant, Israël mènera un combat d'extermination des terroristes meurtriers. Israël les frappera à mort, où qu'ils se trouvent, avec habileté et courage"* [3]. Le Mossad a ordre de traquer et de détruire les onze chefs de l'OLP, responsables de l'opération de Munich. Commence alors l'une des plus longues missions des services secrets israéliens. A travers l'Europe, l'unité spéciale mise en place par Zamir et dirigée par un agent qui ne sera longtemps connu que sous le nom de *Mike* (il s'agit en fait de Mike Harari qui, bien des années plus tard, après avoir quitté le Mossad, deviendra le bras droit du général Noriega à Panama) repère et abat plusieurs cadres de *Septembre noir*. En quelques mois, sont ainsi tués Wael Zwaiter, Mahmoud Hamshari, ou encore Basil El Koubaissi.

Mais la mission la plus audacieuse du Mossad pour venger les morts de Munich se déroulera à Beyrouth en avril 1973 et est connue sous le nom d'*Opération Printemps de jeunesse* : guidés par les hommes du Mossad, quarante parachutistes des forces spéciales israéliennes dirigés par Ehud Barak et par Yoni Netanyahou (qui sera tué, trois ans plus tard, en dirigeant la libération des otages d'Entebbe), venus par la mer, donnent l'assaut à plusieurs bâtiments occupés par l'OLP dans la capitale libanaise. Des cadres de l'organisation terroriste — dont son porte-parole, Kamal Nasser, et l'un des fondateurs de *Septembre noir*, Mahmoud Youssouf Al Naggar, et Kamal Adwan — sont tués et les Israéliens mettent la main sur des centaines de kilos d'archives dont l'exploitation permettra d'éliminer nombre de pièces maîtresses des réseaux de soutien de *Septembre noir* en Europe. Parmi eux, Mohammed Boudia, un dramaturge algérien très connu dans les milieux du théâtre d'avant-garde, qui sera tué, le 28 juin 1973 à Paris. Mais la vengeance de Munich donnera aussi lieu à une incroyable bavure : croyant abattre Ali Hassan Salameh, les justiciers du Mossad assassinent un réfugié politique en Norvège, Ahmed Bouchiki. A ce jour, la nuit de Lillehamer (pour le Mossad, *Laïla mara, la nuit amère*) reste le plus grand fiasco du S.R. israélien : plusieurs agents seront arrêtés, jugés et condamnés. Le destin rattrapera Ali Hassan Salameh, le *Prince rouge*, le 22 janvier 1979, lorsqu'une voiture piégée explosera sur son passage dans une rue de Beyrouth. Ce jour-là, les cinq agents du Mossad venus d'Europe ne rateront pas leur cible. Au grand dam des Américains : depuis plusieurs années, Salameh, agent de liaison entre l'OLP et la CIA était, en fait, un homme de l'Agence...

Marcus Klingberg, le masque de fer israélien

Fin février 1994, quelque part en Israël, dans un bureau anonyme, des hommes sont réunis. Fonctionnaires, magistrats, représentants des services de police et de sécurité, ils ont à traiter divers dossiers de routine relatifs à la mise en liberté conditionnelle de détenus. Au terme de leur rencontre, s'est évanoui le dernier espoir d'un homme qui, dans une prison de haute sécurité d'Ashkelon, dans le sud du pays, attendait depuis des années un geste de clémence. L'affaire pourrait n'être que tristement banale n'était la qualité du prisonnier, la nature des faits qui lui sont reprochés, et surtout les modalités de sa condamnation et de sa détention : scientifique de renommée internationale, Marcus Klingberg a été arrêté secrètement en 1983, jugé à huis clos et condamné à vingt ans de prison pour espionnage. Depuis, il est détenu sous une fausse identité et dans un isolement total. Il est le *masque de fer israélien*. Ou plus exactement l'un des masques de fer : une dizaine d'hommes pourraient partager ce triste honneur. Révélée par les journalistes Edwy Plenel du *Monde* et René Backman du *Nouvel Observateur*, l'affaire plonge ses racines dans les pages les plus noires de l'histoire européenne.

Marek Klingberg voit le jour en octobre 1918, en Pologne, dans une famille juive modeste. Entré à l'université de Varsovie en 1936 pour y étudier la médecine, ce petit-fils de rabbin fuit les Allemands dès leur entrée en Pologne, en 1939, et se réfugie derrière les lignes de l'Armée rouge qui occupe la partie orientale du pays. Par un de ces hasards qui tissent la vie d'un homme, alors que les équipes spéciales du NKVD éliminent impitoyablement, à Katyn ou ailleurs, les officiers et l'élite polonaise mais aussi des dirigeants du parti communiste local, Marek, non seulement n'est pas inquiété, mais est même autorisé à poursuivre et à terminer ses études à Minsk, en Biélorussie. Devenu citoyen soviétique, il se porte volontaire pour servir au front dans les derniers jours de juin 1941, lorsque les blindés nazis déferlent sur les plaines russes. En 1945, il est capitaine dans l'Armée rouge et est déjà spécialisé en épidémiologie. Il ne le sait évidemment pas, mais son destin vient de prendre une orientation décisive qui, près de quarante ans plus tard, lui vaudra d'être englouti par l'Histoire. Juif, il a été sauvé par l'Union soviétique dont il se sentira toujour le débiteur; médecin, il s'est orienté, par goût de la recherche, vers une discipline ardue qui, un jour, le placera devant un choix déchirant. Rentré en Pologne en 1944, il y épouse celle qui sera la compagne de sa vie, Wanda Jasinska, une microbiologiste juive. Mais le couple comprend rapidement l'ampleur du désastre : de leurs familles, il ne reste rien. Parents proches ou éloignés, amis d'enfance, tous ont disparu, gazés et brûlés, broyés dans l'immense catastrophe qui a frappé le judaïsme européen... Après un bref passage en Suède, Marek et Wanda s'embarquent pour ce qui est encore la Palestine sous mandat britannique. Klingberg y combattra pour l'indépendance dans les rangs de la *Hagana*.

Après quelques années passées dans le service médical de l'armée, le passé de Klingberg — qui a légèrement modifié son prénom et se fait désormais appeler Marcus — lui vaut d'être affecté dans un laboratoire très spécial des environs de Tel-Aviv. Dès 1953, il en est le sous-directeur. Officiellement spécialisé dans la génétique, le centre de recherche de Nes Ziyona appartient en fait au domaine le plus réservé de la défense nationale israélienne : on y poursuit des travaux sur plusieurs types — plus de quarante, selon *Le Nouvel Observateur* — d'armes chimiques et biologiques. Pour des raisons évidentes — aucune nation "civilisée" et démocratique n'admettrait développer des programmes dans ce domaine formellement prohibé par le droit international depuis le lendemain de la Première Guerre mondiale —, les activités de ce centre sont donc couvertes de l'épais manteau du secret. Marcus Klingberg en sera le directeur adjoint jusqu'en 1972. C'est durant cette période, entre la fin des années cinquante et le début des années soixante, que Klingberg commencera à livrer des informations au KGB. Il n'est pas possible, à l'heure actuelle, et étant donné le secret qui entoure l'affaire, d'être plus précis sur l'époque exacte de son recrutement par l'officine de renseignement moscovite. A-t-il été un agent de Moscou dès son arrivée sur le sol israélien ? A-t-il été recruté plus tard ? Mystère. Comme sont mystérieuses les informations livrées à l'Union soviétique. On en est, ici, réduit aux supputations. Tout ce que l'on sait, c'est que Marcus Klingberg passait pour être un sioniste convaincu, ce qui ne l'empêchait pas d'être connu pour ses opinions d'extrême gauche.

L'enseignant et écrivain français Alain Brossat fut l'un de ses amis et lui consacra en 1988 un chapitre de son livre *Agents de Moscou*, sans toutefois révéler son identité. On lui doit ce saisissant portrait : *"Tel était cet homme, né juif de citoyenneté polonaise, naturalisé soviétique, puis à nouveau polonais, puis israélien... Qu'une existence aussi malmenée, tirée à hue et à dia, traumatisée par des blessures inguérissables, se vive en double ou en triple, rechigne à se plier à d'abruptes raisons d'Etat, et se détermine selon sa logique propre n'est pas vraiment fait pour surprendre. Le malheur de cet homme est que ses fidélités, le sentiment de ses devoirs et obligations, le mouvement de son existence n'aient pas coïncidé avec une patrie, une communauté une fois pour toutes dessinées. Il n'est pas bon d'être ainsi homme de partout et de nulle part, polyglotte, doté de singulières capacités mimétiques — mais contraint finalement à une seule fidélité : celle qu'il se doit à lui-même"*[(4)]. De gauche donc, profondément humaniste, torturé par son passé, il est possible que Marcus Klingberg ait été rebuté par les recherches poursuivies à Nes Ziyona. Dérouté, il se serait alors tourné vers ce pays auquel il devait la vie : l'URSS. Au début des années quatre-vingt, quoi qu'il en soit, et alors que Klingberg a sans doute arrêté ses livraisons depuis des années, il est "donné" à la CIA par un transfuge du KGB. Washington prévient aussitôt les organes compétents en Israël et une enquête est ouverte. En janvier 1983, au vu des preuves amassées par le Shin Bet, Menahem Begin autorise l'arrestation de Klingberg. Du jour au lendemain, le destin bascule : Klingberg disparaît. Gommé, effacé, évanoui dans la nature. Aussi sûrement que s'il n'avait jamais existé. Quelques versions officieuses circulent sur cette disparition : il aurait refait sa vie (à soixante-cinq ans...) ou serait soigné dans une clinique helvétique pour dépression profonde. Une seule certitude : la vie publique de Marcus Klingberg vient de finir. Le scandale Marcus Klingberg commence.

A une date non précisée (toujours le secret !) en 1983, à huis clos, sur base de preuves secrètes et d'un acte d'accusation qui ne sera jamais rendu public, s'ouvre à Tel-Aviv le procès intenté par l'Etat d'Israël à X. Son avocat, agréé par le ministère de la Défense, a dû s'engager à observer le secret. Il lui est donc interdit d'emporter des documents hors du tribunal et ses propres notes lui sont confisquées à l'issue d'un procès qui voit Klingberg condamné à vingt années d'emprisonnement dans un pénitencier de haute sécurité, à l'isolement et sous un nom d'emprunt. Seules six personnes — son épouse Wanda, sa fille Sylvia et quatre amis proches — sont autorisées à le visiter de loin en loin. Sous condition de maintenir le secret, faute de quoi leur droit de visite sera purement et simplement supprimé. Cette insupportable situation durera dix ans.

En 1991, un journal de Tel-Aviv assigne l'Etat dans une affaire de censure liée à la sécurité — la presse israélienne est en effet, très officiellement, soumise à la censure militaire pour toute une série de matières pouvant porter atteinte à la sécurité de l'Etat. Le mur du silence commence alors à se fissurer. On peut désormais, en Israël, écrire que Marcus Klingberg est en prison. Mais on ne sait toujours pas, officiellement, pour quels motifs... Par ceux qui ont pu le voir, on sait que Klingberg a fait au moins trois tentatives de suicide, qu'il souffre d'angine de poitrine et d'arythmie cardiaque, mais aussi qu'il est atteint de surdité et d'une cataracte. A près de quatre-vingts ans, c'est un homme usé dont l'état de santé nécessiterait le transfert en milieu hospitalier. Des professeurs d'Université, des médecins, et une figure historique de la gauche israélienne, Hayka Grossmann, l'une des rares survivantes des combats du ghetto de Varsovie, ont plaidé la cause de Klingberg. En vain. Les services de sécurité ne veulent pas en entendre parler. Marcus Klingberg est la preuve vivante que le Mossad et le Shin Beth ne sont pas infaillibles. Il est surtout le détenteur du secret des recherches menées à Nes Ziyona durant des dizaines d'années sur des armes hideuses. Pour les services israéliens, le mieux serait certainement qu'il décède en prison. A Paris, où elle vit aujourd'hui, sa fille Sylvia se bat avec l'énergie du désespoir, assistée par un avocat, Mᵉ Antoine Comte qui, depuis neuf ans, n'a pas marchandé ses efforts. Mais sa tentative d'organiser un vaste troc d'espions qui aurait permis à Marcus Klingberg de recouvrer la liberté a échoué, et il est douteux, aujourd'hui que l'Union soviétique a disparu, qu'elle puisse jamais aboutir. Quoi qu'il arrive désormais, pour certains il est déjà trop tard : Wanda Jasinska-Klingberg ne verra jamais la libération du compagnon de sa vie. Elle est morte à Paris, en octobre 1990...

Au service du prophète de Qom

Lorsque Muhammad Riza Chah quitte Téhéran, en janvier 1979, et que l'ayatollah Khomeini rentre en Iran après quinze années d'exil, une page nouvelle s'ouvre dans les relations entre le Moyen-Orient et le monde. L'avènement de la république islamique, en avril de la même année, montre à chacun que l'Iran a vocation de devenir le phare de l'Islam combattant. Après une période de troubles et de désordre — notamment marquée par l'assaut de l'ambassade des Etats-Unis par les *Etudiants islamiques*, le 4 novembre 1979 et par la longue prise d'otages qui s'en suivra —, le régime islamique se donne les

---

Le Mossad, objet de fiction

Le service secret israélien a, évidemment, inspiré bien des romanciers. Au nombre des bons auteurs figure Michel Bar Zohar, ancien sous-officier parachutiste et ancien porte-parole de Moshe Dayan lorsqu'il était ministre de la Défense. Outre un document très sérieux, la biographie du premier chef du Mossad, Isser Harel (*J'ai risqué ma vie*), Bar Zohar a consacré plusieurs bons romans au S.R. israélien (*La Troisième Vérité, La Liste...*)

Le journaliste Uri Dan (qui a collaboré, en 1977, à une histoire du Mossad) a publié, lui aussi, sur ce sujet, quelques œuvres de fiction (*L'Inconnu de la Piazza Navona, L'Ultimatum Uranium...*), tandis que l'Anglais Ken Follet, l'un des maîtres du genre, faisait paraître, en 1979, *Triangle*, consacré à l'une des opérations les plus audacieuses du Mossad : l'interception d'une cargaison d'uranium qui viendra grossir les réserves stratégiques d'Israël. Mais l'un des meilleurs romans consacrés par un étranger aux combattants de l'ombre israéliens est certainement *La Petite Fille au tambour* de John Le Carré, qui raconte l'infiltration d'une taupe dans un mouvement terroriste palestinien en vue d'en neutraliser le chef. Au cinéma, on citera, outre l'adaptation de *La Petite Fille au tambour*, par George Roy Hill, l'excellent et très récent film d'Eric Rochant *Les Patriotes*, qui raconte de manière extrêmement crédible plusieurs opérations réelles du S.R. israélien, dont la catastrophique affaire Pollard (voir chapitre 12).

moyens de sa politique en organisant un monde secret qui n'est pas sans évoquer celui des communistes des années vingt. Le cœur du pouvoir de l'ombre, à Téhéran, ce sont les *Pasdaran* (*Gardiens de la Révolution*) de Rafiq Doust, un ancien garde du corps de Khomeini. C'est Rafiq Doust, aujourd'hui ministre, qui sera le maître d'œuvre de la politique d'exportation de la révolution islamique. C'est lui qui orchestrera l'élimination des opposants les plus voyants du régime (comme Chapour Baktiar, tué à Paris le 6 août 1991), mais également les prises d'otages du Liban dans les années quatre-vingt. A l'intérieur, Rafiq Doust peut compter sur une terrible police secrète, la SAVAMA, qui a remplacé la SAVAK de l'époque du chah. A l'extérieur, le service de renseignement et d'action du nouvel Iran, la VEVAK, lui est tout acquis.

Enfin, fers de lance de la révolution islamique, Rafiq Doust et ses services peuvent compter, partout dans le monde, sur les réseaux intégristes rattachés à la mouvance du Hezbollah, le parti de Dieu, né au Liban en 1983. Ainsi, quand l'Iran voudra obtenir de la France la libération d'Anis Naccache, détenu à Paris suite à une tentative d'assassinat de Chapour Baktiar, c'est Rafiq Doust qui dirigera les opérations (il sera d'ailleurs personnellement mêlé aux négociations entamées entre Paris et Téhéran), mais ce seront des hommes d'Hassan, Gosh et d'autres dirigeants du Hezbollah qui, sous la couverture du fantomatique CSPPA (*Comité de solidarité avec les prisonniers politiques arabes*) mèneront les sanglants attentats de 1986 censés faire fléchir la France. On aurait tort, pour autant, de croire que les services iraniens ne sont qu'un ramassis de tueurs pathologiques et de terroristes. Avec toute la finesse perse, ils sont tout à fait capables de mener de belles opérations de renseignement assez classiques. La DST s'en rendra compte en juin 1986, quand elle arrêtera Maryse Villard, une femme de 44 ans, secrétaire administrative de la cellule diplomatique de Matignon, accusée d'avoir fourni à son ami des documents *confidentiels-défense* qu'elle était censée détruire. Or, le manipulateur de Maryse Villard n'est pas russe ou allemand de l'Est : Mohamed Ali Hansari est un Iranien résidant en Allemagne sous la couverture de représentant d'une compagnie pétrolière. Il travaille en fait pour la VEVAK... Maryse Villard lui a procuré notamment des analyses françaises concernant le potentiel militaire irakien (on est alors en pleine guerre Iran-Irak). En mai 1992, ce sont les Allemands qui découvriront une taupe iranienne au sein du service de presse du gouvernement. Rien de très étonnant à cela : l'ambassade d'Iran à Bonn est considérée comme l'un des principaux foyers de subversion et d'action des *Pasdaran* et de la VEVAK en Europe.

L'Iran n'est pas la seule puissance moyen-orientale à s'adonner aux joies du renseignement et de l'action. Loin s'en faut. D'autre pays, comme la Syrie, se tailleront une flatteuse réputation dans le monde de l'action secrète. Nous avons vu comment, avec l'aide des Soviétiques, *El-Amn Et-Siyassi*, la sécurité intérieure syrienne a piégé Eli Cohen, au début des années soixante. D'autres services, le *Moukhabarat El-Askariyya* (G2, *renseignement militaire*) du général Ali Douba, le *Moukhabarat El-Ama* (*renseignements généraux*) ou le S.R. de l'armée de l'air du général Mohammed el-Khouli s'illustreront dans les guerres secrètes que mène le régime de Damas, que ce soit contre ses rivaux régionaux (l'Iran ou l'Irak; quand ils affrontent cette dernière puissance, les S.R. de Damas se heurtent à l'*Estikhabarat* militaire, au *Moudiraiyat el-Moukhabarat el-A'Ama* ou *renseignements généraux* ou encore à la *Sûreté de l'Etat, El-Amn Wa el-Shurta*) ou, plus fréquemment au Liban, que Damas considère comme une province syrienne et où ses S.R. affrontent aussi bien les Israéliens que les Iraniens ou les Français.

Au Liban, la France paie le prix fort

Présente "depuis toujours" au Liban, la France tentera pendant vingt ans, à partir de la fin des années soixante, d'y mener une politique complexe censée préserver l'équilibre d'un pays qui ne tardera pas à sombrer dans la guerre civile. Trop complexe, sans doute, cette politique. Car si Paris peut compter, à Beyrouth, sur des amis fidèles, ce sont bien entendu d'abord les chrétiens libanais. Mais l'OLP viendra bouleverser le jeu politique national en appuyant la gauche (essentiellement musulmane et druze), et la France se trouvera rapidement prise entre les intérêts divergents des chrétiens dont elle est, en théorie, la protectrice, et ceux des Palestiniens qu'elle tente de se concilier en vertu de sa politique arabe traditionnelle.

L'intervention israélienne de 1982 viendra encore compliquer ce jeu. Son principal résultat ne sera pas tant de chasser l'OLP du Liban en détruisant le *Fathaland* du Sud que de favoriser la radicalisation des chiites travaillés par la propagande iranienne et qui s'organiseront au sein d'un Hezbollah cent fois plus menaçant que ne l'a jamais été le mouvement palestinien. Le 7 aout 1983, deux véhicules piégés des *Fous de Dieu* explosent, à 6 h 24 du matin, au *Poste Drakkar* du 1er RCP français et au quartier général américain à Beyrouth. Bilan : deux cent quarante et un Américains et cinquante-huit Français sont tués... Le 7 novembre, une action de représailles de la DGSE, appuyée par les CRAP (Commandos de recherche et d'action en profondeur) échoue : la jeep censée exploser avec le Centre culturel iranien de Beyrouth ne saute pas. L'*Opération Santé* est un échec. Comme échouera, dans l'après-midi du 17 novembre, *Brochet 8bis*, le bombardement de la caserne Cheikh Abdallah, occupée par les *Pasdaran* à Baalbeck. Certes, les huit Super-Étendards décollés du porte-avions

Clemenceau lâchent leurs bombes. En vain. Cinquante minutes à peine avant l'attaque, les Iraniens ont reçu l'ordre d'évacuer immédiatement Cheikh Abdallah. Les bombes françaises ne détruiront que des murs... D'après notre confrère Frédéric Pons[5], la fuite aurait pu venir du Quai d'Orsay. Alors que des agents et des soldats français risquaient leur vie au Liban, les diplomates, eux, auraient continué à mener leur politique personnelle. La cible de *Brochet 8bis*, pourtant, n'avait pas été choisie au hasard. Depuis plusieurs mois, les hommes de la DGSE au Liban travaillaient à cerner de plus près les structures du Hezbollah dans la région de la Beqaa. En pages 14 et 15 de leur rapport détaillé, que nous a fait parvenir un vent favorable, les experts du S.R. notaient que la région de Baalbeck abritait les groupes des opérations-suicides organisées par Khalil El Aawtat, *"conseiller religieux et militaire très qualifié dans le lavage des cerveaux"*[6] : *"La caserne 'Cheikh Aabdallah' est le siège de l'un de ces groupes. Le responsable se nomme Faraj Balouq : il est agé de 30 ans. Petit de taille et trapu. Originaire du village Hay Aamchky. Possède une camionnette Toyota blanche et possède un magasin d'aluminium sur la route militaire de l'armée libanaise. Son groupe se compose de 75 éléments dont les plus importants sont : Mohammad Hussein El Laqiss, Hassan Ali Balouq, Hasan Ali Chams, Ali Soubhi Eid, Hussein Ali Farhat, Maohammad Moustapha Balouq. Tous sont originaires de Baalbeck et y vivent..."*[6]. Tels sont les hommes qui échapperont à la mort ce 17 novembre...

Jacques Merrin, la mort d'un espion

Le 3 février 1988, un titre barre la une de *Libération* : *"Beyrouth. Mort d'un espion"*. C'est la veille, un peu avant treize heures, que *Jacques Meurant* a été abattu, au volant de sa voiture, alors qu'il venait de quitter les bureaux de la Sûreté libanaise. Monté dans sa BMW 320 blanche, *Meurant* se dirigeait vers Achrafieh, au cœur du réduit chrétien, quand une Peugeot 505 l'a dépassé et l'a forcé à s'arrêter. Pas un mot n'a été prononcé, mais l'un des deux hommes descendus de la Peugeot a tiré trois balles de pistolet-mitrailleur sur le Français, âgé de 27 ans. Touché au cou et à l'abdomen, il décédera immédiatement. Très vite, des sources autorisées reconnaissent que *Meurant*, en réalité Jacques Merrin, est un agent de la DGSE, résidant depuis plusieurs mois au Liban sous une couverture commerciale. Et c'est à peu près tout ce qu'on saura. Malgré l'enquête de la justice libanaise et celle diligentée, plus discrètement, par une équipe de la DGSE venue de Paris, la lumière ne sera jamais faite sur la mort du jeune homme. Ce que l'on sait se résume donc à fort peu de choses. Jacques Merrin enquêtait, au moment de sa mort, sur l'assassinat, le 11 novembre 1987, d'un autre Français, Richard Gimpel. Officiellement ingénieur dans une distillerie, Richard Gimpel était en fait un *honorable correspondant* de la DGSE et travaillait plus particulièrement avec Merrin. Pour le compte de ce dernier, il maintenait un contact étroit avec Elie Hobeika, le chef des S.R. des *Forces libanaises*, et avait poursuivi cette relation après qu'Hobeika fut exclu de son mouvement pour s'être rapproché de la Syrie. Gimpel a-t-il été victime des sourdes rivalités opposant entre elles les différentes factions chrétiennes ? Merrin est-il mort pour avoir approché de trop près la vérité ? Le mystère demeure, mais ses assassins semblent s'être emparés d'un dossier concernant la mort de Gimpel après avoir commis leur meurtre. Un meurtre perpétré dans une zone étroitement contrôlée, à l'époque, par les *Forces libanaises*...

Poker cairote

Le Moyen-Orient est bien, à cette époque, une zone où tout peut se produire. Les Américains en font l'amère expérience en juin 1988 en constatant la duplicité de leur allié égyptien. Un peu plus tôt dans l'année, tout allait pourtant encore pour le mieux entre Le Caire et Washington. Lors d'une visite officielle, le ministre égyptien de la Défense, Abdul Halim Abu Ghazala, n'a-t-il pas signé un protocole d'étroite coopération avec son homologue, Frank Carlucci ? Cet accord, valable dix ans, procure à l'Egypte les mêmes avantages d'allié stratégique des Etats-Unis que ceux que Washington a concédés par le passé à Israël, l'Australie ou la Suède. Et voilà que, l'encre de l'accord à peine sèche, le FBI vient de découvrir une tentative d'exportation illégale d'équipements militaires au profit de son allié méditerranéen !

Le 23 juin, à Sacramento, en Californie, la justice vient en effet d'inculper Abdelkader Helmy, un scientifique égyptien qui tentait d'acquérir des équipements de pointe permettant de mettre sur pied un système perfectionné de missiles. Le réseau auquel semble appartenir Helmy et quelques autres est dirigé, par téléphone et fax, depuis Salzbourg, en Autriche, par le colonel Hussam Yosef. Il planifiait d'organiser l'exportation, par une navette militaire régulière entre les Etats-Unis et l'Egypte, de plusieurs dizaines de tonnes de combustible, de plaques d'acier spécial et de centaines de kilos de carbone utilisé pour rendre les missiles quasiment indétectables aux radars. Or, des conversations enregistrées entre Helmy et le colonel Hussam Yosef d'une part et le vice-amiral Abdel Rahim Elgohary, spécialiste des problèmes d'acquisition de matériel à la mission militaire égyptienne en Egypte, d'autre part, ne laisse planer presque aucun doute : le général Abu Ghazala n'ignore rien de l'opération en cours. D'ailleurs, l'enquête des *feds* fera apparaître les noms de deux autres officiers : le général Algamal et le major général Hamza, considérés par les enquêteurs comme des proches d'Abu Ghazala. Les Américains ne sont d'ailleurs pas les seuls à être sur la trace des acheteurs : le 27 mai 1988, à trois heures du matin, à Grasse, dans le sud de la France, la voiture d'un certain Ekkerhard Schrotz, le directeur général d'une société suisse, explose sans faire de victime. Manifestement, on n'a pas voulu tuer mais délivrer un message. Un mystérieux groupe des *Gardiens de l'Islam* revendiquera l'attentat dans un message à l'agence France Presse, en affirmant avoir voulu punir Schotz de son implication dans la fourniture d'armes à... l'Irak. Dans une conversation téléphonique avec Helmy, Hussam Yossef, lui, proposera une autre explication : c'est la société de Schrotz qui a été utilisée pour financer l'opération de Helmy, les Israéliens l'ont appris et ont fait savoir, à leur manière, qu'ils appréciaient assez peu de voir l'Egypte chercher à se doter de missiles pouvant toucher leurs villes. La technologie américaine des missiles semble d'ailleurs faire bien des envieux : en 1987, ce sont deux diplomates chinois, Hou Desheng, attaché militaire adjoint, et Zang Weichu, consul à Chicago, qui avaient été arrêtés dans un restaurant de Chinatown au moment où ils achetaient à un agent *undercover* des douanes ce qu'ils pensaient être des plans de missiles sol-sol. Un discret arrangement permettra à Pékin de résoudre ce cas, le premier du genre depuis l'établissement de relations diplomatiques entre les deux pays, en janvier 1979, en les rappelant en Chine avant qu'ils ne soient déclarés *persona non grata*. En septembre de la même année, deux autres Chinois, Charles Chang et Chang-Yao Chi, ne bénéficiant pas, eux, de l'immunité diplomatique, seront arrêtés pour des faits similaires. Tous avaient en commun, apparemment, de travailler pour le *Quingbaobu*, le S.R. de l'*Armée populaire de libération*.

La revanche de Castro

Juin 1987 restera marqué d'une pierre noire pour les opérations de la CIA à Cuba. Lorsque le deuxième conseiller de l'ambassade cubaine à Vienne, Florentino Aspillaga Lombard, pénètre dans l'ambassade américaine pour y demander l'asile, il apporte en effet une très mauvaise nouvelle. Officier de la DGI (*Direccion General de Inteligencia*, le renseignement extérieur cubain), Lombard est en effet en mesure de prouver que la plupart des opérations américaines dans l'île de Castro sont connues de son service. Et pour cause...

En 1974, à Madrid, Mauro Casagrandi, un homme d'affaires italien vivant à La Havane et très proche du régime est recruté par la CIA. Après avoir passé avec succès le test du détecteur de mensonges, Casagrandi va travailler treize ans pour l'Agence, pour laquelle il sera *Luis*. Manipulé par un agent de la CIA travaillant comme vice-consul au Bureau des intérêts américains à La Havane, *Luis*, doté du matériel du parfait espion, rend tous les services possibles et imaginables à ses employeurs : renseignements économiques ou militaires, mise à jour des fichiers biographiques, indiscrétions politiques, informations sur la santé du leader maximo et sur sa protection rapprochée, tout est bon pour la CIA. Seul problème, *Luis*, farouchement pro-cubain, travaille en fait pour le S.R. de Castro. Sous le nom de *Mario*, cette fois. Mais les révélations du transfuge de Vienne ne s'arrêtent pas là : en tout, ce ne sont pas moins de vingt-quatre agents doubles que la DGI est arrivée à introduire, en moins de quinze ans, dans le circuit de la CIA[7]. Sur conseil des Soviétiques, les Cubains ont embauché dans leur contre-espionnage, dès la fin des années soixante, tous leurs ressortissants autorisés à se rendre à l'étranger. Et c'est évidemment parmi ces voyageurs que la CIA recrute le plus facilement... Cuba pourra ainsi intoxiquer à volonté les Américains mais aussi accumuler une incroyable documentation sur leurs opérations dans l'île. Après les révélations du transfuge, ils se paieront le luxe de faire de ce matériel une série télévisée documentaire de dix émissions diffusée à une heure de grande écoute sur les écrans de la télévision nationale...

Δ

[1] Dennis Eisenberg, Eli Landau, Uri Dan, *Mossad, les services secrets israéliens*, Ottawa, 1977, p. 85.
[2] L'exécution d'Eli Cohen a été filmée en direct par la télévision syrienne. Les émissions de cette télévision étant captées en Israël, l'épouse de Cohen, Nadia, a regardé mourir son époux sur le gibet, puis a tenté de mettre fin à ses jours.
[3] Dennis Eisenberg, Eli Landau, Uri Dan, *op. cit.*, p. 233.
[4] Alain Brossat, *Agents de Moscou*, Paris, Gallimard, p. 29.
[5] Frédéric Pons, *Les Paras sacrifiés, Beyrouth 1983-1984*, Paris, Presses de la Cité, 1994.
[6] Rapport de la DGSE, archives des auteurs.
[7] Sur cette affaire, on lira avec profit le livre de Jean-Marc Pillas, *Nos agents à La Havane*, Paris, Albin Michel, 1995.

11
La fin d'un monde

La deuxième moitié des années quatre-vingt va voir s'accélérer la décomposition des systèmes communistes européens. Dès 1985 et surtout 1986, si l'on se garde encore, pour quelque temps, de toucher au dogme, il est clair que le bloc communiste se fissure. On peut, dès ce moment, classer les pays socialistes en trois sous-blocs, ainsi que s'en rendent compte les observateurs travaillant sur le terrain. D'abord, il y a la Hongrie et la Pologne, qui incarnent le changement. Le premier de ces pays s'est lancé, de belle date, sous la férule de Janos Kadar, dans des réformes économiques osées qui en font le plus vivable des pays de l'Est. Certes, en apparence, le socialisme réel y reste inattaquable, mais le pouvoir a la sagesse de ne plus exiger de la population son adhésion au grand mythe. *"Qui n'est pas contre nous est avec nous"*, devient le leitmotiv des dirigeants hongrois : tout est permis, en fait, à qui ne s'attaque pas de front au régime. Même avec les dissidents, regroupés autour du fils de Laszlo Rajk, on peut s'arranger : de temps à autre, la police politique montre sa force en interpellant et en gardant quelques heures un opposant déclaré. Il est bien vite libéré et chacun retourne à ses occupations.

La Pologne offre une image plus contrastée mais fort intéressante. Dans les années qui ont suivi l'instauration de l'*Etat de siège* mettant fin à l'expérience de Solidarité, le général Jaruselszki s'est efforcé d'éradiquer l'opposition. La répression des manifestations et quelques bavures des services de sécurité intérieure (voir chapitre 12) feront une centaine de morts. Mais en 1987, la répression, qui a d'ailleurs toujours été ambiguë, certaines formes d'opposition étant ouvertement tolérées, marque le pas : le pouvoir et les contestataires s'installent dans l'observation mutuelle, chacun sachant qu'il n'y a d'autres possibilités de sortir de l'impasse que de tenter un compromis. Budapest et Varsovie vont évoluer en douceur, et c'est par la voix législative que le régime communiste va y être aboli. Deuxième tendance : celle qu'incarnent la Tchécoslovaquie, la Roumanie et l'Allemagne de l'Est. Mis à part la Roumanie, où le pouvoir de Ceaucescu est purement personnel et autocratique, c'est, dans ces pays, le "béton" du parti qui est au pouvoir. Dans les trois cas, même si le diagnostic de départ est un peu divergent, le résultat, à l'arrivée, est le même : aucune évolution n'est possible; ces systèmes sont condamnés à imploser : les communistes de Prague et de Berlin-Est seront balayés par la vague populaire, et la famille Ceaucescu, à Bucarest, disparaîtra dans une sanglante insurrection. Troisième tendance, celle de Moscou, d'où viennent les directives. En quelques années, les choses vont radicalement changer. Alors qu'en 1985, l'URSS soutient les pays durs, quatre ans plus tard, elle sera l'avocate des réformes à la hongroise et permettra la transition démocratique de ses satellites. Entre ces deux dates, sont passées la *Glasnost* (transparence) et la *Perestroïka* (restructuration) de Mikhaïl Gorbatchev. Mais à partir de 1989, le régime soviétique va s'affaiblir, Gorbatchev se révélant incapable de choisir entre la droite (communistes conservateurs) et la gauche (partisans des réformes économiques et démocratiques) du parti. Le résultat sera, nous allons bientôt le voir, le putsch avorté d'août 1991 et la disparition, quatre mois plus tard, de l'Union soviétique. Enfin, un pays demeure inclassable : la Bulgarie de Jivkov, qui aurait tendance à se rapprocher de la Roumanie des Ceaucescu. Le pouvoir y est moins aux mains du "béton" commmuniste que d'une mafia communisto-criminelle typiquement balkannique qui inventera, bien avant la lettre, la politique de purification ethnique, en tentant, au début des années quatre-vingt, de "bulgariser" les régions traditionnellement peuplées de populations d'origine turque.

Le décor général est planté. Le dernier acte de la pièce peut débuter... Commençons par les cas les plus simples. Le 23 octobre 1989, le parti communiste hongrois (PSOH) renonce à la dictature du prolétariat et accepte le principe du partage du pouvoir, qu'il perdra en mars 1990 après des élections législatives donnant une nette majorité au Forum démocratique, principale force d'opposition; en Pologne, l'évolution est similaire : en 1989, Solidarnosc, théoriquement interdit depuis huit ans, est légalisé. Moins d'un an plus tard, Lech Walesa devient président de la République.

Dans ces deux pays, les services de police secrète vont se voir dissoudre en douceur. En Hongrie est créé un Office national de Sécurité, cumulant des activités de contre-espionnage et renseignement. En Pologne, l'UOP (Office de protection de l'Etat) est placé sous la responsabilité de Jersy Konieczny et étroitement surveillé par des anciens de Solidarnosc. Tant en Hongrie qu'en Pologne, cela étant dit, les S.R. font appel au savoir-faire des anciens espions communistes. En Pologne, la manie conspirative de ces ex-*James Bond* rouges sera d'ailleurs à l'origine de quelques scandales. Voilà pour ce qui est des transitions harmonieuses. Les choses seront un peu plus délicates en Tchécoslovaquie.

Prague : échec d'une manipulation

A l'automne 1989, les auteurs de ce livre sont aux premières loges, à Prague, lorsque débute la révolution de velours. Comme d'autres, ils sont frappés (dans tous les sens du terme, ce qui sera d'ailleurs, pour la petite histoire, à l'origine d'un incident diplomatique entre Paris et Prague), dans un premier temps, par la violence des unités antiémeutes qui répriment les manifestations de l'opposition alors qu'il est évident que le régime, d'ailleurs laché par Moscou, est à bout de souffle et n'en a plus que pour très peu de temps. Pourquoi, dès lors, cette brutalité ? Le 17 novembre 1989, après une cérémonie commémorative au cimetière de Vysehrad, les manifestants, comme ils en ont pris l'habitude depuis quelques jours, marchent vers la place Wenceslas, au cœur de Prague, endroit symbolique et haut lieu des manifestations de la propagande communiste. Plusieurs affrontements ont lieu et, au cours de l'une de ces échauffourées, la police tire. Plusieurs étudiants sont blessés et l'un d'eux, Martin Smid, est tué. En quelques jours, l'émeute renverse le régime. Or, on ne l'apprendra que plus tard, il n'y a pas de *Martin Smid*. Ou plutôt, il y en a deux. Un qui est absent de Prague au moment des événements, l'autre qui, bien vivant, sera exhibé à la télévision par le pouvoir chancelant, pour calmer les esprits. Vaine tentative. Que s'est-il passé ?

C'est à la fin de 1988 qu'un petit groupe de communistes réformateurs, acquis aux idées de Mikhaïl Gorbatchev, ont compris qu'il était temps de faire quelque chose si l'on voulait sauver les meubles. Devant l'impossibilité de s'entendre avec une direction sclérosée, ils ont pris langue avec les Soviétiques, qui les ont renvoyés au KGB, et ce dernier les a mis en contact avec le général Alois Lorenc, chef du StB, lui aussi favorable à de nécessaires réformes. Le StB a alors usé de ses agents d'infiltration dans l'opposition pour radicaliser celle-ci qui, en définitive, dans le climat existant à l'époque en Europe centrale, n'avait peut-être pas vraiment besoin qu'on la pousse. Ce sont ces infiltrés et des cadres de la police qui ont provoqué les bagarres du 17 novembre 1989. Ce jour-là, un jeune lieutenant du StB, Ludek Zvicak, se trouve en tête d'un des cortèges de la manifestation qui revient du cimetière. Il emmène ses troupes à l'assaut d'un barrage de police où tout est prévu à l'avance : au Q.G. de la police, le général Lorenc est personnellement aux commandes de l'opération pour éviter tout dérapage. A ses côtés, le *Rezident* du KGB à Prague et l'un des responsables du *Centre*, venu de Moscou, Victor Gruchko. Sur le terrain, on tire. Panique, empoignades : dans la bousculade, Zvicak tombe. Des secouristes recouvrent son corps d'un drap et la police l'emmène immédiatement, comme si elle souhaitait cacher quelque chose : Zvicak se porte à merveille, mais *Martin Smid*, comme on l'apprendra très vite, vient de mourir. Mission réussie. Trop bien même, car plus personne ne peut contrôler le mouvement, et un grain de sable va se glisser dans la machine bien huilée de la conspiration. Le dissident Zdenek Mlynar, un ancien ministre de l'époque du Printemps de Prague d'Alexandre Dubcek, vivant en exil à Vienne, figure morale incontestable, refuse de prendre la tête du Parti, comme le souhaitent les comploteurs. Faute de solution de rechange, le régime communiste s'écroule...

Les débuts de la démocratie seront, du point de vue qui nous intéresse, un peu chaotiques en Tchécoslovaquie. L'une des spécialités de la presse sera en effet de publier les noms d'anciens agents ou informateurs du StB, en ruinant leur carrière politique. L'hebdomadaire *Reflex*, par exemple, sortira de longues listes (le plus souvent agrémentées de photographies d'identité) d'officiers chargés naguère de la *"lutte contre l'ennemi intérieur"*, dans le but de *"donner des noms concrets à ceux qui ont servi le mal, afin d'empêcher toute éventualité de son retour"*[1]. Ces révélations, mal contrôlées et sujettes à caution, feront parfois plus de mal que de bien. Ainsi, le 17 septembre 1991, le vice-Premier ministre Vaclav Vales, qui fut l'un des compagnons de captivité de Vaclav Havel, sera victime d'un malaise cardiaque après avoir été dénoncé, sans doute à tort, comme un ancien collaborateur du StB. Mais d'autres informations, nettement plus intéressantes, filtreront également. On apprendra, entre autres, que cinquante-deux journalistes de l'agence de presse tchèque CTK collaboraient au StB. Une vingtaine d'entre eux étaient de simples informateurs occasionnels, une vingtaine d'autres, des officiers de renseignement engagés dans des opérations à l'étranger et douze journalistes, enfin, étaient des agents du *IIe département* chargé de la lutte contre l'ennemi intérieur. Seuls ces derniers seront remerciés par le directeur de CTK, l'ancien dissident Petr Uhl. De même, on avait déjà appris, en mars 1990, que le StB avait installé, dans la chambre 203 de l'hôtel Yalta, un poste d'observation permettant, par un jeu de caméras et de micros, d'espionner toutes les chambres. Or, le Yalta, l'un des meilleurs hôtels de Prague, était l'adresse préférée de bon nombre d'hommes d'Etat, de diplomates, d'industriels et de journalistes occidentaux lors de leur séjour dans la capitale. Nul ne sait ce qu'est devenue la chambre 203. A-t-elle été définitivement fermée, ou bien les anciens du StB en ont-ils remis les clés à leurs collègues des nouveaux services (aujourd'hui, le BIS, *Bezpecnosti a Informacni Sluzba*, Service de sécurité et d'information, dirigé par l'ancien dissident

Stanislas Devaty) désireux d'en savoir plus sur certains pensionnaires du *Yalta* susceptibles de se livrer à des activités délictueuses ? Enfin, l'ouverture des archives secrètes permettra, grâce à la presse tchèque, d'en savoir un peu plus sur les agissements des organisations internationales basées à Prague, comme l'*Union internationale des étudiants* (IUS), l'*Organisation internationale des journalistes* (OIJ) ou la *Fédération syndicale mondiale* (FSM); autant de syndicats qui permettaient parfois au KGB et à ses alliés d'implanter des agents à l'Ouest mais qui, surtout, étaient régulièrement utilisés dans le cadre des mesures actives pour propager la désinformation concoctée place Djerzinski...

La chute de la maison Stasi

En Allemagne de l'Est aussi, le KGB tentera de jouer la carte du changement en douceur. Sans doute en s'appuyant sur Markus Wolf, l'ancien patron du HvA, quoique celui-ci nie fermement avoir comploté avec ses partenaires soviétiques. S'il avoue volontiers avoir eu des discussions très approfondies avec des amis moscovites — dont Valentin Faline, le responsable des questions allemandes au Département international du PCUS — sur l'avenir de l'Allemagne et les indispensables réformes à y mener, il conteste absolument avoir été formellement mandaté pour entreprendre de regrouper les mécontents.

La réunification allemande, le 3 octobre 1990, à laquelle aucune force n'aurait pu s'opposer sans faire couler des flots de sang, ce qui, en définitive, aurait abouti au même résultat, marquera la fin de l'histoire de la Stasi, à la fois police politique et service de renseignement de l'Allemagne de l'Est durant quarante ans, et des autres services est-allemands. Dès lors, il n'y aura quasiment pas un jour sans que filtrent de nouvelles informations sur l'organisation et les activités de la Stasi. On pourra donc apprendre que les services de sécurité, non contents de se livrer à l'espionnage, n'ont pas répugné à l'élimination physique des opposants et des "traîtres" démasqués. Ils auraient ainsi procédé à plus de deux cents exécutions dans ses prisons. Un charnier contenant les cendres de soixante-deux opposants éliminés dans les années soixante à Dresde a d'ailleurs été découvert en août 1991. Or, ces prisonniers n'ont jamais fait l'objet de la moindre condamnation, et le registre de la prison mentionne, chaque fois, comme cause de décès : *"arrêt du cœur"*...

Précisons-le, même s'il est arrivé aux hommes de Markus Wolf de se livrer à l'une ou l'autre *opération mouillée* (doux euphémisme, faisant référence au sang, employé à l'Est pour désigner ce que les Français appellent *opération Homo*), la répression n'était pas de son fait. C'est au MfS, le ministère de l'Intérieur d'Erich Mielke que tout, dans ce domaine, se décidait, sur instruction du bureau politique du SED. Cela étant dit, les hommes d'Erich Mielke et de Markus Wolf collaboraient dans certains domaines. En 1979, ils furent au cœur de l'opération conjointe menée par la RDA et l'URSS pour mettre au point un système informatique — baptisé poétiquement *Saisie unifiée d'informations sur les opposants* — qui rassemblait des informations collectées partout dans le monde sur des personnes susceptibles de s'opposer, de quelque manière que ce soit, aux pays communistes. Un demi-million de ressortissants de divers pays occidentaux auraient ainsi été épiés par l'Est dans le cadre de ce programme.

Outil d'espionnage à l'extérieur, instrument de terreur à l'intérieur, la Stasi s'est dotée, pour assurer sa mission de surveillance, de capacités techniques lui permettant, d'après des sources judiciaires allemandes, d'écouter cinq cent mille lignes téléphoniques 24 heures sur 24. Deux mille personnes travaillaient en permanence rien que dans le secteur des écoutes. Quand elle ne s'occupait pas d'espionnage, la Stasi ne reculait pas devant les besognes les plus répugnantes : le service gérait, par exemple, une sorte de banque d'organes destinés aux dignitaires du SED et prélevés à l'hôpital de la Charité, à Berlin-Est, dans des conditions plus que douteuses. Les surplus étaient vendus à l'Ouest à des prix exorbitants : cinq cent mille marks pour un cœur, cent mille pour un poumon...

Lorsque le régime communiste chancèlera, le Premier ministre réformateur Hans Modrow (un ami de Markus Wolf) tentera d'opérer un lifting de dernière heure sur la Stasi, rebaptisée pour la circonstance ANS — *Amt für Nationale Sicherheit*, ou *Office national de sécurité*. L'ANS ne vivotera que quelques semaines... Ne pouvant plus s'opposer à la volonté de changement de la population, les agents de la Stasi et du HvA sont au moins bien placés pour assurer leur survie individuelle. D'autant plus que leur hiérarchie ne les laisse pas tomber. Avec une méthode qui rappelle un peu celle utilisée par les nazis à la fin de la Seconde Guerre mondiale, on distribuera, à partir de début 1990, argent et faux papiers aux officiers les plus menacés en cas de chute du régime. Chaque nouvelle identité est assortie d'une "légende" censée pouvoir résister à un examen superficiel. Enfin, au soir du 3 octobre 1990, c'est le chacun pour soi. Mais, si la réunification de l'Allemagne a mis la grande majorité des anciens de la Stasi et du HvA au chômage, d'autres ont été récupérés par le grand frère soviétique.

Certains spécialistes estiment que, dès 1986, le KGB a commencé à débaucher certains officiers particulièrement expérimentés et efficaces, et à prendre directement le contrôle de réseaux sensibles, ce qui semblerait prouver que la direction du renseignement soviétique, un an à peine après l'accession de Mikhaïl Gorbatchev au pouvoir, se fait assez peu d'illusions sur l'avenir de la

RDA. Une chose en tout cas est certaine : si des centaines d'agents de la Stasi et du HvA à l'Ouest ont été démasqués depuis la réunification, il existerait encore plusieurs milliers de taupes un peu partout en Allemagne, et les services russes possèdent probablement l'identité de bon nombre d'entre elles. Le danger de réactivation de ces sources dans un avenir plus ou moins proche est d'autant plus grand que l'atmosphère de chasse aux sorcières qui a régné en Allemagne après le 3 octobre 1990 interdit à ceux qui ont travaillé pour la Stasi de mener une vie tout à fait normale. Dans son propre intérêt, et dans celui de ses alliés, l'Allemagne ne devrait-elle pas, dès lors, tourner la page et envisager d'accorder l'amnistie aux anciens agents de Berlin-Est, leur permettant ainsi d'échapper à tout chantage susceptible de les remettre au travail ?

Reste la question des archives. On sait que les archives les plus secrètes des *organes* ont quitté clandestinement les caves du siège du ministère de l'Intérieur, dans la Normanenstrasse, au cours de la nuit du 15 au 16 octobre 1989 et ont été entreposées dans des casernes de la Vingtième armée de la garde soviétique, à Eberswalde, d'où elles prendront, sous la garde d'une quarantaine d'officiers du KGB et du GRU, le chemin de Moscou. D'autres avaient été détruites. Dès le mois de février 1990, le HvA avait quitté les locaux du MfS, pour se replier sur un bâtiment plus discret. Klaus Eichner, chef de la Section des analyses du *département IX* (contre-espionnage) du HvA a témoigné de la manière dont les choses se sont passées. Le général Bernd Fischer, responsable de la dissolution du HvA, *"nous a donné lui-même les instructions. C'était clair : 'Vous savez ce que vous avez à faire. Tout ce qui, directement ou par des méthodes analytiques, pourrait amener à la découverte d'agents ou de sources doit être détruit. Mais tout le reste, les synthèses, les analyses, etc., doit demeurer à la disposition des historiens...' Nous voulions qu'il reste quelque chose de nos années de travail, des traces de notre activité qui ne fut pas, loin de là, que négative. Dans ces dossiers, il y avait nos raisons d'être..."* [2]. Les derniers officiers du HvA seront officiellement licenciés sous contrôle d'un comité de dissolution. Dans ces mois qui précèdent la réunification, les agents du BND et de la CIA, ainsi sans doute que d'autres services occidentaux, approcheront les chômeurs du HvA avec d'alléchantes propositions. D'après Klaus Eichner, *"Des chefs de départements ou de sections importants (comme le responsable de la section du travail contre la CIA qui aurait reçu une somme globale de 1 million de dollars pour prix de sa trahison, plus de 25 000 à 150 000 par nom livré, selon leur importance)..."* [2] seront ainsi courtisés par les S.R. occidentaux. Et Eichner conclut : *"Nous aussi, au HvA, avions participé, à notre façon, au travail destructeur de ce régime. Pas la peine de se cacher derrière je ne sais quelle distinction qui écarte l'essentiel de notre responsabilité. Cela m'a conduit à participer à ce travail de dissolution. Il fallait, en quelque sorte, finir le travail nous-mêmes"* [2].

Par la suite, outre les nombreuses affaires d'espionnage qui seront découvertes, l'accusation d'appartenance à la Stasi détruira plus d'une carrière politique. Ibrahim Böhme, cofondateur du SPD est-allemand et Lothar de Maizière, ultime Premier ministre est-allemand et vice-président de la CDU d'Helmuth Kohl seront ainsi contraints d'abandonner leurs fonctions.

Heurs et malheurs de la Securitate

La prétendue révolution roumaine de décembre 1989, qui a coûté la vie aux Ceaucescu, a-t-elle bénéficié de la complicité d'une partie de la direction de la Securitate ? La question risque de rester ouverte pour un certain temps encore, mais on a du mal à imaginer que ce service, qui savait tout et contrôlait tous les échelons de la société roumaine, ait pu laissé se développer le complot qui devait emporter la dictature. Notre ami Michel Castex, bon connaisseur de l'Europe orientale, qui était en poste à Bucarest pour l'agence France-Presse au moment de la révolution, affirme, en tout cas, que le plan de l'élimination du clan Ceaucescu a été mis au point, comme pour les événements de Prague, à Moscou[3].

Rappelons les faits. Tout commence à Timisoara, une ville des plus classiques de la *Mitteleuropa*. Et un endroit sensible puisqu'une importante minorité hongroise y vit, et surtout l'un de ses dirigeants le plus en vue, le pasteur Laszlo Tökes. Le 15 décembre, mille rumeurs commencent à bruire dans les rues de la ville : *"C'est pour demain"*, *"ils viendront demain"*, *"c'est le 16 qu'ils arrêteront Tökes"*. "Ils", ce sont les hommes de la Securitate, haïe autant que crainte; son emprise est telle que, selon une estimation américaine des années quatre-vingt, *"un Roumain sur quatre a été, est ou sera un indicateur de la Securitate"*. Donc, le 15 décembre, quand la rumeur de l'arrestation du pasteur Tökes commence à se répandre, les Hongrois (qui ont la tête d'autant plus près du bonnet que Ceaucescu aimerait bien, précisément, la leur vider, cette tête) le prennent mal. Dès l'après-midi du 15, ils sont plusieurs centaines à se rassembler devant le temple où officie leur guide spirituel. Le lendemain, la foule est encore plus nombreuse. Dans la soirée, le rassemblement tourne à la manifestation ouverte d'hostilité au régime. Les slogans fusent mais la police reste, assez curieusement dans un pays où chaque Roumain traîne dans son ombre un homme de la Securitate, des plus discrètes.

Dans la nuit, pourtant, les bagarres éclatent : c'est l'émeute. Le 17 décembre, quand le Bureau politique du parti communiste se réunit, l'ambiance est tendue. Aux questions du Conducator qui souhaite savoir pourquoi la police n'a pas tiré, les responsables du maintien de l'ordre, prétextant des "difficultés de communication" avec Timisoara, n'apportent que des réponses évasives. Rassuré, pourtant, Ceaucescu, qui pense avoir les choses bien en main, s'envole, le 18 décembre, pour l'Iran après avoir envoyé sur place un fidèle, le vice-ministre de la Défense, Victor Stanculescu. Dès que le patron a tourné le dos, très curieusement, les "problèmes de communication" avec Timisoara s'arrangent instantanément. Au profit des médias occidentaux qui — une fois n'est pas coutume au royaume de Ceaucescu — se voient soudain abreuvés de détails plus vrais que nature sur ce qui devient rapidement les événements de Timisoara. Les agences de presse hongroise, est-allemande, yougoslave et soviétique affirment que douze mille personnes y ont été tuées. Quant à Victor Stanculescu, il s'est fait hospitaliser pour une fracture de la jambe... Rentré de Téhéran le 20 décembre, Ceaucescu sent confusément que les choses sont en train de lui échapper. On lui ment, on n'exécute pas ses ordres ou on les sabote purement et simplement. Alors il parle. C'est ce qu'il sait le mieux faire, parler, et il ne s'en prive pas. Dans la soirée, il s'exprime par le truchement d'un message télévisé, mais la reprise en main, le Conducator la prévoit pour le lendemain. Le 21 décembre, à 14 heures, un grand meeting de soutien est convoqué place de la République, devant le siège du comité central. Au moment où il apparaît au balcon, Nicolae Ceaucescu ne sait pas encore que le dernier acte a commencé. Il ne lui reste que quelques minutes de pouvoir. Et un peu plus de vingt-quatre heures à vivre. Dès qu'il prend la parole, montent de la foule des cris et des sifflets. Scène hallucinante que cette fin, en direct, car la télévision roumaine retransmet l'événement, d'un dictateur dont le visage décomposé et ahuri, filmé en gros plan, remplira quelques heures plus tard les écrans de télévision du monde entier. Au bout de quelques minutes, l'image est coupée. Rideau. Ou presque...

L'émeute gagne le pays; l'armée tire avant de basculer, comme par miracle, dans le camp des révoltés. A nouveau, les mêmes agences donnent des chiffres qui font froid dans le dos : plus de soixante mille morts en deux jours. En même temps, les télévisions et les journaux du monde entier sont ensevelis sous une avalanche sans précédent d'images et d'informations. C'est, bien entendu, le célébrissime "charnier de Timisoara", censé avoir accueilli les milliers de corps des victimes de la révolte de la ville et qu'on livre en pâture aux grands réseaux du monde; en fait, on saura plus tard qu'il ne s'agit que d'une banale fosse commune pour indigents décédés de mort naturelle et qui ne renferme que quelques dizaines de cadavres. Ce sont, ensuite, les rumeurs : la Securitate est prête à se battre jusqu'au bout dans des souterrains creusés sous Bucarest; des centaines de mercenaires palestiniens les assistent pour défendre le régime...

A midi, le 22 décembre, Ceaucescu, qui a enfin compris qu'il a été trahi, quitte son bureau et s'envole avec sa femme en hélicoptère pour gagner une caserne tenue par des éléments fidèles. A sa descente de l'appareil, le couple est arrêté et mis au secret. Dans la soirée, se déroule le procès au cours duquel Ceaucescu a la mauvaise surprise de retrouver son fidèle Stanculescu, miraculeusement remis de sa blessure. Comment oublier ces images, diffusées à la fin du mois de décembre 1989, et qui sont parvenues à créer un sentiment inverse à celui qui était recherché ? Loin de paraître grotesques, les Ceaucescu, pour lesquels pourtant on n'éprouve aucune sympathie, y font preuve d'une réelle dignité face à un tribunal de circonstance qui tient de la farce sinistre. L'affaire est vite entendue. Reconnus coupables, les Ceausescu sont entravés et immédiatement exécutés, sans doute d'une balle dans la nuque, et peut-être après que l'on a fait parler le Conducator pour lui extorquer le secret de ses comptes bancaires à l'étranger et des caches de documents compromettants pour la nouvelle équipe qui se met déjà en place à Bucarest. Quelques heures plus tard, sera montée de toutes pièces l'ultime et maladroite mise en scène de l'exécution. Avec le recul, ces événements paraissent bien lointains. Il est certain que, malgré les erreurs et bavures des successeurs de Ceaucescu, la Roumanie a gagné au change, même si elle est encore loin d'être un exemple de démocratie participative — on se souviendra par exemple de la "descente" des mineurs sur la capitale, en 1990, pour rappeler l'opposition à l'ordre. Mais on ne peut s'empêcher de penser que Nicolae Ceaucescu, pour profondément haïssable qu'ait été son régime, a plus été la victime d'une révolution de palais ou d'un putsch militaire que d'une révolte populaire : *"Les parrains ont tué le capo di tutti pour se partager ses dépouilles"*, ironisent souvent les opposants roumains. Et ce n'est pas faux. Mais aujourd'hui, on peut critiquer le gouvernement, ce qui était impensable du vivant des Ceaucescu. Le prix à payer pour se débarrasser du dictateur était peut-être de tordre le cou à la vérité.

Reste que la question du rôle exact joué par la Securitate, dans ces sanglants événements, est toujours posée. Car la police secrète était partout, dans cette Roumanie qui fut sans doute l'un des pays les plus fliqués du monde communiste. Selon des chiffres publiés en mars 1990 par le ministre de la Défense, Viktor Stanculescu, la Securitate n'utilisait les services que de huit mille quatre cents agents permanents — auxquels il convient d'ajouter mille sept cents spécialistes des écoutes et trois mille soldats des troupes de sécurité — et employait, à temps partiel, une cinquantaine de milliers de contractuels. Pour faire bonne mesure, il faut, sans doute, leur ajouter des centaines de milliers d'indicateurs. Or, suivant les services concernés — surveillance de l'opposition, contre-espionnage, renseignement, etc. —, entre 10 et 60% des agents et officiers travaillant pour l'organisation auraient été épurés après 1989. Pourtant, c'est bien cette police qui fut le rempart protégeant le pouvoir de celui qui aimait à se faire appeler *le génie des Carpates* et qui régnait, avec sa femme, sur tous les aspects de la vie de ses sujets. Des exemples ?

Dans les années quatre-vingt, la crise économique frappe de plein fouet la Roumanie qui manque, entre autres, cruellement de ressources énergétiques. Qu'à cela ne tienne ! Les Roumains ne se chaufferont plus et vivront dans la pénombre : la température est limitée à seize degrés et les lampes de plus de quinze watts interdites. C'est la Securitate — *Departementul Securitatii de Stat* du général Iulian Vlad — qui est chargée de surveiller l'application des mesures : à toute heure, elle peut débarquer où elle veut pour mener à bien ses vérifications. Gare à celui qui utilise à ce moment un fer à repasser ! Effacer les plis de sa chemise, aspirer la poussière ou se réfugier sous une lampe de quarante watts pour lire un livre — fût-ce une œuvre du Conducator — est devenu un crime contre l'économie. Donc contre l'Etat. Donc contre Ceaucescu, car l'Etat, c'est lui... A la même époque, le Conducator, un beau matin, s'avise que la courbe de la natalité est en chute libre (le manque de lumière aurait pourtant dû favoriser la reproduction des espèces, mais la chair, dans la Roumanie de Ceaucescu, est à l'image de l'avenir : triste). On va y remédier. Désormais, chaque grossesse doit être déclarée immédiatement et suivie de bout en bout par les médecins pleins de sollicitude de... la Securitate. Et gare à celle qui voudrait, en douce, recourir à l'IVG ! Quand elle n'est pas occupée à vérifier les compteurs d'électricité ou à s'extasier devant les échographies des Roumaines, la Securitate ne chôme pas. Elle espionne (énormément), menace (beaucoup), corrompt (quotidiennement), interroge et emprisonne (les incorrigibles), tabasse (chaque fois que nécessaire) et, enfin, élimine (quand le patron le souhaite). Car Nicolae Ceaucescu, on l'aura peut-être compris, ne raffole pas de la contradiction. On peut même dire qu'il n'aime pas du tout, et quand on le critique, il pique une grosse colère. Les cadavres d'opposants trucidés que l'on retrouve ici ou là sur les trottoirs européens en témoignent. Bref, les gentils garçons de la Securitate ne jouissaient pas d'une popularité énorme.

On ne peut qu'être frappé du fait que, si certains lampistes ont écopé de lourdes peines, les chefs de l'organisation, eux, s'en sont plutôt bien tirés. Ainsi, le général Iulian Vlad, qui a dirigé l'ensemble du service — et a participé une dizaine de jours au pouvoir issu du coup d'Etat —, n'a été condamné qu'à neuf années de prison. Et quelques artisans des événements de Timisoara, comme les colonels Filip Teodorescu et Gabriel Anastasiu, seront discrètement libérés en juin 1991. Certains opposants n'hésitent d'ailleurs pas à affirmer que la plupart des cadres des services spéciaux de Ceaucescu sont toujours en fonction. Il est vrai que, quand on a sous la main une machine aussi bien rodée, il doit être douloureux d'avoir à s'en séparer. Comment s'étonner dès lors de retrouver dans le SRI (*Serviciul Roman de Informatii*, Service roumain de renseignement), créé en mai 1990, bon nombre d'anciens sécuristes ? Le premier chef du SRI sera, d'ailleurs, l'une de nos vieilles connaissances : Mihaïl Caraman, que nous avons vu agir en France dans les années soixante. On prend les mêmes...

KGB : les dernières années d'un géant

Mise à part l'Allemagne de l'Est, où ils vont purement et simplement disparaître, le pays socialiste qui verra ses services secrets le plus bouleversés par le changement sera évidemment l'Union soviétique. Dès l'arrivée de Mikhaïl Gorbatchev au pouvoir, l'appareil de renseignement soviétique a adopté une position ambiguë face aux réformes. Certes, en théorie, il soutient sans marchander son appui au locataire du Kremlin. Le premier réformateur de l'après-Brejnev n'a-t-il pas été, d'ailleurs, Youri Andropov lui-même, premier grand patron de l'appareil de sécurité arrivé au pouvoir à Moscou depuis l'intermède Béria, à la mort de Staline ? Si Andropov a été un authentique réformateur, ce n'était pas, toutefois, par grandeur d'âme ou parce qu'il avait de tout temps entretenu des doutes sur le système. On a beaucoup glosé, à l'époque, sur les goûts personnels de l'homme. Du fait qu'il appréciait les purs malts, raffolait du jazz, aimait la littérature anglo-saxonne et ne dédaignait pas les romans policiers, des kremlinologues ont cru pouvoir inférer que l'ancien chef du KGB était un libéral. Une évidente ineptie. Car si Andropov offre un visage plus humain du KGB, c'est sous son règne que l'on prendra l'habitude de soigner les dissidents dans les hôpitaux psychiatriques. Et s'il lâche du lest en politique étrangère (entre autres sur la question polonaise), jamais les *mesures actives* et la désinformation n'auront été plus intenses. Si Andropov est un incontestable réformateur, c'est qu'il est le mieux placé, avec le responsable des Affaires étrangères, l'inamovible Andreï Gromyko, pour voir ce qui ne va pas. Andropov et Gromyko savent par leurs fonctions respectives que l'Union soviétique est en train de prendre sur le monde industriel un retard de plus en plus important; en prime, le chef du KGB n'ignore pas que le mécontentement monte subrepticement dans l'immense pays que surveillent ses services. Mécontentement social face à la corruption de la nomenklature brejnévienne (Andropov commencera d'ailleurs à s'attaquer à la famille Brejnev et à ses magouilles avant la mort du secrétaire général); usure d'une population à laquelle on raconte à longueur de journaux les progrès du socialisme mais qui voit bien que, dans les rues, les queues s'allongent devant les magasins; tensions enfin aux marches de l'empire, dans les pays baltes, mais aussi en Asie centrale et dans le Caucase.

Quand il arrivera au pouvoir, Youri Andropov ne lancera pas ses réformes parce qu'il est devenu, soudain, un adepte de la démocratisation, mais parce qu'il sait qu'il faut faire pression pour éviter l'explosion du système. Cette approche est aussi celle de ses plus proches collègues à la tête du KGB. Il est normal, dès lors, qu'ils soutiennent Mikhaïl Gorbatchev qui fut d'ailleurs le protégé de leur patron. Mais ce soutien est loin d'être sans faille et, en octobre 1988, Viktor Tchebrikov, remercié, quittera la présidence du KGB pour être remplacé par Vladimir Krioutchkov, l'un de ses six vice-présidents, jusque-là patron de la *Première direction principale*, jugé plus réformateur. Au même moment, d'ailleurs, le KGB semble perdre un peu de son pouvoir : contrairement à son prédécesseur, Vladimir Krioutchkov ne siégera pas au Politburo. C'est lui qui fera passer le KGB du côté de la *Glasnost* et de la *Perestroïka*. Sans perdre une occasion, toutefois, de rappeler que, loin de limiter l'importance de l'administration qu'il dirige, les réformes devraient l'augmenter afin d'empêcher les éléments antisocialistes de profiter des événements pour *"saper les bases du pouvoir populaire..."* C'est sous Krioutchkov qu'on verra le KGB dialoguer dans la presse, afficher une plus grande ouverture ou encore diffuser des documentaires à sa plus grande gloire sur les écrans de télévision. Il ne néglige pas pour autant ses devoirs élémentaires...

Un colonel trop tranquille : l'affaire Binet

L'arrestation du colonel Guy Binet, à Bruxelles, au cours de l'été 1988, fait l'effet d'une bombe dans le monde politique belge. Responsable de la liaison entre l'armée de l'air belge et l'OTAN, et chef du bureau de *gestion et planification des matériels volants* au ministère de la Défense, Guy Binet est considéré comme un officier d'élite et il a la confiance de son ministre, qu'il conseille lorsque se pose un choix difficile. Il s'agit de la taupe le plus haut placée jamais découverte en Belgique. Il faut, en général, plusieurs années pour disposer d'informations permettant d'évaluer les dégâts causés par un traître et il arrive fréquemment que le doute continue à peser sur des pans entiers de son activité, et ce, bien après que le public a oublié son nom. Binet ne fait pas exception à la règle, mais il suffit de savoir que l'homme a eu accès, entre autres, au dossier des équipements ECM (les contre-mesures électroniques, ou systèmes antiradars et antimissiles embarqués dans des avions F 16 de l'OTAN), pour se faire une idée des services qu'il a pu rendre à ses employeurs. Pour les spécialistes du renseignement, cette affaire est tristement classique, presqu'un cas d'école. Il est vrai que Guy Binet a tout pour tomber dans les filets des services adverses, toujours à l'affût de la moindre faille humaine à exploiter. Ayant atteint la soixantaine, un peu aigri parce qu'il n'a pas fait la carrière à laquelle il aspirait, Guy Binet est séparé de sa femme et de ses enfants, et mène un grand train de vie. Un jour, dans un cocktail, il rencontre une oreille compatissante, un homme qui le comprend et le valorise, un homme surtout qui lui donne l'occasion de prendre sa revanche. Ce jour-là, Guy Binet bascule. Durant deux ans au moins, en échange de quelques millions de francs belges, il livrera des dizaines, voire des centaines de dossiers secrets à ses contacts.

Exemplaire, l'affaire Binet l'est aussi parce qu'elle a rappelé, en pleine offensive de charme de l'Union soviétique, que *Glasnost* et *Perestroïka* ou pas, l'espionnage ne perd jamais ses droits. Guy Binet sera condamné, en juin 1989, à dix-huit ans de réclusion criminelle...

Le KGB recule, le putsch échoue

Mais le pouvoir de l'ombre, s'il est plus résistant, s'effrite malgré tout, en même temps que le pouvoir politique. A la fin des années quatre-vingt, le KGB sera incapable de prévoir et d'enrayer les troubles qui se développeront dans le Caucase ou sur les bords de la Baltique. Ce ne sera pourtant pas faute d'avoir essayé : durant toute la période de la *Glasnost*, le KGB continuera, plus que jamais, à surveiller l'évolution de la société. Il dispose pour ce faire de ses énormes ressources : des dizaines de milliers d'officiers et des centaines de milliers d'agents dispersés dans toutes les organisations du pays[4]. C'est ainsi, par exemple, que la quasi-totalité des membres du clergé orthodoxe sont des agents rétribués de la police secrète. Oui, les mêmes qui, aujourd'hui, prêchent *"le retour aux valeurs morales"* étaient, à l'époque soviétique, des indicateurs de basse police chargés d'espionner leurs ouailles. Sa Béatitude Philarète, Métropolite de Kiev et d'Ukraine ? *L'agent Antonov*. Sa Béatitude le Métropolite Juvelanius ? *L'agent Adamant*. Le Métropolite Pitirim, chef du département d'édition du patriarcat de Moscou ? *L'agent Abbé*. Jusqu'à Alexis II, actuel patriarche de l'Eglise orthodoxe, qui, devenu l'*agent Drozdov*, collaborait avec les organes... Autre exemple : en 1989, la conférence constitutive de l'association des Allemands de Russie (*Renaissance*) se tient à Moscou et élit un présidium de trente-trois membres. Dont vingt et un agents du KGB[5]. Même le Kremlin n'est pas à l'abri : le *Centre* y dispose de sa taupe, en la personne, peut-être, de Vitali Ignatenko[6], le propre secrétaire de presse de Gorbatchev... C'est sans doute ce formidable réseau qui convaincra le KGB que les réformes ont été trop loin et qu'il faut remettre de l'ordre dans le pays.

Le 19 août 1991, le *Comité d'Etat à l'état d'urgence* (GKTchP) annonce qu'il assume le pouvoir, Mikhaïl Gorbatchev étant malade et, de ce fait, dans l'impossibilité d'exercer ses fonctions. Vladimir Krioutchkov, bien entendu, figure en bonne place dans ce GKTchP dont les membres étaient tous, jusqu'à la veille, des fidèles de Gorbatchev. Le reste est trop connu pour que nous nous y étendions : durant les premières heures du putsch, tout se déroule (presque) comme prévu. On annonce des arrestations, des blindés quadrillent la capitale, mais, curieusement, les communications téléphoniques ne seront jamais coupées. Dès l'annonce du coup d'Etat, Boris Eltsine, le président récemment élu de la Fédération de Russie, s'est retranché dans ses bureaux de la Maison blanche avec des centaines de fidèles. Des milliers de sympathisants entourent le bâtiment. Théoriquement, le groupe *A-7* (communément appelé *ALPHA*, les forces spéciales du KGB) doit prendre l'édifice d'assaut et s'assurer de la personne de Eltsine. Il ne le fera pas. Certes, entre quarante et quatre-vingt mille personnes forment un véritable bouclier humain autour de la Maison blanche. Mais, à l'exception de quelques policiers, de quelques militaires et, bien entendu, des gardes du corps de Boris Eltsine, dirigés par le général Korjakov, personne n'est armé. Ecoutons le général Viktor Karpoukhine, le chef de *A-7* : *"Nos agents se trouvaient en permanence parmi les défenseurs et à l'intérieur de l'immeuble... Dans la nuit (du 20 au 21 août), nous avons fait le tour de toutes les barricades. C'était un jeu d'enfant. On pouvait les prendre avec des forces très limitées. Dans ces conditions, mes gars sont pratiquement invulnérables. Cela aurait duré un quart d'heure"*[7]. Pour rappel, sept mois plus tôt, à Vilnius, les hommes de *A-7* traversèrent une foule de plus de quinze mille personnes et donnèrent l'assaut au bâtiment de la télévision sans tirer un seul coup de feu. Mais à Moscou, entre le 19 et le 21 août, la machine se grippe. Pourquoi ? La réponse à cette question n'est pas encore connue et toutes les spéculations sont permises, mais la logique permet sans doute d'entrevoir ce qui s'est passé. Il est clair que si les forces spéciales avaient agi de manière décidée, quitte à faire couler le sang, le putsch aurait réussi. Mais après ? Le pays aurait été paralysé par la contestation et, peut-être, par la guerre civile; isolée du monde, la junte du GKTchP n'aurait jamais pu redresser l'économie, en admettant même que les événements lui en aient laissé le temps. Cela, le KGB, qui regroupe les hommes les mieux informés du pays, le sait. A un moment donné, entre le début de l'après-midi du 20 août et les premières heures du 21, les responsables du *Centre* décident donc de ne pas obéir à leur chef; les commandos *A-7* se retirent discrètement de l'esplanade de la Maison blanche : Vladimir Krioutchkov donne ses ordres, mais plus personne ne les exécutera. Et le lendemain, c'est un général du KGB qui arrêtera son ancien patron. Le putsch a échoué. Quatre mois plus tard, l'URSS n'existera plus et cédera la place à une Communauté des Etats indépendants (CEI) aux attributions assez floues...

La restructuration du renseignement soviétique

Pour le KGB, août 1991 marque le début de plusieurs années de tourmente. Certes, c'est sa retenue qui a empêché le coup d'Etat de réussir, mais, pour le peuple, il est le symbole haï de plus de sept décennies d'oppression. Le moment de payer est arrivé. Dès le 21 août, d'épaisses colonnes de fumée s'échappent des cheminées de la *Loubianka* : les officiers responsables déchiquètent et brûlent les dossiers les plus chauds tandis que, sous leurs fenêtres, la foule, joyeuse et spontanée, déboulonne la statue de Félix de Fer, saint patron du *Centre*. Mikhaïl Gorbatchev, de son côté, s'il n'a pas encore saisi que son pouvoir s'achève, a compris le danger que représente le monstre qui tente, à la *Loubianka*, de se faire oublier. A sa tête, il nomme un fidèle, Vadim Viktorovitch Bakatine, et ne lui donne qu'une mission : détruire le KGB. Ce qu'il fera. En octobre, le KGB n'existe plus : il a éclaté en quatre services distincts. La PDP, toujours responsable du renseignement à l'étranger, est devenue le SVR (*Sloujba Vnechnoï Razvedki*, Service de reconnaissance extérieure), placé sous la direction d'Evgueni Primakov. Primakov, ancien journaliste à la *Pravda*, spécialiste du Moyen-Orient (il parle couramment l'arabe) et ancien académicien, connaît bien la Maison : d'après Evguenia Albats[(8)], il a travaillé, dès les années soixante,

Quatre transfuges parmi d'autres

La fin des années quatre-vingt et le début de la décennie qui suit seront marqués par une véritable hémorragie dans les réseaux soviétiques à l'étranger. Nombre d'officiers en poste un peu partout dans le monde passent à l'Ouest, démoralisés ou simplement inquiets pour leur avenir personnel.

Igor Tcherpinski, diplomate de haut rang à l'ambassade soviétique à Bruxelles, demande, en avril 1990, l'asile politique aux Etats-Unis. Sa défection entraînera l'arrestation du chiffreur de la délégation allemande à l'OTAN et la démission de Guy de Muyser, ambassadeur du Luxembourg auprès de la même organisation.

Sergueï Illarionov, consul soviétique à Gênes, en Italie, fait défection en février 1991 et se réfugie aux Etats-Unis. Un an plus tard, le contre-espionnage italien démantèle son réseau : vingt personnes sont impliquées dans la filière, qui s'intéressait essentiellement au renseignement industriel.

Vladimir Komopliev, premier secrétaire à l'ambassade russe de Bruxelles, se réfugie, début 1992, chez les Américains. Cinq Belges seront inculpés d'espionnage et trois diplomates (Vladimir Kosmatov, Alexandre Novikov et Andreï Spiridov) déclarés *persona non grata*. Selon une source proche de l'enquête, les cinq Belges *"n'auraient jamais donné rien de très sérieux à Komopliev et à ses adjoints. Du coup, Komopliev s'attendait à être rappelé, c'est ce qui explique sa défection..."*

Viktor Ochtchenko, conseiller à l'ambassade russe à Paris, colonel du KGB et agent double travaillant en fait pour le MI6 britannique, se réfugie en Grande-Bretagne en août 1992. Quatre officiers de renseignement russes sont expulsés de France et la DST arrête trois ingénieurs français, dont Didier Dehout, de la *Direction générale de l'armement*, et Francis Temperville. Spécialiste nucléaire de très haut niveau, ce dernier est accusé d'avoir fourni aux Russes des documents ultra-secrets sur les essais nucléaires français de Mururoa...

pour la PDP (nom de code : *Maxime*). L'ancienne *Deuxième direction principale*, après quelques changements de noms, deviendra le FSK puis, en 1995, le FSB, (*Federalnaïa Sloujba Bezopasnosti*, Service fédéral de Sécurité); il est chargé du contre-espionnage, de la lutte anti-terroriste, de la lutte contre le crime organisé et de la protection du système. Les anciennes Huitième et Seizième Directions formeront une agence autonome, la FAPSII (*Federalnaïa Agentsva Pravitelstvennoï Sviazi i Informatsii*, Agence fédérale pour l'information et les communications gouvernementales), chargée de la gestion des écoutes, mais aussi du SIGINT et l'ELINT (*Signal Intelligence, Electronic Intelligence* : la gestion des systèmes d'interceptions radios et de l'espionnage électronique, notamment par satellite). Enfin, les garde-frontières forment une administration théoriquement autonome, mais sont, en fait, très liés au FSB. La Neuvième direction, qui se consacrait naguère à la protection des hautes personnalités du régime, est devenue, sous le sigle SBP, la garde prétorienne de Boris Eltsine. Nous aurons l'occasion de revenir sur ce curieux petit service.

En dernière analyse, en cette période troublée, un seul service est passé à travers les gouttes : le GRU. Et ce n'est pas un hasard si les S.R. militaires ont été très peu touchés par les changements. Le GRU, qui travaille à 95% à l'extérieur de la Russie, ne se mêlait pas de la politique intérieure. Seule exception : le Caucase, où les officiers du GRU poursuivaient, depuis des années, des missions particulières liées à la lutte contre les influences turque et iranienne. Ajoutons enfin que, si l'URSS pouvait s'appuyer sur le travail des services amis, les S.R. russes ne sont pas dépourvus, eux non plus, de fidèles alliés. La séduisante Tatyana Samolis, très proche collaboratrice d'Evgueni Primakov, a été chargée, à la fin de 1991, de coordonner les négociations en cours entre le *Centre* et les S.R. des ex-Républiques soviétiques qui commençaient à larguer les amarres. Son témoignage sur la question, recueilli à Moscou en mai 1995, est donc particulièrement intéressant : *"Nous collaborons avec les services des autres républiques de la C.E.I. avec lesquels nous avons mis au point des accords d'échange d'informations et de non ingérence. Nous ne sommes pas censés 'travailler' en Ukraine et l'Ukraine n'est pas censée venir 'travailler' chez nous. Je dois reconnaître, cependant, que c'est assez théorique. Les relations amicales n'empêchent évidemment pas la collecte de renseignements. D'autre part, ces accords ne concernent pas les Etats baltes que nous traitons comme n'importe quel pays étranger"*[(9)]. Ce que nous en retiendrons, pour l'essentiel, c'est que les échanges d'informations sont bel et bien prévus. Or, les moyens de pression de Moscou étant ce qu'ils sont, et la solidarité de vieux camarades ayant appartenu à la même organisation pouvant jouer, il est permis de penser que les S.R. du Belarus, d'Ukraine ou de Géorgie, pour limitées que soient, aujourd'hui, leurs capacités opérationnelles extérieures, n'ont pas grand-chose à refuser à la Russie...

Un système complexe, mais qui a l'avantage, s'il fonctionne bien, de faire bénéficier ses clients, et, au premier chef, le président de la fédération, de sept sources d'informations indépendantes les unes des autres : le SVR, le GRU, le SBP, la FAPSII, le FSB, les garde-frontières (autorisés depuis peu à pratiquer le renseignement extérieur dans les zones frontières) et le ministère des Affaires étrangères. Mais précisément : le système fonctionne-t-il correctement ?

Rivalités et guerre des services

Automne 1994. C'est le *mardi noir* russe : soumis à une énorme pression des spéculateurs, le rouble s'effondre. Le pouvoir vacille, la crise est imminente. Le 2 décembre, en plein cœur de Moscou, à quelques centaines de mètres à peine du Kremlin, c'est l'incident. Plusieurs voitures puissantes s'arrêtent, dans un crissement de pneus, devant le siège de la *MOST Bank*, l'un des plus gros établissements bancaires russes, notoirement lié au maire de la capitale, Loujkov, grand rival politique du président Eltsine. La *MOST*, d'ailleurs, a son siège à un jet de pierre de la mairie. Comme à l'entraînement, des hommes puissamment armés jaillissent des véhicules, certains le visage masqué de noir, et se ruent dans les locaux de la banque. Le commando vient de désarmer les agents de sécurité de l'établissement et entame une fouille approfondie des bureaux lorsque les locaux de la *MOST* sont cernés par d'autres hommes armés. Ceux-là, en tout cas, sont clairement identifiés : ce sont des membres des unités spéciales du service de sécurité intérieure, envoyés par les hommes du général Sevastianov, qui dirige à l'époque le FSK et qui a été averti que quelque chose de bizarre se passait à la mairie. Las : les hommes encagoulés sont ceux du SBP du général Korjakov, agissant sans aucune coordination avec d'autres services et sans s'être identifiés. On ne saura jamais pourquoi les gardes du corps de Eltsine s'intéressent, surtout de manière aussi musclée, aux activités bancaires (les activités du SBP sont, en effet, régies par un oukaze secret), mais le bruit courra rapidement qu'ils cherchent à identifier ceux qui jouent contre le rouble et qui pourraient être liés à l'opposition. Sevastianov, qui avait pourtant eu le bon réflexe, servira de bouc émissaire et payera son initiative de son poste. La rivalité des services éclate au grand jour, même si nos interlocuteurs du Service fédéral de sécurité refusent de commenter les faits[10].

"Dans l'organisation voulue par le pouvoir actuel, les services se marchent sur les pieds d'une manière inacceptable. Il est plus que nécessaire de les réformer pour leur rendre les qualités qui étaient les leurs dans le passé. La racine du problème actuel, c'est que nous avons beaucoup trop de services différents. Or, il est difficile de scinder les activités de renseignement de celles qui concernent, par exemple, le contre-espionnage"[11]. L'homme qui tempête ainsi, dans

son grand bureau de la Douma d'Etat, la chambre basse du parlement de la Fédération de Russie, sait de quoi il parle : sous "l'ancien régime", Viktor Ilyoukhine était procureur chargé de la supervision des aspects juridiques du travail du KGB. Aujourd'hui, il est député communiste (tendance dure) et président de la Commission de sécurité de la Douma. Il est, en cette fin de l'année 1995, l'un des avocats de la réunification des services. Une réunification qui se ferait *"sous un toit commun qui pourrait être celui du FSB"*[11]. Si, en apparence, tout est clair, la réalité est un petit peu plus complexe : le monde secret russe est traversé de bien des tensions et secoué par de fortes rivalités. De nombreux observateurs russes estiment, par exemple, que le FSB aimerait bien mettre la main sur la reconnaissance extérieure (le renseignement à l'étranger) dont le prive l'autonomie accordée en 1991 au SVR. En d'autres termes, la question qui se pose aux spécialistes occidentaux est de savoir si, à terme, une sorte de KGB compétent à la fois pour les questions extérieures et intérieures ne risque pas de se recréer. Au printemps 1995, précisément, Boris Eltsine promulgue une loi votée le 22 février précédent par la Douma et censée organiser le travail du FSB. Or, l'article onze de cette loi prévoit, d'ailleurs de manière assez vague, que le FSB peut mener des activités de renseignement. *"Nous sommes autorisés à pratiquer la reconnaissance extérieure dans le but d'assurer la sécurité de la Fédération et de renforcer son potentiel économique, militaire et scientifique, mais nos voies ne se croiseront jamais avec celles du SVR qui garde son indépendance et sa propre marge de manœuvre. Nous comptons investir dans des domaines dans lesquels le SVR était peu présent"*[12], nous affirme un porte-parole du FSB, sans toutefois entrer dans les détails.

Qu'en penser ? Les avis divergent. Ainsi, pour Viatcheslav Fedorovitch Lashkoul, un ancien des *Izvestias*, qui dirige, à Moscou, une revue spécialisée dans les questions du renseignement, *"le fait que le FSB puisse se livrer à la reconnaissance extérieure ne signifie pas grand-chose. Il est probable, en fait, qu'il se bornera à poursuivre à l'étranger des affaires commencées à l'intérieur des frontières russes, que celles-ci concernent le contre-espionnage proprement dit ou la lutte contre les circuits mafieux. Le renseignement extérieur d'initiative restera donc, pour l'essentiel, l'apanage du SVR. C'est lui qui a hérité de toutes les compétences de l'ancienne Première Direction Principale du KGB, c'est lui qui a repris en main, ou plutôt purement et simplement poursuivi, puisqu'il s'agit des mêmes hommes, les contacts de la PDP, et qui continue à traiter ses sources et agents. C'est lui enfin, et lui seul, qui a les hommes capables de faire ce travail, que ce soit du point de vue linguistique ou par la spécialisation"*[13]. Mais Natalia Guevorkian, experte des questions de sécurité aux *Nouvelles de Moscou* n'est pas du tout de cet avis : *"La réforme du FSB est importante parce que désormais 'ils' ont à nouveau toutes les compétences de l'ex-KGB, à l'exception des garde-frontières qui restent une administration séparée. En particu-*

lier, et bien que le SVR continue à exister et reste indépendant, le FSB reçoit une compétence de 'reconnaissance extérieure', mais personne aujourd'hui ne sait exactement comment ils vont agir dans ce domaine, même pas les gens du SVR. En plus de la reconnaissance extérieure, on leur a rendu le service d'investigation et les groupes spéciaux du genre ALPHA. Après le putsch, en 1991, on a voulu briser le KGB. Mais ce n'est qu'en 1993 que la réforme a vraiment commencé. Mais cela a été, en fait, une fausse réforme, on le voit aujourd'hui. Quand je demande aux officiers du FSB que je connais pourquoi ça ne change pas, ils rient et me répondent : 'Qu'est-ce que tu en penses, petite fille ? Peut-être que ça ne change pas parce que nous sommes trop forts, ou peut-être aussi que quelqu'un, quelque part, a besoin de nous...'" [14].

Boris Toumanov, excellent connaisseur de la politique russe, qu'il observe pour la presse étrangère après avoir passé des années dans divers médias soviétiques, aurait tendance à pencher pour Natalia Guevorkian : *"Cette évolution n'est pas faite pour surprendre. Après 1991, quand la question de l'évolution des organes a été tranchée, le KGB n'était pas vraiment en position de s'agiter énormément pour défendre ses prérogatives. Il n'a donc rien dit lorsque l'on a divisé son appareil central en plusieurs corps distincts. Aujourd'hui, les temps ont changé, et le FSB aimerait bien chausser les bottes qui furent celles du KGB..."* [15] Le moins que l'on puisse dire, cependant, c'est que cette évolution n'inquiète pas vraiment le SVR où l'on affiche la plus parfaite sérénité.

Ancien officier de la PDP, longtemps en poste à Londres où nous l'avons vu s'intéresser de très près au monde des médias et de la science, Yuri Kobaladze, ex-maître espion devenu chef du service des relations publiques du SVR, sourit quand on lui pose la question : *"Nous ne sommes pas des rivaux, le FSB ne peut en aucun cas s'occuper de la collecte de renseignement à l'extérieur. Tout ce qu'on a publié sur ce sujet dans la presse relève de la plus pure spéculation et cette spéculation a été provoquée par une mauvaise lecture de la loi passée en mai dernier et organisant le FSB. En fait, celui-ci est autorisé à faire du renseignement à l'extérieur uniquement dans le cadre de la lutte contre la mafia et la corruption, de même, il peut poursuivre à l'extérieur des opérations de contre-espionnage entamées en Russie. Il est également autorisé à entretenir des relations officielles avec des services étrangers et pourrait peut-être, à ce titre, disposer d'officiers de liaison dans les ambassades, comme le fait d'ailleurs le FBI américain. Mais ses attributions étrangères s'arrêtent là. Le FSB ne peut en aucun cas recruter des agents à l'étranger ou y organiser des réseaux..."* [16]. De même, insiste Yuri Kobaladze, *"il existe un partage des tâches entre le GRU et notre service. Le SVR peut s'intéresser aux questions militaires, par exemple dans le domaine de la recherche et de l'industrie, mais le GRU, lui, ne peut s'intéresser aux questions politiques ou économiques que si elles sont directement liées à des problèmes militaires"* (16).

Les réponses ont beau être précises, l'ensemble continue malgré tout à faire un peu désordre. D'autant que, selon certaines sources, le SBP du général Korjakov, dont le mandat est des plus flous, aimerait bien mettre la main sur la FAPSII et contrôler ainsi les systèmes d'écoute et d'interception. Dès lors, se pose évidemment la question de la coordination. Qui décide, dans la Russie contemporaine, de ce que feront les services ? Qui les commande ? Le président lui-même, sans doute : les intermédiaires entre les services et le président sont multiples, mais il ne fait aucun doute que cette situation a été voulue par Eltsine lui-même afin que personne ne puisse avoir en main l'autorité totale sur les services. Il est clair, dès lors, que le seul patron de l'appareil de sécurité se trouve derrière les murailles du Kremlin.

Le rôle du Conseil de sécurité

Pour l'assister dans la définition des objectifs des S.R., le maître de la Russie peut compter sur le *Conseil de sécurité*, qui siège dans un bâtiment moderne de la Vieille Place, qui abritait naguère le Comité central du PCUS. Le Conseil, dont Boris Eltsine a confié les rênes à un fidèle, Oleg Lobov, se livre à des évaluations de fond sur base des renseignements bruts et des synthèses transmises par les *organes*. La valeur ajoutée de son travail réside dans ces analyses mais aussi dans les recommandations d'actions qui accompagnent ces rapports.

En théorie, souligne Oleg Lobov, *"le Conseil peut contrôler le travail des organes de sécurité puisque, au terme de la loi, il peut tout, mais il faut bien comprendre qu'il ne remplace aucune structure existante, il est avant tout une interface entre la présidence et les problèmes de sécurité nationale..."* (17). Outre le président de la Fédération et son secrétaire général, le Conseil compte trois membres permanents ayant le droit de vote : le Premier ministre, le président de la Douma d'Etat et le président du Conseil de la Fédération (chambre haute du Parlement); le président peut, toutefois, décider d'attribuer le droit de vote aux autres membres du Conseil. Cela a notamment été le cas pour la décision de l'intervention en Tchétchénie, en décembre 1994. Selon nos informations, seul Evgueni Primakov, le patron du SVR, aurait alors voté contre la guerre. Sans être membres de plein droit du Conseil et ne disposant du droit de vote que lorsque le président en décide, les *ministres de force* et d'autres responsables gouvernementaux participent, en permanence, à ses travaux. Sont ainsi représentés au Conseil le ministère de la Défense nationale, le ministère de l'Intérieur

(MVD), le ministère des Affaires étrangères (MID) et quelques-uns de leurs collègues, ainsi que les chefs du SVR, du FSB et des garde-frontières.

Le Conseil se réunit normalement une fois par mois au minimum, mais il peut évidemment se réunir plus souvent si la situation l'exige; à certains moments, pendant la guerre en Tchétchénie, les réunions de l'appareil le plus puissant du pays étaient quotidiennes, à la Vieille Place. De même si, en temps normal, le Conseil présente au président un rapport hebdomadaire sur l'ensemble des questions relevant de sa compétence et sur l'avancement de son travail, ces communications peuvent devenir quotidiennes, voire biquotidiennes en période de crise grave. Les structures, donc, sont en place, mais elles peuvent parfois n'être qu'un écran de fumée dissimulant une autre réalité. Ainsi, le général Alexandre Vladimirov, qui a été conseiller militaire de Boris Eltsine, souligne-t-il que la personnalité du premier président démocratiquement élu de Russie ne le protège pas des ingérences : *"Il est très influençable. Bien entendu, c'est lui qui décide, mais quand on veut comprendre ce qui se passe, il faut toujours essayer de savoir qui il a vu et à qui il a parlé, pour bien discerner les intérêts qui sont en cause. Alors, il est évident que des amis proches, comme Korjakov ou le ministre de la Défense, Gratchev, qui le voient très souvent en privé, au sauna ou ailleurs, ont un poids certain sur ses décisions..."* [18]. Et l'importance du Conseil va certainement encore croître. En nommant le général Lebed à sa tête, après le premier tour de l'élection présidentielle de l'été 1996, Boris Eltsine a renforcé ce lieu essentiel du pouvoir. Et lui a donné plus d'autonomie dans le contrôle des organes de sécurité des *Ministères de force*. Véritable *Politburo* à la nouvelle mode, le *Conseil de sécurité* est désormais l'endroit où tout, ou presque, se décide...

Ce rapide survol des nouvelles structures des services de sécurité russes ne serait pas complet si l'on ignorait l'importance de l'appareil de sécurité privé qui s'est formidablement développé dans l'ex-URSS depuis 1992.

Le renseignement privé, une nouvelle industrie russe

La réforme des organes et les licenciements (à motivations politiques ou économiques) qui les accompagnent après la chute du régime communiste jettent sur le pavé nombre d'incontestables talents de l'ex-KGB. Dans le même temps, l'essor de l'économie privée, l'implantation de nombreuses sociétés étrangères et l'explosion de la criminalité créent un double besoin, jusque-là inconnu dans le pays : celui de l'obtention rapide d'une information économique précise par les nouveaux décideurs privés, mais aussi d'une protection contre les rackets et les agressions de la Mafia. Cette évolution parallèle (disponibilité de bons spécialistes et apparition d'une forte demande dans leur secteur) va être à l'origine d'une floraison de sociétés de sécurité privées. Il en existerait, ainsi, plus de mille dans le pays, mais 90% d'entre elles sont des sociétés de protection ou de convoyage de fonds et une centaine d'entreprises "seulement" s'occupe de renseignement commercial. La principale difficulté pour ces entreprises, c'est de durer : les investissements de départ, en matériel et en personnel, sont importants et la rentabilité ne se dégage pas très vite dans ce nouveau secteur. Du point de vue légal, les choses ne sont pas encore très claires. Première condition à l'entrée sur ce marché très particulier : obtenir une licence qui dépend du bon vouloir de l'administration. Une fois la licence en poche, on peut constituer des bases de données et les vendre, mais aussi réaliser la collecte des renseignements proprement dite. Utilisés de manière courante par les services d'Etat, des moyens comme l'interception de conversations téléphoniques ou la sonorisation de locaux sont interdits au secteur privé.

A l'heure actuelle, le marché russe de la sécurité s'apparente encore à la jungle. Certaines sociétés sont, plus ou moins notoirement, liées à la Mafia et d'autres manquent de sérieux. Mais la concurrence est intense et ne survivront, à terme, que les meilleures : les entreprises qui auront pu se spécialiser, fidéliser leurs clients et surtout verrouiller et contrôler leurs sources d'informations. Les sociétés de renseignement et de sécurité les plus efficaces ont, évidemment, été formées par des anciens des organes. L'ancien chef de la PDP, le général Léonid Cherbachine a, ainsi, avec quelques amis, créé la SIS (*Special Information Service*), une société de renseignement commercial; Filip Bobkov, l'ancien n°2 du KGB, est, lui, devenu le chef des services de renseignement et de sécurité de la *MOST Bank*. Serguey Sveshnikov, un ancien de la PDP qui a longtemps travaillé en Asie, sous couverture journalistique, et qui est actuellement l'un des directeurs de SIS, ne cache pas que des rapports ambigus peuvent exister entre les hommes du secteur privé et leurs amis restés au service de l'Etat : *"Certaines sociétés collaborent, de temps à autre, avec les services de sécurité officiels pour des missions précises. Il va de soi que, si une entreprise refusait de collaborer ou gardait pour elle des informations pouvant intéresser la sécurité de l'Etat, elle ne conserverait pas longtemps sa licence. Mais les officiels jouent le jeu et renvoient les ascenseurs quand il le faut, ce qui peut nous aider considérablement : quand on cherche quelque chose, il est toujours plus simple de savoir où le prendre..."* [19].

En 1996, le renseignement privé est encore balbutiant en Russie mais il a, à n'en pas douter, un très fort potentiel de développement. Dès aujourd'hui, il peut rendre d'autant plus de services aux organes officiels de sécurité qu'il travaille très fréquemment pour de grandes sociétés occidentales, voire pour des ambassades. Mais demain, la sécurité pourrait devenir un produit d'exportation pour l'ex-URSS et des sociétés comme SIS, ou d'autres, pourraient, en cassant les prix et en assurant un service parfait, rivaliser avec les grands bureaux internationaux de sécurité comme l'Américain Kroll.

Δ

[1] *Reflex*, 2 juin 1992.
[2] Cité dans Markus Wolf, *L'œil de Berlin, entretiens de Maurice Najman avec le patron des services secrets est-allemands*, Paris, Balland, 1992, p. 314.
[3] Michel Castex, *Un mensonge gros comme un siècle*, Paris, Albin Michel, 1990.
[4] Voir le livre d'Evguenia Albats, *La Bombe à retardement, enquête sur la survie du KGB*, Paris, Plon, 1992.
[5] *Idem*, p. 251.
[6] *Idem*, p. 244.
[7] *Idem*, p. 303.
[8] *Idem*, p. 323.
[9] Entretien avec l'un des auteurs, Moscou, 11 décembre 1995.
[10] Le colonel Tomarovsky, porte-parole du FSB, interrogé par nos soins à Moscou, en mai 1995, se contentera de préciser que cette action était *entièrement justifiée* aux yeux de son service.
[11] Entretien avec l'un des auteurs, Moscou, mai 1995.
[12] *Idem*.
[13] *Idem*.
[14] *Idem*.
[15] Entretien avec l'un des auteurs, Moscou, décembre 1995.
[16] *Idem*, Moscou, mai 1995.
[17] *Idem*.
[18] *Idem*.
[19] Entretien avec l'un des auteurs, Moscou, décembre 1995.

12
Quand l'espionnage a des ratés

Il arrive que les services spéciaux broient des vies; inévitablement, le monde secret connaît ses ratages, ses échecs et ses bavures. Et c'est d'ailleurs le plus souvent par ces manquements que les services secrets se rappellent au bon souvenir de l'homme de la rue. Par définition, les réussites des services resteront secrètes, leurs erreurs et déviations, elles, se retrouvant plus ou moins vite sur la place publique. Soit parce qu'elles se déroulent quasiment sous les yeux de la population et ne sont donc plus camouflables (le *Rainbow Warrior*, l'assassinat de Itzhak Rabin), soit parce que la justice s'en mêle et dévoile le pot aux roses (le GAL, les écoutes de l'Elysée), ou encore parce que les historiens les font apparaître en pleine lumière (Khe San), soit encore parce que l'un ou l'autre protagoniste des faits décide un beau jour de manger le morceau. Ou encore, parce qu'un service adverse, ou rival, est trop heureux de jeter un pavé dans la mare des chers collègues.

Mais comment définir la bavure, dans le domaine qui nous occupe ? Au risque de choquer, nous ne pensons pas que cette définition, pourtant nécessaire, puisse se référer à la morale classique. Si un service spécial reçoit — pour prendre un exemple extrême — l'ordre de procéder à une élimination physique et qu'il obtempère, on peut, suivant la qualité de la victime et le but poursuivi à travers son élimination, se trouver en présence d'un acte immoral et éventuellement condamnable, mais pas spécialement d'une bavure. Prenons un autre exemple. Nous avons exposé, dans les pages qui précèdent, l'*Opération Gladio*. Sa découverte par la presse, en 1991, a donné lieu à des commentaires d'autant plus acerbes qu'ils étaient, le plus souvent, définitifs sur ce que peuvent se permettre les services spéciaux. Or, il nous semble évident qu'en organisant des réseaux clandestins susceptibles d'être activés en cas d'invasion du pays, les services restent strictement dans le cadre des prérogatives qui sont les leurs. On a prétendu, il est vrai, que les politiques avaient été maintenus dans l'ignorance de l'existence de ces réseaux. C'est évidemment faux, ceux qui devaient savoir savaient. Fallait-il, sous prétexte de quelque formelle démocratie parlementaire, informer l'ensemble des représentants de la nation, y compris les parlementaires communistes ? Bien sûr que non : en pleine guerre froide et, en tout cas, dans les années cinquante, une telle transparence n'aurait eu d'autres effets que d'alerter Moscou. Encore faut-il, bien entendu — mais ici nous dépassons de loin la responsabilité des seuls services spéciaux — que ceux qui les actionnent n'abusent pas de la raison d'Etat pour des motifs personnels ou politiques.

Alors, quid des dérapages ? Il n'y a bavure, à notre avis, que lorsqu'un service sort de ses attributions, qu'il va à l'encontre des ordres reçus, les outrepasse nettement ou ne les exécute pas, sans que cette attitude soit justifiée par une raison impérative de service (protection d'une source, d'officiers de renseignement ou d'opérations en cours) ou pour cause d'une modification rapide du contexte rendant caducs les ordres reçus et nécessitant un nouveau "cadrage" avec les politiques. De même, quand une erreur opérationnelle ou d'appréciation fait échouer partiellement ou totalement une mission, ou quand celle-ci a des répercussions sur des tiers non concernés, il y a, à notre sens, manquement grave. Et, bien entendu, nous ferons le même diagnostic quand les actions d'un service seront inutilement exposées au regard du public, mettant en danger ses agents et découvrant les autorités politiques du pays concerné ou encore dans l'éventualité où un service déciderait de poursuivre une politique propre qui n'est pas celle du gouvernement servi. De même, il y a bavure ou erreur grave quand l'action des services met en danger les bonnes relations d'un pays avec ses alliés naturels. Enfin, mais cela va de soi, il y a bavure quand les services complotent contre les politiques, mais ce cas, mis à part en Italie où le complot fut, il y a vingt ans, une maladie endémique et, peut-être, en Grande-Bretagne à l'occasion de l'affaire Wilson, ne s'est pas présenté dans le monde développé depuis la guerre... La question des bavures et autres dysfonctionnements pose évidemment celle du contrôle des services. Nous y reviendrons après avoir exposé quelques affaires qui ont defrayé la chronique ces trente dernières années et qui prouvent que, si l'erreur est humaine, nul service n'est à l'abri de l'accident ou de la faute.

Quand la CIA lavait les cerveaux

En 1950, en pleine guerre de Corée, les Etats-Unis apprennent avec stupeur que certains de leurs soldats prisonniers des communistes du Nord sont manipulés au point de déclarer être prêts à passer à l'ennemi. Comment a-t-on pu prendre ainsi le contrôle de l'esprit d'officiers américains issus des académies militaires les plus réputées ? Répondre à cette question devient rapidement pour la CIA et son directeur, Allen Dulles, une priorité absolue. Dulles n'a pas oublié les purges de Moscou où, dans les années trente, des apparatchiks ont confessé sans peine des crimes qu'ils n'avaient manifestement pas commis; les procès qui se déroulent alors en Europe de l'Est et auxquels Dulles n'est pas étranger lui rappellent d'ailleurs cette sombre période. La CIA croit que, pour parvenir à de tels résultats, les Russes ont utilisé des drogues et fait appel à l'hypnose. Elle sait également qu'à Dachau, des médecins nazis avaient expérimenté un hallucinogène, la mescaline, pour obliger les déportés à révéler leurs secrets les plus intimes. Sous la direction de Dulles, une équipe de pointe est alors mise en place à la CIA, chargée *"d'appliquer des méthodes d'interrogatoire spéciales afin d'évaluer les pratiques russes"*. En clair, ce projet baptisé *Bluebird* a pour objectif de comprendre et de reproduire les méthodes utilisées par les Soviétiques et, pourquoi pas, de les surpasser.

En juillet 1950, l'Agence expédie des médecins à Tokyo afin de faire parler quatre Japonais soupçonnés de travailler pour les Russes. On administre à chacun une piqûre de sodium amytal, un puissant sédatif, suivie d'une injection de Benzédrine (un stimulant). Les rapports de ces interrogatoires se révèlent positifs. L'expérience renouvelée à Séoul sur des prisonniers de guerre coréens sera, par contre, un échec : aucun des hommes interrogés n'a, même dans un état second, accepté de renier le communisme.

En 1952, le projet *Bluebird* rebaptisé *Artichaut* (le légume préféré de Dulles) est placé sous la direction du *Technical Services Staff* (TSS), qui se voit chargé de recruter des médecins qui accepteraient d'oublier les limites de l'éthique médicale et... des cobayes. Ceux-ci seront sélectionnés parmi des délinquants et des agents doubles démasqués, bref, chez *"des individus à la morale et à la loyauté douteuse dont la mort éventuelle ne chagrinera personne"*. Dans le jargon de la CIA ils portent le nom délicat de *matériel sacrifiable*. Mais, malgré de multiples expériences, le mystère des techniques de lavage de cerveau utilisées par l'ennemi demeure entier. Dulles, persuadé qu'elles reposent sur l'utilisation de drogues dures, fait alors venir spécialement par avion de Suisse des doses de LSD qu'il fait tester sur le personnel du TSS[1]. On en corse le café et l'alcool et on en répand dans la nourriture. Les résultats sont impressionnants : *"Les volontaires se mirent à 'voyager' entre les murs de leurs bureaux, dans les repaires secrets de Washington (...) Un médecin du TSS qui avait bu du café assaisonné se mit soudain à crier qu'il voulait se jeter dans le fleuve, et ne fut ceinturé que de justesse sur les bords du Potomac"*[2]. Mais si les candidats perdent effectivement, sous l'effet du LSD, tout contrôle d'eux-mêmes, cette technique se révèle à nouveau inefficace pour restructurer le comportement. Dulles lance alors l'ordre de répéter toutes les expériences que les communistes ont tentées; pour cela, il faut, selon lui, non seulement disposer des meilleurs spécialistes mais également d'un hôpital et de malades. Et, finalement, est-il indispensable que les cobayes soient américains ? C'est donc au professeur Donald Ewen Cameron, — personnalité dominante du monde de la psychiatrie en Amérique du Nord — que cette mission sera confiée. Ce dernier, décidé à aider son ami Dulles, met au service de la CIA son hôpital, l'*Allan Memorial Hospital*, situé à Montréal, de même que ses malades.

Mais quatre ans plus tard, en 1957, alors que l'Agence a investi des sommes exorbitantes dans ces expériences, la recherche sur le contrôle des esprits en est toujours au point mort. Le Dr Cameron laisse toutefois entrevoir un espoir, mais, précise-t-il, qui ne va pas sans risque puisque certains patients pourraient en mourir... Dulles, après quelques hésitations, donne son feu vert. Une partie de l'*Allan Memorial Hospital* est dès lors déclarée zone interdite. C'est dans un pavillon accessible seulement à quelques médecins et infirmières que l'on pratique des électrochocs répétés, des injections d'euphorisants et de drogues dures sur des malades munis de casques qui diffusent jusqu'à seize heures par jour les mêmes mots répétés sur une bande sans fin; les patients vivent dans des pièces insonorisées avant d'être lobotomisés. Rien que pour l'année 1961, on administrera à un millier de patients plus de douze mille traitements par électricité, c'est-à-dire soixante mille électrochocs. L'hôpital, soumis à la seule volonté d'un psychiatre dément, financé par l'une des plus puissantes centrales d'espionnage du monde, n'a rien à envier à certains laboratoires nazis...

En septembre 1961, John Alex McCone prend la tête de la CIA et dépêche deux psychologues sur place afin d'évaluer le sérieux des travaux de Cameron. A la suite de leur mission, le médecin fou de Montréal devra dire adieu à ses subventions; lâché par la CIA, brisé, il démissionne. Son successeur, le Dr Cleghorn, ferme aussitôt les chambres de sommeil et interrompt toute manipulation psychique. La chambre des horreurs du docteur Cameron sera alors brièvement reconstituée dans un laboratoire américain, mais au lieu d'y enfermer des êtres humains on y gardera des singes lobotomisés. L'Agence baptisera cette brillante opération *Résurrection*, mais l'histoire ne dit pas si les singes ont abjuré leur idéologie, ni en quoi le martyre de ces malheureux animaux, faisant suite à celui des pauvres déments sans défense de l'*Allan Hospital*, est profitable à l'action clandestine ou à la défense du monde libre...

Khe San, il est interdit d'informer

En novembre 1967, à la veille du *Thanksgivingday*, deux officiers du bureau de Saïgon du DIA (*Defense Intelligence Agency*, le renseignement de l'Armée) mettent le point final à l'un des rapports de synthèse les plus importants de toute la guerre du Vietnam. Des mois d'étude de la stragégie de l'armée du Nord-Vietnam, d'analyse du trafic radio et de collecte de renseignements les ont convaincus que le général Nguyen Vo Giap, le commandant en chef des forces communistes du Nord, s'apprête à lancer une offensive d'une ampleur sans précédent. D'après eux, ainsi qu'ils l'exposent aux responsables du renseignement américain à l'état-major, Giap, au début de son attaque, lancera une feinte vers un objectif important et, une fois que les Américains auront dégarni leurs positions pour défendre ce point névralgique, il attaquera, avec le gros de son armée, les villes et villages de la plaine côtière. Les deux officiers vont plus loin et désignent même l'objectif-leurre que va choisir Giap : Khe San, la base américaine la plus au nord du Sud-Vietnam. Ils sont même certains de la période à laquelle on peut s'attendre à cette attaque : le Thêt (le nouvel an vietnamien, fêté, suivant les années, en janvier-février) de 1968.

Mais les états-majors ont une fâcheuse tendance à vivre sur des présupposés péremptoires : en 1967, les hauts gradés américains vivent sur la douce et rassurante illusion que le Nord-Vietnam est au bout du rouleau. Mais à l'aube du 20 janvier, il faudra déchanter : Khe San est attaqué. Au lieu de lancer des diversions sur le Nord-Vietnam, les Américains commettent l'erreur attendue par les communistes en y dépêchant tous les renforts disponibles. Le 30 janvier, alors que leurs troupes sont massées dans le Nord, l'armée populaire du Nord-Vietnam et les unités viêt-cong passent à l'assaut sur la bande côtière, attaquant une centaine de villes dont Saïgon, trente-neuf capitales provinciales (sur quarante-quatre) et plus de soixante chefs-lieux de district. Militairement, le Thêt est une sévère défaite pour les communistes qui perdront quarante mille hommes en cinquante-sept jours de combat, mais leur victoire politique est immense : c'est à l'heure de l'offensive du Thêt — pour Hanoï, ce plan, conçu en plusieurs années, est le *Tong Cong Kich/Tong Khoi Nghia*, le TCK/TKN ou *Offensive générale* (TCK)/*Soulèvement général* (TKN) — que Washington commence à comprendre que la guerre du Vietnam est sans issue : l'opposition intérieure à la participation américaine à la guerre est renforcée et les faucons adoptent un profil bas face à une stratégie du Nord dont on sait, grâce aux documents saisis et analysés par les S.R., qu'il repose sur la conduite simultanée d'opérations de guerre et de négociations. Les Etats-Unis entament le processus qui, sept ans plus tard, les amènera à lâcher d'une façon honteuse leurs alliés du Sud[3]. Non seulement les décideurs n'avaient tenu aucun compte de l'avertissement des deux officiers de la DIA, mais les services de renseignement militaires, que ce rapport aurait pu alerter, seront incapables, malgré une armée d'agents locaux, de détecter les mouvements de près de cent mille hommes acheminant leur matériel sur des bicyclettes et prenant leurs positions d'attaque.

Les raisons de cet échec historique sont complexes et reposent probablement, entre autres, sur le sentiment général pour les Américains de participer à une guerre qui ne les concernait pas vraiment. Après tout, si le Sud-Vietnam tombait sous la domination du Nord, les *boys* n'auraient qu'à rentrer chez eux...

Mais il y a plus : pour des raisons bassement politiciennes (rassurer le Congrès et calmer la contestation en prouvant que l'engagement américain au Vietnam portait ses fruits et qu'on pourrait, donc, bientôt y mettre fin), le renseignement américain a été purement et simplement "castré" au Vietnam. Ainsi, dans une note pour le moins curieuse, le général Philipp B. Davidson Jr., chef du renseignement au haut commandement (MACV : *Military Assistance Commande Vietnam*) mettait les "points sur les i", le 15 août 1967 : *"Le chiffre des forces ennemies au combat et particulièrement celui des guérilleros, doit emprunter une courbe descendante régulière et prononcée, car je suis convaincu que cela reflète l'état réel de l'ennemi"* [4]. En d'autres termes, les services étaient poliment priés de participer à une vaste opération d'auto-intoxication collective. On comprendra que, dans ce contexte, le rapport de deux petits officiers de renseignement ait été fraîchement accueilli...

Lockerbie : le vol 103 n'arrivera pas

Le 21 décembre 1988, un Boeing de la Pan Am assurant le vol 103 Francfort-Londres-New York explose au-dessus du village de Lockerbie, en Ecosse : deux cent cinquante-neuf passagers et membres d'équipage et onze habitants de Lockerbie sont tués. Les enquêteurs s'orientent d'autant plus rapidement sur la piste d'un attentat qu'ils s'y attendaient. En effet, à plusieurs reprises dans les deux semaines qui ont précédé l'explosion, des avertissements étaient parvenus, à Helsinki et ailleurs, à des ambassades américaines en Europe. Le Département d'Etat avait, du reste, prévenu ses diplomates européens du danger et certains passagers prestigieux qui auraient dû se trouver à bord de ce vol, le 21 décembre, avaient annulé, au dernier moment, leur réservation. Parmi eux, de hauts responsables sud-africains. Le public, lui, avait été tenu dans l'ignorance de cette menace. En novembre 1991, la justice américaine et écossaise prononcent deux inculpations à l'encontre de deux officiers supérieurs des services secrets libyens, Abdel Basset Ali Mohamed Al-Megrahi et Ali Amin Khali Fhima, et affirment que la décision de commettre l'attentat de Lockerbie a été prise en septembre 1988 par Abdullah Senoussi, beau-frère du colonel Kadhafi et chef de ses services de renseignement. La bombe aurait été introduite dans le vol 103 dans une valise en transit du vol KM 180 en provenance de Malte. Ces inculpations, si elles vont dans le sens de l'isolement de la

Libye, voulu par Washington, n'en reposent pas moins sur des éléments fragiles. Plusieurs responsables de la sécurité de la Pan Am et de British Airways assurent ainsi qu'aucun bagage non accompagné venant d'un vol maltais n'a été embarqué sur le vol 103. Autre point faible de l'accusation : les témoignages de deux commerçants de Malte, les frères Gucci, qui auraient vendu aux Libyens les vêtements retrouvés dans la valise dissimulant la charge explosive, et celui du fabricant du mécanisme de mise à feu, le Suisse Erwin Bollier, l'un des deux patrons de la MEBO AG, une société de négoce zurichoise. En deux ans, les frères Gucci n'ont pas fait moins de vingt-deux dépositions, toutes divergentes, sur les clients qui ont acheté les fameux vêtements. Quant à Erwin Bollier, un rapport de Joachim Hentschell, un haut responsable de la Stasi, l'aurait identifié, sous le pseudonyme de *Reuben*, comme un agent est-allemand; mais Hentschell, dans le même dossier, avance l'hypothèse que Bollier, pour pouvoir mener ses activités, doit également travailler pour les services américains[5]...

En tout état de cause, c'est le 28 décembre 1988 que Bollier signe, entre les mains d'agents américains, une déposition certifiant que ces minuteries n'ont été vendues qu'aux seuls Libyens. Mais la pièce électronique qui permettra aux experts d'affirmer que c'est un appareil de la MEBO AG qui a déclenché l'explosion ne sera retrouvée, dans des conditions d'ailleurs particulièrement obscures, qu'un an plus tard[5]... Curieuse prescience des S.R. américains ! Certains éléments militeraient pourtant pour une autre possibilité : le 26 octobre 1988, deux mois avant l'attentat, le BKA (*BundesKriminalAmt*, police criminelle fédérale allemande, compétente pour les affaires de terrorisme) arrêtait, sur information en provenance d'Israël, une quinzaine de terroristes palestiniens membres du groupe Ahmed Djibril et gérant une fabrique artisanale d'engins explosifs en RFA. Trois transistors de marque Toshiba, déjà piégés par les soins des artificiers du groupe, étaient saisis. Or, selon certaines informations, un quatrième et peut-être un cinquième transistor du même type étaient déjà en circulation. La personnalité d'Ahmed Djibril est des plus intéressantes. Dissident palestinien devenu, comme *Carlos* ou Abou Nidal, un mercenaire du terrorisme international, Djibril est aussi, et surtout, un officier des S.R. syriens. Or, la Syrie est l'alliée de l'Iran, et Téhéran, dont un airbus a été abattu par accident, l'année précédente, par la marine américaine, a toutes les raisons de se venger des Etats-Unis...

Les services américains ont-ils, volontairement, négligé cette piste, préférant tout faire pour charger Tripoli, la bête noire des administrations Reagan et Bush ? Possible, mais il y a peut-être pire... Selon un ancien agent du DIA, Lester Coleman, Washington a surtout voulu camoufler le fait que c'est en se greffant sur une opération américaine que les hommes d'Ahmed Djibril sont arrivés à faire exploser le Boeing de la Pan Am[6]. Selon Coleman, le DEA

(*Drug Enforcement Administration*, les stups américains) poursuivait au Liban, sous le nom de code *Opération Khoura*, une complexe opération de pénétration d'une filière de trafic de drogue reposant, entre autres, sur des livraisons contrôlées, permettant au DEA de s'insérer progressivement dans le réseau des trafiquants, afin d'en identifier le plus de rouages possibles. Elle était d'autant plus importante que des agents du DIA s'y intéressaient également, persuadés qu'en "pistant" les trafiquants, ils pourraient peut-être aboutir jusqu'aux intégristes du Hezbollah détenant des otages occidentaux au Liban.

Fondé en juillet 1973 sur base de la réunion de trois services (*Bureau of Narcotics and Dangerous Drugs*, BNDD; *Office of National Narcotics Intelligence*, ONNI; *Office of Drug Abuse Law Enforcement*, ODALE), le DEA agit, en fait, comme un véritable service secret et dispose de moyens considérables : plus de quatre mille agents répartis dans cent vingt et un bureaux américains et des dizaines de bureaux à l'étranger. Ce n'est un secret pour personne que le DEA intervient pour beaucoup dans la majorité des grands succès de la lutte antidrogue en Europe : c'est lui qui dispose de l'argent nécessaire pour acheter des taupes dans les réseaux mafieux; c'est lui qui possède les agents spécialement entraînés pour passer plusieurs années dans des missions *undercover* particulièrement dangereuses; c'est lui, enfin, qui bénéficie, avec les NADDIS (*Narcotics and Dangerous Drugs System*), DAWN (*Drug Abuse Warning Network*) et ARCOS (*Automated Reports and Consumed Order System*) de gigantesques bases de données dans lesquelles sont répertoriés au moins un million de dossiers individuels et autant de chiffres, de faits et d'informations. Des bases de données auxquelles ses bureaux et ses agents en mission peuvent se connecter, partout dans le monde, par modem et satellite...

La "livraison contrôlée" est l'un des jeux favoris des hommes du DEA : elle consiste, comme son nom l'indique, à permettre à un agent ou à un informateur de remettre aux membres d'un réseau une quantité donnée (qui peut être importante) de stupéfiants dans le but d'accumuler les preuves et les informations sur la filière observée. Pour que la "livraison contrôlée" se déroule sans accroc, le DEA, quand il le peut, prévient les services de police et de douanes amis, qui ferment les yeux et laissent passer, sans l'inquiéter, le courrier chargé de l'opération. Or, d'après Coleman, l'antenne libanaise du DEA opérait des "livraisons contrôlées" à destination des Etats-Unis *via* le vol 103 de la Pan Am : Khaled Nazir Jaafar, un agent libanais utilisé par le DEA s'était ainsi fait remettre, par un responsable du Hezbollah, un transistor contenant deux kilos de drogue avant d'embarquer pour Francfort où il devait prendre le vol de la Pan Am. Mais Ahmed Djibril aurait été informé du fait que Jaafar était un agent du DEA et qu'il s'agissait d'une "livraison contrôlée"; il savait donc que Jaafar ne serait pas inquiété par les services de sécurité européens, prévenus par le DEA. Il devenait ainsi le meilleur vecteur possible pour faire entrer, sans aucun risque de détection, une bombe dans un avion américain. Lors d'une escale, le transistor de Jaafar aurait été échangé, à son insu, contre celui contenant la machine infernale. Quelques heures plus tard, le vol 103 se désintégrait dans les airs. Avec Jaafar, disparaissaient également Matthew Gannon, l'officier du DEA responsable de l'*Opération Khoura* et trois officiers des S.R. militaires : Charles (*Chuck*) Mc Kee, Ronald Larivière et le capitaine Curry des forces spéciales.

Si Lester Coleman, qui vit aujourd'hui en Suède, a raison, la tragédie de Lockerbie est marquée par deux erreurs graves des services américains : prévenus d'une possibilité d'attentat (alors que, manifestement, les opérateurs du DEA et du DIA ne l'étaient pas, puisqu'ils se trouvaient à bord de l'avion), ils n'en ont pas informé le public, tandis que des fuites et des failles dans la surveillance de Jaafar auraient rendu possible la substitution du transistor. Enfin, Washington aurait tout fait pour brouiller les cartes et faire d'une pierre deux coups en camouflant les erreurs du DIA et en accusant la Libye. A moins, bien entendu, que cette dernière ne soit à l'origine d'une gigantesque opération de désinformation et que l'*Opération Khoura* ne relève du mythe...

Ben Barka, une bavure française

Le 29 octobre 1965, le dirigeant de l'opposition marocaine, Mehdi Ben Barka, débarque à Paris où il doit rencontrer, à la Brasserie Lipp, le cinéaste Georges Franju, le journaliste Philippe Bernier et un soi-disant producteur, Georges Figon. Son objectif est de faire réaliser un film "anti-impérialiste" qui serait projeté, pour la première fois, quelques mois plus tard, à l'occasion de la tenue à La Havane du premier congrès de la Tricontinentale qui regroupe les révolutionnaires d'Afrique, d'Asie et d'Amérique latine. Ben Barka doit également être reçu, le 30 octobre, en audience privée par le général de Gaulle.

Vers 12 h 30, alors qu'il s'apprête à pénétrer chez Lipp, deux policiers français, Louis Souchon et Roger Voitot, l'interpellent courtoisement et l'invitent à les suivre. Sans méfiance, Ben Barka obtempère. On ne le reverra jamais. Il est conduit à une villa de Fontenay-le-Vicomte où résident quatre truands, Georges Boucheseiche (également ex-homme de main du service Action du SDECE), Julien Le Ny, Roger Dubail et Jean Palisse. Si les deux policiers agissent ainsi, c'est pour rendre service à Antoine Lopez, un chef d'escale d'Air France, par ailleurs *Honorable correspondant* du SDECE et indicateur de police. Lopez, pour sa part, travaille pour le compte du général Oufkir, ministre de l'Intérieur du Maroc et de son adjoint, le colonel Dlimi, chef des services de sécurité. La réelle amitié qui le lie à Oufkir n'est pas, loin de là, son seul mobile : les Marocains lui ont laissé miroiter, pour prix de ses services, la direction de la Royal Air Maroc, la RAM. Mais Lopez, qui n'est pas tout à fait idiot, s'est couvert, en avertissant ses chefs du SDECE que quelque chose se tramait contre l'exilé marocain. Ainsi, le 12 mai 1965, dans un rapport de contact avec Oufkir, qu'il vient de rencontrer au Maroc, Lopez écrit-il : *"1° Le général m'a confirmé son projet de récupération de Ben Barka... 2° Il n'a pas hésité à me confier le désir des dirigeants marocains de mettre fin à la position de Ben Barka suivant des procédés non orthodoxes"* [7].

Le 22 septembre, Leroy-Finville, patron du *service 7* du SDECE, spécialisé dans les coups tordus et officier traitant de Lopez, adresse à sa direction un rapport sur les manœuvres d'approche des services marocains à l'encontre de Ben Barka. La *manip* qui consiste à proposer au dirigeant de l'opposition la réalisation d'un film y est expliquée et les noms de Bernier et Figon, éléments clés du piège, y sont cités. Le 29 octobre 1965, enfin, Lopez téléphonera à Leroy-Finville, alors absent, pour le prévenir que l'enlèvement a eu lieu... Pourtant le SDECE ne bougera pas. Ni avant l'enlèvement, alors qu'il aurait pu mettre Ben Barka en garde, le faire protéger ou encore dissuader fermement les services marocains d'agir sur le territoire français, ni après celui-ci alors que, grâce à Lopez, il pouvait libérer l'opposant marocain sans problèmes (on saura bien plus tard qu'il était encore en vie le 1er novembre).

La complicité des services français se limitera, cependant, à cette étrange passivité. On sait aujourd'hui[8] que l'enlèvement de l'opposant ne sera, matériellement, que le fait des agents français recrutés par Oufkir et que c'est, plus que probablement, Dlimi qui l'assassinera, peut-être après un interrogatoire mené par Oufkir. Mais le Mossad a également mis la main à la pâte et de manière décisive : ce sont les Israéliens qui fourniront une planque parisienne, des faux papiers et du matériel de maquillage aux hommes d'Oufkir. C'est le Mossad, encore, qui, le 2 novembre, fournira à Dlimi du poison, des pelles (!) permettant d'enterrer le corps et un acide particulier pouvant tout dissoudre y compris un squelette. Israël paie ainsi sa dette au Maroc : c'est le général Oufkir qui a permis, dès novembre 1961, la réussite de l'*Opération Yakhim* (le passage de cent quatre-vingt mille juifs marocains en Israël); c'est Oufkir qui autorise, dès 1963, le Mossad à placer un officier en poste permanent au Maroc; c'est lui qui sera l'intermédiaire entre Hassan II et les Israéliens qui, entre autres choses, formeront les gardes du corps de la famille royale; c'est lui encore qui, en 1965, permettra aux Israéliens d'enregistrer les débats d'une conférence interarabe tenue à Rabat. Face à cette coopération sans faille, face à l'amitié entre le Maroc et Israël, de quel poids peut bien peser la vie d'un Medhi Ben Barka ?

Mais si l'enlèvement et le meurtre sont signés des Marocains et si les Israéliens apparaissent comme leurs indispensables complices, ce sont bien les manquements du SDECE qui rendront leur réalisation possible. La direction de la maison, puis le pouvoir politique, en tiendront compte : le *service 7* est supprimé (fort injustement au demeurant puisque Leroy-Finville a très exactement rendu compte des activités de son agent Lopez). Le 20 janvier 1966, appliquant le principe du chef, Charles de Gaulle, enfin, limoge le général Jacquier (qui mourra oublié, le 11 janvier 1995), terne directeur général du SDECE où il n'a jamais pu s'imposer. L'affaire, cependant, connaîtra encore quelques rebondissements, dont le plus tragique sera, peut-être, l'*affaire Allain*.

A la mi-octobre 1966, à Rabat, le journaliste Yves Allain, directeur du bureau de l'ORTF, disparaît subitement. On retrouvera son corps trois mois plus tard, dans un lac proche de Kénitra. Il a été torturé et tué d'un coup violent porté à la tête. Ancien diplomate, ex-correspondant de l'ORTF à New York, Yves Allain était aussi, et surtout, un ancien du SDECE et une belle figure d'officier. Grand résistant durant la guerre, il a dirigé le réseau *Bourgogne* spécialisé dans la mise sur pied des réseaux d'évasion de pilotes abattus. *Bourgogne* en sauvera deux cent cinquante. Décoré par la France, la Grande-Bretagne et les Etats-Unis, Allain reprendra, après la guerre, du service dans le S.R. français. Pour le SDECE, il sera notamment en poste à Prague d'où il manipulera, entre autres, un réseau dans la région de Karlovy Vary. Allain, c'est le moins que l'on puisse dire, n'a pas froid aux yeux : en 1956, il fausse compagnie à ses pisteurs du StB tchèque qui ne le lâchent pas d'une semelle — il dira un jour avec humour à sa femme : *"C'est de pire en pire, aujourd'hui, ils m'ont suivi avec un tramway..."* [9] — pour aller enterrer, en pleine forêt, des armes, de l'argent et une radio destinée à l'un de ses réseaux [9]. En novembre 1957, de retour à Paris, Yves Allain est affecté à des opérations conjointes dirigées par le SDECE et la CIA. Avec ses collègues américains, il mènera, entre autres, une longue opération de surveillance et d'écoute de l'ambassade de Yougoslavie [9]. Mais Allain sympathise avec ses homologues d'outre-Atlantique et va jusqu'à les rencontrer lors de vacances prises, à la fin des années cinquante, sur la côte atlantique. On ne le lui pardonnera pas : c'est l'époque où les relations se tendent, gaullisme et affaire Golitsine (voir chapitre 9) obligent, entre Paris et Washington. Désormais, sa hiérarchie lui bat froid. Qu'à cela ne tienne, Yves Allain démissionne et devient journaliste. Tout en restant, avoue-t-il à sa femme, un *Honorable correspondant* du SDECE [9]. A-t-il été chargé, par son ancien service, de profiter de sa nomination à Rabat pour enquêter discrètement sur les dessous de l'*affaire Ben Barka* ? Possible : quelques années plus tard, le patron du SDECE, Alexandre de Marenches avouera à un confident : *"Je sais ce qui s'est passé, mais je ne peux pas en parler, c'est un secret d'Etat..."* [9].

Qu'il ait été la dernière victime de l'affaire ou qu'il soit tombé en service commandé pour d'autres raisons, Allain laissera un souvenir ému à ses amis. Dans un livre d'entretiens avec la fille d'Yves Allain, Marie-Françoise, l'écrivain Graham Greene, qui a fréquenté la famille pendant des années, déclarait en 1981 *"être fier d'avoir été l'ami"* de l'ancien agent, avant de souligner que, *"dans le monde de l'espionnage, c'était un professionnel"*, et de proposer de dédier le livre à son père[10].

Rainbow Warrior, quand la DGSE fait plouf

S'il n'y avait pas eu mort d'homme, l'affaire du *Rainbow Warrior* mériterait de s'appeler *les pieds nickelés à Auckland*, tant sont invraisemblables les erreurs accumulées dans la conception et l'exécution de cette mission. Le 10 juillet 1985, alors qu'une fête est donnée à son bord, deux explosions espacées de quelques minutes éventrent la coque du *Rainbow Warrior*, le navire amiral de la flottille de l'organisation écologiste *Greenpeace*, sur le point d'appareiller pour l'atoll de Mururoa où les verts veulent perturber les essais nucléaires français. Cela fait plusieurs années qu'une sorte de mini-guérilla s'est installée entre les croisés de *Greenpeace* et la marine française. Le scénario est désormais classique : quelques jours avant les essais, la Royale décrète, autour de l'atoll, un périmètre de sécurité infranchissable; les bateaux et autres zodiacs de *Greenpeace* entament leur ronde énervante sous l'œil attentif des marins et des commandos français puis, quand ils estiment avoir suffisamment fait monter la pression, les écologistes entrent dans la zone interdite où les embarcations sont arraisonnées. Mais cette fois, à Paris, quelqu'un a décidé de leur donner une leçon plus radicale. Nous n'avons pas la prétention de découvrir sur cette affaire une vérité que tant de nos confrères ont vainement cherchée depuis plus de dix ans et qui mettra encore, certainement, un bon moment à sortir du puits, toutefois, certaines informations et une simple analyse des faits peuvent d'ores et déjà conduire à des conclusions qui doivent être assez proches de cette vérité.

Officiellement, l'*affaire Greenpeace* reste une bavure de la DGSE, qui aurait outrepassé les ordres et lancé, de sa propre initiative, une opération de sabotage qui n'avait pas reçu l'aval de l'autorité supérieure. Explication séduisante pour les amateurs de complots mais qui méconnaît la philosophie de la DGSE et les mécanismes qui président à son action. Si la DGSE, comme tout grand S.R. occidental, jouit d'une incontestable autonomie dans la poursuite de ses missions courantes et dans la définition du *modus operandi* qu'elle appliquera pour atteindre les buts généraux qui lui sont fixés, elle n'en est pas moins strictement soumise à l'autorité politique pour les missions *Arma* (sabotage et destruction) et *Homo* (homicide). Dans le cas précis qui nous occupe, une fois qu'on lui a demandé d'empêcher par tous les moyens le *Rainbow Warrior* de pénétrer dans la zone interdite de Mururoa, la centrale parisienne aurait pu envisager, sans en référer aux politiques, d'immobiliser l'équipage pendant plusieurs jours en mélangeant un puissant laxatif à sa nourriture (ce qui a d'ailleurs été projeté) ou encore de se livrer à un sabotage banal sur l'hélice ou sur les moteurs du bateau. Mais en aucun cas, le service ne pouvait décider, seul, de couler un navire dans un port étranger. En effet, ce type d'opération, particulièrement grave et susceptible d'entraîner des complications internationales, ne peut être décidé qu'aux échelons politiques dont dépend la DGSE.

Depuis l'affaire Ben Barka, le service ne dépend plus du Premier ministre mais d'une double tutelle : ministère de la Défense (chargé de la gestion courante)-présidence de la République (définissant les axes de travail et entérinant obligatoirement toute décision importante engageant la maison). C'est donc à ce niveau que la décision a obligatoirement été prise. Une fois tracé ce cadre général, nous en sommes réduits aux hypothèses. L'une d'elle, la plus probable, est que c'est la Marine qui a demandé au ministre de la Défense, Charles Hernu, une action plus énergique que d'habitude contre *Greenpeace*. N'ayant pas grand-chose à refuser à son armée, Hernu, à son tour, aurait plaidé en ce sens auprès de l'Elysée et obtenu gain de cause. Ce schéma théorique, en tout cas, est corroboré par les termes d'une note d'une vingtaine de pages envoyée, en 1988, par l'amiral Lacoste, patron de la DGSE à l'époque des faits, à André Giraud, alors ministre de la Défense. On notera qu'au moment où il rédige cette note, l'amiral Lacoste n'a plus rien à perdre ni à gagner : emporté par la tourmente, il a quitté la direction de la DGSE depuis l'automne 1985.

Après avoir signalé que, dès le 19 mars 1985, le directeur de cabinet de Charles Hernu lui a demandé de *"mettre en œuvre les moyens de la DGSE pour interdire au mouvement* Greenpeace *de réaliser ses projets"*[11], l'amiral Lacoste souligne que l'un de ses adjoints *"avait dû rappeler les conditions d'emploi du service, notamment l'obligation absolue de ne rien entreprendre dans ces domaines sans en avoir reçu l'ordre formel du président de la République"*[11]. Le 15 mai, à 18 heures, François Mitterrand reçoit Lacoste qui, *"sans entrer dans les détails"*[11], lui fait part des intentions du ministre de la Défense. François Mitterrand confirme *"l'importance qu'il attache à la poursuite des essais nucléaires"* et demande au chef des services secrets de *"continuer à empêcher"*[11] Greenpeace d'agir. Le mouvement va dès lors s'accélérer jusqu'au feu vert final donné par Charles Hernu, le 4 juillet, au cours d'un petit déjeuner de travail durant lequel il affirme : *"Il ne faut pas avoir de scrupules sur des sujets aussi vitaux. J'en assume complètement la responsabilité"*[11]. Et l'amiral

Lacoste de conclure que le président de la République *"savait, mais il a choisi de se prêter au jeu de la recherche de la vérité sous la pression des durs et des idéologues du gouvernement : Fabius-Joxe-Badinter"* [11].

Voilà, donc, pour la décision. Mais le montage de l'opération elle-même va se révéler catastrophique. Entre le matériel utilisé, acheté en partie dans un grand magasin de Londres par les hommes de la DGSE, les différentes équipes du service qui se bousculent sur le terrain, et le non-respect des règles élémentaires autrefois édictées pour le service Action, on court tout droit à la catastrophe : trop d'exécutants sont concernés par l'opération et l'équipe chargée d'effectuer les derniers repérages, les faux *époux Turenge*, sont encore présents en terrain hostile lorsque se déroule le sabotage au cours duquel un photographe sera accidentellement tué. Interpellés, placés en garde à vue, les *Turenge* ne trouveront rien de mieux à faire que de téléphoner à Paris, à des numéros qui seront, plus tard, identifiés comme appartenant au ministère de la Défense. Pourquoi la DGSE n'a-t-elle même pas jugé bon d'établir, sous couverture, un P.C. autonome de l'opération, voire même de le situer dans un pays tiers ? Comment n'a-t-elle pas compris que, la Nouvelle-Zélande appartenant au Commonwealth, les services britanniques seraient trop heureux de participer à une enquête permettant de mouiller la France ? Mystère. Les *Turenge*, en tout cas, seront rapidement identifiés comme étant le capitaine Dominique Prieur et le commandant Alain Mafart; et les autres agents spéciaux ayant participé à cette mission auront la désagréable (et invraisemblable, s'agissant d'un service secret) surprise de voir leurs noms s'étaler en toutes lettres dans la presse. Autant de carrières brisées. Condamnés à dix années de prison, les *Turenge* reviendront en France trois ans après l'avoir quittée, aux termes d'un arrangement entre Paris et Auckland, qui leur aura permis de passer la fin de leur détention sur un atoll français du Pacifique.

Aujourd'hui encore, les incohérences opérationnelles de l'affaire étonnent et ne trouvent que peu d'explications plausibles. On serait presque tenté, dès lors, de croire un ancien du service Action, qui n'a pas participé à l'opération (il était en retraite depuis plusieurs années) mais connaît différents protagonistes de la bavure et qui nous affirmait, au printemps dernier : *"C'est au cabinet même du ministre de la Défense, et par l'un de ses plus proches conseillers que le 'montage' de l'opération a été effectué. La DGSE a reçu l'ordre de s'exécuter et elle l'a fait. Un civil a voulu jouer au petit soldat avec la peau des autres, et on voit le résultat..."* [12] Cette version des faits, cependant, ne résiste guère à l'analyse : malgré l'amateurisme dont ils ont, en l'occurrence, fait preuve, les hommes du service Action sont des professionnels; il est plus que douteux qu'ils se laissent dicter les détails de leur travail, en fait le montage leur permettant d'atteindre l'objectif fixé au niveau supérieur, par des personnes extérieures au service. Le plus plausible est que, soumis à une forte pression de leur ministre de tutelle, ils aient, après avoir choisi la moins mauvaise solution, voulu faire trop compliqué au lieu de se réfugier dans la simplicité, qui est souvent le meilleur garant de réussite. Résultat, comme nous le dira un jour, avec un sourire amer, l'un de nos interlocuteurs, *"ils se sont pris les pieds dans le tapis..."* L'ambiance de saine et fraternelle camaraderie qui régnait à l'époque dans la camarilla socialiste fera le reste, et les hommes de l'ombre paieront les pots cassés et tomberont, victimes d'un règlement de comptes entre courtisans.

Dix ans plus tard, l'épisode du *Rainbow Warrior* n'est plus qu'un mauvais souvenir que les gens de la maison n'aiment pas se voir rappeler. Les décideurs, Charles Hernu et François Mitterrand, ont disparu; l'amiral Lacoste, qui avait entamé une réforme en profondeur de la DGSE — qui, sous sa direction, a réussi de très belles opérations — a démissionné. Dominique Prieur s'occupe de questions administratives au ministère de la Défense et a écrit récemment un livre qui n'a comme intérêt que de brosser le portrait d'une jeune femme patriote et d'expliquer pourquoi l'on s'engage dans les services spéciaux. Sa lecture n'apprendra rien sur l'affaire. Le colonel Alain Mafart a quitté l'armée en mai 1995; le général de division Jean-Claude Lesquer qui, en 1985, dirigeait, avec le grade de colonel, le service Action, a démissionné, à la même époque, pour aller "pantoufler" dans l'industrie de défense. Un autre *Rainbow Warrior* vogue sur les mers. On a pu le voir, durant l'été 1995, défier la Royale au large de Mururoa pour saluer, à sa façon, la dernière salve d'essais nucléaires de la France.

La cellule de l'Elysée : embrouilles au sommet

Le 12 janvier 1995, en fin d'après-midi, une jeune femme toute habillée de noir se présente au maréchal des logis chef de la gendarmerie qui monte la garde à l'entrée de la galerie des juges d'instruction, au palais de justice de Paris. Elle lui remet une chemise cartonnée beige destinée au juge Jean-Paul Valat qui instruit l'affaire dite des écoutes de l'Elysée et disparaît. Ce pourrait être le début d'une médiocre série télévisée; c'est un rebondissement essentiel dans une affaire qui défraye la chronique depuis des années : la chemise cartonnée contient cinq disquettes informatiques qui livreront, quelques jours plus tard, plusieurs milliers de pages de transcriptions d'écoutes téléphoniques. En tout, plus de trois mille conversations interceptées et transcrites, et trois fichiers répertoriant les noms de deux mille personnes écoutées. L'œuvre des gendarmes de l'Elysée...

Tout commence assez mal treize ans plus tôt. Le 9 août 1982, un sauvage attentat fait six morts et vingt blessés rue des Rosiers, au restaurant juif Jo Goldenberg. Une semaine plus tard, grave et serein, François Mitterrand s'adresse à la Nation : *"Ce qui compte, c'est la volonté de faire reculer le terrorisme, partout où il se terre, de le traquer jusqu'à la racine. Les Français doivent savoir que ce terrorisme-là, comme les autres, me trouvera devant lui... Une mission de coordination, d'information et d'action contre le terrorisme sera confiée au chef d'escadron de la gendarmerie Prouteau..."*. La cellule de l'Elysée est née...

Pour François Mitterrand qui, lors de son allocution télévisée, a insisté sur le mot action, et pour ceux de ses conseillers qui œuvrent dans le délicat domaine de la sécurité, il s'agit de créer, près du président, une petite unité qui pallierait les supposés défauts des services existants, dont la gauche se méfie. Mais de coordination, il n'y aura point. La DST comme la DGSE doutent au plus haut point de ces gendarmes qui n'ont aucune formation au renseignement et prétendent superviser leur travail. Insensiblement, la cellule va glisser vers l'activisme, devenir elle-même un service qui, pour n'être pas pléthorique, n'en jouit pas moins, Elysée oblige, de moyens certains. Mais surtout, elle échappe à tout contrôle réel. Son histoire sera, au mieux, celle d'un gadget inutile (de véritables travaux pratiques sur la meilleure manière de gaspiller l'argent des contribuables) ou, au pire, une longue dérive de coups foireux en coups tordus...

Dès le 28 août 1982, quelques jours à peine après la nomination de Christian Prouteau, c'est l'affaire des Irlandais de Vincennes. Tuyauté par un informateur fragile, l'ancien gauchiste Bernard Jégat, Paul Barril, le numéro deux du GIGN dont il assume le commandement depuis que Prouteau est à l'Elysée, arrête trois membres de l'INLA, un mouvement terroriste irlandais : Patrice Plunkett, Stephen King et Mary Reid. A leur domicile, les super-gendarmes trouveront des armes de poing et quelques centaines de grammes d'explosifs. Pour le capitaine Barril, c'est un succès complet, dû à des informations venues d'Irlande et recoupées à plusieurs sources. En fait, ce n'est rien d'autre qu'une vaste et triste fumisterie. A 20 heures, pourtant, moins de deux heures après les arrestations, un communiqué de l'Elysée annonce l'arrestation de membres importants du terrorisme international. Le témoignage courageux de Bernard Jégat, décédé depuis des suites d'une longue maladie, permettra, en quelques années, d'y voir plus clair : l'affaire a été montée de toutes pièces et les armes trouvées chez les Irlandais — qui ne sont pourtant pas, pour autant, des enfants de chœur — ont été fournies par Jégat et apportées sur place par Paul Barril lui-même. En mai 1983, l'instruction à charge des Irlandais de Vincennes sera annulée, mais l'affaire va continuer à traîner durant des années, car Bernard Jégat veut faire éclater la vérité. Mais la justice se hâtera lentement, à tel point que Marc Domingo, substitut du procureur au parquet de Paris, pourra dire, parlant des pesanteurs et de l'inertie de l'instruction, qu'il s'agit là du *"scandale judiciaire de la décennie"*. Inertie ? Le terme "pressions" ne conviendrait-il pas mieux ? A l'automne 1983, le général Boyé, dans un rapport, explique que le GIGN (qui fournit ses cadres à la cellule) *"ne répond plus à la hiérarchie mais à l'exécutif"* [13], appréciation qui constitue une critique à peine voilée de l'Elysée. Le document est classé secret-défense et disparaît dans un tiroir. Deux ans plus tard, à l'automne 1985, le procureur de Paris sait de manière incontestable que l'une des armes retrouvées chez les Irlandais provenait de Bernard Jégat. Il dissimulera ce fait capital. L'exemple, il faut le dire, vient d'en haut. Ne verra-t-on pas, en septembre 1987 (alors que Barril est inculpé de transport illégal d'armes et Prouteau de complicité de subordination de témoin), le président François Mitterrand déclarer à la télévision : *"Les Français apprendront à respecter et à aimer le colonel Prouteau qui est le prototype de ce que notre armée peut produire... Je fais confiance à son courage et à son sens de la vérité"*. Il faudra attendre 1991 pour voir la justice rendue : le colonel Prouteau, condamné en première instance, est relaxé en appel au bénéfice du doute. Le dossier Barril, lui, s'est perdu en route, ce qui fera dire au parlementaire Yves Bonnet, par ailleurs ancien patron de la DST (voir *l'affaire Farewell*, chapitre 9) : *"Je défie quelque juriste que ce soit de m'expliquer pourquoi, dans l'affaire des Irlandais de Vincennes, tout le monde s'est retrouvé dans le prétoire sauf lui. Ça, je ne l'ai jamais compris..."* [14]

Pour finir, ce sont les propres erreurs du capitaine Barril qui le perdront : il a voulu trop bien faire et, ayant poursuivi *Le Monde* en diffamation, il est débouté. Les attendus du jugement ne laissent aucun doute sur le fait que c'est bien lui qui est à l'origine du montage de Vincennes. Mais entre-temps, la cellule de l'Elysée a continué à travailler. Le 23 décembre 1987, la police interpelle trois suspects dans un immeuble parisien. Robert Montoya et Fabien Caldironi sont deux ex-gendarmes, Alain Clarhaut est technicien; tous trois sont ou ont été employés par la SPII, la *Société de protection et d'investigation industrielle*, une entreprise de sécurité montée par le commissaire Charles Pellegrini, un ancien de la cellule. Au moment de leur interpellation, ils sont en train de monter une bretelle (écoute téléphonique) sur la ligne d'Yves Lutbert, un huissier du Conseil supérieur de la magistrature impliqué dans une sombre affaire de déstabilisation de l'institution qui l'emploie. L'instruction du juge Gilles Boulouque révèle rapidement une série de faits pour le moins troublants : la voiture utilisée par les plombiers avait été achetée par la cellule de l'Elysée à l'épouse d'un proche de Charles Hernu pour servir à des opérations de surveillance; la carte grise a été délivrée sur base d'un faux passeport au nom de Xavier Mueler, alias lieutenant-colonel Jean-Louis Esquivié, le bras droit de Christian Prouteau.

L'instruction ne se passera pas très bien : le juge Boulouque est fraîchement accueilli lors d'une perquisition à la base de Satory qui abrite le GIGN et, quand il convoque le colonel Esquivié, celui-ci le prend de haut et lui demande *"de ne pas oublier qu'il s'adresse à un officier supérieur"* [15]... En tout état de cause, Gilles Boulouque, quand il se verra inculpé, à l'automne 1988, suite à la plainte du terroriste Fouad Ali Salah, sera persuadé que son acharnement dans l'affaire des plombiers n'est pas étranger à cette pénible mésaventure [16].

Et puis, bien entendu, il y a cette affaire des écoutes, une terrifiante entreprise d'espionnage de la société civile qui touchera des avocats, des dizaines de journalistes, des écrivains, des vedettes de l'écran et, plus généralement, des centaines de personnes qui, sans représenter l'ombre du plus petit risque pour la sécurité de l'Etat, sont néanmoins perçus comme des ennemis à l'Elysée. Leur crime, souvent, sera d'être en relation avec le polémiste Jean-Edern Hallier qui trempe sa plume dans le vitriol quand il s'attaque au petit Versailles du président Mitterrand. Une opération de basse police donc, stupide et de surcroît mal menée, qui produira des milliers de pages de comptes rendus inutiles, dont les suites judiciaires, une fois de plus, laissent rêveur tant la justice manque de diligence. L'Elysée ? On ne touche pas... Quand elle n'organise pas de toutes pièces de fausses affaires de terrorisme, quand elle ne mandate pas des plombiers, quand elle n'écoute pas les conversations du tout-Paris, que fait donc la cellule de l'Elysée ? La réponse tient en trois mots : pas grand-chose. Les hommes du président, sous les ordres du colonel Esquivié, bricolent, le plus souvent, de manière brouillonne, multipliant les contacts avec certains responsables arabes, dont les chefs du renseignement syrien, pour lesquels Esquivié ne cache pas son estime. Ils tenteront à plusieurs reprises, mais sans aucun succès, d'user de ces contacts pour ouvrir des canaux de négociations avec les ravisseurs et des émissaires iront se promener à Beyrouth avec des valises contenant quelques millions de dollars, à la recherche d'hypothétiques contacts. Aucune de ces démarches n'aboutira : la cellule ne ramène dans ses filets que des escrocs au renseignement, des mythomanes ou des *has been*. Le reste du temps, les hommes de l'Elysée alimentent leurs ordinateurs — ils n'ont même pas été capables de créer eux-mêmes leurs programmes de fichiers et ont dû se faire aider par un collègue, membre d'un service étranger, qui viendra à Paris animer un séminaire de formation à l'utilisation de l'informatique — de multiples informations pêchées dans la presse, dans des rapports de police et de gendarmerie et auprès de sources personnelles. Mais les dossiers ainsi constitués, notamment dans le domaine du terrorisme, s'ils circulent dans Paris, sont inutilisables, dangereux : ils accumulent les noms et établissent des liaisons entre individus et mouvements terroristes sans que les informations aient été sufisamment recoupées. De la dynamite...

Ce ne sont pas les hommes qui sont en cause, sinon ceux qui dirigent la cellule et qui ne sont manifestement pas à leur place. Le capitaine Loïc Guessoux, par exemple, l'une de ses chevilles ouvrières, est un bon élément, dévoué et capable. Seulement, on l'utilise dans une fonction qui n'est pas la sienne et qu'il ne connaît pas. Obéissant à ses chefs et persuadé qu'en cas de coup dur la présidence couvrira[17], Guessoux s'aventurera ainsi dans les méandres de l'affaire des écoutes. C'est lui qui, chaque jour, se rend aux Invalides, écoute les enregistrements des dernières vingt-quatre heures et les résume pour ses chefs. Inculpé par le juge Valat, il se donnera la mort en 1995, s'estimant trahi par ses chefs et incapable de supporter ce qu'il considère comme un déshonneur. Une vie brisée par l'irresponsabilité d'amateurs qui veulent jouer aux maîtres espions et atteindront à peine le niveau d'une mauvaise police politique de république bananière. Quand la cellule finira par disparaître, personne, dans la communauté française du renseignement, ne la regrettera...

Jonathan Pollard : notre agent à Washington

Le 21 novembre 1985, un homme totalement paniqué tente, au volant de sa voiture, de forcer les grilles de l'ambassade d'Israël à Washington. *"Je suis un agent israélien... Je demande l'asile politique !"*, s'exclame-t-il en brandissant son passeport. Refoulé par les shomrim (gardiens) de l'ambassade, il est aussitôt arrêté par le FBI qui, en planque dans la rue, n'a pas perdu une miette de la scène. L'*affaire Pollard* commence.

Né en août 1954, Jonathan Jay Pollard a toujours rêvé d'être un espion et, de préférence, israélien. Déjà, lorsqu'il était étudiant et militant sioniste à Stanford, en Californie, il aimait clamer haut et fort qu'il était un agent du Mossad, ou que son père l'était, afin d'épater ses camarades. Ayant à peine terminé ses études et poursuivant son rêve, il tente de se faire engager à la CIA, mais sa candidature est rejetée. Tout n'est pas perdu pour autant, puisqu'il obtient un poste d'analyste à l'ATAC, le Centre d'alerte anti-terroriste dépendant de plusieurs services de renseignement dont celui de l'US Navy. Pollard a accès à toutes les informations classées top secret et SCI — S*ensitive Compartmented Information*, ce qui signifie que leur diffusion au sein du service est extrêmement restreinte. Or, il n'a pas renoncé à son fantasme : il veut travailler pour les services israéliens. Très peu de temps après son arrivée à l'ATAC, il rencontre à New York le colonel Aviem Sella (un héros de l'aviation israélienne). *"Je suis juif et militant sioniste. Par mon travail j'ai accès à des informations secrètes. Je suis prêt à les donner à Israël"* [18], lui confie-t-il. Et, à la demande de Sella, fort intéressé par sa proposition, il donne un bref aperçu des documents qu'il est susceptible de livrer. C'est ainsi que Jonathan Pollard, à peine âgé de trente ans, devient ce qu'il a toujours voulu être : une taupe. Comme il n'agit que par conviction idéologique, Sella a quelques difficultés à le persuader d'accepter de l'argent.

Au cours d'un des nombreux séjours qu'il effectue en Europe, aux frais des Israéliens, le couple Pollard est présenté par Sella à Rafi Eitan et Joseph Yagur, le conseiller scientifique de l'ambassade d'Israël à Washington. Cette rencontre, qui a lieu à Paris, semble prouver que Pollard travaille non pas pour le Mossad, comme il le croit, mais pour un micro-service concurrent, le *Lekem* (Section de liaisons scientifiques, dépendant du ministère de la Défense israélien), fondé par Eitan et qui opère hors des frontières d'Israël. On connaît peu de choses sur le Lekem et les raisons de son existence, mais il est possible qu'il ait été créé dans le seul but d'agir sur le territoire américain, là où le Mossad ne peut intervenir à cause des risques encourus : la dernière chose que peut se permettre Israël, dont la survie dépend en grande partie de Washington, c'est de se brouiller avec les Etats-Unis. Désormais chargé d'évaluer les menaces qui pèsent sur la sécurité israélienne — en échange de quinze cents dollars par semaine versés sur un compte en Suisse et de passeports israéliens —, Pollard et sa femme rentrent aux Etats-Unis. Dès lors, Pollard subtilise et livre à un rythme effréné de nombreuses informations classées top secret relatives notamment aux pays arabes. Parmi elles, le plan de défense du quartier général de l'OLP (Organisation de Libération de la Palestine), à Tunis, qui sera bombardé peu de temps après par l'aviation israélienne. Une fois photocopiés, les documents retrouvent leur place dans les coffres-forts de l'ATAC.

Avec ses petites lunettes cerclées, sa calvitie prononcée et sa fine moustache, Jonathan Pollard ressemble plus à un fonctionnaire affairé qu'à l'image que le cinéma véhicule de l'espion. Mais sa nervosité grandissante au fil des semaines et ses absences remarquées finissent par intriguer ses employeurs : un matin de novembre 1985, alors qu'il se prépare à une nouvelle livraison aux Israéliens, il est appréhendé sur le parking de son bureau par des agents du FBI et de la sécurité de l'ATAC. Ils souhaitent simplement lui poser quelques questions. Pourquoi emporte-t-il hors de son bureau des documents classés top secret ? A qui les communique-t-il ? Pollard perd son sang-froid et demande à téléphoner à sa femme afin de l'avertir de son retard. Dans la conversation, il lui fait comprendre par un code préalablement établi que la situation est critique et qu'elle doit se débarrasser de certains dossiers qui se trouvent à leur domicile. Anne Pollard, persuadée que les Israéliens vont les tirer d'affaire, contacte aussitôt le colonel Sella et c'est avec stupeur qu'elle apprend qu'aucun plan n'a été prévu pour les exfiltrer en cas de problème. Pendant ce temps, le FBI, qui interrogera Pollard pendant deux jours, préfèrera ne pas l'arrêter tout de suite afin d'accumuler les charges contre lui. Le 21 novembre, alors qu'il se rend à l'ambassade israélienne avec sa femme, il est filé par les fédéraux qui ne le quittent pas d'une semelle. Son arrestation provoquera un véritable scandale à Washington, mais le président Reagan décide de réagir avec fermeté : Pollard sera jugé, même si un procès public risque d'envenimer les relations entre Israël et les Etats-Unis. Le gouvernement israélien finira par admettre ses torts mais affirmera que le Lekem a agi de sa propre initiative. Les têtes ne tombent pas pour autant, puisque, deux ans plus tard, le colonel Sella obtiendra le commandement de la deuxième base aérienne du pays.

Le 4 mars 1987, Pollard est condamné à la prison à vie pour espionnage au profit d'Israël et son épouse à cinq ans de détention. Alors que de nombreuses associations se forment pour solliciter la libération du couple, l'hebdomadaire *Newsweek* annonce, en février 1988, la possibilité d'un échange triangulaire : Israël libérerait un Soviétique détenu pour espionnage, en échange de la libération par Moscou d'un agent américain, si Washington acceptait de son côté de libérer Pollard. Il n'en sera rien. En janvier 1989, la Knesset adoptera alors une motion en faveur de l'amnistie de Jonathan Pollard et de son épouse pour des motifs humanitaires et adressera cet appel au nouveau président George Bush, à la veille de son entrée en fonction. Mais elle ne sera pas entendue : Jonathan Pollard est toujours en prison...

Objectif Rabin

Le 4 novembre 1995, le monde assiste, quasiment en direct, à l'assassinat d'Itzhak Rabin, Premier ministre d'Israël. Son meurtrier, aussitôt arrêté, est un militant extrémiste, Ygal Amir, appartenant au groupuscule d'extrême droite *Eyal* (acronyme de *Organisation juive de combat*).

Le 27 mars 1996, Amir est condamné à la prison à vie pour le meurtre de Rabin et à six ans de prison supplémentaires, pour avoir blessé un garde du corps. Epilogue de l'affaire du point de vue judiciaire, certes, mais pas du point de vue du renseignement. On sait aujourd'hui, en effet, que le chef d'Eyal, Avishaï Raviv, n'était autre qu'un agent provocateur du Shin Beth, le service de sécurité intérieure israélien. En agent consciencieux, Raviv remettait des rapports fréquents à ses chefs et leur avait signalé depuis longtemps qu'Ygal Amir proclamait ouvertement sa volonté d'assassiner le Premier ministre, coupable à ses yeux de brader la terre d'Israël. Comment se fait-il, dès lors, que le Shin Beth, dont plusieurs agents étaient présents sur place le jour du meurtre, n'ait pas placé Amir sous surveillance ? Et comment expliquer que le jeune homme, connu pour ses intentions homicides, ait pu pénétrer sur le parking où stationnait la voiture du Premier ministre, donc sur un espace théoriquement considéré comme une zone de sécurité ? Comment enfin a-t-il pu s'approcher d'Itzhak Rabin à le toucher, dégainer son arme et tirer ? Autant de questions qui restent, à ce jour, sans réponse satisfaisante. Trois thèses s'affrontent.

La première, la thèse officielle, est celle de la commission Shamgar mise en place pour évaluer les responsabilités de chacun. Elle conclut à un effondrement total des services de sécurité chargés de la protection du Premier ministre et à un fatal enchaînement d'erreurs de commandement et d'exécution. Un tiers du rapport, qui concerne l'agent provocateur Avishaï Raviv, est classé secret-défense, mais quelques lignes présentes dans la partie publique du document semblent prouver que de graves erreurs ont été commises : *"On ne peut déjouer une action subversive si on ne dispose pas d'informateurs. (...) Leur contrôle doit être total et permanent, ils ne doivent prendre aucune initiative. Ils peuvent se sentir couverts par une certaine immunité et agir à leur guise. Il est impératif de les empêcher de provoquer les groupes et personnes qu'ils sont chargés de surveiller. La provocation réagit parfois comme un boomerang et décrédibilise le service de renseignement qui se laisse aller à de tels agissements"* [19].

La deuxième thèse, vieille comme le premier assassinat politique de l'histoire du monde, est celle du complot : des éléments du Shin Beth, assez notoirement marqués à droite, auraient été parfaitement au courant des projets d'Amir et l'auraient laissé faire pour éliminer le traître Rabin.

La troisième théorie, présentée au printemps dernier par les journalistes israéliens Uri Dan et Dennis Eisenberg[20], et rejoignant partiellement la thèse de la commission Shamgar, est celle de l'accident : le Shin Beth, parfaitement au courant des projets du jeune tueur, l'aurait laissé faire, non pas pour éliminer Rabin mais, bien au contraire, pour arrêter Amir la main dans le sac au cours d'une tentative d'assassinat, aux seules fins de lancer une vaste opération policière contre les milieux de droite opposés au processus de paix. Par un fâcheux concours de circonstances, le Shin Beth aurait perdu le contrôle de la situation et l'attentat aurait bien eu lieu. Cette hypothèse, pour séduisante qu'elle puisse paraître, n'est nullement convaincante : si tel avait été le plan du Shin Beth, on peut penser que le service ne se serait pas contenté du contrôle indirect effectué sur le tueur par son agent d'infiltration, mais qu'une meute d'autres agents n'aurait pas quitté Amir d'une semelle. Ce qui n'était manifestement pas le cas.

En définitive, et nous rejoindrons ici la commission Shamgar, le drame se produit à un moment où le Shin Beth est particulièrement fragilisé. En février 1995, un nouveau responsable est nommé à sa tête. *"K"* (la loi israélienne interdit de révéler le nom des chefs des services de sécurité en exercice) est loin de faire l'unanimité. L'extrême droite et une partie de la droite le haïssent et le dépeignent comme un gauchiste notoire. Des militants extrémistes iront jusqu'à afficher son nom, son numéro de téléphone et son adresse sur les murs de Jérusalem. Et pour cause : en 1984, Karmi Guilon (*K.*, c'est lui) avait démantelé le premier réseau terroriste juif d'Israël, et six ans plus tard, sa thèse de doctorat était consacrée à l'extrême droite religieuse et à ses dangers. Pourtant, c'est *monsieur K.*, cinq mois plus tard, qui, confronté aux attentats-suicides du Hamas, demandera au gouvernement que le Shin Beth soit autorisé à utiliser des moyens de coercition physique dans ses interrogatoires. Non sans une certaine hypocrisie, à vrai dire. Car ce n'est un secret pour personne : les hommes du Shin Beth ont la main lourde, et cela fait des années qu'ils utilisent la torture pour faire parler leurs prisonniers. L'une des formes de violence le plus souvent employées par les agents de la sécurité intérieure est la secousse : on remue violemment par les épaules, durant une quinzaine de minutes, un prisonnier attaché, sa tête ballottant en tous sens (en avril 1995, Abdel Samed Hrizat, un membre présumé du Hamas est décédé d'un traumatisme crânien suite à ce traitement); mais le passage à tabac, la privation de sommeil et, sans doute, la torture à l'électricité sont aussi à l'ordre du jour des interrogatoires pratiqués par le Shin Beth. Le service est d'ailleurs partiellement couvert depuis que la commission Landau a approuvé, en 1987, *"l'usage de pressions physiques et psychologiques limitées"*, pour autant qu'elles restent proportionnelles au danger encouru et qu'elles soient ordonnées par le patron du service après autorisation du conseiller juridique du gouvernement... Mais les méthodes très spéciales du Shin Beth ne lui ont pas permis d'enrayer la vague d'attentats-suicides commanditée par le Hamas.

L'assassinat de Rabin, on le voit, ne pouvait plus mal tomber : attaqué par la droite pour sa mollesse dans la lutte contre le Hamas, suscitant la méfiance de la gauche pour ses méthodes, le Shin Beth, de plus, fait la preuve, tragique entre toutes, de son incapacité à remplir ses missions. Quatre jours après la mort du Premier ministre, quatre hauts responsables du service sont limogés et, en janvier 1996, Karmi Guilon laissera sa tête dans l'affaire. Il aura connu, au moins, une dernière satisfaction : le 5 janvier 1996, à Gaza, un téléphone piégé arrache la tête de Yehia Ayache, l'ingénieur artificier du Hamas et commanditaire des attentats-suicides en Israël. Avec les meilleurs vœux du Shin Beth qui lui attribuait soixante morts et plus de deux cents blessés... L'ancien amiral Ami Ayalon, qui remplace Guilon, aura fort à faire pour restaurer l'image et le moral de son service. Signe des temps, le 18 février 1996, pour la première fois dans l'histoire du pays, quelques journalistes ont été invités à la cérémonie de prise de fonction de l'amiral Ayalon, un ancien des commandos de la marine dont la presse, autre première, est désormais autorisée à publier le nom.

Le moindre problème du service de sécurité intérieure n'est certes pas celui que souligne, ce jour-là, Shimon Peres : il *"travaille dans la contradiction permanente, devant lutter contre le terrorisme islamique et développer un réseau de bonnes relations"* [21] avec les hommes de Yasser Arafat, mais il doit aussi *"déraciner une poignée de mauvaises herbes dans la population juive"* [21].

Cana, cent morts sur ordonnance ?

Le 18 avril 1996, alors que les bombardements de l'*Opération Raisins de la colère*, censés déloger les militants du Hezbollah du Sud-Liban font rage, entre cinq et quinze obus de 155 tombent sur un camp des Nations unies, à Cana. Une centaine de réfugiés civils y trouveront la mort. Officiellement, Israël plaide l'erreur, évoquant d'abord la mauvaise lecture de cartes d'état-major, avant que Shimon Peres n'accuse l'ONU de ne pas avoir prévenu Israël que des civils avaient été admis dans le camp. Ce qui ne fait, d'ailleurs, que déplacer le problème : réfugiés ou pas, pourquoi l'armée israélienne bombarde-t-elle une base de l'ONU ? La réponse est double : d'abord, c'est un secret de polichinelle, les Israéliens supportent très mal une présence "onusienne" qui, il est vrai, n'a jamais empêché, depuis près de dix-huit ans, les terroristes des diverses factions palestiniennes d'agir comme bon leur semblait au Sud-Liban. Dans le cas précis de Cana, de plus, un rapport de l'ONU reconnaîtra que les combattants du Hezbollah avaient l'habitude de s'y réfugier après avoir tiré des roquettes contre les villes et les kibboutzim du nord d'Israël. Deux possibilités sont donc ouvertes. Soit Israël a délibérément bombardé une base de l'ONU, en sachant qu'elle abritait ce jour-là de nombreux réfugiés, soit il y a bien eu erreur. Mais cette erreur serait-elle une erreur de renseignement ?

Selon plusieurs témoignages, malgré le mauvais temps, deux hélicoptères d'observation et un avion-espion sans pilote abeille survolaient pourtant la région au moment du bombardement. L'erreur du renseignement serait d'autant plus difficile à admettre que de nombreuses opérations de bombardements ou de commandos menées avec succès ont amplement prouvé ces dernières années que l'armée israélienne est parfaitement informée, par des agents arabes et des officiers du Mossad comme par les moyens techniques utilisés par l'Aman, le service de renseignement militaire, de ce qui se passe au Liban.

Une anecdote datant de l'époque de l'*Opération Paix en Galilée*, à l'été 1982 et jamais révélée jusqu'à ce jour, prouve à quel point Tsahal peut être précis quand elle le veut : pour pallier l'absence de plan fiable et de numérotation des immeubles à Beyrouth, les services spéciaux israéliens avaient numéroté, sur des photos aériennes, toutes les constructions de la ville. L'interrogatoire de prisonniers et le *débriefing* des hommes du renseignement permettaient de localiser les immeubles abritant des cibles potentielles qui étaient formellement identifiés grâce à ce système de photos. Il suffisait alors de bombarder l'objectif à l'aide de bombes à implosion pour le détruire sans toucher son voisinage. Il est vrai qu'à l'époque, la grande fierté de l'armée israélienne était de mener une guerre propre, quasi chirurgicale...

Le GAL, une affaire d'Etat

Le lieu : le Pays basque. L'époque : début 1983. Le contexte : entre 1980 et 1982, le mouvement séparatiste basque ETA tue en moyenne une personne par jour. Ses cibles : des policiers, des gardes civils, des militaires. La plupart du temps les enquêtes de la police ne permettent de dénicher que des comparses. Ce n'est un secret pour personne, dans les milieux de la lutte anti-terroriste, des deux côtés des Pyrénées : les chefs de l'ETA vivent, pour la plupart, en France. Saint-Jean-de-Luz, Bayonne, Hendaye sont devenues les bases arrières du terrorisme basque. En septembre, les dirigeants espagnols et français (les socialistes sont alors au pouvoir des deux côtés de la frontière), entament des négociations secrètes sur la lutte anti-terroriste. Quelques semaines plus tard, une mystérieuse organisation fait son apparition : le GAL ou Groupe anti-terroriste de libération. Officiellement, on ne sait rien ni de ses structures ni de ses commanditaires; on ne connaît que ses buts : éradiquer l'ETA en éliminant physiquement ses chefs et ses sympathisants vivant en France.

Les 8 et 13 février 1986, le vent tourne. Deux attentats dirigés, à Bayonne, contre des bars où les Etarras ont leurs habitudes, font six blessés graves. Mais cette fois, l'enquête donne des résultats. Les exécutants ? Des truands. Les armes ? Elles avaient été vendues à la police espagnole par une firme allemande. Les hommes de main ont reçu leurs consignes à l'hôtel Ritz à Lisbonne. Leurs frais ont été réglés par leur commanditaire, inscrit à l'hôtel sous le nom de *GALlego GALindo*. Seulement voilà, c'est par carte de crédit que *GAL*ingo a payé les chambres et les consommations de ses séides. Une carte de crédit enregistrée au nom du sous-commissaire José Amedo. Pour le juge Baltasar Garzon qui instruit l'affaire, une aubaine. En septembre 1991, Amedo et l'un de ses adjoints, l'inspecteur Michel Dominguez sont condamnés, à Madrid, à cent huit années de prison chacun. C'est cher, mais le GAL a vingt-neuf morts et vingt-cinq blessés sur la conscience. Pas tous des terroristes, d'ailleurs : de temps à autre, les GALeux se trompent de cible, comme quand ils mitraillent, le 16 février 1986, une lycéenne de seize ans, Catherine Brion, et un berger de soixante ans, Christophe Matxikote, qu'ils ont confondus avec des réfugiés basques. Amedo et Dominguez seront rapidement libérés, sur décision administrative, mais ils décident de se mettre à table. Leurs révélations vont bouleverser l'Espagne et être l'un des principaux clous du cercueil politique de Felipe Gonzales. Car le juge Garzon, s'il ne va pas vite, va loin.

En février 1995, l'ancien secrétaire d'Etat à la sécurité, Rafael Vera et le secrétaire général du PS espagnol pour la Biscaye, Ricardo Garcia Damborenea, sont arrêtés. En mai 1996, les généraux Rodriguez Galindo (rien à voir avec le *GAL*indo de Lisbonne), Andres Casinello et José Antonio Saenz sont inculpés pour quatre meurtres commis en 1983 et 1984. Le juge a agi sur base des révélations de l'ancien directeur de la Garde civile, Luis Roldan, inculpé, lui, pour détournement de fonds. L'affaire du GAL n'a toujours pas révélé tous ses secrets, mais une chose est déjà sûre : le Groupe antiterroriste de libération plongeait ses racines au cœur de l'Etat socialiste espagnol...

Le prêtre qui devait mourir

Le 19 octobre 1984, dans la nuit, sur une petite route de Pologne, des policiers arrêtent une voiture. Contrôle de routine ? Non, pas vraiment. Le passager du véhicule n'est pas n'importe qui : le père Jerzy Popieluszko est considéré comme l'aumônier du syndicat interdit Solidarnosc, et les messes pour la Patrie qu'il organise chaque dernier dimanche du mois attirent des milliers de personnes; il est l'une des bêtes noires du régime. A l'invitation des policiers, le père Popieluszko descend de sa voiture. Il est aussitôt assommé et jeté dans le coffre du véhicule de ses agresseurs. Nul ne le reverra vivant : un peu plus tard dans la nuit, le prêtre est sauvagement tabassé par les trois hommes qui l'ont enlevé et son corps est jeté dans un lac. Durant plusieurs jours, l'inconnue règne sur son sort : la Pologne retient son souffle. Le 30 octobre, enfin, la nouvelle tombe : le corps du prêtre martyr a été retrouvé.

L'enquête de la police a été d'autant plus rapide qu'elle savait où chercher : tout de suite, les hommes du SB, le service de sécurité, ont compris que c'est de leurs propres rangs que venait ce mauvais coup. Sous les ordres du vice-ministre de l'Intérieur Wladislaw Ciaston, une équipe spéciale dont le travail est étroitement contrôlé par le pouvoir, identifie en moins de trois jours les auteurs de l'enlèvement : le capitaine Grzegorz Piotrowski et les lieutenants Leszek Pekala et Waldemar Chmielewski sont arrêtés. Tous trois appartiennent au *Quatrième département* du SB, plus spécifiquement chargé de la surveillance de l'Eglise. Officiellement, ils ont agi de leur propre initiative, encouragés par leur chef direct, le colonel Adam Pietruszyk. Curieusement, pourtant, l'arrestation des auteurs du crime sera suivie d'un bouleversement profond des organes de sécurité : mutations disciplinaires, sections supprimées et dissolution de la section du parti communiste dans les organes. Quelques mois plus tard, Miroslaw Milewski, un dur du parti dont il est le secrétaire chargé des problèmes de sécurité intérieure, est limogé... En 1985, les inculpés seront condamnés à vingt-cinq ans de prison pour les deux plus hauts gradés, quinze et quatorze ans pour les deux lieutenants. Dix ans plus tard, les généraux Wladyslaw Ciaston, dont l'enquête avait abouti à l'arrestation de Piotrowski et de ses complices, et Zenon Platek, le patron du *Quatrième département* — déchargé de ses fonctions pour insuffisance grave dans la gestion de son service, après le meurtre —, poursuivis à leur tour, seront acquittés au bénéfice du doute.

Dans ses mémoires, rédigées bien des années après les faits, le général Jaruzelski affirme ignorer encore tous les tenants et les aboutissants de l'affaire, mais écrit : *"Ce que je sais, ce dont nous fûmes aussitôt convaincus, c'est que ce meurtre nous visait autant que la politique d'entente entre l'Etat et l'Eglise"*[22]. La thèse généralement admise, aujourd'hui, est que le meurtre de Jerzy Popieluszko était bien, en fait, dirigé contre le pouvoir : certains secteurs du SB, liés aux services soviétiques, auraient ainsi cherché à faire tomber l'équipe du général Jaruszelski pour la remplacer par des dirigeants plus fermes...

Démocratisés après le changement de régime, les services polonais ne perdront pas pour autant l'habitude de comploter. En août 1994, l'UOP (voir chapitre 11) est confié à un expert, Marian Zacharski, condamné à la prison à vie aux Etats-Unis, en 1981, pour espionnage, et libéré en 1985 dans le cadre d'un vaste troc d'espions. Un an et demi plus tard, Zacharski procure au ministre de l'Intérieur des documents prouvant de manière irréfutable que le premier ministre Josef Olesky, membre du parti social-démocrate (ex-communiste) avait collaboré aux services secrets soviétiques puis russes. Olesky devra démissionner le 25 janvier 1996. Mais le 29 mai suivant, Marian Zacharski et six autres hauts responsables de l'UOP, accusés d'avoir monté de toutes pièces le dossier incriminant Olesky, sont limogés. L'UOP ne sortira pas renforcée de cette triste aventure...

Rwanda : la Belgique joue et perd

Le 7 avril 1994, dix parachutistes belges sont tués à Kigali, alors que commence l'un des deux génocides les plus effrayants de l'après-guerre. Fatalité ? Expression incontrôlable d'une sauvagerie propre à l'Afrique ? Drame inévitable ? Non : depuis des mois, le gouvernement belge, dont le Rwanda est une ancienne colonie, et l'ONU savaient ce qui s'y préparait. Ils ont préféré fermer les yeux. L'ONU, par faiblesse congénitale, et Bruxelles, sans doute au nom d'intérêts philosophiques supérieurs : le président Habyarimana et son régime raciste ne sont-ils pas les enfants chéris de l'Internationale démocrate chrétienne et singulièrement du parti social-chrétien flamand, le CVP, qui contrôle le ministère de la Défense nationale ? Pourtant, comme l'ont prouvé un ancien parachutiste, Alexandre Goffin et un sénateur libéral, Alain Destexhe, un ancien de Médecins Sans Frontières, le gouvernement avait toutes les informations en main. Car, si des erreurs d'appréciation ont bien été commises, les troupes belges déployées sur le terrain dans le cadre d'un mandat de l'ONU ont bien fait leur travail de renseignement.

Dès que les paras belges arrivent sur place, fin 1993, ils mettent en effet sur pied un petit réseau de renseignement qui leur permettra de recruter un important dignitaire hutu, membre influent de l'AKAZU (l'entourage présidentiel), qui avait été chargé de l'entraînement des milices extrémistes Interahamwés qui seront le fer de lance des massacres. L'homme, qui avait demandé à la MINUAR de l'exfiltrer avec sa famille (ce qui ne fut pas fait, l'ONU refusant de prendre position), avait fourni aux Belges des informations précises sur le plan de bouclage de Kigali, mais aussi des doubles des listes noires dressées par les extrémistes hutus, la liste quasi exhaustive des caches d'armes des milices, avec leur contenu et leur localisation précise, ainsi que des photos et des enregistrements audios et vidéos. Tout ce matériel sera, en temps utile, envoyé à Bruxelles où une cellule de crise du SGR (le service de renseignements de l'armée) rédige des rapports quotidiens, envoyés aussi bien au ministre de la Défense qu'à la *maison militaire* du Roi.

Personne, ni à Bruxelles ni à New York, ne lèvera le petit doigt. Le ministère belge de la Défense ne répond même pas aux demandes répétées de ses officiers au Rwanda qui réclament plus d'armes lourdes et demandent ce qu'il convient de faire pour évacuer les ressortissants occidentaux en cas de troubles. On sait comment les choses évolueront...

Djokhar Doudaev tombe dans le piège

Le 9 avril 1996, cela fait presque seize mois que la sale guerre de Tchétchénie se poursuit dans le Caucase, lorsque Djokhar Doudaev, ex-général de l'Armée rouge et dirigeant de la résistance tchétchène, annonce à quelques journalistes réunis pour une conférence de presse improvisée dans les montagnes du sud de la Tchétchénie, qu'il n'est disposé à négocier qu'avec le président Boris Eltsine lui-même. Il va être entendu... Dans la nuit du 20 au 21 avril, il réunit quelques fidèles dans une ferme du village de Gekhi-Tchou où il attend une communication, par téléphone satellitaire, avec l'un des médiateurs proposés par Boris Eltsine. A l'heure prévue pour cette communication, ses gardes du corps déploient, dans un champ proche de la ferme, l'antenne parabolique nécessaire à l'établissement de la communication. Quelques minutes plus tard, Doudaev est tué dans un bombardement.

Depuis le début de la guerre, le FSB cherchait le moyen d'éliminer le rebelle. Plusieurs tentatives d'assassinat s'étaient déjà soldées par un échec, mais les hommes de la Loubianka ne renoncent jamais. Et, une nuit de printemps, leur heure était enfin venue. Chamil Bassaeiv, l'un de ses adjoints, responsable des forces spéciales de la résistance tchétchène, prétendra quelques jours plus tard que ce sont des missiles guidés par les ondes émises par son téléphone cellulaire qui ont tué le président et mettra en cause une puissance occidentale qui aurait placé ses satellites au service du FSB pour cette opération.

Une explication passionnante mais fausse. Car si le schéma d'ensemble est bien réel, les choses se sont cependant déroulées un peu différemment. Et pour cause : le missile anti-téléphone, comme des experts français de la guerre électronique le déclareront au journal *Le Monde*, n'existe pas : *"S'il existe des missiles anti-radars qui se guident sur les ondes émises par leurs cibles, le missile anti-téléphone n'a pas encore été inventé"*[23]. L'activation du téléphone portable du président tchétchène aurait, en revanche, permis sans beaucoup de problème à un Illiouchine 76 équipé de matériel ELINT (Electronic Intelligence) de repérer en quelques secondes l'origine de l'émission du signal. Il suffisait dès lors de dépêcher sur place un ou plusieurs hélicoptères de combat en vol dans la région pour éliminer Doudaev en tirant quelques missiles air-sol. Mais l'important, en ce qui nous concerne, n'est pas là. Ce qui importe, bien entendu, c'est que le FSB ait jugé bon d'utiliser le prétexte de négociations au plus haut niveau pour attirer le loup tchétchène dans le piège qui lui sera fatal. Un procédé qui a porté ses fruits mais qui discrédite dangereusement le pouvoir politique russe. Il y a fort à parier que, placés dans des circonstances identiques dans un avenir plus ou moins lointain, d'autres rebelles y regarderont à deux fois avant de croire à la sincérité de leurs interlocuteurs se réclamant du Kremlin...

Pour éviter les bavures : quel contrôle pour les services ?

De ces quelques cas brièvement développés, se dégage l'impression que les services spéciaux, s'ils sont livrés à eux-mêmes, sont capables des pires aberrations et qu'il faut donc les soumettre à un étroit contrôle. Cette conclusion n'est

> ### *Le FSB n'aime pas les écologistes*
>
> Le 6 février 1996, une nouvelle tombe sur tous les téléscripteurs du monde : un capitaine de marine à la retraite, Alexandre Nikitine, a été arrêté par le FSB russe pour espionnage et trahison de la patrie. Il risque la peine de mort. Pourtant, Alexandre Nikitine n'est pas un agent américain, ni anglais. Il ne travaille pas davantage pour les Français, les Chinois ou les Allemands. Son crime est, d'après le FSB, d'avoir vendu aux écologistes norvégiens des secrets sur les installations nucléaires russes de la péninsule de Kola. En fait, Nikitine a travaillé à la remise à jour d'un rapport sur les sources de contamination radioactives, pour le compte de l'organisation écologiste norvégienne Bellona.
>
> Dès le 5 octobre 1995, le FSB avait commencé à s'intéresser de très près à lui, perquisitionnant son domicile et les bureaux russes de Bellona, et l'interrogeant longuement. Après son arrestation, le parquet de Saint-Pétersbourg exigera d'Alexandre Nikitine qu'il ne prenne qu'un avocat désigné par... le FSB, et, devant son refus, son défenseur, Me Iouri Schmidt, se verra contraint de prendre l'engagement de ne pas quitter le pays pendant cinq ans, de prévenir le service de tout contact avec des étrangers et d'accepter d'être soumis à une étroite surveillance — écoutes téléphoniques et interception de son courrier — pendant le même laps de temps. Le retour aux bonnes vieilles méthodes soviétiques, lorsqu'on accusait les dissidents d'être en cheville avec les centrales d'espionnage occidentales...
>
> Le cas d'Alexandre Nikitine n'est pas isolé. Un ancien officier, Vladimir Petrenko a fait, par exemple, l'objet d'une enquête pour divulgation de secret d'Etat : il s'était adressé à la justice pour obtenir réparation après avoir été soumis, en 1982, à des tests d'armes chimiques. Un militant écologiste, Nikolaï Chour, a, quant à lui, passé six mois en prison en 1995 pour avoir dirigé des tests d'évaluation de la pollution dans la région de Tcheliabinsk. Autant de dangereux ennemis de l'Etat... Le FSB ferait peut-être mieux de s'intéresser au crime organisé qui, lui, représente vraiment une menace, non seulement contre l'Etat mais aussi contre la société russe tout entière...

que partiellement juste. S'il est vrai que, dans certaines des affaires évoquées, la responsabilité des services est engagée, il en est beaucoup d'autres où c'est à l'échelon supérieur que se posent les problèmes. Le *Rainbow Warrior* ? Une opération voulue, ordonnée et contrôlée, de bout en bout, au niveau gouvernemental. Les errements de la cellule de l'Elysée ? Tolérés, voire suscités au plus haut niveau de l'Etat. L'échec américain au Vietnam ? Dû à la myopie de l'état-major. Les tragiques erreurs commises au Rwanda ? Les S.R. ont fait leur travail, c'est, une fois de plus, le gouvernement qui porte la plus lourde part de responsabilité.

Cela signifie-t-il qu'il n'est pas nécessaire de contrôler les hommes de l'ombre ? Non, bien entendu. Encore faut-il que ce contrôle ne les castre pas en les empêchant de faire leur travail. Or, ce travail est, en tout cas pour les S.R. offensifs, un travail de pirate : les services spéciaux agissent, par définition, de manière spéciale en sous-main, volent, détournent, écoutent, font chanter. C'est pour ça qu'on les paie...

La Belgique, pour ne prendre que son cas, s'est dotée, le 26 mai 1993, d'une commission de contrôle dépendant du parlement, le *Comité R*. Les choses ne se déroulent pas, pour autant, sans problèmes. A l'automne 1995, suite, entre autres, aux événements du Rwanda, une crise éclate au sein du Comité, due, selon les uns, à la mauvaise volonté des services, *"habitués à se comporter comme un Etat dans l'Etat et supportant mal le contrôle voulu par le législateur"* ou, selon les autres, à des problèmes de personnes. Mais le travail du *Comité R* reste, dans sa plus grande part, pour l'instant du moins, purement académique et théorique : *"Le premier [objectif] vise à donner au Parlement des éléments utiles pour légiférer sur les services de renseignement..."*, peut-on lire en première page de son rapport pour l'année 1995[24]. On voit assez mal, du reste, comment il pourrait passer aux travaux pratiques. La Belgique n'a-t-elle pas mis la charrue avant les bœufs en créant un organisme de contrôle sans avoir, au préalable, doté ses services d'une loi-cadre organisant leur travail ? La seule Sûreté doit ainsi tenir compte, dans son activité quotidienne, de vingt et un documents généraux et de mille cent vingt-deux documents spécifiques, au nombre desquels on compte six conventions internationales, neuf lois, vingt-cinq arrêtés royaux, trente-cinq arrêtés et circulaires ministériels...

La philosophie qui sous-tend le travail du *Comité R* est celle d'un contrôle étroit et un peu tatillon, qui estime ainsi que *"l'exploitation opérationnelle du renseignement recueilli par la Sûreté de l'Etat revient par nature au pouvoir politique à qui l'information est destinée"*; pas question, donc *"de permettre à la Sûreté de monter des opérations secrètes utilisant et tirant parti des renseignements qu'elle a recueillis et analysés"*[25]. De même, on reste rêveur en découvrant que, réalités de la régionalisation obligent, le *Comité R* préconise que le gouvernement ne soit plus le seul et unique destinataire des renseignements produits par la Sûreté mais que ceux-ci soient, le cas échéant, également adressés aux régions, aux provinces, voire aux communes[26] ! Cette mesure n'augmenterait-elle pas notablement le risque de fuites ?

On l'aura compris, nous sommes dubitatifs face à cette volonté de contrôle à tout crin. Elle nous semble, en tout cas, n'être intéressante que pour les petits pays (Belgique, Pays-Bas, Suisse...) ne disposant pas vraiment de réels services spéciaux mais plutôt de petits services secrets, voire des services de police améliorés. Dans ce cadre, et parce que ces services n'ont d'activités qu'à l'intérieur de leurs frontières, le contrôle est bel et bien légitime; mieux, il s'impose : la loi se doit de protéger les citoyens contre les abus éventuels de services de sécurité intérieure qui peuvent avoir tendance à dépasser le cadre de leurs attributions. Mais pour les grands services de renseignement tournés vers le monde (CIA américaine, MI6 anglais, DGSE française, BND allemand...) la question reste posée, d'autant que leur action est partie intégrante de la fonction exécutive et que l'immixtion du pouvoir législatif dans leur fonctionnement risquerait d'entraîner une dangereuse confusion des genres. Par nature, leur activité est illégale : ils agissent à l'étranger ou, parfois, dans leurs propres pays mais contre des cibles étrangères et ne peuvent être soumis au même contrôle que les services intérieurs. Les Etats-Unis, en leur temps, ont cru pouvoir soumettre la CIA à la surveillance du Congrès. Résultat : quand le président Reagan a décidé de monter des opérations discutables (Irangate, Contragate), il est passé par des structures parallèles échappant de fait à tout contrôle et l'affaire s'est terminée par un désastre.

Le premier et le meilleur contrôle nous semble donc être interne. Il passe par une sélection et une formation rigoureuse des agents, officiers et collaborateurs extérieurs des S.R., par une stricte organisation hiérarchique permettant d'identifier à tout moment la chaîne de commandement d'une opération et donc d'éviter l'action d'électrons libres. Le deuxième échelon du contrôle réside en un contact permanent et harmonieux avec le monde politique, de ce point de vue, l'exemple du *Joint Intelligence Committee* anglais (voir chapitre 9) ou du *National Security Council* américain sont à méditer : le pouvoir ne peut que gagner à organiser, entre lui-même et ses services spéciaux, un interface formé de spécialistes compétents et susceptibles tout à la fois de définir les missions des services et de suivre leur exécution. Et peut-être de limiter le risque de mauvaise utilisation inhérent à l'action secrète. Nombre de bavures, nous l'avons vu, trouvent leur origine dans une mauvaise appréciation de la raison d'Etat par les politiques. Pas dans les erreurs des services spéciaux...

Δ

[1] Au cours de l'un de ses séjours en Suisse, Dulles a rencontré le brillant chimiste des laboratoires Sandoz, Albert Hoffmann, inventeur du LSD.

[2] Gordon Thomas, *Enquête sur les manipulations mentales. Les méthodes de la CIA et des terroristes*, Paris, Albin Michel, 1989, p. 186.

[3] Sur le retrait américain du Vietnam en 1975, voir le passionnant témoignage de Frank Snepp, responsable du bureau des analyses stratégiques de la CIA à Saïgon, *Sauve qui peut*, Paris, Balland/France Adel, 1979.

[4] Cité dans Ernest Volkman et Blaine Baggett, *L'Empire des espions*, Paris, Olivier Orban, 1990, p. 183. Outre cet excellent ouvrage qui consacre une trentaine de pages à l'affaire de Khe San, le lecteur se reportera à l'article de Ronnie Ford, *Intelligence and the significance of Khe San*, dans la revue *Intelligence and National Security*, Londres, Frank Cass, janvier 1995, p. 144-169.

[5] On se reportera au documentaire produit et réalisé en 1994 sur l'affaire de Lockerbie par Allen Francovich pour Hemar Enterprise.

[6] Ce dernier défend sa thèse dans un livre publié avec le journaliste Donald Goddard, *Trail of the Octopus, from Beirut to Lockerbie inside the DIA*, Londres, Bloomsbury, 1993, ainsi que dans le documentaire cité ci-dessus.

[7] Cité dans Roger Faligot et Pascal Krop, *La Piscine*, Paris, Seuil, 1985, p. 295.

[8] Voir l'article de Pascal Krop dans *L'Evénement du Jeudi* du 18 janvier 1995.

[9] Entretien des auteurs avec Mme Allain, la veuve d'Yves Allain, mai 1996.

[10] Graham Greene, *L'Autre et son double*, entretien avec Marie-Françoise Allain (fille d'Yves Allain), Paris, Belfond, 1981, p. 11.

[11] De larges extraits de la note sont cités dans le livre de Franz-Olivier Giesbert, *François Mitterrand, une vie*, Paris, Seuil, 1996.

[12] Entretien des auteurs avec un ancien du service Action ayant souhaité garder l'anonymat, printemps 1996. Le nom du haut fonctionnaire mis en cause par ce témoignage est connu des auteurs.

[13] Voir le documentaire de notre ami Pierre Péan et de Christophe Nick, *L'Affaire des Irlandais de Vincennes*, coproduction France 2/Nova production, 1995.

[14] *Idem*.

[15] Entretiens des auteurs avec Gilles Boulouque, hiver 1987-1988.

[16] Entretien avec Gilles Boulouque, novembre 1988. On se reportera entre autres à l'article publié par l'un des auteurs de cet ouvrage, dans *Le Quotidien de Paris* du 21 novembre 1988.

[17] Cette conviction que les hommes de la Cellule s'estiment "couverts" se fonde sur de très nombreux entretiens de l'un des auteurs de ce livre avec le capitaine Guessoux en 1987 et 1988.

[18] Fabrizio Calvi et Olivier Schmidt, *op. cit.*, p. 178.

[19] Cité dans Uri Dan et Dennis Eisenberg, *Crimes d'Etat, l'assassinat de Rabin et les attentats*, Paris, Belfond, 1996, p. 226-227.

[20] Cité dans *Le Monde* du 23 février 1996.

[21] *Idem*.

[22] Wojciech Jaruzelski, *Les Chaînes et le Refuge*, Paris, Jean-Claude Lattès, 1992, p. 322.

[23] Voir l'article de Jean-Paul Dufour dans *Le Monde* du 2 février 1996.

[24] Rapport de Fonctionnement du *Comité R* pour 1995, archives des auteurs.

[25] *Idem*, p. 72

[26] *Idem*, p. 79.

En guise de conclusion...
Le retour de l'Histoire

Qu'elles semblent loin, aujourd'hui, ces fascinantes journées de 1989 qui virent s'effondrer les dictatures communistes et, avec elles, le mur de Berlin. Comme elles s'effacent déjà dans nos mémoires, ces nuits d'août 1991 qui virent vaciller l'Union soviétique elle-même, avant sa disparition, au mois de décembre suivant. Un courant de réflexion (?) venu des Etats-Unis nous assurait alors que l'on assistait à la "fin de l'Histoire" : un monde enfin réconcilié allait vivre à jamais dans la paix et la compréhension, oubliant les conflits du passé. On pouvait dès lors tourner la page et renoncer aux coûteux systèmes de défense mis en place pendant la guerre froide : des programmes de réduction des forces militaires furent entamés et, de-ci, de-là, on a pu entendre certains prétendre que les espions étaient devenus inutiles. C'était évidemment faux, et l'actualité allait rapidement se charger de corriger cette approche par trop angélique de la réalité : une guerre sanglante en Yougoslavie, le premier conflit ouvert, en Europe, depuis 1945, les désordres de l'ex-URSS, l'émergence de nouvelles menaces terroristes, puis l'apparition d'une criminalité pouvant, pour la première fois, s'exprimer au niveau mondial, sont venus tempérer l'optimisme de ceux qui pariaient sur la raison et nous rappeler que, quand le pire est possible, il arrive (presque) toujours. En fait, on pourrait dire que jamais, depuis des décennies, l'espionnage n'a été plus nécessaire, plus présent et aussi diversifié.

Nécessaire d'abord : la fin de la bipolarisation du monde a pour conséquence essentielle non pas la fin mais bien le retour de l'Histoire. La chape de plomb jetée par le communisme, d'abord sur les nations constituant, de gré ou de force, l'Union soviétique, ensuite sur l'Europe centrale et balkanique, avait gommé différentes rivalités et conflits entre des peuples qui, souvent, se haïssaient et s'affrontaient depuis des siècles. Pendant cinquante ans, derrière le paravent lénifiant de l'internationalisme prolétarien et de la solidarité entre pays frères, la pression a monté, insensiblement mais d'autant plus sûrement qu'elle était, en grande partie, indécelable. Le jour où les choses sont apparues au grand jour, nous avons pu nous rendre compte que c'était le chaudron du diable qui trônait au cœur de notre vieux continent : en Yougoslavie certes, mais aussi en Transylvanie, enjeu de la rivalité entre Hongrois et Roumains, ou en Bulgarie, où coexistent difficilement Slaves et Turcs, des conflits latents s'alimentent d'un absurde découpage de frontières qui, au lendemain du premier conflit mondial, n'ont tenu aucun compte des réalités de peuplement. Sans même parler des dizaines et des dizaines de nations et des diverses religions qui cohabitent difficilement au cœur de l'ex-Union soviétique et dont témoignent déjà, aujourd'hui, les conflits du Haut Karabakh, de Transnitrie, d'Abkazie, de Tchétchénie ou du Tadjikistan : entre l'Asie centrale et l'Europe centrale, ces guerres ouvertes ou putatives tracent une longue dorsale du risque allant, en gros, des frontières de l'Autriche à celles de la Chine et de l'Afghanistan.

De manière concomittante à la réapparition de ces conflits nationaux, de vieilles rivalités géopolitiques resurgissent comme celles qui opposent, autour du Caucase, la Russie, la Perse et la Turquie. En Asie, l'apparition des nouveaux dragons et l'affirmation de trois superpuissances régionales, le Japon, la Chine et, demain sans doute, l'Inde, créent d'autres dangers. D'autant que là aussi, oppositions nationales et religieuses ne manquent pas, qu'elles soient transfrontalières, comme la vieille querelle indo-pakistanaise, ou internes : guerillas Karen, Môn, Chan et Kachin en Birmanie; révoltes des Tigres Tamouls au Sri Lanka; irrédentisme au Tibet... Au Moyen-Orient, où la paix progresse pourtant, deux Etats au moins, laissés sur le côté par le processus de normalisation, l'Irak et la Libye, peuvent présenter de petits risques régionaux, tandis que partout, sur le plan religieux, le réveil d'un islam de conquête nous prévent que l'ère des guerres de religion est loin d'être dépassée.

Jamais sans doute, depuis les années trente, le monde n'a été aussi dangereux et l'espionnage, par voie de conséquence, aussi nécessaire : seul le renseignement, acquis et analysé en temps et en heure, peut aider les grandes puissances à anticiper les crises et, sinon à les prévenir, du moins à en protéger autant que faire se peut leurs ressortissants et leurs intérêts vitaux. Parfois même à les résoudre : c'est l'action secrète de la DGSE française qui, entre 1989 et 1993, a permis de jeter les bases d'un règlement pacifique de la question Touareg, au Niger et au Mali. Petit problème, petit conflit, certes, mais qui déstabilisait dangereusement deux pays africains et qui pouvait, de temps à autre, par le biais des prises d'otages, éclabousser des pays tiers. Mais, alors qu'hier, il suffisait souvent d'avoir de bons soviétologues pour prendre la mesure de la tension internationale, les services doivent, aujourd'hui, avoir des spécialistes en tout, tant sont multiples les foyers de tensions.

Les leçons du passé devraient, si elles sont comprises, servir à préparer le futur. Un seul exemple : l'Afghanistan. Lorsque, après 1979, les services occidentaux ont étudié les possibilités de s'opposer aux Soviétiques dans leur sale guerre afghane, deux écoles se sont affrontées. La CIA et l'Arabie Saoudite ont, d'emblée, soutenu les secteurs les plus durs de la résistance afghane en apportant financement et aide aux hommes de Gulbudin Heykmatiar, avec pour résultat de faire des camps d'entraînement de l'Afghanistan le creuset du terrorisme islamique (comme les camps palestiniens du Liban l'avaient été, en leur temps, pour l'euroterrorisme), le passage obligé de ceux qui, aujourd'hui, en Algérie, forment l'encadrement des GIA. Une aide qui est revenue sur Washington comme un boomerang, le 26 février 1993, quand les Américains ont découvert que leurs anciens protégés intégristes n'hésitaient pas à placer des bombes au cœur de New York. La DGSE, elle, pendant la guerre d'Afghanistan, couvait un autre poulain : Ahmed Shah Massoud, dont le service Action armera et entraînera les hommes. Certes, le commandant Massoud dirigeait une branche minoritaire de la résistance, mais il est ouvert et francophile : il y a gros à parier qu'en misant sur sa tendance, la DGSE a évité le renforcement du bloc intrégriste tout en s'assurant pour longtemps un loyal allié local... Omniprésent, le renseignement l'est certainement. La fin de la guerre froide a libéré des énergies qui, aujourd'hui, s'expriment sur de nouveaux champs de bataille.

Mon allié, mon rival

Deux affaires récentes ont défrayé la chronique du monde du renseignement en révélant aux naïfs que l'on pouvait très bien s'espionner... entre amis. Choquant ? Peut-être, mais nécessaire. Les Israéliens, nous l'avons vu, n'ont guère hésité à le faire avant de recruter une taupe dans l'appareil de renseignement américain. Au grand dam de Washington, qui s'étonne que l'on puisse se livrer à des actes aussi inamicaux entre alliés. Les Américains, d'ailleurs, feignent de longue date de se scandaliser de cette pratique. A plusieurs reprises, ils ont ainsi stigmatisé l'espionnage économique et industriel pratiqué sur le sol américain par la France, montant en épingle quelques affaires révélatrices[1].

En mai 1994, le *New York Times* avait été jusqu'à publier un document, attribué à Paris, reprenant une liste d'entreprises aéronautiques et informatiques américaines à cibler plus particulièrement — dans le but d'acquérir illégalement des informations pouvant profiter à l'industrie hexagonale. Cette indignation aurait gagné en crédibilité si un véritable réseau de la CIA n'avait pas été démantelé en France, en février 1995 : depuis 1992, cinq agents sous couverture diplomatique se livraient à Paris à l'espionnage scientifique, mais aussi, selon la DST, *"à une recherche clandestine de renseignements sur la politique intérieure française ainsi que sur les grandes orientations économiques et commerciales de notre pays, en particulier dans le domaine de l'audiovisuel et des télécommunications"* [2]. Et la DST d'ajouter : *"Les méthodes utilisées vont de l'influence ouverte au traitement clandestin d'agents : les administrations, l'entourage des hommes politiques et les cabinets ministériels sont tout particulièrement visés..."* [2]. Nous pouvons ajouter que ce réseau était en partie dirigé par un opérateur chevronné de l'Agence [3] depuis l'ambassade américaine à Bruxelles... Deux ans plus tard, le 16 mars 1996, à en croire le journal *Libération* [4], c'est un avion espion américain U2 ayant décollé de la base anglaise de Farnham avec, pour destination théorique, la Bosnie, qui survolera longuement différents sites stratégiques français. Selon les Américains, il *"brûlait du pétrole"* afin de se poser plus léger. Certes, mais pourquoi diable aller consumer ce combustible précisément au-dessus d'un centre du CEA (où sont fabriqués des éléments des têtes nucléaires de la force de frappe) de la base aérienne de Dijon (d'où décollait ce jour-là deux transports anglais emportant, semble-t-il, des composants de têtes nucléaires que Washington avait refusé de livrer à Londres) ou encore à la verticale des pistes d'essais du char *Leclerc*, la fierté de l'état-major de l'Armée de terre, à Roanne ?

Les Américains, cela étant dit, ne sont pas les seuls à se livrer à ce petit jeu. Le 16 juin 1996, le *Sunday Times* [5] révélait qu'en 1995 le MI6 britannique s'était procuré, en recrutant un ingénieur français travaillant à Brest, des informations capitales sur les récents progrès de la marine dans la recherche sur la guerre anti-sous-marine. L'amélioration de la coopération franco-britannique dans les affaires de défense et le soutien apporté par Jacques Chirac à John Major dans la question de la vache folle n'ont pas retenu le MI6 qui a estimé qu'il y allait des intérêts vitaux de la Grande-Bretagne. La *Royal Navy* avait appris que la France venait d'enregistrer des progrès considérables dans le domaine de la détection des sous-marins et Paris refusait de partager cette connaissance : *"Le SIS a donc été chargé de l'affaire"*, explique un officier du MI6, *"si la France dispose d'un système de détection efficace des sous-marins, cela peut menacer notre dissuasion. La Royal Navy accorde la plus haute importance à l'indétectabilité de ses submersibles"* [5]... La France n'est cependant pas, quelle que soit l'importance de cette affaire, la cible principale du renseignement anglais, ainsi qu'une certaine mésaventure moscovite nous l'avait appris quelques semaines auparavant.

Ames, le pire cauchemar de l'Agence

C'est en 1985 qu'Aldrich Ames, haut fonctionnaire à la CIA, mais criblé de dettes, se présente à l'ambassade soviétique pour y proposer ses services. Le KGB hésite un peu puis saute sur l'occasion. Il ne le regrettera pas. Car Ames

Moscou : échec aux espions de Sa Majesté

La nouvelle diffusée dans la capitale soviétique, le 6 mai, avait un petit arrière-goût de guerre froide mais était pleine d'enseignement : le gouvernement russe demandait le rappel de plusieurs diplomates britanniques pour activités incompatibles avec leur statut, autrement dit, pour espionnage.

A l'origine de l'affaire, l'arrestation, fin avril, d'Alexandre Zdanovitch, un fonctionnaire russe suspecté de travailler pour le MI6. Celui-ci a été arrêté lors d'un contact avec son officier traitant anglais, travaillant sous couverture diplomatique à l'ambassade de Grande-Bretagne à Moscou. Une perquisition du FSB aurait alors permis de saisir à son domicile du matériel de transmission et des documents ne laissant aucun doute sur ses activités, les aveux de l'inculpé complétant le tableau. Tout laisse à croire que Zdanovitch, identifié depuis plusieurs mois et coincé par le contre-espionnage, n'aurait eu d'autre choix que de provoquer un rendez-vous avec son officier traitant afin de permettre aux organes russes de réaliser un flagrant délit. La rigueur de la peine qui sera infligée à l'homme, dont la fonction exacte n'a pas été révélée mais dont l'agence Novosti indique *"qu'il travaillait dans le gouvernement fédéral et avait accès à des secrets d'Etat de caractère politique et militaire"* et qu'il œuvrait pour des motifs financiers *"et non pas idéologiques"*, devrait d'ailleurs permettre de valider, à l'avenir, cette hypothèse.

Le gouvernement russe, en tout état de cause, a fourni à l'ambassadeur de Grande-Bretagne, Andrew Wood, une liste de neuf agents britanniques et des éléments de preuve sur *"leurs liens avec l'agent russe"*. Ces informations - fournies par Zdanovitch, qui semble collaborer étroitement avec les enquêteurs - pourraient accréditer l'idée que cette affaire n'est qu'un prétexte permettant au FSB de nettoyer l'antenne du MI6 de Moscou, et surtout d'adresser aux services secrets occidentaux un message d'une grande clarté : *"Le temps du désordre est fini, vous vous êtes bien amusés pendant cinq ans, mais il est temps de revenir aux réalités..."*. Il semble impossible, en effet, qu'un service secret digne de ce nom ait permis à un agent étranger sous contrôle, *a fortiori* travaillant en territoire hostile, d'être en contact avec autant d'officiers de renseignement.

L'affaire Zdanovitch n'est certes pas de la dimension des illustres précédents qui ont marqué les relations entre Londres et Moscou, mais elle a l'intérêt de prouver que le renseignement ne perd jamais ses droits. Elle témoigne également d'une certaine normalisation de cette activité. Loin des discours idéologiques de la guerre froide, le chef du service de presse du ministère des Affaires étrangères russe affirmait ainsi que *"le principal était que les officiels russes et anglais soient guidés par le bon sens et ne laissent pas cet incident menacer les relations anglo-russes"*. La Russie n'est pas exactement, dans cette affaire, une pauvre victime abusée par des puissances étrangères sans-gêne. Moscou a hérité de l'ère soviétique d'un formidable appareil de renseignement qui, bien qu'il ait été sérieusement malmené par les événements qui ont suivi août 1991, n'en reste pas moins d'une grande efficacité. A preuve, l'édifiante histoire de la dernière taupe rouge découverte au plus haut niveau de la CIA.

compte sans doute parmi les traîtres à avoir fait le plus de mal à l'Occident et son cas ne peut sans doute être comparé qu'à celui, légendaire, de l'Anglais *Kim* Philby : responsable des opérations de contre-espionnage sur l'Union soviétique — en son temps, à la fin des années quarante, Philby dirigeait, on s'en souvient, les opérations offensives du SIS vers l'URSS —, il connaît l'identité réelle de tous les agents américains travaillant en URSS. Il permettra donc au KGB — et plus particulièrement au Directoire K (contre-espionnage) de la *Première direction principale*, qui utilisera les services de la *Septième direction* (les batteurs de semelles chargés des filatures) — d'épier les faits et gestes de ces hommes qui, sans se douter de rien, ont continué leur travail. Cette surveillance constante aboutira à l'échec d'une centaine d'opérations américaines ou britanniques, à des dizaines d'arrestations et à l'exécution d'au moins dix agents doubles recrutés dans l'administration soviétique par les agents dénoncés par Ames. Parmi eux, Valery Martinov, troisième secrétaire au service culturel de l'ambassade soviétique à Moscou, exécuté en novembre 1985, en même temps que Sergueï Motorine, autre victime d'Ames. Mais la plupart de ces victimes resteront sans doute anonymes à jamais. On sait toutefois avec une quasi-certitude que c'est Aldrich Ames qui aida les Soviétiques à mettre un terme à la plus belle opération que les Britanniques aient jamais menée en URSS. C'est lui qui aurait, la CIA en est persuadée, donné à ses contrôleurs russes Oleg Gordievsky, la super taupe du MI6 à la *Première direction principale*.

Aldrich Ames a-t-il des remords ? Pas vraiment, à en croire une interview donnée il y a peu à Margaret Gilmore de l'*Observer* : *"Je savais que certains seraient exécutés... mais je ne les ai pas trahis pour causer leur mort. Quand j'entre dans ma maison, quand je conduis ma voiture ou quand j'enfile mes costumes de luxe, est-ce que j'ai l'impression d'avoir leur mort sur la conscience ? La réponse est non..."*. La trahison, en tout cas, aura pour une fois rapporté gros : Ames aurait encaissé, en neuf ans, plusieurs dizaines de millions de dollars. C'est d'ailleurs son train de vie extravagant pour un haut fonctionnaire qui a fini par attirer l'attention du FBI qui était à la recherche d'une taupe depuis que l'exploitation des archives de la Stasi avait fait comprendre aux services américains que la plupart des agents doubles qu'ils avaient cru recruter au sein des services secrets est-allemands étaient, en fait, restés fidèles à leurs vrais patrons. Une cellule mixte FBI-CIA avait alors dressé la liste des deux cents fonctionnaires susceptibles d'être au courant des activités de renseignement américaines en Allemagne de l'Est et en Russie. Et le filet, petit à petit, s'est resserré autour de ce fonctionnaire dispendieux mais insoupçonnable — n'était-il pas lui-même le fils d'un agent de la CIA ? A compter de mai 1993, Ames sera soumis à une surveillance constante qui permettra, entre autres, de prouver qu'il était toujours actif et maintenait le contact avec ses traitants russes...

Car au-delà de l'ampleur exceptionnelle de l'affaire, ce qui est vraiment intéressant dans le cas d'Aldrich Ames, c'est que l'homme, recruté par le KGB en 1985, a travaillé, après 1991, pour la Russie démocratique de Boris Eltsine. Les régimes changent, les espions demeurent. Moscou, d'ailleurs, ne le nie pas : le général Mikhaïl Kolesnikov, chef d'état-major de l'armée russe, ne déclarait-il pas, après l'arrestation de Ames : *"Ames a travaillé pour la Russie aux Etats-Unis. Il a protégé les intérêts russes puisqu'il a démasqué des espions qui transmettaient des secrets russes aux Etats-Unis..."* Le plus inquiétant, pour la CIA, c'est certainement qu'Aldrich Ames ait réussi à se maintenir aussi longtemps en place et à déjouer toutes les procédures de sécurité de l'Agence américaine et notamment le sacro-saint passage au détecteur de mensonges, auquel doivent se soumettre régulièrement les femmes et les hommes de l'Agence. Plus grave encore : selon James Woolsey, le directeur de la CIA, Aldrich Ames *"n'avait pas accès à toutes les informations qui ont permis au KGB de démasquer des agents américains ces dernières années"*. En français dans le texte : il y aurait d'autres taupes à la CIA. L'affaire, en tout cas, a coûté leur place à deux cadres supérieurs de l'Agence : le directeur-adjoint aux opérations, John McGaffney, et le chef des opérations pour le Proche-Orient, Frank Anderson.

Le retour des Russes

Les Russes donc, seraient de retour. Et ils s'en cachent assez peu. Elle est loin, cette époque où le liquidateur du KGB remettait aux Américains les schémas d'implantation de systèmes d'écoute dans leur ambassade de Moscou et où Evgueni Primakov, le patron nouvellement nommé du SVR, affirmait que, plus jamais, son service n'utiliserait la couverture journalistique pour ses agents.

Quand on lui rappelle cette phrase, Yuri Kobaladze, l'ex-maître espion soviétique à Londres, devenu porte-parole du SVR, éclate de rire et commente : *"L'Occident a mal compris les paroles de Primakov. Ce qu'il voulait dire, c'est que nous n'allions plus forcer les médias à engager nos officiers. Mais on peut toujours, au cas par cas, négocier avec un journal et lui rendre des services financiers appréciables en échange d'un poste que nous convoitons particulièrement. De même, il est évident que nous n'avons pas retiré tous nos officiers sous couverture journalistique. Cela étant dit, ce ne sera plus la règle générale. Nous avons étudié le problème et nous voyons qu'à part nous, il n'y a quasiment que les Anglais qui utilisaient les médias pour 'couvrir' les activités d'officiers du cadre, de fonctionnaires de renseignement. Aujourd'hui, nous préférons travailler comme les Américains, les Français ou les Allemands et utiliser de vrais journalistes comme agents contractuels ou comme sources d'informations. Ce travail est basé sur une relation personnelle de confiance, et rémunéré, une relation à long terme entre ce journaliste et nous. C'est beaucoup plus fructueux pour nous, car il reste évident que la couverture journalistique est la meilleure qui soit, bien meilleure que la couverture diplomatique..."* [6]. Dont acte. Et ce n'est pas le sympathique Boris Labusov, qui participe à notre entretien, qui démentira le porte-parole de son service : très récemment encore, il occupait un poste d'officier traitant à Bruxelles, sous la couverture de journaliste à l'Agence Novosti... Mais au moins semble-t-il que ces journalistes-espions seront, dans l'avenir, exclusivement employés dans des activités de renseignement. Plus question, Yuri Kobaladze est prêt à le jurer, de les utiliser dans la désinformation : *"Nous ne souhaitons plus changer le monde mais simplement l'observer. Nous avons, dès lors, renoncé aux 'mesures actives' en politique. Toutefois, certains de nos agents qui sont particulièrement bien placés à l'étranger, qu'ils soient russes ou non, peuvent être chargés, au coup par coup, 'd'expliquer' les positions russes dans certains domaines sensibles et agir, en quelque sorte, comme des 'agents d'influence'. Toutefois, ce travail ne peut être un travail de pure désinformation..."* [6]. La Russie, donc, revendique une nouvelle place dans le grand jeu du renseignement, celle d'une grande puissance, sans ennemis mais sans amis, avec seulement des alliés et des intérêts qui peuvent varier et faire que tel pays avec lequel on collabore dans un domaine X peut être un adversaire dans un dossier Y. *"Les nationalistes nous reprochent d'avoir 'vendu le pays' à l'étranger. En fait, notre nouvelle doctrine est qu'il n'y a ni ennemi permanent ni allié permanent, mais un monde mouvant et difficile. De plus, il existe, même entre adversaires, différents niveaux. Nous pouvons très bien, par exemple, collaborer avec l'Occident en matière de lutte contre les trafics de stupéfiants et nous opposer à certains pays occidentaux quand ils cherchent à élargir l'OTAN que nous percevons toujours comme une menace pour notre sécurité..."* [6].

Alors, de retour, les Russes ? Non, puisqu'ils n'étaient jamais partis. Le SVR s'est contenté de chausser les bottes de l'ex-PDP du KGB dont il est issu et de reprendre missions et agents de son grand ancêtre. Mais la Russie est toujours dans la tourmente et, quelles que soient ses incontestables qualités, la communauté russe du renseignement devra, avant d'occuper pleinement la place qui est la sienne, en finir avec ses crises de croissance. La purge qui a suivi, en juin 1996, l'accession du général Lebed au secrétariat du tout-puissant Conseil de Sécurité, indique bien que les luttes d'influence restent d'actualité à Moscou. Le départ du général Alexandre Korjakov, patron du SBP et celui de son allié et ami, le général Mikhaïl Barsoukov, le chef du FSB, de même que ceux du premier vice-Premier ministre, Oleg Soskovets, et du ministre de la Défense, Pavel Gratchev, sont de bonnes nouvelles pour les hommes de l'ombre russes : les corrompus et les incapables s'en vont pour laisser la place, sans doute, à des professionnels de qualité. Mais cette consolidation reste d'autant plus fragile, que le général Lebed lui-même a été limogé au début de l'automne 1996.

La diversification du renseignement

Nécessaire et omniprésent, le renseignement, enfin, se diversifie. Certes, certaines missions traditionnelles demeurent des priorités. Il en est ainsi de la lutte contre les influences étrangères occultes. Les Anglais viennent de s'en rendre compte quand le MI6, en mai 1996, a alerté John Major en lui apprenant que le parti conservateur avait reçu des dons financiers importants d'hommes d'affaires serbes liés à... Radovan Karadzic ! C'est un parlementaire qui, en 1992, est venu trouver les espions anglais pour leur révéler que le parti Tory était l'objet de bien suspectes attentions de la part des Serbes de Bosnie[7]. Engagé par le MI6 comme *Honorable correspondant*, le parlementaire a alors profité de plusieurs voyages effectués en ex-Yougoslavie pour aider le S.R. britannique à étoffer un dossier bien gênant pour le pouvoir : alors que les conservateurs acceptaient l'argent des amis de Karadzic, des soldats anglais ne se trouvaient-ils pas en première ligne en Bosnie ? Mais si le renseignement militaire ou politique ne perd pas ses droits, les services doivent faire face à de nouvelles missions : renseignement économique et industriel, et lutte contre les nouvelles menaces.

Dernier détour par le Japon

Le renseignement économique est évidemment d'une importance capitale dans le monde moderne. Les premiers à l'avoir compris sont les Japonais. Après avoir mené, comme nous l'avons vu dans les premiers chapitres de ce livre, de brillantes opérations d'espionnage classique dans leur zone d'influence, les S.R. japonais se sont, dès les années cinquante, attelés à une toute nouvelle tâche : contribuer au redressement et à la prospérité de leur nation. Et l'île du Soleil levant a consacré à cette tâche des moyens énormes. Certes, le Bureau de Sécurité du Premier ministre (*Naikaku Anzen Hoshô Shitsu*) continue à gérer des services classiques (le *Naicho* politique, le *Gaimucho* diplomatique, les S.R. militaires de l'Agence de défense japonaise...), mais il lui échoit également de coordonner des activités moins orthodoxes.

Ainsi, le MITI (*ministère du Commerce international et de l'Industrie*) et le JETRO (*Japanese External Trade Organisation*) entretiennent-ils, aux Etats-Unis et en Europe, des antennes particulièrement actives chargées de collecter tout ce qui peut renforcer l'appareil industriel et financier japonais. Les associations industrielles (fabricants de voitures, industries électroniques...) se sont mises de la partie, utilisant leurs propres représentations à l'étranger ou passant par les chambres de commerce bilatérales, et les entreprises elles-mêmes utili-

Opération HADES, ou le faux pas du vol 3369

Le 19 août 1994, l'aéroport Franz Josef Strauss, à Munich, est calme. Jusqu'à ce que le vol 3369 en provenance de Moscou se pose sur la piste. En quelques minutes, les inspecteurs du BKA — *BundesKriminalAmt*, la police criminelle fédérale — interpellent trois voyageurs d'apparence anodine, un Espagnol, un Colombien et un Français. Dans leurs bagages, la police fait une découverte moins anodine : un conteneur de plomb scellé d'un poids de un kilo, contenant trois cent soixante grammes de plutonium 239. L'affaire émeut l'Allemagne, bien entendu, mais aussi le petit monde des services de sécurité. Le chancelier Kohl frappe sur la table et exige de Moscou une collaboration totale pour enquêter sur ce nouveau scandale, au risque, en cas de refus, de se voir couper le robinet des crédits. Mais personne ne s'interroge sur le coup de chance qui a permis à la police de réussir ce si beau coup. Personne, sauf des journalistes du *Spiegel*, le grand magazine allemand. Dans les coulisses, ils enquêtent et découvrent une vérité stupéfiante et des plus dérangeantes. Et le 8 avril 1995, l'information fait la une du magazine : la saisie de Munich n'était qu'un coup monté par les services de renseignement allemands et plus précisément par le *Bundesnachrichtendienst* (BND). Selon le très sérieux *Spiegel*, le "trafic" entre Moscou et Bonn a été organisé par un collaborateur espagnol du BND sous la supervision du chef d'antenne des services allemands à Madrid, le docteur Peter Fischer-Hollweg.

Les hommes du BND, toujours d'après le *Spiegel*, se sont lancés dans une longue enquête avant de trouver deux trafiquants potentiels, un Colombien et un Espagnol, très introduits dans la mafia nucléaire russe. Une opération (nom de code *HADES*) a aussitôt été mise sur pied en collaboration avec des officiers de la P.J. bavaroise se faisant passer pour des acheteurs potentiels. Il s'agissait pour le BND de convaincre définitivement les autorités de renforcer la lutte contre la prolifération nucléaire sauvage. Le Bundestag réclamera vainement la démission de Bernd Schmidbauer, homme de confiance du chancelier Kohl et coordinateur des services spéciaux, avant de décider, le 26 avril 1995, de créer une commission d'enquête parlementaire pour faire la lumière sur cette affaire. Elle devra décider qui a raison, du BND qui prétend n'avoir fait que son travail en détectant un trafic bien réel et en passant l'information à la police bavaroise, ou du magazine qui accuse les services secrets d'avoir suscité toute l'affaire de bout en bout avant d'étayer ses analyses et de consolider sa position.

sent des agents d'influence et de pénétration pour tenter de peser sur les décisions de leurs partenaires ou découvrir les secrets commerciaux qui, une fois disséqués et analysés à Tokyo, concourront à la plus grande gloire de l'économie nippone. Le spécialiste Richard Deacon évalue ainsi de 85 à 90% du total des informations collectées par l'ensemble de la communauté japonaise du renseignement, celles *"qui doivent aider le pays à devenir plus prospère"* [8]. Dans ce domaine comme dans d'autres, l'histoire du Japon est celle d'une formidable adaptation. Après la défaite de 1945, le pays s'est retrouvé avec une armée à peine suffisante à sa propre défense et des moyens minimes à attribuer à ses services de renseignement. *"Comme le Japon ne pouvait plus dépenser beaucoup, il limita au minimum l'équipement des Renseignements"*, analyse Deacon : *"L'argent restant servit à organiser un système global de collecte d'informations, qui n'était pas de l'espionnage au sens occidental du terme. Cette collecte fournissait au pays un flot régulier de renseignements sur le commerce, le développement technologique, la recherche économique et tout ce qui pouvait, de près ou de loin, améliorer le niveau de vie. En fait, cette accumulation visait des objectifs plus vastes, car, pour un Japonais, la 'connaissance' embrasse des domaines très divers. Elle comprend l'administration, la technologie de la science et ce qui s'applique à la production. Comment les autres font-ils face au syndicalisme ? Quelles sont les demandes les plus fréquentes des consommateurs étrangers ? etc. Même l'écologie"* [9]. Loin de les effrayer ou de les indisposer, le cas du Japon ne devrait-il pas intéresser nos décideurs et leur servir d'exemple ?

Faire face aux nouvelles menaces

A la fin des années quatre-vingt, quand il devint patent que le bloc communiste s'effondrait, les chefs des grands services de renseignement occidentaux attirèrent l'attention des responsables politiques sur les nouvelles menaces qui se profilaient à l'horizon. La nature ayant horreur du vide et la transition entre la dictature et la démocratie prenant fatalement du temps, la vacance du pouvoir, à l'Est, n'allait-elle pas permettre à de nouvelles puissances, purement criminelles, d'émerger et d'atteindre une dimension nouvelle ? L'évolution des choses a donné partiellement raison aux hommes de l'ombre et leur a procuré de nouvelles missions. La lutte contre le crime organisé à l'échelle planétaire et la détection des filières de blanchiment d'argent font désormais partie du travail quotidien de S.R. comme la CIA, le MI6 ou la DGSE. Les services n'ont pas été formés à cette nouvelle activité qui relève davantage du travail de la police, seulement voilà : des zones grises apparues sur les cartes, que ce soit dans les Balkans ou dans l'ex-URSS, empêchent cette dernière de faire convenablement son travail. Il est normal dès lors que les services spéciaux s'en mêlent. Encore faut-il le faire à bon escient. La meilleure chose à faire, pour les services, ne serait-elle pas de se constituer, dans ce domaine, des sections spécialisées (comme il en existe pour lutter contre le terrorisme international) et de laisser aux hommes qui les composent le temps de se familiariser avec leur nouvelle tâche ? La précipitation, ici comme ailleurs, est source de bien des erreurs. Ici plus qu'ailleurs, du reste, car le crime organisé est complexe et son appréhension demande de mêler les talents du policier et ceux du financier de haut vol aux qualités habituelles des espions.

On n'improvise pas plus dans un monde aussi dangereux que celui du crime organisé qu'on ne pouvait le faire, hier, contre le KGB. Quelques chiffres suffiront à s'en convaincre : en 1990, on comptait, dans la seule Russie, sept cent quatre-vingt-cinq groupes criminels organisés. En 1991, ils étaient neuf cent cinquante-deux, en 1992, plus de quatre mille et, en 1994, entre cinq et six mille. Toujours en Russie, plus de 40% des entreprises d'Etat, 90% des entreprises privées et presque toutes les banques commerciales se trouveraient sous contrôle direct ou indirect du milieu, ce qui implique que presque toutes les entreprises russes qui s'installent à l'étranger ou s'y sont installées ces dernières années sont liées à la Mafia.

Autre raison de s'inquiéter : nombre d'anciens membres des services spéciaux et des unités d'élite de l'armée et du MVD (ministère de l'Intérieur) se sont reconvertis dans le crime organisé et vendent leurs talents à la Mafia[10]. Ne vaut mieux-t-il pas, dès lors, prendre le temps de la réflexion avant de se lancer, tête baissée, dans l'aventure ? Mais l'urgence commande et si l'on peut penser que certains dossiers peuvent attendre que les services spéciaux aient des officiers et des agents spécialisés pour s'en occuper, il en est d'autres, au contraire, qui nécessitent une action immédiate. C'est le cas, bien entendu, de la dissémination nucléaire dont le spectre est apparu avec l'effondrement de l'URSS. La déliquescence de l'Etat qui a suivi la disparition de la super-puissance communiste a en effet donné corps à l'un des pires cauchemars des hommes du renseignement : les matières fissiles, comme les connaissances de milliers d'ingénieurs et de techniciens hyper-spécialisés se trouvaient tout à coup à portée de main de petits pays turbulents et peu responsables, dont on peut penser que, acculés, ils emploieraient toute arme qu'ils arriveraient à se procurer.

Quel avenir pour l'espionnage ?

L'une des premières conséquences du retour de l'Histoire aura sans doute été d'enterrer le mythe défendu par quelques-uns dans les années quatre-vingt, à savoir que le renseignement technique allait remplacer ou rendre obsolète le renseignement humain. Certes, de considérables efforts ont été faits dans ce domaine. La France, par exemple, s'est dotée d'un satellite de renseignement, et des projets allant dans le même sens mais communs à plusieurs Etats européens sont actuellement à l'étude ou en cours de réalisation. Les Etats-Unis, pour leur part, viennent de créer un Internet du renseignement baptisé *Intelink*, qui permet aux analystes de la CIA et du *National Security Council* de maintenir une relation permanente avec les agents de terrain et de leur fournir, en temps réel et sur une base interactive, les informations et les consignes dont ils ont besoin. La DRM (*Direction du renseignement militaire*) française, elle, étudie avec succès des moyens électroniques qui permettront aux militaires engagés dans des opérations de transmettre, au moment même où ils les découvrent, des images et autres informations du terrain d'opération. Envoyées à la Cuve, la centrale de la DRM, sous le boulevard Saint-Germain, ces informations pourront être traitées dans l'instant par les analystes du renseignement militaire. Autant d'avancées nécessaires, indispensables mêmes, justifiées par l'extraordinaire progrès des moyens de communication et de transmission de données. Mais les machines ne remplaceront jamais l'homme. Un satellite pourra fournir des photos détaillées d'une zone et procurer des informations indispensables sur l'ordre de bataille d'une armée; il apprendra aux états-majors que telle division ou telle batterie antiaérienne a été déplacée au cours des dernières heures. L'interception et le décryptage éventuel des communications adverses seront toujours d'une aide inestimable pour l'analyse des risques et des situations. Mais pour savoir si les "gens d'en face" ont l'intention de faire parler la poudre, et dans ce cas jusqu'à quel point ils iront, il faudra toujours disposer d'une source proche de leur commandement. Et pour savoir si le terrain sera en mesure de répondre aux attentes des états-majors, il faudra d'autres agents qui soient allés sur ce terrain pour pouvoir informer l'échelon de commandement de l'état d'esprit des hommes, de leur nourriture, des conditions sanitaires dans lesquelles ils vivent et qui peuvent conditionner leur potentiel opérationnel. La technique peut aider à affiner une analyse mais elle ne remplacera pas, dans la collecte sélective de l'information secrète, l'intelligence humaine.

Démonstration : la guerre du Golfe. Si les frappes aériennes américaines ont pu, en deux jours, démanteler l'appareil militaire irakien, c'est, entre autres, parce que, dans les mois qui ont précédé les hostilités, des dizaines de missions de reconnaisance en profondeur avaient été menées par les SAS britanniques, les unités spéciales américaines ou les CRAP (*Commandos de recherche et d'action en profondeur*) français. Et ce qui est vrai du point de vue militaire l'est évidemment pour ce qui concerne la politique, le terrorisme (n'est-ce pas l'action de la DST, et plus particulièrement du général Philippe Rondot, qui a permis l'interception de *Carlos* au Soudan ?) ou les nouvelles menaces. Mieux : nous l'avons dit, le monde est nettement plus complexe aujourd'hui qu'il y a dix ans. Et plus petit. Un incident majeur se produisant à l'autre bout du monde peut avoir, en quelques heures, des répercussions planétaires. Voilà qui justifie que les grands services investissent, plus que jamais, dans les moyens humains conséquents qui, seuls, peuvent leur permettre de fournir aux gouvernements, chaque fois que nécessaire, l'analyse la plus fine et la plus récente possible. Cette connaissance préalable qui est le miel de l'espionnage. Le renseignement a encore de beaux jours devant lui et le lecteur comprendra dès lors que nous ne puissions pas, décemment, inscrire sous ces lignes le mot... FIN.

Δ

(1) Voir l'article de William Carley du *Wall Street Journal*, reproduit dans *Courrier International* n° 35 du 4 juillet 1991.
(2) *Le Monde*, 23 février 1995.
(3) Le nom et la fonction de cet officier sont connus des auteurs.
(4) *Libération*, 3 mai 1996.
(5) *The Sunday Times*, 16 juin 1996.
(6) Entretien avec Youri Kobaladze, Moscou, décembre 1995.
(7) *The Sunday Times*, 26 mai 1996.
(8) Richard Deacon, *op. cit.*, p. 185.
(9) *Idem*, p. 186.
(10) Ces chiffres proviennent d'un entretien avec le colonel Vladimir Vladimirovitch Ossine, Moscou, décembre 1994.

Bibliographie sélective

Les ouvrages dont les références sont citées dans les notes, en fin de chaque chapitre, ne sont pas repris dans cette bibliographie.

Ouvrages généraux :

Newman, Bernard, *Le Monde secret de l'espionnage*, Paris, La Pensée Moderne, 1963.

Singer, Kurt, *Omnibus pour l'espionnage*, Verviers, Marabout, 1963.

Sur l'histoire du renseignement, de l'Antiquité à la Révolution française :

Broglie, Charles de, *Le Secret du Roi, correspondance secrète de Louis XV avec ses ministres, 1752-1774*, Paris, Calmann-Lévy, 1878.

Castries, duc de, *La Vie quotidienne des émigrés*, Paris, Hachette, 1966.

Castries, duc de, *Beaumarchais*, Paris, Tallandier, 1985.

Constant, Jean-Marie, *Les Conjurateurs, le premier libéralisme politique sous Richelieu*, Paris, Hachette, 1987.

Dechamps, Jules, *Les îles britanniques et la révolution française (1789-1803)*, Bruxelles, La Renaissance du Livre, 1949.

Desmarest, Pierre Marie, *Quinze ans de haute police sous le Consulat et l'Empire*, Paris, Garnier, 1900.

Deuve, Jean, *Les Services secrets normands*, Condé-sur-Noireau, Charles Gorlet, 1990.

Elmer, Alexandre, *Schulmeister, agent secret de Napoléon*, Paris, Payot, 1932.

Flexner, James Thomas, *The Traitor and the Spy, Benedict Arnold and John André*, New York, Harcourt, 1953.

Garros, Louis, *Le Général Malet, conspirateur*, Paris, Plon, 1936.

Gaubert, Henri, *Conspirateurs au temps de Napoléon I*, Paris, Flammarion, 1962.

Hauterive, Ernest d', *La Police secrète du Premier Empire*, Paris, Perrin, 1908.

Hauterive, Ernest d', *La Contre-Police royaliste en 1800*, Paris, Perrin, 1931.

Huxley, Aldous, *L'Eminence grise*, Monaco, Éditions du Rocher, 1945.

Muller, Paul, *L'Espionnage militaire sous Napoléon I*, Paris, Berger-Levrault, 1896.

Pingaud, Léonce, *Un agent secret sous la Révolution et l'Empire : le comte d'Antraigues*, Paris, Plon, 1893.

Richings, Mildred Gladys, *Le Service secret de la couronne d'Angleterre depuis le Moyen Âge jusqu'à nos jours*, Paris, Payot, 1935.

Savant, Jean, *Les Espions de Napoléon*, Paris, Hachette, 1957.

Tatistcheff, Serge, *Alexandre I et Napoléon d'après leur correspondance inédite, 1801-1812*, Paris, Perrin, 1891.

Tite-Live, *Histoire Romaine*, Paris, Les Belles Lettres, 1962.

Ziegler, François, Villars, *Le Centurion de Louis XIV*, Paris, Perrin, 1996.

Zweig, Stefan, *Joseph Fouché*, Paris, Grasset, 1935.

Sur le XIXe siècle et les débuts du XXe :

Asprey, Robert B., *Suicide sur commande*, Paris, Fayard/La guerre secrète, 1966.

Dreyfus, Alfred, *Cinq années de ma vie*, Paris, Fasquelle, 1962.

Esterhazy, Ferdinand Valsin, *La Vérité sur l'affaire Dreyfus*, Paris, L. Hayard, 1898.

Fenner, Jocelyne, *Les Terroristes russes*, s.l., éditions Ouest-France, 1989.

Fervacque, Pierre, *Le Secret d'Azeff*, Paris, Nouvelle Critique, 1930.

Guillemin, Henri, *L'Énigme Esterhazy*, Paris, Gallimard, 1962.

Hingley, Ronald, *La Police secrète russe*, Paris, Albin Michel, 1972.

Sur la Première Guerre mondiale :

L'Affaire Bolo Pacha au 3e conseil de guerre, Revue des causes célèbres, cinq volumes, Paris, s.d.

Boucard, Robert, *Les Dessous de l'espionnage allemand*, Paris, éditions documentaires, 1931.

Crozier, Joseph, *Mes missions secrètes, 1915-1918*, Paris, Payot, 1933.

L'Espionnage et le Contre-Espionnage pendant la Guerre mondiale d'après les archives militaires du Reich, Paris, Payot, 1934.

Hoy, H.C., *40 O.B., la chambre secrète de l'amirauté*, Paris, Payot, 1933.

Johnson, Thomas, M., *G2, L'Intelligence Service américain pendant la guerre*, Paris, Payot, 1933.

Lacaze, L., *Aventures d'un agent secret français, 1914-1918*, Paris, Payot, 1934.

Ladoux, commandant, *Mes souvenirs (contre-espionnage)*, Paris, Éditions de France, 1937.

Lawrence, T.E., *Les Sept Piliers de la sagesse*, Paris, Payot, 1963.

Massard, Emile, *Les Espions à Paris*, Paris, Albin Michel, 1923.

Nicolaï, Walter, *Forces secrètes*, Paris, Nouvelle Revue Critique, 1932.

Seth, Ronald, *Le Plus Anglais des espions allemands*, s.l. (Belgique), Arts et voyages, 1968.

Tuchman, Barbara, *Le Secret de la Grande Guerre*, Paris, Fayard, 1965.

Sur l'entre-deux-guerres :

Alexandrov, Viktor, *L'Affaire Toukhatchevsky*, Verviers, Marabout, 1978.

Faligot, Roger, avec Rémi Kauffer, *As-tu vu Crémet ?*, Paris, Fayard, 1991.

Gauché, général, *Le Deuxième Bureau au travail (1935-1940)*, Paris, Amiot-Dumont, 1953.

Knight, Amy, *Béria*, Paris, Aubier, 1994.

Kriegel, Annie (sous la direction de), *L'Œil de Moscou à Paris, Jules Humbert Droz, ancien secrétaire de l'Internationale communiste*, Paris, Julliard, 1964.

Pearson, Michael, *Le Wagon plombé*, Paris, Belfond, 1975.

Soljenitsyne, Alexandre, *Lénine à Zurich*, Paris, Seuil, 1975.

Soudoplatov, Pavel, avec Anatoli Soudoplatov, *Missions spéciales*, Paris, Seuil, 1994.

Witlin, Thaddeus, *Béria, vie et mort du chef de la police secrète soviétique*, Bruxelles, Elsevier, 1976.

Sur la Seconde Guerre mondiale :

Accoce, Pierre, avec Pierre Quest, *La guerre a été gagnée en Suisse*, Paris, Presse Pocket, 1966.

Alexandrov, Victor, *OS1, services secrets de Staline contre Hitler*, Paris, Planète, 1968.

Arsenijevic, Drago, *Genève appelle Moscou*, Paris, Jean-Claude Lattès, 1981.

Bertrand, Gustave, *Enigma*, Paris, Plon, 1973.

Borchers, Major, *Abwehr contre Résistance*, Paris, Amiot-Dumont, 1949.

Casey, William, *La Guerre secrète contre Hitler*, Paris, Robert Laffont, 1991.

Chapman, Eddie, *Ma fantastique histoire*, Paris, Robert Laffont, 1966.

Chatel Nicole, avec Alain Guerin, *Camarade Sorge*, Paris, Julliard, 1965.

Churchill, Peter, *Missions secrètes en France*, Paris, Presses de la Cité, 1967.

Cookridge, E.H., *Missions spéciales*, Paris, Fayard, 1966.

Deakin, F.W., avec G.R. Storry, *Le Cas Sorge*, Paris, Robert Laffont, 1966.

Dulles, Allen W., *L'Allemagne souterraine*, Genève, Trois collines, 1947.

Faligot, Roger, *Markus, espion allemand*, Paris, Messidor, 1984.

Faligot, Roger, avec Rémi Kauffer, *Service B*, Paris, Fayard, 1985.

Faligot, Roger, avec Rémi Kauffer, *Le Croissant et la Croix gammée*, Paris, Albin Michel, 1990.

Farago, Ladislas, *La Guerre des grands espions*, Paris, Stock, 1972.

Feldt, Eric, *Espions suicides*, Paris, Fayard, 1964

Frogner, Carsten, *Le Front invisible*, Lausanne, Marguerat, 1944.

Ganier-Raymond, Philippe, *Le Réseau étranglé*, Paris, Fayard, 1967.

Garlinski, Josef, *Poland, SOE and the Allies*, London, George Allen and Unwin Ltd, 1969.

Goliakov, S., avec V. Ponizovsky, *Le Vrai Sorge*, Paris, Fayard, 1967.

Groussard, Georges A., *Service Secret 1940-1959*, Paris, La Table Ronde, 1964.

Hagen, Walter, *J'étais le faussaire d'Hitler*, Paris, éditions Del Duca, 1956.

Hall, Roger, *Les Paras terribles*, Paris, Fayard, 1964.

Höhne, Heinz, *Canaris*, Paris, Balland, 1979.

Kimche, Jon, *Un général suisse contre Hitler*, Paris, Fayard, 1961.

Lacourbe Roland, *La Seconde Guerre mondiale dans le cinéma d'espionnage*, Paris, Henri Veyrier, 1985.

Mader, Julius, *Les généraux espions d'Hitler déposent*, Paris, Hachette, 1973.

Moniquet, Claude, *Touvier, un milicien à l'ombre de l'Eglise*, Paris, Olivier Orban, 1989.

Opération Epsilon, le Troisième Reich et la bombe atomique, Paris, Flammarion, 1993.

Perrault, Gilles, *Le Secret du 'jour J'*, Paris, Fayard, 1964.

Piquet-Wicks, Eric, *Quatre dans l'ombre*, Paris, Gallimard, 1957.

Prange, Gordon W., *Le Réseau Sorge*, Paris, Pygmalion, 1984.

Read, Anthony, avec David Fischer, *Opération Lucy*, Paris, Fayard, 1982.

Ruffin, Raymond, *Résistance normande et jour J*, Paris, Presses de la Cité, 1994.

Schramm, Wilhem von, *Les espions ont-ils gagné la guerre ?*, Paris, Stock, 1969.

Seth, Ronald, *Le Plus Anglais des espions allemands*, s.l. (Belgique), Arts et voyages, 1968.

Stead, Philip John, *Le 2ème bureau sous l'occupation*, Paris, Fayard, 1966.

Stephan, Enno, *Espions allemands en Irlande*, Paris, Trévise, 1964.

Stevenson, William, *Nom de code : Intrepid*, Paris, L'Etincelle, 1979.

Wighton, Charles, avec Gunter Peis, *Les Espions de Hitler*, Paris, Fayard, 1965.

Sur la guerre froide (histoire générale et cas particuliers) :

Bailey, Geoffrey, *La Guerre des services secrets soviétiques*, Paris, Plon, 1960.

Barron, John, *KGB, le Travail occulte des agents secrets soviétiques*, Bruxelles, Elsevier, 1974.

BIBLIOGRAPHIE

Barron, John, *Enquête sur le KGB*, Paris, Fayard, 1983.

Cookridge, E.H., *La Vérité sur Philby, l'agent double du siècle*, Paris, Fayard, 1968.

Cookridge, E.H., *L'Espion du siècle, Reinhard Gehlen*, Paris, Fayard, 1973.

Corson, William, avec Susan B. Trento et Joseph J. Trento, *Veuves, des taupes soviétiques au cœur des services secrets américains*, Paris, Belfond, 1989.

Crozier, Brian, *Free Agent, the Unseen War, 1941-1991*, London, Harper Collins, 1993.

Deriabine, Piotr, avec Frank Gibney, *Policier de Staline*, Paris, Fayard, 1966.

Dulles, Allen, *La Technique du renseignement*, Paris, Robert Laffont, 1963.

Epstein, Edward J., *Intox, CIA-KGB, la guerre des mots*, Paris, Stock, 1989.

Freemantle, Brian, *Le KGB*, Paris, Plon, 1986.

Guérin, Alain, *Le Général Gris*, Paris, Julliard, 1968.

Henkine, Cyrille, *L'Espionnage soviétique, le cas Rudolf Abel*, Paris, Fayard, 1981.

Kaplan, Karel, *Procès politique à Prague*, Bruxelles, Complexe, 1980.

Koriakov, Michel, *Je me mets hors la loi*, Paris, éditions du Monde nouveau, 1947.

Kostov, Vladimir, *Le Parapluie bulgare*, Paris, Stock, 1986.

Kriegel, Annie, *Les Grands Procès dans les systèmes communistes*, Paris, Gallimard, 1972.

Laurent, Eric, *La Puce et les Géants*, Paris, Fayard, 1983.

Le Carré, John, *Une paix insoutenable*, Paris, Robert Laffont, 1991.

Lecomte, Bernard, *Le Bunker*, Paris, Jean-Claude Lattès, 1994.

Loftus, John, *L'affreux secret, quand les Américains recrutaient des espions nazis*, Plon, 1985.

Loftus, John, avec Mark Aarons, *Des nazis au Vatican*, Paris, Olivier Orban, 1991.

Martin, David C., *KGB contre CIA*, Paris, Presses de la Renaissance, 1981.

Navasky, Victor, *Les Délateurs*, Paris, Balland, 1980.

Pacepa, Ion, *Horizons rouges*, Paris, Presses de la Cité, 1988.

Page, Bruce, avec Philip Knightley et David Leitch, *Philby, l'Intelligence Service aux mains d'un agent soviétique*, Paris, Robert Laffont, 1968.

Penkovsky, Oleg, *Carnets d'un agent secret*, Paris, Tallandier, 1966.

Perry, Roland, *The Fifth Man*, London, Pan Books, 1994.

Le Procès de Traïtcho Kostov et de son groupe, Sofia, 1949.

Rönblom, H.-K., *L'Affaire Wennerström*, Paris, Robert Laffont, 1964.

Rozenzweig, Luc, avec Yacine Le Forestier, *L'Empire des mouchards, les dossiers de la Stasi*, Paris, Jacques Bertoin, 1992.

Soviet Spies in the Shadow of the U.N., s.l. (Etats-Unis), 1969.

Steven, Stewart, *Le Grand Piège*, Paris, Robert Laffont, 1974.

Tesselin, Basile, *Guillaume, l'espion tranquille du chancelier*, Paris, France-Empire, 1979.

Villemarest, Pierre de, *Le Coup d'Etat de Markus Wolf. La guerre des deux Allemagnes 1945-1991*, Paris, Stock, 1991.

Wynne, Greville, *L'Homme de Moscou*, Paris, Fayard, 1971.

Zolling, Hermann, avec Heinz Höhne, *Le Réseau Gehlen*, Paris, Calmann-Lévy, 1973.

Sur le rôle des femmes dans l'espionnage :

Blackburn, Douglas, *The Martyre Nurse*, London, Ridd Masson, 1915.

Got, Ambroise, *L'Affaire Cavell, d'après les documents inédits de la justice allemande*, Paris, Plon, 1921.

Knightley, Phillip, avec Caroline Kennedy, *Profumo, les dessous d'une affaire d'Etat*, Paris, Christian Bourgeois, 1987.

Redier, Antoine, *La Guerre des femmes*, Paris, éditions de la Vraie France, 1924.

Singer, Kurt, *Les Plus Grandes Espionnes du monde*, Paris, Gallimard, 1952.

Sur la restructuration des services spéciaux à l'Est après 1989-1991 :

Albats, Evguenia, *La Bombe à retardement*, Paris, Stock, 1994.

Crozier, Brian, *Le Phénix Rouge*, Monaco, Éditions du Rocher, 1995.

Sur la CIA et les services spéciaux américains :

Agee, Philip, *Journal d'un agent secret, dix ans dans la CIA*, Paris, Seuil, 1976.

Les Complots de la CIA, documents rassemblés par David Antonel, Alain Jaubert, Lucien Kovalson, Paris, Stock, 1976.

Freemantle, *La CIA, les secrets de l'honorable compagnie*, Paris, Plon, 1986.

Maas, Peter, *Client Kadhafi*, Paris, Hachette, 1986.

Manuel des agents du Narcotic Bureau, Paris, Barrault, 1987.

Marchetti, Victor, avec John D. Marks, *La CIA et le Culte du renseignement*, Paris, Robert Laffont, 1974.

Report of the Congressional Committees Investigating the Iran-Contra Affair, New York, Times Book, 1988.

Schweizer, Peter, *Les Nouveaux Espions, le pillage technologique des USA par leurs alliés*, Paris, Grasset, 1993.

Whitehead, Don, *Le F.B.I.*, Paris, Morgan, 1957.

Wise, David, *L'Etat Espion*, Paris, Messidor, 1982.

Wise, David, *La Stratégie du soupçon, enquête sur la paranoïa de la CIA*, Paris, Plon, 1994.

Woodward, Bob, *Veil : the Secret Wars of the CIA, 1981-1987*, New York, Simon and Schuster, 1987.

Sur la DGSE et les services français :

Barril, capitaine Paul, *Missions très spéciales*, Paris, Presses de la Cité, 1984.

Bernert, Philippe, *Roger Wybot et la bataille pour la DST*, Paris, Presses de la Cité, 1975.

Bernert, Philippe, *SDECE service 7*, Paris, Presses de la Cité, 1980.

Bourget, Jacques Marie, avec Yvan Stefanovitch, *Des affaires très spéciales*, Paris, Plon, 1986.

Burdan, Daniel, *DST, neuf ans à la division antiterroriste*, Paris, Robert Laffont, 1990.

Chalet, Marcel, avec Thierry Wolton, *Les Visiteurs de l'ombre*, Paris, Grasset, 1990.

Jacquin, Henri, *La Guerre secrète en Algérie*, Paris, Olivier Orban, 1977.

Jaubert, Capitaine Hervé, *Il n'y a plus de secrets dans les services*, Paris, Odilon-Media, 1995.

Melnik, Constantin, *Un espion dans le siècle*, Paris, Plon, 1994.

Muelle, Raymond, *La Guerre d'Algérie en France*, Paris, Presses de la Cité, 1994.

Péan, Pierre, *Secret d'Etat*, Paris, Fayard, 1986.

Pontaut, Jean-Marie, avec Jérôme Dupuis, *Les Oreilles du Président*, Paris, Fayard, 1996.

Rochet, Jean, *Cinq ans à la tête de la DST*, Paris, Plon, 1985.

Silberzahn, Claude, *Au cœur du secret, 1500 jours aux commandes de la DGSE, 1989/1993*, Paris, Fayard, 1995.

Thyraud de Vosjoli, P.L., *Lamia*, Paris, Éditions de l'homme, 1970.

Sur les S.R. anglais :

Bruce, Paul, *The Nemesis File*, London, Blake, 1995.

Faligot, Roger, *Les Services spéciaux de Sa Majesté*, Paris, Messidor, 1982.

Mac Nab, Andy, *Les Brumes du golfe*, Paris, Ifrane éditions, 1995.

Ramsay, Jack, SAS, *The Soldier's Story*, London, Macmillan, 1996.

Strawson, John, *Le Régiment S.A.S*, Paris, éditions France-Empire, 1985.

Wright, Peter, *Spycatcher*, Paris, Robert Laffont, 1987.

Sur le Mossad et les services israéliens :

Bar-Zohar, Michel, *J'ai risqué ma vie, Isser Harel, le n°1 des services secrets israéliens*, Paris, Fayard, 1971.

Betzer, colonel Moshe, *Le Commando secret*, Paris, Plon, 1996.

Dan, Ben, *L'espion qui venait d'Israël*, Paris, Fayard, 1967.

Dan, Ben, *Poker d'espions à Tel-Aviv et au Caire*, Paris, Fayard, 1970.

Dan, Uri, *Mossad, 50 ans de guerre secrète*, Paris, Presses de la Cité, 1995.

Deacon, Richard, *The Israeli Secret Service*, London, Sphere Books, 1979.

Derogy, Jacques, avec Hesi Carmel, *Israël ultra-secret*, Paris, Robert Laffont, 1989.

Eytan, Steve, *L'Œil de Tel-Aviv*, Paris, Éditions publications premières, 1970.

Hersh, Seymour M., *Opération Samson, comment Israël a acquis la bombe atomique*, Paris, Olivier Orban, 1991.

Jonas, Georges, *La Vengeance d'Ephraïm*, Paris, Robert Laffont, 1984.

Lester, Norman, *L'Affaire Gerald Bull*, Montréal, Méridien, 1991.

Ostrovsky, Victor, *Mossad, un agent des services secrets israéliens parle*, Paris, Presses de la Cité, 1990.

Ostrovsky, Victor, *The Other Side of Deception*, New York, Harper Paperbacks, 1995.

Piekalkiewicz, Janusz, *Les Services secrets d'Israël*, Paris, La Pensée Moderne, 1977.

Porat, Ben, avec Uri Dan, *Opération Babylone*, Paris, Balland, 1986.

Raviv, Dan, avec Yossi Melman, *Tous les espions sont des princes, la véritable histoire des services secrets israéliens*, Paris, Stock, 1991.

Steven, Stewart, *The Spymasters of Israel*, New York, Ballantine Books, 1980.

Tinnin, David B., *La vengeance de Munich"*, Paris, Robert Laffont, 1976.

Sur le renseignement japonais :

Choate, Pat, *Agents of Influence*, New York, Touchstone Books, 1990.

Seth, Ronald, *Espions du Soleil-Levant*, Paris, Presses de la Cité, 1961.

Remerciements

Les travaux journalistiques et les recherches qui nous ont permis d'écrire ce livre ont commencé en 1981 et se sont poursuivis depuis, à des degrés divers. Durant ces quinze années de travail et de familiarisation avec le monde de l'ombre, les auteurs ont bénéficié du soutien et de l'aide de nombreuses personnes. Nombre d'entre elles sont des officiers de renseignement, encore en activité dans divers services spéciaux et qui ont accepté de lever des coins de voile sur certaines affaires ou, plus souvent, sur les mécanismes de fonctionnement des organisations auxquelles ils appartiennent : leur position nous interdit de les citer ici. D'autres témoins ou acteurs de la guerre secrète ont souhaité rester anonymes. Qu'ils sachent, les uns et les autres, que nous sommes conscients de ce que nous leur devons.

Quatre des personnes qui nous ont aidés par ailleurs sont décédées à l'heure où nous achevons ce travail. Il s'agit du juge Gilles Boulouque et du capitaine de gendarmerie Loïc Guessoux, qui nous ont aidés à comprendre le fonctionnement de la cellule de l'Elysée; de Fitzroy Maclean qui nous a initiés aux arcanes des services spéciaux britanniques durant la Seconde Guerre mondiale et d'Arthur London qui a évoqué pour nous ses souvenirs des procès staliniens de la fin des années quarante. Qu'ils soient, ici, remerciés. Le souvenir et le cœur des vivants sont le tombeau des morts.

Le témoignage d'Anatoli Gouriévitch, alias *Kent*, qui a plongé pour nous dans ses souvenirs de l'*Orchestre Rouge*, nous a été précieux, de même que celui de Raymond Muelle, qui a évoqué pour nous sa propre carrière au service Action du SDECE et la figure de son camarade William Bechtel; de Marie-Françoise Allain, la veuve d'Yves Allain; de André Moyen, ancien des services secrets belges et de Gladio et d'Anne-Marie Lizin, sénateur belge et membre de la Commission parlementaire d'accompagnement du comité de contrôle des services de renseignement. Nos remerciements vont également à Alain Destexhe et Alexandre Goffin qui ont éclairé pour nous les eaux troubles du drame rwandais.

Sur l'Europe de l'Est et la Russie, nous devons beaucoup à nos amis Laszlo Liskaï, journaliste hongrois qui, l'un des premiers, s'est intéressé au parcours de

Carlos et de ses lieutenants en Europe de l'Est, et à Andzej Wochechowski qui, dès l'époque de l'interdiction de *Solidarnosc*, nous a fait comprendre comment fonctionnait le SB polonais. Les quelque quinze cents kilomètres qui nous séparent ne diminuent en rien l'affection que nous leur portons. Pour tout ce qui touche l'URSS, le KGB, la nouvelle Russie et ses services, nous aurions été, pour paraphraser Joseph Staline, comme des chatons aveugles sans Vladimir Peressada de la *Pravda*, Vladimir Katine de l'agence Novosti, Vladimir Chachkov et Alexandre Minaev de l'agence Tass, qui nous ont permis de mieux saisir le contexte dans lequel évoluait leur pays. Nicolas Viklaev, de Novosti, a été l'organisateur émérite, infatigable et plein de ressources de passionnants voyages sur le terrain. Igor Rapoport l'a brillamment secondé et a été un interprète fidèle et un compagnon d'aventure plein de charme. Viktor Onouchko, de Novosti lui aussi, nous a également aidés. A Moscou même, Natalia Guevorkian et Dimitri Sabov des *Nouvelles de Moscou*, Youri Tchekotchikin de la *Literatournaya Gazetta*, ainsi que Boris Toumanov nous ont aidés de leurs analyses et de leurs commentaires avisés. Le général Youri Kobaladze, Boris Labusov et Tatyana Samolis du SVR, le colonel Tomarovsky au FSB, le colonel Mikheev, et le colonel Vladimir Ossine au MVD, Oleg Lobov et le général Manilov au Conseil de Sécurité ont accepté, dans les limites imposées par leurs fonctions, de jouer le jeu de la vérité.

Nagayo Tanigushi nous a permis de mieux approcher la subtilité de la société japonaise et, partant, celle de son appareil de renseignement.

Huguette Moniquet a été une brillante traductrice des textes russes dont nous avions besoin pour mieux comprendre le fonctionnement actuel des services héritiers du KGB. Anne Tréca, Etienne Riou et Guy Leroy nous ont été d'un appui précieux. Enfin, le personnel des archives du musée de la Guerre de Bruxelles, des Archives nationales à Paris et du Service historique de l'Armée de terre à Vincennes nous ont ouvert leurs fonds et ont guidé nos pas.

C'est grâce à l'ensemble de ces concours que nous avons pu arriver au bout de notre travail. Les auteurs s'estiment débiteurs de tous ceux qui les ont aidés, mais ils sont seuls à blâmer pour les erreurs et imprécisions qui auraient pu se glisser dans ces pages et, bien entendu, portent seuls l'entière responsabilité des analyses qu'ils développent et des conclusions auxquelles ils arrivent.

Δ

Index

Abel, Rudolf 279-281, 291
Abrivard, Maurice 299
Akashi, Moto Jiro 94
Alexis II, Patriarche de l'Eglise de Russie 372
Allain, Yves 393-394, 415
Allenby (général) 112-113
Al-Megrahi, Abdel Basset Ali Mohamed 388
Amedo, José 407-408
Ames, Aldrich 422-423
Amir, Ygal 403-404
Amit, Meir 347-348
Andlauer (commandant) 120-123, 128, 133, 166-167, 172
Andropov, Youri 293, 311, 370
Andurain, Marguerite d' 236
Angleton, James J. 300, 303-304, 337
Antraigues, (comte d') 52-54
Aralov, Simon Ivanovitch 141
Arnold, Benedict (général) 49-50
Ashkenazy, Vladimir 295
Avatin, Michel 151-154, 156
Ayalon, Ami 405
Azev, Evno Fichelevitz 80-83, 86, 96
Babington, Anthony 39-41
Bakatine, Vitorovitch 374
Baker, Joséphine 240
Baker, Lafayette 52
Barbie, Klaus 252, 255, 290
Barril, Paul 398-399
Batyuchine, Nikolai 92
Baucq, Philippe 116-117, 221-223
Bazeries (commandant) 118-119
Beaufils, Georges 298
Beaumarchais, Caron de 46, 48
Bechtell, William (capitaine) 207-208
Beeri, Isser 340-341
Ben Barka, Mehdi 391-393, 395

Ben Bella, Ahmed 284
Ben Gourion, David 340, 343, 346
Benes, Edvard (président) 163, 172
Bergen, Henri Van 121
Béria, Lavrenti 158-159, 217, 259, 370
Bernier, Philippe 391-392
Bertrand, René 169, 173
Berzine, Jan (général) 141, 179, 189, 193, 196
Bettignies, Louise de 223-226, 229
Binet, Guy 371-372
Bismarck, Otto von 65, 67-68
Bittman, Ladislav 300-301
Blake, George 266, 285, 291
Bleicher, Hugo 237-239, 246
Blumenthal-Kalamatiano, Xénophon de 143
Blunt, Anthony 260-261, 264-265, 290, 300
Bobkov, Filip (général) 381
Bollier, Erwin 389
Bonaparte 51, 53-57, 63-64
Bonnet, Yves 399
Boucheseiche, Georges 391
Boulouque, Gilles 399-400, 415
Boyce, Ernest 142, 144, 147
Broglie (comte de) 45
Bruce-Lockhart, Robert 141-145, 147
Burgess, Guy 260-264, 290
Cadoudal, Georges 55-57, 64
Caillaux, Joseph 127
Cairncross, John 261-262, 265, 273, 290
Cameron, Donald Ewen (docteur) 386
Cameron, Edward 224
Canaris, Whilhem 173-174, 177, 205
Caraman, Mikhaïl 298, 326-327, 369, 389
Carlos 316-319
Carré, Mathilde, alias La Chatte 234-235, 237-239, 245
Casagrandi, Mauro, alias Luis, Mario 357

Casement, Roger 107-109
Cavell, Edith 116-117, 125, 218, 220-223, 225
Ceaucescu, Nicolae 327, 360, 366-369
Cecil, William 37-41
César, Jules 19-24, 32
Chang, Charles 357
Chang-Yao, Chi 357
Cherbachine, Léonid (général) 381
Chevigné (colonel de) 186
Chmielewski, Waldemar 408
Chour, Nikolaï 412
Churchill, Winston 109, 113-115, 142, 174, 184-186, 188, 213, 274
Ciaston, Wladislaw 408-409
Clausen, Max 190-191, 214
Cleghorn (docteur) 386
Clemens, Hans 300
Cline, Ray 272
Cohen, Eli, alias Amin Taabes 344-346, 354, 358
Cohen, Morris et Léontine, alias Kroger 279-280
Colby, William 267, 291
Coleman, Lester 389-391
Collaza 129
Condé (prince de) 51, 54
Conti (prince de) 45
Corbin, Alfred 193, 199
Cortese, Luca 128-130
Cramer, Karl 231
Crignola, René (général) 321
Croissant, Klaus 313
Croy (princesse de) 221
Crozier, Joseph 223
Cummings, Mansfield 142
Curry (capitaine) 391
Czarniawski, Roman 235
Dandino, Anselmo 42-44
Darius Ier 16-17
Davidson, Philipp B. 388
Degaev, Serge 80, 96
Dehout, Didier 374
Deighton, Len 334
Denvignes (colonel) 233
Deriabine, Piotr 297
Devaty, Stanislas 363
Dewavrin, André, *voir colonel Passy*
Dimitrov, Georgi 153, 155
Djibril, Ahmed 389-390
Dlimi (colonel) 392

Dobb, Maurice 260
Domingo, Marc 399
Donovan, William Wild 176, 179
Douba, Ali (général) 354
Doudaev, Djokhar 410-411
Doust, Rafiq 353
Drailly, Nazarin 193
Dreyfus, Alfred 71-78, 95, 119
Droz, Jules Humbert 148, 171
Dulles, Allen 3, 49, 63, 176, 257-259, 272, 280, 385-386, 414
Dzerjinski, Félix 139-140, 144-145, 147, 172
Edmonds, Emma 218
Eichner, Klaus 365
Eitan, Rafi 402
Eitington, Léonid 160-162
Ejov, Nicolas 159
Elisabeth (impératrice) 47-48
Elisabeth (reine) 35-42
El-Khouli, Mohammed (général) 354
Elliott, Nicholas 264
Eltsine, Boris 279, 331, 377, 372-373, 375-380, 411, 423
Eon (chevalier d') 46-48
Espinchal, Gaspard 45
Esquivié, Jean-Louis 399-400
Esterhazy (commandant) 71, 73-76, 95
Falk, Elke 313
Farewell 323-324, 326, 333
Farichon, Jules 127, 134
Fauché-Borel, Louis 53-54
Fay, Robert 103
Fayçal (émir) 112-113
Felfe, Heinz 300
Field, Noël 258-259
Figon, Georges 391-392
Fischer-Hollweg, Peter 426
Flaeming, Gerhard 313
Fleming, Ian 288-289
Flynn, Errol 211
Foccart, Jacques 287
Follet, Ken 352
Foot, Michael 306-307
Forsyth, Frederick 308-309
Fouché, Joseph 54, 56-57, 59-60, 64
Friedman, Alice 260
Frolik, Joseph 300, 305
Fuchs, Klaus 272-276
Gaitskell, Hugh 303-304
Galindo, Rodriguez (général) 408

INDEX

Ganetski 137-138
Gannon, Matthew 391
Garbe, Ingrid 313
Garzon, Baltasar 407-408
Gast, Gaby 243
Gaulle, Charles de 165, 179-186, 208, 213, 217, 286, 301-302, 320, 391, 393
Gehlen, Reinhard (général) 174, 252-253, 283, 301, 347
Gerlach, Kurt 189
Ghazala, Abu 356
Giap, Nguyen Vo 387
Giering, Karl 195-197
Gifford, Gilbert 38-41
Gimpel, Eric 205-207, 215
Gimpel, Richard 355-356
Goebbels, Joseph 125
Goering, Hermann 204
Gogolov, Serguei 320
Gold, Harry 276-277
Golitsine, Anatoli 297, 300-305, 336, 393
Gorbatchev, Mikhaïl 293, 330-331, 360-361, 364, 370, 372-374
Gordievsky, Oleg 143-146, 148, 249, 256, 261, 265, 290-295, 303, 306-307, 320, 323-324, 329-331, 422
Gorski, Anatoli 273
Gougenheim 76-78
Gourievitch, Anatoli, *voir Kent*
Gouzenko, Igor 253-257, 290
Grant, Cary 211
Gratchev, Pavel (général) 380, 424
Greenglass, David 276-279
Grégoire XIII 42-43
Greiyevssky, Victor 271-272
Grey, Edward 106
Grigoulevitch, Iossif 162
Grillot, Georges (colonel) 322
Grossmann, Werner 312
Grossvogel, Léo 193, 198
Gruchko, Victor 362
Guerassimov (général) 82
Guervorkian, Natalia 378
Guessoux, Loïc (capitaine) 401, 415
Guillaume, Gunter 312, 315
Guise (duc de) 43, 62
Gundelach, Thomas 313
Haddad, Waddi 316
Hafez, Amin el 345-346
Haiducu, Matei P. 327

Hale, Nathan 49, 63
Hall, Reginald 104-106, 117, 133
Hall, Theodore Alvin 275
Hannibal 19
Hansari, Mohamed Ali 353
Harel, Isser 219, 341-344, 347
Harnack, Arvid 194-195, 197
Harting (général) 86
Hausamann, Hans 202
Haverna, (commissaire-adjoint) 119
Hawqal, Ibn 23, 32
Hayhanen, Reino, alias Vik 281
Heitmann, Rudolf 155
Hekailo, Sigmund 89, 92, 96
Helmy, Abdelkader 356-357
Helphand, A. Lazarevitch, *voir Parvus*
Hemingway, Ernest 181
Hennion, Célestin (commissaire) 77-79, 95
Henri III 42-43
Henry (commandant) 71-76, 95
Hentschell, Joachim 389
Hernu, Charles 321-322, 395, 397, 399
Heydrich, Reinhard 160-161, 163-164, 177
Hideyoshi, Toyotomi 61-62
Hill, George 143-144
Himmler, Heinrich 173-174, 195, 208-209
Hobeika, Elie 356
Höfer, Wolfgang 283, 291
Hollis, Roger 256, 304, 336
Hoover, J. Edgar 181
Howard, Edward Lee 332-333
Hozumi, Ozaki 189-192, 213
Iakouchev, Alexandre 147-148
Ignatenko, Vitali 372
Illarionov, Serguei 374
Ilyoukhine, Viktor 377
Iossif, Nicolae 326
Iourtchenko, Vitali 324
Jacobescu, Dan 327
Jacquier, Paul 302, 393
Jaspar, Jules 193
Jégat, Bernard 398-399
Jivkov, Todor 319-320
John, Otto 282-284, 291
Joseph (père) 44-45
Juge, Robert 298
Jung, Zhao, alias Kang Sheng 170
Kadhafi (colonel) 388
Khan, Gengis 25
Kalle (major) 233

Kalouguine, Oleg 266, 320
Karlow, Peter 303
Karpoukhine, Viktor 373
Katz, Hillel 193, 198
Keeler, Christine 242-243, 250
Kennedy, John F. 301, 338
Kent 193-200, 214
Khrouchtchev, Nikita 149, 164, 259, 271-272, 293, 295
Kiepert, Alfred 231
King, Stephen 398
Klingberg, Marek alias Marcus 349-352
Klugmann, James 261
Kobaladze, Yuri (général) 307, 378, 423-424
Kolesnikov, Mikhaïl (général) 423
Komopliev, Vladimir 374
Konovalets, Yevhen 158
Korjakov, Alexandre (général) 373-376, 379-380, 424
Kosmatov, Vladimir 374
Kostov, Vladimir 320
Koutiépov (général) 147
Krebs, Richard, alias Jean Valtin 150-151, 153-156, 164
Krioutchkov, Alexandrovitch 320-321, 331, 371-373
Krüger, Bernhard 208-209
Krusche, Lutz 313
Kubeykine, Viktor 306-307
Kuron, Klaus 313
Labanovski, Jierek 249
Labusov, Boris 424
Lacoste, (amiral) 327, 395-397
Ladoux, Georges (commandant) 124-125, 134, 232, 245
Laillier, Michel 28
Larivière, Ronald 391
Lashkoul, Viatcheslav Fedorovitch 377
Lawrence, T.E., alias Lawrence d'Arabie 98, 109-115, 133
Lebed, Alexandre (général) 380, 424
Lefebvre D'Orval, Robert 46
Léger, Paul 284
Lénine 84-85, 136-137, 139, 141-144, 150, 171
Leroy-Finville (colonel) 392-393
Lesquer, Jean-Claude (général) 397
Li, Dai 170
Lincoln, Trebitsch 105-107
Lobov, Oleg 379
Locheron, Pierre 327

Lody, Karl, alias Inglis 99-101, 105
Lombard, Florentino Aspillaga 357
London, Arthur 258-259
Lonetree, Clayton (sergent) 299
Long, Leo 256
Lopez, Antoine 391-393
Lorenc, Alais (général) 361
Lorenzen, Ursel 314
Lotz, Wolfgang 346-347
Loui, Vitali, alias Viktor Louis 295
Louis XIV 37, 45-46
Louis XV 37, 45-48, 122
Louis XVI 45-46, 48, 52-53, 59
Louis XVIII 54, 56, 60
Lueneburg, Sonia 314
Lyubimov, Mikhaïl 306-307
Maclean, Donald 252, 261-263, 265, 290
Mafart, Alain 396-397
Magnin, Armand 294
Mainz, Alfred 242
Makarov, Mikhaïl, alias Carlos Alamo 193
Malinovski, Roman 85
Maly, Théodore 260
Marenches (vicomte de) 321, 393
Marion, Pierre 321-322, 337
Markov, Georgi 319-320
Marlowe, Christopher 42
Martinov, Valeri 335, 422
Mata Hari 124, 134, 218, 229-234, 239, 245
Maugham, Sommerset 145
McCone, John Alex 386
Mc Kee, Charles, alias Chuck 391
Médicis, Catherine de 43-44, 63
Melnik, Constantin 287
Merrin, Jacques, alias Meurant 355-356
Mielke, Erich 311, 318, 364
Milewski, Miroslaw 409
Miller, Richard 298
Mitterrand, François (président) 321-324, 327, 395, 397-400
Modine, Youri Ivanovitch 260-262, 290
Moïse 15
Molay, Jacques de 27
Molotov 153
Montgaillard (comte de) 50-53
Moor, Karl 137
Motorine, Sergueï 422
Muelle, Raymond 286-287, 291
Müller, Heinrich, alias Gestapo Müller 177, 195, 200, 205

INDEX

Mutsuhito (empereur) 93
Münzenberg, Willy 152-153, 260
Neuville, Hyde de 55-57
Nicolaï, Walter (colonel) 10, 98-99, 125
Nikitine, Alexandre 412
Nord, Pierre 303-304
Nossenko, Iouri 295, 300
Novikov, Alexandre 374
Ochtchenko, Viktor 374
Oerhens, Holger 314
Olesky, Josef 409
O'Neale Greenhow, Rose 218
Onosander 24
Opperput, Alexandre 145-148
Ostrovsky, Radoslav 251
Ott, Eugen 190-191, 214
Oufkir (général) 391-392
Owen, Will 305-306
Pack, Elizabeth 239-241
Pannwitz, Heinz 197-198
Pâques, Georges 301-302
Parvus 137
Passy (colonel) 180, 184-186, 213, 217
Pekala, Leszek 408
Pelton, Ronald W. 334
Peres, Shimon 406
Perrinet Le Clerc 27-28
Pérussel 76-78
Pétain (maréchal) 122-123, 133, 179-180
Peter, Gabor 260-261
Petit, Gabrielle 218, 226-229, 244-245
Petrenko, Vladimir 412
Phelippes, Thomas 39, 62
Philarète, Métropolite de Kiev 372
Philby, Kim 252, 256, 259-266, 290, 300, 330, 337, 422
Philippe II (d'Espagne) 10, 38, 41, 42, 62
Pichegru, Charles (général) 51, 54-55, 63
Picquart, Georges 73-75, 78-79, 95
Pietruszyk, Adam 409
Pinkerton, Allan 52, 63
Piotrowski, Grzegorz 408
Pitirim, Métropolite 372
Pitt, William 51, 56, 63
Platek, Zenon 409
Plunkett, Patrice 398
Pollard, Jonathan et Anne 401-403
Polo, Niccolo et Matteo 29
Popieluszko, Jerzy 408-409
Poretsky, Ignace, *voir Reiss*

Prieur, Dominique 396-397
Primakov, Evgueni 374-375, 379, 423
Profumo, John 241-243
Prouteau, Christian (colonel) 398-399
Rabin, Itzhak 383, 403-405, 415
Rado, Sandor, alias Dora 179, 201-202
Rajk, Lazlo 257-259, 261, 290
Ramsès II 13
Ramsès III 14
Rashida, Miriam 241, 244
Ratchkovski, Piotr 84, 86
Raviv, Avishaï 403-404
Redl, Alfred 88-92
Reilly, Sidney 142-144, 146-147
Reiss, Ignace 150, 159, 260
Remington, Stella 220
Richard, Marthe, alias Richer 125, 134, 236
Richelieu (cardinal) 37, 44-45, 63, 117
Rivet (colonel) 180, 186
Roldan, Luis 408
Rondot, Philippe (colonel) 318, 429
Rosenberg, Ethel et Julius 276-279, 291
Rössler, Rudolf, alias Lucy 201-202
Rotsch, Manfred 298, 326
Roussilhe, Francis 298, 327
Roussillat (colonel) 287
Rupp, Rainer et Ann-Christine 314
Saenz, José Antonio (général) 408
Saint-Aubin, Jean-Claude 287, 289-290
Samolis, Tatyana 274, 375
Sanchez, Illitch Ramirez, *voir Carlos*
Sandherr (colonel) 72-73
Savary (général) 57-58, 60, 64
Savinkov, Boris 142-147
Savtchenko, Ivan 320-321
Scheele, Walter 100-103, 133
Schellenberg, Walter 178, 209
Schmidt, Hans-Thilo 168, 187
Schmidt, Irmgard Margarethe 242
Schragmüller, Elisabeth 125, 218, 220, 245
Schuhmacher, Yossele 343
Schuler, Fritz 130-132, 134
Schulmeister, Charles 57-58, 60-61, 64
Schulze-Boysen, Harro 194-195, 197-199
Schwartzkoppen (major) 72
Sella, Aviem (colonel) 401-403
Senoussi, Abdullah 388
Sevastianov (général) 376
Shamir, Yitshak 345
Shiloah, Reuven 341

Shuzheng, Li 220
Sibert (général) 252
Silberzahn, Claude 3
Simeonov, Vladimir 319
Skinnerland, Einer 203-204
Skobline, Nikolaï 160-161, 163-164
Skorzeny, Otto 215
Sorge, Richard 141, 179, 188-192, 198, 213-214, 217, 259
Soudeïkine, Gregory 80, 9
Soudoplatov, Pavel 158-160, 162, 274
Spiridov, Andreï 374
Staline 8, 148, 158-159, 161, 163-165, 171, 179, 190-192, 201-202, 217, 247-248, 256-257, 290, 370
Stanculescu, Victor 367-368
Stephenson, William, alias l'Intrepid 254, 256
Stieber, Wilhelm 66-70, 95, 98
Stuart, Marie (reine) 39-41
Suétone 19-20, 32
Sun Tse 30-31
Suttill, Francis (major) 212-213
Sveshnikov, Serguey 381
Swiatlo, Josef 258-259
Szek, Alexandre 115-117, 221, 223
Szinda, Gustav 310
Tadjer, Zora 284
Tanase, Virgil 327
Tchebrikov, Viktor 370
Tcherpinski, Igor 374
Tchikov, Vladimir 262, 273-275, 280, 290-291
Temperville, Francis 374
Thatcher, Margaret 265, 305, 330, 335-336
Thomason, John Jr 181
Thomson, Basil 98-100, 104, 107, 132-133
Thuliez, Louise 221-222, 225-226
Thyraud De Vosjoli, Philippe 302-303
Titov, Gennadi F. 328
Tökes, Laszlo 366
Tolkatchev 332
Toukhatchevski, Mikhaïl 160-161, 163-165, 172
Toumanov, Boris 378
Treholt, Arne 327-329
Trepper, Léopold, alias Otto 179, 193-200, 214
Tronstad, Lief (professeur) 203-204
Trotski, Léon 137, 141-143, 148, 159-160, 165
Tsarev, Oleg 307
Tudor, Marie 36-38
Uris, Léon 304

Valat, Jean-Paul 397, 401
Valtin, Jean, voir Richard Krebs
Vanhoutte, Marie-Léonie, alias Charlotte 224-226
Vercingétorix 22-23
Verthamon, Henri de 143-144
Villard, Maryse 353
Vera, Rafael 408
Vetrov, Vladimir, voir Farewell
Vladimirov, Alexandre (général) 380
Vlassov, Andreï 252
Volkov, Constantin 262-263
Volusénus, Caïus 20-21, 32
Vomécourt, Pierre de, alias Lucas 238, 246
Von Hartmann (archevêque) 129
Von Raussendorf, Klaus 314
Von Rintelen (lieutenant) 102-107, 132-133
Walsingham, François 37-41, 62
Ward, Stephen 246
Washington, George 48-50
Weinrich, Johannes 316-318
Wenland, Horst 301
Wenzel, Benjamin 87-88
Werner, Heinz H. 314
Wessel, Gerhard 252-253, 301
Wiley, Christine 220
Wilson, Harrold 303-306, 336
Wilson, Jack 203-204
Wiseman, William 145
Wisner, Franck 251, 268
Wohlgemuth, Wolfgang 282, 284
Wolf, Markus 246, 307, 309-312, 315, 318, 337, 363-364
Wollweber, Ernst Friedrich 150-151, 153, 156-157, 171, 310
Woodhull, Abraham 49
Wright, Peter 263, 336
Xénophon 3, 18, 24
Yagur, Joseph 402
Yosef, Hussam 356
Yotoku, Miyagi 191-192
Yourtchenko, Vitali 332-335, 338
Zabotin, Nicolaï 256
Zacharski, Marian 409
Zakharov, G. Fedorovitch 298
Zamir, Zvi 348
Zimmermann, Arthur 108
Zopyre 16-17
Zorn, Heinz-Bernhard 298
Zvicak, Ludek, alias Martin Smid 361-362